· 刘宝红供应链实践者丛书 ·

刘宝红 著

采购与供应链管理

一个实践者的角度

PURCHASING AND SUPPLY CHAIN MANAGEMENT

A Practitioner's Perspective (3rd Edition)

第3版

机械工业出版社
China Machine Press

图书在版编目（CIP）数据

采购与供应链管理：一个实践者的角度 / 刘宝红著．—3 版．—北京：机械工业出版社，2019.2（2022.10 重印）
（刘宝红供应链实践者丛书）

ISBN 978-7-111-61877-5

I. 采…　II. 刘…　III. ①采购管理　②供应链管理　IV. F25

中国版本图书馆 CIP 数据核字（2019）第 009301 号

采购与供应链管理：一个实践者的角度（第 3 版）

出版发行：机械工业出版社（北京市西城区百万庄大街 22 号　邮政编码：100037）

责任编辑：冯小妹　　责任校对：李秋荣

印　　刷：北京铭成印刷有限公司　　版　　次：2022 年 10 月第 3 版第 14 次印刷

开　　本：170mm×242mm　1/16　　印　　张：36.25

书　　号：ISBN 978-7-111-61877-5　　定　　价：89.00 元

客服电话：（010）88361066　68326294

谨以此书献给
亚利桑那州立大学的荣誉退休教授 James Hershauer 博士
是您把我带入供应链管理领域

This book is dedicated to Emeritus Professor James Hershauer at Arizona State University
You brought me into the field of Supply Chain Management

推荐序

这是一本干活儿的人写的书

国庆节刚开始，接到本书作者刘宝红先生从美国发来的微信及邮件，说他的第一本专著《采购与供应链管理：一个实践者的角度》要出第 3 版了，问我原先给第 2 版写的推荐序要不要做些调整。

我本来不想做啥调整，但后来又仔细地读了一遍宝红发过来的第 3 版书稿，感觉比起第 1、2 版来，很明显，其思路更加系统、清晰，内容也更加丰富，于是就有点不吐不快的感觉。

第 3 版保留了我在第 1、2 版推荐序里提到的三个特点。

1. 见多识广：本书内容丰富多彩，案例涉猎广泛，而且多为作者本人所做、所见、所听，这很大程度上与作者良好的教育背景及从业经历有关。

2. 朴实无华：通过小事情说明大道理，而且把大道理说得明明白白的，这点儿，宝红一直没变。

3. 易于接受：旁征博引，循循善诱，娓娓道来，与作者学识渊博、见多识广有关，更因为其朴实无华，这也是宝红的一贯风格。

同时，第 3 版的本土特色更加突出，本土案例也明显增多，尤其是通过【实践者问】的形式，导入很多不同行业、不同专业的业界人士在日常工作中的实际问题、难点，作者都逐一做答，解决方案简明扼要，简单实用；【业界人士说】也大多都是来自于国内本土企业、国内外资企业实践者的经验分享——尽管这不能说是什么“最佳实践”，但至少看起来大多都是来自分享者的深思熟虑，是过过脑子的，现实意义很大，相信对很多读者都会有启发。

最后一点感觉就是，此版更多地聚焦于探讨“为什么”。

针对采购、供应商管理，ERP与信息化实施问题，乃至整个供应链管理的协同等问题，作者问了很多个“为什么”，针对这些“为什么”，作者也通过自己的经历、相关的案例及业界的说法，来给大家一个解释，并提出自己的解决方案。

从2008年在深圳认识宝红到现在，整整10年过去了，我们都发生了很大的变化，都从供应链职业经理人变成了讲师、顾问，也都出了书，还都不止一本、一版。宝红主要从采购、供应商管理乃至计划的角度看供应链的问题，我则“从库存角度，全面透视企业供需链管理问题（全面库存管理的定义）”。我俩异曲同工，殊途同归，都在尝试着为这个“丰富多彩、乌七八糟”的供应链管理世界提供一些思路，分享一点经验教训。

只要销售还在为了销售额而不是为了客户的真实需求而苦苦挣扎，生产制造还在斤斤计较产能利用率而没有把精力放在提高生产弹性上，财务还在把“3+6”（3个月账期，6个月承兑）当成“赚了”而不是“赔了”，他们还在把库存当成资产而不是负债，采购还在追求“Piece Price Only”（只看单价）、“伪VMI”“薅（供应商）羊毛”而不是把努力放在供应商辅导上，供应链管理就永远有的玩，我们这些从事供应链管理的人就会永远在路上。尽管道路曲折，任重道远，但是请相信前途光明，前程远大。

推荐这本书的目的是希望广大读者能够跟宝红多多学习，读宝红的文章、书籍，既能学到供应链管理理论，又能得到他的实践经验，而且二者结合得很完美，这在目前的国内外供应链管理界是很少见的。通读此书，多明白几个为什么，多了解几个问题，或许可以让很多人，尤其是那些自以为是的老板们多一份冷静，少一些浮躁。

都是干活儿的人，多说无益，实践者写的书，没有那么多套路，只有静下心来，仔细阅读，再加上独立思考，方得其中滋味。

程晓华

2018年10月于北京

程晓华（John Cheng）先生，全面库存管理（TIM）咨询独立顾问、讲师，《制造业库存控制技巧》《决战库存》作者。邮件：johnchengbj@126.com。

前言

我想写本什么样的书

2005 年，我开始写“供应链管理专栏”(www.scm-blog.com)，到现在已经有 14 个年头了。我先后写了 600 多篇文章，长短不一，讲的都是些供应链实践中的事。“供应链管理专栏”成长为备受欢迎的专业网站，如果你百度或谷歌“供应链管理”的话，这个网站会在第一页出现。对于一个没有做过任何推广的网站，这完全是千百万读者频繁访问的结果。

不时有人问，这些文章什么时候结集出版？于是我对其中一些文章深化、润色，原想构建成一本结构严谨的书，但经过几年努力后，还是觉得维持较松散的结构更好。一方面，这些文章都是独立成篇，强行打散重组，反倒牵强；另一方面，实践本身就是由一个个碎片组成的，短小精悍的文章更能反映这点，也更适合匆忙、没有大块时间的职业人阅读。

2012 年，《采购与供应链管理：一个实践者的角度》第 1 版面世了，读者的反响异常热烈，成为供应链管理领域的畅销书。但我知道，第 1 版有很多不足之处，比如大多案例都是北美的，虽说道理相通，但总觉得没有本土案例更接地气。于是，2015 年，本书推出第 2 版，加入了很多本土案例，结构上也更加成熟。感谢读者的厚爱，第 2 版继续领跑畅销榜，很多人都是在这本书上看到我的微信 / 电话联系上我的，特别是那些初次进入供应链管理领域的读者。

转眼三四年过去了。这期间，我服务了成百家企业，推出了 200 多次培训，广泛接触了各行各业，对企业的普遍问题有了更深入的认识，尤其是意识到，**企业走过的路都是必经之路：它们现在做什么，怎么做，都是能力发展到一定阶段的必然选择**。

也就是说，很多企业行为，比如供应链管理，不管看上去有多么不合理，都是基于企业现有**能力**的理性选择——**一个人干傻事，可能是这个人的意愿问题；一群人都干傻事，后面肯定有能力短板**。要改变行为，就得改变能力；而要改变能力，就得透过现象看本质，探究更深层次的诱因，理解企业为什么要这么做。

于是我就开始写第3版，更加聚焦“为什么”，以便更好地回答“怎么办”的问题。

比如供应链管理的本质是协作，那为什么企业与企业、职能与职能、人与人之间不协作？怎么才能够促进协作？每家企业的供应商都有一大堆，但为什么一直在找新供应商？为什么老供应商做不到，新供应商就能？而新供应商一旦成了老供应商，就又做不到了？供应商越多，采购额就越分散。怎样才能整合供应商，增加规模效益，增强对其的管控力？

再比如在很多企业，供应商相关的贪腐是个大问题。采购七权八权分立，采购员一年一换，董事长深更半夜签订单，但为什么贪腐还是制不住？贪腐是因为企业管理能力不够，没法有效约束员工行为，表面上是行为问题，其实是能力问题。那该如何提高能力，改变员工行为呢？

这都是些根深蒂固的老问题，困扰企业多年，花费了巨大的资源，还是没有解决。我们对这些老问题如此之熟悉，以至于想当然地认为理解这些问题。其实不然。正因为我们没有真正理解“为什么”，所以我们没法更好地解决“怎么办”的问题，于是就一遍又一遍地尝试老方法，希望出现新结果。你知道，老方法自然会产生老结果，这就是为什么太阳底下无新事，困扰我们的都是些老问题。

想想看，我们今天面临的问题跟三年前、五年前有什么本质区别。没有。放在供应链管理上，困扰我们的还是成本做不低，速度做不快；客户要的我们没有，我们有的客户不要。而我们的解决方案呢，则一直停留在

“更努力”上，在老方法的基础上更卖力。比如以前每天催货三次，现在五次；以前每三个月跟供应商砍一次价，现在每月砍一次价；以前晚上加班到 8 点，现在到 10 点。

而真正的解决方案呢，却在于“不同”，即改变做法。比如管好需求，做好计划，紧急需求就少，就用不着每天跟供应商催货；对接产品设计和工艺设计，设计优化了，成本就会低，就用不着每个月跟供应商砍一次价；加强信息系统建设，信息化程度提高了，琐碎杂务更多地由信息系统来做，这样就不用每天加班到深夜，而且把资源投入到投资回报更高的地方，比如需求管理。

不能光“更努力”，还要“不一样”，在方法论上有所突破，才是解决老问题的关键。这也是始终贯穿本书的一条主线，即从不同角度来审视那些司空见惯的问题，真正理解了“为什么”，才能更好地解决“怎么办”的问题，改变方法论，最终通过改变能力来改变行为，并通过改变行为来改变结果。在书中，我们会有多处谈到这些。

这是本很厚的书，很多内容，原先散布在几百篇相互独立的文章中，要糅合到一起，可真不容易。我揉了好几遍，增减删改了五稿，但还是没法揉到我希望的地步。东西太多，就如和了一大盆面，一边揉，一边发，越揉越多。

我想特别说明的是，这书有点厚，绝不是我在凑字数——我最不缺的就是字数。上一版 28 万字，这一版扩充到 46 万字，最终精简到 37 万字。内容多，一方面是我没有精力“揉匀”，另一方面更主要的是我还在学习，还有新东西写进去。如同上升期的企业，我还是以做加法为主，因为我对很多问题的看法还没有成熟。

这一版写了 1 年时间。我想我做了最大的努力，剩下的就只有祈求读者原谅了。比如有些内容会在不同地方重复，有时候是因为重要，需要重复；有时候是因为我没能够揉匀，只好请见谅。你能发现那些“没揉匀”的地方，表明你在认真读，恭喜你。当然，你还可能找到更多不完美的地方，可以随便取笑我，如果能让你高兴，至少感觉更好，那这本书的价值就更大啦。

对于本书，我还有几点要补充：

第一，这本书不为宣传所谓的西方先进供应链管理。我不认为供应链是什么新东西、新思想，有人类的时候就有供应链。我也不认为供应链管理起源于西方，有人类的地方就有供应链管理。在北美，很多供应链管理思想其实起源于日本管理方式。看上去西方供应链做得好，无非是他们执行更得力，更肯吃苦，不比我们更相信有捷径可走而已。

第二，这本书不宣传走捷径。很多商业问题，总会有更好的方法来解决；但想走捷径，不劳而获，结果往往是原地打转，问题照旧。该出的汗总得出，该付出的总得付出。商业界的最大童话莫过于相信不劳而获，最大悲剧就是相信有点石成金的捷径。一切商业问题都有一个 fix，但很少有一个 quick fix。

第三，这本书也不为宣传最佳实践。商业问题错综复杂，最佳实践是特定情况下的救命药，但不是万能药，不会放之四海皆准。离开了特定环境，最佳实践往往不再最佳，误导甚至多过帮助，救命药反倒可能成了毒药。当然，也不应全盘否定最佳实践。他山之石，可以攻玉，仅此而已。

古代的有些名医，特别忌讳留下“验方”。这验方就是最佳实践，是针对特定的人、特定的病，在特定的情况下起作用的药方，有很多的前提条件，有的可以描述，但更多的没法描述。这些名医不留验方，就是担心后世不加选择地采用，制造更多的问题。

最佳实践往往是局外人理想化的结果：先射出箭，好事者就围绕射中的地方画圆圈，说这就是靶心。这种“最佳实践”大都是局部的，与全局割裂开来，因为没有人能够了解全局，了解真相。编撰“最佳实践”的人不了解真相，看“最佳实践”的人就更加不了解了，于是我们的风险就是以讹传讹。

这本书讲的都是些零星的东西。就如药典讲的是基本药材一样，这本书讲的是供应链管理中的基本实践。作为读者，你的任务是理解每一种基本实践的“药性”，结合企业的具体环境，开出具体的“药方”来。我没法给你“药方”，因为我不知道你的具体情况。

这本书着眼实干，注重解决基本面的问题。基本面的问题解决了，细节处理好了，再配以合适的绩效机制，业务成果自然就有了。这貌似常识，但常识非常行。魔鬼藏在细节中。魔鬼也藏在常识中。该发生的总会发生。你没法忽略细节、忽视常识，否则注定没法建立一流的供应链。

这本书的定位是填补学者与实践者之间的空白。学者往往没有实践经验，写的东西理论有余、实践不足；实践者则要么欠缺理论基础，要么没时间、没兴趣写文章。我想自己正好介于中间，接受过系统的商学院教育，又在严酷的工业界历练十多年，熟悉东西方的管理文化和实践，有兴趣，愿花时间，这不，写一本书，给实践者或者热衷实践的人看。

刘宝红 | Bob Liu

“供应链管理专栏”创始人 | 西斯国际执行总监

www.scm-blog.com | bob.liu@scm-blog.com

1 (510) 456 5568（美国）| 136 5127 1450（中国，微信同）

2018 年 10 月 7 日于硅谷

作者简介

刘宝红，畅销书《采购与供应链管理：一个实践者的角度》《供应链管理：高成本、高库存、重资产的解决方案》《供应链的三道防线：需求预测、库存计划、供应链执行》作者，“供应链管理专栏”（www.scm-blog.com）创始人，西斯国际执行总监。

在供应链管理领域，刘先生有十几年的丰富经历，主要来自硅谷高科技界。从2000年起，刘先生便在美国学习和实践供应链管理。他先在半导体设备制造行业，从事供应商开发和管理，在全球采购产品、服务和技术；后转入供应链计划领域，支持一高科技公司每年13亿美元的服务备件业务。他的团队分布在美国、德国、法国、日本、韩国、新加坡、中国大陆及台湾，客户遍及亚太、欧洲和北美。

从2004年起，刘先生致力于介绍、宣传供应链管理，帮助本土企业制定供应链转型战略、完善供应链管理、培养中高层管理人员。他跟海尔、华为等有多年合作，并为几十家海内外企业提供内训服务，包括通用电气、诺基亚·西门子、阿克苏诺贝尔、林德、日立、喜利得、OPPO、vivo、华为终端、天珑移动、联想、中国移动、中国电信、上汽大众、长安汽车、海信、创维、TCL、长虹、美的、美芝、比亚迪、信利光电、视源电子、西安飞机工业（集团）、金风科技、振华重工、三一重工、特变电工、海思、上海微电子、北方微电子、中兴、烽火通信、锐捷网络、科瑞集团、国电南自、易事特、华润置地、中海壳牌、中油建设、中建一局五公司、金螳螂、老板电器、威高、西贝莜面村、海鸥卫浴、华孚色纺、水星家纺、安踏、双汇、香飘飘、超威、药明康德、欧普照明等。他的内训客户还包括大批的电商、新零售、互联网企业，比如京东、腾讯、小米、找钢网、美菜网、史泰博、Wook、微鲸科技、钱大妈、快鱼服饰等。

刘先生的专著《采购与供应链管理：一个实践者的角度》于 2012 年由机械工业出版社出版，2015 年再版，先后几十次印刷，每年居供应链管理门类销量榜首，深受广大供应链管理专业人士喜爱。他的第二本专著《供应链管理：高成本、高库存、重资产的解决方案》于 2016 年出版，最新专著《供应链的三道防线：需求预测、库存计划、供应链执行》(与赵玲合著)于 2018 年出版，都成为供应链领域的畅销书。围绕这三本畅销专著，刘先生推出了一系列培训，先后培训了千百家国内外公司的员工，全面覆盖汽车家电、电信设备、航空航天、机械制造、石油石化、快时尚等多个行业。

2005 年，刘先生创办了“供应链管理专栏”（www.scm-blog.com)，坚持原创，探讨、传播供应链管理的基本实践，年访问量数百万人次。以该网站为平台，他与海内外供应链专业人士保持紧密联系，多次在大型会议做专题报告或圆桌讨论。刘先生与多家一流大学联系紧密，先后为同济大学、上海交通大学、复旦大学、中欧商学院、厦门大学和美国普度大学的 MBA、EMBA、EDP 学员做专题报告。

刘先生毕业于上海同济大学，获项目管理硕士学位；后赴美国，在亚利桑那州立大学商学院学习，获供应链管理的 MBA 学位。留学期间，他在美国高级采购研究中心（CAPS Research）做辅助研究，广泛接触采购与供应链管理的最佳实践。刘先生通过了美国供应管理协会（ISM）的注册采购经理认证（C.P.M.)，通过了运营管理协会（APICS）的生产与库存管理认证（CPIM)，接受了亚利桑那州立大学、摩托罗拉和霍尼韦尔的六西格玛培训，是六西格玛黑带。

刘先生现旅居硅谷，频繁往返于中美之间，帮助本土企业提高供应链管理水平。

目录

推荐序　这是一本干活儿的人写的书
前言　我想写本什么样的书
作者简介

第一篇　供应链的全局观　/ 1

供应链管理与“盲人摸象”　/ 3
采购和供应管理　/ 9
物流管理：从 A 点到 B 点　/ 13
运营管理：千遍万遍不走样　/ 15
供应链管理的几个“小亲戚”　/ 17
从美国三大协会说供应链管理的演变　/ 19
供应管理协会（ISM）/ 20
运营管理协会（APICS）/ 21
供应链管理专业人士协会（CSCMP）/ 23
供应链的根本是协作，那为什么不协作　/ 26
【小贴士】供应链管理的“儒家”与“法家”　/ 33
【案例】找替换供应商时，技术与质量不积极　/ 36
集成供应链：为什么集成不起来　/ 37
【小贴士】三个层面的供应链集成　/ 43
供应链是产品流、信息流和资金流的集成　/ 45
【小贴士】电商兴起是资金流、信息流改善的结果　/ 51
【案例】40 天引擎计划与三流集成　/ 54
供应链战略：合适的产品配合适的供应链　/ 60
【案例】供应链的推拉结合与戴尔的直销模式　/ 66

供应链设计：产品、信息和资金流的优化 / 72
【案例】 海尔的生产外包与模块化 / 73
【案例】 专门支持新品开发的供应链 / 78
【案例】 备件的专用仓库 / 79
复杂度是供应链的大敌：从汽车和飞机谈起 / 82
【小贴士】 复杂度不同，中国企业的竞争优势也不同 / 86
【小贴士】 汽车整车厂如何应对复杂度 / 89
控制复杂度，提高供应链的规模效益 / 92
【小贴士】 复杂度控制要有所作为 / 96
【案例】 摩托罗拉的 100 多种手机电池 / 99
【小贴士】 寻求复杂问题的简单解决方案 / 105
供应链：大并不是伟大 / 109
控制牛鞭效应，降低供应链的波动 / 114
牛鞭效应成因 1：多重需求预测 / 119
牛鞭效应成因 2：批量生产、采购 / 120
牛鞭效应成因 3：价格浮动和促销 / 121
牛鞭效应成因 4：理性预期 / 122
牛鞭效应解决方案 1：跨行 / 125
牛鞭效应解决方案 2：外包 / 127
牛鞭效应解决方案 3：信息共享 / 129
专注供应链库存，遏制“打不死的妖怪” / 134
库存运动没法降库存 / 136
缩短周转周期，降低周转库存 / 139
控制不确定因素，降低安全库存 / 145
【案例】 渠道压货，人为导入需求波动 / 147
管理需求，管好供应链库存 / 150
跨越供应链降本三台阶，把成本降下来 / 153
【小贴士】 你不能忽视交易的成本 / 160
【小贴士】 为什么公共采购的价格高 / 164
【小贴士】 产品设计与工艺设计的对接：建筑业 vs. 汽车制造 / 173
美国汽车供应链：最后一块银圆的游戏 / 177
从通用汽车说“猎人模式”与“牧人模式” / 182
【小贴士】 牧人和猎人 / 187

第二篇　管好供应商，才能管好供应链　/ 192

为什么要管理供应商　/ 193

供应链全球化，要求更好地管理供应商　/ 196

供应商管理是保持、提高供应商绩效的关键　/ 199

多权分立，供应商成了“公共草地”　/ 203

【案例】 董事长半夜批订单　/ 208

【小贴士】 根治采购腐败，光有分权还不够　/ 211

有订单处理流程，没有供应商的选择和管理流程　/ 214

【小贴士】 流程的标准化困难吗　/ 216

一直在找新供应商，供应商的“口子”收不起来　/ 217

【小贴士】 你得有个战略　/ 224

供应商选择与管理：组织、流程和系统　/ 227

供应商分类：区别对待，重点管理　/ 231

【小贴士】 管理资源聚焦哪些供应商　/ 237

【案例】 战略供应商怎么管：高科技公司为例　/ 241

【小贴士】 海外大供应商是战略供应商　/ 247

【小贴士】 新生意给什么供应商　/ 253

【案例】 某公司的供应商分类体系　/ 254

供应商评估：历史绩效与质量、生产和物料管理体系　/ 259

【小贴士】 你得尊重供应商评估表格上的问题　/ 264

【小贴士】 有没有完美的供应商　/ 268

【小贴士】 指标权重怎么分　/ 272

供应商选择：与关键供应商建立长期关系　/ 275

【案例】 美国电信的双供应商战略　/ 284

【案例】 “一品两点”的一地鸡毛 （作者：黄雪川） / 292

【小贴士】 开二供成了公司政治的延续　/ 295

【小贴士】 一品一点要求强有力的供应商管理　/ 298

【小贴士】 多点寻源什么时候应该用　/ 299

【案例】 长期协议签约流程：以某高科技企业为例　/ 302

供应商绩效管理：维持绩效，更上一层楼　/ 307

【案例】 某房地产商的月评分标准　/ 310

【小贴士】 合理的价格是什么，要不要二次议价　/ 317

【小贴士】 成本算那么清又能怎么样 / 320
【小贴士】 不快乐的质量人 / 326
【小贴士】 吉利的 3824 质量改进法 / 328
【案例】 缺了一只纸箱 / 333
【案例】 你对这个供应商有多满意 / 339
为什么按时交货率是 70% / 359
【案例】 死猪不怕开水烫 / 359
【案例】 公司合并一团糟 / 361
【案例】 不统计就没法管理 / 362
价格值多少钱 / 364
【小贴士】 你不能用一个错误来纠正另一个错误 / 368
【小贴士】 价格至上，是因为没法客观体现价值 / 371
供应商集成：供应商管理的最高层次 / 372
【小贴士】 战略转型中的供应商开发 / 380
企业大了，供应商要重选择、重管理、轻淘汰 / 383
当你成为狮子后，逃避就不再是解决方案 / 383
当你成为狮子后，选择就变得更重要 / 386
轻选择、重淘汰是本土企业的大问题 / 388
淘汰不是供应商管理 / 390
【案例】 淘汰了五年的供应商 / 394
【小贴士】 不教而诛是为虐 / 396
供应商整合：要靠解决问题，不能光靠制定政策 / 398
对策 1：集中采购 / 400
对策 2：标准化 / 401
对策 3：合格供应商清单 / 403
要解决问题，而不是光靠制定政策 / 403
【案例】 迪尔的 424 种手套 / 407
【案例】 整合后的供应商不降价 / 409
关键下级供应商：本田和苹果为例 / 414
【案例】 本田美国的下级供应商管理 / 417
【案例】 苹果对关键下级供应商的管控 / 420
客户指定的供应商：不是不服管，而是不愿管 / 424

第三篇　从“小采购”到“大采购”，影响总成本　/ 431

在美国，采购曾经是一个人在公司的最后一站　/ 433
采购管理发展的五个阶段　/ 436
【小贴士】像销售一样做采购　/ 447
采购在小批量行业的崛起　/ 449
【小贴士】采购与供应链最佳实践的转移路径　/ 452
“小采购”和“大采购”有何不同　/ 455
“大采购”做什么　/ 463
“大采购”：管理需求，影响需求　/ 468
“大采购”：怎样管理需求预测　/ 474
法则 1：所有的预测都是错的，但有个预测要比没有强　/ 474
法则 2：预测需要多职能参与，每个部门都得各尽其责　/ 475
法则 3：预测不是一锤子买卖，需要循环预测，逐渐逼近　/ 476
【小贴士】预测的风险管控　/ 477
人才先行做“大采购”　/ 478
【小贴士】采购老总常来自别的职能，为什么　/ 488
释放资源做“大采购”　/ 490
从正三角到倒三角，释放资源做“大采购”　/ 491
【小贴士】供应商绩效不好，是没选好还是没管好　/ 493
采购“收口子”，释放资源做“大采购”　/ 494
设定合理的优先级，以重要度驱动资源分配　/ 497
“大采购”得克服的几个组织问题　/ 501
总部与分公司职能重叠、分工不清　/ 501
多头管理，形不成合力　/ 503
技术能力不足，无法承担“大采购”的任务　/ 509
【小贴士】“人畜无害”的供应商管理部　/ 513
集中采购：为什么集中不起来　/ 515
【案例】自负盈亏的集中采购公司　/ 521
【小贴士】混合采购在多个方面绩效最差　/ 526
集中采购的雷区　/ 530
【案例】物流经理半年不到走了人　/ 531
【案例】整了一年多，老产品动不了，只有从新产品开始　/ 533

【案例】 集中采购不是铁板一块，也不是万能药 / 534
从何入手 / 536
集中采购：解决谁的问题 / 538
【案例】 省钱的阻力：逆向竞标为例 / 540
年度降价：师出有名 / 544
年度降价怎么定 / 546
【小贴士】 经济低迷，价格怎么谈 / 550
讨价还价不是谈判的全部 / 552
【小贴士】 为什么我不提“谈判技巧” / 555
【小贴士】 谈判小人生，人生大谈判（作者：曾锡文） / 556

后记　要么成为领袖，要么成为专家 / 561

第一篇

供应链的全局观

导读

本书分三篇。

第一篇讲供应链管理，希望给读者一个全面的轮廓，特别是那些新到供应链领域的人。第二篇会缩小范围，聚焦供应商管理，因为大约70%的供应链增值活动发生在供应商处，供应商管理是供应链管理的重要一环。第三篇会详细探讨采购管理，因为供应商是采购的供应商，而采购直接决定了能否选好、管好供应商，从而决定供应链的绩效。

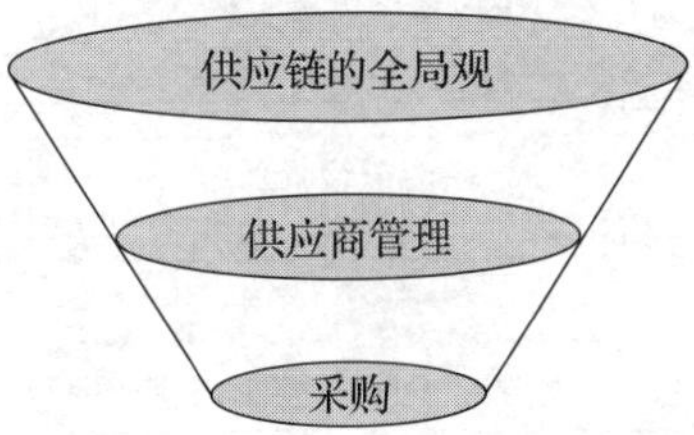

本书内容从大到小，从宽到窄，逐层递进

第一篇给大家介绍供应链管理的全局观。

我们先把供应链横向切。供应链就是采购把东西买进来，生产去加工增值，物流去配送给客户，环环相扣，就形成供应链。我们会重点探讨，怎么才能促进跨职能协作。

然后我们把供应链纵向切，从产品流、信息流和资金流的角度来阐述。供应链管理就是对这三条流的集成管理，而供应链的绩效呢，最终要反映到这三条流的效率上。

接着我们会导入复杂度控制的概念。复杂度是供应链成本的驱动器，复杂度控制是把成本降下来、交付做上去的关键。成熟行业，谁能控制复杂度，谁就更有可能生存下来。

我们还会重点阐述牛鞭效应和供应链的库存控制，两个困扰业界多年的话题。供应链的种种问题，最后总是反映在库存上。消除信息不对称，控制牛鞭效应，拿信息换库存。

最后我们会阐述供应链的降本三台阶：超越谈判降价（台阶一），导入精益生产以降低生产成本，借助电子商务以降低交易成本（台阶二），并且上升到价值分析、价值工程以降低设计决定的成本（台阶三）。跨越供应链的降本三台阶需要跨职能协作。供应链的根本思路也是突破部门壁垒，从局部优化上升到全局优化。具体如图 1-1 所示。

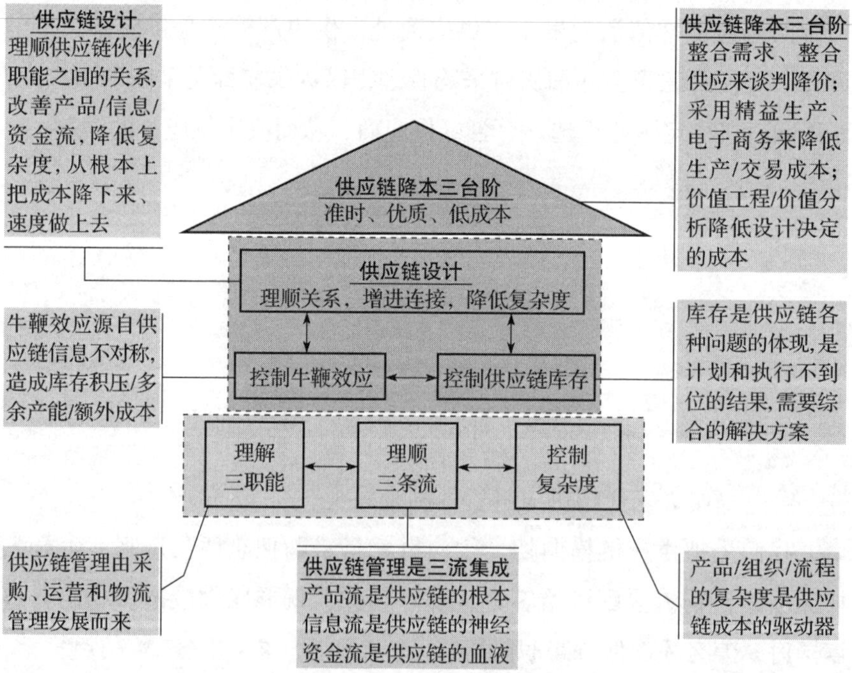

图 1-1 管理供应链，跨越供应链降本三台阶

供应链管理与“盲人摸象”

在硅谷，每当我说起自己是做供应链管理的时候，常常有人问，你做的是 SRM 软件（供应商关系管理）还是 CRM 软件（客户关系管理）？是编程序还是负责业务流程？当听说是管理供应商、控制库存和提高客户服务水平的时候，总有人半信半疑：供应链管理不是软件？

其实产生疑惑不无道理。供应链管理的范畴非常广泛，对它的认识就像盲人摸象：硅谷有很多人是 IT 背景，他们想到的就是供应链管理软件，例如 Oracle、SAP；对很多采购人员来说，供应链管理就是采购和供应商管理，即确保供应商保质、保量、按时提供价格合理的产品或服务；对于生产管理出身的人讲，供应链不过是生产管理的延伸罢了；对于物流行业的人来说，供应链管理则往往被等同于物流运输、车辆调度、仓储管理等。

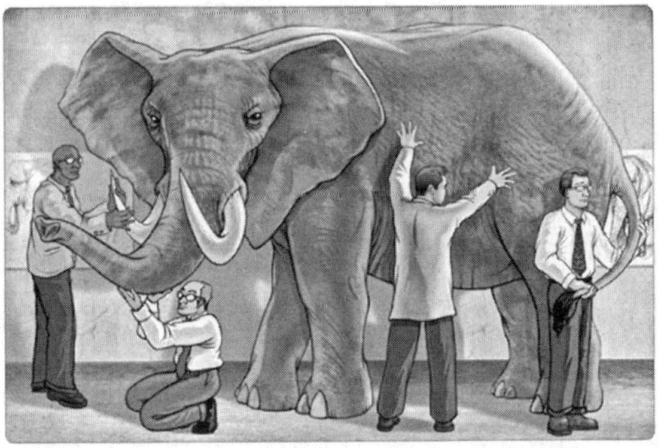

对供应链管理的理解就如盲人摸象

在国内，很多人分不清供应链管理与物流管理。2010 年，我陪同美国供应管理协会（ISM）的主席来中国，拜访一位本土顶尖企业的首席执行官。该首席执行官几次提到物流管理，说 ISM 可以在物流管理上做出更大贡献。我想他指的应该是供应链管理，因为 ISM 侧重于供应链管理中的采购与供应管理，跟物流管理还离得比较远。当然，因为远离操作层，在一个上千亿元人民币规模的大公司 CEO 看来，这些区别或许不怎么重要。

大致在20世纪90年代，物流和供应链管理两个概念先后传入国内。这并不是说以前就没有物流和供应链——有人类的时候就有，只是不一定这么叫罢了。当时的大背景是物流成本太高，约束着本土供应链的效率。物流成本包括仓储、分销、运输、库存、物料搬运、第三方物流等费用，跟一个国家的**基础设施**息息相关。当时美国的物流成本是GDP的10%左右，得益于发达的高速公路网和信息基础设施；中国的物流成本是GDP的20%左右，跟当时落后的基础设施不无关系。

在国内，物流是供应链的瓶颈，因而就成为供应链管理的重点，乃至一叶障目，不见森林，让很多人误把物流管理当作供应链管理。当然，过去一二十年来，国内大规模投资高铁、高速公路等基础建设，这一情况得到显著改善，物流成本占GDP的百分比逐年下降，比如到2018年有望降到14%左右[㊀]。作为对比，美国这些年来也是一路下降，达到7.2%，全球平均水平为11.2%[㊁]。我想，这跟这些年来信息技术的发展不无关系：信息流驱动产品流，信息流的效率高了，物流的效率也会改善。

那么，到底什么是供应链管理呢？供应链是从客户的客户到供应商的供应商，供应链管理是对贯穿其中的**产品流**、**信息流**和**资金流**的集成管理，以最大化给客户的价值、最小化供应链的成本。它是一个综合管理、全局优化的思想，以摆脱单个公司、单个职能层面的局部优化，实现供应链条的全局优化为目标。

在实践操作中，供应链管理由三大块构成：**供应管理**（寻源）、**运营管理**（加工）和**物流管理**（交付），跨越企业管理中的供、产、销三大块（具体如图1-2所示）。简单地说，就是**采购**把东西买进来，**生**

㊀ 中科院预测中心．预计2018年社会物流总费用与GDP比重降至14%左右．新浪财经，finance.sina.com.cn.

㊁ 2018年国内外第三方物流行业渗透率、成本占GDP比重分析．中国报告网，http://market.chinabaogao.com/.

产来加工增值，**物流**来配送给客户。这三大块是执行职能，由**计划**驱动——也可以说计划是供应链的第四大领域。计划是供应链的引擎。很多执行层面的问题，看上去是没做到，其实往往是没想到——计划不到位造成的。这也是为什么在供应链运营模型（SCOR）中，计划处于采购、运营和物流之上。⊖

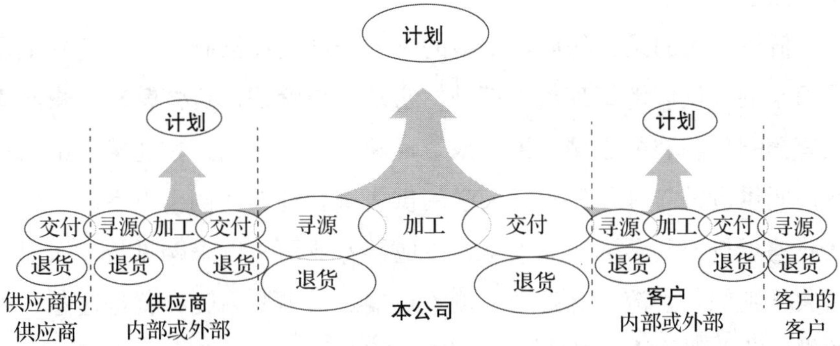

图 1-2　供应链管理跨及采购、运营和物流

资料来源：Supply Chain Council.

从三大职能上讲，供应管理侧重于采购和供应商管理，使供应商成为公司的有机延伸；生产运营管理力求以最有效的方式完成产品、服务的增值过程；而物流管理则力求以最经济、迅捷的方式把货物从 A 点流动到 B 点。

从三条流上讲，**产品流**从供应商向客户流动，是供应链的实物流（如果是从客户向供应商方向的话，则称为逆向物流）；**资金流**是从客户流向供应商，是供应链的**血液**；而**信息流**则是双向流通，构成供应链的**神经**系统。

在竖向集成盛行的年代，供、产、销大都处于同一个公司内部。例如 20 世纪早期的福特汽车，从炼铁厂到零部件再到整车组装，都曾

⊖ 1996 年，PRTM 和 AMR Research 两个咨询公司牵头，组织几十个大公司，开发了 SCOR 模型，为供应链的诊断、改进提供共同语言。当时的情况是，不同行业、不同公司对供应链的定义不尽相同，增加了沟通、管理上的难度。运用 SCOR 模型，可以使企业内部和外部用同样的语言交流供应链问题，客观地评测其绩效，明确供应链改善目标和方向。引自百度百科 SCOR 词条。

试图集中在自己旗下，尽管从来没有真正集成到这一步。最近二三十年以来，竖向集成解体，外包盛行，这三大功能越来越依赖供应商，例如零部件来自供应商，生产靠外包制造商，物流靠第三方物流公司。作为采购方，对这三部分的集成管理是供应链管理的重点。同样的道理，**竞争也不再局限于公司与公司之间，竞争变成供应链与供应链之间的竞争**。

值得注意的是，任何一个新的领域，都是在已有领域的基础上发展而来的。供应链管理也不例外，**它从供应管理、运营管理、物流管理等分别向相邻的领域扩展而成**。反映在学术机构，在北美，虽然专业都叫供应链管理，但不同大学的供应链管理专业侧重点不同。比如在我的母校亚利桑那州立大学，供应链专业历来以采购见长，而田纳西大学则侧重物流，麻省理工侧重运输。根本原因呢，就是这些学校的供应链管理是从这些具体领域发展而来的。

除了采购、生产和物流外，工业工程也是供应链管理的“近亲”。我在亚利桑那州立大学读供应链管理时，就修过很多工业工程系的课，而工业工程的很多教授都在供应链管理系任教，后来甚至有一位成为供应链管理系的系主任[㊀]。我的一位朋友在密歇根大学工业工程系读博士，研究的却是供应链管理，后来到俄勒冈大学的商学院任教，教授的也是供应链管理。

在美国，很多大学的供应链管理专业设在商学院。比如MBA排名中，一个分支就是供应链管理。除此之外，也有很多工学院设立供应链管理的研究生专业。这几年，有好几个大学设立一年制的供应链管理硕士课程，比如马里兰大学、俄亥俄州立大学、南加州大学等，

㊀ 这是John Fowler教授，原来一直在工业工程系，我参加过他的研究项目（惭愧，我并没做过多少贡献），上过他的课。从2011年到2016年，他担任商学院的供应链管理系系主任。还有一位叫Kevin Dooley的教授，原来也一直在工业工程系任教，2003年转入供应链管理系，还成为该系的杰出教授。Kevin Dooley是一位非常杰出的研究者，兴趣非常广泛，在复杂度领域有相当建树。我上过他的工作坊，后文写的复杂度控制最早就得益于Dooley教授。

吸引了大批的中国留学生，造成同质化严重，也是个问题。得州大学达拉斯分校也有供应链专业，有很多中国学生，隔三岔五就有人在领英（LinkedIn）上跟我联系。㊀

在研究领域，有很多杰出的研究者都是从别的领域来的，对供应链管理专业的建立贡献巨大。比如斯坦福大学的李效良（Hau Lee）教授，他关于“牛鞭效应”的研究可以说奠定了供应链的理论基础。但这些研究大都是他在工学院时做的，师承工业工程、管理科学和运筹学，上溯到 MIT 的系统动力学（System Dynamics）。李效良在担任《管理科学》（*Management Science*）杂志主编期间（1997 ～ 2002 年），在这个管理学领域最权威的学术期刊之一上，刊登了大量的供应链管理文章，可以说让供应链管理正式成为一个专业领域。当然，我本人是个实践者，不是学者，对学术的评论，可以说是典型的“盲人摸象”，挂一漏万，误导之处难免，还请斧正。

在工业界，**鲜有能够跨越供应链的三个领域的实践者**。尽管很多公司试图把采购、运营和物流等职能集中到一起，组成全球供应链或全球运营部，但下面的分支部门仍旧围绕三个职能划分。道理很简单：没有人能够掌握所有的采购、运营、物流，外加计划等众多领域的专业技能。对供应链管理的认识仍会处于“盲人摸象”状态：**采购背景的人说是采购的延伸，物流的人说是物流的延伸，而生产部门则认为是运营管理的延伸**。一些流程分析、软件背景的人，则更多地从端对端的流程角度出发，理顺供应链的产品流、信息流和资金流，提供了一个全新的供应链管理视角。条条大路通罗马，这些都可成为公司搭建卓越供应链的起点。

就本土企业来说，20 世纪 90 年代后期，华为导入 IBM 的集成供应链的概念，旨在打通职能部门之间的横向联系，提高供应链的效

㊀ 对于哪些学校有供应链专业 MBA 和硕士课程等，可参考我的网站“职业发展”页面 scm-blog.com/careers.html（在该网页的最后部分，有美国、欧洲、中国等各地的清单链接）。

率，可以说是开了国内集成供应链的先河。华为所在的电信设备行业批量小，品种多，复杂度高，集成供应链确实是关键的解决方案之一。2005 年，联想并购 IBM 的 PC 业务，全盘接受了 IBM 的供应链管理体系。2009 年前后，我到海尔，他们已经设有供应链管理部门，不过职能大致相当于工厂的厂长；2013 年年底，我跟 Supply Chain Council 的大中华总裁交谈，获知海尔的供应链职能已经更加广泛，如果还不是严格意义上的集成供应链的话。

这几年，供应链管理的概念更加深入各行各业，不光是大企业，还有中小企业；不光是制造业，还有建筑业、电商业、餐饮业等。比如我的每次培训中，除了制造业外，总有建筑、零售、服装、餐饮、电商等行业的学员。根本原因呢，是这些企业认识到供应链的价值，认识到打通部门之间的壁垒、通过全局优化来提高公司绩效的重要性。

20 多年来，供应链管理在中国遍地开花

我有个朋友，曾经担任西贝餐饮的副总裁。他说，餐饮看上去是开餐馆，其实比拼的还有供应链实力。比如原材料的获取、储存、加工等——很多原材料有很强的季节性，比如西贝用的羊肉来自内蒙古草原，内蒙古羊肉最好的在秋季，羊一定要在那两三个月内从内蒙古的牧场收齐、宰杀、冰冻，供后面的一整年用，这些都需要一流的供应链计划和执行来支持。因为餐馆所处位置一般为市内黄金地段，租金很贵，所以店面都较小，大多菜的加工其实是在中央厨房完成的，及时运送到店面后，做些简单的最后加工就上菜了。中央厨房就跟制造业的工厂差不多。从这个意义上讲，西贝这样的餐饮业跟生产、零售业没有本质区别。

就我本人来说，2000 年我申请读美国的商学院时，在国内很少听到供应链管理的概念，更不用说有这专业了——当然，这里有我孤陋寡闻的成分；十多年后，国内已经有很多大学设立了供应链管理专业，各种各样的供应链公司如雨后春笋，供应链管理的概念也更加深入。尤其是经历二三十年的高速发展后，企业普遍面临“增长陷阱”[㊀]，越来越多的人意识到，企业要生存，不但需要开发好的产品（主要是设计的责任）、卖个好价钱（销售的任务），而且要以适当的成本、速度生产出来（供应链的责任）。随着整体经济的进一步成熟、放缓，降本增效的压力必将加剧，而作为降本增效的主要源泉，供应链管理任重道远。

在接下来的篇幅里，我会从采购、运营和物流的角度阐述供应链管理，希望给大家一个全面的认识。

采购和供应管理

在供应链管理的三大职能中，供应管理与供应链管理只是一字之差，可以说是供应链管理的“近亲”。但是，供应管理的重点是供应商这一外在战略资源，与运营管理侧重公司内部生产运营、物流管理侧重产品和信息的流通形成对比。

供应管理起源于采购管理。从严格意义上讲，供应管理的范畴远大于采购管理。但为了行文方便，采购管理和供应管理在本书中通用（如果没有特别注明的话）。

在美国，传统上采购的地位不是很高，因为传统上美国公司的竖向集成度挺高，对外来资源依赖度低。作为管理外来资源的采购部门，

㊀ “增长陷阱”指企业发展到一定阶段，营收增速放缓，不再增长甚至下跌，而成本由于惯性还会继续上升（比如不管使用与否，设备折旧会照旧；不管生意好坏，员工每年的工资总得加几个点），导致利润率越来越低，甚至亏本。详细内容可参考我的另一本书《供应链管理：高成本、高库存、重资产的解决方案》，机械工业出版社于 2016 年出版。

其主要任务是围绕订单处理日常交易。简单地说，内部客户（如工程师）说，我要买这个，采购的任务就是下订单，确认价格、交期，把货按时拿到。

采购部门的吸引力有限，就成了那些百无一用的人的最后落脚点。就如我在亚利桑那州立大学读书时，一位叫皮尔森的教授曾经说，如果一个人干不了销售、设计、生产等，那只能去做采购了；如果连钱也不会花，那就只能卷起铺盖另谋高就，去祸害我们的竞争对手吧。

美国如此，中国也是：传统的计划经济下，外在资源主要依靠国家统一调配，公司 A 的产品给 B 做原材料，价格都由政府规定了，采购自然也就可有可无了。在那些比较封闭的行业，比如军工、航空业，还能看到传统经济的影子：长期以来，中国的航空业是半竖向集成的，整个行业其实就是中航工业和它的子公司们，行政命令历来扮演重要角色。现在为了开发商用大飞机，得跟那么多的全球供应商打交道，用工业界通用的方式做生意，采购面临的挑战可想而知。

在采购管理上，经常听人说，如果你连花钱都不会（做采购），那可真是百无一用了。就如李鸿章对儿子说，如果你连做官都不会，你可就一无是处了（大意）。其实我们都知道，做官的学问可大了，离开了那些官僚，一个国家的运作就会大受影响。采购也是：采购是一个大职业，尤其是在有些行业，产品成本的百分之七八十都来自供应商的情况下，采购已经远远超越持币购物，而是在管理公司百分之七八十的增值活动——供应商表面上在赚我们百分之七八十的钱，实际上在帮我们做百分之七八十的事，而采购呢，则对选择和管理供应商负责，对这些增值活动负责。

更进一步，常言说得好，卖得好不如买得好：采购每节省一块钱的开支，利润就增加一块；销售增加一块钱的销售，利润大致增加一毛。不管是零售业，还是制造业、服务业，采购的重要性毋庸置疑。在有些行业，比如电商和贸易行业，由于没有生产，供应链的所有增值环节都在供应商处，采购的价值就更大了。

随着很多行业转向外包战略，外购额逐渐增长，成为公司开支中的最大一块，公司对供应商的依赖度越来越高。而作为管理供应商的对口职能，采购的重要性也在日益上升。在美国，**设置首席运营官的公司越来越少，设置首席采购官的则越来越多**，根本原因就在于增值活动以前主要发生在公司内部，由首席运营官负责，现在则越来越多地外包给供应商，由首席采购官负责。

采购的地位提升，其重心也从订单处理转为对供应商的战略管理，过渡到供应管理。20 世纪 80 年代，麦肯锡的一位顾问在《哈佛商业评论》上发表文章，题为《采购必须成为供应管理》[⊖]，吹响了这一战略转移的号角。但是，整个过程花了二三十年。2002 年，美国采购经理人联合会（NAPM）更名为供应管理协会（ISM），是这一过程的里程碑事件，标志着供应管理正式成为主流。

与采购管理的围绕订单处理相对应，供应管理更侧重供应商的战略管理，通过分析开支、确认需求、评估供应商、选择供应商、签订协议、管理供应商绩效来确保以合适的成本保质保量地获取资源。从时间跨度上讲，供应管理向前延伸到设计和新产品开发，向后延伸到产品的生命周期结束；从影响的对象上讲，供应管理延伸到对公司的资产、现金流等的管理，直接影响公司的盈利。

在北美，有些公司已经开始统计供应管理的贡献，例如净利润率是 10%，其中 0.5% 是供应管理通过降低采购成本等来实现的。首席采购官这一头衔能够与首席财务官、首席运营官等相提并论，也反映了采购与供应管理战略地位的提高。

从供应链的角度来看，采购处于公司的**内外结合点**，是管理供应

⊖ 文章英文名为 *Purchasing Must become Supply Management*，发表于 1983 年 9 月，作者为 Peter Kraljic（中文译名“卡拉杰克”）。卡拉杰克是麦肯锡的咨询顾问，在德国汉诺威工业大学获博士学位，对采购界的影响深远。有名的“卡拉杰克矩阵”就是由他提出的：他参照投资模型，按照收益影响和供应风险两个维度，把采购项分为四类，区别对待。这是采购管理中一个最为根本的模型，有很大的指导意义。更多细节可参考百度百科“卡拉杰克模型”词条。

链的理想选择。作为采购部门，突破对传统职能的认识，在管理供应链上发挥更大作用，也是提升采购在公司地位的一个有效办法。采购对内管理需求（比如设计的新产品寻源、生产部门的量产需求）、对外管理供应商（比如供应商选择和绩效管理），通过理顺需求来理顺供应，其实就是在管理供应链，或者说管理供应链的一大块。

在一些大型国企、央企，以及管理粗放的民营企业，采购并没有意识到这些。他们对自己的定位主要是招投标，以及供应商出了问题后的应急反应。[⊖]没有了需求管理，很多需求一落地就是紧急需求，给后续的供应链执行带来很大挑战；没有系统的供应商管理，供应商层面的问题没有解决，导致订单层面的问题不断，供应绩效长期在低水平徘徊。这些都是采购面临的大问题，也是供应链管理的大挑战，我们在后面还会详细讲到。

资源

美国高级采购研究中心（CAPS Research，www.capsresearch.org）。该中心是美国供应管理协会与亚利桑那州立大学合作成立的，有一系列专题研究，侧重采购与供应管理，是全球该领域的顶尖研究机构。

资源

微信公众号“官迅伟采购频道”，有一系列的采购与供应管理方面的原创文章。

延伸阅读

在我的“供应链管理专栏”网站上（www.scm-blog.com），有一个

⊖ 可以说，招投标是采购工作的一部分；但如果是采购的主要任务，这个企业的采购注定是“小采购”。采购的主要任务是选择、管理供应商，招投标是供应商选择的一种方法，而且是很不完美的方法。在招投标盛行的企业、机构，伴随着招投标的往往是供应商的有选择、没管理，供应商绩效一塌糊涂。我们在后文还会详细阐述解决方案。

门类专门讲采购管理（http://scm-blog.com/cat-23），可以阅读更多采购管理方面的文章。

物流管理：从 A 点到 B 点

简单讲完了采购和供应管理，我们来看一下物流管理。

原美国物流管理协会、现供应链管理专业人士协会对物流管理的定义如下：

物流管理是供应链管理的一部分，即为满足客户需求，通过计划、实施和控制，促成产品、服务和信息从发源地到消费点的有效流动及储藏。

这定义有点长，拗口，但说明了几点：

第一，**物流管理是供应链管理的一部分**。作为美国物流管理方面的权威组织，供应链专业人士协会的定义有相当的权威性，确定了物流与供应链的关系。在 2004 年，该协会名称从物流管理改为供应链管理，也反映了物流管理向供应链管理的延伸。与此类似，运营管理、采购与供应管理也在向供应链管理延伸、靠拢，从它们的更名上可见一斑：运营管理协会以前叫美国库存与生产控制学会（2004 年改名），供应管理协会以前叫美国采购经理联合会（2002 年改名）。

第二，**物流管理的对象是产品、服务、信息的流动与储存**。简而言之，就是把产品从 A 点搬到 B 点，并处理过程中的服务、信息。值得注意的是，它不负责采购（那是供应管理的任务），也不负责生产（那是生产和运营管理的事）。这个界限表明了物流管理想与运营管理、供应管理三分供应链管理的天下。

第三，物流管理不但管理产品、服务、信息的**正向流动**（从供应商到客户），而且管理其**反向流动**（从客户到供应商，即逆向物流）。逆向物流日趋重要，是退货、保修、返修等售后服务的重要一环，也更难管理。国内可能还体会不到，如果你在美国，到沃尔玛这样的大超市去看看，节假日后，退货的队跟买货的差不多长，你就知道逆向物流面临的挑战了。

按照上述定义，物流管理的对象包括运输、车队、仓储、物料处理、订单履行、物流网络设计、库存管理，以及对第三方物流服务商的管理等。当然，有时候物流管理也会涉及采购、生产、包装和客户服务等。它不但要优化物流的各环节，而且要考虑与其他职能的集成。

在国内，很多人片面地把物流等同于运输，就是把产品从A点搬到B点，看上去很简单，其实不然。光从它占美国、日本GDP的7%左右，占中国GDP的15%左右来说就不简单。单拿它的分支行业来说，运输业、仓储业等本身就大得不得了，整个物流行业，你能想象有多大吗？

有趣的是，查一下几十年前的定义，物流管理还包括采购，采购被视作入厂物流[㊀]的一部分。这也与当时竖向集成为主、采购的地位低下不无关系。在有些公司，比如欧洲的一些公司，负责订单处理的采购员汇报给物流，而不是采购部门。上汽大众也是类似的设置，估计是受德国大众的影响。中国有物流与采购联合会、物流与采购网，都是物流在先，采购在后，一定程度上也反映了采购与物流的关系。

在美国，采购管理领域的研究者，有很多原先也是毕业于物流管理系。例如，美国经典的采购教科书的作者David Burt教授，原来就是毕业于斯坦福大学的物流管理专业。我在亚利桑那州立大学的教授Lisa Ellram呢，虽然研究方向主要是采购，但博士学位却来自俄亥俄州立大学的物流管理。

在国内，物流（logistics）早些年被译作**后勤学**，又称军事物流学。这跟物流与军事联系由来已久不无关系。诸葛亮六出岐山，据说是一人打仗，需要五人做后勤支持，后勤是最大的挑战，而输也是输在后勤上。左宗棠在西北平叛，“惟秦陇之事，筹饷难于筹兵，筹粮难于筹

㊀ 入厂物流是inbound logistics的翻译，简单地说，就是把原材料、半成品等运入厂区，比如从供应商到工厂。

饷，而筹转运尤难于筹粮，窘迫情形，为各省所未见。”[一]——在陕甘一带，筹钱比招兵难，筹粮比筹钱难，而粮草的运转比筹粮更难，说的也是物流后勤之难。

第二次世界大战后期的诺曼底登陆，表面上是一场战役的成功，不为人所知的是后勤物流的杰作。以前说美军能够在 24 小时内开赴全球的任何地方；现在呢，美军第 82 空降师可以在 18 个小时内到达世界的任何地方，拼的还是物流的实力。2017 年，中印的 6 · 18 洞朗对峙事件，之所以能够和平解决，与中国的物流运输能力分不开——得益于这些年在西藏的铁路、公路建设，我们能够迅速地在西藏投放大批重型武装，对印度形成有效吓阻。

资源

微信公众号“物流沙龙”（www.logclub.com）是物流管理领域的一个交流平台。这个沙龙已有十余年的历史，一直坚持在物流管理领域。

运营管理：千遍万遍不走样

运营管理是供应链管理的三大组成之一，当然也可以说供应链管理是运营管理的延伸。那究竟什么是运营管理呢？

微软的英卡特百科全书对运营管理定义如下：“运营管理是对主要商业活动的管理，即组织和控制最基本的商业活动，为客户提供产品或服务。”这与美国运营管理经典教科书[二]的定义挺接近：“运营管理是对公司相关体系的设计、运作和改进，以制造产品和提供服务。”它是把原材料、人力、技术、资金、设备等转化为产品、服务的增值过程，

[一] 胜利在望却甘愿求和，左宗棠西北平乱为何要选马家军做朝廷代理人 . 百家号“史料不辑”.

[二] 该书英文名为 *Operations Management for Competitive Advantage*。作者为 Richard Chase，F. Robert Jacobs 和 Nicholas Aquilano，2005 年由 McGraw-Hill/Irwin 出版社出版。该书的更新版本有中文版，名为《运营管理》，由任建标翻译，机械工业出版社 2015 年出版。

是每一个管理人员都没法回避的。

运营管理协会，即原来的美国生产与库存控制学会，对运营管理的定义有明显的生产和库存管理的痕迹，但贴切地反映了运营管理的兼容并蓄：“运营管理是对研发、工业工程、管理信息系统、质量管理、生产管理、库存管理、会计等职能的集成，以有效地规划、利用和控制生产或服务机构。”

运营管理不是制造业专有，从“制造与**服务业**运营管理学会”的名字就可见一斑。在美国，国内生产总值GDP的79.7%来自服务业（2017年）㊀，运营管理的研究重心也在从制造业向服务业转移。很多起源于制造业的概念，也被移植到服务业。麦当劳把流水生产线用到快餐服务，就是一个例子——流水线最早由福特汽车导入，是个制造行业的实践。

一位在戴尔担任过运营经理的朋友说，运营管理都是些琐碎繁杂的事。没错，不过运营管理的这些柴米油盐事，却关系到公司的基本运作，如质量、交货、服务等，任何一件小事都可能让你的生产线停顿下来，所以非常重要。一位纳斯达克100的大公司的首席运营官说，他的全球运营部门是“啥事都牵扯”(in the middle of everything)，也是同样的道理。

琐碎繁杂，微不足道，干一遍没什么难，难就难在千遍万遍不走样。这就如麦当劳的炸薯条本身没什么了不起，真正了不起的是，不管在世界什么地方，由什么肤色的人炸，是早晨还是晚上，这薯条都炸得一个样。就如海尔集团首席执行官张瑞敏所说，“不简单，就是将简单的事做千遍万遍做好；不容易，就是将容易的事做千遍万遍做对。”背后没有成套的系统、流程是不可能的。运营管理的价值就体现在对这些系统、流程的设计、运营和改进上。而且只有从日常运营的繁杂琐事中上升到流程、系统的实质问题并改进，运营管理者才能脱颖而出。这点同样适用于供应链管理。

㊀ List of Countries by GDP Sector Composition. 维基百科，www.wikipedia.org.

在北美的大公司，运营管理和供应链管理相互搭接。例如，在IBM这类推行集成供应链管理的公司，运营管理是供应链管理的一部分；而在另一些公司，采购、物流等是全球运营部门的一部分，汇报给全球运营部。究竟是运营汇报给供应链，还是供应链汇报给运营，这并不重要：水无定型、法无定法，关键是**组织结构要能够满足公司的业务要求，并随着业务的发展而调整**。

业界人士说

在一些国企，运营管理部是虚岗，跳出实际的业务流程去进行所谓的运营优化管理。在我看来，这种做法非常低效：一方面，该岗位平时可有可无，即使该部门全部放假也完全不影响业务进程，对从业人没有任何直接的业务压力，没有压力就没有动力，很难出成绩和效果；另一方面，会产生外行指挥内行的现象，反而干扰正常业务流程。如果用跨部门的专项项目，或者类似精益生产的改善小组，效果应该更好。常设专职的工作组、委员会一般都不是解决问题的好组织形式。——米良疯，微信公众号“供应链管理专栏”读者

刘宝红答

其实何止国企，大企业都有这问题。专业分工下，内行埋头干活儿，没时间抬头看路；外行在教人干活儿，但不知道活儿是怎么干的。干活儿的跟教人干活儿的是两层皮，注定效果会打折扣。最早的日本企业的“质量圈”（quality circle），就是干活儿的人自己在改进，两层皮的问题就比较小。

供应链管理的几个“小亲戚”

除了采购、运营和物流管理外，供应链管理还有好几个“小亲戚”，比如运筹学、系统动力学、工业工程、信息技术等。

运筹学为供应链的优化提供了工具，比如线性规划、数理统计等。如果你看 20 世纪 60 年代以来的文献，库存计划、生产排程、配送网络优化等领域到处都是运筹学的影子。而供应链的真正优化，也离不开这些数理统计模型。国内高校中，有些供应链教授就是运筹学背景。比如上海交大安泰学院的陈晓荣博士，就是个运筹学专家，现负责全球运营领袖 MBA 课程（交大和 MIT 合办，在我看来是国内最好的供应链管理 MBA）。

运筹学有很多模型和算法，相对北美而言，也是国内教授比较擅长之处。在美国，供应链管理的顶级研究，比如发表在《管理科学》（*Management Science*）等上面的论文，大多也离不开数理模型，那些杰出的研究者呢，也是以华人和印度裔为主。

供应链管理的另一个"亲戚"，甚至可以说是"近亲"，是**系统动力学**。该学科源自麻省理工的 Jay Forrester 教授，着眼供应链条上各个环节之间的互动，力图全局优化，可以说是供应链管理的鼻祖。作为供应链管理的经典游戏，"啤酒游戏"就是由 Forrester 教授在 20 世纪 60 年代开发的，后来演化成多种版本，用来展示供应链上没法回避的"牛鞭效应"[⊖]，也能在系统动力学上找到起源。

供应链管理最早在制造业发展起来，而制造业离不开 IE 和 IT——供应链管理的另两个"亲戚"。前者是**工业工程**，可以说是现代管理之母，生产线、仓储配送设施等的优化，都离不开工业工程；后者是**信息技术**，比如以 ERP 为核心的信息系统，撑起了企业和供应链的框架。供应链的流程，特别是订单层面的基本流程，其实是固化在信息系统里。

我在硅谷工作的那些年，经常跟负责 ERP 的分析员们开玩笑，说公司把我们这些负责供应链业务的人都开掉也没关系，只要保留他们那些维护 ERP 的人员就行了——企业的基本流程，比如订单处理，是

⊖ 简单地说，"牛鞭效应"就是由于信息不对称，需求变动沿着供应链传递时会逐级放大，越是远离需求源，放大的幅度越大。后文会详细探讨。

固化在 ERP 中的，而这些分析员最熟悉 ERP 和业务流程，招些新人，由他们培训就可以了。

也是因为这个原因，有些公司的供应链改进由 CIO 牵头。比如时不时有公司联系我，希望我来帮助他们改进供应链管理，联系人的头衔中屡屡就有 CIO 的字眼。有个计算机巨头邀请我去培训他们的 IT 人员（主要是分析员），主要原因就是他们最熟悉业务流程，需要承担供应链绩效改进的责任。电商、贸易行业，我就见过好几个 CIO 在负责制定需求预测、库存计划逻辑。

这有很多问题。最主要的是 CIO 虽说熟悉基本的业务流程，但并不一定熟悉业务本身。打个比方：CIO 很熟悉在 ERP 里，库存如何从一个库存点转移到另一个库存点，但这跟库存控制没有关系——库存控制取决于合理的需求预测、合理的库存计划，光熟悉那些 ERP 里的指令是远远不够的。所以，CIO 在供应链的组织设计、绩效考核、主干流程方面往往经验不足，因而不是主导供应链绩效改进的合适人选。[㊀]

从美国三大协会说供应链管理的演变

前面说到，供应链管理从采购、运营和物流管理发展而来，它是对从供应商的供应商到客户的客户的产品流、信息流和资金流的集成管理，以实现对客户价值的最大化，以及供应链成本的最小化。企业之间的竞争不再是企业与企业之间的竞争，而是供应链与供应链之间的竞争。过去二三十年来，美国的汽车业在日本汽车大厂的强大攻势下一败涂地，就是一个供应链战胜另一个供应链的例子。

在美国，这种集成的供应链管理概念不是一蹴而就的，而是经过几十年的演进发展而来的。这里我们从采购、运营和物流职业协会的

㊀ 这方面有个案例，在我和赵玲合著的《供应链的三道防线：需求预测、库存计划、供应链执行》一书中（145 ～ 151 页）。该案例讲的是在一个本土企业，供应链改进原来由 IT 驱动，最后转向由集成供应链来负责，因为后者更加熟悉业务机制。

发展历史出发，阐述供应链管理在美国的发展——要知道，判断一个职能的发展，最简单的方式就是看相应行业、职业协会的发展。

简言之，**供应链管理不是一个领域，而是三个。过去不是，现在不是，在可以预见的将来仍会保持在多个领域齐头并进**。这从目前美国跟供应链管理相关的行业协会可见一斑。

供应管理协会（ISM）

供应管理协会是世界上规模最大、影响最大的供应管理组织，拥有四万多会员。它发布的采购经理人指数（PMI）跟踪生产、库存、订单量等变化，是美国经济的风向标，被新闻媒体、学术研究、华尔街和政府部门广泛引用。它的前身是美国采购经理联合会（NAPM）。在100多年的发展过程中，伴随着供应管理在美国公司的重要性不断提升，该协会的侧重点从采购发展到供应管理，再到供应链管理。

图1-3简单地表述了在美国，采购从采购代理发展到采购管理，再发展到供应管理的过程。最早的采购是采购代理，即内部客户确定了需求，找好了供应商，价格也往往都谈好了，采购负责签合同、下订单，把东西买回来。当时的专业协会就叫“采购代理人协会”（1915年成立）。后来，采购说，我不但可以帮你下订单，而且可以帮你找供应商、管供应商、谈价钱、谈合同，于是就变成采购管理，协会也改名“采购经理人协会”（1968年）。再到后来，采购说，我不但可以帮你找供应商、管供应商，而且可以处理运输、物流、进出口，把一切打点好，直到产品进了我们的仓库，于是就演变成了供应管理，专业组织也改名“供应管理协会”（2002年）。

但是，供应管理协会的核心仍然是采购与供应管理，而不是广义上的供应链管理。2002年前后，采购经理协会改名为供应管理协会时，有人问，为什么不改为“供应链管理协会”？ISM的答复是供应链管理太广泛，还不够定型。是的，在供应链领域，不管你问美国还是中国的职业经理人，你们的头衔是什么，答复大多是采购、运营或物流，而不是供应链管理。即使是供应链经理，他们的职责也往往侧重某个领域，并不是我们真正意义上的大供应链。但毫无疑问，从采购管理到供应管理，是向供应链管理迈进了一大步。

1915 年
美国采购代理人协会成立

1968 年
改名为美国采购经理人协会

2002 年
改名为美国供应管理协会

图 1-3　采购管理发展到供应链管理

这也体现在职业认证上。供应管理协会原来的认证是注册采购经理（C.P.M.），在 30 多年的历史中，全球认证人数超过 4 万，认证内容覆盖价格、质量、交付、合同管理、供应商选择、供应商谈判、国际贸易、公司管理及人力资源管理等。为适应采购向供应管理的发展，供应管理协会在 2008 年推出“供应管理专业人士认证”（CPSM），以取代 C.P.M.，这标志着向供应链管理更进一步。相对而言，CPSM 的要求比 C.P.M. 更高，也反映了供应（链）管理比采购管理要求更高。[⊖]

运营管理协会（APICS）

APICS 是美国生产与库存管理协会的缩写。与供应管理协会侧重采购相对应，APICS 历来侧重于生产与库存管理。为适应向供应链管理发展的趋势，该组织在 2004 年更名为 APICS——运营管理协会（具

⊖ 对于 CPSM 认证的细节，可阅读《供应链管理的职业认证》一文，收在我的《供应链管理：实践者的专家之路》一书中，机械工业出版社于 2017 年出版；或在我的“供应链管理专栏”（www.scm-blog.com）上查询同名文章。

体如图 1-4 所示)。考虑到 APICS 在美国乃至世界的影响，运营管理协会仍旧保留 APICS 字眼，也显示不放弃在生产与库存控制方面的传统优势。

1957 年
美国生产与库存控制学会成立

2004 年
改名为美国运营管理协会

2014 年
与供应链理事会合并

图 1-4 APICS 更名，进入供应链管理时代

在美国宏观经济中，APICS 的地位没有供应管理协会高，比如没有像供应管理协会的 PMI 那样有影响力的宏观经济指数。但在生产与库存管理领域，APICS 享有崇高的声望。它的生产与库存管理认证（CPIM）在生产企业受到普遍重视。其认证内容侧重于生产的计划、控制和实施，即如何把销售计划转变为需求计划、生产主计划，然后细化到生产计划、物料供应计划，再到生产线的排程和控制，内容包罗万象。自 1973 年首次推出以来，全球总共有 10.7 万人得到此项认证。㊀

伴随着更名，APICS 在 2005 年推出“供应链专业人士认证”(CSCP)。从字面上看，该认证针对供应链管理；从内容上看，该认证试图覆盖供应管理的三大范畴（采购与供应管理、生产运营管理、物流管理）；从级别上看，该认证比 CPIM 高，它要求一定年限的相关工作经验，而 CPIM 则没有。在过去 10 多年来，该认证与 CPIM 并存，可视作 CPIM 向供应链管理的延伸，以实现 APICS 在供应链管理领域与供应

㊀ CPIM Transformed for Today’s Busy Professionals. APICS 网站，www.apics.org.

管理协会（ISM）两分天下的目的。

2014 年 4 月 30 日，APICS 宣布与 Supply Chain Concil（SCC）合并。这种合并，一方面是为了抱团取暖——2008 年金融危机以来，经济低迷，美国专业协会的经费大减；另一方面是为了挽救运营管理在美国日益衰落的局面——外包盛行，供应链全球化下，很多公司的生产制造被外包给低成本国家的供应商，原来由运营部门负责的任务转移到采购部门，原来的生产、库存、计划等专业人士也纷纷转业，而以这些人为基础的运营管理协会也就每况愈下。

这从他们的董事会成员可以看出：APICS 的董事会成员中（2018 年），12 个董事会成员，只有两位是《财富》500 强的副总，其余大多是些总监、经理、顾问[㊀]——生产外包到别的国家，有些生产运营的专家就只能转入咨询业。作为对比，看看其竞争对手供应管理协会的董事会，13 个董事会成员中，只有一两个不是《财富》500 强的副总裁、首席采购官级别（2018 年）[㊁]。我们说这些，并不是某相声中说的，两个人拿名片打牌，看谁的名片上的头衔大；而是说，这些职业协会的董事会大部分是志愿者，大企业的高管们是否愿意把自己的时间贡献出来，从侧面反映了一个协会在行业的影响力。

好消息是，运营管理协会 APICS 这些年来继续与别的职业协会合并。2015 年 7 月，它与原来的美国运输和物流协会合并，算是正式跨入物流领域，也给它的认证库里增加了一个新成员：运输与物流认证（CTL）。通过这一系列的兼并，运营管理协会可以说成为美国三大供应链职业协会中涉猎范围最广的一个。当然，兼收并蓄的风险呢，也是可能变成大而杂，丧失聚焦点，变成三不像。

供应链管理专业人士协会（CSCMP）

这是美国第三个与供应链管理相关，也有相当影响力的协会。它

㊀ 2018 APICS Board of Directors. APICS 网站，www.apics.org.

㊁ ISM Board of Directors. ISM 网站，www.instituteforsupplymanagement.org.

的前身是物流管理协会（CLM）。顺应物流管理向供应链管理的过渡，供应链管理专业人士协会（CSCMP）试图从物流管理的角度出发，来“蚕食”供应链管理这一热门行业。

物流管理协会的影响更多是在物流教育领域，这从他们的主席人选可见一斑：物流专业的一些知名教授曾担任过该组织的主席，例如国内熟悉的鲍尔索克斯（密歇根州立大学教授，1964 ～ 1965 年任主席）、门泽尔（田纳西大学教授，2000 ～ 2001 年任主席）等。

相信在短时间内，供应管理专业人士协会很难大幅增加在**工业界**的影响，也很难成为一个纯粹意义上的供应链管理协会。这从该协会的董事会可见一斑：15 位董事会成员中，6 位是教授或来自大学。作为对比，运营管理协会 APICS 的董事会只有 1 位教授，而供应管理协会 ISM 则是清一色的大企业高管。

在发展历史上，供应链管理专业人士协会很好地诠释了从小到大、从部分到全部的发展历程。如图 1-5 所示，1963 年，美国实物配送协会成立，表明最早的物流以运输为主，简单地说就是管着一帮卡车司机，做着把东西从 A 点搬送到 B 点的“实物配送”。[⊖]到了 20 世纪 80 年代，这些人说，我们不但可以把东西从 A 点搬到 B 点，而且可以对付整个过程的仓储、配送、海关等多道手续，以及伴随而来的信息流，这就变成了物流管理。于是在 1985 年，实物配送协会改为物流管理协会，覆盖运输以外的更多业务。再后来，物流管理说，我们也可以对付采购、运营的事啊。得，这就变成了供应链管理——2004 年，物流协会改名供应链管理专业协会，正式从物流跨入供应链领域。不过对我们供应链领域的人而言，一看你是供应链管理职业人协会的，就知道你的前世今生是物流。

⊖ 有个学术刊物，名字叫 *International Journal of Physical Distribution & Logistics Management*，翻译过来就是《实物配送和物流管理国际学刊》。从 1970 年创刊至今，都快半个世纪了，还看不到一点要寿终正寝的样子。

1963 年
美国实物配送管理协会成立

Council of Logistics Management

1985 年
改名为美国物流管理协会

CSCMP Council of Supply Chain Management Professionals

2004 年
改名供应链管理职业人协会

图 1-5　从实物配送到物流管理到供应链管理

从认证角度而言，长期以来，这个机构一直没有能与供应管理协会和运营管理协会相匹敌的认证。最近注意到，供应链管理专业人士协会推出了 SCPro 的认证。整个认证分为三级：第一级是供应链管理核心知识，覆盖供应链管理领域的八个方面；第二级是供应链挑战的分析与实施，基于案例来测试学员对供应链管理知识的应用能力；第三级是供应链转型，需要在学术机构导师的指导下，分析具体企业的真实状况，规划一个供应链改进项目，来取得真实的业务成果，比如提高投资回报率、缩短周转周期等。[1]这个认证目前在国内还没有看到，在美国的影响也尚需建立。[2]

从上述美国三大职业协会的发展可以看出，在可预见的未来，供应链管理仍将以一个综合领域的面目存在，在采购、运营和物流的基

[1] 见供应链管理专业人士协会的网站：http://cscmp.org。

[2] 判断一个认证的价值，最简单的就是看招聘网站上，有多少职位要求或者建议应聘者有这个认证。我到 Monster.com（这是美国的一个主要招聘网站）上，搜索 SCPro 认证，只发现两个职位；搜索 ISM 的 CPSM 认证，发现 487 个岗位；搜索 APICS 的 CPIM 认证，出来 700 个岗位；搜索 CSCP，有 358 个岗位（2018 年 10 月 10 日，搜索时不限职位所在的地域）。再搜索“注册供应链管理师”CSCM 认证，发现 17 个岗位——这个认证最近突然在国内冒起来，到处都有人在宣传，说是国家人力资源和社会保障部认可的，引得很多读者三天两头到我这里求证，问这个认证是不是主办者宣称的那样，是个美国主流认证，这里算是一并答复。

础上继续发展。但集成的趋势很明显，不但在行业协会，而且在工业界、教育界。

很多公司在集成采购、运营和物流管理三个部门，设立全球供应链部。ERP 软件提供者如 SAP、Oracle 促进了这一趋势：它们的软件使跨职能协作更加容易。学术界也有越来越多的系、专业改名为供应链管理。美国 MBA 排名中也增设了供应链管理 / 物流管理专业，与传统的会计、金融、营销、国际管理等分庭抗礼，说明供应链管理作为一个专业已经形成。

资源

CPSM 认证由美国供应管理协会提供，详情见 www.ism.ws。CPIM 和 CSCP 认证由美国运营管理协会提供，详情见 www.apics.org。这些认证在国内都可以参加，其中 CPSM 已经汉化。

延伸阅读

《供应链管理在国内的发展》，节选自我的另一本书《供应链管理：实践者的专家之路》。十几年前，我在申请北美商学院时，第一次听说供应链管理；七八年前，国内的一些大型企业启动供应链转型；最近几年，越来越多的中小企业着眼供应链，解决日益严峻的成本和库存问题。扫描二维码，阅读全文。

供应链的根本是协作，那为什么不协作

我们知道，供应链是采购把东西买进来，生产来加工增值，物流负责配送给客户。自从有现代企业以来，就有人做采购，有人做生产运营，有人做物流配送。也就是说，采购、运营和物流管理由来已久，至少有上百年的历史，那为什么供应链管理是个新概念，直到 20 世纪

80 年代才出现？根本原因：**单一指标驱动下，职能之间山头林立，协作度低，形不成供应链**。让我细细道来。

职能之间山头林立，协作度低，形不成供应链

传统模式下，企业是职能导向，驱动员工行为的是职能目标，即自上而下的目标。比如对采购来说，就是采购价格最低，因为老板对采购的最大要求就是省钱；对生产来说，就是产能利用率最高，这也是老板最为关注的。你知道，价格没有最低，只有更低，如果牺牲交付、质量和服务的话。生产也类似：为了提高产能利用率，降低单位生产成本，那就减少换线，以延长交付周期，牺牲交付绩效为代价。

也就是说，在传统模式下，驱动员工行为的是竖向的**效率型指标**（比如成本更低、产能利用率更高），缺乏横向的**服务型指标**（比如交付更快、质量更好）。在绩效考核的驱动下，每个职能关注的重点是顶头上司，而不是兄弟职能的诉求，这样，职能与职能之间就串不起来，形不成供应链。这也是职能之间协作度低的根本原因。

这也是为什么兄弟职能之间经常互相挖坑，不管是自觉还是不自觉地；而上下级之间就很少互坑，协作也容易多了。这里的关键是**强相关的指标**：上级的目标百分之百传递给下级，下级的绩效也百分之百汇总给上级，大家是同一条绳子上的蚂蚱。但跨职能之间则不是，职能之间的横向联系不够强。也就是说，纵向指标之下，你关注的是来自上司的需求；横向指标缺失，你就不会那么关注兄弟职能，也就是内部客户的诉求。结果就是山头林立，局部优化盛行。

当然，有人会说，我也有横向指标啊，比如交付和质量。你当然有，但问题是，把你敲得满头是包的，是没完成你老板的事，还是兄弟职能不满意？或者说，让你晚上睡不着觉的，是你老板的事，还是兄弟职能的？如果是前者的话，说明横向的质量、交付等指标还是不够强大；支配我们行为的，还是自上而下的指标。

而解决方案呢，就是建立**强相关**的横向指标，让职能之间有类似于上下级之间的强联系。对于每个具体的职能、具体的员工来说，他们不但要有纵向的效率指标（比如成本、产能利用率、库存周转率），还要有横向的服务指标（比如按时交货率、质量合格率），这是一对表面矛盾，但实际相辅相成的指标[⊖]，是打破职能壁垒，促进跨职能协作，形成供应链的关键。

这道理不难，你天生就懂，因为兄弟职能不配合，你的第一大招就是想方设法让对方“背指标”，背的就是横向的服务型指标。那为什么总是给“背”不上呢？或者说名义上“背”上了，实际上却没有呢？

这里的根本原因有二：其一，横向指标在绩效考核中权重太低，没法起到“强相关”的作用，引导员工的行为改变。其二，企业的管理精细度不够，没法有效**客观量化**横向指标——没法客观量化，就不知道；不知道，就没法管理，还是没法“强相关”。

第一个原因无须多言。对于第二个原因，让我们拿供应商的按时交货率为例来说明。之所以用按时交货率，是因为这是所有横向指标中最为直观，也最为简单明了的：要么按时，要么不按时，有什么可争辩的？且慢，这问题远没有那么简单。

先说什么是按时。计划说，按时就是能够满足客户需求，也就是说，以客户的**需求日期**为基准。采购马上就有异议：供应商的正常交期是30天，客户的需求日期只给3天，这怎么能做到呢？不公平。那什么叫公平呢？采购就说按照供应商的**正常交期**，要么是合同约定，

⊖ 比如对采购来说，既要价格低，又要质量好；对计划来说，既要交付好，又要库存低；对设计来说，既要产品性能好，又要满足目标成本。这些都是表面上相互矛盾，实际上却一致的指标。工作做到位，两者都能达到。比如计划做好了，知道计划客户要的，交付就好；也知道不计划客户不要的，库存就低。这点在《供应链的三道防线：需求预测、库存计划、供应链执行》一书中有详细阐述，刘宝红、赵玲著，机械工业出版社于2018年出版。

要么是报价时约定。这时候销售、计划、生产马上“跳”起来了：这世界不是个完美的世界，如果客户每次都给我们足够的响应周期，那还要采购干什么？

就这样，计划基于需求日期，3 月 1 日就要货；采购基于标准交期，3 月 31 日才交付。两个极端，对另一方都不公平。不公平就没有约束力——连法律都有规定，强迫签订的不公平合同不具法律效力。那什么叫公平？供应商说，我理解你们 3 月 1 日要货，但物理定律没法违背：车工需要 x 天，铣工需要 y 天，最后的精加工需要 z 天，也就是说，最快也是 3 月 15 日，否则要货没有，要命一条。就这样，计划、采购和供应商三方达成一致，3 月 15 日就成为按时不按时的标准，也就是说，基于供应商的**承诺日期**。

这道理很简单，是不是？没错，对于一个具体的订单来说，这是不难。但想想看，一个公司，每天动辄有几十几百个订单，每个订单都这么来回拉锯，达成三方一致，可不是件容易的事。好不容易达成一致，第二天需求变了，得，又得重新来一次。这工作量有多大，离开电子商务的支持，简直不可想象。

在电子商务发达的企业，采购订单由 ERP 自动生成，发给供应商；供应商确认交期、数量、单价，通过电子商务传递给采购方；如果供应与需求匹配，这就作为供应商的承诺写入 ERP，成为后续判断是否按时的标准，不需要任何人工介入；如果不匹配，系统会自动提醒供应商做出更好的承诺；还不够好的话，采购员、物控员、催货员就人工介入，打电话，发邮件，找老板，督促供应商改进交付，直到供应商做出三方能够达成一致的承诺。第二天需求变了，这样的流程就重来一次。

看得出，有电子商务支持的话，百分之八九十的事儿由信息系统做了，员工只是负责那 5%、10% 的例外；没有电子商务的话，员工就不得不把所有的情况都当例外，我还没见过一个公司，能人工确认每个订单的供应商承诺日期，并随着需求日期的更新而更新。遗憾的是，大多数企业都没有这样的电子商务，所以就没有能力做精、做细，在订单和料号层面**客观**统计按时交货率。

没有三方认可的承诺日期，计划就基于需求日期统计，按时交货率自然很差；采购为了自保，就基于正常交期统计，按时交货率自然很好。告到老板那里，老板一看，双方都有道理啊，只好批评教育，再宣教一番"以客户为导向"，这事儿就不了了之了。结果呢，计划只能以内部客户的身份，从道义上给采购压力；而采购呢，虽然"背"着供应商的按时交付指标，但实际上形同虚设，起不到"强相关"的作用，驱动他们的仍然是单一的价格指标。

最简单的按时交付都这么难以客观统计，质量、服务等指标就更难客观量化。就拿供应商的质量问题来说，每一个质量问题，都意味着生产线、质检、供应商以及设计之间无穷尽的扯皮，大量Email乱飞，大多企业根本没有资源来梳理清楚。同理，没法客观统计的就没法管理，这样，供应商质量指标就没法落实到采购头上，驱动采购的呢，依然是自上而下的成本指标。

做不精细，企业没法有效量化横向指标，就不得不借助企业文化来推动跨职能协作，让大家"学雷锋"，但没法从根本上解决问题。

既然职能之间的横向指标难以客观建立，有些企业就采取**组织措施**，成立**集成供应链**部门，让采购、运营、物流、计划、客服等职能统一汇报到同一个总监，通过组织措施打通这些职能之间的壁垒。图1-6所描述的，就是一个本土名企的"集成供应链"。该公司设立首席供应官，与负责营销、产品的两位老总平行，一起汇报给CEO。在首席供应官下，有负责供应商选择的寻源、负责工厂的生产，以及端对端的供应链。

有人或许会问，既然寻源与生产都是供应链的一部分，为什么没有包括在集成供应链里？这里主要有两个原因：其一，生产管理成百成千的员工，有很多琐碎杂务；寻源要跟设计、供应商打交道，有很多商务关系要维护，供应链总监的精力有限，没法对付那么多的事情。

其二，成本压力大的时候，企业就倾向于集中采购，把寻源单列出来，在更高层面整合需求，增加规模优势，获取更好的采购价格。

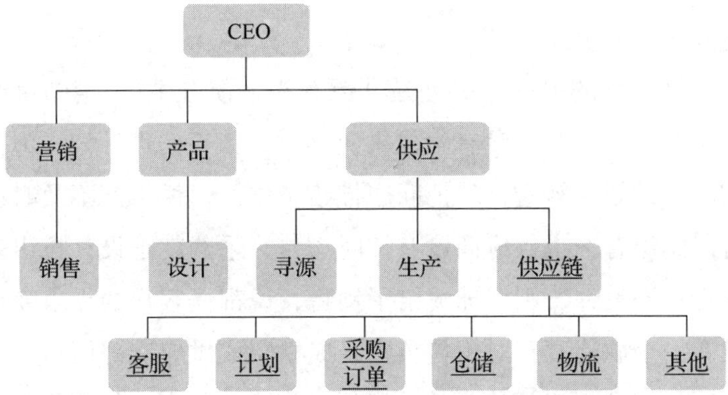

图 1-6　集成供应链是通过组织措施打通部门墙

有趣的是，也正是在这个名企，寻源有时候归供应链，有时候又独立出来。其后的驱动因素呢，就是企业的业务需求：当速度不够快的问题更大时，寻源划归供应链，从寻源到订单处理都在同一个职能，以快速响应市场需求；当成本不够低的问题突出时，寻源就单列出来，以获取更大的规模优势。很多企业的采购时而集中，时而分散，后面的驱动因素也是一样。

集成供应链让客服、计划、执行采购、仓储、配送等职能处于同一部门，其好处是，即便职能之间没有客观的横向指标，也可以通过**组织措施**，促进这些子职能之间的协作，以控制局部优化，推动全局优化。

比如有个公司，原来采购、物流分别汇报给不同的总监，再到不同的副总，最后到同一个高级副总裁。两个职能，两条迥异的汇报线，从员工到经理到总监到副总，都是单一指标驱动：采购希望供应商发货越快越好，物流希望运输成本越低越好，就经常出现互坑的情况，比如采购员动不动就让加急运输，而加急运输费用呢，则由物流部门来买单。

当这个公司成立集成供应链后，采购经理和物流经理都汇报给同一个供应链总监，总监层面既对采购的按时交付负责，也对物流的运输成本负责。在一对相互矛盾的指标驱动下，总监一看到加急运费那么高，就马上找手下采购经理的麻烦；采购经理就找采购员的麻烦，于是采购员也就“理性”多了，再也不敢动不动就 24 小时加急，超额的物流费用也就得以控制。

集成供应链的另一个好处是“冤有头，债有主”，给销售等内部客户一个解决方案。当没有集成供应链时，销售问责计划，为什么交付不按时；计划一转身，就把问题推给了生产，说生产不及时；生产自然有采购垫背，说供应商没有按时交付；采购就把设计拉出来，说设计变更；而设计，则把球踢给了销售，说都怪客户的需求变更。最后，没有一个职能真正对销售负责。成立集成供应链部门后，责任到此为止：从接到客户订单开始，计划、采购、生产、包装、配送，都归供应链总监负责，供应链总监对这些职能“要打要骂”随便，但最终的交付呢，找供应链总监就行了。

业界人士说

以前 PMC、制造、品保各自独立的时候，产线和供应商一旦有问题，马上就暴露出来；现在把这些职能集成到生产事业部（跟集成供应链类似——作者注），供应端的问题反倒不容易暴露，而一旦发现，就是大问题。

刘宝红答

在供应链上，没问题是最大的问题。这就如小孩子们在一起，总是会打打闹闹的；一旦没声音了，有经验的妈妈都知道，完了，肯定是在什么地方干坏事呢。

没有一种组织结构是完美的。一种组织结构解决了一些问题，必然会产生另一些问题。关键是要看解决的问题多，还是制造的多。但如果这种集成能够更好地解决更多问题，集中、集成还是值得的。

组织越是集成、集中，组织内的问题就越不容易暴露。比如当生产和计划分离时，你会经常听到生产抱怨计划；而当生产部门自己做计划、自己做执行的时候，抱怨的声音就小了很多——谁会自己抱怨自己呢？但你知道，那并不是因为生产自己做计划做得更好。

有些企业习惯于独立各职能，目的之一就是暴露问题。我的经验是，越是管理粗放的企业，比如大型央企、国企和内地的一些大型民企，职能之间的集成度越低，职能与职能之间的监督就越强，防止贪腐等行为。当然，这种多权分立会造成别的问题，比如唯一责任人缺失，在后文的“多权分立，供应商成了公共草地”部分还会详细讲到。

实践者问

供应链管理部门得如何设置，才能让供应链更加有效？

刘宝红答

不知道，因为组织结构一定要跟业务需求联系起来，才能讨论有效无效。比如当成本压力大时，集中采购是很好的组织结构；但是，当速度不够快成为大问题时，集中采购就不是有效的组织形式。

这里我要补充的是，你不一定得有供应链管理部门，才能管理供应链。供应链管理更多是流程型管理，而不是组织型管理。流程稳健，完全可以不要“供应链管理”部门。比如苹果就没有“供应链管理”部。我的老东家也是。流程稳健的标志是职能之间的横向指标完善。比如在一些企业，计划、采购、生产、物流等职能之间设立了强相关的指标，在计划的驱动下，各部门各司其职，也能取得良好的供应链绩效。

小贴士　供应链管理的“儒家”与“法家”

传统的日本供应链是长期关系，或者说，更像“儒家”的做法。[㊀]

㊀ 这里说的“传统”，主要指20世纪日本崛起的那段时间，大致在八九十年代前后。当时美国系统学习日本的做法，现在能看到的关于日本管理方式的文献，大都是那个时段产生的。当然，过去二三十年里，日本经历了显著的变化，管理方式也在变化，在有些做法上与欧美更加趋同，因文献不足，这里就不予探讨了。

在长期关系下，绩效考核相对很次要。这就如一家人，相互之间很少会设定指标。而约束双方行为的呢，也正是长期关系，是未来，因为在长期关系下，双方都有很多可失去的，所以就更加理性。

比如在论资排辈的终身雇用制下（当然，现在的日本也早已不尽如此），员工表现不好，就没有好的晋升机会；跳槽后，又得从头开始，从最基本的做起，损失反倒更大，这促使员工在现有工作上尽职尽责（当然也承受很多委屈和压力，你到日本的地铁上，一眼望去，职业人的满头灰白就是证明）。同理，在长期合作下，供应商知道未来一部分业务是它的，如果不把现在的事做好，风险就是失去**未来**生意，这也驱使供应商更好地干活。

但是，对于北美和中国企业来说，这就很难适用。美国和中国其实惊人地相似，放在企业行为上，那就是**短期关系**。如果非要说有什么不同的话，那就是中国比美国更短期罢了。不管是企业之间，还是企业与员工之间，短期关系意味着没有未来；没有未来就意味着没有可失去的；没有可失去的，你自然就没法拿未来来约束对方。那怎么办？就只能推行“法家”的做法，基于**契约**来管理。

契约有两种：其一，竖向的契约，这是上下级之间的契约，也是最基本的契约，驱动职能内部上下级之间的协作；其二，横向的契约，这是兄弟职能、公司与公司之间的契约，驱动跨部门、跨公司协作。前者体现为纵向指标，后者体现为横向指标。纵向指标大家都熟悉，横向指标的好处呢，就是别光顾着把所有的水都放到自己田里：种好自己的一亩三分地要紧，分点水到邻居的地里也要紧。分多少呢，不是靠发扬风格，而是约定好的，即横向指标。

过去三四十年来，本土企业从没有契约的“大锅饭”，过渡到有**竖向**契约的市场经济，现在正在建立**横向**契约的路上。但是，对本土企业来说，契约化还远未完成。一方面是**文化原因**：传统的文化是基于关系的，要变成冷冰冰的契约关系，会有各种挑战；另一方面是**能力原因**：企业的管理精细度还不够，没法有效客观量化绩效，建立强相关的横向指标。

于是，很多企业就“儒”“法”并举，一方面大张旗鼓宣扬企业文化，这是儒家的做法；另一方面推行绩效管理，典型的法家做法。而做得好的企业，这两方面都做得不错。

就拿华为和海尔来说，这是一南一北两个非常有代表性的本土名企，在外人看来都是企业文化非常强的企业，似乎靠的就是任正非和张瑞敏的一张嘴。但是，华为和海尔不是靠企业文化吃饭的，如果把它们理解为儒家信徒就大错特错了；企业文化背后，它们靠的是异常严酷的绩效考核，典型的“法家”做法，而这正是局外人不知道，或者不愿意知道的。

比如海尔的“日清日毕”，字面上文质彬彬，翻译成白话可就不了：今天的事儿没做完，晚上你就不要回家。他们甚至为每一个员工独立核算，你对内部客户做了多少事，那是你的营收；内部供应商为你做了多少事，那是你的成本，力求每个人、每件事的账都算得清清楚楚。

再比如华为的能上能下，几年前我跟他们的两位销售高管会面，其中一位总监指着另一位副总说，以前他们两个的职位正好相反，后来因为绩效原因，两个人就倒过来了。能者上，不能者下，这话说起来多么容易，但在注重关系文化的氛围里，有几个企业能真正做到？华为可以说把法家精神发挥到了极点。

这里要补充的是，传统的日本企业虽然是儒家做法，绩效**考核**不是很严格，但不要忽视它们的绩效**统计**能力。在我所熟悉的全球企业中，日本企业可以说是数据最齐全，分析最到位的。夸张点说，它们的每一件事都有数据支持，员工的Excel用得烂熟，决策更多的是基于数据，而不是判断。

你可以不算账，但不能没有账。放在绩效管理上，就是你不一定要考核，但不能不统计。要知道，企业大了，几亿元、几十亿元的规模，离开绩效统计，就没人知道真相——不统计就不知道，而不知道就无法管理。管理能力的一大标志就是数据的充分与否。放在古代帝国的文明程度上，就是能否造册征税：中原文明有能力做全国普查，能够按丁、按亩征税；而草原上的野蛮人呢，就像匈奴，称雄北方几个世纪，往往连自己有多少人马都弄不清，最后连片瓦片都没留下，就消失在历史的长河中。

案例　找替换供应商时，技术与质量不积极

有位职业人新近晋升供应链经理，全面负责公司的采购、质量和物流管理。摆在他面前的第一要事就是供应商质量问题：有些关键的供应商，质量问题一直没法解决。这位经理的解决方案呢，就是启动供应商淘汰机制，另行选择更好的供应商。但是，技术和质量人员都不够积极。他问我该如何设置绩效考核，提高这些职能与采购协作的意愿，尽快找到替换供应商。

案例企业年度营收十亿元左右，不大也不小，职能之间的部门导向有，但壁垒远远没有大公司的那么高。在开发替换供应商上，技术、质量人员积极性不高，看上去是个“不愿意”的问题，其实是因为供应商没选好、没管好，根本上是个“不能够”的问题。而解决方案呢，要从选好、管好供应商，争取首发命准上找，而不是第一个供应商没选好、没管好，就再找一个，让各部门重复投入资源。

遗憾的是，很多人分不清“不愿意”和“不能够”，误把后者当前者，一味地在绩效考核上做文章，自然没法解决问题。

就拿案例公司来说，供应商选好后，后续管理跟不上，有选择、没管理，好供应商也会变坏（这点后文还会详细谈到）。就质量问题来说，他们先是单纯依靠质量部门来应对，比如驻场管理，自然没法解决；最终变成了整体供应商问题，采购就拿淘汰代替管理，让技术、质量开发替代供应商，意味着更多的技术验证、质量评估工作。质量、技术虽然不知道根本的解决方案，却明白找替代供应商并不能真正解决问题，因为新供应商一进来，也会有老供应商的问题——这两个职能早已吃过很多亏，受过很多苦，对这点有很多切身体会。

所以，在找新供应商上，技术与质量消极反抗，出工不出力，也就不足为奇了。而解决方案呢，不是给这两个职能定指标，让他们更加愿意开发替代供应商；而是要改进供应商的选择与管理，争取第一次就把供应商选到位、管到位。

类似的情况很多。

比如有个企业的供应链老总说，他们的销售预测保守，不愿意建库存，导致供应链赶工加急。怎么才能促使销售多建库存？这不是个绩效考核问题，这是个能力建设问题：该公司采取“销售提需求”的做法，让一线销售人员做需求预测；那么多的一线销售，每人预测自己的客户需求，预测的颗粒度那么小，预测的准确度注定很低；预测准确度低，库存的风险大，销售人员建库存就自然保守。所以解决方案不是给销售绩效考核，而是改善需求预测流程，比如在公司层面集中预测，兼顾关键销售人员的职业判断，提高预测的准确度⊖，让销售能够更有效地管控库存风险，从而更愿意建库存。

延伸阅读

对于跨职能协作，我的基本观点是要通过绩效考核，设立强相关的横向指标来解决不愿协作的问题。当然，过犹不及，绩效考核也有副作用。比如《孔雀效应》一文中讲到的单向选择，还有我们都熟悉的“手术很成功，病人却死了”，都是常见的“绩效考核病”。在我的“供应链管理专栏”（www.scm-blog.com）上搜索题目，或者扫描二维码，即可阅读《孔雀效应》全文。

集成供应链：为什么集成不起来

供应链管理是对从供应商到客户的产品流、信息流和资金流的集

⊖ 对于一线销售为什么做不好需求预测，详细内容可参见我和赵玲的《供应链的三道防线：需求预测、库存计划、供应链执行》一书，106 ～ 117 页。

成管理。咨询公司、IT 解决方案提供者还经常加上“无缝”二字，就好像一切都已安排妥当，只要按一下电钮，从设计到采购到生产到销售，就会一气呵成，一蹴而就。但现实是，我们离集成还很远，不管是那些《财富》500 强，还是居民小区的小卖部，供应链大都是千疮百孔，“无缝”二字更多的是咨询公司招揽生意的噱头。

举个例子。办事处的客服人员在支持客户，要知道总部的货什么时候才能到本地，否则交货迟到，挨批算小事，如果导致客户流水线停产，连杀三次头都不为过。总部在向供应商催货，供应商的交期取决于下一级供应商的交期，而且也受别的产品影响，因为他们不只给这制造商生产一种产品。即使是按期交货，产品也可能被别的更大、更重要的客户抢走。结果呢，整个公司，上至总部，下至当地客服中心，都没法给客户一个确切的交货时间。货好不容易上了路，用的是加急发送，24 小时送达，结果鬼使神差，在路上晃悠了三天才到。这期间，分部与总部、运输公司的电子邮件发了几十个，电话一通接一通，上下乱成一锅粥。

这例子看上去挺面熟，是吗？因为它在我们的工作中一次又一次地上演，无非是时间、地点、行业不同罢了。问题不是理论上有多难：不管是库存、生产还是运输，单个问题都好解决。问题是这么多环节掺杂在一起，就很难准确地知道外购件什么时候到、产品什么时候出、出多少，以及发送给哪个分销中心、发多少、什么时候发。反映到供应链上，就是产品流、信息流缺乏透明度，信息系统扮演着关键角色。也就是说，围绕订单的信息没有一环一环地串起来。

放在供应链管理上，这就是供应链的**集成度**不够。也就是说，企业没法围绕客户的订单，有效集成生产、采购、供应商、配送等多个环节，给客户一个可靠的承诺，并且大概率地兑现。信息系统是个根本的问题，是个工业 2.0 的问题。这几年，工业 4.0 引起了广泛的兴趣，其实企业的最大挑战呢，仍旧在工业 2.0 的水平，即基本的 MRP 能否运转，库存数据是否准确，供应链端对端的承诺逻辑是否建立了，

这都是集成供应链的基础。[㊀]

当然，**问题是没法在产生问题的层面解决的**，问题常常要在高出一两个层次的层面解决。希望工业 4.0 能够引起企业足够的重视，从而真正解决 2.0 的问题。

那么，究竟如何集成供应链？这里要解决两个问题：**关系**和**连接**（如表 1-1 所示）。关系是理顺供应链上公司与公司、部门与部门、人与人之间的关系，让他们**愿意协作**，用全局优化取代局部优化；连接是通过流程建设与信息系统，对接公司与公司、部门与部门的流程和系统，让公司与公司、部门与部门、员工与员工之间**能够协作**，提高供应链的效率。关系是解决愿不愿意做的问题，连接是解决能不能有效地做的问题。

表 1-1 供应链的关系与连接问题（示例）

关系问题	连接问题
• 供应商不愿意签订电子商务协议 • 采购方不愿透露技术发展路线图 • 供应商不让采购工程师观察其生产流程，怕生产技术流传给竞争对手 • 采购方怕负责任，不愿提供预测 • 采购不愿承诺，供应商不愿扩张产能 • 部门壁垒林立，互相防备	• 客户的老 EDI 系统需要供应商手动逐行录入数据 • 订单、交货单和发票分属三个系统，对账困难，付款周期长 • 货一发出门就失去了踪迹，不知什么时候能到 • 寄售库存水位数据延迟 5 天给供应商 • 北京和上海的海关编码 HS Code 不一致

关系问题就如图 1-7 中铺铁轨的例子。两组人员都修好了各自的铁轨，但两段铁轨没法对接到一起。从每组人员的立场出发，这项目是成功的（局部优化）；但从全局角度看，这项目是失败的（全局不优化）。换一句话，就是“手术很成功，病人却死了”。

关系问题的根源不是难，而是不愿意，即两组人员不愿意沟通，做好铁轨的对接。那解决方案呢，就得在**绩效考核**上做文章：你不但要修好自己的铁轨，而且要保证与对方的对接；只有对接了，你才能够领走你的工程款。当把这些写到两组人的绩效合同里后，相信两组

㊀ 对这个话题，详细内容可参见我和赵玲的《供应链的三道防线：需求预测、库存计划、供应链执行》一书，282 ～ 314 页。

人每修一段，都会互相通气，确保大家都在朝正确的方向修。

图 1-7 现实中的“无缝”集成供应链

资料来源：http://blogs.mkhalid.com.

这里要特别强调的是，公司大了，愿不愿意的问题要借助绩效考核来解决，而不能单纯靠企业文化来解决。有个几十亿元规模的企业，在副总裁层面都没有量化的考核指标，内部客户、内部供应商的关系没法有效建立，跨职能协作度低，问题多多。老总的解决方案呢，是让高层上山接受再教育。你知道，那不是解决方案。

愿不愿协作的问题解决了，下一步就是解决**能不能**有效协作的问题。这主要是个技术问题。从**流程**角度讲，就是有没有基本的流程、基本流程是不是通畅；从**系统**角度讲，就是有没有基本的信息系统、信息系统是否对接。

本土企业高速发展了二三十年后，业务年年增长，天天忙于打仗、救火，没有时间搞建设，比如理顺基本流程、实施信息系统等。流程有，但满是补丁，效率低下；系统也有，而且很多——总公司、分公司、各部门往往都有自己的系统，但互不搭接，形成一个个信息孤岛。这都影响了部门跟部门、员工与员工的有效连接，让他们想协作，也很难协作，想集成，也没法集成。

20 世纪 90 年代后期，华为导入 IBM 的集成供应链流程，以及围绕集成供应链流程实施、改进 ERP，就是解决连接层面的问题，把公司的各个职能更好地整合到一起。这为华为的进一步发展打下了坚实基础，帮助公司从百亿级跨入千亿级。十几年以后，华为的业务更加多元化，由原来的电信设备（小批量、长周期、项目驱动）跨入手机终端行业（大批量、短周期、价格竞争激烈），而且进入芯片行业（流程工业）。原有的流程、系统是围绕电信设备行业打建的，为适应不同的业务，需要进一步梳理。而且当营收跨过 2000 亿元大关后，公司的规模更大、复杂度更高，部门协作、供应链协同的挑战更大，华为重新审视端对端的流程，算是对十几年前的集成供应链的延续，从根本上讲，都是在解决供应链的集成问题。

再回到上面的催货例子。从下级供应商到供应商到制造商，从制造商总部到办事处到客户，很多公司的沟通都是靠 Email。往往一个料催下来，几十个 Email，抄送几十个人，大多在 ERP 外操作，而且 Email 里的信息与 ERP 里的经常对不上。公司内部如此，公司与公司之间的系统就更难对接。比如在北美，上规模的货运公司会有在线查询系统，以跟踪货物，但这样的系统与生产商、零售商的系统往往不能对接。双方的沟通还得依赖 Email 或电话。

除了信息系统问题外，流程和职责划分往往也很混乱。办事处着急催货，往往是同一个料，向不同的部门、不同级别的人催，结果是很多人都在跟进同一个料，重复操作。有的情况下，办事处越过总部，直接跟供应商催料。我知道有个公司，都十几亿美元的规模了，各分部仍在总部设有常驻人员，就是为保证自己的催料。流程之混乱，可想而知。

总括上述关系和连接问题，关系是解决愿不愿意协作的问题，着眼合作伙伴层面（公司与公司、部门与部门、员工与员工）；连接是解决能不能有效协作的问题，着眼订单层面，即围绕订单的产品流、信息流和资金流是否通畅。合作伙伴之间的关系，需要有能力的人来解决；订单层面的问题，需要信息化和流程优化来解决。对于一些本土企业来说，这两块都不具备，所以整个供应链的效率很低。

例如我的一些客户中，很多规模都是几十亿元、成百亿元，每年向供应商的采购额都在几十亿元左右，有些战略供应商也是成百亿元的规模，而管理这些供应商的是些采购员，平均大学毕业也就两三年。这么年轻的采购员，根本不是大供应商的对手，没法跟供应商的高层有效对话，建立、改善供应商关系；也没能力有效制衡设计、计划、销售等内部客户，形成公司层面的合力与供应商协作。内部关系、外部关系都不顺畅，供应链的协作、集成就谈不上。在订单层面，有些公司连基本的 ERP 都没有，几亿元、几十亿元的采购额，几千、几万个料号，都在手工下订单，动辄得几十个、成百个采购员，效率之低下，可想而知。

关系层面的问题解决不了，对内摆不平内部客户关系，没法系统管理需求；对外摆不平供应商关系，没法系统管理供应。于是，很多关系层面的问题，最后都转化到订单层面，整个采购部门，大半的人在路上，催料，采购做得跟销售一样辛苦。而订单层面的连接问题没有信息系统解决方案，采购就不得不做很多系统本来应该做的事，比如生成订单，发送订单，确认价格、交期、数量等，消耗了大量的精力，导致分配给关系层面的时间更少，关系层面的事就做得更差，形成恶性循环。

关系费神，伤脑筋；连接费力，花时间

另外，不管是理顺关系还是优化连接，从根本上讲，都是促进公司与公司、部门与部门、员工与员工之间的协作、协同与集成，必须从公司内部做起。如果一个公司没法解决部门与部门、员工与员工之间的集成，就很难谈起公司与公司之间的集成，即理顺公司之间的关系、对接公司之间的系统和流程。供应链的集成看上去是很大、很空的概念，但操作起来，一定要自下而上，从员工与员工、部门与部门的协作开始，而不是相反。经常看到一些文章，动不动就是公司之间的宏伟战略，高谈阔论，其实都是假大空。

小贴士　三个层面的供应链集成

在广义上，供应链集成的目标有三个：开发一个好**产品**，制定同一套**需求预测**，围绕**订单**给客户更快、更可靠的交付。这是三个不同层面的集成，难度不同，在业界的实施水平也是各不相同。具体如图 1-8 所示。

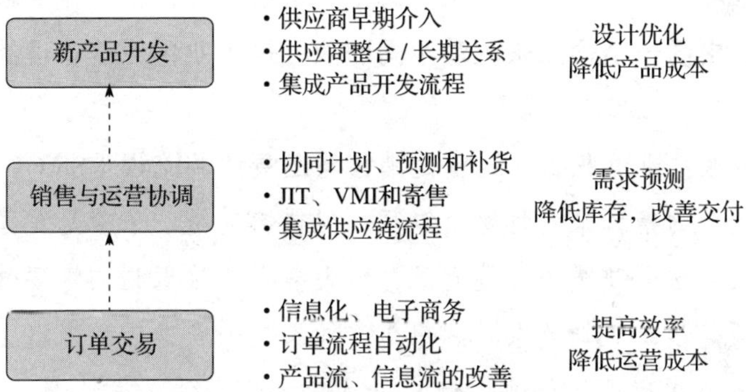

图 1-8　三个层面的供应链集成

新产品开发时，能否集成营销、研发和供应链的力量，快速开发出一个好产品？这是最高层面，也是最难的集成，涉及企业几乎所有的主要职能。营销从脑子里产生产品，研发落实到纸面上，供应链变成实实在在的产品：这三大职能代表了产品开发的三个阶段。供应链的很多挑战，比如可制造性差、成本高、速度慢等，都是新产品开发过程中，跨职能集成不够，没能优化设计而造成的。

反映在企业主干流程上，就是**集成产品开发流程**。这个流程涉及的职能最多，挑战最大，最难实施，因而往往被企业所忽略。但事与愿违的是，就如任何流程，集成产品开发流程减少了不确定性，降低了开发劣质产品的概率，但也顺便“掐”掉了那些优秀的产品，剩下的就是平庸的产品，平均水平或者稍高于平均水平。这是大企业的共同挑战。当然，对大企业来说，求稳比出爆款更重要，这也就认了。

新产品开发出来后，企业能否有效对接营销和运营，制定一个准确度最高的错误的**预测**，以驱动供应链的每个环节联动，比如说准备产能、库存？这就是第二个层面的供应链集成。要知道，所有的预测都是错的，但整合了供应链的前后端信息、智慧的预测错得最少。企业的挑战是多重预测：客户说要 100 个，销售担心供应不足，告诉计划是 120；计划为了确保供应商有足够产能，告诉采购是 140；同样博弈下，等传到下级供应商，预测就变成了 160。多重预测下，供应链上的各个环节互相博弈，大家念的不是同一本经，供应链的协同就无从谈起。**由同一个预测来驱动不同职能，是企业供应链管理能力的一大标志。**

在企业主干流程上，这就是**销售与运营协调流程**（S&OP）。企业花费了大量的精力来对付这个流程。但遗憾的是，不管是美国还是中国，企业在这个领域的进展有限，但大多企业认识到其重要性。这里的挑战不是难，而是复杂。试想想，如果是个夫妻店，老婆在前面卖烧饼，老公在后面烤烧饼，销售与运营之间有什么难协调的？但是，对于一个几亿元、几十亿元、几百亿元的企业，前端有几十、几百甚至几千的销售人员，后端有几十、几百、几千的运营人员，分布在不同地区和时区，讲不同的语言，有不同的文化和信仰，销售与运营的对接复杂度之高，就可想而知了。

最基本的是围绕**订单**层面的集成。那就是说，供应链上的各个环节是否串联起来，等到客户订单进来后，驱动供应链各个环节层层承诺，最终给客户一个可靠的承诺？信息系统的能力不够，客户的订单没法有效地与生产、采购订单对接，企业就没法根据实际供应情况，给客户一个可靠的承诺。这是个大问题，但经常引不起足够的重视：订单层面的事，上层不介入，所以不知道（虽然知道运营层面的人整天在忙，对着计算机干很多活儿，但不知道在干什么，也没兴趣知道）；基层知道情况，但人微言轻，一旦说起就容易陷入细节，沉浸在现象之中，没法有效表述问题。于是，订单层面的问题就成了必要之恶，而基层不得不花费大量的基层精力来应对，机会成本惊人：没有足够的资源投入到新产品开发，以及销售与运营协调上。

对于订单层面的集成，以及需求预测方面的集成，在我和赵玲的专著《供应链的三道防线：需求预测、库存计划、供应链执行》中有详细的阐述，右边的二维码是该书在京东上的链接。

供应链是产品流、信息流和资金流的集成

前面从采购、运营和物流管理的角度阐述了供应链管理。这里我想换个角度，即从贯穿供应链的产品流、信息流和资金流的角度来理解供应链管理。前一个维度是纵向切分，后一个维度是横向切分，以帮助大家对供应链有更深入的理解。

我们知道，供应链管理是对从供应商到客户之间的**商业流程**和**商务关系**的集成管理，以给客户更具价值的产品、服务和信息，同时最小化供应链的成本。最简单的供应链是一层关系：一个客户和一个供应商；复杂的供应链则可能有多重客户、多重供应商关系，从而在客户端有直接客户和最终客户的说法，在供应商端有一级供应商和二级、三级供应商的说法，形成多重供应链。

拿苹果公司的 iPhone X 为例。就生产环节而言，富士康给苹果做生产组装，是苹果的直接供应商（也叫一级供应商）；台积电、三星给富士康供应芯片，是富士康的直接供应商、苹果的二级供应商；我曾就职过的公司给台积电和三星提供制造设备，是它们的直接供应商、富士康的二级供应商、苹果的三级供应商。就销售环节讲，苹果是供应商，供货给电信商，电信商进一步供货给自己的门店，然后 iPhone

就到了消费者（最终客户）的手上。

在上面的供应链中，产品流是从供应商的供应商流向客户的客户，资金流是从客户的客户流向供应商的供应商，而信息流则双向流动，支配产品流与资金流。**供应链管理就是对产品流、信息流和资金流的集成管理**。具体如图 1-9 所示。

图 1-9　供应链管理是三流集成

顾名思义，**产品流**是产品的物理流动，涉及采购、生产、仓储、运输等。其管理重点是以最经济、有效的方式采购、制造、运输和销售产品。例如对零售业巨头沃尔玛而言，在哪里选择供应商，在哪里设置一级配送中心、二级配送中心，在哪里开门店，都得考虑生产、仓储、运输、销售的综合成本是否最低。

从概念上讲，物流是产品流的重要部分，但又不是产品流的全部。物流说到底是把产品从 A 点搬到 B 点（或许有点过于简化），本身并不对产品增值。例如一台电脑，不管是在美国还是中国，它总是一台电脑，不会因为从中国搬到美国就增加功能或性能更优。增加库存时间、库存地点也是。这也是为什么丰田生产系统力求零库存，把二次搬运减到最低等。而产品流还包括增值的生产过程，例如在生产企业内，设备布局、工艺流程等都属产品流的范畴。

反过来讲，产品流也不是物流的全部。物流不但包括产品的流动、存储，而且包括伴随而来的信息流等。这两个概念用英语来表达就很清楚：产品流是 material flow 或 product flow，直译过来，就是物料或产品的流；而物流对应的英语是 logistics，传统上被译作“后勤”（“物流”一词据说来自日语)。产品流和物流在字面上容易混淆，但产品流与后勤则很清楚不是一回事，你就知道这产品流和物流不能等同使用。

说完产品流，再说**信息流**。信息流与产品流、资金流结伴而行，可以说是供应链的**神经系统**，支配着产品流和资金流。举个简单的例子：你要寄一个包裹，包裹的流动形成产品流，填写的表格则形成信息流。对一个多重的复杂供应链，信息的有效流动非常重要，也往往比产品流更难管理。例如你问有经验的进出口人员，他们八成会说，单据比产品更难对付(单据构成信息流)。如果出问题，八成是单据出了问题，要么是单据丢失，要么是与实际货量不符，要么是地址有问题，要么是格式不符合海关要求等。

再比如你寄的包裹丢了，其实包裹本身是丢不了的，它总是在地球的某个角落；丢掉的是单据，或者说单据与包裹分离，是个信息流问题。在质量管理中，大多质量问题不是单纯的制造问题，而是信息问题，例如货量不准、货号出错、包装不妥、标签出错、质量检验证书没附上等，都是信息流问题而不是产品流问题。而需求信息沿供应链传递时出现的失真（“牛鞭效应”)，历来都是供应链管理的老大难，会在后文详述。

对于供应链管理来说，我们更多的时候是在跟信息流打交道，特别是职位越高，工作对象就越是信息流。信息流来自信息的流动，而信息则来自于数据。如何确保数据的准确性，并从中提炼出合适的信息，是管理者的一项重要任务。用罗技科技（Logitech）前供应链副总裁 Dennis Arnow 的话来说，就是作为高级管理者，他最关注的是数据。是的，身处供应链管理金字塔的塔顶，没有人知道真相，数据、信息才是对供应链的综合掌控。没有合适的数据和信息，就谈不上供应链管理。

这也是为什么供应链的改进经常和信息系统的实施、改进分不开。比如从 2005 年开始，英特尔开始公司范围内的供应链转型，以提高客户服务水平，同时降低库存和成本。与之结伴而行的是公司的 IT 部门。[㊀]识别问题、分析问题、做出决策，都离不开IT系统的支持。供应链再造，往往要求对IT系统的再造，因为供应链的基本流程，比如订单处理流程，是固化在IT系统里的。流程和系统的改善向来背靠背，谁也离不开谁。

说到信息流，就不得不提**信息技术**。长期以来，人们经常把信息流问题与信息技术问题等同。其实信息流不畅通有信息技术方面的问题，但更多的是人为因素。那怎么区分是信息技术问题，还是人为壁垒呢？打个比方：别的公司都用电子邮件了，这家公司还用鸡毛信，那是个典型的技术问题；但是，即使IT帮助安装了电子邮件系统，公司各部门、人员之间还是不愿共享信息，那则是人为壁垒问题。

信息技术可以降低信息处理和传递的成本，并减少传递时的失真，但没法克服供求各方的人为壁垒（即商业问题）。**商业问题需要商业解决方案**，依赖信息技术只能是缘木求鱼。例如20世纪八九十年代，ERP刚传入中国，一些大型企业导入ERP，希望能解决公司的各种问题。但因为业务流程不清楚、部门关系不顺畅（商业问题），这些ERP实施大都以失败告终。

有些公司，有的营收都达百亿元，但还没有ERP，信息流异常低效。比如围绕订单操作，动不动就有几十成百个采购员，典型的人海战术。谈到很多问题的时候，他们常用的一句话是“上了ERP后就好办了”，让人不由得联想起一句话“如果于勒竟在这只船上，那会叫人多么惊喜呀”[㊁]——你知道，于勒就在那条船上，但并没有让人惊喜。

我给他们解释，供应链的一些根本问题，比如流程不健全、部门之间欠缺协作是商业问题，上了ERP也在那儿，甚至更严重：上ERP系统前，员工的敌人只有一个，即低效的流程；上了系统，他们的敌人反倒多了一个，不但要继续跟不合理的流程做斗争，而且要和不合

㊀ Transforming Intel’s Supply Chain to Meet Market Challenges，January 2012，www.intel.com.

㊁ 莫泊桑的小说《我的叔叔于勒》。

理的系统做斗争——当流程不合理时，标准的系统就注定很难合理，问题只能更多。这也是为什么 ERP 实施失败的悲剧很多，“不上 ERP 等死，上 ERP 找死”。

可喜的是，这几年来，ERP 实施失败的悲剧越来越少，网上看到的也越来越少。根本原因在我看来有二：其一，本土企业的管理水平有了显著的提升，业务流程比以前更规范；其二，更重要的是，企业认识到信息系统没法解决流程问题，愿意花钱来理顺业务流程。以前实施 ERP 时，一谈到业务流程梳理，企业总觉得自己能够对付，不愿意花大笔经费给第三方。不过如果能理顺的话，为什么没理顺呢？吃了很多亏，受了很多罪后，现在企业终于认识到，这笔钱是应该花的。在北美，IT 项目的费用中，往往一半以上花在非 IT 系统本身，比如流程梳理上面。

产品流的最大挑战不是生产、运输或仓储，而是供应链的**透明度**，即在供应链中，产品具体在哪个环节，有多少，说白了，还是个信息流问题。这问题看上去简单，却是困扰企业多年的老问题。不管是条形码还是 RFID，还是这几年火热的工业 4.0，一大目的就是增加供应链的透明度，通过改善信息流来提高供应链的效率。

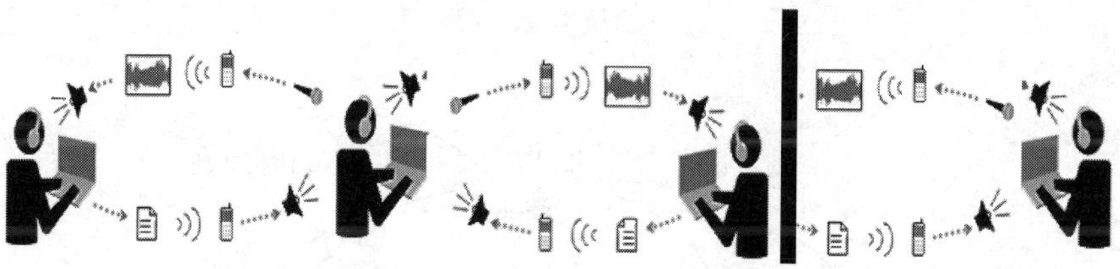

信息技术可以克服信息传递的失真和低效，但不能克服人为壁垒

资金流看上去没有产品流、信息流重要，却是盘活供应链的关键。相信有些人对 20 世纪 90 年代的“三角债”还记忆犹新：公司甲欠乙的钱，乙欠丙的钱，丙欠甲的钱，形成一个死循环。这其实是供应链的资金流出现问题。资金流中断，导致很多行业整体陷入困境。2008 年的金融危机中，美国政府之所以注资 7000 亿美元给各大金融机构，

并大幅降低利率，就是为降低企业的融资成本，确保资金流通畅。

资金流是企业和供应链的血液。企业倒闭的第一原因不是资不抵债，也不是亏本，而是资金周转不灵。亏本是慢性病，就如吃不饱饭，只是饿着，但不会立即饿死；资金周转不灵则如脑中风，用不了多久就会死人。试想想，如果一个公司没法付供应商的货款、发员工工资、付水电煤气费，这公司还能撑多久？

很多情况下，**资金流问题与库存问题并存**。而库存则与信息流息息相关，例如“牛鞭效应”中需求预测信息沿供应链传递时失真、放大，导致整条供应链过量生产、过度扩张、库存积压，从而导致资金积压严重；采购方因为商业原因故意隐瞒市场数据，或者因为担心供应商的产能不足而故意拔高预测，也会导致供应商过度生产，库存积压。

“牛鞭效应”造成库存问题，而“牛鞭效应”的根本起因是信息不对称（这点后文还会详细阐述）。所以，资金流问题往往取决于信息流的解决方案。“拿信息换库存”也是拿信息换现金，即通过鼓励供应链伙伴及时、准确地共享信息，消除信息不对称，来减小“牛鞭效应”、降低库存、减少资金积压，从而盘活整个供应链。

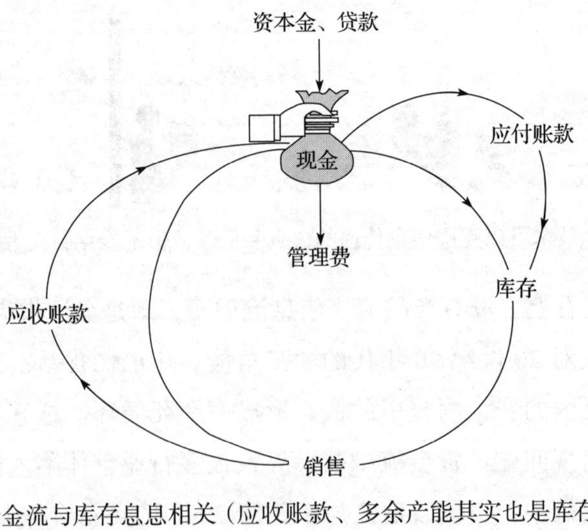

资金流与库存息息相关（应收账款、多余产能其实也是库存）

对三条流的研究可以写很多本书。仁者见仁，智者见智，尽管众多的研究者、实践者的观点并不完全一致，但有一点却很一致，那就是必须从供应链的整体来看待产品流、信息流和资金流。比如信息流通畅了，产品流就流畅（信息流驱动产品流）；产品流通畅了，库存就低（产品的停滞形成库存）；库存低了，资金积压就少，更多的现金进入流转，资金流就通畅。这些都降低了供应链的成本，提高了供应链的速度。

看得出，这三条流是相互关联的，必须作为一个整体来看待，这就是三流集成的概念。供应链绩效的改进呢，也会体现在产品流、信息流和资金流上。如果要解决供应链的系统问题，也得着眼这三条流，从三条流上获取系统解决方案。

小贴士 电商兴起是资金流、信息流改善的结果

有读者提及，电商这几年在国内爆炸式成长，但在美国却好像平淡多了。这判断没错，虽然美国的电商也在快速发展，从一家家倒闭的实体店上可见一斑，但的确跟国内的发展不可同日而语。

我这里要补充的是，电商在美国其实也大热过，主要是在2000年前后。当时我到美国读商学院，其中一个研究项目就是电子商务，研究十几个电子商务平台。所不同的是，当时的电子商务以B2B为主，聚焦特定行业的电子市场的建立。这跟当时的个人通信手段有限有关，比如智能手机还没出现，信息技术主要应用在企业里。

2015年前后，我在帮助国内一个电商搭建供应链的基础架构，突然想到，那曾经研究过的众多美国电子商务平台，现在怎么样了呢？上网一查，绝大多数连网站都找不到了，剩下的几个也经过一次又一次的兼并、整合，面目全非。唯一以原来方式存活下来的是Covisint，一家汽车行业的B2B平台，继续充当通用、福特等主机厂与供应商之间的电子商务平台。

有趣的是，我发现这些电商平台中，凡是想改变交易关系的，都

死得很惨；留存下来的，大都因为聚焦改进交易过程中双方的连接，提高交易的效率。当然，这只是个人管见，或许只适用于早期的电商，即那些死在滩头的排头兵。对于今天的电商而言，比如京东和亚马逊，它们不但提高了交易的效率，而且改变了交易关系，似乎并不适用。

对于国内这几年的电商热，我认为是资金流、信息流改善的结果。比如电子支付的出现，极大改善了资金流的效率，这在2000年前后的中国是没法想象的。而美国呢，这十几年来，电子支付没有什么实质性的改进，或许是因为多年来信用卡的力量太强。国内支付宝、微信支付等方式，在美国找不到可以匹配的。虽说苹果的Apple Pay等想改进这些，但至今在美国还是应用寥寥。就拿我个人来说，现在到国内，带着手机就能啥都买到；但在美国，至今还没有通过电子支付花过一分钱（都是通过刷信用卡）。

与电子支付一道，智能手机的普及从根本上改变了信息流。这是国内电商能够迅速发展的两股主要力量。这也正是2000年前后，电子商务在美国大热之时，在中国却发展有限的根本原因：当时的支付手段落后，个人信息工具有限，资金流和信息流方面没法支持电商业务。当然，在这波信息流与资金流的革命中，政府采取的宽容政策也功不可没，让新生事物得以发展起来。有时候，政府的不作为就是最好的作为。

信息流、资金流上去了，产品流成为制约电商发展的瓶颈因素，特别是物流的“最后一公里”问题。几乎在同一个时段，京东、亚马逊等电商巨头大举进军物流领域，可以看作是电商迈向新时代的标志性举措。在产品流方面，国内显然走在美国的前面：城市化带来的聚集效应，低廉的人工成本优势，结果都体现在便利的物流配送上，很多产品当天下单，当天就能到达。而美国，做得最好的要算亚马逊的会员服务，隔日送货，而且相当不可靠——我是他们的会员，对此深有体会。

当然，从百货商店到连锁店到超级市场，再到电商，零售的本质没有改变，即成本、交付和客户的满意度；改变的是**基础设施**，就如刘强东在《第四次零售革命》中所说的。手段改变了，本质没有，那就是设计或选择一个好产品（产品流），做好计划和订单（信息流），降低库存和提高资金周转效率（资金流），而这些并不是电商所擅长的。电商的本质是**强于商业模式的创新，而弱于供应链运营**，表现在库存周转率低下，库存高企但有货率不高，也是这些年来电商虽然热闹非凡，但整体财务表现不佳的根本原因。

业界人士说

中国电商兴起的社会大背景，是社会经济和生产进入快速增长，品种极大丰富，而需求渠道、需求信息仍以固定和封闭形式进行，在客观条件下催生了阿里这种产物。人人都说淘宝是个电商，但在我看来，阿里是个供应链方案公司，它所解决的是当时的信息不对称和信息孤岛问题，电商平台只是解决这种问题的工具而已。因为阿里，人们发现原来有更多、更合适以及价格更便宜的商品，从而促进渠道优化，压缩渠道成本（也就出现真正的B2C以及线下门店倒闭），反过来也促进供给生产端加速提供更多、更好的产品。

2000年左右的中国，实际上电脑、宽带普及率并不高（宽带还是那种2M不到的电话线）。应该说，是电商腾讯、阿里系的兴起，促进了信息工具的普及和发展，比如PC和宽带普及升级换代；也促进了物流行业发展，比如快递行业兴起。这些倒逼支付手段的升级，于是有了电子支付和后来第三方支付出现。所以，顺序应该是这样的，社会化大生产促进电商出生，由于信息流发展要求信息工具普及和升级，于是PC和宽带大量普及；电商产生的同时要求产品流畅通准时，所以催生快递行业发展；最后，为了提高交易效率，电子支付工具产生了。——MAYA，“供应链管理专栏”微信公众号读者

刘宝红说

这是个鸡生蛋，还是蛋生鸡的问题，都没错。可以说，那些大型

电商的兴起，促进了支付宝、微信支付等方式；而这些方式，又促进了大量的小型电商的兴起。这就如客户与供应商，客户需求与供应商能力相辅相成，互相促进。

案例　40天引擎计划与三流集成

罗尔斯·罗伊斯是世界上最大的引擎制造商之一，服务航空、能源、国防等多个行业，生产和服务设施遍布全球50多个国家和地区。它的引擎性能卓越，全球市场份额逐年上升，从20世纪80年代的百分之十几，一路上升到2000年前后的30%左右。

依靠技术和产品优势，罗尔斯·罗伊斯成为仅次于GE航空集团的航空引擎巨头。但是，低效的供应链却成为瓶颈，表现为交货周期长，供应链库存高，没法及时应对市场需求变化。例如在2000年前后，生产一个引擎，从接单到交货，罗尔斯·罗伊斯平均需要260天，最长达1年半。交货周期长，库存金额就高。罗尔斯·罗伊斯的库存一度接近30亿英镑，库存周转率只有3.4次一年。相比之下，GE航空集团的优势明显，其库存周转率能达到8次。仅库存一项，罗尔斯·罗伊斯就比GE航空集团多积压资金21亿英镑，一年光利息就数以亿计。

为了应对供应链的挑战，罗尔斯·罗伊斯在2000年启动了40天引擎计划，目标是一个引擎，从客户下订单到拿到货，只要40天——30天用于零件采购和生产，10天用于组装和测试。从260天到40天是个大手术，没法单纯以压缩供应商的交货时间实现，因为很多零部件设计独特，工艺复杂，实际加工时间就得几个星期甚至几个月，即便把供应商的所有闲置等待时间都挤掉，可能还是没法实现这一目标。罗尔斯·罗伊斯必须在产品流和信息流上做大手术，全面提升效率，才能把速度做上去，把交货周期做下来。

产品流的源头是产品设计。罗尔斯·罗伊斯推行标准化、通用化、模块化设计，简化了产品设计，减少了零件号，减少了直接供应商的数量。这些都有助于增加可制造性，同时集中采购额，增加供应商的规模效益，以取得更好的交货条件、价格和服务，这里不再赘述。

我们重点讲讲生产组装。飞机行业是典型的小批量、多品种，行业相对封闭，从整机到关键零部件，生产组装以单件操作为主，工厂布置以车间方式为主，形不成流。就拿罗尔斯·罗伊斯在美国印第安纳的一个分厂来说，当时组装引擎跟造房子差不多：引擎固定在一个组装台上，要等所有的零部件都齐了后，才开始组装。你知道，一台引擎动辄有成千上万个零件[㊀]，要凑齐这么多零件可不容易，一线工人40%左右的时间花在找零件和向供应商催货上。由于空间有限，组装台也成了引擎生产的瓶颈。这就跟建筑工地一样，不同工种都用同一个操作面，上一个工种操作时，下一个工种就得等着。

在40天引擎计划中，印第安纳的工厂导入流水线作业，引擎在8个站台上流动。站台采用独立制造单元的形式，每个站台的零件、工具都组成套，由供应商或第三方公司提前准备就绪，直接送到站台，省去了产线工人的二次搬运。制造单元由员工自己设计，员工的主人意识高涨，再加上交叉培训等，员工的生产效率提高了40%。[㊁]

在产品流上，导入“流”的概念是个关键举措。还有拉式生产、JIT、看板等精益生产的一系列做法，最初在丰田等汽车行业形成，与罗尔斯·罗伊斯的实际情况相结合，成为“罗尔斯·罗伊斯生产方式”，并推广到供应商和下级供应商。

40天引擎计划推行精益生产，重新组织生产流程，并与采购、运输、发货等部门协调动作。这样，装配线流动更通畅，等料、排队现象减少，生产、调试周期大幅缩短，按时交货率显著提升。

这其中的很多做法，比如每个工具都有个“家”，每班结束时都确

㊀ 作为第二次世界大战期间最优秀的发动机，罗尔斯·罗伊斯的梅林发动机有14 000多个零件。出自The Packard Merlin: How Detroit Mass-Produced Britain's Hand-Built Powerhouse，www.tested.com。

㊁ 来自MIT的硕士论文：An Exploration of Supply Chain Management Practices in the Aerospace Industry and in Rolls-Royce，作者是Mohit Tiwari，2005年6月。

保放在合适的地方，看上去微不足道，却是把供应链改进落到实处的必要之举。这都是工业工程上的基本实践。要知道，供应链管理离不开两个 I：一个是工业工程（IE），这里说的精益生产就属 IE 的范畴；另一个就是信息技术（IT），也是我们下面要继续阐述的。

在**信息流**方面，罗尔斯·罗伊斯启动 SAP 作为供应链管理系统，让产、供、销各部门有了统一的信息平台，围绕同一个计划工作，向同一个目标迈进。为了与供应商更好地搭接，罗尔斯·罗伊斯在网上建立订单管理中心，以便供应商在线输入交货日期、数量，这些信息及时转入罗尔斯·罗伊斯的 ERP 系统（SAP），供世界各地的生产组装线安排计划。根据供应商确认的交货日期，罗尔斯·罗伊斯统一安排到供应商处提货（很多大公司这么做，是因为大公司的规模效益，可以与物流公司谈更好的价格和服务）。

以前，一旦零部件离开供应商，就算失去了踪影：只知道零件在路上，但在哪里，什么时候能够到，只能凭经验。甚至出现过这样的事：采购员在拼命催货，但零件已经在仓库的某个角落放了几天，等待入库验收，只是大家不知道罢了。罗尔斯·罗伊斯的供应商遍及世界各地，运输时间动辄几天甚至几周，如果要把整个订单接收、零部件采购、生产组装、测试、发货周期限制在 40 天内，零件运输的这几天就很重要。

为了增加零部件运输期间的透明度，在欧洲，罗尔斯·罗伊斯采用实时跟踪系统，为每辆卡车配备了一个手提 GPS 系统，从司机在供应商处收到零件起，零件的数量、位置等信息就实时传入罗尔斯·罗伊斯的信息系统。这些在现在看来很常规的举措，在 2000 年前后可算是开了先河。于是，采购、生产线就知道零件已经上了路。然后，借助全球定位系统，工厂就能确定零件在何时处于何地。一旦零件到达总库，或者转上飞机飞向工厂，工厂都能及时知道。该系统不但增加了物料流动的透明度，而且提高了文档、包装、标签的准确度，大幅降低了入库和付款过程中的错误。

我们常说的供应链集成，其技术基础就是以ERP和电子商务为代表的信息系统。信息系统改善了信息在不同职能、不同实体之间的流动。如果你看这几年广为推广的“工业4.0”，除了3D打印等改进产品流的制造技术外，很大一部分就是借助信息技术，通过信息流更好地匹配产品流，从而更好地支配产品流。可以说，信息技术让这些成为可能。

遄达900发动机是空客A380的启动发动机。研发始于2001年，是罗尔斯·罗伊斯迄今为止制造的最大的发动机，直径3米多，也是该公司雄厚的技术力量和供应链协作的结晶。

该引擎无论是在大的时间点还是成本上都按计划完成，堪称飞机引擎史上的成功案例。它在2005年4月首次试飞空客A380，2008年3月28日完成从新加坡到伦敦的首次商业飞行。

中国南航采购的5架空客A380上，就选择遄达900，引擎合同金额为6亿美元（顺便提及，民航业的惯例是飞机与引擎分开买）。

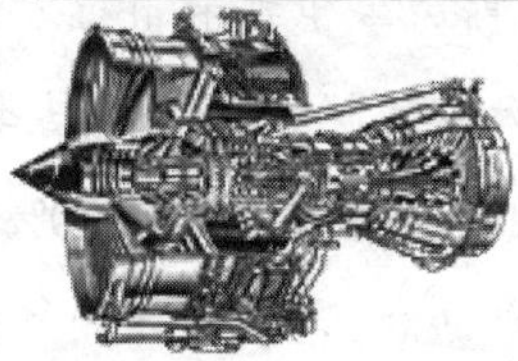

资料来源：iagblog.blogspot.com.　　资料来源：http://www.rolls-royce.com.

罗尔斯·罗伊斯的遄达900引擎，用于空客A380

产品流和信息流的改进也改善了**资金流**。产品标准化减少料号，料号减少则降低库存，库存降低则腾出了更多现金。生产周期缩短不但大幅降低过程库存，而且更快交货，以更快从客户处收回货款，同样改善了现金流。信息流的改善提高了信息准确度，供应商的发货、收货、票据准确，减少了付款过程中的审核确认，给供应商的付款更顺畅，不但减少了罗尔斯·罗伊斯的行政管理负担，而且改善了供应商的货款回收速度，算是双赢。

除了产品流、信息流和资金流外，我们想特别讲一下供应商整合。㊀在 2002 年，罗尔斯·罗伊斯有 900 个供应商。到了 2003 年，整合到 765 个。就前面提到的那个印第安纳的工厂来说，1999 年有 1300 多个供应商，到 2004 年就整合到 300 个。整合的好处呢，就是跟数量有限的优质供应商合作，采购额集中，把自己做成大客户，便于驱动供应商及时响应；降低管理难度，精耕细作，也增加了最佳实践的传播。

与供应商整合相伴的，就是供应商的层级化：把供应商分为一级、二级、三级等，一级供应商得承担更多的供应链管理职责，比如选择和管理二级、三级供应商。供应商整合还会继续，罗尔斯·罗伊斯在美国的目标是从 300 个一级供应商，一路整合到 30 个。这 30 个一级供应商会相应地整合二级、三级供应商，给罗尔斯·罗伊斯提供 30 个组件，成为其引擎的主要供应商，同时把精益生产等最佳实践传播到下级供应商。这种做法很像汽车行业的做法，所不同的是，汽车行业提前几十年就开始系统地这样做了。

实施了几年后，40 天引擎计划就取得了显著的成效。截至 2003 年，罗尔斯·罗伊斯的引擎交货周期从 260 天降到 80 天，有 5 个引擎达到 40 天的目标；库存周转率从 3.4 次提升到 6 次，对客户的按时交货率从 50% 左右提升到 100%，百万次品率降低过半，成本也累计降低 17 个百分点。㊁这一计划远没到终点。到了 2016 年，罗尔斯·罗伊斯进一步缩短交付周期，比如对用于波音梦幻 787 的睿达 1000 引擎，整个组装周期从 40 天压缩到 30 天。㊂这些都得益于缩短产品流的周转

㊀ 来自 MIT 的硕士论文：An Exploration of Supply Chain Management Practices in the Aerospace Industry and in Rolls-Royce，作者是 Mohit Tiwari，2005 年 6 月。

㊁ 见 Andy Page 的报告：40 Day Engine-Turning vision into cash（40 天引擎计划：把愿景转化为现金），2004，www.dglr.de/。Andy Page 是罗尔斯·罗伊斯采购与 40 天引擎计划总监。

㊂ Peggy Hollinger. Rolls-Royce Chief Touts Faster Engine Production. Financial Times, www.ft.com.

周期、提高供应链的透明度、增加信息流的时效性和准确度。

这样庞大的计划，不可能只靠管理层或外来的咨询公司来完成。没有一线员工的参与和支持，比如产线工人、搬运工、催货员、验货员、汽车司机、维修人员等，宏图大略就只能停留在纸上。罗尔斯·罗伊斯深入基层，一线工人积极参与，在现有流程基础上，群策群力，提出改进方案（相信熟悉精益生产的人对这并不陌生）。

有趣的是，40天引擎计划发起者来自福特汽车，再一次应验了供应链管理的最佳实践从大批量行业向小批量行业传播，比如从汽车、PC等大批量行业，传播到飞机制造、设备制造等小批量行业。无独有偶，2018年，我参观波音在华盛顿州的艾佛雷特工厂，发现他们的流水线也是在丰田的帮助下建立的。

2000年前后，美国飞机制造业开始全面实施精益生产[㊀]，大致比美国汽车行业晚了10到15年。过去一二十年来，欧美飞机制造行业大力推行的精益生产，汽车行业在二三十年前就已经开始。这是由所处的竞争环境所决定的：从20世纪80年代起，欧美的汽车行业就遭到日本的强烈冲击，不得不革新求变；而同一时期，飞机制造等受到的冲击小得多，直到2001年的9·11恐怖袭击，以及2008年的全球金融危机。

顺便说起，中国航空制造业推进精益制造，大概比美国晚了10年。这几年来，中航工业集团（AVIC）旗下的很多企业都在推进精益制造、六西格玛，部分原因跟波音、空客有关：这些企业成为波音、空客的供应商，而精益制造是波音、空客改进供应链绩效的一大举措。

㊀ 比如罗克韦尔·柯林斯在1998年开始精益运动，当年完成28个持续改善项目，在接下来的3年里，分别完成210、660和870个持续改进（持续改进是精益的典型活动）。详情见 Learning From Case Studies~Enterprise Transformation at Rockwell Collins，作者为 George Roth 和 Jayakanth Srinivasan，January 21, 2009，是麻省理工学院（MIT）“精益改进举措”（Lean Advancement Initiative）的一部分。

在采用先进的管理、生产方式上，大公司往往比小公司更有优势，因为它们有更多的资源、专业人员。帮助小供应商共同进步是很多大公司的宗旨，是供应商开发的一部分。例如，我以前有两个供应商，它们同时服务飞机制造业，成为那些飞机制造公司的供应商开发示范点。这些都是在2003年前后，与罗尔斯·罗伊斯的40天引擎计划属同一时间范畴，也说明在采用新的管理、生产方式上，一个行业的不同公司时间都差不多。

供应链战略：合适的产品配合适的供应链[㊀]

产品战略与供应链战略完全相反，导致小米与苹果没有任何可比性。

1997年，马歇尔·费雪（Marshall Fisher）在《哈佛商业评论》上发表《你的产品该用什么样的供应链》（*What's the Right Supply Chain for Your Product*）一文，阐述了产品战略与供应链战略的匹配。他的二分法具有历史意义：对于走创新路线的产品，应该采取快速响应的供应链，其核心是供应链的灵活性，也意味着高成本；对于走低成本路线的产品，应该采取高效的供应链，其核心是供应链的低成本。**产品战略的成功，取决于有合适的供应链战略来匹配**。

先说产品。产品分两种，一种是**功能性**产品，特点是生命周期长，产品种类少，比较好预测，但边际收益低（边际收益是每卖掉一件产品带来的收益）。功能性产品走的是成本优势的路线，我们吃的食盐，用的卷筒纸，喝的瓶装水等，都属此类产品。

另一种是**创新性**产品，并不是说它们的技术含量有多高，而是说它们走的是差异化路线，特点是生命周期短，型号种类多，预测准确度低，但边际收益高，女孩子们穿的漂亮衣服就是典型的例子。比如

㊀ 这部分的主要思想来自 Marshall Fisher. What Is the Right Supply Chain for Your Product. Harvard Business Review, March-April 1997。

流行时装种类繁多，有些快时尚企业的目标是每年推出 10 000 款。款式这么多，女孩子们逛商场，还是很难买到合适的衣服：好不容易找到合适的款式，还有喜欢的颜色，但就是没有合适的型号。此外，时装库存积压严重，季末打折的比例很高。

功能性产品与创新性产品的区别如图 1-10 所示。

食盐

	功能性产品 需求可预测性高	创新性产品 需求可预测性低
产品生命周期	超过 2 年	3 个月到 1 年
边际收益率	5% ～ 20%	20% ～ 60%
产品配置种类	少 10 ～ 20 种 不同配置	多 成千上万种 配置
平均预测误差	10%	40% ～ 100%
季末被迫打折	0	10% ～ 25%
平均缺货率	1% ～ 2%	10% ～ 40%

时装

图 1-10　功能性产品与创新性产品的区别

资料来源：Marshall Fisher. What Is the Right Supply Chain for Your Product.Harvard Business Review, March-April 1997.

两种不同的产品，对供应链的要求不一样。顾名思义，功能性产品面临的竞争激烈，成本压力很大，需要**经济型的供应链**来支持。如何才能做得便宜？产能利用率越高，库存周转越快，单位成本才越低。而创新性产品呢，由于需求预测准确度低，计划先天不足，需要执行来弥补，即需要**响应型的供应链**来支持。怎么才能响应得快呢？很简单，你要么保持一定的缓冲产能，要么维持大量的库存，这都意味着高昂的成本。

你会马上发现，**能做快的供应链做不便宜，能做便宜的供应链做不快**。成本和速度没法兼顾，正是供应链管理上根深蒂固的矛盾所在。既能做得快，又能做得便宜的供应链不存在——如果谁在宣传又快又便宜的供应链，要么是外行，要么别有用心，都得多加小心才对。

经济型与响应型的供应链如表 1-2 所示。

表 1-2　经济型与响应型的供应链

	经济型供应链	响应型供应链
主要目标	针对可预测性高的需求 最低成本	针对不可预测的需求 快速响应，减少缺货、打折和过期库存
生产焦点	保持高水平产能利用率	保持一定缓冲产能
库存战略	高库存周转 供应链各阶段低库存水平	大量缓冲库存（零件或成品）
交货周期	不增加成本的同时，尽可能缩短交货周期	大量投入资源，以各种方式缩短交货周期
供应商选择	成本和质量	速度、灵活性和质量
产品设计战略	最大化性能 最小化成本	模块化设计，尽可能延后产品差异化

资料来源：Marshall Fisher. What Is the Right Supply Chain for Your Product.Harvard Business Review, March-April 1997.

功能性的产品需要经济型供应链，创新性的产品需要响应型供应链，这就是合适的产品配合适的供应链。这道理一点也不难，但做起来可不容易。根本原因呢，是一个公司的产品可能既有功能性的，又有创新性的，但供应链却只有一条（表现在同样的人、同样的流程和同样的信息系统），能够满足某一类产品的，没法满足另一类产品，就造成了产品与供应链的不匹配，成为供应链管理的大挑战。合适的产品配合适的供应链，如图 1-11 所示。

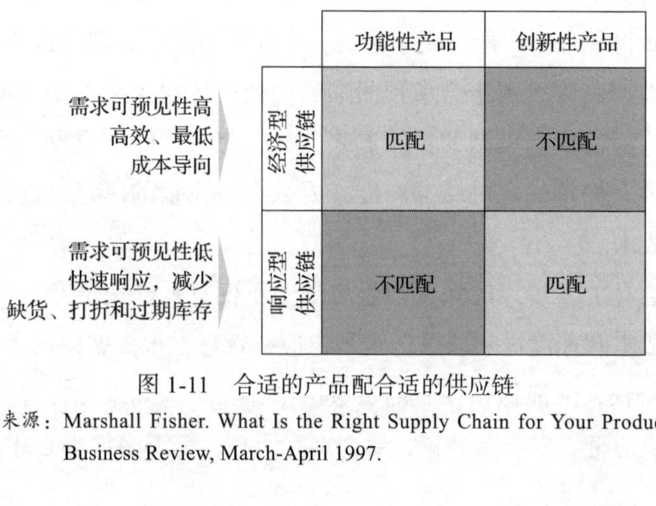

图 1-11　合适的产品配合适的供应链

资料来源：Marshall Fisher. What Is the Right Supply Chain for Your Product.Harvard Business Review, March-April 1997.

就拿服装行业来说，如图 1-12 所示，接近一半的是基本款式，针对大众消费，这是功能性产品；另一半是潮流和流行服装，针对中高端消费，这是创新性产品。很多公司既有基本款，又有潮流和流行款。基本款的生命周期较长，相对好预测，主要是吸引客流，好处是让工厂在淡季的时候利用产能，缺点是销售价格低，成本压力大。潮流和流行款的生命周期较短，却是提升企业品牌不可或缺的，好处是毛利很高，比如成本是 100 元，卖到消费者手里，就变成 400 元、600 元，甚至更高（现在知道，为什么砍价要砍"半半价"了吧），缺点是预测准确度低，得靠供应链的快速响应来弥补。

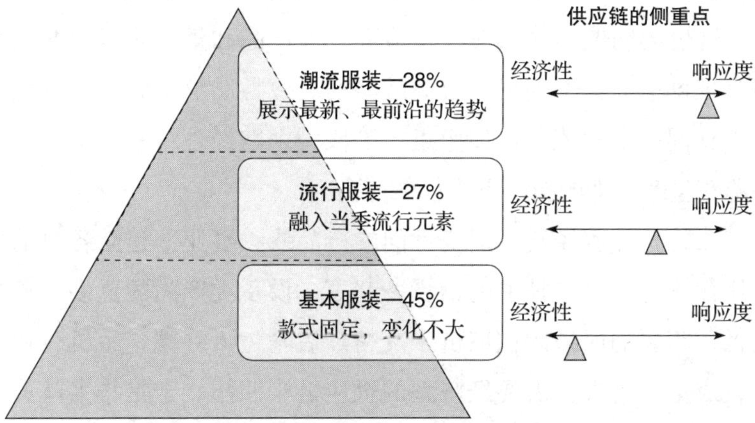

图 1-12　时尚三角与供应链的侧重点

注：时尚三角概念来自《服装行业库存管理存在的问题及对策分析》一文（作者房亚琪，发表于 2012 年）。供应链的侧重点部分是刘宝红的总结。

但是，这些公司的供应链只有一条，因为是同样的人在做供应链，他们采用同样的流程和信息系统。传统的服装行业是大批量行业，采取订货会制，大致提前半年就开始订货，整个供应周期动辄几个月，能做便宜但做不快，是经济型供应链。潮流服装的生命周期很短，有些快时尚公司销售 45 天就下架，你能想象，经济型的供应链该吃多少苦头。产品与供应链不匹配，导致需求跟供应没法有效匹配，库存积压对服装企业来说就成了行业性问题。前几年严重时，网上有人戏言，说三年不生产，库存也卖不完。但是，女孩子早晨起来，第一件事就是发愁没有合适的衣服穿。

即便是功能性产品，在新产品导入时，也经常以创新性产品的形式出现（预测的准确度低）；而创新性产品呢，随着生命周期的推进，也难免大众化，成为功能性产品。产品的属性在改变，而供应链的属性则没法改变，至少没法改变得那么快，产品与供应链经常出现不匹配，该怎么办呢？业界经常用几种措施，这里简单介绍一下。

其一就是适当差异化供应链，比如成立专门的寻源组织，快速支持新产品开发。这也是用组织措施来弥补流程、系统的不足——基本流程、信息系统往往是围绕量产的产品构建，目标是成本而不是速度优势。这里的问题是多头对接供应商：新产品和量产阶段由两组人选择与管理供应商，不利于供应商战略的一致性。解决方案是供应商选择集中到同一个职能，比如由量产阶段的采购经理统一负责，新产品的寻源在量产经理的指导下选择供应商。

其二就是分散经营，围绕不同的产品线、事业部建立各自的供应链。比如华为，原来是由电信设备起家，设备类产品配置多，预测准确度低，需要响应型的供应链来支持。后来进入终端，手机行业竞争白热，成本压力大，需要经济型的供应链来匹配。于是华为就成立终端公司，围绕手机构建自己的供应链体系。专注芯片业务的海思也是。这里的问题是规模效益的丧失，供应链的复杂度也更大，与企业做大的目标相悖。

其三就是关停并转，放弃一部分业务。比如计算机变为大众产品（功能性产品）后，IBM 原来的响应型供应链太贵了，没有成本优势，就退出 PC 市场。后来，IBM 退出低端服务器市场，也是同样的原因。这样，IBM 专注创新性产品，比如高端服务器，达到产品战略与供应链战略的匹配。相应地，接盘手联想则聚焦功能性产品，把 IBM 的 PC 与低端服务器都接过来，与其经济型的供应链相匹配，从战略的角度来说也是明智的选择。

在北美，一个行业成熟后，大都会经历一轮又一轮的整合，最后只剩下两三家主要的公司。从供应链的角度看，这也是有道理的：整合后，规模效益增加，供应链的成本才能做得更低，以达到功能性产品与经济型供应链的匹配。很明显，联想走的就是这条路。这些“剩余者”不是创新导向的。这也注定了联想与华为走的不是一条路。网上看到一些文章，老是把这两家公司放到一起比较，说与华为相比，联想在研发上的投入微不足道。这种比较本身就没有任何意义：两家公司都没错，它们都在力图让产品战略与供应链战略相匹配，这意味着华为得投入巨资来追求差异化，而联想则不断挖潜供应链来追求经济性。

讲到这里，顺便再说说戴尔。戴尔的直销模式是快速响应的供应链，在计算机是创新性产品时，需求预测准确度很低，库存风险高，直销模式“不见兔子不撒鹰”，由订单驱动是合适的战略。但是，一旦计算机成了功能性产品，直销模式的供应链成本高昂，就不匹配。作为应对措施之一，戴尔更加专注 2B 业务，因为商业用户的定制需求多，产品更加接近“创新性”，有更高的毛利，与响应型供应链的匹配度更高。

这种现象在别的行业也能看到：低成本地区竞争对手进入时，一般会专注批量大的功能性产品，这与其成本导向的经济型供应链相匹配。作为应对，欧美日的企业就更多地进入差异化市场，聚焦小批量、多品种的产品，与其响应型供应链匹配。例如在芯片行业，欧美的厂家基本上就放弃了大批量芯片，除英特尔和镁光，德州仪器、意法联合体等早就转向小批量的模拟信号芯片等。日本企业全面撤退家电、手机行业，也是把更多资源聚焦差异化的创新性产品，与其相对昂贵的响应型供应链相匹配。

最后，顺便谈一下小米与苹果。《掌链》的记者崔芸采访我，问这两家企业都是主要的手机厂商，它们的供应链有什么关系[㊀]。我说，它们的供应链没有任何可比性，因为它们走的是完全不同的两个极端：

㊀ 崔芸. 雷军改进、乔布斯革命，万亿帝国和千亿企业的差距只在两个字，www.jiemian.com.

苹果的手机是创新性产品，小米的手机是功能性产品；前者配套的是响应型供应链，后者配套的是经济型供应链。把这两个企业放在一起比，其实是一种外行看热闹的做法，本身并没有多大意义。如果硬说有什么可比性，那就是两者的产品战略与供应链战略都是高度匹配，结果是苹果把手机做得足够好，小米把手机做得足够便宜。当然，这也注定小米成不了苹果，苹果也成不了小米。

案例 供应链的推拉结合与戴尔的直销模式

自从有了孩子，周末午饭一般都较晚：孩子们早晨要睡觉，我正好写文章、回复读者的邮件等。等一家人赶到附近的小饭馆，中午营业也快结束了，工作人员一边服务最后一批客人，一边准备晚上的业务。有的拿出一堆豆角来，一个个择净；有的在包小馄饨，放在冰箱里备用。他们预计有人下顿要点这些，所以在提前准备。用供应链上的术语讲，就是**推式生产**，即根据预测来生产。这样，客人到的时候一下单，没多久菜就能上齐。家里做饭没有饭馆快，就是因为家里做饭是拉式生产，一切都是现做为主。

推式生产不但缩短了交货周期，而且充分利用了产能。例如在不忙的时候，服务员可以帮忙择豆角，这样就不用按照需求高峰来准备产能，总体成本也较低。当然，推式生产的风险是万一需求没了，或者没有按时来怎么办。所以，推到一定地步，就得变成拉，即由客户的订单来拉动，以控制库存积压风险。例如，除非有人点菜，小饭馆是不会把豆角炒成干煸四季豆的，也不会把小馄饨提前下出来。

推式生产有库存风险，但拉式生产也并不完美：订单有了，虽然库存风险降低了，但因为要货急，供应风险大增，用库存控制专家程晓华先生的话说，就是“MRP 紧张”。例如客户给的交期是三周，你的零部件需要五周才能到齐，加工组装时间还不算，赶工加急，总成本往往更高。

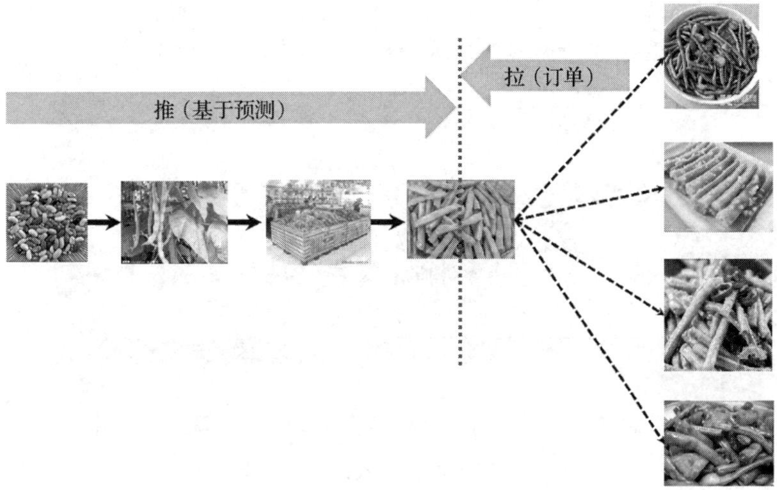

为什么餐馆上菜这么快

所以，尽管都在说拉式的好处，但很少有供应链是纯拉式的，几乎所有的供应链都是推拉结合。那推与拉的结合点应该设在哪里？重读沃顿商学院马歇尔·费雪（Marshall Fisher）的经典文章[㊀]，找到了答案：**能预测的部分用推，不能预测的部分用拉**。

定制化程度越高，预测准确度越低，推拉结合点离最终客户越远。例如在多种少量的设备行业，产品配置多样化，制造商主要依赖客户订单来驱动生产组装，推拉结合点在零部件采购环节——对于通用零部件，制造商会按照预测驱动供应商生产（“推”），等到客户订单来了，再进行最后产品的组装（“拉”）；对于通用程度低的零部件，制造商往往等到客户订单后再给供应商下单，推拉结合点离客户更远。相反，标准化程度越高，预测准确度越高，推拉结合点就与最终消费点越近。

图 1-13 是四种不同的推拉结合。在**按库存生产**模式下，推拉结合点在成品层面，生产的批量一般也大，这是常见的大批量行业，比如汽车、家电、手机，都是典型的按库存生产模式。**按订单设计**模式是另一个极端，典型的小批量行业，比如建筑、造船、核电站都属此列。

㊀ Marshall Fisher. What Is the Right Supply Chain for Your Product. Harvard Business Review, March-April 1997.

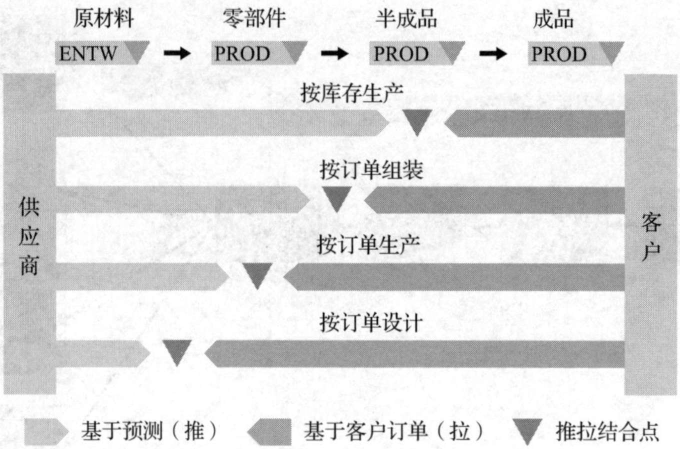

图 1-13　四种方式的推拉结合

资料来源：http://learningwithlarry.com.

从供应链的角度来看，两个极端都不好对付：大批量行业的竞争白热，利润薄如刀刃，大家都过得苦哈哈的，供应链上稍微一眨眼，形成一点呆滞库存什么的，这半年就算白忙了；小批量行业的竞争虽然没那么激烈，但产品和供应链的复杂度高，周期长，响应速度慢，系统、流程不很完善，更加需要依赖人的主观能动性来弥补，所以也是过得很辛苦。

不过如果让我选择的话，我会选小批量行业：小批量行业虽然辛苦，但毛利较为丰厚，成本压力一般没有大批量行业大，供需双方的关系也相对更为融洽。毕竟，供应商啥都好谈，钱不好谈：在利润薄如刀刃的大批量行业，年度、季度甚至月度降价的压力下，供应链伙伴之间的关系是个大挑战。

此外，**对产品的时效性要求越高，推拉结合点就离消费点越近**。例如大型设备的关键备件，一旦停机待料，损失就非常大，所以在很多行业，备件供应链的推拉结合点就在客户的生产设施附近。例如，我在负责一个半导体设备制造商的全球备件计划时，一亿多美元的备件库存，有 20 多个库建在全球芯片制造的各个主要地区，80 多个寄售库存点就直接建在芯片制造商现场。这样一旦客户停机待料，4 个小时内，95%

以上的备件就送达客户现场。在航空业也有类似的指标，一旦飞机因备件不到位，没法起飞，备件的交货时间也是以小时为计量单位。

在这种情况下，库存就被“推”到离消费点非常近的地方。这样做违背了需求预测的准确性要求，因为在消费点，非易耗备件的需求一般很难预测，即使你能大致预测平均需求，但究竟什么时候需要还是没法预计。所以，库存“推”到客户附近，提高了有货率（服务水平），但代价是高昂的库存水平、很低的库存周转率。例如在很多大型设备行业，备件的库存每年往往就周转一两次，这意味着手头平均备半年到一年的料。国防业就更低，例如美国空军的备件周转率连 1 次都不到。

在供应链领域，很多最佳实践都与有效定位推拉结合点有关。例如，戴尔的直销模式在成品层次是典型的拉式供应链，不见订单不组装；但在零部件阶段，却是典型的推式供应链，因为这些原材料就如小饭馆的豆角，通用性高，用量的可预测性高。惠普的延迟战略也是同理：产品的共同部分比如打印机的主体好预测，用推式生产，以取得规模效益，降低成本；差异化部分，比如不同文字的说明书、不同地区的插头等，用拉式生产，以降低需求变动带来的库存风险。直销模式和延迟战略的成功，就在于完美地结合了推与拉。

推拉结合点不是一成不变的。即使在同一个行业、同一个公司，推拉结合点也可能随产品的生命周期而变化。

例如戴尔刚创立直销模式时，计算机是创新性产品，机型配置多、成品降价速度快，成品层次的预测准确度低，库存风险成本高，直销模式是总成本最低的供应链模式。但是，这些年来计算机成为大众商品后，配置越来越标准化，预测的准确性也越来越高，最优的推拉结合点从生产商处前移到零售商，即生产商按照预测批量生产，批量供货给零售商，在零售商处变为拉。这种方式最大程度地发挥了规模效益，所以整体供应链成本最低。相反，戴尔的直销模式还是单件生产、单件配送，成本上的劣势就很明显：当计算机一台卖 1500 美元时，戴尔可以花 30 美元快递给客户；当计算机只卖 300 美元时，再花 30 美元来快递就显然不现实。

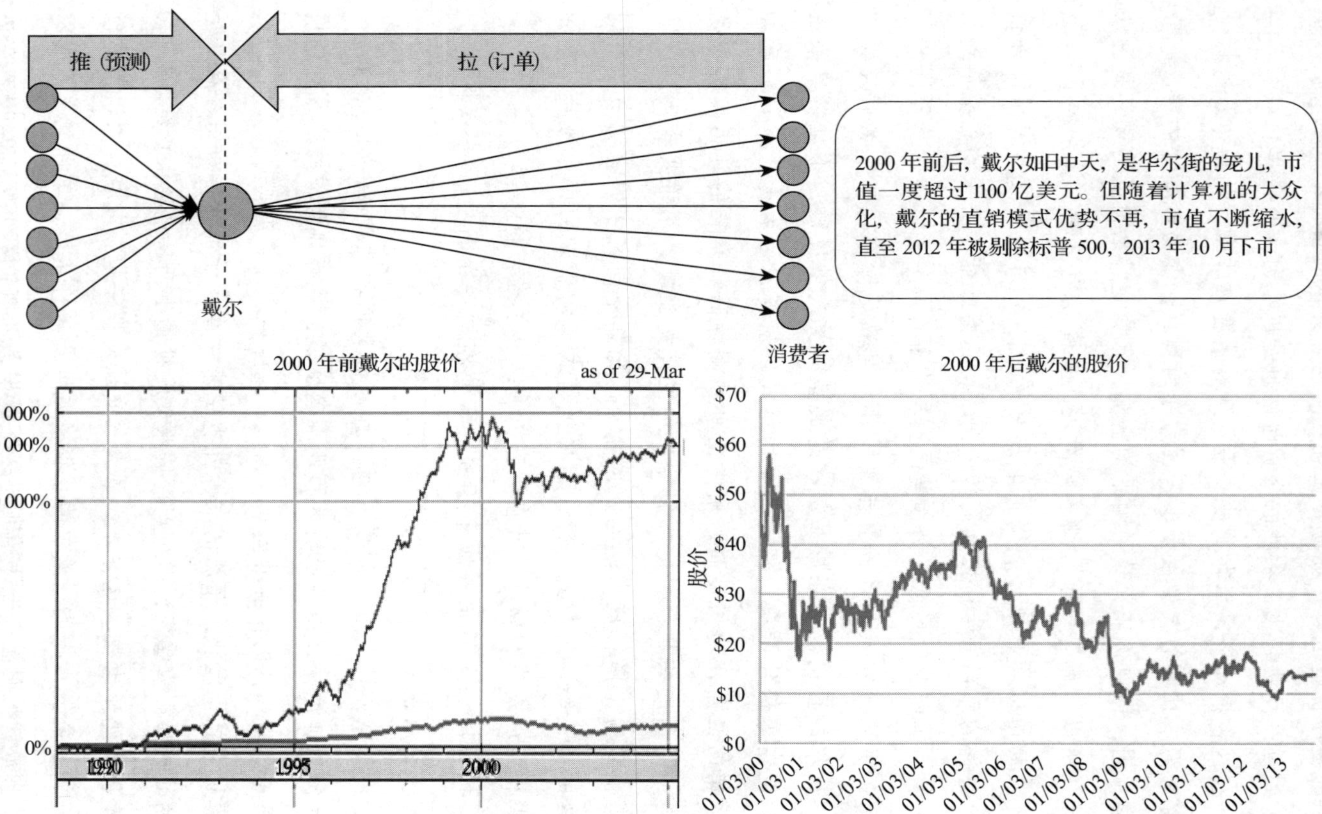

供应链与产品战略不匹配，戴尔走上了下坡路

戴尔这几年江河日下，一个根本原因就是没法有效转型供应链，实现推拉的最优组合，以合适的供应链战略来支持产品战略。当然，或许有人会问，“戴尔为什么不建个传统的供应链?”这很难，戴尔也在尝试通过传统的渠道，把推拉结合点前移，比如在好市多（Costco）和沃尔玛销售计算机。[㊀]但挑战是，这意味着戴尔得建两条供应链，或者说至少在短期内两条供应链共存：一条是原来的直销模式，另一条是传统的分销模式。这会让戴尔的规模效益更差，成本劣势更加明显。这也是在戴尔的直销模式如日中天时，IBM、惠普、康柏计算机等没法转换为直销模式的原因。

在管理学上，这叫“路径依赖”。通俗地说，就是你的过去决定了你的现在，而你的现在又决定了你的未来。把这理论发挥到极点，就成了“龙生龙，凤生凤，老鼠的儿子会打洞”。这听上去有点悲观，但并不是说不能改变，只是说改变比较困难，风险较大。

股东们和华尔街不愿承担供应链转型的风险，就给戴尔种种障碍。这也是为什么在2013年，戴尔选择下市，决定私有化。私有化后，外界阻力减小，戴尔得以推动更多的变革，比如聚焦商业客户和服务器——这些产品的配置较复杂，直销模式的优势较明显。

此外，戴尔跟那些别的过气技术巨头没什么两样，就是疯狂地并购并购再并购，比如狂掷670亿美元并购EMC，更多的是采用财务手段，而非业务模式、技术创新来发展。这些举措，其实大都是过气巨头临死前的垂死挣扎，看上去效果有限，这里暂且不谈。

讲到这里，顺便讲个戴尔的小故事。1997年，乔布斯重回苹果的那一年，苹果巨亏近10亿美元，而戴尔正如日中天，就如今天的苹果。在一个会议上，有人问迈克尔·戴尔（戴尔计算机的创始人）苹果该怎么办。迈克尔·戴尔答道，把门关了，把剩下的钱还给股东。谁把剩下的钱还给了股东？戴尔。这不由得让人想起香港武打片里的一句话：出来混，迟早是要还的。

㊀ A New Channel Strategy for Dell. 西北大学凯洛格管理学院网站，insight.kellogg.northwestern.edu/.

供应链设计：产品、信息和资金流的优化

供应链设计是围绕产品和工艺，设计和优化产品流、信息流、资金流，以降低供应链的成本，提高供应链的速度。供应链的一些战略决策，比如自制还是外包、自建渠道还是采取加盟方式、全球采购还是本地采购、集中配送还是建立多级配送网络，都可划入供应链设计的范畴。

在操作层面，供应链设计可进一步细化为产品流、信息流和资金流的设计。

产品流从供应商的供应商到客户的客户，包括原材料、半成品和成品的流动、加工和储存。在宏观层次，它涉及厂房、仓库、配送中心、门店等的设置；在微观层次，它涉及单点寻源还是多点寻源、供应链的推拉结合等。

就宏观层次的供应链设计，让我们看看苹果。

1997 年前，即乔布斯重回苹果的那一年，苹果计算机的设计在硅谷，成品组装在爱尔兰，零部件生产在我国台湾等地，最后销售到全世界。当时苹果的供应链管理混乱，一到销售旺季，零部件短缺，一路从我国台湾加急空运到爱尔兰；赶工加急组装好了，又从爱尔兰一路加急空运到日本以及我国台湾和香港地区，卖给那里的消费者。折腾下来，苹果没赚什么钱——钱都给航空公司了。外行都能看出这样的产品流设计有问题。

1998 年，乔布斯从康柏挖来供应链运营专家库克。在随后的几年里，库克关掉了北美、爱尔兰的生产设施，把生产组装外包给亚洲的合同制造商。这样，零部件在亚洲生产、成品在亚洲组装，大部分的消费者也在亚洲，供应链的产品流也更为简单、高效。相应地，苹果的库存大幅下降，库存周转率大幅上扬，产品的利润率也节节攀升。

苹果的案例其实是欧美企业的缩影。在过去三十余年内，随着制

造业向亚洲的转移，欧美企业的产品流也发生了结构性的变化，由原来的欧美设计、欧美制造、欧美销售，变为欧美设计、亚洲（主要是大中华圈）制造、全球销售。对我们来说，这些似乎很遥远，其实并非如此。随着人工红利的消失、人民币汇率的走高，还有业务的全球化，发生在欧美企业的，终将发生在本土企业身上。

比如华为终端、OPPO、vivo就在印度设厂。原来是深圳设计，深圳制造，全国、全球销售；现在对部分手机而言，就变成深圳设计，印度制造，印度和全球销售，供应链发生结构性的改变。而这些企业呢，也正在经历结构性改变带来的阵痛，其中包括本地员工的能力短板，以及供应链上的诸多挑战。

案例　海尔的生产外包与模块化

2008年金融危机爆发后，生产制造投资回报低的问题进一步凸显，海尔下决心外包生产制造。[㊀]外包生产显著地改变供应链的结构，影响到公司的方方面面，这点容易理解；但是，受冲击最大的却是**设计部门**，恐怕很多人不理解。

原来，在竖向集成生产的情况下，海尔采用的是集成式设计：供应商加工好零部件，海尔买回来，在自己的生产线上一级级组装，一个个零件安装上去，一直到成品。生产外包后，产品需要模块化设计，由下级供应商组装成模块或子系统，再到总装供应商处组装成成品。或许有人会问，海尔为什么不外包给一家公司，把这所有的事都做了。答案是那公司有，是他们自己和竞争对手：自己不愿做，竞争对手又不愿意给外包。[㊁]

于是，海尔的产品设计要从集成式转变为模块化，通过界定模块、子系统、系统的规格、性能，把具体的模块、系统等外包给特定的供

㊀ 宏碁集团的创始人施振荣有套理论叫“微笑曲线”：研发与营销附加值高，生产制造附加值低。

㊁ 我注意到，当企业的品牌溢价足够大的时候，就可能采取贴牌生产的方法。比如欧美的一些企业找到国内的竞争对手，让它们贴牌制造。

应商。在外包环境下，离开了清晰的规格、性能要求，就很难评估供应商的绩效，模块、系统之间也就很难集成（在竖向集成下，企业主要是通过内部协调，来集成不同职能、生产线的工作）。所以，外包看上去是对产品流的改变，其实首当其冲的是产品设计的模块化。

新产品还好说，模块化设计可以从头开始，难就难在现有的产品上。想想看，年度营业额1000多亿元的大公司，有N多个产品线，每个产品又有N多个型号，模块化设计其实是对这些产品重新设计一遍。这个挑战，可想而知。

所以，对海尔来说，生产外包的焦点很快就转移到模块化设计，生产外包本身也被称为模块化。生产外包到现在还是进行时，足以见得重新设计供应链的难度之大，更确切地讲，产品流的改变，以及伴随而来的信息流、资金流的改变之难。

信息流是供应链设计的重要一环。比如说协同计划、预测和补货流程中，沃尔玛把销售点的数据直接传递给宝洁，避免了销售数据在沃尔玛内部的汇集、延迟，提高了信息流的时效性和准确性。相应地，产品流也得到改善，表现在补货及时、总体库存下降、有货率提高等。产品流往往取决于生产、仓储、配送设施，经常属于战略层次的决策，优化成本也比较高；信息流的优化相对更加容易，很多在执行层面就可决定，是供应链设计的核心内容。

信息流是供应链的神经，它支配产品流和资金流。供应链的很多实践，其实都是在信息流设计上做文章。比如需求变动会沿着供应链逐级放大，形成“牛鞭效应”，其根本原因是信息不对称带来的信息流扭曲。而主要解决方案呢，就是拿信息换库存，比如直接给下级和下下级供应商分享预测信息，这也是重新设计了信息流。

再比如说供应商管理的库存（VMI），从表面上看，这是个产品流的优化——以前客户和供应商都建有库存，现在两堆库存变一堆，规模效益增加，库存降低；但实质上，更重要的是信息流的优化——

VMI 下，供应商直接能够拿到库存水位、需求预测、需求历史等信息，信息的准确性、时效性更好，对指导供应商的生产、补货更有效，所以整个供应链的成本更低、响应速度更快。

资金流的设计往往伴随着产品流和信息流。比如就供应商管理的库存（VMI）来说，VMI 之前，产品流和信息流是基于订单的，每次送货都由具体的订单驱动，相应的货款也是逐单结清，资金流复杂；VMI 后，一般是每月结账一次，资金流就简单多了。再比如说，作为供应链链主，你是直接支付二级供应商，还是通过一级供应商来支付，也是供应链设计的一个考量。有时候一级供应商陷入财务危机，供应链主的最好选择是自己直接支付二级供应商。当然，这种资金流的重新设计也意味着职责的变化，在这种情况下，就是链主承担更多的下级供应商管理职责。

我们通常讲的付款条件，其实也是资金流设计的一部分。比如 60 天结账，按照发票额结清；30 天结账，供应商给采购方 1% 的折扣；10 天结清，2% 的折扣等。产能投资、买断等也跟资金流设计有关。比如苹果在开发新产品的时候，供应商需要建立产能，苹果有时候会一次性投入大量资金，换取产能和后续供货的保障，而后续现金支付就少一点。再比如说，有些产品需要开模，作为采购方，你要么一次性给供应商支付模具费用，要么分摊到后续产品里，同样有资金流的考量。

产品流、信息流和资金流的设计都很重要，需要并行设计、通盘优化。供应链管理就是对这三条流的设计与优化，把成本降下来、速度做上去，都是些非常具体的事，决策层和执行层都能做点什么。

有些文章说起供应链设计，就好像是摆弄面团，可以揉来揉去，想怎么摆弄就怎么摆弄。其实，如同任何商业难题，供应链设计不是在一张白纸上作画，而是给飞驰的车子换轮子。从零开始，设计、实施一套崭新的方案容易；难就难在从一个烂摊子着手，在现有的框架上修修补补。推倒重来的革命方式看上去彻底，但大都欲速则不达；循序渐进的演进方式貌似缓慢，实则因系统地解决问题而一劳永逸。

举个例子。你知道你的供应商太多，供应链太复杂，但你可能永远也得不到足够的资源来整合供应商：工程师们为新产品开发疲于奔命，只要这帮供应商能交货，他们才没空帮你整合供应商呢。他们也不是不懂集中采购额可以省钱，但省钱是采购们的事。再比如说标准化，你知道有几个产品非常相似，只要设计部改用统一规范，你就可减少供应商数量，优化供应链。

同样，设计人员不是不知道标准化的好处，而是因为那事儿排不上他们的议事日程——新产品开发都来不及呢，谁还有空顾及一两年就下线的老产品呢。公司大了，要规范、优化的东西实在太多，各部门的目标不同，你想做的并不一定是他想要的，这事儿就搁着吧。所以，想用革命的方式打破现有秩序，推倒重来就成了一厢情愿、不切实际的白日梦。

但是，如果你能控制新产品的寻源，杜绝新产品随意流入非优选供应商，一段时间下来，你的供应商数量自然得到控制，供应链自然因简单而优化。为什么？产品升级换代了，那些非优选供应商自然而然被淘汰出局。产品规范化同理：如果保证新产品尽量采用统一规范和合格供应商清单，不消几年，采购额分散、太多供应商供货的局面自然会得到控制，采购量更集中，对供应商的议价能力更强，采购的目标也更容易达到。这些都是采取演进的方式，看上去慢，却能更系统地解决问题。

很多公司花太多的精力处理老问题，却不在新问题还在源头的时候就解决。结果是一步赶不上，步步赶不上：老问题解决不了，新问题又成了老问题，“吃二遍苦，受二茬罪”，陷入恶性循环。急功近利是后面的驱动因素。企业得关注短期利益，因为市场就如丛林，生存是第一要务。但是，当过分关注短期利益时，就容易“一叶障目，不见森林”，影响公司的中长期发展。当然，作为职业人，活在当下和志存高远同样重要。长远战略不能当饭吃。在硅谷，我认识一位设计工程师，博士毕业。这老兄张口战略、闭口战略，习惯于拿战略来代替行动，结果 2008 年金融危机大裁员，就首当其冲丢了饭碗。

供应链设计也如同产品设计，是一个系统工程，要经过漫长的尝试、微调来优化。任何一个公司、一个产品，都不是从零开始的。过去的历史、现有的基础是发展到今天这一步的关键，但往往也是制约下一步发展的条条框框，即“成也萧何，败也萧何”。这些制约因素有好有坏，但你不能一锤子敲碎，因为你还得靠它们来维持运作呢，除非公司处于生死存亡的关头。

例如戴尔的直销模式，并不能空降到别的公司，就是因为你不能把现有的渠道一概废掉。否则，等不到新的模式成功，这公司早已断了炊，破产了。退一步讲，戴尔的直销模式也不是一日之功，而是经过二三十年的演变、完善而来。人们在看待一些公司的成功时，往往忽略了其背后多年的积累，好像成功都是瞬间得来的（当然成功者在介绍成功时，也往往有意无意忽略成功的过程，只注重成功的结果）。

再者，戴尔的直销模式也不是刻意设计出来，能画在一张图纸上，或者写在规范里的。要不，戴尔为什么不到处复制，组建一个直销彩电的公司、直销电冰箱的公司、直销汽车的公司，有什么就直销什么，把这地球上的钱赚光？既然戴尔做不到，那鼓吹戴尔供应链模式的咨询公司就更做不到。他们鼓吹的供应链设计也罢，重组也罢，看上去有点石成金的功效，其实不过是骗人的噱头罢了。

就如一切商业问题，在供应链设计上，这世上没有万能药。解决一个问题的救命药，往往是造成另一个问题的毒药。就如后面案例所阐述的，一个方案在解决了一些问题的同时，往往会制造另一些问题。所谓的好解决方案，就是解决的问题多过制造的问题。理解方案的潜在风险，平衡利弊，是供应链设计不可或缺的一环。

管理上没有放之四海皆准的方法，供应链设计也是。所以，遇到兜售万能药的，一定要多个心眼。一个问题的救命药往往是另一个问题的毒药。管理者要做的就是理解决策的利益与风险，准备好承担计算过的风险罢了。执迷于寻找万能药，稀里糊涂买下别人兜售的万能药，都一样愚昧。

案例 专门支持新品开发的供应链

共用供应商时，新产品开发与生产部抢资源并不鲜见。例如同一零件，库存有限时，生产部往往优先使用，因为这直接关系到发货给客户，带来营业额；新产品开发呢，暂等等吧，因为毕竟是内部用途，好商量。再比如供应商的产能有限时，一面是生产部门在等着量产的部件，另一面是新产品开发部等着新设计的样品，八成还是生产部获得优先。

这些都是实实在在的问题。有个公司为解决这个问题，就成立专门的新产品供应链管理部门，负责新产品开发阶段的供应商管理。于是，公司里就有两套供应链管理班子：一套负责量产，另一套负责新产品开发。两套班子为两套供应商埋下伏笔，尽管这是公司不愿意看到的。结果是新产品开发的问题解决了，却带来以后的诸多问题。

例如支持新产品开发的供应商一般规模较小，反应速度快，但在管理流程、质量体系方面往往不是很完善，不一定是量产阶段的最佳选择。于是进入量产，要么得进行系统的供应商开发，帮助提高现有供应商的水平；要么得转厂，找更好的量产供应商。两种做法都费时费力。并不是所有的产品都能转厂，比如技术难度高、批量小、生产工艺独特等，就造成供应商越来越多，供应商数量失控，采购额分散，对供应商的管控力度下降。

在这个案例中，为突出新产品开发的重要性，该公司决定建立专门的新产品开发供应链管理部。这跟公司特定时期的战略有关，公司必须理解这样做的好处与弊端。当公司意识到这些弊端，但仍旧决定这样做，那还是可以称作是个好的决策的，因为很难有两全其美的决策，解决一些问题的同时，总会制造一些问题（当然，希望解决的问题多过制造的问题）。

但是，我们一定要认识到，这种模式解决了新产品的寻源问题，但制造了后续的供应商泛滥问题，并不适用于所有公司、所有情形，所以也不是供应链设计的万能药，特别是当你知道公司为解决其后遗症不知花费多少资源的时候。看看北美近二三十年的供应管理文献，不难发现，大公司的很多精力都花在整合供应商、集中采购额上。那些地域分散、分公司众多、产品复杂度高的公司尤其如此，很多都跟新产品的寻源缺乏协调、供应商的多头管理有关。

案例 备件的专用仓库

有个设备制造商，自己负责产品设计，由供应商按图加工，生产零部件。这些零部件中，一部分用于生产部门，生产新产品；另一部分用于备件部，满足设备售后的备件需求。

设备行业大都周期性很强：设备制造商位于供应链的末端，远离最终用户，最终市场的微小变动通过几级供应链伙伴的放大，到了设备制造商处就变得很大。这是典型的牛鞭效应，表现在一旦生意好起来，订单可以在几个月内翻倍，供应商的产能瓶颈、供货不足比比皆是。于是，零部件供应有限的情况下，备件部与生产部抢料就成了家常便饭，而备件部在争夺战中自然落了下风：先满足生产，把那价值几百万元的新设备发了货再说。

为解决这个问题，在售后业务部的强烈要求下，该公司设立备件专用的供应链，成立备件专用仓库。备件部给供应商提供预测，下订单，然后按订单量收货，归入备件专用库，并不与生产部共享。由于备件需求量相对稳定，比较好预测，所以专用仓库大幅提升了备件部的有货率，从而提高售后客户满意度。生产部呢，订单变动幅度大，以前出现短缺时可以暂时调用备件部的零件，现在只有大幅提升安全库存，并加大向供应商的催货力度。

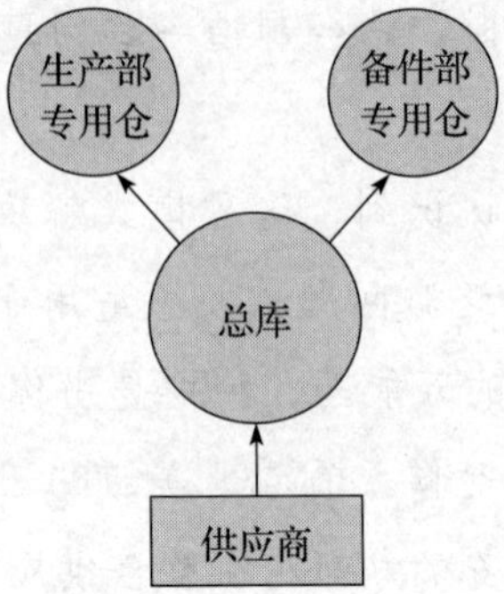

备件部的专用仓库

这个供应链设计解决了备件部的问题，却带来下面的问题：

其一，安全库存提高。原来是每个料设一个安全库存，现在得在备件库和生产库各设一个，这样系统地提高了公司的整体安全库存水平。熟悉库存控制的朋友大都知道，整合多方需求做预测，预测准确度会提高（因为不同方需求变动可能互相抵消），从而安全库存会降低；反之，库存点越多，每个点的预测准确度越低，总体安全库存也越高。

其二，交易成本提高。两套仓库系统下，供应商送来的货要多经过一道手续，即由总库转入备件分库，很多仓库管理的相关工作加倍。例如盘点，同一零件号就得盘两次。仓库管理由外包公司负责，外包公司按交易次数收费。光这一项，一年就得增加运营费用几十万美元。

这些问题在货料短缺时并不明显，因为没法支持备件需求的机会成本可能更高。但是，一旦供应商的产能跟上来了，生产部需求量也趋于平稳，两套系统带来的库存压力和运营成本问题就很显著。而当生产部需求大幅下降时，问题就更突出：以前备件部可以消化生产部的多余库存，现在得经过一系列的操作，才能把生产部的多余库存转到备件库。同样，备件的多余库存也很难由生产部来消耗，经常出现这样的问题：有些单价成万美元的零件，备件库在全球有一堆多余库存，由备件部自己消耗的概率很低，而生产部却还在向供应商买新的，就是因为生产与备件用的是两套仓储系统，库存信息不透明，多余库存没法自由流动。

在这个案例中，为了提高备件有货率而设立专用仓库，只是特定条件下的特定决策，自然不能当圣经来念，成为所谓的“最佳实践”。这也是当时既有能力下的理性应对。后来，该公司的计划和执行能力提高了，就合并了生产与备件部的仓库。值得注意的是，很多成熟产品的库存问题、供应链冗余，往往跟特定时期的种种专用供应链有关。所以定期审视整个供应链，及时调整，对提高供应链效率大有裨益。

顺便提及，**供应链的计划和执行能力越低，库存就越分散**。比如在有些管理粗放的企业，“小仓库”盛行：生产线有自己的“小仓库”，客服部门有自己的“小仓库”，设计人员也把零件藏在自己的桌子底下。有些电商、代理商甚至把一个仓库划分成好多块，围绕特定的客户建立各自的库存。这都导致库存分散，短缺的短缺，过剩的过剩，库存的使用效率更低，整体库存反倒更高。

但这不能怪用户：供应链的供应能力跟不上，就没法杜绝这些行为。这就如以前供水不稳定的时候，家家户户都把坛坛罐罐灌满，水的整体库存反倒更高；等到城市供水充分的时候，你还见谁家自己蓄水？水的库存也就这样降下来了。

延伸阅读

《全球采购下的一个供应链设计》这个案例全面涉及产品流、信息流和资金流的设计，有很多细节，篇幅较长，如果你对供应链的设计深度感兴趣的话，可以到我的“供应链管理专栏”网站（www.scm-blog.com)，搜索题名，或者扫描二维码，即可阅读全文。

表面上，供应链设计是关系到公司大局的战略举措；实际上，它还是要落实到一个个的产品。不集小流，无以成江海；离开了具体产品，就谈不上公司层面的供应链优化。此外，在具体产品的供应链设计中，生产流程、效率因素、实力对比、财务、法规等都扮演重要角色。无处不在的公司政治、部门利益也掺和其中，供应链设计往往演变成部门之间、公司之间的角力场。《全球采购下的一个供应链设计》案例很好地诠释了这些。

复杂度是供应链的大敌：从汽车和飞机谈起

美国领先的不一定是技术密集，但一定是管理密集，以复杂的供应链为特征。

有人问通用汽车的前采购副总安德森，“你们的挑战是什么？”安德森说，“（通用汽车的）采购有三个挑战：复杂度、复杂度，还是复杂度。通用汽车在全球采购的零部件达 16 万种，这也意味着每天出问题的机会有 16 万个。而要生产线停顿下来，缺一种零件就够了。”

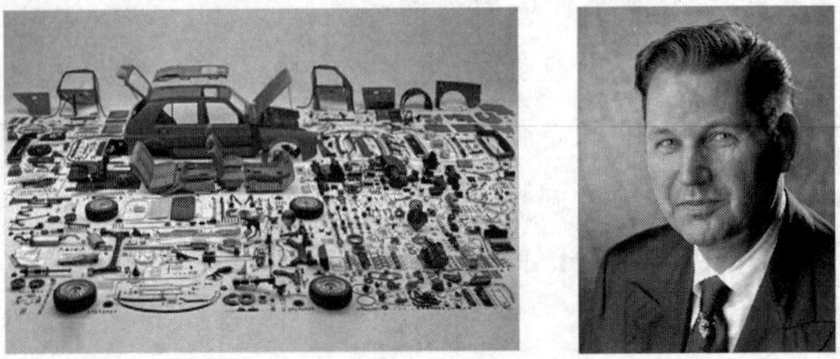

通用汽车采购的最大挑战是复杂度

资料来源：http://www.rpmgo.com.

供应链管理挑战多，倒不是因为有多难，而是因为复杂。

试想想，如果一辆汽车只有 1 个零件、1 个供应商、1 个客户，从设计到生产到配送，供应链有什么难？难就难在一辆汽车有 3 万个零件⊖，后面有成百个一级供应商，几百个二级供应商，大量的三级供应商。这些供应商来自全世界不同的地域，有着不同的文化，操着不同的语言，协调起来任务艰巨；它们有的有整合能力（比如一级供应商），有的有技术优势（比如二级、三级供应商），随着几十年来的整合，规

⊖ How Many Parts Is Each Car Made of. 丰田汽车网站，www.toyota.co.jp.

模越来越大，胳膊粗拳头大，管理起来挑战重重。

对通用汽车这样的整车厂来说，他们的竞争优势早已经不是**技术**——几十年前，通用汽车就没有能力独立设计、制造一辆汽车了。不可避免地，整车厂成了供应链资源的整合者，他们的竞争优势也变成了**管理**，对复杂供应链的有效管控和整合。

汽车如此，飞机制造行业也是。就拿波音来说，每架飞机有 40 万到 600 万个零件，每年的采购额达 280 亿美元，来自 5400 个工厂，总共采购 7.83 亿个零件，要把这么多的零件计划好，采购来，组装好，全球供应链的复杂度可想而知。[⊖]而波音的竞争优势呢，就在于有效地管理复杂的供应链。

这也是为什么一款手机出来，没多久遍地都是“山寨”版；而波音飞机都飞了半个世纪了，还看不到有人能“山寨”。这里的根本不是技术有多难——我们头顶上飞过的飞机，用的大都是三四十年前的老技术；而是供应链管理能力不够，没法有效整合全球的资源。毕竟，短期内你可以“山寨”一个简单的产品，但没法“山寨”一个复杂的供应链。这不，丰田供应链敞开着让大家来学，戴尔的直销模式也不是什么火箭技术，但这地球上还是没有产生，估计也永远不会产生第二个丰田、第二个戴尔。

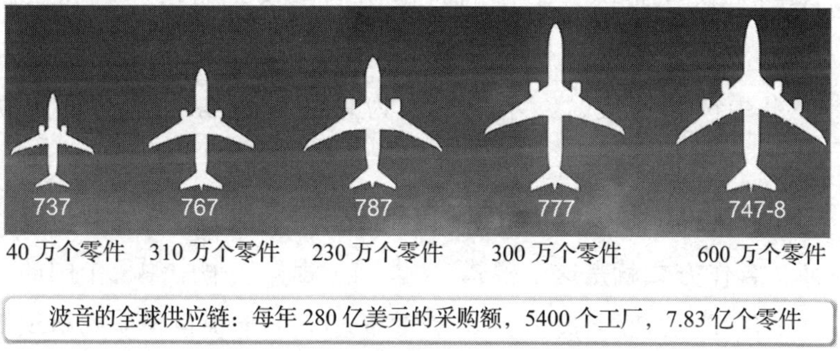

波音的全球供应链

资料来源：World Class Supplier Quality. http://787updates.newairplane.com.

⊖ World Class Supplier Quality. 波音公司网站，http://787updates.newairplane.com.

所以，对于大飞机来说，我们不能从纯技术角度来看待问题。大飞机的大多关键技术来自供应商，比如引擎、航电、控制系统。波音和空客也是如此，都得靠供应商。虽然美国和欧洲对中国有各种出口管制，但我们还是能够买到足够先进的部件——供应商是要做生意的，总会通过各种方式来游说、影响政府，出口各种产品。所以，就技术而言，中国商飞跟波音、空客没有明显的差距。要说差距呢，是管理，即如何把那么多的供应商、那么多的技术整合到一起。技术可以从供应商那里买，管理则需要多年的积累，有钱也难以买来。

在我国，航空制造一直是国企央企的天下。简单地说，就是中航工业及其下面无穷无尽的子公司、孙公司。后来虽然成立了中国商飞等，但性质都一样，还是脱胎于计划经济，走的还是“国内配套单位大协作”的路子，靠的是通过行政命令来做事。说白了，靠一层层往下压的方式。这放在商用飞机上，势必会带来种种经济效益问题。

对于国际上通行的“主制造商—供应商”模式，中国商飞这样的企业很不熟悉（中国商飞是“大飞机”C919 的制造者）。这“主供模式”不就是市场经济下的合同关系嘛，20 多年来，我学的时候就学的是这套做法，工作的时候用的是这套做法，就如水跟空气一样自然，没想到竟然成了中国商飞的老大难。我在《大国工程》一书中读到这段时，不由得大为感叹。[㊀]后来再想想，也就想通了。

中国商飞也不是没有接触过“主供模式”。他们作为波音、空客的供应商，合作方式就是这个模式。《大国工程》一书中说，中国商飞曾经就“主供模式”联系波音、空客，“希望它们能提供供应商组织管理方面的培训，但是至今也没有收到反馈。”这也不稀奇：谁会去培训自

㊀ 《大国工程》一书由赵忆宁著，中国人民大学出版社于 2018 年出版。

己的竞争对手呢。不过也不需要它们来培训：本书后面详细谈到的供应商管理五步流程，就是从飞机制造等多个行业发展过来的。看看这本书，其实就知道“主供模式”怎么运作了，包括其中关键的供应商该怎么选、怎么管。

飞机可以说是最为复杂的两大制造对象之一（另一个是芯片）。但有趣的是，飞机制造的主体却是国营经济，效率最低的管理方式之一。这是个全球现象。比如空客是源自欧洲多个国家的国企，后来上市，但根子还是很国企；波音虽然是上市企业，却跟政府有千丝万缕的关系，很多做法也很国企化。这看上去的确有点滑稽。我想这跟巨大的投资、高风险、长周期等不无关系。[㊀]

低效甚至落后的管理方式，要对付大飞机这样“制造业皇冠上的明珠”，注定不会一帆风顺，学习曲线是个大挑战。波音和空客的优势在于吃过很多苦，受过很多罪，交过很多学费后变聪明了，能够更有效地应对全球供应链，而中国商飞还在交学费的路上。

这些学费呢，都是惊人的天文数字。比如波音 787 在开发过程中有 8 次延误，给波音造成几十亿美元的成本：2004 年，波音预估 787 的开发费用是 58 亿美元；到 2011 年，开发费用至少膨胀到 150 亿美元。[㊁]对于空客来说，新一代军用运输机 A400M 一再延误，到 2018 年 2 月，累计损失已达 80 亿英镑，而噩梦还在继续。[㊂]这后面，复杂的全球供应链是一个主要因素，尽管往往被技术问题所掩盖。

㊀ 不过同样复杂的芯片制造，投资同样大，风险同样高，虽有国营背景的企业参与，却完全是由非国有经济主宰，比如英特尔、三星、台积电都是民营背景，主要按照市场经济的方式运作。

㊁ Boeing Celebrates 787 Delivery As Program's Costs Top $32 Billion.The Seattle Times, www.seattletimes.com.

㊂ Airbus Incurs € 1.3bn Charge for Delay in Delivering Military Transport Planes. www.theguardian.com.

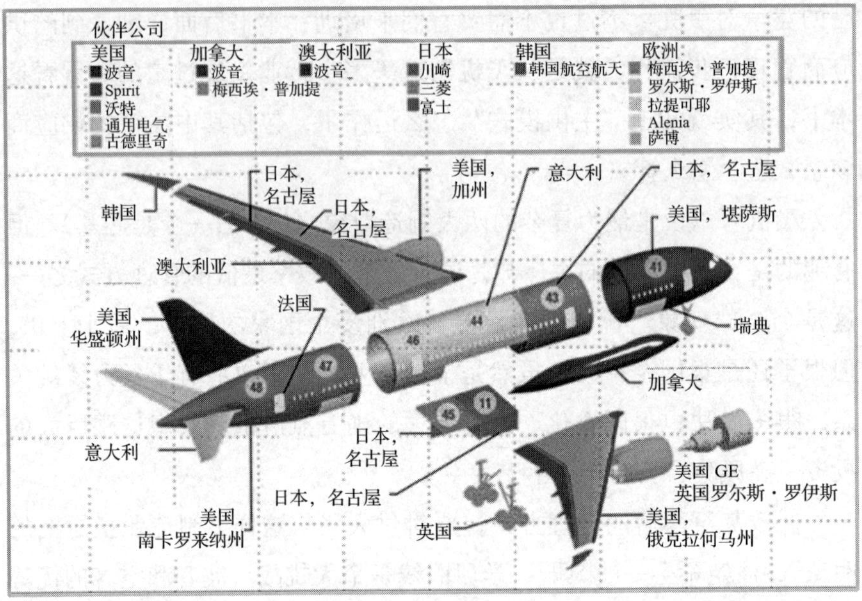

波音 787 的全球供应链

网上有很多文章，说大飞机用的主要零部件都来自海外，中国做的无非就是组装工作。言下之意呢，没什么技术含量。这是“唯技术论”的延续，其实很片面。这就如做面包，面、油、调料都是别人做的，但把这些变成香喷喷的面包，面包师傅的“组装整合”也是功不可没的。

整合组装是核心竞争力，看看 iPhone 就知道了：苹果不生产芯片，也不生产显示屏，更不生产电池；苹果的价值就在于把那几百个零部件整合到一起，做出一个好产品来。这后面体现的是对全球供应链的管控能力。没有人挑战苹果作为整合者的价值，但为什么总有人低估中国商飞在大飞机中的地位呢？

小贴士　复杂度不同，中国企业的竞争优势也不同

传统上，我们的竞争优势在相对简单的产品上，比如电视机、洗衣机、空调和电冰箱。这些产品的材料清单 BOM 一般有几十到几百

个料号，中国制造毫无疑问已经走到了世界最前列。

在这个层面，智能手机可以说最为复杂。一个智能手机大约有300个零件[⊖]，在那么小的空间里，要容纳几百个零件绝非易事，还不要说配套的几十个全球供应商。我国已经有相当多的国际知名品牌，华为终端、OPPO、vivo等已经相当有竞争力，在中高低端手机上都具备全球竞争力。

有种看法，说本土企业的竞争优势，在BOM数量上以1000为限，可以说有一定的道理。对于更复杂的产品，以汽车为代表，中国企业展现了一定的实力，但还没有国际竞争能力，表现在缺乏国际知名品牌，在国际市场上，特别是发达和准发达国家，份额还微不足道。

汽车大约有30 000个零件，是手机的100倍，在安全、耐久性上的要求更高，供应链的管控更加困难。从20世纪80年代开始，汽车就成为我们国家的战略重点，也是重点扶持的行业，政府投入很多资源，几乎与世界上所有的整车厂都成立了合资企业。但30多年后，产品还是没有足够的竞争力。政府走的是以技术换市场的路，市场是给人家了，技术嘛，就另当别论了。

不过话又说回来，汽车又有多少技术呢？用吉利汽车董事长李书福的话，不就是一个沙发加四只轮子嘛。这话的背后，也不无道理：要说汽车的技术，基本都在各种专业供应商手里。整车厂做的呢，就是整合全球资源，扮演集成者的角色。其竞争优势呢，也是管理的成分远大于技术。我们落后的是管理，对全球供应链的管控力度不够。可喜的是，民营经济发展迅速，吉利、比亚迪这样的企业已经在开拓国际市场。中国的汽车业，要说未来的话，还是在这些民营企业上。

⊖ 我在网上查找手机究竟有多少零件，有网站说300左右。问一个做手机的朋友，他也说是300个左右，还说以前老手机的零件多，现在越来越集成，零件号就少了。我到国内的手机厂商培训，听有人讲是1000个，不是特别确信，但看样子一部智能手机的零件数百个，在数量级上应该没有问题。

三类产品，复杂度不同，中国企业的竞争力各不相同

在制造领域，最复杂的产品当属商用大飞机。商用大飞机大致有 300 万个零件，是汽车的 100 倍，手机的 1 万倍。一个智能手机平均寿命为 2 到 3 年，美国路上行驶的汽车平均年限达 11.5 年[1]，而飞机的生命周期更长，维护得当，安全飞行 25 到 30 年是不成问题的[2]。三者比较，飞机对安全、耐久性的要求最高，供应链也最复杂，供应链的整合难度也高出几个数量级。

中国在大型商用飞机领域虽说起步相当早，比如运 -10 从 20 世纪 70 年代就开始了，与波音的第一代大飞机 707 是同时代的，但直到今天的大飞机 C919，还是在起步阶段。技术方面的差距其实没有想象的那么大。是的，中国商飞没有能力造第五代发动机，但波音和空客也没有——它们也得依靠 GE、罗尔斯 · 罗伊斯、普惠等专业的引擎制造巨头。

真正的差距是**管理**，对全球供应链的有效管控，这是控制成本、提高质量、确保安全，让技术能够商业化的关键。大飞机 C919 的目标

㊀ Nathan Bomey. Average Age of Cars on U.S. Roads Breaks Record. USA TODAY, www.usatoday.com.

㊁ A Pawlowski. How Old Is The Plane You're Flying On. CNN, www.cnn.com.

不只是把几百万个零件整到一起，飞到天上不掉下来；真正的挑战是质量好，成本低，安全性能高，在商业上具备全球竞争性。这更多是个供应链管理的挑战。

可以说，在过去的几十年里，我们聚焦的主要是技术领域。对于技术差距，因为具体，我们看到了，也承认了，愿意大幅投入资源来弥补；对于管理差距，因为看上去都是些常识，很多人不愿意承认，自然就谈不上改进——你没法叫醒一个装睡的人。技术能够花钱买，管理有钱也没法买。技术可以很具体，比如配方、工艺，你知道了，就懂了；管理则往往是些大实话，道理人人懂，但“功夫在诗外”，很难做到。

多年来，我们习惯性地以技术差距掩盖了供应链管理的短板，或者说，技术差距被当作竞争力不够的借口，导致企业在提升供应链管理上作为有限，甚至不作为。

业界人士说

手机最早也不是简单的组装，主要还是因为在整个手机的供应链里面，有几家强力的供应商打包做好了核心的零部件的管理。手机以前的通信射频音频电源全是独立的功能芯片，芯片到功能模块又是一个门槛，硬件完了还有软件，都是门槛，那时候凡是做出来的都不差，直到联发科搞出了 SOC 一套式解决方案，这时手机成品就变成了组装外壳的游戏。这也就是十年的事情。技术变革对供应链运作模式的影响还是不容小觑的。——周登阳，武汉东隆科技有限公司采购经理，“供应链管理专栏”微信公众号读者

小贴士　汽车整车厂如何应对复杂度

一辆汽车大致有 3 万个零件，其供应链之复杂，可想而知。对于复杂的供应链，汽车行业是如何应对的呢？这里简单地总结三点：

第一，推动标准化、通用化、模块化，降低产品的复杂度。

第二，供应链分层分级，把复杂的产品化整为零，由供应商来完成。

第三，整合供应商，以简单化的供应来对付复杂化的需求。

先说**标准化、通用化、模块化**。美国人有个笑话，说买回一辆雷克萨斯，掀开车盖一看，发现里面装着个凯美瑞。这是在调侃丰田汽车，也从一个侧面反映了丰田的标准化已经跨越不同车型，比如雷克萨斯和凯美瑞——它们分别是高端、中端车型的代表，但很多零部件都是通用的。本田汽车也是类似，比如思域和CRV是两款完全不同的车型，但用的底盘却是同一个。

在标准化上，很多本土企业也在从“大乱”向“大治”过渡。比如宇通客车，当年曾经是高度定制化，连底盘的长度都可以调整，给供应链带来的挑战可想而知；经过几年的模块化、标准化、平台化后，现在的标准化、通用化水平就有明显的提升，相应地，供应链的管控难度也下降。

产品设计有两种，一种是集成式设计，一种是模块化设计。集成式设计对应的结果是你得买一堆零件，然后一个一个地组装起来；模块化的好处呢，你可以把不同的模块给不同的供应商，做好后组装到一起。模块化也是供应链**分层分级**的必要条件。可以说，汽车行业是标准化、通用化、模块化的先行者，也是供应链**分层分级**的先驱。

汽车供应链的**分层分级**如下：主机厂，比如通用、丰田、大众，负责整车的设计、组装与营销；一级供应商，比如德尔福、博世、江森自控，负责模块的设计与制造，像传动装置、座椅、仪表盘就属于典型的模块；二级供应商，比如英特尔、英伟达，提供像芯片这样的关键技术；三级供应商提供原材料等。要说“汽车行业”，其实主要指的是主机厂和一级供应商——它们都聚焦汽车行业，而二级、三级供应商呢，则往往服务多个行业，其产品有更大的通用性。

一级供应商相对强大、完善，可以说是汽车行业的一大特点。在别的行业，比如家电，一级供应商就相对弱多了。2009年，我和一个美国咨询公司到国内，帮助一个家电制造商外包生产，一大挑战就是没有合适的一级供应商。这也容易理解：长期以来，汽车行业一级供应商的事情，比如模块、系统的组装和测试，在家电行业一直由家电制造商自己做。老子不死儿不大，一级供应商自然没法成长。

严格意义上，在汽车供应链的分层分级里，一级供应商有特别的含义，它们负责的是模块、子系统的设计、制造，而不是简单地按图加工零配件。也就是说，并不是直接跟主机厂做生意，就都能算作这个意义上的“一级”供应商。部分一级供应商也是竖向集成解体、专业化的产物。比如德尔福原来就是通用汽车的一部分，后来从通用分割出来，成为一级供应商。

分层分级后，主机厂需要和一级供应商紧密合作，因为一级供应商做的事，本来就是由主机厂做的。这就注定不能有太多的一级供应商，否则管理难度会太高，管不细、管不好。正是因为这个原因，分层分级和**供应商整合**是相伴而行的，分层分级的过程也是供应商整合的过程。如果你看北美这几十年来的发展，供应商整合是个非常清晰的趋势，不光在汽车、家电、快消品等大批量行业，也包括飞机制造、大型设备等小批量行业。

供应商整合带来规模效益，反映的也是**以简单对复杂**的思想。需求已经很复杂，如果供应也很复杂，我们就冒以复杂对复杂的风险，导致规模效益彻底丧失。作为企业，我们要么要在需求端“收口子”，降低需求的复杂度；要么要在供应端“收口子”，整合供应商，减少供应商的数量。如果两个口子都收不起来，就注定供应链的成本做不下来，速度做不上去，失去竞争力。

在上述三类做法以外，欧美车厂的常见举措还有产品线整合，以降低产品的复杂度，提高规模效益。比如在2008年破产重组后，通用汽车的一大举措就是精简产品线，把品牌砍掉一半，只剩下雪佛兰、凯迪拉克、别克和GMC。丰田、本田、克莱斯勒在美国的品牌更少，只有3个或不到。[㊀]**当企业懂得做减法时，就算成熟了**。这也是行业成

㊀ Micheline Maynard. A Painful Departure for G.M. Brands. 纽约时报，www.nytimes.com.

熟的标志：就拿汽车行业来说，在过去几十年里，整车厂一直在整合，直到今天的三足鼎立（美国、欧洲和日本各自有 3 个主要整车厂）。一级供应商也经历了类似的层层整合。

顺便提及，对于供应商的分级分层，飞机制造行业也在取经汽车行业。传统上，飞机制造行业高度竖向集成。随着飞机的研发成本越来越高，风险越来越大，飞机制造商就开始推动外包，构建分层分级的供应链结构。[㊀]比如在开发“环球快车”喷气机时，庞巴迪就一改竖向集成的做法，率先导入 10 多个风险共担的一级供应商，给它们分包多个子系统，并赋予系统设计的责任。这一模式取得成功，一级供应商承担了“环球快车”的一半开发成本。

在开发其双引擎的 E-Jet 飞机时，巴西航空工业公司也导入这种做法，同时整合供应商，把关键供应商整合到 40 个不到。这是 20 世纪 90 年代后期的事了。进入 21 世纪，波音、空客就开始大幅外包。比如在梦想 787 的开发上，波音承担的主要是系统集成者的角色，65% 的业务外包；在 A350 的开发上，空客也显著增加外包幅度，外包比例由以前机型的 30% 左右，一路上升到 A350 的 50%。

当然，波音在梦想 787 上外包过度，造成一系列的问题，后来也在调整，比如为了更好地控制全球供应链，不得不买断有些关键供应商，增加了竖向集成的戏份。[㊁]

控制复杂度，提高供应链的规模效益[㊂]

快速发展二三十年后，本土企业资金充沛，机会多多，决定做什

㊀ Kevin Michaels. Post-Tier 1: The Next Era in Aerospace Supply Chain Evolution. www.linkedin.com.

㊁ Hal Weitzman，Kevin Done. Boeing Acquires Second 787 Supplier Plant. Financial Times, www.ft.com.

㊂ 对于复杂度控制及其系统的解决方案，我在另一本书中大约花了三分之一的篇幅系统阐述，这就是我的蓝皮书《供应链管理：高成本、高库存、重资产的解决方案》，机械工业出版社于 2016 年出版。

么容易、决定不做什么难时，复杂度大增就成了通病。跨行、跨界、大规模进军差异化市场，企业无序扩张、不断试错的结果是产品种类、型号大增，组织、系统和流程的复杂度跟着上升，导致供应链的效率低下、成本上升、速度下降。表现在企业绩效上，就是营收虽然一直在增长，但利润率一直在走下坡路；有了市场，没了利润，规模效益成负，就是复杂度在作怪。

复杂度是一个累积过程，它来自公司里成百上千员工日复一日、年复一年做的大大小小的决策。每个部门、每个人都在以不同方式增加复杂度：营销人员接下非标业务，设计人员开发出非标件，生产人员开发独特的生产工艺，财务人员制定各种各样的财务制度，采购人员导入一个又一个的供应商，都增加了公司和供应链的复杂度。

复杂度难以控制，主要有几个原因。

其一，**复杂度是由行家制造的**。比如独特零件是由设计整出来的，独特工艺是由生产人员开发的，众多的供应商是采购选择的。这些人都是各自领域的行家、权威，别人很难来挑战其决策，连公司的最高层也不能。

一个200多亿元营收的公司CEO说，他们是大型设备行业，客户定制在所难免；但设计人员定制过头，设计了太多的非标件，连他这个从没有做过设计的外行都看得出。但一旦质询，工程师总是振振有词，找出很多的正当理由来，说是为了满足客户的需求——想想看，箭是工程师射出去的，他自然有办法在周围画上一个又一个圆圈，说射中的就是靶心。这就是复杂度难以控制的第二个原因。

其二，**复杂度是出于善意，为了满足合理的诉求增加的**。没有一个销售故意接些杂七杂八的单子，把公司搞死；没有一个设计故意开发一堆堆的非标件，让公司亏本；采购导入很多供应商，还不是为了把成本降下来？这些善意的诉求成了复杂度的保护伞，让复杂度能够堂而皇之地泛滥。他们的问题呢，就是没有权衡复杂度带来的好处与坏处，这也跟复杂度失控的第三个原因有关。

其三，**复杂度难以度量**。举个简单的例子。假定生产 1 种杯子、1 种颜色、1 个销售点，其单位成本为 1 元。现在要生产 4 种杯子、6 种颜色、20 个销售点，单位成本应该是多少？假定 4 种杯子的单位生产成本都一样（因为生产流程只是做了微小的调整），6 种颜色的原材料采购成本也一样（这就如你到网上买 iPad，白色跟黑色的价格一样），再假定每个销售点的销售成本也一样。在这些假定的基础上，杯子的单位成本还是 1 元。但直觉告诉我们，杯子的单位成本已经不止 1 元，因为规模效益递减、复杂度大增。不过传统的成本会计没法反映这点，复杂度没法在公司的报表中显示出来。西方管理学中有一句话：**没法度量的，没法管理**，这是复杂度难以控制的一大原因。

那复杂度能控制吗？当然可以。复杂度控制就如减肥，**决心比技巧更重要**。减肥最根本的方法就是少吃。这本身没多少技巧可言，需要决心。复杂度也是：你不要制造那么多的复杂度就行了。当然人们会说，这话说起来多容易，但客户的独特需求摆在那里，你能视而不见？每个产品都用标准件或者已有的零件，那创新从哪儿来？你不导入更多的供应商，那采购成本怎么降下来？

这些看上去都有道理，但都是借口，是单向思维的结果。让我来一一分析。我之所以花很大篇幅来解释这个问题，是因为复杂度是供应链的大敌，是供应链成本的驱动器，只有控制了复杂度，才能管好供应链，控制好供应链的成本。我也想让大家明白，复杂度控制上人人有责，而且每个人都有能力做点什么。

先说**独特需求**如何管理。对于营销人员，要识别什么是客户**需要**的，什么是客户**想要**但可以不要的。需要的与想要的如何区分？试金石就是一个**钱**字：客户愿意付钱的是真正需要的，是好的复杂度，要在好的复杂度上盈利；客户不愿付钱的是可有可无的，是坏的复杂度，要在坏的复杂度上降本。

比如买计算机，你到联想的网上下订单，联想会有标准配置给你推荐。你想增加点什么，当然可以，请额外付钱。戴尔也是这样。在戴尔的直销模式下，一台计算机理论上可以有 200 万种配置。但你知道，戴尔从来没有生产过那么多种，否则，成本还不要了命。戴尔卖得最多的就是那几种标准配置。你想独特，当然可以，拿钱来。这点在好的销售身上也体现得淋漓尽致：您的需求，我们都能满足，这里是价格，一条条列出来了。采购方一看到价格单，就自然开始理性起来。

这种方法在公司内部同样适用。

比如设计选型，要个三角形的水瓶盖儿。作为采购，你怎么办？答案当然是“这世上只有设计不出来的，没有生产不出来的”，这里是供应商的价格单：圆形的瓶盖是标准件，质量好，交期短，价格低，5 分钱一个；三角形的是非标件，交期长，良率低，成本高，1 毛钱一个。您要哪一个？

非标件盛行、零部件重复利用率低，一个关键原因就是缺乏反馈机制，让设计、营销、客户尽早衡量非标设计的成本。你或许会说，设计不懂成本，还怎么做设计？营销不懂成本，还怎么做营销？但现实是，很多设计确实不熟悉成本，尤其是外包模式下，产品设计在公司内部完成，生产工艺设计由供应商完成（产品设计与工艺设计脱节的情况下）。

在有些公司，企业甚至不让工程师接触成本信息（这也是奇葩，没有成本信息，工程师怎么优化设计？不过存在的必然有原因，比如泄密）。设计如此，营销就更不用说了。供应链管理职能介于公司与供应商之间，需要把这些成本信息及早反馈给设计、营销、客户，形成闭环。内外客户越早理解成本，就越可能做出更好的决策。

当然，让客户花钱消灾只是制造障碍，并没有真正解决客户的问题。真正的解决方案在于理解需求，围绕客户需求给他们更好的解决方案。比如所有的瓶盖都是圆的，客户为什么要个三角形的瓶盖？供应链问设计，设计不知道；设计问销售，销售不知道；直到销售问客户，客户说他有只瓶子，瓶子里装水，他不想让水流出来。现在你理解，这才是真正的需求。

要知道，很多人分不清**需求**和**解决方案**，习惯性地把后者当前者。

比如三角形的瓶盖不是需求，而是解决方案。这跟客户钱多人傻的本质有关——钱不多不能算客户，人要是聪明的话，问题自己就能解决，要我们供应商做什么？而供应商呢，正好是钱少人聪明，在我们的领域，我们比客户知道得多（你现在知道，老天爷多么公平）。不管是内部还是外部客户，不管是内部还是外部供应商，都是如此——客户向你找解决方案，根本原因是你更内行，你比他懂得更多。我们要做的呢，就是围绕客户的需求，给他们不同的解决方案，让他们挑选最好的，当然也是我们希望他们挑选的方案。

比如就三角形的瓶盖来说，我们理解，客户的真正需求是不让水流出来。那好，你可以用标准的圆形瓶盖，标准件有标准件的好处，这里不用赘述；你也可以定制为三角形，非标件有非标件的问题，也不用赘述；你还可以用一个塞子，或者用只杯子。当我们真正了解了客户的需求，解释了不同的解决方案后，客户十有八九会做出理性的决策，而这往往就是我们想让他们做的。

小贴士　复杂度控制要有所作为

如果你问产品研发，为什么又整出一个新产品、新型号，或者设计独特的零部件，你得到的第一个答案就是客户需要。这后面的潜台词呢，就是**外界需求决定了我们作孽**。

这听上去不无道理，但其实是个借口，看看苹果和三星就知道了：它们的中高端机型目标用户都一样，为什么苹果一年就推出两三个型号，而三星却整出一长串，连三星自己的用户都搞不清楚？要知道，客户的多元化需求相当于一把烂牌，发给每个人的都一样，我们改变不了；但这把烂牌我们怎么打，结果却大不相同——**人们习惯性地拿没法控制的做借口，成为自己不作为的理由。你得做自己能够控制的。**

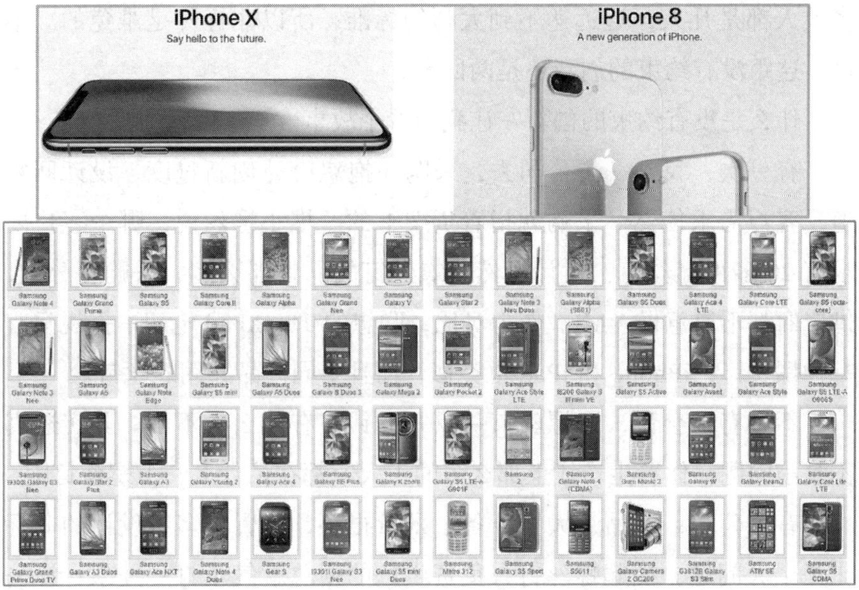

目标客户相同，但苹果和三星的手机复杂度截然不同

这个世界永远不会是个理想世界，那就是只有一个产品，里面只有一个零件，前面只有一个客户，后面只有一个供应商——这样的产品最简单，供应链的规模效益最大，但不存在。但这并不意味着我们就得以复杂对复杂：因为有 N 多的需求，所有我们就有 N 多的供应，开发出各种各样的产品来，满足销售“孩子多了好打架”的愿望。以复杂对复杂，规模效益缺失，注定供应链的成本做不低，速度做不快。做我们能做的，力图以有限的供应来满足无限的需求，或许我们永远也做不到苹果那样的极致，但只要足够努力，总能做得比以前好，比竞争对手好，这就是竞争优势。

讲完了独特需求，我们来谈**创新**。

创新与标准化并不排斥。也就是说，为了造出一个不一样的东西，你不一定非得用不一样的材料。就如优秀的面点师傅，面点可以做百十种，但基本原料都是面粉；或者高明的中医，技术精湛，能治百病，所用大都是些常见药材。当然现实很骨感：我们工作中遇到的大多数人都是凡人，远远达不到大师的标准，所以非标件是难免的。不过，这跟没有约束的创新还是两回事。

什么是没有约束的创新？让我们看个故事。

有一次，我到一个公司去，采购在抱怨设计创新过度，设计回复道，客户需求使然。采购就指着货架上的一堆小螺丝说，哪个客户要求有 20 多种螺丝钉？设计哑然。螺丝钉的品种那么多，采购量分散，供应商都不愿意做 VMI。作为对比，联想的 ThinkPad 笔记本据说只有一种螺丝钉，iPhone 和 iPad 也类似，而且不同产品共用螺丝钉。

不过有人会说，这螺丝钉一只几分钱，有什么大不了。其实还真不是小问题：你看生产线上那么多的工人，都在忙什么？上螺丝钉呢。

有个公司，产品是大型设备，批量很小，配置很多，设计的非标化是个大问题。提起螺丝钉，负责生产的副总就气不打一处来：该公司有几百种螺丝钉，很多螺丝钉的形状、大小、长短尺寸都差不多，很难区分，生产线上的工人经常上错。一旦发现上错了，就得重新领料，来回折腾，小半天就没了。万一上错了没发现，设备运营一段时间后，螺丝松了掉下来，酿成质量事故，就被客户骂得狗血喷头：连个螺丝钉都上不好，还会做生意吗？

还有一次，我在深圳，服务一家电视机厂商。深圳这些年来人工成本飙升，该公司的解决方案就是自动化，用机器人代替人工，但进展甚微。问为什么，答曰找遍了所有的供应商，就是找不到一种机器人，能够同时对付那 200 种螺丝钉。

这螺丝钉是小，但反映的是大问题，即无谓的创新，或者说没有约束的创新。很多所谓的“创新”其实根本不是创新，而是无谓的多元化，带来的只是成本。你不一定能用市面上的标准螺丝钉，但也用不着自己设计出成百种不同螺丝钉来；设计几种，重复应用也是标准化啊。

没有毫无约束的创新，就如没有绝对的自由：真正的自由都是戴着镣铐跳舞。举个英特尔的例子。毫无疑问，英特尔是个创新公司，但熟悉英特尔的人都知道，在英特尔你很难改变任何事情：在“严格拷贝”

（copy exactly）政策的驱动下，生产线一旦定型，任何设备、原材料、工艺、温度、电压、气压、湿度等的变化，都得通过严格的审批，几无改变的可能。但英特尔还是在创新，通过有控制的方式来创新。

再比如日本企业的质量，其渐进的改进历来享有盛誉，但这并不意味着你想改变什么就改变什么。他们做 kaizen（持续改进），也是有约束、有控制地不断改进。

没有约束的创新不能持久。在 2000 年前后，手机由模拟信号进入数字信号时代。作为模拟信号时代的领头羊，摩托罗拉理所当然地落后了，就如数字信号向智能机过渡时，诺基亚掉队了一样——现在想必你猜都猜得到，当下一代技术取代智能机时，下一个掉队的手机公司是谁。为了追赶竞争对手，摩托罗拉仓促应战，无序、匆忙地推出一系列新产品，导致复杂度大增：众多的手机平台，3 倍于实际需求；65 种手机型号，3 到 4 倍于实际需求；众多的独特零件，2 倍于实际需求。

其中的一款手机，光配置就有 100 多种，再加上 4 种机壳颜色、30 个软件版本，没有软件安装延迟，没有硬件安装延迟，甚至连芯片、显示屏和电池都是非标件，就成了供应链运营的噩梦：预测、计划、生产、采购、库存控制的难度可想而知。

创新历来深深植根于摩托罗拉的基因，但最后摩托罗拉还是被没有约束的创新给害死了。进一步讲，摩托罗拉移动看上去是 2011 年死的（那一年他们把移动业务卖给谷歌），其实早在 10 年前就死了，在他们整出那么多产品的时候其实就死了。百足之虫，死而不僵。苟延残喘的结果，无非是让公司的价值变得更低：如果在 2000 年前后就把自己卖掉，估计多卖个三五倍不成问题。

案例　摩托罗拉的 100 多种手机电池

特蕾莎·梅提，摩托罗拉的前首席采购官，多次提到一个案例：摩托罗拉有 60 多种型号的手机，不同的型号很少共用电池，造成 100

多种电池，给库存管理、采购等带来极大的复杂度。“市面上的每种（摩托罗拉）手机都有一种不同的电池。电池的复杂度简直不可思议。光库存一项就要了我们的命。”外观设计多样化有一定的道理，因为消费者可能喜欢不同的样式，100种电池则纯属多余：买手机时，谁会在乎电池的形状、颜色？

摩托罗拉的100多种手机电池

很难追究这100多种电池是如何设计出来的，因为这不是一朝一夕发生的。但是，恶果是，当手机成为大众商品后，成本压力更大，这么多种电池的弊端就很明显：在供应端，采购额分散，跟供应商价格谈判余地就小；在生产、分销渠道，这么多的品种增加了库存单元和总体库存水平。在一款手机只能流行几个月的市场下，相应的配套电池要么供货不及（因为大家都买某个型号的手机），要么就是积压太多（手机款式不流行了，配套电池自然就滞销），不管是断货成本还是积压成本都很高，都是供应链的噩梦。

出路只有标准化。这么大的公司，这么多机型，这么多供应商，这么多分销渠道，标准化可不是件易事。摩托罗拉专门成立一个电池委员会，负责人就是以后的首席采购官梅提，以协调整个标准化过程，可见协调难度之大。

该委员会很快发现，对要标准化已有的电池，问题多多。

其一，设计资源不足——设计人员在哪个公司都是稀缺资源，被最后期限追着跑，新产品都来不及开发，留给现有产品优化的时间能有多少？

其二，手机的生命周期短，比如在美国，手机平均一年半时间就下市，这不，等你标准化了，手机已经下市了。这就如计划生育：孩子都生下来了，还能谈什么计划生育？

对摩托罗拉来说，已经上市的100多种电池没多少可作为的。也就是说，已经做的孽无可挽回；唯一能做的呢，就是在未来不要犯同样的错误：他们筛选了5种电池，决定以后的机型都只能从这5种电池里选。

几年前，在一篇后续报道中，看到有人问摩托罗拉的一位高管，这5种电池是否能够满足后续的产品设计。答案是Yes。不过这些都不重要了。2011年，摩托罗拉的移动业务被卖给谷歌，2014年再度转卖给联想，一个百年老店就这么谢幕了。大企业看上去强大，但在根本问题上，往往没有犯错、纠错的机会。

或许有人说，一个七八百亿美元营业额的大公司，小小电池，难道影响就真那么大？一叶知秋。手机电池如是，别的呢？任何事情，一旦发生在大公司，偶然性就很小，必然性就很大，大都是制度、流程、企业文化的产物。有些大公司就如封建大家庭，烂到等你看到时，都已经烂到最小的一个细胞了。既然没能防微杜渐，一个个小窟窿成了大洞，那修补也不可能一下把所有的洞都堵住，只有一个一个地来了。不过想想看，市场又会给我们多少次机会回头补洞？

这也是为什么在复杂度控制上，梅提要提倡预防为主了。㊀

公司要发展，创新就不可或缺；但问题是，不管什么技术，最终都难逃成为大众商品的命运；而一旦成为大众商品，市场竞争白热化，谁能降低复杂度，谁就能更好地控制成本，谁就能领先对手。在摩托

㊀ War on Complexity！这是梅提2006年在Northeast Supply Chain Conference & Exhibition的演讲。详情参见www.newenglandsupplychainconference.org。

罗拉浸淫多年，经历了手机从奢侈品到大众消费品的历程，梅提对这点的认识不可谓不深。

复杂度是成熟行业的大敌

她说，对那些防患于未然的公司，对复杂度的防范是企业文化的核心，它们无时无刻不在与复杂度做斗争，所以做好了赢得大众化商品之战的准备。但是，对于那些无视复杂度的公司，如果它们的文化以创新为核心，允许复杂度随便侵入它们的产品线，在一个大众化商品的世界里，不要说发展，就连生存都很困难。这也是为什么很多高科技公司能够凭借领先技术崛起，但对产品线、供应链的复杂度控制不力，一旦技术不再是行业的驱动力，就会昙花一现，失于平庸，甚至难逃灭亡厄运。

独特需求和无约束的创新主要来自前端，作为后端的供应链运营也是制造复杂度的高手，这主要表现为**纳入过多的供应商**。供应商数量泛滥，采购额分散，规模效益下降，采购成本高，这道理大家都懂。但是，供应商太少，采购额太集中，增加了供应风险；价格谈判、供应商绩效管理困难，也是实情。这如同大多商业问题，是个两难，需要权衡，而不能简单地取舍。

对于本土企业来说，更常见的问题是供应商数量泛滥。比如有个公司，年度采购额只有 2 亿元左右，却有 400 多个供应商。供应商太多，采购额太分散，规模效益没了，供应商也不愿意跟这个公司做生意。后续的质量、交期、价格问题不断，该公司光采购员 / 催货员就有成十个，能想象这些问题有多少。

供应商数量泛滥，反映的是公司在管理供应商、供应链上的能力不足。因为没有能力管理，所以就只能依靠市场机制，导入更多的供应商，以增加竞争。同样因为没有能力，所以掌握不好度的问题，导致供应商更多。供应商太多，让公司的供应链管理资源太分散，难以深度管理，造成供应商绩效没法保证，供应链绩效在低水平徘徊。

当然，供应商泛滥还有很多别的原因，在以后还要详细谈到。这里想说的是，对于复杂度来说，供应链部门经常以受害者的身份出现，比如需求太多样化、非标件太多、需求变化太快等；同时，供应链也是施害者，比如导入太多的供应商，导致供应端复杂度太高，供应绩效不稳定，也是问题的一部分。既然大家都是问题的一部分，那么大家都应该是解决方案的一部分。单纯抱怨不解决问题。正如甘地所说，**你必须成为你希望看到的改变**。放在复杂度控制上也是。

讲了这么多，这里我们简单地总结一下：

第一，**复杂度是供应链管理的大敌，是供应链成本的驱动器**。要提高供应链的绩效、降低成本，需要从降低复杂度出发。比如设计标准化是降低产品的复杂度，从而降低产品成本；精益生产是降低流程的复杂度，从而降低生产成本；组织重构是降低组织的复杂度，从而降低复杂的组织带来的高成本；整合需求是降低需求的复杂度，整合供应商是降低供应的复杂度，从而降低采购的成本。这样的例子很多。从根本上讲，供应链管理是跟复杂度打交道。降低产品、组织和流程的复杂度，是提高供应链绩效的根本措施。对于职业生涯早期的人来说，这点不是很容易理解，但希望大家有个概念，慢慢体会。

第二，**部门、职能不同，对复杂度的认识也不同**。要针对不同部门、不同职能的切身利益，制定不同的策略，让员工理解复杂度的危害。例如对销售人员，高复杂度意味着生产周期长、供应链成本高、供应链响应速度慢、客户满意度低；对财务人员，高复杂度意味着产品成本高、库存高、过期库存更多；对设计人员，高复杂度意味着更长的产品开发时间、更多的产品变更、更多的供应商和后续问题。只有理解了，才有可能管理、控制复杂度；也只有理解了，才能有决心来控制——**复杂度控制技巧重要，决心更重要**。

第三，**每个职能、每个人都在增加复杂度**。每个职能、每个人都既是受害者，也是施害者；既是问题的一部分，也是解决方案的一部分。要避免抱怨文化，成为解决方案的一部分。而复杂度降低后，对供应链的好处非常明显，就如摩托罗拉前首席采购官梅提说的，当复杂度降低 25% 的时候，供应链总成本降低 30% ～ 45%，库存减少 35% ～ 50%，过剩库存、过期库存减少 70%，按时交货率提高 50%。大家要冲着共同的目标去，每个人都做出自己的贡献，复杂度才能降低，供应链才能出成绩。

这后面是层层过滤收口子的概念，如图 1-14 所示。**销售**要管理需求，标准化需求，给客户更好的解决方案，建好复杂度控制的第一道防线。**设计**要推动标准化、模块化、通用化，通过“三化”在产品设计层面控制复杂度。对于**采购**来说，整合供应商，给供应商“收口子”也是复杂度控制的一部分。**产线**通过标准化工艺，也是以简单对复杂，给复杂度收口子的典型举措。这些都容易理解。

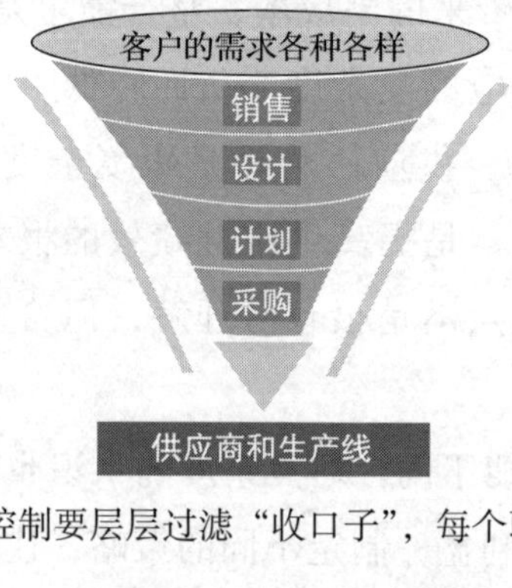

图 1-14　复杂度控制要层层过滤“收口子”，每个职能都可有所作为

计划也要控制复杂度，对于很多人来说就比较陌生。这里指的是在有**重复性**的原材料、半成品或成品层面，计划要尽可能地提前做好需求预测和库存计划，给供应链尽可能多的时间来响应。这些年来，

我发现在有些行业，比如合同制造领域，企业习惯性地忽视业务的重复性，理由是我们的业务是订单驱动，每次的订单都可能不同。在成品层面，这没错，可重复性的确比较低，因为客户的需求每次都可能不同。但是，在原材料、半成品层面，总会有相当的可重复性，计划得当，可以有效减少对供应链执行的压力。我发现很多企业忽视了原材料、半成品层面的可重复性，结果独特需求在制造麻烦，非独特需求也在制造问题，造成太高的运营成本。

销售、设计、计划、采购、产线五大块都“收口子”，以有限的供应来满足无限的需求，是提高规模效益，把供应链的成本降下来，交付提上去的根本举措。实际上，因为能力短板，我们做的正好相反：营销的能力不够，没法标准化需求，就定义了各种各样的产品，走“孩子多了好打架”的路；设计的能力不够，就整出各种各样的独特设计，以多样化的供应来满足多样化的需求；采购的能力不够，没法选好、管好供应商，就采取备份的做法，导入一个又一个的供应商。就这样，企业走上以复杂对复杂的路，也是一条不归路。

小贴士 寻求复杂问题的简单解决方案

任何傻瓜都可以把事情弄得很复杂，要做简单不容易。——理查德·布兰森，维京航空创始人

对于复杂度，或者复杂的问题，要力求简单的解决方案。复杂的问题往往有简单的解决方案，如果没有的话，八成是因为我们还没有找到。在这些年的讲演、培训中，经常有人问，复杂的问题真的有简单的解决方案吗？我一般都拿这个例子来解释。

我会问，各位会开车的请举手。大家刷刷地举起手来。高速上开车难还是容易？答曰那有什么难？问：那为什么不让计算机来开？答曰谷歌不就正在开发无人驾驶嘛。问：谷歌花了多少资源、多少时间来开发无人驾驶？答曰不知道，但肯定不少。继续问：那美国政府允许谷歌的无人驾驶上路吗？答曰不允许。

这其实是说，高速公路上驾驶不简单，不然的话我们早就交给计算机了。但是，会开车的人都知道，高速上开车不难，你只要保持距离，就可安全无事——与前面的车保持距离，与后面的车保持距离，与左面、右面的车保持距离。而要做到这点也很容易，你要么踩油门，要么踩刹车。这也就是说，开车是个复杂度很高的问题，但解决方案却非常简单。

有时候，简单的解决方案是在不知不觉中找到的。

比如20世纪七八十年代，美国的犯罪率非常高。但90年代后，各种犯罪大幅减少。是警察更卖力、经济更发达了，还是上帝在帮忙？都不是。根源是堕胎的合法化：自70年代以来，堕胎在美国合法化了，未婚先孕的少女妈妈少多了，避免了大批的孩子生下来——越是低收入家庭，少女越容易未婚先孕，但没有能力教养，生下来就交给街道，最后走上街头犯罪的路。所以说，90年代后的犯罪率下降，根本原因是堕胎的合法化。这问题是偶然解决的。美国是个基督教国家，对堕胎是否合法化一直争议不断；但在堕胎与街头犯罪的关系上，相信很多人是有共识的。

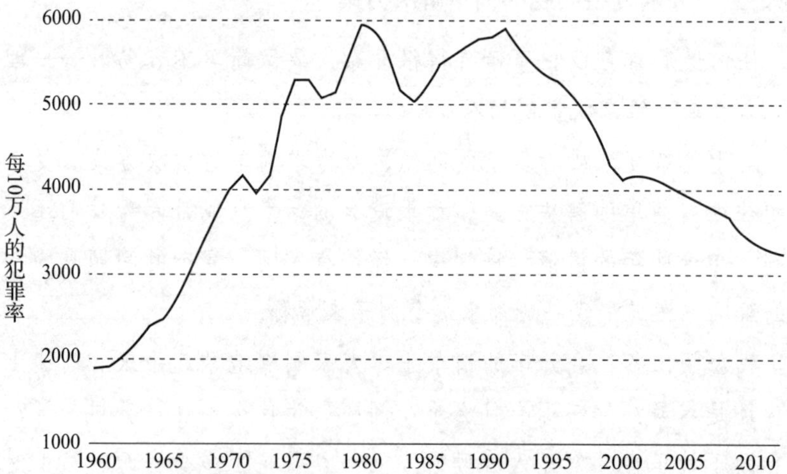

20世纪90年代以来，美国犯罪率大幅下降

资料来源：Melissa S Kearney，Benjamin H Harris. Ten Economic Facts about Crime and Incarceration in the United States. www.brookings.edu.

那么有人会问，如果找不到简单的解决方案，这问题还解决不解决？这种情况下，搁置问题不见得是件坏事。因为复杂的问题大都自成系统，在长时间的磨合后，已经达到某种平衡。不理解问题，找不到根本的解决方案，尝试解决往往会打破平衡，反而可能让问题变得更加复杂化。所以，你并不一定非得做点什么，暂时的不作为并不一定是坏事。

对于供应链来说，很多问题从本质上讲都非常复杂。深入研究，找到真正的根源，才会有简单而有效的解决方案。很多企业迫于各种压力，总想速战速决，毕其功于一役。但因为没有找到解决方案，一次次地试错，给系统导入太多的不确定因素，让系统更加不平衡。如果你是个几个、几十个人的小公司，这也罢了；有些公司动辄几万员工，朝令夕改下，进三步、退两步，今天朝东，明天朝西，试错成本太高，最后自己把自己折腾死。当然，我也理解企业家为什么不能原地踏步，因为竞争对手会把你整死。这是个两难问题，只能平衡，不能取舍。

简单的解决方案不等同于立竿见影，而且往往是正好相反。企业、供应链大都伤痕累累，积弊良多，就如长年失调的病人。简单的解决方案，往往是调理为主，在系统的自我纠偏功能下，时间长了就好了。这就如好中医看病，药是常见的药，但服用、调养时间长了，人会慢慢好起来。庸医呢，为了立竿见影，就下猛药，结果病人反倒给治死了。

对供应链管理来说，极端的绩效考核就如下猛药，驱动员工采取极端的措施，会带来短期效益，但副作用往往更大。就如年度降本，对大公司来说，议价能力强，降本就如海绵里挤水，只要挤，总能挤得出；但毛巾拧到极点，水挤干了，毛巾就断了，问题就更大了。在汽车行业，这样的极端例子多得是：通用汽车一轮又一轮地降本，最终导致很多供应商破产，当然汽车的质量也更差；丰田汽车的“毛巾拧干”了，降本影响到质量，出了“刹车门”等一系列问题，也让丰田大伤元气。

好的供应链大都是“调养”出来的，即在系统、流程和人员培训上不断提高。一流的供应链就如劳斯莱斯，不是一夜之间建成的，而是常年如一日，把一件件小事做好、做到位的结果。对流程的一次次微调，对系统的一次次改进，对员工的持续培训、提高，都是这些小事的代表。大的调整是有，比如第一次实施ERP，就是个很大的手术，但对绝大多数上规模的公司来说，公司总是有ERP系统在运行；流程虽说疙疙瘩瘩，但总有基本流程在运转；员工虽说不理想，但总的来说都在行业里这么多年了，手头的活儿还算过得去。一句话，就是“差不多”。“差得多”倒好办，下猛药；对“差不多”，则需要文火熬汤、慢药调理了。

延伸阅读

《从汉王和苹果说产品线的复杂度》，扫描二维码即可阅读全文。汉王的电纸书一度有37种型号，复杂度太高，规模效益就小，供应链的成本就做不低，库存周转就做不快。苹果的iPad只有黑白两种，外加三种不同规格的存储芯片。这两者有什么关系？在阅读方面，它们是竞品，而iPad的功能更多。

延伸阅读

复杂度是供应链的大敌，这里只是简单地谈一下，详细内容可参见我的《供应链管理：高成本、高库存、重资产的解决方案》一书（三分之一的篇幅讲复杂度控制）。该书围绕“两端防杂，中间治乱”来改善供应链绩效，那就是前端控制产品的复杂度，提高供应链的规模效益；后端整合供应商，选好、管好供应商，确保供应绩效；中间做好计划，协调销售和运营，有效对接需求和供应。右侧二维码是该书在京东的链接。

供应链：大并不是伟大[㊀]

大公司是规模大，但并不一定伟大。有很多公司，例如美国的三大汽车制造商，动辄成千亿美元的销售额，但充其量是规模大而已，连年亏损，市场价值往往连一些中小公司都不如，就更谈不上伟大了。这些巨无霸，移动缓慢，就如恐龙，成为化石是迟早的事。看看它们的供应链，却又惊人地一致。

高复杂度。这些巨无霸动辄有几十个产品线，每个产品线下面的产品种类就更多。啥都做，啥都做不好。其根源，是在发展过程中过度分散经营，不能集中在自己最擅长的领域。集中精力与分散经营本身是一对矛盾体：企业一般都是因为侧重主业，做得好而变大，市场价值升高（这时的大有点伟大的味道，因为它确实做得比竞争对手好）；但变大后，股东就驱使公司多样化，以减轻风险，于是就走上变庞大的路。

主业发达，企业的资金一般都很充裕，管理层也面临压力，因为他们得为闲散资金找出路，总不能老放在银行里。于是就向别的领域发展。有钱，有人，有客户群，决定做什么容易，决定不做什么难，这也是很多大公司的共性。再加上分部、部门的局部利益的驱动，一个又一个的项目、产品就上马了。但是，公司已经很大，官僚机制复杂，产品开发速度、成本结构往往比不过那些专一产品的小公司，于是就样样都做，样样都做不好，掉入大公司的陷阱。

产品线数量失控，导致供应链高度复杂。一个公司的供应链总有个基本平台，例如同一套生产、仓储、运输、分销渠道等，这是实现规模效益所必需的。运营层得在基本框架上支持多种产品，而产品复杂度高，产品之间的搭接很小，那就只有定制，给现有的供应链系统、流程打上各种各样的补丁，定制的结果就是越来越复杂，复杂的结果

㊀ 本文主要观点得益于 Patrick Yang 的报告 Leadership in Manufacturing and Engineering Organizations。杨博士当时为基因科技（后被罗氏制药收购）产品运营部的执行副总裁，我有幸在 2006 年聆听他在硅谷玉山协会的讲座。

就是效率越来越低，没有效率就没有竞争力。

看看那些曾经伟大过的公司，从伟大转为庞大，八成经历了这个过程。伟大如英特尔者，也逃不过这一劫。2005 年前后，AMD 打得英特尔满地找牙的时候，正是英特尔在多个领域乐此不疲的时候。在硅谷，我当时听英特尔一位叫 Don MacDonald 的副总裁关于数字家庭的报告，深感英特尔的触角伸得可真够长。结果没过多久，英特尔就开始动刀，砍掉一些非主营业务，解雇了 10 500 人（总员工数的 10%），集中力量应对 AMD 的挑战。然后就是 AMD 的股票一路跌下来，英特尔又过了几年好日子。

在运营层面，供应链的高度复杂度体现为库存高、交货时间长、反应欠灵敏、客户服务水平一般、供应链产能过剩。一句话：都是没效率的体现。

拿半导体制造设备行业来说，应用材料是行业老大，营收每年在 100 亿美元左右，典型的巨无霸，啥都做，啥都做不好。它的库存周转率是每年 3.6 次。不同的是，竞争对手如泛林研发（Lam Research，也是我的老东家），当时的规模只及应用材料的五分之一，却是相应产品领域的佼佼者，库存周转在 6.3 次（2007 年数据）。这个行业的库存成本是 30% 左右，应用材料的库存动辄十几亿美元（他们以前“搞运动”清理库存时，动不动就注销几千万美元的库存），想想光这库存就压了多少资金，带来多少成本。这也是为什么在 2003 年我刚进入这个行业时，两者的股价都在十几美元，前者一直在低位徘徊，15 年后才达到 61 美元（2018 年 3 月 9 日）；而后者则一路飙升，直到 228 美元（2018 年 3 月 12 日）。

库存是企业运营水平的标尺。产品线数量失控、供应链高度复杂为高库存定下基调；供应链的低效率，例如产品质量低、响应速度慢、供应商群膨胀等则为高库存推波助澜。有趣的是，高库存并不意味着高客户服务水平。为什么？相信干过这行的人都知道，库存高，往往是因为放着太多用不着的东西；用得着的呢，往往没有。这就是库存控制中的墨菲定律：有用的没有，没用的很多。

原因呢，计划上的先天不足，比如计划流程混乱、计划方法欠佳，以及执行上的拖泥带水，比如供应商的交货不准时、质量不稳定、生产部门进度计划频频改变。计划与执行成为一对负循环：计划差，就得靠执行来弥补，比如时常催货，结果扰乱原有的执行计划，导致总体执行更不可靠；执行不可靠，计划就得考虑更大的富余系数，结果就是库存膨胀，更加彰显供应链的产能瓶颈，导致整个供应链过激反应，系统增加库存。等到大家缓过气来，发现都坐在一堆多余库存上。于是就开始减库存。同样由于计划上的先天不足，减库存减过了头，造成短缺，恶性循环重新来过。

大公司，行为保守，库存一旦加上去就很难拿下来：加上去时已经得到批准，是“合法”的，库存高是高，但不会有人拿你怎么样。但拿下来，则可能有风险，为公司节省成本不一定能得到回报，而一旦出现问题，就有人找麻烦（听过库存控制中的另一“墨菲定律”没有？放着的时候没用，拿掉的时候就断料）。这在那些内部山头林立、部门之间关系不融洽的大公司更是如此。结果是那些行将就木的巨无霸们，供应链的一端守着一堆用不掉的零部件，另一端守着一堆卖不掉的烂货，整个一垃圾仓库。

库存放上去容易、拿下来难，公司的流程、制度也是。大公司，在发展的过程中，总会遇到这样那样的问题。而解决方案呢，就是在现有的系统、流程和规章制度上打绷带。后来问题没了，但这些“绷带”还留在那儿，让供应链更低效。

举个简单的例子。一个新产品刚投产时，供应商的生产流程不稳定，次品率较高。作为解决方案，公司的质量部门要求供应商在生产流程中加入多个检验点，搜集各种数据，做各种分析。后来产品质量稳定了，质检流程还是照旧，因为谁都不愿承担“万一出了问题”的风险。这种避险心理是大公司的通病，也是供应链越来越低效的一个原因。

对于本土企业来说，经历了三四十年的高速发展后，“大”已经不是问题，“庞大”成了问题。特别是大型的国企、央企，迷信重资产运作，公司、供应链庞大不堪，资产回报率一路走低，异常低下，比如在 2012 年只有 4% 左右，跟银行存款利息差不多。这是个大问题，其解决方案在供应链运营和管理上，在我的蓝皮书《供应链管理：高成本、高库存、重资产的解决方案》中有详细的探讨。

庞大是表面现象，庞大的后面是复杂，而复杂则是真正的问题所在。为了生存，巨无霸们采取各种各样的措施。成功了，大公司就重回伟大公司的行列（如 IBM）；不成功，则成为下一个并购对象。总的来说，**从伟大到庞大的多，从庞大重回伟大的少**。而其关键措施就是聚焦核心业务，降低产品和组织的复杂度，比如收缩产品线，砍掉过多的不盈利的产品；缩减供应商数量，集中采购；关停并转生产设施，砍掉多余人员。简化了组织和产品线，才能降低流程的复杂度，提高流程效率，集中精力做价值最高的事。

机构精简是降低复杂度的一大举措。大公司就如大树，得定期把枝枝丫丫修一下。在北美，大公司的重振大都由裁员开始。公司大了，人浮于事，事浮于人。人再多，总会有足够的事做；钱再多，总会有各种项目花出去。闲人越多，效率越低。为什么？闲人们为了证明自己存在的价值，就给别人制造出很多麻烦来，比如把自己千方百计设计到流程中，层层“把关”；为了证明自己忙，做事反倒拖拉，一天能完成的，非用两天、三天不可。难怪美国有句话，说如果你想把一件事儿给结了，就交给个忙人吧。

大公司里，不管业务多忙，总有大批的闲人。或许有点极端，但在我个人看来，不管任何时候，砍掉 5%、10% 的人都不会有什么大影响，反倒让公司的效率更高。在硅谷，我经历了两次大规模的裁员，一次是 2001 年后的网络泡沫破灭，比如我所在的公司从 5000 余人一路砍到 2000 人不到（我是在裁员结束后进入公司的，但还是切身感受到大幅裁员的影响）；另一次是 2008 年的金融危机，导致高科技公司的大幅裁员，有些公司高达百分之二三十。裁员的结果是生产效率不降反升，而且是大幅上升。就美国整体而言，这两次大型的衰退之后几年，生产效率都创下历史新高，公司的盈利也达到历史高点，这也是美国能够从衰退中迅速恢复的关键。

遗憾的是，不管是裁员还是砍产品，都是极端行为。在没有压力，特别是外来压力的情况下，管理者鲜有动力来做这样的大手术：都知道是闲人，但花的是公司的钱，我来惹这人干嘛？再说闲人也不是百无一用啊，有些事还是可以给他做的，总比自己做要强。都知道有些产品不盈利，只能让供应链更复杂、成本更高，但每一个产品后面都有后台，都站着一个老总，这就如每个孩子都是由爸妈生出来的一样。你把他的产品给砍了，他的团队自然就不要了；没了团队，要他这老总干什么？他不跟你拼命才怪。这些都是产品、组织的复杂度过度膨胀的根源，而且跟公司的规模、所有制、国别并没有多大关系。

但你不从产品、组织入手，又绝无可能解决这复杂度的问题：产品的复杂度决定了组织、流程和供应链的复杂度，因为复杂的产品线需要复杂的组织、流程和供应链来支持；组织复杂，在部门利益和闲人们的驱动下，公司的流程只能越来越复杂，效率越来越低下。这些都是大公司病，要解决，需要技巧，更需要决心；与其说是个技巧问题，不如说是个决心问题。这就如壮士断臂，决心永远大于技巧。

对于本土的大型国企、央企来说，一没决心，二不懂技巧，注定很难瘦身，搭建伟大的公司和供应链。对于非国有企业来说，有决心，但还在摸索方法论。假以时日，它们一定会做得更好。但如何缩短学习曲线，降低试错成本，是摆在这些公司面前的一个共同问题。

业界人士说

可能是东方人的心态问题，总觉得“大”的东西就会伟大，“伟大”的东西就一定得规模大。这种思维定式造成了中国企业贪大求全的毛病。

记得 TCL 的李东生就公开讲过，大概意思是没有规模上的庞大就不会强大，更不会伟大。产生这种心态的原因是多方面的，有些如刘先生提到的向整个产业链的上下游扩展，尤其是在制造业上，一方面是为了留住利润，所谓“肥水不流外人田”；另一方面是有足够的资金可以支持得住，到了最后结果往往是花了钱，有了规模，但没有利润。

问题就在于这样不是说不对，而是是否能形成一种产业优势，不是涉足了上游和下游就叫有了产业优势的。除非能形成一种良性的闭循环。就像摩托罗拉和三星一样，本身是做手机的，同时还做电讯，而且出售手机板，这个从上到下都有利润，还把竞争优势留在了自己手里。而有些企业试图从资源、原料、制造、物流等各个方面出击，战线拉得太长，相关环节又没有核心竞争力，最后得不偿失。

还有人拿 GE 的多元化说事，一是它是个特例，二是它的多元化是动态的多元化。它不断收购有潜力的公司，这是大家都看到的，涉及众多的领域，但同时被大家忽略的是它还在不断出售成长性不好的公司。例如，2007 年 5 月卖掉了自己的塑料集团，116 亿美元的现金，这是一个很大的举动，甩掉了包袱，同时还增加了大量的现金流，正是这样才能保证它不断发展，实现一种动态的多元化。这才是 GE 真正厉害的地方，也是值得我们学习的地方。——安俊龙，C.P.M.，北京科技大学 MBA，专修供应链管理，并在北京从事供应链管理工作

控制牛鞭效应，降低供应链的波动

在供应链上，需求的微小变化，会从零售商到制造商、供应商逐

级放大，这种现象就叫牛鞭效应。牛鞭效应根深蒂固，是影响供应链的一个根本性问题，在供应链设计和管理上要特别关注。

举个例子。假定全球消费者对计算机的需求预测轻微增长 2%，传递到联想（制造商）时就可能成了 5%，传递到英特尔（一级供应商）时则可能是 10%，而到了英特尔的设备商（次级供应商）时则可能变为 20%。简言之，越是处于供应链的后端，需求变化幅度越大。这像西部牛仔挥舞的牛鞭，手腕轻轻一抖，鞭梢便会大幅度抖动，划出一道美丽的圆弧，这也是“牛鞭效应”名称的来历。具体如图 1-15 所示。

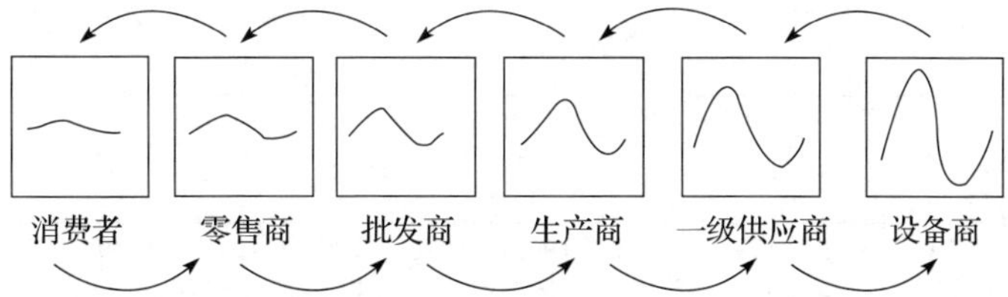

图 1-15　需求变动沿着供应链放大形成牛鞭效应

资料来源：Charles Fine. Clockspeed: Winning Industry Control in the Age of Temporary Advantage. Free Press, 1999.

需求变化是不确定因素，供应链的自然反应是要么增加库存，要么增加产能。需求变动越大，供应链合作伙伴的产能、库存变动就越大。而建立库存、产能，以及消耗多余库存、多余产能都给供应链带来很大挑战。让我们通过例子来理解牛鞭效应的影响。

图 1-16 是北美半导体行业整体库存量的变化趋势。这是个两级供应链：芯片制造是需求方，设备制造是供应商（为芯片商提供设备）。半导体行业大致四五年一个周期，行业景气时，芯片商的需求上升，传递到设备供应商时，需求的增幅更大；相应地，设备商就得增加更多的产能、库存来应对，所以其产能、库存的变化幅度更大。行业不景气时，亦然。

你可以看出，在几个季度里，设备行业的库存可以轻易翻一番，或者掉下来一半甚至更多。整个行业因为有多个企业，有聚合效应，单个企业的变化就更剧烈，就如图 1-16 所示。对于半导体设备行业来说，要么是产能爬坡，整条供应链忙得要命；要么是产能下坡，大家为消耗多余的产能、库存头痛。上上下下，成本惊人。

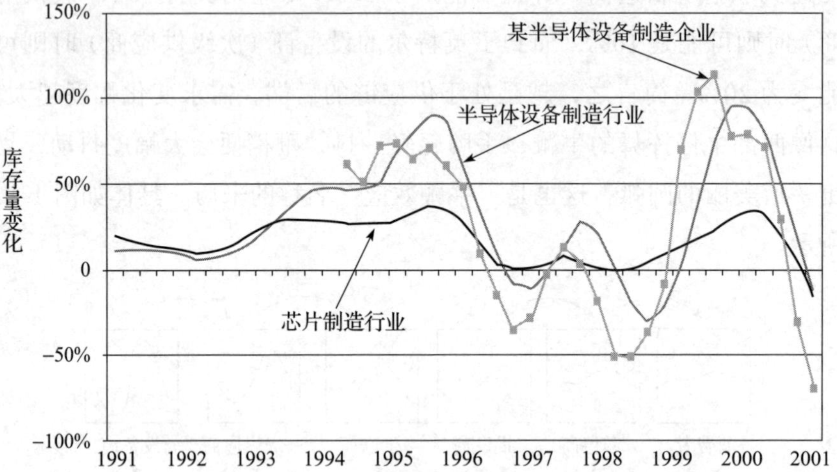

图 1-16　半导体行业的“牛鞭效应”(以整体库存水平为例) ㊀

注：芯片制造业数据包括 26 个美国的主要芯片制造商，例如英特尔、德州仪器等。设备制造业数据包括 17 个美国的主要设备制造商，如应用材料，以及 Lam Research，Novellus 等。

资料来源：Jerry H Labowitz. Electronics Supply Chain Inventory Study. Merrill Lynch In-depth Report，2001-12-10.

在牛鞭效应的作用下，供应链上各个环节对需求变化过激反应。当市场需求增加时，整个供应链的产能增幅超过市场需求增幅，超出部分则以库存或产能的形式积压在供应链的各个节点；一旦需求增长放缓或负增长，库存积压、产能过剩就成了大问题，大量资金将被库存和固定资产占用，导致整个供应链资金周转不良，甚至导致企业倒闭，尤其是处于供应链末端的小企业。

以思科为例，2000 年前后互联网经济泡沫破灭，直接导致注销

㊀ 这数据是 2001 年互联网泡沫破灭后整理的。有些读者可能觉得这数据有点老，我想说明的是牛鞭效应的情况没有改变。我 2003 年进入半导体设备行业，在之后的十余年里，半导体设备行业的周期性仍然很强，并且在 2009 年的金融危机中，又经历了网络经济泡沫破灭那样大的变化。

二十几亿美元的库存。就半导体设备制造行业而言，2000 年前后经济泡沫后的大量库存，直到 2002 年才处理完，各大公司动辄注销几千万美元的呆滞库存。2008 年的金融危机也类似：危机过后，半导体设备行业陷入严重的衰退。我的老东家是一家半导体设备制造商，2009 年第一季度的设备产量连两个季度前的 10% 都不到，生产线大幅裁员。对众多的一级、次级供应商而言，这意味着新订单锐减，甚至很长时间没有新订单。没有新订单就没有新的营业收入，结果是大批供应商处于崩溃边缘，大幅裁员，甚至难逃破产厄运。

对市场的响应速度而言，牛鞭效应表明，越是处于供应链后端，企业的响应速度越慢（因为其需求变化幅度最大）。其结果是，当市场需求增加的时候，供应商往往产能不足，无法支持制造商，形成短缺；而当市场需求放缓时，供应商则往往继续过量生产，造成库存积压。整个供应链的产能过度膨胀，一旦经济不景气，整个供应链就被迫大幅削减人员，关、停、并、转。就拿我的老东家来说，与 2000 年的高峰期相比，2003 年的人员从 5000 余人缩减到 2000 人左右，总部的生产厂房、办公场所从 8 个缩减为 4 个。

公司的供应商则经历了更加剧烈的苦难历程，大多数供应商的人员减半，营业额只有高峰期的三分之一，有的供应商设备产能利用率只有 30%。一个小供应商讲到那段历史时，满眼都是恐惧：高峰期来临时，一班变成两班，很快成三班倒，员工从十几人一路增加到 50 多人，雇人都雇不及，每天都是催货、加急，电话不断，还是赶不上客户的需求增长。总算人员、设备配齐了，还没来得及喘口气，突然间订单都消失了，催货电话一个也没有了，车间里空空荡荡，太阳照进门来，只见空气中的灰尘一缕缕往下掉。接着就是裁员，一路裁到只剩 9 个技术骨干，保留火种，苦苦挣扎，等待下一个高峰期的到来。

对大多数人来说，这听上去太恐怖了。我敢打赌，99.999% 的人都没有经历过。我拿半导体设备行业做例子，因为这是个牛鞭效应非常明显的行业，如果说不是最明显的话。其实，凡是个行业，都逃不脱牛鞭效应的折磨，无非是影响大小不同罢了。放到宏观经济上，我们经常说帝国主义的“经济危机”，几年过剩，牛奶都倒到河里了；几年又是短缺，拼命扩产建厂；然后又是过剩、短缺，短缺、过剩，循环往复，其实就是牛鞭效应在宏观经济上的体现。企业经历的业务变动，大多都跟牛鞭效应脱不开干系。不变化的不需要管理——如果没有牛鞭效应，一半的人或许就不用上班了。美国俗语云，死亡与税收不可避免，其实没法回避的还有“牛鞭效应”。

有些行业比另一些行业提前衰退，或滞后复苏，也可以从牛鞭效应上找到答案。拿半导体行业来说，芯片制造业处于供应链前端，先于后端的设备制造业衰退；而后端的设备制造业呢，复苏又滞后于前端的芯片制造业。对于企业而言，当经济复苏的时候，不但要动员自身的生产能力，更重要的是动员各级供应商。供应商在供应链的更后端，由于牛鞭效应，经受的业务变动更大，所受的经济影响也更显著，面临更大的财务压力，从而更难也更不情愿扩张生产能力。在行业腾飞、经济景气时，往往由于后端供应商没法及时扩张而影响整个供应链的销售业绩。

这不，2016 年以来的元器件短缺，就正是牛鞭效应的结果。这事儿得从 2008 年以来的衰退说起。当时芯片行业，特别是记忆芯片，产能过剩，日本、我国台湾、韩国的大多芯片厂家不盈利，芯片只能卖个白菜价。于是，整个行业经历了痛苦的动荡，整合，老厂关停并转，消化产能。当然，作为采购，大家还是不忘找那些芯片厂家的麻烦，每 3 个月砍一次价。

后面的几年里，全球 GDP 持续增长，转化成差不多 10 倍的芯片需求增长（如图 1-17 所示），产能开始短缺。而受制于供应商以及供应商的供应商，芯片制造商没法迅速扩张产能，短缺情况没法及时解决。风水轮流转，供应短缺，芯片商就提价，这时候采购们就觉得很不公平。当然，在那些“我的是我的，你的也是我的，你的不是我的就不公平”的人眼里，这的确不公平。你咋就见不得穷人家的孩子端碗呢？

当然，所有的短缺最终都会过去，接下来想必猜也猜得到：过剩。可以说，**所有的短缺，最后都以过剩收尾；而所有的过剩，也都是从短缺开始的**，都是牛鞭效应惹的祸。

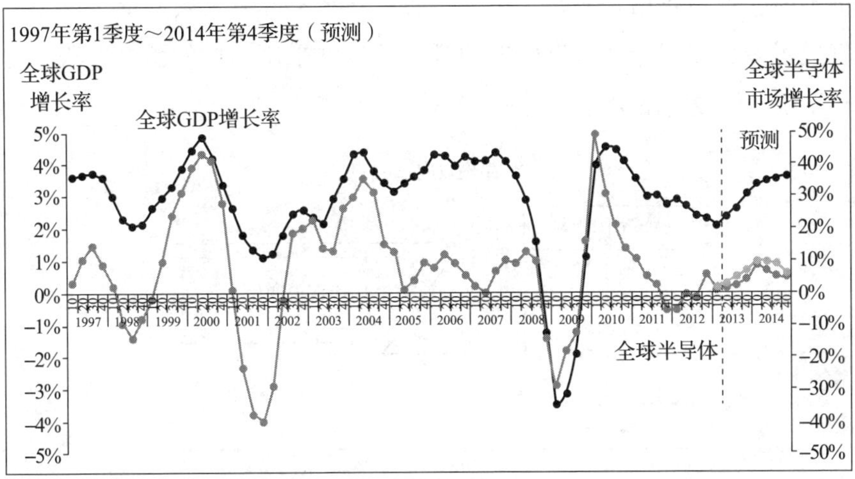

图 1-17　全球 GDP 和半导体市场的增长率（1997 ~ 2014 年）

实黑线——全球 GDP 增长率。

淡黑线——WSTS 统计的全球半导体增长率。

更淡的黑线——HS iSuppli 预测的全球半导体增长率。

资料来源：http://integratedsupplychain.org/Bullwhip-Project.

鉴于其重大影响，牛鞭效应多年来一直是学术界和工业界的研究重点，斯坦福大学的李效良教授（Haul Lee）便是其中的佼佼者，为应对牛鞭效应奠定了理论基础。根据李教授及其同事的研究，牛鞭效应有以下四大成因[㊀]，我们下面一一介绍。

牛鞭效应成因 1：多重需求预测

当供应链各个环节的企业预测需求时，都会包括一定的安全库存或富余系数，以对付变化莫测的需求和可能的供应中断。当供货周期较长时，这种安全库存的数量将会非常显著。例如制造商的预测是 10 万个，给供应商的订单可能是 11 万（“万一卖得好呢”）；同理，供应商给下级供

㊀ Hau L Lee, V Padmanabhan, Seungjin Whang.The Bullwhip Effect in Supply Chains. MIT Sloan Management Review, Spring 1997.

应商的订单可能是 12 万。以此类推，供应链各节点库存将逐级放大。

此外，有些预测方法也会系统地扭曲需求。比如前三个月的趋势是每月递增 10%，如果用移动平均法的话，那第四个月的预测也将递增 10%。但市场增长不是无限的，总有一天实际需求会降低，这差额就成了多余库存。如果供应链的各个环节都采用同样的预测方法，这种系统性的放大就会非常明显。

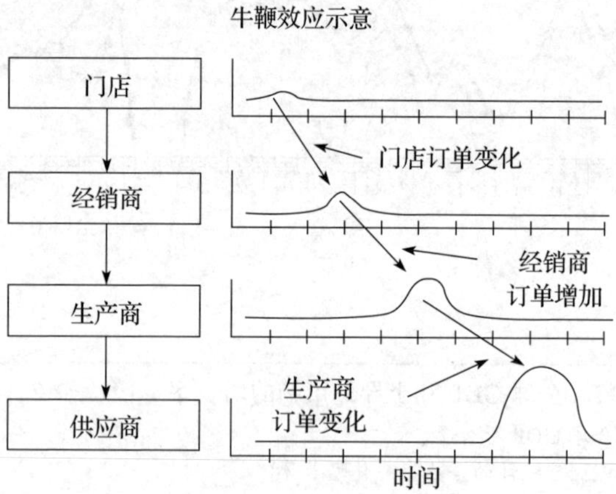

多重需求预测，导致牛鞭效应

对于多重预测，解决方案就是**单一预测**。在公司内部，就是销售与运营计划（S&OP），整合营销、市场、产品管理、供应链等各职能的信息与判断，制定一个“准确度最高的错误的预测”，然后围绕这同一个预测来运作。[㊀]在公司之间，就是协同计划、预测和补货（CPFR），避免公司与公司之间的多重预测。

牛鞭效应成因 2：批量生产、采购

为了达到生产、运输上的规模效应，或者说由于供应链的“刚性”，厂家往往批量生产或购货，以积压一定库存为代价，换取较高的生产效率和较低成本。比如需求是 10 个，生产、采购的最小批量是

㊀ 这点在我和赵玲的书中有详细阐述，见《供应链的三道防线：需求预测、库存计划、供应链执行》，机械工业出版社于 2018 年出版。

100 个，那就订 100 个。但供应商不知道我们的真实需求是 10 个，而是按照订单的 100 个准备未来的产能、库存。

例如我所管理的一家加工机箱的小供应商，都关门停业几个月了，还没有用掉生产积压的数种机箱，主要原因就是大批量生产。这背后其实也是因为供应链的刚性。丰田体系提倡的精益生产、柔性制造中，根本目的之一就是减小批量，提高供应链的灵活性。

对于批量，比如最小起订量，解决方案之一就是用多少买多少，这对小批量行业特别重要。或许有人会说，低于起订量的话，供应商不愿意卖给我们。这是瞎说：只要你愿意付钱，供应商半个半个都愿意卖给我们。之所以讲这些，是因为我们要么花明钱，要么花暗钱：用多少买多少，单价高但库存呆滞少，但我们花的是明钱；批量采购，单价虽然低，但库存风险大增，最后形成呆滞，采购虽然获得好价格，但我们花的是暗钱，而且花得更多，不过是计划部门的钱罢了（库存一般归计划背）。在我看来，宁肯花明钱，也不肯花暗钱。

牛鞭效应成因 3：价格浮动和促销

厂家为促销往往会推出各种促销措施，其结果是买方大批量买进而导致部分积压。这在零售业尤为显著，使市场需求更加不规则，人为加剧了需求的变化，严重影响整个供应链的正常运作。当这样的促销没有通知供应链伙伴时，后果会更糟糕。比如零售商在促销，给制造商几个大订单；制造商不知道这是促销，还以为是销量好，就增加产能、库存来应对；促销停止了，零售商的订单量降下来，但制造商的库存、产能已经增加上去了，需要一段时间才能消化掉。

打折和促销是牛鞭效应的助推器

总体而言，价格浮动和促销只是把未来的需求提前，到头来整个供应链很难从中获利，人为导入的波动反倒造成更高的成本。当然，存在的都是有原因的，价格浮动和促销的助推器就是“活在当下”的企业绩效评估体系。月度指标、季度指标、年度指标的驱动下，打折、促销就成了销售利器，尽管大家都不受益。树欲静而风不止，即使你不打折、促销，竞争对手也会啊。猪队友可怕，猪同行更可怕——你不发狂，他们发狂，然后就是互相伤害。结果呢，就是把原本比较平滑的供应链，人为整出一个又一个的波峰、波谷，而波峰跟波谷之间的沟壑呢，就得一堆堆的库存、产能来填平。

那怎么办？最简单的就是及早规划，让供应链伙伴及早知道，有充分的时间来准备，以平滑促销带来的影响。而最根本的解决方案呢，就是不促销。比如苹果就没有促销。比如沃尔玛在美国也没有促销，而是采取“天天低价”，把花在促销上的钱以低价的方式直接给消费者。

当然，你也不能简单地拷贝“天天低价”，不然可能死得更惨，美国百货巨头杰西潘尼（J.C. Penney）就是活生生的例子。2012 年，杰西潘尼业务不佳，就把苹果的零售业务高级副总约翰逊给挖了过来，担任 CEO。这位老兄一手打造了苹果的零售业务，头顶耀眼的光环，一到杰西潘尼，就开始导入苹果不促销的做法，结果一年下来，销售额下降 29%，净亏损接近 10 亿美元。[㊀]于是一年半还不到，约翰逊就只好卷铺盖走人。失败的原因很多，其中不可忽视的是消费者的习惯：杰西潘尼的老顾客们都习惯于打折，即使已经给他们“天天低价”了，他们还是在等着继续打折。你知道，消费者心理深似海，我不敢冒充内行，所以就此打住。

牛鞭效应成因 4：理性预期

如果出现供不应求，且可能持续一段时间，厂家给供应商的订单

㊀ Robert Passikoff. Ron Johnson Ousted As J.C. Penney CEO. Forbes，www.forbes.com.

可能大于其实际需求，以期供应商能多分配一些产品，但同时也传递虚假需求信息，导致供应商错误地解读市场需求，从而过量生产。

比如你的需求是 100 个，给供应商 100 个的订单，供应商打 6 折，给你 60 个。下次你的需求还是 100 个，那就给供应商 200 个的订单，希望 6 折后能满足你的需求。可供应商已经没法 6 折了，只能 3 折。那下次的订单呢，就变成 300 个，尽管实际需求还是 100 个。

供应商不知道你在博弈，就按照订单的数量来计划产能和库存。随着市场供需渐趋平衡，有些订单会消失或被取消，导致供应商多余库存，也使供应商更难判断需求趋势。等到供应商搞清实际需求已经为时过晚，成为又一个“计划跟不上变化”。

短缺时的过激反应为牛鞭效应推波助澜

2006 年前后，全球金属短缺，大家拼命多下订单，希望冶炼厂能多分配些产能，客观上造成了冶炼厂产能的过度膨胀。当时我的老东家采购一种特种铝锭，正常交期是 13 周。短缺开始时，冶炼厂说交期得 18 周，老东家的第一反应就是再加订一个铝锭。短缺的恐慌传播开来，人人都这么做时，冶炼厂说 18 周已经不够了，需要 26 周。老东家的反应是马上下发第三个铝锭的订单。人人都这么干，但冶炼厂不知道，还以为需求的确这么大呢，就开始大幅增加产能。于是就这样走上了产能扩张的路。

炼铝如此，钢铁也是，煤炭、水泥、化肥、多晶硅都是一样。行业性的产能扩张基本都是这样的。你知道，**所有的短缺，最后都会以过剩结束**。就拿我的老东家来说，冶炼厂的产能最终总能加上，那 3

个铝锭都送来了，发现手头的库存两三年都用不完，于是就捂紧钱袋子，不再给冶炼厂订单。人人都这么做，冶炼厂一看，世界末日到了，先是减少班次，然后裁员，最后关停并转老厂，走上了“去产能”的艰难征程。

美国如此，中国也不例外。钢铁、煤炭、水泥、化肥、新能源，这些行业的共性是基础产业，远离最终消费者，在供应链的后端，而且是重资产运作，要加产能不容易，要消化产能也很难。此外，这些行业的从业公司大多以国营为主，或者是政府扶持的新兴企业（比如新能源、多晶硅），整体管理能力不足，就成了接下来几年“去产能”的重灾区。

“去产能”也是牛鞭效应惹的祸

资料来源：百度百科“去产能”词条。

好不容易产能“减肥”成功，市场库存也消化得差不多了，却发现又进入了短缺状态：库存下降，订单交期就拉长；采购方过激反应，就开始拔高预测，多下订单；供应方伤疤刚好还记着痛，先是扛着不加产能，但架不住订单雪片般飞来，销售整天抱怨，以及竞争对手可能先走一步的风险，最终就又走上产能扩张之路。这不，到了2016年、2017年，钢材的价格终于能够拼得过小白菜的时候，新一轮的循环又开始了。芯片、关键元器件也是。这后面都是牛鞭效应在作祟。

那牛鞭效应该怎么对付？下面我想重点介绍三种措施，即跨入多个行业，期待不同行业的周期相互抵消；推行外包，把随业务变化剧烈的职能外包给供应商；信息共享，消除信息不对称，以及不对称带来的不确定性，拿信息换库存。

牛鞭效应解决方案 1：跨行

不同的行业，周期性往往也不同。一个行业低迷的时候，另一个行业可能上扬，波峰与波谷两相抵消，公司整体营收就比较稳定。这从理论上看很好，但实践上并非如此。在跨越多行的大型集团公司里，除了通用电气，你很少能找到绩效好的企业。当然，即便是通用电气，这几年也是一地鸡毛，好不到哪里去，股价从最高点的 32 美元（2016 年 7 月 15 日），一路狂跌到 7.44 美元（2018 年 11 月 27 日）。

有人会说，那三星集团呢？三星跨越电子、金融、机械、化工等多个行业，几千亿美元的营收，大概占韩国整个国家 GDP 的五分之一强。这几年三星是不错。不过想想看，三星作为一个公司，自 1938 年建立以来，已经有 80 年的历史。什么时候起，人们才开始把它跟一流公司挂起钩来？其实也就是这几年的事，更确切地讲，智能手机出来的这几年。

看到一些文章，说三星的优势是竖向集成的供应链，比如芯片、显示屏和很多零部件都是自己生产。其实这些与其说是优势，不如说是巧合。用英语里的一句话来说，就是 every dog has its day（每条狗都有走运的一天），并不能证明跨行的优势。相反，你看三星，除了三星电子以外，别的事业部大都绩效平平。更加不幸的是，三星在手机上的领先优势正在逐渐被蚕食，这几年也是一年不如一年。比如在中国的份额，已经只有区区 3%（2017 年前半年销量）。[⊖]

让我们拿三星电子来细说。作为三星集团的主要成员，三星电子的业务跨及芯片、显示屏、手机终端等多个领域，走的是竖向集成的路，2017 年的营收达到 2240 亿美元，净利润 501 亿美元，可以说是

⊖ 曾响铃 . 中国市场节节败退，三星手机是如何走到今天的 . www.lanjingtmt.com.

电子领域的巨龙。不管平日大家听到三星电子的多少辉煌，但股票市场不会骗人，特别是5年、10年的中长周期：所有的信息，不管是公开的还是半公开的，都会最终体现在股市的中长期回报中，而三星电子的回报呢，尚不及消费电子类的整体水平。

比如从2008年到2018年第一季度的10年间，如图1-18所示，如果把1万美元投入三星电子，10年后变成3.7万美元；而同期的消费电子行业整体回报呢，则是接近4.5万美元。作为某种程度上的韩国"国企"，三星电子消耗了韩国的大量资源，而竖向集成的效果呢，其实并没有想象的理想。

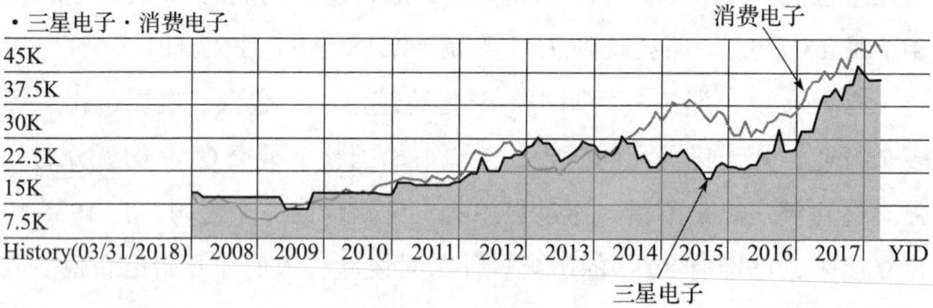

图1-18 在过去10年里，三星电子的回报不及美国消费电子行业的整体水平

资料来源：Morningstar.com.

在网上看到一些说法，说三星特别"抗跌打""三星这20年就是从一连串灾难中走过来的"[㊀]。不过你想想，作为一个好企业，你就根本不应该进入那么多的领域，做那么多糟糕的决策，给自己"抗跌打"的"机会"啊。要知道，这不是三星拿自己的资源"抗跌打"，这是三星拿韩国整个国家的资源试错啊。

想当年，摩托罗拉走的也是竖向集成的路（芯片 + 手机），决策失误，也经历过几次"跌打"，终于被市场淘汰。你不能说摩托罗拉不"抗跌打"：摩托罗拉是拿股东和自己的钱"抗跌打"，关停并转是最符合经济规律的决策，而不是赖在那里扛着，一遍一遍地用新的错误纠

㊀ 2017年三星集团重振中国市场的野心和诚意 . 韩企招聘网，http://www.cn-kr.net.

正老的错误，把钱往水里扔。你也不能说这两个企业没有可比性。抛开都竖向集成芯片制造不说，光从那手机的复杂度来说，两者之间就很有一拼：摩托罗拉在回光返照前夕，手机有 60 多种型号；现在三星有多少种，估计连三星都搞不清楚了，咋看咋像回光返照。

此外，即使跨行，也不意味着资源能在不同行业自由流动。我以前有个 50 亿美元营收的大供应商，他们老是说，他们的业务很多元，不但支持半导体，而且支持航空业、建筑业等，一旦半导体行业开始复苏，他们可以从别的行业借调资源。实际上行不通，产能短缺，当时可把我给害惨了：一方面，经济复苏时，很多行业同时复苏，或者复苏的时间间隔很短，比如 2004 年前后的半导体与航空业；另一方面，不同行业，要求不同，比如半导体行业的要求高、建筑业要求低，虽然是同样的工种，但建筑业的资源根本没法投入半导体行业。

我对跨行非常谨慎。我的逻辑很简单：企业跨行，是因为管理能力不高，没法有效应对一个具体行业的周期性；但不同的行业在管理上是相通的，既然你没法管好一个行业，那你管好多个行业的概率有多高？这就如放到孩子教育上，如果你不懂教育，教不好老大，那你八成也教不好老二、老三，寄希望于“多子多福”显然不是解决方案。所以，企业也要考虑优生优育，避免跨行太多。

牛鞭效应解决方案 2：外包

牛鞭效应带来的起起伏伏，对每个职能的影响并不一样。有些职能，比如财务、人事、销售，受业务变化的影响没有生产、客服、物流等部门大，变动成本较少；而生产、客服和物流等部门，变动成本相对较多。对于变动成本较多的职能，可以考虑外包或者部分外包策略。比如在硅谷，有些高科技公司把整个生产、物流、仓储都外包了，这样业务一旦好起来，是供应商在准备产能爬坡；业务衰退，是供应商在处理多余的产能。

有人会问，难道供应商就没有这问题了吗？他们有，但如果选择、管理得当，供应商可以更有效地应对。比如说一个仓储公司服务三个客户，分别来自计算机、医疗设备和半导体行业，假定牛鞭效应来了，医疗设备客户的业务上升 50%，而医疗设备只占这个仓储公司 30% 的份额，这就意味着该仓储公司的业务只增加了 15%，波动小多了。

对于周期性或季节性很强的企业，选择供应商的时候，要考虑自己占供应商业务的比例。比如我在半导体设备行业时，选择供应商的目标是我们的业务占比不低于 20%，否则可能变成供应商的小客户，驱动不了他们快速响应；但不要高于 35%，否则供应商的业务太依赖我们，我们的业务量一变动，不管是上升还是下降，供应商都难以应对。

对客户来说，外包意味着原来在内部做的任务，现在得转到外部，内部协调变为外部协调；采购对象也不是简单的零部件，而是更加复杂的综合服务。相应地，需要提高供应链管理能力，特别是采购部门的力量。在过去的三四十年里，很多北美公司经历了大幅外包。结果呢，生产运营职能越来越边缘化，而采购职能越来越重要，就是这个原因。

外包的另一个好处是**轻资产**，对资产回报率有好处，而资产回报率是股东最为关注的指标之一。这也是驱动北美企业，特别是上市公司推行外包的一个深层次原因。外包其实对供应商也有好处：他们是专业经营，服务多个客户，不同客户的需求变动可能相互抵消，产能利用率会更高，因而投资回报率也更高。打个比方。如果你自己建个餐厅，服务对象只是自己公司，那么每天早晨 2 个小时做早饭，中午 3 个小时做午饭，晚上关了，因为员工都回家了。所以，每天只有 5 个小时的“产能利用”。但如果外包给第三方，他们晚上还可以给别人开放，做更多的生意，“产能”利用率更高。

美国企业在外包某个职能时，也往往把这些职能的员工转到外包供应商那里，这也为员工的职业发展提供了更多机会。比如你原来是一个制造商的仓库经理，这辈子八成也就做到仓储物流的总监；但如果你现在被外包到一个第三方物流公司，为很多客户做仓储物流的事，你可以成为仓储总监、仓储副总，一路上去甚至成为 CEO。在一个制造商管理仓库，你就管那么几个人，每天对付那些相同的破烂事，没多少机会真正发展你的业务能力；现在到了第三方物流公司，接触到的业务更多，业务能力提升的机会也就更多。

牛鞭效应解决方案 3：信息共享

人们以为我们变大，是因为我们在小镇上建大店；实质上，我们变大是因为我们拿信息换库存。——山姆·沃尔顿，沃尔玛创始人

牛鞭效应的主要成因是**信息不对称**，比如采购方知道的供应商不知道，供应商知道的采购方不知道，销售知道的计划不知道，计划知道的采购不知道。那解决方案也可以从**信息共享**着手，让信息变对称。协同计划、预测和补货（CPFR）就是这样的解决方案，让我们拿沃尔玛和宝洁为例。

实施 CPFR 之前，沃尔玛每卖掉一瓶洗发水，销售数据需要先在公司内部整合汇总，经过几道手后转化成订单或者预测给宝洁。我们都知道，**数据凡是经过人的手，就有被扭曲的可能**（人看到数据，总是喜欢做点什么，不然觉得自己没有增加价值）。所以，在准确度和时效上，宝洁得到的信息都不够好。实施 CPFR 之后，沃尔玛每卖掉一瓶洗发水，收银台的 POS 机一扫描，宝洁得到实时的销售数据，时效性、准确性更好，因而能够更好地安排计划、生产和补货，提高响应速度的同时，降低了供应链的库存和成本。

当然，CPFR 还有很多内容，但核心是**拿信息换库存**：供应链上的波峰波谷，你要么用库存、产能来对付（产能其实是固定资产的库存，而且更难对付），要么拿信息来填平。显然，拿信息换库存是成本更低的解决方案。

CPFR 这样的信息共享的方式，看上去挺宏观的，是公司战略层面的事；其实在操作层面，每个人都是可以做点什么的。

比如一级供应商给二级供应商预测时，往往会拔高，造成牛鞭效应。那好，采购方可以直接给二级供应商提供预测，让它们看到给一级供应商的预测。这样，大家都在同一个预测下运作，减小了牛鞭效应的影响。你可以在电子商务网站上加个功能，二级供应商键入相应的零件号，就能看到你给一级供应商的预测；也可以通过 Excel 表格、Email 来定期更新。在这里，技术，即怎么做是次要的；重要的是心态，即愿不愿做。

我还想特别讲一下职能之间的牛鞭效应。从表面上看，牛鞭效应是公司与公司之间的事。其实，公司内部的部门之间同样存在牛鞭效应，而且更普遍。比如经济景气时，客户说预测是 100 个，销售不信任客户，万一多了怎么办？那就告诉计划是 120；计划不信任销售，就告诉采购按 140 来准备；采购不信任计划，让供应商按照 160 来准备。经济不景气时，这又倒过来了，从层层加码变成层层打折。

业界人士说

供应链放大效应关键来自于预测与缓冲库存的层层放大。之所以层层放大，关键还是大家相互不信任，沟通困难。而要做到相互信任，必须在相互之间的协议上设立奖惩措施。

我们做 EMS 的，如果完全按照客户的预测跑 MRP，就会变成客户的银行。这就是我们为什么要自己分析对比预测和实际出货。譬如一段时间，如两个周，我们发现客户的实际订单远远小于预测，我们会提出要求客户修改预测，但客户往往不搭理我们，原因是他们希望自己的预测高于订单以获取所谓的灵活度，但这样就会导致我们、我们的供应商大量的额外库存。

解决的办法呢，就是如果我按照你的预测跑 MRP 而不做任何调整，我的库存（譬如积压超过 30 天）就收你的库存持有成本，比如每月 2%。但很可惜，由于相对于客户的劣势地位，我们的销售很少有人要求客户这么做。所以最终的结果就是，我们不相信客户，客户不相信我们，我们的供应商也不相信我们，这就是为什么协同计划、预测和供货（CPFR）在实践中难以奏效。

说白了，供应链的放大效应实际上是供应链上下游的不信任造成的，而之所以大家相互“不信任”，是因为契约是不平等的。——程晓华，伟创力全球物料总监

即便在同一个职能内，也存在牛鞭效应。比如每年要定下一年的销售目标了，有些公司采取层层上报的方式。销售经理报 100，销售总监想，经济看上去不景气，万一达不到怎么办？就报 80。同理，销售总监报 60。老总当然知道这套把戏，那就把“水分”挤一挤，给一个更大的指标。信息不对称仍旧是根源：每一级都在打自己的小算盘，藏着掖着，生怕对方知道。

不管是公司与公司、职能与职能，还是上级与下级之间的博弈，牛鞭效应的结果都一样：要么高估，造成过剩；要么低估，造成短缺。两样问题，一样根源，那就是信息不对称：销售给计划预测时，不会告诉客户给他的数字；计划给采购预测时，不会告诉销售给他的数字。信息不对称和职能之间的博弈，造就多个需求预测。而解决方案呢，就是制定同一个需求预测。销售与运营计划（S&OP）的重要目标，就是让公司各个职能围绕同一个需求预测运作。

牛鞭效应是导致行业周期波动的重要因素，几乎找不到什么行业能摆脱牛鞭效应的影响。正因为这样，牛鞭效应及其根源获得广泛的关注。在美国，至少从 20 世纪 50 年代起，就对牛鞭效应展开系统的研究。

比如麻省理工的系统动力学（System Dynamics），就是研究供应链上不同伙伴之间的互动对整个链条的影响。后来，在八九十年代，以斯坦福大学的李效良教授（Hau Lee）为代表的学者进一步完善牛鞭效应的研究，指出**信息不对称是牛鞭效应的根源**，可以通过解决信息不对称来应对牛鞭效应。在工业界，企业也是久病成医，形成一成套的

做法，系统应对牛鞭效应带来的业务起伏。我在硅谷十余年间，一直在周期性非常明显的设备行业，亲身经历了数个大小不同的周期，熟悉北美企业如何管理行业的周期性，比如上面提到的外包和信息共享等。

在国内，牛鞭效应，或者说行业的周期性也是存在的，而且由于政府宏观政策的不确定性而更加难以预测。但是，得益于经济的高速增长，牛鞭效应往往被掩盖或者弱化。比如牛鞭效应来了，企业无非是少增长几个点，但整体还是在增长，一俊遮百丑。但随着经济增速的放缓，牛鞭效应会越来越明显，对企业的影响也更大。

相对于北美企业，本土企业在业务的周期性管理上还普遍不成熟。有些企业虽然跨行，但行业跨度太大，比如制造家电的搞房地产，做电商的养猪，在应对牛鞭效应上并没有什么实质意义。外包还不成风气，竖向集成、重资产运作还是主旋律。短期利益驱动下，供应链的协作乏善可陈；公司内部壁垒林立，导致信息孤岛、信息不对称普遍存在。在经济景气的假定下，企业宁滥勿缺，大量投入固定资产和库存；当经济增长放缓时，必将自重过重而压垮企业。

特别值得警惕的是，很多企业习惯了多年的高速增长，在宏观经济的放缓和行业的周期性变化上，普遍心理准备不足，或者根本就没有准备，仍旧重资产运营、过度扩张，最后注定要付出沉重的代价。2008 年的金融危机后，我在硅谷，2009 年的工资降下来 7.5%，当年的奖金等额外收入都没有了，整体收入下降 40% 左右。在广大读者中，有多少人有过类似经历？如果没有的话，你八成不能理解什么叫经济停顿或下滑。但相信我，在这一生中，你注定要遇到。

所以，未雨绸缪，提前准备就非常重要。作为个人，就是不要把钱都花了，随时准备至少 6 个月、1 年的生活费；作为企业，一个重要的举措就是不要过度扩张。对于远离消费者、处于供应链末端的设备行业，这点尤其重要。管理好固定投资、扩张或收缩产能、决定自做还是外包，要说关系到公司的存亡，也不是危言耸听。忽视供应链管理、过度依赖重资产运作，企业势必要付出严重代价，其中一些已经在承受恶果。

比如有一个工程设备制造商，由于政府的 4 万亿元刺激方案结束，业务增长大受影响，过度扩张时的大批固定资产投资就成了大问题。据说他们的基础设施是按照年营收 3000 亿元打建的，在业务量只有几百亿元的情况下，外行都能想象到问题有多大。还有个大型港口设备制造商，扩张速度过快，2008 年的金融危机后，成十年处于亏本或亏本边缘，只有 3 年净利润率超过 1%，整体投资回报不如把钱存银行，估计还是卖地或变卖其他固定资产的结果。

这些企业过得这么辛苦，当然没有什么值得让我们开心的。我想提醒的是，对于这些周期性明显的行业，比如设备制造业，希望这些学费让大家能够变得更聪明，那就是牛鞭效应猛如虎，阳光灿烂的时候，一定要想着下雨天。保守，有时候不是什么坏事情：发展的前提是要活着，太冒进，死得快，往往不是好事情。

想必现在你能理解了，为什么那些欧美日的名企，在产能扩张上那么保守了：这些企业都是身经百战，经历过多次经济的起伏动荡，吃了多少苦头后才变聪明的；而那些激进的公司呢，则大都因为冒进而死在路上了。这就如投资，你首先想到的不应该是回报（return on investment），而是保本（return of investment）。

延伸阅读

《所有的短缺，最后都以过剩收尾》。“牛鞭效应”带来过激反应，比如拔高预测，增加安全库存，给供应商下大量的订单。供应商的产能短缺总会结束，然后发现坐在一堆库存上。这篇文章收在我和赵玲的《供应链的三道防线：需求预测、库存计划、供应链执行》一书中，也可扫描二维码，在我的微信公众号上阅读全文。

专注供应链库存，遏制“打不死的妖怪”

这里我想换个视角，从库存的角度来探讨供应链管理。库存跟成本、交付问题如影随形，是供应链管理没法回避的话题：造成库存的原因，也造成成本上升、交付下降；如果能系统降低库存，成本也可随之降低，交付也往往会改善。

那库存和成本，究竟哪个更难降？外行八成会说成本，两个都对付过的大都会说库存。是的，库存更难对付。很简单，老总可以一怒之下降成本，但谁听过老总一怒之下把库存降下来的？比如老总下令，从下周开始，所有的出差都取消，问题都通过电话和微信来解决，差旅成本就降下来了；所有的培训都取消，培训成本就降下来了。凡是个人，都能对付成本问题——会说话的就会砍价，把成本问题转移给供应商；而只有到了一定级别，才能对付库存问题。所以，如果你整天在为库存问题头痛，那恭喜你，你在供应链上打怪升级已经相当高了。

问题有两种解决方法：要么解决问题，要么转移问题，让问题成为别人的问题。成本相对好降，因为你可以通过**转移问题**来解决问题，比如做到极点，把供应商的货款直接扣 x 个点，成本就降下来了（是的，通用汽车就这么干过）；但库存呢，则更多涉及内部职能，转移问题很难行得通，你得通过真正干点什么，通过**解决问题**来解决问题。

库存难对付，还因为供应链上的各种问题，都会在库存上体现出来，让库存问题更加错综复杂。

比如信息沟通不充分，需求预测没做好，自然会反映在库存上；需求的不确定性增加，会导致库存上升——库存的一大功能就是应对不确定性；执行能力差，供应的不确定性增加，也会导致库存上升；设计变更多，设计变更管理粗放，设计造成的过期库存多；质量问题发生了，你的第一反应就是多备库存来应对；质量差，回款周期就长，应收账款就多——应收账款和应付账款也是库存，不过是以另一种方式出现；供应商的按时交付差，公司就得备更多的安全库存来应对，齐套率低造成的库存还不算[⊖]；生产周期长，周转库存自然就高；运输慢，在途库存就高；需求管理、需求计划不到位，要么造成短缺，要么造成过剩，都是库存问题。

库存是供应链各种问题的焦点

可以说，**库存是供应链上各种问题的焦点**。运营越好，库存越低，库存周转率越高；反之亦然。在供应链的诸多运营指标中，很难找得出一个比库存周转率更好的指标，来反映整个供应链的运作水平。在同一行业，库存周转率高的公司，鲜有例外，都比库存周转率低的公司运作良好。同一公司，库存周转率逐年下降的时候，往往也是公司走下坡路的时候。所以，聚焦库存，解决了库存问题，也就解决了供应链运营的诸多问题。

同样，公司、行业出问题的时候，很多都表现在库存上。比如前几年服装行业困难重重，从渠道到品牌商到供应商，库存积压严重。网上说得好，三年不生产，衣服都卖不完——这有点言过其实，但也看得出服装供应链的库存问题之严重。电商之死，死于库存，也是同样的问题。类似的问题在很多行业都出现过，比如20世纪90年代的

⊖ 简单地说，齐套率就是所有的零部件都到了，才能组装生产成品，发送给客户。如果一个产品有100个零件，99个都到了，就最后一个螺丝钉没到，那99个零件就只能放着，增加了库存金额。

彩电行业，长虹最后不得不注销几十亿元的库存。

这些年，我发现一个有趣的现象：**一个行业解决库存问题的过程，也是这个行业从大乱到大治的过程；库存管理越成熟，行业的供应链管理也越成熟**。放在具体的企业上，这套逻辑也适用：企业的供应链改进一般会从成本开始，但随着能砍的价都砍完了，能省的钱都省下了，低处的果子摘得差不多了，就不可避免地转到计划领域；而计划呢，则与库存息息相关——计划薄弱，势必反映在高企的库存上。

那么，库存管理在哪些企业最成熟？那些苦哈哈的企业，合同制造业应该算一个——同业竞争激烈，利润薄如刀刃，库存控制稍有不慎，这半年就算白做了。“生于忧患，死于安乐”，这也迫使合同制造业提高供应链管理，更好地应对库存问题。这也回答了一个相关问题：哪些企业的供应链管理做得好？不知道，但我所知道的是，不缺钱的主儿**往往**管不好供应链（注意，我说的是“往往”，也有很多既有钱，供应链也做得好的企业，就像你既有钱，又有品一样）。比如有些技术驱动的企业，因为毛利高，所以没有足够的动力来改善供应链绩效。有钱赚的时候这没问题，一旦产品大众化了，技术优势不再，这样的企业就会面临灭顶之灾。

延伸阅读

《快速响应的供应链：服装行业为例》。这篇文章谈到服装供应链的库存问题。可访问我的“供应链管理专栏”（www.scm-blog.com），搜索题目，或者扫描二维码，阅读全文。

库存运动没法降库存

库存啥时候都存在，但老总们平常不注意。有时候明知道库存高、呆滞库存一大堆，也当作“必要之恶”：做生意嘛，哪能没库存！老总们啥时候会认为库存不合理，跟库存较上劲儿？往往是现金流紧张，生意做了挺多，但赚的钱都进了库存的时候。这就跟采购价格一样，老总什么时候会认为采购价格太高？没钱赚的时候——销售赚不到更多的钱，采购就得省更多的钱。或许，这也算是新版的"城门失火，殃及池鱼"吧。

究竟多少库存算合理？供应链都弄不清，老总们当然也没概念。但老总们很清楚，**库存是各种问题的焦点，需要各个职能共同努力才能降下来**。于是就全民动员，开展降库存运动：销售软硬兼施，拼命把货往渠道压，把成品库存降下来；采购告诉供应商，最近风声很紧，勒令它们少发货，把原材料库存降下来；生产线上也在勒紧腰带，把那些过程库存消化掉。

但是，降库存运动一过，库存一点点又上来了：销售渠道库存积压，就不再进新货，公司的成品库存就上升；生产线要正常运作，整条线上的过程库存总得加满，否则 MRP 会一遍又一遍地提醒补货，而有谁能斗得过 MRP 呢？供应商帮你压着那么多的货，等了那么久，好不容易熬到运动结束了，当然会想方设法送过来，好早拿到货款养家糊口，况且他们也有降库存运动呢。

库存反弹，就如减肥失败：忍饥挨饿，好不容易减掉几斤，但如果生活习惯不变，一旦转入正常生活，减掉的不但又增加上了，而且增加更多。这是因为原有平衡被破坏后，系统会过度反应：减肥过程中，所有的细胞都饿疯了，一旦饮食恢复正常，就互相奔走相告，说快点吸收营养，因为不知什么时候，主人又会发疯，不吃饭了。这不，人也就越来越胖了。

降库存运动也一样：降库存运动期间的销量大增，降库存运动结束后销量大减，系统地增加了需求的变动性；作为一个好计划员，你自然会增加更多的安全库存来应对。这不，库存就系统地增加上去了。那些外行计划员呢，因为不懂库存计划，就不按理出牌，不按照需求的变动性调整库存水位，反倒逃过一劫。真是傻人有傻福啊。

库存反弹，老总们就开始下一轮的降库存运动。结果你知道的：库存取决于企业和供应链的整体运营水平，是结果，而不是根源；不触及根源，任何暂时的库存降低，在系统和流程的力量下，都会反弹。于是，库存就成了打不死的妖怪，屡降屡涨。

有些老总迷信自己的领导能力，在市场开拓上无往不胜，但在解决库存问题上却屡战屡败，就是因为没有找到根源，系统地解决问题。那么，库存的根源是什么呢？

库存有三大类，其根源也不尽相同，具体如图 1-19 所示。

第一类是**周转库存**，即维持正常运转的库存，比如从供应商到公司的生产线到销售渠道，总得维持一定的库存量，以维持正常运营。这类库存的根源是周转周期。比如生产周期是 4 个星期，那就意味着有 4 个星期的在制库存；运输过程是 2 个星期，那注定就有 2 个星期的在途库存。

第二类是**安全库存**，为应对不确定因素而存在，比如需求波动、补货延误、质量问题等。这类库存的根源是不确定性，以及对有货率（库存达成率）的要求。安全库存是供应链对不确定性的自然应对，在 ERP 系统里是没有需求的，由安全库存计划水位来驱动供应。

第三类是**多余库存**，既不是支持正常运转，也不是用来应对不确定性。多余库存源自组织行为，比如订单取消、设计变更、预测失败等造成的呆滞库存，批量采购、批量生产、策略采购等造成的额外库存。在 ERP 系统里，这些库存既没有需求（如订单、预测），也没有库存计划水位，是多余的。

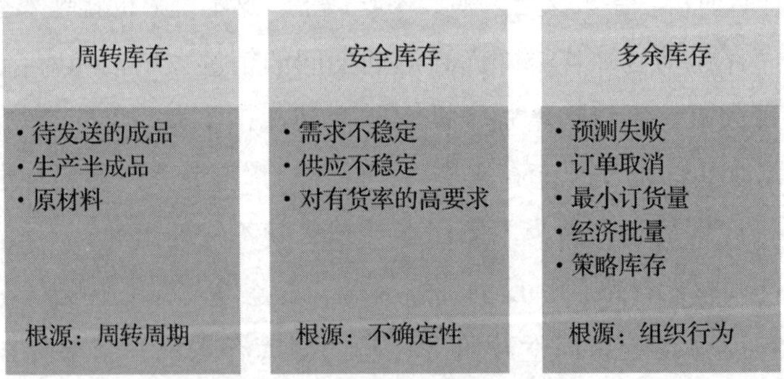

图 1-19　库存的种类和根源

这三类库存的根源不同，应对措施也有不同。下面我们重点分析供应链的周转库存和安全库存，以及相应的应对措施。

缩短周转周期，降低周转库存

顾名思义，周转库存就是为维持正常的运营而备的库存，比如生产周期是 8 周，这意味着在生产线上就得有 8 周的周转库存；补货周期是 4 周，那手头至少就得备 4 周的货。此类库存的驱动因素是**周转周期**，只有缩短周转周期，才能降低周转库存。

让我们通过一个实际案例来阐述。

有一个大型跨国设备制造商，长期面临交期太长、库存太高的挑战。交期长，很多客户订单一落地就得按急单处理；交期长，过程库存就高，需求一有变动，库存影响就很大。这都是小批量、多品种行业的顽症。该公司几经分析，三管齐下来**缩短周转周期**，降低周转库存。

其一，**推动“六周计划”，全面缩短供应商的采购提前期**。

在该公司，产品交期的一半多来自供应商的采购提前期。一般零部件的采购提前期在两个月左右，有些长达两个季度。该公司启动“六周计划”，力图把供应商的交期全面压缩到六个星期以内。这涉及产品的标准化设计、精益生产、生产工艺的优化，在此不予细表。这里想讲的是，不管产品设计多努力，独特设计、独特工艺很难完全避免，注定供应商的生产周期很长，该公司就有选择地在供应商处建立过程库存。如果设置合理，过程库存不但可以显著缩短交货周期，而且可以降低供应链的整体库存水平。

例如，有一系列部件在硅谷做好粗胚，大致需要六个星期；然后运到亚利桑那，经过精加工，运回硅谷，总共三个月左右。该公司决定在精加工处建立粗胚的中间库存，以缩短响应周期。以前整条供应链虽说是订单拉动，但为应对供应不稳、生产需求变动等，该公司在成品层次维持相当高的安全库存；现在前段是推（基于预测），后段是拉（基于订单），虽然粗胚的中间库存增加了，但因为交货周期缩短、供应的不确定因素减少，成品的安全库存水位却明显下降，而且因为成品价格远高于粗胚，供应链的总库存金额反倒更低。

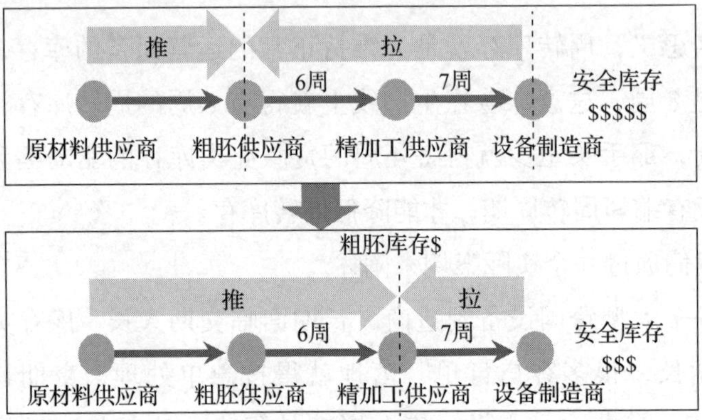

推拉结合，缩短交期，降低库存

总库存更低，交货周期降下来近一半，这么好的事，为什么刚开始没做？原因之一是设计还没定型——一旦设置过程库存，管理难度上升，设计变更造成的呆滞风险较大。根本原因则是绩效考核：出自部门利益，采购不愿意在供应商处建立过程库存，因为这增加了采购的责任，而且一旦成为呆滞库存，就需要采购去处理。成品的库存虽然高，但属于计划部门，不关采购的事；现在设了粗胚库存，就变成了采购的问题，多一事不如少一事，采购自然不愿意。

当然，在供应商处建立半成品库存，确实有相当的风险，因为采购方往往因为看不见而丧失警惕，等到设计变更或需求巨变后，形成呆滞库存，供应商找上门来了，才知道还有那么一堆库存要处理，但已经为时过晚。在这个公司，供应商管理经理们需要每月汇报，更新供应商现场的库存金额，并且评估呆滞风险。在脉动更快的行业，更新库存的频率应该更高。

该公司还采取其他办法来缩短采购提前期。比如对于有一定用量、用量较稳定、设计变更少的物料，该公司通过 VMI 让供应商在现场建立库存，根据公司预测维持一定的库存水平（VMI 的细节，我们后文还会讲）。这看上去是给供应商库存负担，但减少了赶工加急，也让供应商的生产排程更加平稳，生产成本会更低。这样，对采购方来说，如果计划到位、需求相对变化不大，采购提前期为零；对供应商来说，除了生产成本降低外，供应商一般会得到一定的业务量承诺，降低了业务风险和不确定因素，从而也降低成本。可以说，操作得好的话，VMI 是个双赢的做法。

其二，**全面缩短生产、调试、安装周期**。

该公司全面导入精益生产和 JIT，对传统的生产线进行改组。结果是好坏参半，总体效果不甚理想。精益生产简化了产品流，生产现场更加井井有条，生产线员工的效率显著提高。但是，设备行业的周期性很强，业务起伏波动非常大，对精益生产是个挑战，注定没法推行 JIT——JIT 的前提是稳定的生产计划，比如丰田生产汽车，每天、每周、每月的产量都尽可能地稳定。但对于需求变动大的行业，比如在半导体设备行业，季度变化量动辄在百分之三四十，精益生产线和 JIT 很难有效应对，尽管精益的概念还是很有帮助。

该公司就聚焦别的办法来降低生产组装周期。比如推动产品的模块化设计：以前供应商把零配件送来，公司自己组装成组件、模块、子系统；模块化设计后，越来越多的组件、模块甚至子系统都由供应商做好，公司进行最后的组装与测试，这样生产组装的周期就降下来了。

举个例子：模块化设计以前，一个线板有几百条缆线，供应商送来一条条的电缆，公司的产线工人就一条条安上去，要两三天的工夫；模块化后，这些缆线由中国的供应商组装成缆线板，送到硅谷后就直接安上去了。整个缆线板的生产周期降下来了，而且因为外包给低成本地区，总成本反倒更低。

模块化设计的好处还在于成品可以分开运送到客户处，节省运输成本、缩短时间，也降低在途库存。对这个硅谷的制造商来说，关键零部件主要在美国、日本生产，在美国组装；次要的模块，比如机箱、机架在中国制造、组装。以前次要模块组装好后，空运到美国，跟主要模块一起，集成测试后空运到亚洲。该公司重新设计供应链后，主要模块从美国空运到客户，次要模块从中国直接发到客户处，然后在安装现场做最后调试。当然，能这么做的一个关键是模块的质量要高。否则，质量问题会成为现场安装与调试的噩梦。

上面讲了采购、生产、调试和安装，主要围绕的是产品流，即产品的生产、采购、运输等实实在在的事，这只是整个周转周期的一小部分，大致决定了百分之二三十的周转周期。其余的百分之七八十呢，则是由信息流决定的。下面我们探讨如何提高信息流的效率，缩短周转周期。

其三，**优化流程、系统，缩短信息周转周期**。

对于案例中的这个制造商，光需求信号从客户传到下级供应商时，动辄一两个星期就过去了：该制造商拿到客户订单，内部评审、审批流程走完，两三天就过去了；录入 ERP，转换成供应商订单，1 天又没了（该公司 MRP 每天运转一次）；采购订单又得审批，好不容易审批完，上了电子商务平台，如果错过了供应商上网下载的时间，这 1 天又损失掉了；然后到了一级供应商、二级供应商，以此类推。

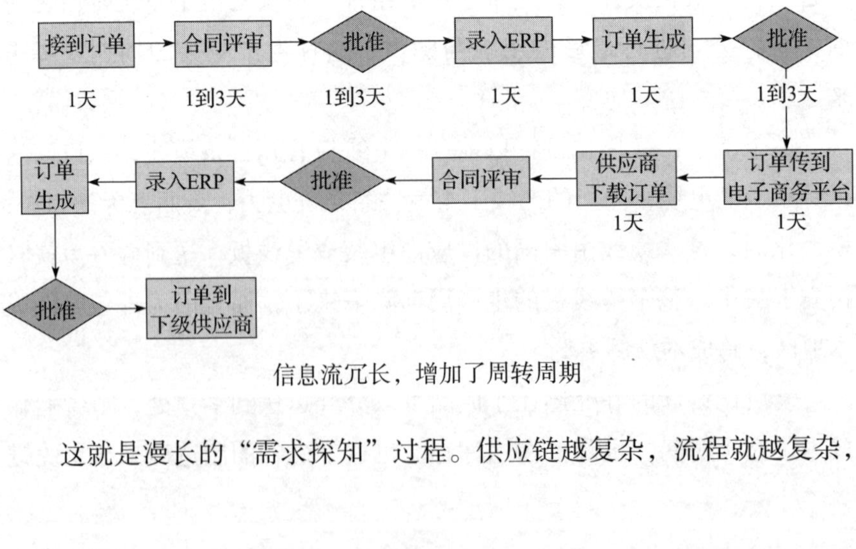

信息流冗长，增加了周转周期

这就是漫长的“需求探知”过程。供应链越复杂，流程就越复杂，需求信息从最终客户传到最末端的供应商，动辄就得几个星期。这也意味着周转周期增加了几个星期。这就是我们常说的**走流程**，从客户的角度看不增加价值，但因为涉及组织、流程和信息系统，牵一发而动全身，调整困难。

尤其是公司大了，流程就如库存，原来加上去是为应对种种风险，要么解决问题，要么预防问题，是合理的。随着业务的发展，相应的风险已经微不足道，甚至不再存在，却很少有人愿意承担责任拿下来。所以流程只有往上增加的理，没有往下精简的份。于是，流程就越来越臃肿、越来越长，成为大公司病的一部分，自然增加了周转周期。

层层审批增加了流程的周转周期。**批量处理**也是。比如这个公司的流程是每周五晚上给供应商提供一次预测，这意味着可能高达 7 天的延误：如果公司周一调整了预测，直到周五晚上才能传递到电子商务平台；而供应商一般周末不上班，只有到了下周一才能看到。很多供应商周一早晨安排各种例会，往往来不及消化上周客户的预测变化，一些重大问题就可能得等下一周的例会来解决。光这一项，就意味着可能高达两周的延误。这也意味着产能扩张、生产准备可能得延迟两个星期。

或许有人会问，这每周五晚上更新预测的规矩是怎么来的呢？或许是多年前，信息系统刚实施时，硬件性能有限，运行太慢，每天更新不现实；或许是每周更新，易于报表、指标统计；或许是一个不经意的决策，“反正是预测，预测不就是中长期嘛，延误几天也没什么”；或许是出于善意，即让所有的预测都敲定了，周五晚上一总发给供应商。不管怎么样，这种**批量处理**严重影响了信息流，显著增加了周转周期，以及相应的库存。

话又说回来，这些流程问题怎么来的并不重要；重要的是公司大了，一旦成为流程，改变就几无可能。人们一旦习惯了，就把这些流程问题当作“必要之恶”，只有想方设法来回避——公司大了，执行层自下而上推动改变的成功概率微乎其微；而决策层又很少能触及执行层的问题，或者说感受到执行层的痛苦，自然不会去触及那些运行多年的流程：小车不倒就继续推呗。

于是自上而下，大家都活在惯性和惰性中。反抗者或许也反抗过，就如大象小时候被拴在细细的铁链上，肯定也挣扎过，不过没成功；到了后来，则更多的是因为认命了、投降了，继续被那条细链子拴着——**在各种系统、流程和规章制度面前碰壁多次后，人们便成为自己制定的条条框框的奴隶，不合理的也给制度化了、理性化了**。

那么怎么办？案例公司成立了流程改进小组，从跨职能层面审视信息流，进行公司层面的流程优化。为此，该公司提出一个口号，就是“缩短我们所做的任何事情的周期”（Reduce the Cycle Time of Everything We Do）。不过有趣的是，该公司是设备行业，处于供应链的末端，“牛鞭效应”肆虐，生意好的时候半年能翻一番，订单都忙不过来，哪有时间来优化流程？生意不好了，业务量三个月就能掉下来一半，百分之二三十的人都得开掉，人少了，自然也没有资源来优化流程。所以，在流程和系统优化方面，该公司在过去十来年进展相当有限。

伴随流程的是信息流。流程低效，信息流就低效；信息流驱动产品流和资金流，注定产品流和资金流低效；信息流的周期增长，注定产品流和资金流的周期增长。于是周转周期就更长，决定了周转库存居高不下。库存高，库存成本就高；库存高，表明运营水平低，运营成本就低不下来。

在供应链管理上，人们习惯于聚焦成本，但成本就如库存，是结果，而不是根源；根源是时间，比如周转周期。如果能系统地把周期做短，库存会降下来，成本也是。20世纪90年代，波士顿咨询集团的两位顾问写了本书，没看到中译本，这里把书名暂译作《基于时间的竞争》[一]，核心概念就是竞争是基于时间的，而不是成本。

[一] George Stalk Jr, Thomas M Hout. Competing against Time: How Time-Based Competition Is Reshaping Global Markets. Free Press, 1990.

这也是传统的日本企业与美国企业的一大区别：你看那些经典的日企案例，出发点更多的是时间，比如通过精益生产、设计优化等缩短制造周期，通过缩短时间来降低成本；而美国企业呢，则更多着眼成本，通过降低成本来降低成本，结果便是降下去，又升上来——成本是结果，时间是过程，过程不改变，结果的改变也是暂时的。我们这里从供应链库存入手，缩短了周转周期，也能更持久地降低成本。

控制不确定因素，降低安全库存

前面说的是周转库存，需要通过缩短周转周期来降低。我们接着讲安全库存，即为应对不确定因素而设立的库存。

安全库存存在，根源是**不确定因素**。这就如主妇买菜，如果每天都不多不少消费半斤小白菜，每 3 天买一次菜的话，那她一次买 1.5 斤小白菜就可以了。但是，如果不时有朋友来蹭饭（需求的不确定性），或者闹水灾，小白菜有时断货（供应的不确定性），那她就不得不多买些，以备不测，除非她准备好要断货（短缺风险）。当然，她也明白，一次买得多，万一用不掉，就不新鲜了（库存风险）。但为了保证每天有小白菜吃（有货率、库存满足率，或者说服务水平），这样的风险她也就认了。

这个世界不完美，特别是供应链运营的世界，更是充满不确定性。所以，安全库存、安全产能有存在的必要。但是，更多的不确定性却是来自**人为因素**，比如供应链伙伴间不愿共享信息，造成信息不对称；销售的绩效考核，导致周期性地向客户和渠道压货，人为造成需求的不确定性。这些都是自作孽，不可活。

先说**信息不对称**。供应链伙伴不愿共享信息（关系问题），或者愿意但没有基本的 IT 工具来共享信息（连接问题），就造成信息不对称问题。

举个极端的案例。比如有一个生产商对供应商说，我们要导入新产品了，请多备料。这是个上市企业，对透露各种信息都很敏感。供应商问，要备哪些料号？生产商答曰，这是机密，因为可以从料号猜测到他们的新产品。再问：那新产品业务会增加百分之几十？答曰：这是机密，也不能告诉你，因为可以从中猜测到公司的业绩预测。接着问：哪预计什么时候您的用量会飙升？答曰：这也是机密，不能告诉你，因为可以反推出新品上市日期。

供应商很难办，要么不见兔子不撒鹰，意味着短缺风险；要么多备安全库存，意味着过剩风险。这个供应商不敢承担短缺风险，就只能多备安全库存。对于一般客户，安全库存备三四个星期的量就足够了；对这个客户，有的料都备到了 10 个星期。

这个客户也不是所有的东西都那么神秘。有些信息他们也愿意共享，但公司太大，操作起来太复杂，信息从销售传到计划，再从计划传到采购，然后到供应商，都是 Email 加 Excel 表格，信息本身在传递的过程中极易失真，是造成信息不对称的另一个原因。

信息不对称，不确定性就转化为安全库存；库存意味着成本，供应商总是会以各种方式转嫁给客户。这不，案例中的生产商总体供应链成本高昂，在对客户的议价能力强时没什么，而一旦要进入竞争更为激烈的领域，就是个大问题。由于主要产品需求增速放缓，该生产商的生产能力过剩，所以几年来一直有进军代工业务的想法。但是，该公司在代工领域很难具备成本优势。竞争对手的成本更低，倒不是因为地处相对低成本地区，而是因为与供应链伙伴间的协作更为密切，信息流更为通畅，供应链的总成本也就更低。

对于信息不对称，解决方案其实挺清楚：就如前文说过的，通过商务手段，比如合约、绩效指标等，解决**关系**问题，即供应链伙伴之间不愿共享信息的问题；通过技术手段，比如 IT 信息系统，解决**连接**问题，即在愿意共享信息的情况下，能更容易、更有效地共享信息。这些都有助于降低不确定性，从而降低为应对不确定性而设立的安全库存。

除了信息不对称，**绩效考核**也是不确定性的重要根源，安全库存的驱动因素。

比如有个上市公司，在库存周转指标的驱动下，每到季度末就开始"瘦身"，缺的货暂时不补，手头的订单尽量发给客户，采购也不让供应商送货来，这样季度报表上公司的总库存最低。一过季末，补货渠道统统打开，库存如洪水般流进来，系统给供应商催货指令，于是供应商就加班加点来生产，供应商的供应商也开始连轴转。一关一开，给供应链的需求信息**人为扭曲**：关时需求大减，开时需求大增。扭曲了的需求沿着供应链传递，起起伏伏，层层放大，形成典型的"牛鞭效应"。

你知道，这种库存控制是典型的治标不治本，人为导入更多的需求不确定性，不如不为。治标就是管理噪音，管理噪音的结果是给系统注入更多的噪音，注入更多的噪音导致系统更加不稳定，更加不稳定的系统则需要更多的人为干涉，更多的人为干涉则导致系统更加不稳定，这就形成恶性循环。

为应对需求起伏带来的不确定性，整个供应链要么储备额外产能，要么增加安全库存。在人员、设备产能既定的情况下，增加安全库存就成为首要选择。在一个动辄四五级的供应链里，这种人为因素造成的安全库存叠加在一起，金额就相当可观。一旦需求变了，或者设计变更，呆滞库存就是大问题。结果呢，"账面上是赚了，但都赚进了库存"，很形象地说明了这个问题。

在企业管理上，把噪音与模式区分开来是个能力。噪音是标，能由系统自己纠正；模式是本，必须通过改进系统、流程和组织，提高能力来解决。不触及组织、流程和系统，你注定是在管理噪音。在有些公司，员工忙如蚂蚁，从早到晚，周末都在加班，其实大都在做无用功，甚至起负作用。要知道，很多时候，运作良好的供应链就如自然流动的水流，作为太多，反倒不如不作为。

案例 渠道压货，人为导入需求波动

有个公司，销售在绩效考核的驱动下，习惯性地向渠道压货，成为需求波动的助推器。这是个制造商，有几百个销售，其考核目标分

解到年度、季度、月度，逐层落实到人，按照月度、季度和年度来考核。考核的结果是，每到月末、季末和年末，销售就习惯性地往渠道、客户压货，人为导入需求变动，增加了供应链的运营成本和库存水平。

我们拿某年的5月、6月为例。你会发现，5月的第4周是月末冲量，订单金额总量是最低周的8倍；6月底的第4周不但是月末冲量，而且是季末冲量，再加上半年考核，那一周的订单金额总量接近最低周的24倍。

就这样，这个公司月末冲量、季末冲量、年末冲量，一直在上坡、下坡，一个波峰比另一个波峰高，然后就是自由落体式地下跌，跟坐过山车一样，供应链的产能、库存挑战就可想而知。他们难道不知道这样不好吗？知道，但做不到。这后面有复杂的原因，比如客户行为和销售绩效考核，形成恶性循环，结果是积重难返。

先说客户行为。其一，有些需求有季节性，比如该企业服务的一些行业，每年的特定月份是需求旺季；其二，有些客户是国企、央企背景，计划性差，快到年底了，发现钱还没有花完，就突击花钱。这些都是客观存在的，会造成一定的波峰、波谷，不过还是没法解释每个月末和季末的爬坡：那跟**销售的业绩考核**有关。

对于案例公司来说，产品的竞争优势不明显。每月、每季刚开始时，公司也有种种要求，诸如毛利、交期，来约束销售的接单行为，不符合要求的订单不能接。但是，越是接近月末、季末、年末，销售的业绩压力就越大，于是自上而下就睁一只眼闭一只眼，降低标准，先把这个月、这个季度的销售目标达成要紧。一来二去，有些客户也就开始利用这点，平时订单压着不发，好到月尾季末时谈个更好的价。

再说代理商、经销商。代理商、经销商相对弱势，就成了销售"跳一跳"，也就是月末、季末、年末冲量的牺牲品：业绩不达标，销售就驱使代理商、经销商多进些货；代理商、经销商压了那么多的货，月初、季初、年初就不再进货，销售也没办法，因为你总得给渠道时间消化库存啊。

产品的竞争优势越弱，销售就越得向渠道压货。这后面的逻辑是，如果生米不做成熟饭，把渠道的钱先拿到手，代理商、经销商到时候不进我的货可怎么办？这就跟逼孩子吃饭一样。大人为了孩子多吃点，就硬逼着孩子吃；你逼他吃得多，下顿他还不饿，你就得逼得更紧，形成恶性循环。但对于孩子喜欢吃的，你发现，你是一点都用不着逼的——案例公司的标杆对象在产品上优势明显，渠道压货的问题也就轻多了。

当然，向渠道压货是个非常复杂的问题，影响众多行业多年，我不是这方面的内行，所知有限，这里提到的只是冰山之一角。我想强调的是，这远不是简单的销售**行为**问题，后面有深刻的**能力**问题，不管是产品的竞争力，还是企业的综合管理能力。如果简单地理解为销售愿意这么干（行为问题），那就大错特错了。要知道，这么做也不符合销售的利益诉求。

从供应链角度看，压货行为人为地增加了需求波动。对于这么大的需求波动，供应链的自然应对就是增加安全库存、安全产能，结果就是库存太高，产能利用率太低，运营成本居高不下。对于供应链运营来说，不是上坡就是下坡：上坡时产能、库存不够，加班加点忙死了；下坡时产能闲置，库存超标，又得为消化产能和库存烦恼。不管是上坡还是下坡，日子都过得很辛苦。

对于销售的压货行为，案例公司的供应链部门多次向老总反映，但都无疾而终。是啊，如果你向老总抱怨，说压货行为带来很多赶工加急，老总会同情你，但除此之外，他还能做些什么呢？供应链不就是干这些的嘛。但是，如果你把这问题量化成几千万元的账单，相信老总的态度会大不相同。比如行业标杆的需求平稳，库存周转率是 x 次，我们的需求不平稳，库存每年只能周转 y 次，两者的差距是 z 千万元的库存，每年的库存成本是 w 万元，这意味着把整体毛利降低了 3 个点。老总，您觉得我们是不是该做点什么？

那么，怎么对付季节性压货呢？这里简单介绍三种做法。

- **监控渠道的库存量**。销售压货可以，但是渠道的库存不能超过一定限度，比如 60 天的销量。也就是说，品牌商在监控渠道的库存。而挑战呢，也正好在这里：没有合适的信息系统支持，那么多的渠道、那么多的产品，要获取及时、可靠的渠道库存非常困难。有时出于商业原因，比如销售返点，或者销售的"威逼利诱"，渠道可能在库存数字上作假，让问题更加复杂化。
- **监控渠道的实际销量**。对销售的考核不是基于卖给渠道多少，而是渠道卖给消费者和最终客户多少。这在操作上也很困难，因为多重供应链的环境中，销量、库存的信息准确度和及时性都是挑战，有些管理能力强的企业在尝试这么做。
- **销售纯粹不介入订单管理**。让销售聚焦在签订合同、获取市场份额上，而把订单管理纯粹留给供应链运营。在有些工业品公司，我们看到这种做法。或许这跟工业品环境的专业性较强，客户的忠诚度相对较高不无关系。在一些管理能力较强的外企，我们也看到类似的做法。当然，在有些行业，特别是竞争白热、产品优势不明显，时时需要销售"临门一脚"的情况下，这种做法就不一定适用。

管理需求，管好供应链库存

讲完了周转库存和安全库存，我想讲一下需求管理。因为总体上讲，需求决定供应，需求管理不到位，需求端的不确定因素太多，最后会以库存的形式存留下来，增加了供应链的成本。

讲个我自己的例子。2006 年我进入全球库存计划领域，负责硅谷一个高科技设备公司在大陆、我国台湾和新加坡的备件库存计划。刚开始，就三五个兵，一两千万美元的库存，但忙得要命：早晨一进办公室，面前就有一二十个催料的邮件，逐个跟进处理，大半天就过去了；下午四五点钟与亚洲开始电话会议，大家一开口谈的又是催料；几个会议下来，回家都晚上七八点了。好不容易这个料的问题解决了，那个料又冒出来。更为恶劣的是，一些料在短缺，另一些却在过剩，有时候成十万美元的料，就因为客户需求变化而成为呆滞库存，最后被迫注销。这还没到季末。一到季末，整个团队就开始上面所说的降库存运动"打妖怪"：前端尽量把货往客户那里推，后端封住补货渠道，为实现季度指标拼搏上两三个星期。

这样折腾了大半年，久病成医，我慢慢想通了：短缺、积压都是噪音，是表象而非根源。有短缺，是因为预测不准确，比如销售在促销，计划不知道或者知道得太晚；有过剩，也是因为同样的原因——有时候客户都两三个月没下订单了，整个供应链还在继续生产。为什么预测不准？是因为跟客户端联系不紧密，需求管理不到位。例如计划员与销售很少接触，一旦接触就要么是催料，要么是处理过期库存。见面就是相互掐架，互相指责，而不是谈需求、谈预测。一句话，需求管理不到位，导致整条供应链从头到尾都在被动反应。

那解决方案就在改善需求管理。针对大客户，我建立计划员与客户经理、销售经理的定期会议机制，逐项讨论客户端的变化，以及对物料需求的影响，把需求变动及早通知采购与供应商。对于客户管理团队，他们的任务不是向计划和供应链催料，他们的任务明确为及时探知和有效管理客户的需求变动。这从前端理顺了需求计划管理，为采购和供应商争取更多的响应时间。

在供应端，针对大的需求变动建立闭环的执行流程，定期跟进、汇报执行进展，而不像以前，需求登录到 ERP 里就听天由命，供应商能做到哪一步就算哪一步。这样，客户服务端对供应链更加有信心，从而可以把更多的精力花在管理客户上，而不是跟供应端催货。计划员的职能也在慢慢调整，由催货变为管理需求变化。慢慢地，催料邮件越来越少，通知需求变化的邮件越来越多，团队走上了良性循环。

需求管理理顺了，短缺和呆滞库存就得到有效控制，团队就有更多的时间来做库存计划，全面调整那些周转慢、货值高的料号的库存计划水位，逐步把那些料的库存降下来，整体库存也就得到控制，而不是像以前为了迅速降低库存，尽量把周转快的料水位降低——那样做的效果正好相反：矫枉过正，一旦客户端发现常用的料也短缺，就会要求全面增加库存水位，结果连那些不常用的、已经计划很充足的料也增加了库存。

单纯从库存计划的角度来说，降库存，没有多少能从那些周转快的材料来降，因为那是正常的周转库存，公司确实需要；降库存，就得从周转慢、货值高的料开始，因为当初出于种种原因，这些料号的安全库存经常设置过高，后来情况变化了，安全库存却并没有及时调整。

此外，库存控制时间点也由季末转向季初：季初降低那些高值、慢动的产品的计划水位，经过一个季度的消耗，到季末就消耗得差不多了，库存目标也更容易实现了。那些降库存“运动”常用的做法呢，统统作废。这样没了人为操纵，库存系统更加稳定，库存控制就更容易，可预见性也更高。对供应商来说，产能计划就更容易，安全库存也降低，供应链总体成本也在下降。

这些基本流程一经建立、理顺，你就会发现作为管理者，你越来越不需要介入，也能承担更多的责任。我先是接管了公司在整个亚洲的计划团队，然后是欧洲、北美，从负责南亚一隅，到管理总部以外的所有地区的库存计划团队。后来公司兼并了一个规模类似的公司，这责任又增加了百分之三四十，团队也从几个人一路增加到十几个，再到二十几个，负责的库存达 1 亿多美元，每年的销售额也增加到十几亿美元。因为流程、系统理顺了，方法论落实了，“一只羊是放，一群羊也是放”，管理一个人跟管理 20 个人的团队没什么不同，负责 1000 万美元与负责 1 亿美元的库存没什么区别。“韩信将兵，多多益善”，也是这个道理。而在结果上，库存再也不是打不死的妖怪，而是可控制、可预见、支持企业战略目标的战略资产，成为公司竞争力的重要一环。

延伸阅读

《制造业库存控制技巧》(第 4 版)，程晓华著，各大网站有售。程晓华是位干过活儿的人，多年来专注库存控制，是系统学过、系统做过、系统提高总结过的专业人士。注：这本书我给写过序，所以这里的介绍可能不客观。扫右方二维码，打开购买链接。

延伸阅读

严格意义上讲，库存本质上是个计划问题，这就是为什么我和赵玲要写一本专门的书来探讨：《供应链的三道防线：需求预测、库存计划、供应链执行》，各大网站有售。扫右方二维码，打开购买链接。

跨越供应链降本三台阶，把成本降下来

人类的悲剧就是一遍又一遍地尝试老方法，希望得到新结果。

供应链管理的一个核心目标是降低成本。质量、交期、服务等固然重要，但如果成本目标失控，其他目标的价值就大打折扣。所以，不管是我的书，还是培训，核心都是降本增效，不过不是单纯地谈判降价——你知道，我很少提及谈判降价，而是在供应链范围内寻求更好的、更全面的解决方案。

总结起来，这就是供应链降本的三个台阶：谈判降价、流程优化、设计优化。具体如图 1-20 所示。

谈判降价最容易，但影响的产品成本最小，大致能影响产品成本的 10%；**流程优化**，不管是生产流程还是交易流程，都比较困难，大致能影响产品成本的 20%；**设计优化**最困难，不管是价值工程，还是价值分析，都需要营销、研发、供应链的跨职能协作，但影响最

大——70% 左右的成本由设计阶段决定。我们的挑战呢，就是推动跨职能协作，向更高的降本台阶迈进。

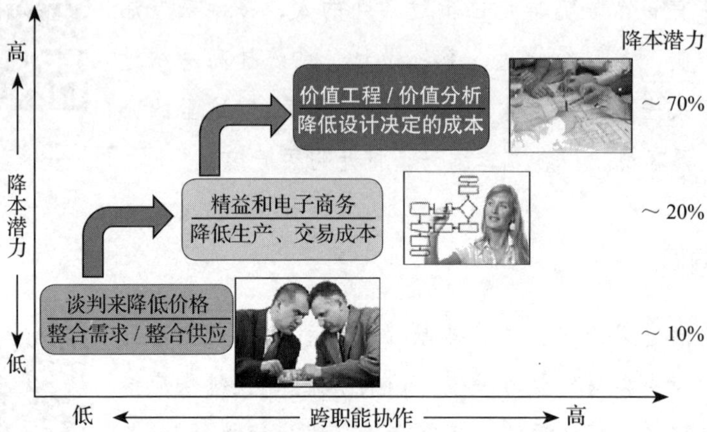

图 1-20　供应链的降本三台阶

第一个台阶：通过谈判来降低价格。相对而言，这是我们最为熟悉的、最拿手的，也是最被过度使用的。价格谈判能影响产品成本的多少？供应市场竞争充分，询价、招标操作规范的情况下，你得到的最好报价就代表市场价格。在此基础上的谈判降价，不管用什么词语掩饰，其实都在做利润转移的游戏，大概只能影响产品成本的 10%——供应商的正常利润也就几个点到 10% 上下，而价格谈判做到极致，就是让供应商一分不赚，甚至亏本，但这些都没法持久。所以，价格谈判真正能影响的产品成本有限。

长期而言，竞争是充分的；短期而言，会出现局部的不充分。比如，供应商合作设计，客户指定供应商，设计变更但供应商不变，产能不足，区域市场短缺等。行业越封闭，选择供应商的面越窄，供应商转换成本越高，局部竞争不充分情况下就越普遍。在这些情况下，市场机制局部失效，“扫帚不到，灰尘不走”，你应得的并不是你就能得到的；你还得**谈判**来得到你应得的。谈判降价是驱动供应商利润到合理水平、让公司的正当利益得到保护的重要手段。采购在这里扮演关键的角色。

在那些管理粗放的企业，供应商也有暴利的可能。例如在有些急速发展的新兴企业，采购体系不完善，保供一直是首要任务，成本压力相对不大，通过价格谈判来“扫浮财”，一次性降本还是会挺可观的。还有一些企业的供应商众多，采购额异常分散，通过简单的供应商整合，集中采购额，也可一次性获取显著的降价。

但对于大多数企业来说，一轮又一轮的价格谈判后，这些挂在低处的果子早已摘完，谈判降价就得遵循经济规律以便更上一层楼——整合需求，降低需求端的复杂度，增加需求端的规模效益；整合供应，降低供应端的复杂度，增加供应端的规模效益。而在很多企业，比如大型国企、央企和管理粗放的民营企业，谈判降价和集中采购在全面开展，但需求整合、供应整合方面都建树有限。

先说需求整合。虽说各子分公司的需求整合起来了，但只是纸面上的数字汇总：产品的型号还是原来那么多，设计还是那么独特，实际需求还是从分公司、子公司来，订单还是原来的发送方法，供应商还是得送货到那么多地方。所以说，需求“整合”并没有带来规模效益，并不能降低供应商的成本。

供应整合也类似：老的供应商虽说整合了些，却纳入一些更低质的、不具备资格的供应商来压价，供应商的数量没有实质性变化，供货方式也没变，供货批量也是原样。所以说，供应整合的结果也没有从实质上降低成本。

既然不能有效降低成本，集中采购就成了迫使供应商就范的压价利器：以前没集采时，比如在电信行业，需求来自 30 多个省市自治区的分公司，华为、中兴这样的供应商有多个机会来争取那些业务，有赢有输，风险相对分散；现在集采了，变成一枪头的买卖，量那么大，单个合同对公司的影响很大，供应商就更输不起了。于是就只有让利，集中采购就成了利润转移的屠宰场，一个明显结果就是行业的利润率显著下降。

比如在电信设备行业，中兴在 2012 年出现有史以来的第一次年度亏损，华为的运营利润率也从以前的十几个点，一路降到 2013 年的 8% 上下。这里面有这几年电信行业相对低迷的原因，有海外运营商转嫁困难给设备商的原因，也有华为、中兴进入低利润行业（比如手机）的原因，但电信三巨头的集中采购也是一大诱因。

更进一步讲，虽说谈判降价能影响 10% 左右的产品成本，但最后你真正能拿到手的并没那么多：通货膨胀，总有一些会以各种方式转移给采购方；“天下熙熙，皆为利来”，供应商总得保持一定的正常利润。采购可以淘汰一些供应商，增加其余供应商的业务量，以换取更多的降本；或者软硬兼施，不管是行王道，还是行霸道，就凭采购一张嘴，估计每年能降两三个点就很不错了（一次性大幅度整合供应商带来的降价不算，北美的经验值是 9%）。在很多公司，采购降本的主要方式还是价格谈判，年度降本指标也就三几个百分点，因为多了确实降不下来。

我到一些企业去，特别是那些规模很大，在行业里举足轻重的企业，普遍的顾虑是，不确信自己是否拿到了行业最好的价格。我说我们或许永远也不知道，但可以从供应商的净利润，大致有个判断。比如对一个电器制造商，我就把他们最大的几家上市供应商找出来（当然，这也是别的同行的供应商），看它们三年来的净利润（如图 1-21 所示）。像群创光电、友达光电等连 5 个点的净利润都没有。LG 的显示器业务就更低，连 1 个点也没有。

这些供应商的利润为什么那么低？还不是大客户们给压的。这些大客户规模上是一个数量级，做法上一样充满侵略性，都憋着口气比赛谁对供应商更刻薄，我就不信一个拿到了最好的价，而另一个没有。

或许有人会说，三星看上去还不错嘛，但我不认为三星在赚取超额利润——我的标准很简单，街道上卖羊肉串的净利润在 20% 左右，如果供应商赚不过卖羊肉串的，我都不认为他们在赚取超额利润。当然，三星 2016 年、2017 年的利润可能超过了卖羊肉串的。不过想想，那是熬了多少年才等到的——你记住的都是三星的芯片、电容涨价，你咋就不记得过去成十年产能过剩，记忆芯片的价格如同白菜，整个行业连年亏损？而你呢，还是不忘每三个月砍一次价。

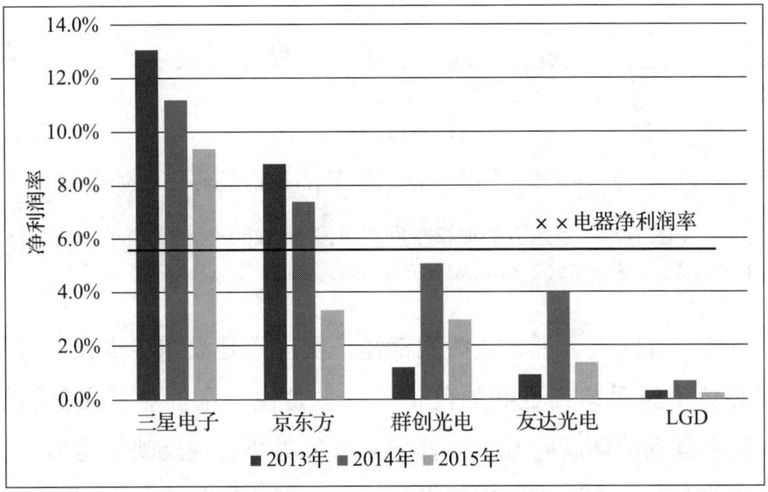

图 1-21 某家电制造商的主要上市供应商盈利状况（2013 ～ 2015 年）

资料来源：供应商的公司年报。

再看看供应商的投资风险。就拿芯片制造来说，这是个典型的重资产行业，一个厂动辄几十亿美元就进去了。比如三星在韩国平泽的芯片厂，光扩产就需要投资 276 亿美元㊀。芯片行业的周期性超强，现在短缺，接下来就是过剩，产能利用风险很高。有一年我去日本，发现除了一个老厂赚钱外（因为没有新投资），所有的芯片厂家都在亏本（日本厂商以记忆芯片为主）。三星动辄就投资几百亿美元进去，操的是卖白粉的心，赚的是卖白菜的钱。

再看看京东方，每年的净利润就三几个点，而后面的投资回报更糟糕。不管你信不信，从 2008 年到 2017 年的 10 年期间，只有两三年，京东方的净资产回报率超过银行存款利率（如图 1-22 所示）。用外行的话来说，就是不如把门关了，把钱存银行。这可是个总资产

㊀ Yonhap. Samsung to Begin Investing in New Domestic Memory Chip Line. 路透社，www.reuters.com.

2700多亿元，净资产过千亿元的企业啊。你还能说它在赚取超额利润吗？

图 1-22 京东方的加权净资产回报率（2008 ～ 2017 年）

资料来源：东方财富网，www.eastmoney.com.

当然，有些人会说，这些我都懂，供应商是没赚多少钱，可我还是担心竞争对手拿到更好的价格。意思是说，竞争对手在盘剥供应商，我不盘剥的话就吃亏了，就陷入竞争劣势。这反映的是另一个问题：这些企业没有标准，它们做什么，或者不做什么，主要取决于竞争对手做什么。但问题是，竞争对手做傻事，你明知道那是傻事，你也做？人都说，竞争让人向善，但我也看到很多反例，就是竞争让大家竞相作恶。

你不能动不动就把别人的恶行当借口，成为自己作恶的理由。就拿汽车行业来说，底特律的三巨头中，通用汽车把谈判降价做到了极点，直至一刀切，直接从供应商的货款里扣除一定比例。另一个巨头也马上跟进。作为第三个巨头，忘了是福特还是克莱斯勒，坚持没有跟风，而是把这个当作跟供应商改进关系的良机。丰田、本田也有严苛的年度降本目标，但它们采取了更加协作的方式，通过流程优化、设计优化来解决问题，而不是简单地把问题以谈判降价的方式转移给供应商。

投桃报李，供应商对丰田、本田的支持力度也远大于美国车厂。这有 Planning Perspectives 公司的年度调查为证：十多年来，Planning Perspectives 每年都统计一级供应商与整车厂的关系。毫无例外，丰田和本田都是第一、第二名，而鲜有例外，通用和克莱斯勒都是倒数第一、倒数第二。对于日本车厂，供应商更加愿意投入资源，改进质量和交付；而对于美国车厂，则仅仅是维持现状。

更重要的是，当问供应商有了新技术，最想卖给谁时，答案异口同声：丰田、本田名列前茅，不行就是日产、福特，再不行就是克莱斯勒，而通用汽车呢，则成为供应商最不喜欢提供新技术的客户。没有供应商的强力支持，通用难以维持全球第一的地位，2007 年就被丰田超越。即使在美国本土，通用的市场份额也是“王小二过年，一年不如一年”，从 20 世纪 60 年代的 50% 左右，一直下降到 2016 年的 17.3%，如图 1-23 所示。

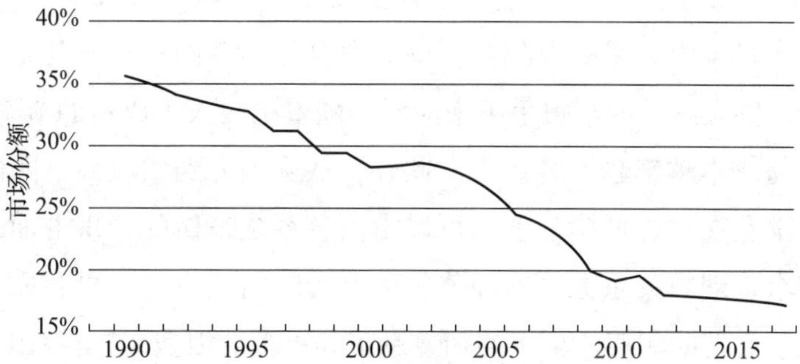

图 1-23　通用汽车在美国的市场份额

资料来源：GM Share Finally on the Upswing. www.automotivenews.com.

对于降本来说，我们不能光通过**更努力**来做到更好，而是要通过**改变做法**来做得更好。这话有点拗口，让我们打个比方来说明：你的竞争对手每三个月跟供应商砍一次价，如果你每一个月砍一次，这是“更努力”；如果你推动设计优化、流程优化来降低成本，这就是“改变做法”。“更努力”，就在谈判降价上一路走到黑，“改变做法”才是更好的出路。这就是供应链降本的第二、第三台阶。

第二个台阶：流程改进，即通过**精益生产**来改善生产流程，降低生产成本；通过**电子商务**来改善交易流程，降低交易成本。对于供应商的生产流程改进，一方面是缩短生产时间，从而降低人工和设备成本；另一方面是控制乃至消除变动因素，以提高良率，减少浪费。就降本潜力而言，该阶段大致影响产品成本的20%[一]。

精益生产、六西格玛都是改善生产流程的利器。但总体来说，它们的成果没有想象的大，想必很多实施过这些的朋友有同感。究其原因，是因为生产流程只占整个交货周期的20%左右，而80%左右的时间花在走流程、做审批、准备文档和等待上，即交易流程上[二]。与生产流程相比，交易流程涉及范围更广，要从根本上改进也不容易，不过可以借助电子商务来提高效率。

在整个交易过程中，大多任务都是围绕请购单、采购单和交货单来进行的。这些任务都是自动化的好对象，可由信息系统来做。但在IT应用水平较低的公司，这些事还主要是手工做，就成了资源黑洞，浪费掉大量人力。采购方如此，供应商自然不会例外——凡是采购手工做的，供应商八成都得手工来应对。随着国内人工成本的节节攀升，这些交易成本越来越不容忽视。此外，从采购方到供应商，团队的大多精力都花在这些低附加值、可以由信息系统来做的杂事上面，用在管理需求、理顺关系等高附加值任务上的时间就少了，机会成本也很高，导致更高的库存、更多的加急赶工和更多的浪费。“羊毛出在羊身上”，这些成本最终都会体现在供应商的价格中。

小贴士　你不能忽视交易的成本

几年前，我去日本出差，看到公司的小姑娘一大早就去传真机旁，拿回几张传真。忙活了大半个小时后，她打印出几张纸，回到传真机边，盖上自己的章，传真出去（日本就像中国，习惯于盖章而不是签

[一] 这只是个经验值：产品成本的百分之七八十决定于设计阶段，几个点到10%取决于谈判降价，那剩下的20%左右就是由生产和交易流程决定的。这里只是给大家一个基本的概念，而不是确切的百分比。

[二] 这里的交易流程就是跟内部、外部伙伴做生意的流程，不增加价值，但又很难消除。为了叙事方便，我把整个流程分为两部分：增加价值的生产流程，不增加价值但很难避免的交易流程。

字）。问她这是在干什么，答曰给 ××× 客户确认订单。××× 客户的名字，提起来火星人都知道，都啥年代了，还用传真机？答曰一直这么做。

想想看，我们这边的小姑娘忙活半天，把客户的订单录入系统，确认数量、交期和单价，打印出来，回传给客户，客户的小姑娘把这些信息输入自己的系统里，同样也得花不少时间。需求一旦改变了，比如有些货需要提前或推后，这道程序就又得重来一遍，够两个小姑娘忙活的。

日本企业如此，中国企业也不例外：有的本土企业只有几亿元的采购额，采购员、跟单员却有一二十个，相当多的时间就在处理这些文档工作。这后面的高昂成本，就属于这里要讲的交易成本，或者说“做生意”的成本——不增加价值，却往往被视作必要之恶。

在国内，人们谈到成本，除了采购价格外，联想到的大都是生产、仓储、运输等支出。交易成本经常被忽视，一方面因为此类成本是隐形成本，另一方面因为人工成本低，以人工成本为主的交易成本凸显不出来。在人工成本节节飙升的情况下，交易成本会越来越受到关注。而其解决方案呢，得从**电子商务**上找。

在这里，**电子商务**是指借助信息系统，自动化以前需要手工完成的任务。比如订单管理，从请购到订单生成、下单、跟单、催单、验货、付款，都可以由电子商务来处理：需求者在线提出申请、审批者在线批准后，请购单转入 ERP；ERP 运转后，订单自动生成，传递到电子商务系统；供应商通过电子商务系统，在线确认交期、数量和单价；供应信息在线反馈到 ERP 系统后，如果与需求的日期、数量、单价相匹配，则不需要任何人为干预，否则提醒采购员来处理例外；最后，请购单、采购单、交货单经过信息系统自动对账，账期一到，即自动付款给供应商。

这样一来，有了电子商务系统，采购员只是在处理很少的例外，大部分订单从请购到付款，永远也不需要经过采购员的手；没有电子商务系统，采购员其实是把所有的订单都当作例外来处理，不得不花费大量的人力资源。

比如国内有个设备制造商，ERP 也没有，电子商务系统就不用说了，所有订单都是手工操作，40 亿元左右的采购额，光采购员就 80 个左右。相比之下，硅谷有一家设备制造商，100 亿元左右的采购额，在完整的电子商务系统支持下，只需 20 余位采购员。采购方花这么多的人力资源处理订单，供应商只能花得更多：采购方所做的每一件事，在供应商处都有对等的事；而且由于采购方的低效，供应商得花更多的资源来应对。比如付款环节，在很多公司，请购单、订单和交货单分属不同的系统，三个单据的数量、金额得手工对齐，经常出错；供应商拿不到货款，就得花更多的人力来提供额外信息，反复核实。这些都系统地增加了供应商跟我们做生意的成本，需要通过信息化来降低。

电子商务应用水平低，人在做信息系统应该做的事，除了花费人工开支外，更大的损失是**机会成本**：采购团队忙于琐碎繁杂的订单处理，就没有精力管理好与内部客户和供应商的关系。表现在需求管理上，一方面是需求管理滞后，很多需求一落地就成了紧急需求；另一方面是在需求产生前没法正面影响需求，不能把供应商的信息及时反馈到设计中去，失去优化设计的机会。表现在供应商管理上，一方面是投入到战略寻源的资源有限，供应商选择不到位，为日后的诸多运营问题埋下祸根；另一方面是后续供应商整体绩效管理不到位，导致更多的订单层面的问题，陷入恶性循环。

说到交易成本，就不能不谈**商务关系**。商务关系不顺畅，短期关系导向下，不确定性大增，也是交易成本高昂的一大根源。

十几年前，我读商学院时看到过一个研究，发表在一个非常著名的美国管理学刊上，虽然研究已过去了二三十年，但结论仍然有借鉴意义。该研究对比美国和日本供应商的平均利润率：美国客户和美国供应商是典型的短期关系，日本客户和日本供应商是典型的长期关系。按照常人思维，短期关系下，竞争更“充分”，美国供应商的价格应该更“合理”，也就是说赚取的利润更少；长期关系下，竞争更“不充分”，日本供应商的报价应该更“不合理”，赚取的利润应该更多。

但研究结果恰恰相反：美国供应商给美国客户的报价平均利润率更高，因为美国是短期关系占主导地位，供应商的不确定性因素多，需要更高的利润来抵消相应的风险；日本是长期合作关系占主导，供应商面临的不确定性因素较少，才可能薄利多销，所以报价也就低。其实，两个国家的供应商报价都挺“合理”：风险高就报价高，风险低就报价低。

这也是说，**过于充分的竞争导入了太多的不确定性，反倒系统地增加了交易成本**。

人类其实是懂得这点的：不管是什么地方的人，凡是文明人，经过万千年的进化，最后都进化成一夫一妻，长期、稳定的婚姻关系，因为这是繁衍后代、延续人类社会最经济的方式——在长期关系下，不确定性最低，相应的成本也最低。对于这点，先生们深有体会：没建立恋爱关系时，你请女孩子吃饭，花多少钱，女孩子也不替你心疼；建立恋爱关系后，女孩子会说，就不用去五星级酒店啦，三星级酒店就行啦，省着钱以后买房；结婚以后，你再请太太下馆子，她会说，家里做饭，又经济，又温馨，还健康，下馆子有什么好的——看得出，随着关系越来越稳定，竞争越来越“不充分”，你的成本其实是越来越低的。

在供应链上，**关键伙伴**之间就如婚姻关系，只不过并不是人人都能认识到。

这几年，我接触到很多本土企业，深切体会到跟本土企业做生意的成本之高，不光来自信息化水平低下，而且来自短期关系导向下的不确定性因素。对于信息化低下的问题，解决方案往往是“再雇一个小姑娘”，这在人工成本节节飙升的情况下，局限性会越来越大。而对于短期关系导向，我看不出本土企业有什么系统的方法来应对。

从本质上看，**短期关系导向是社会信任度低的表现**，也是几十年来传统文化遭受破坏的结果。急功近利，短期利益主导的短期关系，势必会影响供应链的稳定性，从而影响持续的创新和质量改善，成了本土企业更上一层楼的障碍。再加上政府的过度作为（社会信任度低的又一体现），层层设置障碍，只能让本土商业环境的劣势更加明显。大家经常抱怨，说有些跨国企业在中国的价格比国外都高。你不能过度解读其品牌效应和“欺负”中国人，你要更多地往国内生意难做，以及相应的交易成本高昂上想。

小贴士 为什么公共采购的价格高

在很多国家，政府都是最大的买方，而且“钱多、人傻”，或者说花纳税人的钱不心疼，容易成为冤大头。例如有人大代表就质疑：政府的采购量那么大，为什么政府公共采购的价格高？网上甚至夸张地说，地方政府采购近八成高于市价。对于这种情况，你不能动不动就往政府“钱多、人傻”，以及官商结合的腐败上想；公共采购过程繁文缛节，系统地增加了企业与政府做生意的成本，其实是公共采购价格高的主要因素。

当信息不透明、竞争不充分的时候，的确存在蒙政府的可能。这里想说的是，大多产品都是充分竞争的市场，信息相对透明，在市场机制下，即使有的公司蒙政府，竞争对手也不会跟风。这就相当于你上菜市场，门口的那个小贩高价叫卖，小白菜两元一斤，如果市场价是 1.5 元的话，你走不了几步，就会发现别的菜贩都在叫卖 1.5 元了。

但是，同样的小白菜，大冬天在上海 1.5 元一斤，在北方的边远城市却是 3 元一斤，其根本原因是成本使然：北方天寒地冻，小白菜运过去不容易，成本普遍高，价格也就高。公共采购也是：公共采购价偏高，根本原因在于公共采购本身带来的高成本，并不是供应商串通好了蒙政府。你也不能在腐败上解读太多：北美的腐败相对轻多了，但政府采购价格高的问题还是个普遍问题。

公共采购，不管在哪个国家，有一点是相同的：繁文缛节——招投标的种种规定、各种各样的文档、各级政府的条例法规，都相当于给交易过程戴上了层层镣铐，也带来种种成本，系统地增加了供应商的成本。这对所有的供应商都相同，所以成本就反映到供应商的报价中，转嫁给政府。

这成本的根源是“代理理论”中的不信任：公共采购花的是纳税人/政府的钱，不是采购者自己的钱（采购者只是纳税人/政府的代理）；纳税人/政府没法从结果上保证钱花得合理，就在过程上下功夫，制定各种条条框框；而这些条条框框则系统增加了跟政府做生意的成本，反过来又得由纳税人/政府买单。

这道理说破了简单，其实并不容易理解，于是解决方案自然就不是冲着真正的根源去。几年前，我在北京，有个政府的智囊企业找到我，希望我能帮助“完善”招投标规范，“确保”供应商“公正”地对待公共采购。你知道，这是南辕北辙：“完善”“确保”也意味着流程更复杂，更官僚，使公共采购更难缠，进一步增加了跟政府做生意的成本。

俗话说，冤有头，债有主。在供应链上就是谁制造的成本，谁就得买单；或者更通俗地说，就是谁做的孽，谁就得负责。政府行为如此，企业行为也是。

我服务国内的电信设备商时，他们经常说起，南亚某国有个电信商习惯性地拖欠货款。他们对华为、中兴这样做，对爱立信、诺基亚也这样。那作为应对措施，大家就提高报价，比如上次延期支付的利息是10万美元，这次他们就多报15万美元、20万美元。为什么要多报更多？因为这次你不知道这客户要拖多久——**不确定性产生成本**。大家都这么对付它，结果是该电信商支付更高的价格。

讲到这里，让我再举个反例，自我否定一把。假定你和我都去买衣服，你是个好公民，几分钟就搞定，付钱走人；我是个坏公民，吹毛求疵，试来试去，讨价还价，半个小时都买不好。我俩谁给商场制造了成本？当然是我。那商场是否卖给我的价格更高？不是。根本原因呢，是商场没法有效识别我们：我们走进商场时，你的额头上没写“好公民”，我的额头上没写“坏公民”。因为没法识别，商场就没法标出两个价来，一个给“好缠”的顾客，另一个给“难缠”的顾客，做到“冤有头，债有主”。结果呢，“难缠”的顾客增加的成本，其实是由“好缠”的顾客来买单的。也就是说，我占了你的便宜。

但是想想看，政府采购大到足够规模，甚至形成专门的市场，比如公共采购网站，很容易被识别，就成了“冤有头，债有主”的对象，这就是为什么公共采购的价格高。推而广之，当你**容易被识别**时，比如说你是个大公司，你怎么对付供应商，给它们产生的成本，最后还得转嫁到你头上，由你来买单，而且付出更高的代价。

或许有人会问，你说的都是大公司，我们公司远没有大到那个地步，这跟我有什么关系？且慢，你是没有华为、联想、海尔那样大，没有IBM、苹果、通用电气那样人人皆知，但你在你的细分行业是个大公司，或者至少在你那个镇上是个大公司，很容易被识别。你怎么对付供应链伙伴，直接决定了供应链伙伴怎么对付你。

人总觉得自己比别人聪明，心存侥幸，天上下冰雹，打坏的都是别人的庄稼；好占便宜，希望“羊毛出在猪身上，狗来买单”。但是，大企业不能占便宜，因为你很容易被识别，因而承担长期后果。为什么要这么说呢？我们的企业都是由小企业长大的，很多企业规模大了，心态却还没变，还是小企业的做法，对短期行为的长期影响考虑不足，最后反倒付出更高的代价。

这让我想起《名创优品：10元店如何做到营收50亿？》[1]一文中的一段话：“中国真的很怪，同样一个产品，外商去采购，报价可能5块钱，如果中国企业去采购，报价15块钱。”名优创品的联合创始人叶国富告诉《创业家》，核心原因是外贸生意模式简单，有安全感：韩、

[1] 百家号，baijia.baidu.com.

日等外商把设计稿给中国工厂，工厂按设计加工，然后外商把信用证开好，一手交钱一手交货。而跟中国企业做生意呢，则有很多隐性成本，比如诚信缺失，生意好做钱难收；需求变动频繁，朝令夕改，制造了很多额外成本。

你知道，这样的客户也是非优质客户，成了被优质供应商逆向淘汰的对象。有些公司的优质供应商保有率低，一大原因就是跟这些公司做生意的成本太高，解决方案得从采购方找。

延伸阅读

《三步走做个好客户，也符合自己的利益》。做个好客户不但符合供应商的利益，而且符合客户的利益；客户方处于弱势地位时如此，客户方处于强势地位时也是。那么，如何做个好客户呢？可以总结为三点：①整合供应商，尽量增加规模效益；②加强计划性，少给供应商制造额外麻烦；③协作互助，多与供应商共同解决问题。这篇文章选自我的《供应链管理：实践者的专家之路》，扫描右方二维码阅读全文。

第三个台阶：设计优化（价值工程 / 价值分析），也是降本的最大潜力所在，因为产品成本的百分之七八十取决于设计，比如材料选型、技术规范、公差等级等决定了产品的成本。通过优化设计来降本，对于强势供应商的降本尤其重要。因为此类供应商出于技术或规模优势，谈判降价难度很高，只能更多地从优化设计来降本。

产品成本取决于设计优化。设计优化了，材料选型合理，可制造性好，产品的成本自然就低。这道理谁都懂，那为什么设计不优化？一件事做不好，只有两个原因，要么是**没意愿**做好，要么是**没能力**做好。设计不优化，究竟是没意愿，还是没能力？

先说**意愿**。设计不优化，导致成本做不低，可制造性差，质量不稳定，是不是符合设计人员的诉求？当然不。我是工科背景，相信读者中很多也是，我们在大学里读书时，每个教授都教给我们，不但要设计个好产品，而且成本要低。不管是什么工程师，成本意识深藏其意识深处，就如狗生来是要咬狼的一样。所以，你不能简单地说设计人员不愿意优化设计。

但我们的确见过设计人员不愿过多考虑成本的情况。如果工程师的绩效目标是新产品的开发速度，成本不是主要的考核目标，他们自然会牺牲成本，来保证开发速度和产品质量。这点可以通过**绩效考核**来解决：给研发人员成本指标，比如新产品的目标成本、量产产品的年度降本等。

比如有个公司，以前研发没有年度降本指标，当采购拿着供应商的好点子，找研发来优化设计时，研发说，这点子很好，省 5 分钱也很重要，但我有更重要的事要做（比如新产品开发）。后来采购的老总换了，上来的是董事长以前的秘书，能够更深地影响董事长。采购老总对董事长说，百分之七八十的产品成本是由设计决定的，那让工程师们背一半的年度降本指标不为过吧？这不，50% 的年度降本目标就归设计，而工程师们也开始经常敲采购的门，问供应商有没有设计优化的好点子。

质量部门也同理。有降本指标前，供应商要优化生产工艺，质量的第一反应就是不批准，因为改变意味着风险——质量以采购的“婆婆”身份出现，以监督为主；当质量也背了降本指标，比如年度降本总额的 20% 归质量，质量得通过推动供应商的工艺优化来降本，于是质量就变成了采购的帮手，更加积极地寻求供应商的工艺优化方案。

我们再回来，假定工程师愿意优化设计，不管是本性还是绩效驱动，他们有没有**能力**来优化？答案往往是没有。让我们看看产品设计是如何优化的，就知道为什么了。

工程师画好了图纸，确定了规范（**产品设计**），就隔墙扔给采购，让供应商打样。供应商就开始做**工艺设计**，打样时给设计人员反馈，说我们可以生产（当然啦，我们是供应商，只有你设计不出来的，没有我们做不出来的），但其中有一种原材料，硬度很高，加工难度大，良率低，速度慢，成本高。同时，供应商建议道，你们的同行（其实是竞争对手）用另一种材料，相对软多了，好加工，良率高，交期短，成本低，你们为什么不用呢？这就是工艺的反馈。

设计人员得到这样的反馈后说，这么好的点子，我怎么就不知道呢？设计人员当然不知道，也不能怪他们，因为他们整天对着计算机画图，有多少时间跟供应商一样，生活在生产线上？没多少。产品工程师懂得产品设计，但不擅长工艺设计——工艺设计是供应商的特长。特别是资历较浅的工程师，学校里刚出来没几年，当然不能期望他们懂多少生产工艺。等多年媳妇熬成婆，试错 N 多次，解决了 N 多个质量、工艺、良率问题后，交了很多学费后，设计人员终于既懂产品设计，又懂工艺设计了，却发现他已经不干活儿了——他当经理，做管理了。

也就是说，不管你愿不愿承认，产品设计大多是由低于平均水平的那一半工程师做的。这没有半点儿冒犯设计人员的意思。要知道，任何时候，总有一半的人是低于你的平均水平的，放在任何职能都一样。

正因为不熟悉工艺设计，研发人员的产品设计优化，有时候反倒起反作用。

举个例子。有个公司，主要产品是户外灯具，市场主要在欧美。户外灯具以前主要用电，现在越来越多用太阳能，太阳能板成为主要的成本构成。为了节省太阳能板，研发人员精确地计算每款灯具需要的面积，比如能用 3.1 厘米 ×3.1 厘米，就不用 4 厘米 ×4 厘米，尽管后者是标准件。这表面上节省了太阳能板，却成了供应商生产时的噩梦：不是标准尺寸，切割就很麻烦，花掉很多人力，良率也受影响，而且边角料也没法再用。

再比如说在建筑行业，有的工程师为了节省钢材，就严格按照最佳配料来设计，能用 8 号钢筋的就不用 10 号。结果同一个混凝土梁，配料单上有 8 号、10 号、12 号钢筋，虽说最省料，但施工起来就麻烦了：这些钢筋的料号那么接近，工人难以辨认，经常放错；如果把 12

号错放为 10 号倒没什么大问题，但把 10 号错放为 12 号则可能有质量隐患。放错了再换，来回折腾，成本挺高，倒不如都设计成 12 号钢筋，材料和人工的总成本反倒最低。

这里的根本问题呢，是产品设计人员不熟悉生产工艺。就拿太阳能灯具的案例来说，太阳能板看上去像玻璃，摸上去像玻璃，但并不是玻璃，不能像玻璃那样随意切割。设计工程师不懂这些，出于省钱的善意，结果增加了供应商的生产成本，也增加了产品的复杂度——他们的样品就安装在办公大楼周围的草地上，每个灯具都设计一种尺寸的太阳能板，量很分散，没有规模效益，供应商都不愿意给加工。

那解决方案呢，也很简单。用他们负责销售的二股东的话说，就是让任何一个供应商来，不出 5 分钟，就能解释得清清楚楚，太阳能板不是玻璃，不能像玻璃那样设计和加工。这里的关键是采购——采购对接设计与供应商，可以在拜访供应商的时候带几个工程师，或者邀请供应商来公司，给工程师讲解太阳能板是如何加工的。这事儿不难，关键是采购要意识到，自己是问题的一部分，因而也是解决方案的一部分，所以不能光扮演受害者的角色，抱怨设计复杂化带来的各种问题。

但是，在很多情况下，正是因为采购的能力和作为，产品设计与供应商的工艺设计没法有效对接起来。这里有两个主要原因。

其一，**采购没有技术力量，没法有效对接研发与供应商**。产品设计、工艺设计都是技术活儿，或者说，研发和供应商讲的是技术语言，而大多企业的采购是个文科性职能，主要对付商务问题，没有技术能力，没法有效对接研发与供应商，做好他们的桥梁。解决方案呢，就是设立**供应商工程师**的职位，这个职位既熟悉基本的产品设计，又熟悉基本的制造工艺，是采购团队的重要组成。这点在后面还会详细谈到。

其二，**商务关系没理顺，供应商不愿意帮助优化设计**。在管理粗放的企业，我们习惯性地多点寻源，同一个料号分给两个、三个甚至更多的供应商做，以取得更好的价格、降低供应和质量风险（这些都值得商榷，在本书的第二篇还会详细探讨）。多点寻源下，优秀的供应商就不愿意帮助优化设计——优秀供应商之所以优秀，是因为它们要么有更好的工艺，要么有独到的技术，它们愿不愿把这些分享给采购方，设计到图纸、规范中，第二个星期它们的竞争对手都学会了？当然不愿意。这也是为什么优秀供应商不愿意我们去看它们的生产线。

成本设计不下来，就成了采购问题：他们得砍下来。采购光靠一张嘴，能砍多少呢？那就只好导入更多的供应商，通过"竞争"来压价。结果是供应商的忠诚度更低，后续产品的设计优化就更差，陷入恶性循环。

设计优化如此，设计选型也是。供应链经常抱怨，比如说有那么多可选的螺丝钉，为什么工程师偏偏选了成本高、制造难的那个？你不能简单地拿工程师没意愿做说事——要知道，那样做，坑了一帮采购，是否符合工程师的利益诉求？答案当然是否定的。事情做砸了，如果不是意愿问题，那一定就是能力问题，看看研发人员如何设计选型知道了。

工程师选型，就找一个产品目录，要么是供应商访问时给他的，要么是网上找到的，在那上面找个最合适、最便宜的。他会不会把那35个供应商的产品目录都找出来，选择最合适、最便宜的？当然不会，因为他根本就不知道那35个供应商都是谁。对于那些相对简单的产品，情况尤其如此。比如电容、电阻、螺丝钉、双面胶、单面胶、纸箱子、包装材料，工程师人人都选型，结果谁也不是专家。那专家是谁呢？采购和供应链，因为我们有专人负责相应的品类，整天跟供应商打交道，对供方市场最熟悉。

再比如说电子元器件，有的工程师熟悉日韩系列，因为他一直在用；有的熟悉欧洲厂商，因为他的老东家主要用欧系的；有的熟悉北美厂商，也是同样的原因。谁熟悉所有的供应商？采购和供应链。我们有专人跟日韩和欧美厂商打交道，最熟悉哪个供应商做得好，哪个供应商做得差，哪个的性价比最优。这就是说，采购和供应链得早期介入设计选型，弥补设计人员的能力不足。

跟采购的早期介入相关的，是供应商的早期介入：在他们的领域，供应商比我们更在行。打个比方，你要办活动，订酒席，酒店会问你预算是多少，然后根据你的预算给你建议菜单，有鱼有虾有肉，天上飞的地上跑的，荤素搭配合理。如果让你自己订的话，往往花钱更多，而菜品的搭配反倒更不合理。那作为采购呢，我们的任务不光光是做招投标，或者价格谈判——并不是说这些不重要，而是采购有更重要的事，那就是**整合供应商的能力，弥补设计人员的能力不足，把成本设计下来**。

为什么要长篇累牍地讲这些呢？我去过很多企业，接触过很多供应链人员，采购与供应链习惯性地以设计不优化、选型不合理的受害者身份出现。但是不要忘了，**一个人做傻事，可能是个意愿问题；一群人都做傻事，后面必定有能力短板**。设计不优化，选型不合理，在很多企业都是普遍问题，我们得正视后面的能力短板。而这能力短板呢，需要兄弟职能去弥补。这就是跨职能协作。也就是说，供应链是设计优化、设计选型的能力的一部分。采购与供应链光抱怨研发人员傻不解决问题，供应链是解决方案的一部分。

要知道，**成本控制是个跨职能行为**。我们常犯的错误呢，就是靠单一职能来完成跨职能任务：要么单独靠设计人员来优化产品设计，把成本设计下来；要么单独靠采购谈判降价，把价格砍下来。你知道，单一职能没法解决跨职能的问题，我们得推动跨职能协作来解决问题。这就是供应链的概念：职能与职能协作，就形成供应链。

成本问题如此，库存问题也是，多年来困扰我们的那些老问题都是这样。认识到这点很重要。要知道，困扰我们的大都是些老问题，今年面对的问题，跟 3 年前、5 年前相比，有什么本质不同？没有，放在供应链领域，就是成本做不低，速度做不快，库存居高不下。这些老问题得不到解决，是因为我们不努力，没资源？当然不是。我们一年比一年努力，一年比一年聪明——这从我们头上的白头发越来越多就可看得出来。我们的资源也是越来越多，因为企业规模越来越大。那为什么老问题解决不了？是因为我们一直在用老方法，那就是靠单一职能来对付跨职能问题。

人类的悲剧呢，就是一遍又一遍地尝试老方法，希望得到新结果。

小贴士　产品设计与工艺设计的对接：建筑业 vs. 汽车制造

产品设计与工艺设计相互依赖，互为反馈：工艺设计得支持产品设计，实现产品设计确定的产品功能，同时也反馈产品设计的不足；反过来，产品设计得考虑生产工艺的实现能力，确保产品能以适当的成本、交期和质量生产出来。

在做得好的行业、公司，产品设计与工艺设计并行推进，全局优化，产品的成本、交期、质量更容易保证；在做得差的行业、公司，这两者往往串行进行，局部优化，在实现成本、交期和质量目标上困难重重。

先说产品与工艺设计搭接不好的行业：房地产和建筑业。建筑行业的传统做法是先设计，再采购，最后施工，串行操作，而且由不同的公司完成。这种模式下供应商很少介入设计阶段，因为在设计阶段，谁是供应商都不知道呢。等到发包阶段，供应商介入了，但设计早已定型，牵一发而动全身，即使达不到目标成本，设计优化也几无可能。剩下的就是价格谈判，软硬兼施，让供应商、承包商让利，做利润转移的游戏，把问题转移给供应商、承包商。

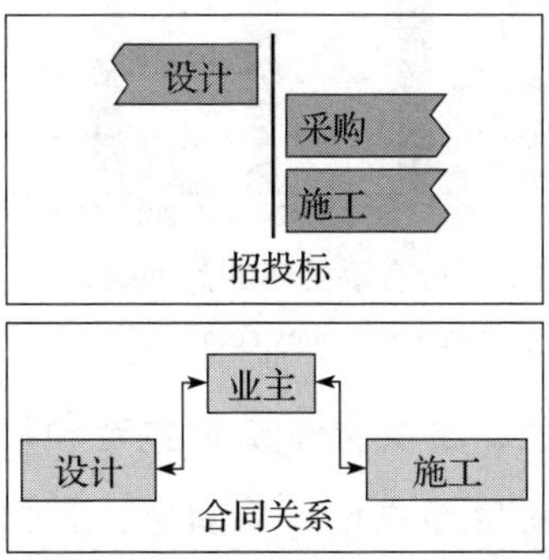

产品设计与工艺设计脱节，是建筑业的死结

这是国内建筑业的顽疾，不过美国大概也不输中国。2003年，我到得州奥斯汀访问石油巨头雪佛龙，遇到一位采购总监，他以前就职于美国最大的承包商之一——福陆公司。他说建筑行业（在美国）压价这么厉害，承包商生存很困难，利润低，薪酬差，工资几年不涨，如果别的公司肯给他多付一块钱，他都会跳槽。这不，他最终从福陆跳到客户雪佛龙。

我先后在建筑行业10年时间，学习、研究和实践，对设计与生产（施工）脱节的问题深有感触。这几年又不断介入建筑、房地产行业的供应链管理，总觉着建筑业堪称地球上最原始，也最辛苦的行业。产品设计、工艺设计的严重隔离，互不优化，注定建筑行业会继续在成本、进度和质量问题的泥淖里不能自拔。

既然没法设计优化，成本问题就主要靠谈判降价，转移给供应商。你到那些房地产公司去，采购的职责，如果不是唯一的话，就是招投标。招投标得到的价格不够低，那就二次议价，三次议价，一轮一轮往下谈，还是觉得不够低。不过你看看供应商的净利润，就知道价格谈判有多少空间。拿中国最大的建筑公司——中国建筑来说，净利润也就4个点左右（如图1-24所示）。街道上卖红薯，怎么也有一二十个点的净利润呢。

图1-24 中国建筑股份有限公司的盈利能力（2008～2016年）

资料来源：东方财富网，www.eastmoney.com.

供应商的盈利太低，造成诸多工期拖延和质量问题，优质供应商保有率低，带来更多的隐形成本。要知道，人们对房地产业抱怨最多的呢，还是离不开质量问题；而这个行业的应对方案呢，就是一门心思招投标，找更便宜的供应商——把质量当成本问题来解决。

再说说产品与工艺设计搭接较好的行业：汽车制造业。日本车厂如丰田、本田等倡导供应商早期介入，在目标成本和长期关系的驱动下，供需双方在产品设计与工艺设计上紧密配合，互相优化，决定了日本车厂在推出新车型的速度、成本控制和质量上的优势。量产后，持续的产品设计优化、生产工艺优化和供应商开发进一步保证了年度降本，也抵消了通货膨胀带来的压力，给日本车厂持久的成本优势。

与日本同行不同，美国车厂走的是模块化设计、供应商分层分级管理之路。它们让一级供应商全面负责设计、制造特定的模块，整车厂担任系统集成者的角色。这种模式下，产品设计由整车厂转移到一级供应商，离下级供应商的工艺设计更近，客观上促进了产品设计与工艺设计的交互优化。尽管美国车厂从来没有达到日本车厂的水平，但相比 10 年、20 年前，成就还是有目共睹的，不管是整车的成本、质量，还是新车开发速度，都取得了长足的发展。

在研发与生产竖向集成的公司，产品设计与工艺设计在同一个公司进行，协调比较容易；竖向集成解体后，产品设计和工艺设计在不同的公司完成，协调就更困难。或许有人会问，建筑业和汽车制造都是竖向集成解体的模式，产品设计与工艺设计由不同的实体完成，为什么前者做得差、后者做得好？是不是因为建筑业是项目驱动，一次性活动，汽车业是大批量行业，可重复性高？或者说，建筑业的需求难以定义，而汽车行业就相对更直观？这些或许都对，但只是答案的一部分。

我想采购与供应商管理能力也是一个关键因素。在集成产品设计与工艺设计上，采购扮演着重要的角色，对外要管理供应商，对内要管理内部需求，是把设计与供应商对接起来的桥梁。

在建筑业，采购的作用非常有限，其任务局限在招投标，有项目管理，没有供应商管理，无法系统地管理供应商，把供应商集成到公司的供应链里，不光是生产，而且是设计。虽然有总承包、EPC 等不同方式，但建筑业整体上还是“铁路警察，各管一段”，设计与施工老死不相往来。再加上管理粗放，普遍奉行最低价中标，系统地淘汰优质供应商，或者被优质供应商淘汰，导致优质供应商保有率低，新供应商导入频繁，经常处于磨合状态，“兵不知将，将不知兵”，就根本谈不上设计与施工的优化。

在汽车行业，供应商和供应链是公司的竞争优势，供应链领域的最佳实践，有很多都来自汽车制造。采购能够更加有效地管理供应商，让供应商这一外在资源“内化”，成为公司的有机延伸，从而成为公司的核心竞争力，同时让产品设计与工艺设计更加集成。在苹果这样采取完全外包的公司，正是由于采购和供应链管理的杰出贡献，才能开发、生产出那样完美的产品，而且成本控制到位，可以说是产品设计与工艺设计完美结合的典型。

在跨越供应链降本三台阶的过程中，采购扮演的是领袖角色，其作用至关重要，但是离不开跨职能协作。比如电子商务可以降低双方的交易成本，但开发或采购、维护电子商务系统离不开 IT 部门的支持。再比如精益生产带来的供应商生产流程改变，如果没有公司的质量部门参与，也没法实施。采购扮演的是领袖角色，一边推动公司内部的跨职能协作，一边驱动供应商积极配合。这需要公司授权（老板的支持），更需要采购“打铁先得自身硬”，精通业务，能够在跨职能小组中承担领袖角色，也就是说，承担“大采购”的角色。

比如苹果招聘全球供应经理，有些职位会要求**项目管理**能力。这是清楚地认识到采购介于公司与供应商之间，是双方合作项目中的天然领袖，因而也要具备项目管理能力。苹果的有些供应经理职位要求有工科背景，也是为了更好地与技术人员对话，推动技术层面的协作。

当没有能力驱动降本上台阶时，为了实现降本目标，采购就只有在价格谈判上死磕，做利润转移的游戏，由原来的双赢，谈到后来的采购方赢、供应商输，直到最后的双输——供应商不赚钱，破罐子破摔，质量、交期问题不断，最终影响到采购方，自然就是双输。在这种情况下，采购即使看上去拿到了降本，其实对公司的总价值也是负的。在走过这么多公司后，我对这点深信不疑，这在那些**以成本解决质量问题**的公司尤其如此。

比如有个公司，总是觉得采购价格不够低，三天两头跟供应商谈判降价，以至于好多供应商不愿意跟他们做生意。但到他们的微博主页上去看，消费者异口同声抱怨的，都是质量问题。原来，谈判降价做到极点，供应商就是一分钱一分货，在质量上做文章；质量越差，销量就越低；为增加销量，这公司就把价格定得更低；价格的大部分来自供应商，所以就要求供应商更多降价；而采购降价的结果是质量更差，于是就走上恶性循环。

这种企业挺多，从美国的汽车制造，到国内的家电、手机、建筑等多个行业，这样的企业遍地皆是，没有能力推动供应链降本上台阶，就在谈判降价上一条路走到黑。

美国汽车供应链：最后一块银圆的游戏㊀

对美国汽车业来说，20 世纪 80 年代只能用残酷两个字来形容。底特律的汽车巨头们在日本车的大举进攻下节节败退，关键原因有两个：日本汽车质量高、价格适中。

在美国读书时，我楼下有个邻居叫乔治，地地道道的美国人，偶然说起那个时期的美国汽车，牙根都恨得痒痒：那还叫什么汽车啊？一辆新车，开上五六年就散了架。而同期的日本车，二三十年后在路上跑的还比比皆是。

在硅谷工作时，我有一个同事，60 岁出头，来自我国台湾地区，开着一辆丰田的花冠，都 24 年了。他说新车给外地读博士的女儿，这

㊀ 这部分最初写于 2010 年前后。这前后的成十年间，美国汽车业经历了很多，比如三大巨头中的两个破产重组，但根本问题没变，供应链的挑战还是老样子。

旧车自己开熟了，都几十万公里了，还跑得好好的，舍不得丢。而且基本上不需要维修，用以前我读商学院时的一位巴西师兄的话说，只要换换机油，加点汽油就行了——这位师兄当时开的是本田的老式雅阁，也有一二十年的车龄了。

质量上斗不过日本车，底特律的汽车巨头们就从政治上下功夫。日本政府的出口退税补贴呀，日本公司的廉价倾销呀，日元的汇率太低呀，凡是今天套在中国头上的帽子，日本人八成都戴过，而且一戴就是几十年。泛政治化或许可以证明价格低，但有一点却没法解释：**日本车的质量好**。是因为日本采取更好的制造设备、制造工艺吗？福特甚至完全复制马自达的生产线，在俄亥俄州生产汽车的传动装置，但质量还是没法与日本的比，返修费用是日本的 10 倍就是明证。

再拿通用汽车讲。20 多年前，因为严重亏损，通用决定关闭硅谷的一个汽车厂（这厂就在我的老东家旁边，步行过去几分钟就到，我还参观过）。想想也是，硅谷是美国人工成本最贵的地方之一，汽车行业又是个低利润行业，与别的高科技、高利润行业竞争员工和其他资源，亏本不是偶然。正好丰田当年计划在美国本土生产、本土销售，也好对付美国政府的贸易壁垒。鬼使神差，竟然想到了与通用合作建厂（日本企业的高层决策有时候挺难琢磨：作为两个最大的竞争对手，丰田与通用却能够在这个案例上联手就是一个例子）。

通用出设施、工人，丰田出管理与生产工艺。就这样，通用在硅谷的工厂又开工了，而且没多久就转亏为赢，源源不断地生产丰田花冠等一系列车型。该厂一度是美国密西西比河以西唯一的汽车生产厂，也可能是美国不多的几家盈利的汽车生产设施之一。遗憾的是，这汽车厂终于没能熬过 2008 年金融危机，于 2010 年关闭，厂房由生产电动车的特斯拉接管。

厂房还是一样的厂房，设备还是一样的设备，工人还是一样的工人，通用没法生存，丰田却能，这无疑是给泛政治化一记响亮的耳光。

美国的政客们有的傻，有的出于政治目的装傻，继续在贸易壁垒、关税、汇率上做文章，企业家则不。丰田生产系统、精益生产、全面质量管理、JIT 准时交货等，凡是日本企业用的，都成了美国企业的模仿对象，不只是表面上，而且是系统地模仿。有些方面美国企业甚至做得更好。例如日本的 JIT 生产，供应商大都在几十公里的范围内，比如丰田在名古屋的汽车城，送货依赖卡车，灵活性高，运输距离短，物流上好控制；美国的汽车部件供应商则有很多在墨西哥，零部件通过火车运到底特律一带，动辄几百上千公里，而美国车厂的准时性和库存水平控制不见得比日本同行差。

就这样，日本的生产管理方式成为美国的研究热点，先后达二三十年。出的书，做的研究，恐怕一座图书馆都装不下。但是，二十几年后，美国的汽车业还是深陷泥淖，经历着一个接一个的危机。一度，通用汽车除了在中国，没几个盈利的国家；克莱斯勒被德国母公司放弃，听说当时有中国公司花 1 美元就可以买下来（当然，得承担所有的债务与人员包袱）；福特的市值在 2008 年也只有 2000 年前后的六分之一，净亏损达 27 亿美元（截至 2008 年 2 月 16 日）。相反，丰田把通用拉下马，第一次取得美国销量第一的桂冠，公司盈利达到创纪录的水平。本田、日产等也跟着在美国攻城略地。底特律可以说是哀鸿遍野。我在 2006 年 9 月去底特律，到处都是房子出售的标牌：大批汽车工人失业，要么是付不起房贷而卖房子，要么是背井离乡到外地谋生。

为什么呢？供应链管理使然。美国企业能模仿到日本供应链的硬件，例如生产线的布局、JIT 交货、精益生产等，但是没法模仿其“软件”，例如供应商早期介入、长期关系、供应链伙伴之间的协作互助。

举个例子。通用要求供应商年复一年地降价，怎么降，供应商的事，说白了就是利润转移，经济一旦不景气，就导致大批供应商破产或宣告破产保护；丰田等日本制造商并不是没有年度降价目标，而且降价幅度不一定比美国的竞争对手低，但它们更多以帮助供应商改进生产流程、优化设计、降低浪费等方式，通过降低成本来降低价格。供应商也是投桃报李，甚至连美国本土供应商的首选客户也是日本汽车公司，其次是福特与克莱斯勒，最后是通用。这样，连美国本土的供应商都胳膊肘向外拐，好的技术、好的点子，率先到了日本竞争对手那里，美国汽车业能竞争得过吗？

美国汽车生产商与供应商之间戒心重重，互信度低，关系以短期为主，很难谈到长期战略合作。相对而言，日本企业更重视长期关系，采购方与供应商关系较为融洽，互信度高，相互合作也更有效。在美国，不是供应商不愿与通用等共享技术、信息，而是谁知道通用会不会以此要挟下一轮的降价呢？通用在知识产权保护上更是臭名昭著，把供应商的知识产权给其竞争对手是常有的事。

由于短期关系，供应商对更新设备、增加产能、增加科研经费都戒心重重，因为谁知道能不能拿到通用明年的合同。纯粹的利润转移，供应商盈利很低或根本就不盈利，谁还有财力雇用一流的员工？美国汽车的质量问题重重，跟低利润下供应商没动力持续改善，甚至铤而走险、偷工减料不无关系。

整个美国汽车业，似乎都在榨取供应商那最后一个子儿。其残酷程度，与土匪“烤银圆”有的一拼：新中国成立前的大西北，遍地都是土匪，土匪经常进村，抢这抢那，比日本鬼子有过之而无不及。抢了几次后，土匪已经找不到什么好抢的了，就抓住老实巴交的农民，把红红的火炭放在他们的脖子上，炼得人油吱吱响。老农民熬不住了，就说还有最后几块银圆，在树底下的瓦罐里埋着呢——这不，最后的几块银圆被“烤”走了，终生的积蓄没了，老农民也就彻底破产了。

这场景是不是挺熟悉啊？年度降价、季度降价、多次议价的小伙伴们微微一笑。

20 世纪 80 年代，这“烤银圆”的游戏可是美国汽车业的主角戏，在二三十年后只能说是变本加厉，至少对通用汽车来说。在通用看来，不利用那全球采购量最大的地位来压榨供应商，似乎就该遭天谴。很多公司花那么多精力做大、集中采购额，就是为达到规模效益，降低供应商的单件生产成本，自己也拿到好价钱。但是，这一招似乎成为通用工具箱里唯一的那把锤子，一而再，再而三地用，就是滥用：程咬金还有三板斧呢，轮换着来。

滥用的结果是，这供应链关系就成了最后一块银圆的游戏。或者说，通用得到了最好的价格，但不是最好的质量、服务和技术。这不，美国车的问题（以通用为代表），从来就不是价格高，而是冲那质量，就不值那个价。那好，为显得“物有所值”，降价呗。如今整车成本中有 60% 到 80% 来自供应商，不砍它们的价，如何降？通用的大锤砸得越厉害，供应商的利润就越薄。用供应商的话说，就是 razor thin——像剃须刀片一样薄。利润越低，就越雇不起有资质的工人，用不起高质量的材料，质量就越差（如果从硬性指标上看，今天的美国车质量非二三十年前可比。但是，日本、韩国车的质量提升得更快，反衬出美国车的质量问题）。质量越差，整车售价就得越低，通用的降价大锤就挥舞得越起劲。这就成了一个恶性循环，把整条供应链拖入万劫不复的深渊。

这些都是常识。随便问问底特律任何一条流水线上的工人，他们都知道，而且知道得更多。美国汽车制造商们也不是不想改，例如克莱斯勒推动供应商合作计划（SCORE），改善了供应链关系，提高了整车质量，提高了竞争力。这些措施非常有前瞻性，但是没法解决眼前的问题，那就是这个季度的营业额、利润指标怎么办。底特律的巨头们如同濒临沉没的巨轮，下一个浪头就会把它们送入海底；或者像超级负载的骆驼，最后一根稻草就会把它们压垮。而这个浪头也罢，最后一根稻草也罢，就是华尔街的那些注重短期效益的指标。企业领袖们大都活在这个季度，最多下个季度或今年。完成不了这个季度或今年的指标，你卷铺盖走人吧。企业也是。活不过今天，赢者通吃，竞争对手就会抢了市场份额，失去的再拿回来就困难了。

这让我想起有一年到费城参加美国供应管理协会的年会，一位新西兰人在做报告，他的幻灯片上有这么一幅画：一个小孩，拖着一个玩偶从楼梯上下来，玩偶的头在楼梯上踢踏踢踏响，玩偶旁边的对白是“只要给我喘口气就好了”（意思是只要喘口气，他就能站起来，跟小孩走下楼梯，而不是这样被拖着了）。这企业，这供应链，很多改进都是给飞驰的车子换轮子，你就是没有机会喘这口气。

长痛不如短痛，这话说起来容易做起来难。底特律的那帮巨头们当然知道自己的供应链问题出在哪里。但是，过去决定现在，现在决定未来，打破这些坛坛罐罐难。这也是为什么二三十年来，这些汽车厂商还在挣扎，只能学到日本生产管理、供应链管理的皮毛，新瓶子里装的仍是旧酒，挣扎的还是老问题。

从通用汽车说“猎人模式”与“牧人模式”

美国有个叫 Planning Perspectives 的公司，连续多年来统计美日六大汽车巨头跟一级供应商的关系。几无例外，通用都是倒数第一，偶然让位给小兄弟克莱斯勒，排名倒数第二（如图 1-25 所示）。[⊖]《汽车新闻》（*Automotive News*）在 2014 年 5 月 12 日的一篇报道中指出，根据对 362 家汽车供应商的问卷调查，供应商更喜欢跟丰田做生意，而不是底特律的三巨头，就是因为日本车厂对待供应商的方式不同。很多年来，底特律的三巨头再也没能力独立设计、制造一辆汽车了。它们 70% 左右的成本来自供应商，这也意味着 70% 左右的增值活动发生在

⊖ 供应商合作关系指数（WRI）是 Planning Perspectives 公司统计的一个指标，用来衡量汽车行业以及供应商与整车厂的合作关系。这个指数分 5 大块，包括买卖双方关系、采购方跟供应商的沟通、采购方对供应商的帮助、采购方给供应商制造的麻烦、供应商盈利机会等。每一块又包括几个具体的变量，总共有 16 个变量。供应商匿名填写后，汇总得出每个主机厂的指数。分数低，表明在供应商眼里，这个主机厂是个糟糕的合作对象。这一指数由 John Henke 教授在 2002 年开发，详细内容请参见 Planning Perspectives 公司网站：www.ppi1.com/working-relations-index/。

供应商处。离开供应商的配合，就谈不上供应链的竞争力，也就没有整车厂的未来。

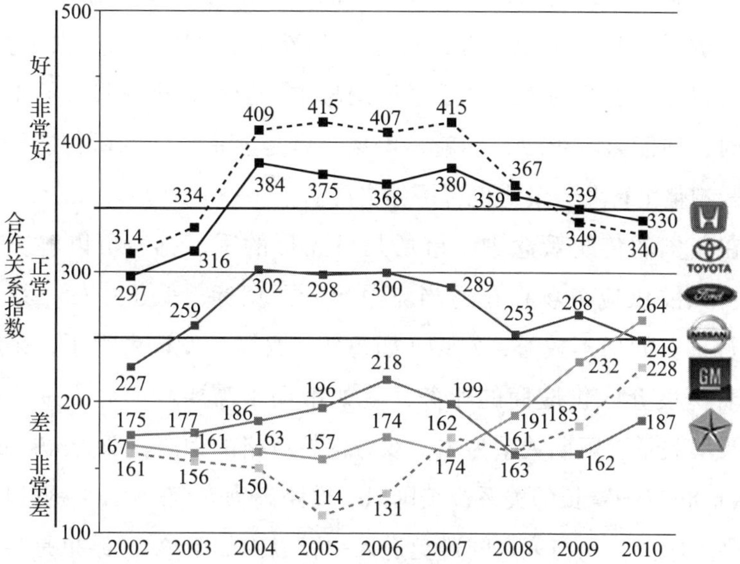

图 1-25　美日汽车六巨头与供应商合作关系排名

资料来源：Planning Perspectives Inc.

通用、克莱斯勒等历来奉行“猎人模式”，注重短期利益，严重损害了与供应商的关系。什么是“猎人模式”？举个例子就知道了。通用设计出一个零件，向多家供应商询价，找到合适的供应商（往往也意味着最低价），业务就给了该供应商。过了一年半载，通用来要年度降价，给我 x 个点，怎么降是你的事。迫于通用在汽车行业的采购量，供应商只有说 Yes 的份。再过一年半载，通用又来了，又要 $y\%$ 的降价，供应商还是只有说 Yes 的份。又过了一年半载，通用第三次来“降本”，要 $z\%$ 的降价，怎么降你的事。供应商已经是“要钱没有，要命一条”，没的降了，通用就发话了：你不想跟我做生意了？于是就转厂。通用这么大，总有供应商不惜工本地想挤进来。不过原来的供应商可惨了：原来为通用投资建厂，千百万美元的投资，还有大半没收回来呢，要找新客户，谈何容易。于是不得不裁员，甚至关厂房。

在通用看来，这不关自己的事：市场经济，人人为自己，上帝为大家——优胜劣汰，你被我“淘汰”了，要怪只能怪你没有竞争力。这就如打猎，看到猎物，一枪放倒，谁让你跑得不够快呢。至于这猎物是谁养的，打光了怎么办，自然有上帝照看着呢，跟猎人没关系：人人为自己，上帝为大家。不过通用忘了，当你是全球最大的采购方之一时，你能影响很多，你就是市场，就是上帝，你的所作所为，会直接影响整个行业，最终也害了你自己。

在美国的传统观念中，市场是只无形的手，竞争可以解决一切问题。只要供应市场存在适当竞争，公开竞标，低价中标，签订合同就行了。如果不放心，定期（如每年）竞标、发标就得了，采购方用不着深度介入供应商的业务，就如市场不需要政府介入一样。所以，买卖关系以短期关系为主，双方保持严格的距离，即 arm’s length relationship（一臂长的关系，美国以一臂距离为安全距离，一臂以内被视为私人距离，人与人之间避免进入一臂以内的距离）。结果是买卖双方是**竞争关系**，泾渭分明，协作少，沟通少，共同解决问题少，共同预防问题就更少。表现在采购降本上，就是给我降 x 个点，怎么降是你自己的事。

做到极点，有一年行业不景气，为了应对成本压力，通用要求供应商一律降价 x 个百分点（忘了具体数字），而且根本没有商量的余地，霸王硬上弓，在供应商的付款中自动扣掉。通用的作为引起骨牌效应：为了不处于劣势，另一个整车厂马上跟风，一级供应商也向二级、三级供应商采取极端的“降本”措施，可以说把“猎人经济”演绎到了极点。

2008 年的金融危机与“猎人模式”一道，可以说是压垮骆驼的最后一根稻草：到 2009 年年底，美国有 27 家汽车供应商宣布破产保护，主要的一级供应商中，有一半面临破产威胁。通用和克莱斯勒最后也破产了，做了它们所奉行的“猎人模式”的殉葬品。

与“猎人模式”相对应的是“牧人模式”，即传统的日本管理方式。注意，我用了“传统”二字，因为过去20多年来，伴随着经济的停滞，有些日本企业的做法越来越西方化，也就是说，猎人化。[⊖]就汽车业来说，“牧人模式”下，日本整车厂就如牧羊人，供应商就如羊群。牧羊人要生活，当然会不时剪羊毛、吃羊肉；但是，牧羊人不会杀鸡取卵，把所有的羊都杀光，而是会想方设法让羊群不断发展壮大。

这就如丰田和本田，它们有严格的目标成本和持续降本指标；但不同的是，它们更多的是与供应商协作，一起优化生产工艺和产品设计，来推动更高层次的降本。比如本田有专门的供应商工程师，到现场帮助供应商改进生产与质量管理体系，提高良率，消除浪费，从而降低生产成本，而且比“猎人模式”降幅更大。比如通过生产工艺和产品设计优化，丰田曾在一款新车型上降本30%左右。

当然，“牧人模式”也有缺陷，比如新的供应商、新的技术很难打入，绩效差的供应商难以被淘汰，时间长了，供应商的竞争力下降，影响到供应链链主的竞争力。这些年来，众多的日本大型企业陷入困境，我想跟“牧人模式”的供应商管理也不无关系。另外，日本企业在**技术创新**上普遍不如美国企业，也跟新供应商难以打入有关。但在**持续改善**上，日本企业总体上比美国企业强，比如成本越做越低、质量越做越好，也是得益于稳定而持久的供应商关系——想想看，如果下个月这生意就可能飞了，供应商会有多大动力来持续改善，把质量做得更好，成本做得更低。

客户怎么对待供应商，供应商也会怎么对待客户。当年通用到上海建厂，希望供应商也到附近设厂，供应商就很犹豫——几年后没本

⊖ 比如在2018年的供应商合作关系调查中，日产在经过四年的连续下降后，终于荣登榜首，成为跟供应商关系最糟糕的整车厂，估计跟这几年来，日产对供应商采取更加激进的措施不无关系。看到网上的文章，说巴西人“成本杀手”卡洛斯·戈恩担任日产CEO后，采取非常典型的“猎人”做法，把采购负责人叫来，给他一个很大的降本数字。这位采购老总说办不到，戈恩就说，办不到走人，采购老总就丢了饭碗。这种自上而下的“猎人”做法，一定会自内而外地传递给供应商，日产的供应商关系一年不如一年，也就可想而知了。这也是为什么在“供应商关系指数”统计中，有一项是让供应商评价整车厂的采购副总，因为高层的做法，直接影响整个采购团队以何种方式对付供应商。

可降的时候，你移走了生意，我这厂可怎么办？而本田在广州设厂时，一声令下，供应商很快就跟进。在新车型推出上，日本整车厂比美国同行快，也与供应商深度、密切合作不无关系。

或许有人会说，“牧人模式”好是好，但供应商锁定了，会不会报价高？其实正好相反，就拿汽车业来说，日本车的成本比美国车控制得更好：在新产品开发阶段，日本车厂有目标成本，指导主机厂与供应商一起降本；主机厂对供应商的成本结构了如指掌，甚至比供应商自己还了解，也决定了供应商不大可能在价格谈判上胡作非为。

这些年来，虽然我习惯于拿通用作为“猎人”的代表，但越来越发现，有些本土企业有过之而无不及。这些公司在特定的行业、地区都属于大公司，它们的所作所为，对特定的行业、地区影响巨大。它们选择什么样的管理方式，不但影响了行业、区域的众多供应商，而且直接决定它们自己的命运。我频频听到有些公司在抱怨，说供应商不愿意跟它们做生意，有的供应商甚至把它们的Email自动屏蔽，不再提供报价；优质供应商保有率低，它们成了优质供应商逆向淘汰的对象，就更加常见了。

这都跟这些企业对待供应商的方式不无关系：如果我们以“猎人模式”对付供应商，供应商自然也以同样的方式对付我们。这就如十几年前我刚到美国，发现美国的狗挺友好，就问一个美国同学，中国的狗咬人，为什么美国的狗这么nice。他开玩笑地说道，因为你们吃狗肉啊。一语中的啊。我们得到的，其实都是应得的。

附注：对于美国汽车三巨头面临的诸多问题，人们往往会归罪于工会，比如高昂的福利和退休金。在我看来，这其实跟三巨头的“猎人模式”不无关系：它们对付供应商的方式，不过是对付自己员工方式的延伸。暴政出暴民：工会的贪婪其实是管理层的贪婪的影子。几十年前，管理层与工会互扣人质，不幸的是工会占了上风，把很多苛刻的条款写入工会合同。但是，随着通用、克莱斯勒宣布破产重组，皮之不存，毛将焉附，这些条款都变得一文不值，成了过眼烟云，不过是又一出从双赢到单赢再到双输的闹剧。

另注：老通用破产后，新通用在不断改善供应商关系，试图重新来过。在 Planning Perspectives 公司统计的供应商关系指数上，通用也是连续 5 年在走上坡路。但到 2014 年又开始下滑，整体评分跌入“差—非常差”的区间。究其原因，原来跟通用的最新目标有关：3 年内采购降本 10%。在零和游戏的降本指标驱动下，通用的采购故态复萌，恢复了“猎人”本性，真是应了某种动物改不了吃某种东西的习惯啊。

小贴士　牧人和猎人

（上海通用生产控制和物流部副总监）徐秋华曾专门研究过日系厂商，他说，日系厂商的特点之一是上下游有着很紧密的关系。如果丰田在一个地区建整车厂，它的上下游企业都愿意跟过去。这些企业之间的协作相当默契，很多物流甚至不需要外包，因此入厂物流的成本可以做到非常低。

日系厂商的供应商关系是“牧人式”的，丰田和供应商一般会保持相对稳定的关系，如果丰田选择了哪个供应商，如果没有重大事故，一般情况下不会轻易中止合作。而美国大厂模式下形成的则是“猎人式”的供应商关系，这是一种相对残酷的选择方式。

一位原福特汽车中国区管理人士说：“美国的企业会对供应商提出要求，比如第一年价格降 5 个点，第二年再降 5 个点。有时候，供应商的利润没有那么高，降了两年之后，供应商吃不消了。美国式的做法是，降不动了，对不起，咱们投个标吧，谁低给谁。外边的供应商急于抢生意，就赔着钱进入，而前一家供应商就出局了。”在他看来，这是一种短期的管理行为，而其导致的一个后果是，供应商不敢跟着生产厂到各地投资。“因为供应商会想，过两年你一招标，我就完了。”

供应商忠诚度降低的后果很严重。最明显的表现是，美系厂商的产品更新速度总比日本厂商慢半拍，这是因为缺乏协同，供应商的距离又远。这也是在美国的大厂模式下，没有JIT概念的原因。

资料来源：丁磊，宁广靖．日美汽车的供应链赛局［J］．物流管理，2007（6）．

业界人士说

丰田的成功是供应链的成功，而不是单节点企业精益生产的成功，不是单个企业总成本最低，而是供应链的总成本最低。总结如下，欢迎探讨：

（1）先期质量/成本策划。这是日本企业成功的法宝，跟我们所讲的目标成本法差不多。

（2）丰田城的作用。当所有配套企业聚集在一起的时候，供应链的库存、物流成本才在时间和空间的维度上做到最低，JIT交货才可以实现。

（3）供应商的战略联盟和合作关系。辅助供应商改善质量，推行丰田的消除浪费的生产方式，在质量方面的极大改善，是JIT的先决条件。这也同时削减了成本，生产的稳定也带来交货的稳定。

（4）文化的原因。日本文化与欧美、中国文化的差异，这反映在供应商的关系方面，进而在质量、成本、交货期上形成巨大的反差。

（5）汽车供应链的长度。供应链越长，越增加对手模仿的难度。波特在供应链中也有描述。

我们需要理解丰田供应链成功的原因，而不是仅仅追求丰田的样子。

我们在供应链改善方面，逐渐运用采购/供应商早期介入、协助供应商降低成本而与供应商分享成本降低的成果等。只要我们不断地持续改进供应链，我们就会进步。——汤继贵，某咨询公司咨询顾问

业界人士说

我在咨询公司工作，负责供应链咨询和培训项目。在天津，欧美和日韩企业很多，多年来，明显感觉到这是两种截然不同的企业文化和运作模式。

供应链方面，我建议还是关注一下欧美优秀企业的做法，在供应商选择、管理和评估方面的做法在国内有推广价值。目前，在国内接触的供应链方面的内容多来自欧美企业。

日本企业也接触过不少，感觉员工都很郁闷，虽然企业经营总体情况不错，但个人，确切地讲中国人能在其中发挥的作用太小，学到的东西也太少。更多的还是公司的体制和高层在发挥作用。从前很惊讶日企的执行力，后来才发现，他们不仅告诉你要干什么，就连怎么干也一二三地告诉了你。

再说丰田，在天津，我跟丰田的人打交道很多（在天津，除了丰田工厂外，还设有丰田技术研发中心，负责丰田中国工厂的技术和管理的研发与推广，包括现场管理、采购进货和物流发货规划管理等，这里倒是能学到真本事）。在汽车行业，丰田做得的确很好，但就丰田本身，在日本、美国、欧洲、中国国内也大不相同，有部分文化的因素在里面。不过就供应商的长期关系来讲，日本企业的确做得很好，在技术合作和成本降低方面，很有优势，值得借鉴。——王鹏，中联供应链管理公司，董事总经理

本篇小结

这一篇我们谈的是供应链的全局观，希望让大家从整体上了解供应链管理。

我们先把供应链横向切分，从职能的角度看供应链管理：供应链就是**采购**把东西买进来，**生产**去加工增值，**物流**去配送给客户，环环相扣，就形成供应链。这是供应链的三大执行职能，得听从**计划**的指

令。计划加三大执行职能，就构成供应链——供应链的绩效问题，往往看上去是没做到，但实际上是没想到，是个计划问题。

供应链不是一个职能，而是多个职能的组合。但是，光有这些职能还不够。职能之间的**协作度**不够，还是形不成供应链。而促进跨职能协作的关键是建立**强相关**的横向指标。强相关意味着两点：其一，做不到的话要挨板子；其二，可以相对客观量化。客观量化是关键：没法客观量化的就没法管理，这也是你没法让对方职能“背指标”的根本原因。

然后我们把供应链纵向切分，从**产品流**、**信息流**和**资金流**的角度来阐述。供应链管理就是对这三条流的集成管理，而供应链的绩效呢，最终要反映到这三条流，特别是信息流的效率上。“牛鞭效应”和库存控制，两个困扰业界多年的话题，都跟信息流密不可分。解决方案就是消除信息不对称，控制牛鞭效应，拿信息换库存。

库存为供应链提供了独特的视角。供应链的种种问题，最后总会反映到库存上。除了“拿信息换库存”，我们还从缩短周转周期、降低不确定性、改变组织行为的角度出发，三管齐下来降库存。库存比成本更难控制，能降下来库存的措施，也能降下来成本。

接下来我们导入复杂度控制的概念。复杂度是供应链成本的驱动器。成熟行业，谁能控制复杂度，谁就更有可能生存下来。“两端防杂，中间治乱”，指的就是前端要控制产品的复杂度，后端要整合供应商，中间要做好计划，力求以简单对复杂、以有序对无序，是获取规模效益，把成本降下来、交付做上去、库存控制住的关键。[1]

最后，我们阐述了供应链的降本三台阶。这是超越谈判降价（台阶一），导入精益生产以降低生产成本、借助电子商务以降低交易成本（台阶二），并且上升到价值分析、价值工程以降低设计决定的成本（台

[1] “两端防杂，中间治乱”是个核心概念。围绕这个框架，我后来写了两本书来详细阐述：《供应链管理：高成本、高库存、重资产的解决方案》和《供应链的三道防线：需求预测、库存计划、供应链执行》(后一本是与赵玲合著的)。

阶三）。我们特别谈到，降成本是个跨职能行为，困扰我们多年的老问题也是。供应链一方面是受害者，另一方面也是解决方案的关键构成。

跨越降本三台阶需要跨职能协作，也需要供应商的深度介入，是寻求"解决问题"而不是"转移问题"。协作解决问题是传统的日本供应链思维，以丰田、本田等为代表；转移问题是局部优化的惯用措施，以通用汽车、克莱斯勒为代表。供应链管理的发展，其实是美国企业向日本学习的过程。

资源 更多的供应链管理的文章、案例、培训

- 供应链管理专栏网站：www.scm-blog.com。
    - 这是我的个人专栏，写了10多年了，600多篇文章。
- 我的三本供应链管理专著。
    - 《供应链管理：高成本、高库存、重资产的解决方案》。
    - 《供应链管理：实践者的专家之路》。
    - 《供应链的三道防线：需求预测、库存计划、供应链执行》（与赵玲合著）。
- 我的微信公众号，"供应链管理专栏"，每天推送一篇原创文章。

公众号：供应链管理专栏

第二篇

管好供应商，才能管好供应链

导读

供应链是从供应商的供应商到客户的客户的价值链。供应链管理是对贯穿其中的产品流、信息流和资金流的集成管理，以把速度和质量做上去、把成本做下来，给客户的价值最大。在制造业，70% 左右的产品成本来自供应商。表面上看，供应商在赚我们 70% 的钱；实际上，供应商在为 70% 的供应链增值活动负责，供应商绩效决定了供应链的绩效。没有供应商就没有供应链，没有供应商管理也就没有供应链管理。

对供应商要有选择、有管理：选择到合适的供应商，把它管好，并让它变得更好。

（1）选择合适的供应商，也叫战略寻源，相当于生下一个健康的宝宝。

（2）管好供应商绩效，也叫供应商的后评估，相当于对孩子的后天教育。

（3）督促、帮助供应商，让供应商绩效更上一层楼，这是让孩子真正成才。

这些可进一步细化成供应商的选择与管理五步流程。

针对具体的采购项，第一步是**供应商分类**，对供应商分门别类、区别对待。分类的结果是要么供应商太多，要么太少。太多要整合，太少要开发新的。不管怎么样，都得评判供应商的好坏，这就是第二步：**供应商评估**。在评估的基础上，**选择**合适的供应商，既能满足今天的需求，也能满足明天的需求。这三步结合起来就是**战略寻源**，即找到合适的供应商。

然后是第四步：**供应商绩效管理**，统计、管理并改善供应商的绩效，确保供应商能够满足公司的需要。第五步的**供应商集成**是对于关键的供应商，让它们早期介入设计，把它们与公司的系统、流程对接，以便进一步降低成本、提高速度，改善供应链的绩效。

围绕众多的案例，本篇会从供应商管理的三大误区开始，系统介绍供应商管理五步流程，并在最后探讨如何管理关键的下级供应商，以及客户指定的供应商。

为什么要管理供应商

说起为什么要管理供应商，让我先讲个威利·萨顿的故事。在美国，威利·萨顿可是个名人。他有名，原因有二：其一，这老兄在41年的犯罪生涯中，*N*次抢劫银行，总金额在200万美元左右，从无失手，当然最后一次例外（这可是快100年前的钱，放到今天应该过亿了吧）。其二，这老兄被抓住后，记者问，“威利，你知道自己会被逮住，会坐监牢，那你为什么还要抢银行？”答曰：“因为那里有钱。”这句大实话让萨顿在美国彻底成了名人。

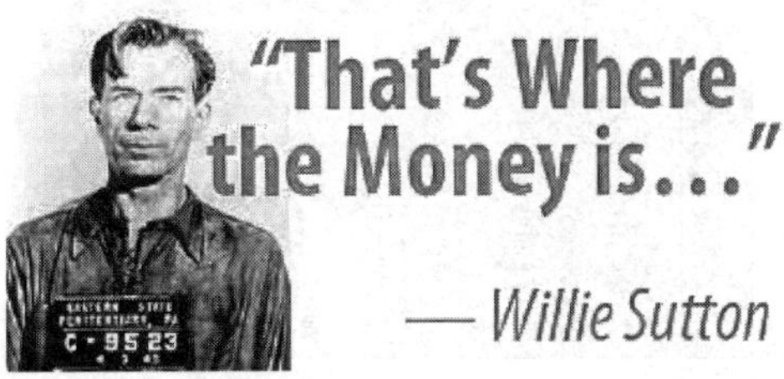

威利·萨顿（1901—1980）：美国有名的银行抢劫犯

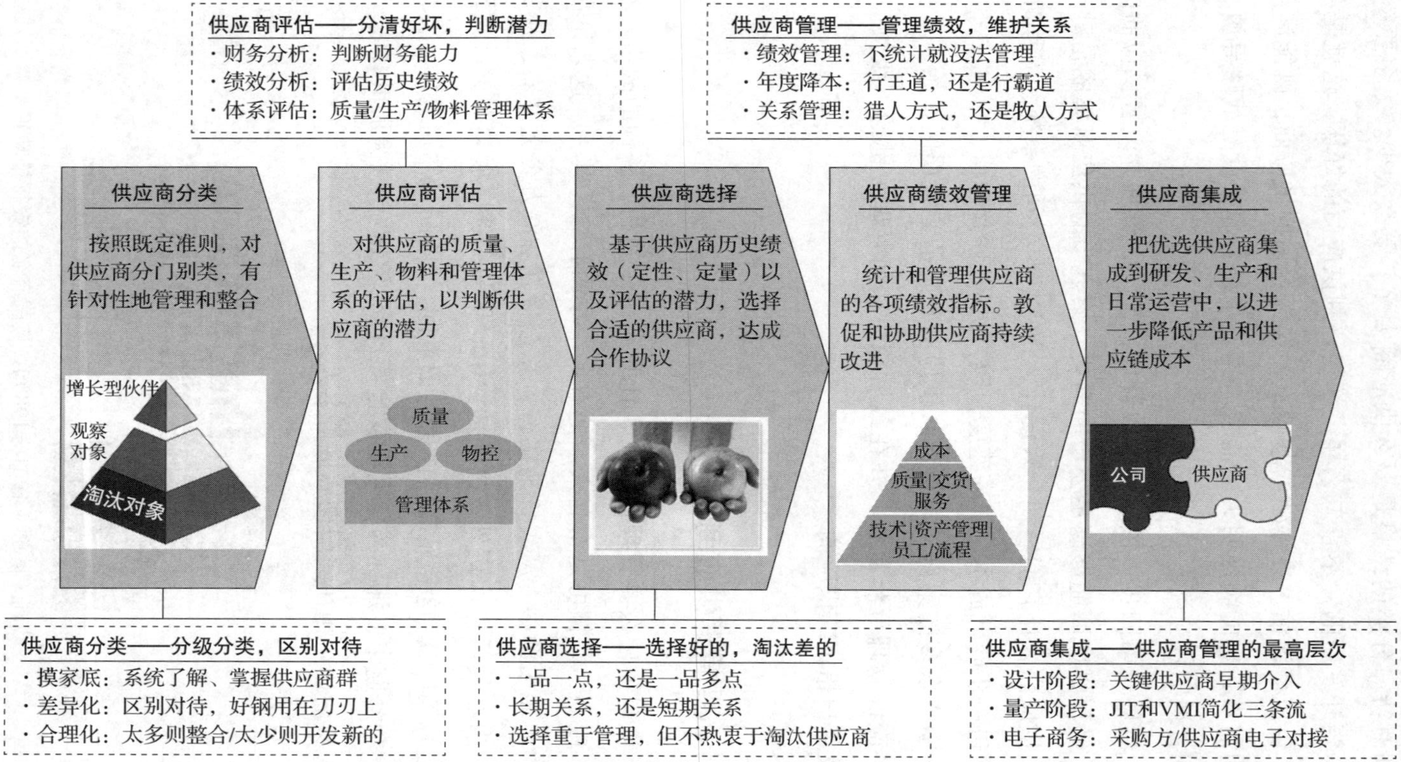
供应商评估——分清好坏，判断潜力
· 财务分析：判断财务能力
· 绩效分析：评估历史绩效
· 体系评估：质量/生产/物料管理体系
供应商管理——管理绩效，维护关系
· 绩效管理：不统计就没法管理
· 年度降本：行王道，还是行霸道
· 关系管理：猎人方式，还是牧人方式
供应商分类
按照既定准则，对供应商分门别类，有针对性地管理和整合
增长型伙伴
观察对象
淘汰对象
供应商评估
对供应商的质量、生产、物料和管理体系的评估，以判断供应商的潜力
质量
生产
物控
管理体系
供应商选择
基于供应商历史绩效（定性、定量）以及评估的潜力，选择合适的供应商，达成合作协议
供应商绩效管理
统计和管理供应商的各项绩效指标。敦促和协助供应商持续改进
成本
质量|交货|服务
技术|资产管理|员工/流程
供应商集成
把优选供应商集成到研发、生产和日常运营中，以进一步降低产品和供应链成本
公司
供应商
供应商分类——分级分类，区别对待
· 摸家底：系统了解、掌握供应商群
· 差异化：区别对待，好钢用在刀刃上
· 合理化：太多则整合/太少则开发新的
供应商选择——选择好的，淘汰差的
· 一品一点，还是一品多点
· 长期关系，还是短期关系
· 选择重于管理，但不热衷于淘汰供应商
供应商集成——供应商管理的最高层次
· 设计阶段：关键供应商早期介入
· 量产阶段：JIT和VMI简化三条流
· 电子商务：采购方/供应商电子对接

相信现在你知道为什么要管理供应商了。在制造业，70% 左右的产品成本来自供应商。对于零售、贸易、电商，这个比例只会更高。这就是说，假定产品成本是 100 元，大概 70 元是支付给供应商的。表面上看，供应商在赚我们 70% 的钱；实际上，他们在帮我们做 70% 的活儿，对那么多的供应链增值活动负责。

供应商与供应链只有一字之差，供应链的绩效直接取决于供应商的绩效。离开供应商管理，供应链管理就无从谈起。所以，供应商不是简单的持币购物的对象，而是供应链的重要构成，需要更深入的管理。而采购呢，表面上是在花企业 70% 左右的钱，更重要的是在选择和管理供应商，是供应链管理的核心力量，对那 70% 左右的供应链增值活动负责。

有一次，我服务一个百亿规模的制造商，给他们培训采购与供应链管理，发现他们有七八十个采购员，平均工作经验只有两年多，很多是大学刚毕业。而他们的供应商呢，很多战略供应商都在海外，规模大，技术优势明显，供应链管理难度高，供应商关系复杂，不是这样的年轻团队所能应对的。供应商呢，基本上处于没管理的状态：交期长，价格高，质量也不稳定，整个采购团队疲于应付，催货成常态，按下葫芦起了瓢。

这个公司的董事长很年轻，70 后，白手起家。当我解释了为什么不能忽视这 70% 的增值活动，为什么这样稚嫩的团队无力负责这么重要的业务时，他理解了，当场拍板招聘 10 个更资深的采购经理。在四线、五线城市，10 个采购经理的成本每年也就三四百万元，而这 10 个人到位了，在那 40 亿元的采购额中挤出一滴水，一年可要省不少钱，还不要说供应商交付、质量和服务上的绩效改进。

这后面，其实也反映了一个共性问题：在很多本土企业，采购长期以来被视为持币购物，是一个花钱的职能，得不到足够重视，也就没有足够的资源来管理供应商，让供应商成为供应链的短板。随着本土企业的全球化，供应商和供应链也在全球化，管理难度上升，这个问题只会越来越突出。

供应链全球化，要求更好地管理供应商

在传统经济时代，供应商主要都在本土，集中在同一个行业，供应链的可见度高、可控性强。在过去的三四十年内，供应链在不断地全球化，变得更为复杂。就拿大家熟悉的电子产品来说，加工、组装大多在中国大陆完成；关键元器件主要来自我国台湾、日韩和欧美；为元器件厂商提供生产设备的供应商集中在美日欧；给设备厂商生产零部件的供应商则遍布亚洲和北美。这是个典型的全球供应链。作为全球工厂，本土企业不可避免地成为全球供应链的关键一环，成为全球资源的集大成者。

伴随着全球化和技术发展，供应链的跨度、长度在增加，可见度和可控性在下降，受自然灾害、政治危机、金融风暴的影响也就更大。例如 2008 年金融危机后的芯片短缺，2011 年日本地震后电子元器件的短缺，在很多人心中想必还历历在目。2016 年以来的关键元器件短缺，虽然大多在 2018 年已经缓解，但有些器件还在困扰众多的企业。

此外，在技术相对成熟的行业，供应商经过一轮又一轮的整合，议价能力增加，管理难度上升。在技术驱动的行业，技术越发展，专业分工就越细，供应链也就越长，越难管控。所有这些，都让简单、直观的供应链变得更复杂，客观上也要求公司加强供应商管理，以有效管理供应商资源、控制供应链的风险，如图 2-1 所示。

随着供应链的全球化，供应链中断的风险在增加，危害也更大。佐治亚理工学院有一个研究项目，搜集了 885 个有过供应链中断事故的上市公司，比较中断前一年和中断后两年的公司绩效。研究结果表明，无论是销售额、股价还是营业利润，在供应链中断后都受到严重影响（如图 2-2 所示）。而造成中断的主要原因是供应商没法供货，不管是因为天灾人祸，还是财务金融危机。如何系统地识别、管理和控制供应商风险，从而降低供应链中断的可能和风险，上升到很多公司的议事日程。

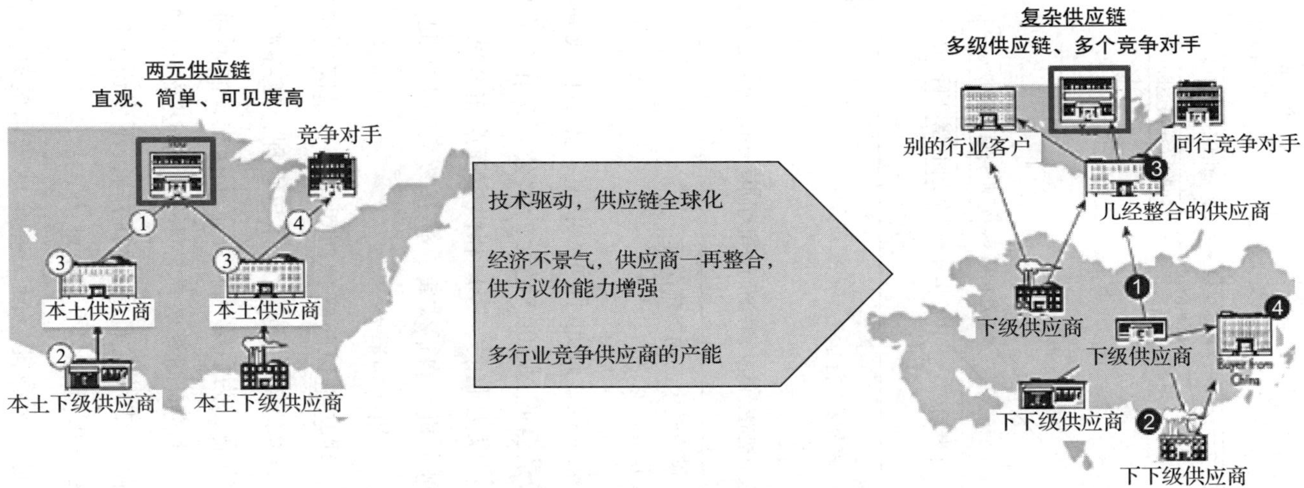

可见度高

① 地域接近，容易了解供应商的动向

② 下级供应商有限，容易监控

可控性强

③ 供应商行业集中，增加采购方的控制能力

④ 竞争对象有限，短缺时可能影响供方市场

可见度低

❶ 跨地域分布，降低了供应商的可见度

❷ 多层下级供应商，监控难度大，监控成本高

可控性低

❸ 供应商数度整合，供方议价能力增强

❹ 面对别的行业的竞争对手，难于影响供方市场

图 2-1　供应链的全球化要求供应商管理

资料来源：Corporate Executive Board.

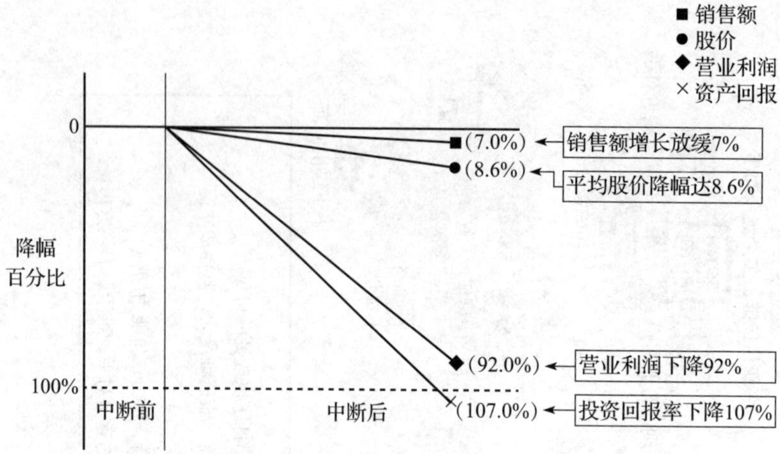

备注：佐治亚理工学院的研究方法
- 调查样本数量：885个上市公司，跨及多个行业
- 中断前为1年前、中断后为2年后的绩效
- 中断包括零部件短缺、生产问题等
- 为控制经济和行业影响，研究人员把遭受供应链中断的公司与同样大小、没有遭受影响的公司比较

图 2-2　供应链中断的影响深远

资料来源：Operations Executive Board.

几年前，有三个大型本土企业，通过不同的渠道，先后向我问起供应链风险的管控。它们都是营收过 1000 亿元的大公司，在各自的行业举足轻重。问题也一样：家大业大，客户和供应商遍布全球，任何供应链风险，不管是由金融危机、自然灾害，还是政治因素引起的，其负面影响都会被无限放大，该如何规避？

对于这些本土企业来说，供应链风险管理薄弱，不光是因为风险管理不完善，更重要的是没有系统的供应商选择与管理：在寻源上，稀里糊涂选了些高风险的供应商，为后续风险埋下了祸根；在后续管理上，没有系统的绩效管理，对供应商绩效掌控不够，没法及时探知、识别和应对供应商的绩效风险。结果就如盲人骑瞎马，不要说天灾人祸，就是对一般的供应链风险，也没有多少抵抗能力。

这三个本土企业问我，是希望我能空降一些全球公司的好点子，点石成金。但如果没有扎实的供应商选择与管理，多好的风险管理也只是纸上谈兵。这就如你想长寿，就在长生不老药上打主意，却不愿吃饭一样。

有一次，我在北京乘出租车，见到的哥在车上供着如来、观音、财神三尊神像来保平安，但就是不系安全带，犯的也是同样的错误——供应商的选择与管理就是供应链风险管理的安全带。

供应商管理是保持、提高供应商绩效的关键

是个企业都知道，选择合适的供应商至关重要，所以把大约 60% 的时间用在战略寻源上。但是，供应商选来后，后续的管理不同，结果却大不相同。很多公司是有选择、没管理，后续的绩效管理很薄弱，甚至是没有绩效管理，结果是供应商绩效每况愈下，战略寻源阶段的成果迅速消失，如图 2-3 中的①所示。这就像你考上大学后，刀枪入库，马放南山，把那些书都给烧了，三个月后让你再去考大学，还能考上吗？六个月、一年后呢？只能是越考越糟。

那怎么才能让你随时考得上大学？很简单，就是继续“考试”——两周一小考，一月一大考，保准你把那些有用没用的知识记得牢牢的。这就是图 2-3 中②所示的**供应商绩效管理**，通过定期统计供应商绩效，及时采取改进措施，来维持和提高供应商的绩效。但“考试”的效果有限，就如体育运动中不能以赛代练：考试可以维持成绩，或许可以提高些许，但能不能让一个三本的孩子考进清华、北大？不可能。你得教给孩子点新东西，这就是图 2-3 中的第③种情况，即在**供应商协作和集成**上下功夫。

供应商协作和集成是从供应链的角度出发，督促和帮助关键供应商，通过精益生产降低生产成本，通过电子商务降低交易成本，通过价值工程 / 价值分析来降低设计决定的成本。三管齐下，进一步把产品和供应链的总成本降下来。

对关键供应商而言，早期介入我们的新产品开发，吃了很多苦，受了很多罪，但也练就一身本领。

就拿我的老东家来说，现在一家营收 100 多亿美元的半导体设备制造商，之所以能够成为行业的标杆，就跟当年上了 IBM 的船，跟 IBM 合作开发有关：直到今天，IBM 一直是半导体技术上的领头羊。我的老东家跟 IBM 合作研发，为满足 IBM 的要求，吃了很多苦，受了很多罪，克服了众多挑战，同时也成长为这个领域的佼佼者。

苹果的供应商也是。以前乔布斯在发布新的 iPhone 时，台下经常有供应商的老总失声痛哭：为了达到苹果的严苛要求，供应商不知吃了多少苦。但同时，成为苹果的供应商也意味着很多，这也为成为华为终端、OPPO、vivo 和小米的供应商扫清了道路。

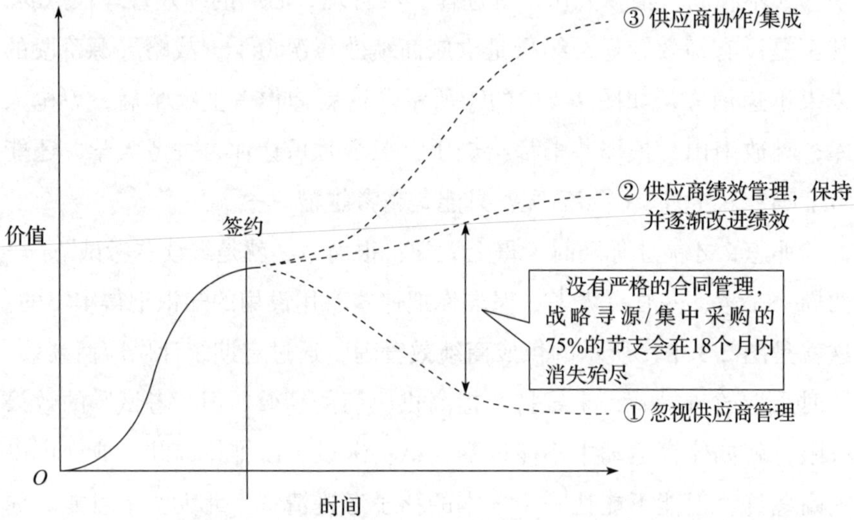

图 2-3　后续管理不同，供应商绩效也大不同

资料来源：Operations Executive Board.

再想想，一个优秀的供应商是怎么养成的？鲜有例外，都是跟要求最高的客户长期合作的结果，是供应商管理、协作、集成的结果。很多企业习惯性地抱怨现有的供应商不够好，一直在找新供应商。可别忘了，**你是没法光通过选择得到好供应商的；你还得通过管理，特别是对关键供应商的深度协作、集成来开发好供应商**。这点我们后面还会讲到。

过去成十年里，很多本土企业都进行了集中采购和战略寻源，取得了显著的降本成绩，证明了采购的价值，但同时也提高了公司对采购的期望。战略寻源和集中采购是一次性降本活动，比如当集中采购到一定程度，你就没法继续靠集中采购额来大幅降本。那更进一步的降本从何而来？公司必须得走上图 2-3 中③的路，即通过供应商协作和集成，推动高阶段降本，把成本拿掉以降价。

图 2-4 是一个汽车行业的例子，形象地说明了供应商协作和集成的价值。这个例子摘自戴维·尼尔森的书，它量化了图 2-3 中三种不同的供应商管理。在这个案例里，尼尔森选择一组汽车零部件，统计对象为日美的主要汽车生产厂商，分析其采购价格在 1992 年到 1998 年间的变化。对于供应商管理差的公司来说，供应商把通货膨胀等都转移给采购方，6 年间价格上升近 17 个百分点；供应商管理较好的公司能够部分遏制通货膨胀，但价格也上升 7 个百分点；而供应商管理一流的公司呢，除了能击败通货膨胀外，还能降本 18 个百分点。从最好到最差，最后的价格相差 35 个百分点，对这组零部件来说，意味着 10 亿美元的节支差距。

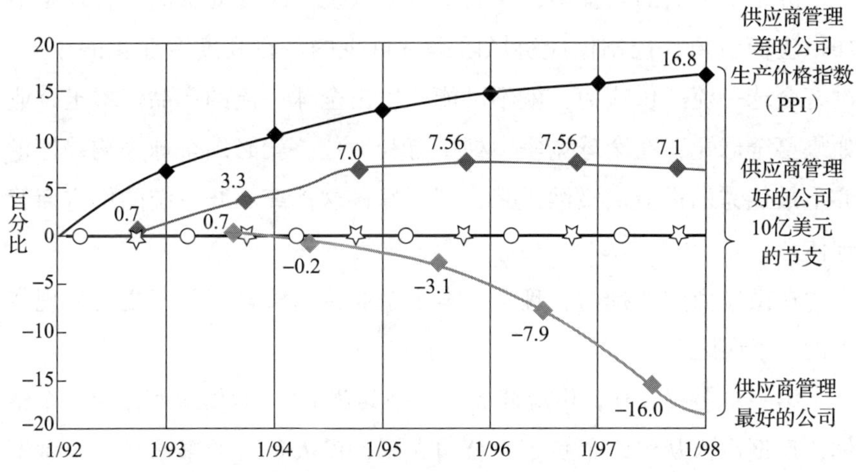

图 2-4　三种不同的供应商管理，三种不同的绩效

资料来源：*The Purchasing Machine* 一书，Dave Nelson 等著。

在美国的采购和供应管理界，尼尔森是元老级人物。作为供应管理协会（ISM）的前主席，他先后供职福特、本田美国、迪尔、德尔福等公司。当他负责本田美国的采购部时，本田美国获得了美国《采购》杂志评选的“采购金牌”。本田美国获奖，主要得益于其一流的供应商开发和绩效改进，这个案例说的就是这点。

在这里，尼尔森也证明，日美的管理方式不同，供应商的结果也截然不同。案例中供应商管理最好的公司是一个日系车厂。该车厂强调供应商开发，即督促和帮助供应商系统提高质量、生产和管理体系，消除浪费；推进价值工程、价值分析，优化设计，从根本上降低成本，从而得以降低价格。这是深层次的供应商管理，要求双方深度合作、集成。

而美系车厂呢，长期以来与供应商敌意浓厚，相互防范，采购降本手段单一，主要是通过谈判降价，做利润转移的游戏。长此以往，强制压价使得双方关系势同水火，供应商利润薄如刀刃。底特律的三大整车厂，尽管刮净了供应商的最后一个银圆，但还是没法和日系车厂竞争，通用和克莱斯勒的相继破产，也是意料之中的事。

讲完了上面的几幅图，我们明白，系统、深度的供应商管理是增加供应商价值、控制供应链风险必不可少的。在高度专业化的今天，没有全球一流的供应商，就不可能开发出全球一流的产品。本土企业如果要全球化，在全球竞争中处于有利地位，就必须全球采购，把世界上最优秀的供应商吸纳进来、管理好，这都离不开系统的供应商管理体系。

在供应商的选择与管理上，本土企业普遍管理粗放，主要表现在下面三个误区上。

第一，多权分立，供应商成了“公共草地”，对供应商作为一个整体，反倒没人从组织上负责。公司大了，没人负责的事情是注定做不好的。

第二，有订单管理流程，没有供应商的选择和管理流程，导致供应商要么选不好，要么管不好，“有教训，没经验”，供应商绩效不保。

第三，有料号、项目层面的小优化，没有供应商层面的大优化，一直在找新供应商，供应商越来越多，规模效益不断丧失。

我们接下来逐一分析这三大误区，以及如何应对。

多权分立，供应商成了“公共草地”[㊀]

1968 年，环境经济学家哈丁发表了《公共草地的悲剧》一文，分析公共草地为什么长不好：人们毫无限制地在草地上放羊，人人都向草地索取，但因为是无主财产，所以没有人来维护，必然造成草地退化。

你看图 2-5，左边的海地奉行的是某种程度的公有制，山是大家的，结果山上连草都不长；右边的多米尼加是私有制，山是有主人的，瞧，树长得多茂盛。这是只有一沟之隔的两块山坡。

海地　　　　多米尼加

图 2-5　一沟之隔，多米尼加的有主山地保护良好，海地的公共山地光秃秃

资料来源：rudhro.wordpress.com.

那怎么办？很简单，就是给公共草地找个主人，即便是恶霸也比没主人好。比如一个恶霸占领了草地，坐地收钱，让来放羊的人都交点钱。作为草地的主人，这人自然会考虑市场需求，制定适当的价格，

㊀ 这部分最先发表在我的《供应链管理：高成本、高库存、重资产的解决方案》一书中，有修改。收编在本书，主要是为了体系的完整性。

让足够多的人来放羊，从而使他的收入最大化；为了长久维持收入，他自然会维护保养草地，这公共草地就绿起来了，给社会的效益反倒更大。退一万步，即便管不好，草地退化了，这也没有更坏，公共草地的结局注定不就是这样嘛。

但这跟我们管理供应商有什么关系？

我们知道，在供应商的选择与管理上，质量负责品质问题，设计解决技术问题，采购对付商务问题，三大职能互相支持，互相制衡，是良性的“三权分立”。但是，为了预防供应商相关的贪腐，很多公司就继续分权，比如在采购部里，有一个组专门负责寻源、找新供应商，第二个组专门负责谈价钱、谈合同，第三个组专门负责核价，第四个组专门负责管理供应商，第五个组专门处理订单，第六个组负责验收，再加上负责技术的设计、负责品质的质量、负责合法合规的审计，以及负责支付的财务，就是典型的七权、八权、九权、十权分立。

多权分立的结果是，对供应商作为一个整体，谁也不负责，供应商就成了公共草地。

于是，人人都找供应商的麻烦，拿到自己想要的。比如核价的只管砍价，处理订单的只管催货，设计要求供应商免费打样，财务不按时付款，连仓库也巧设名目，不给好处，就在来料验收上给供应商穿小鞋。但供应商受了委屈，合理的诉求得不到满足，却没人替它们出头：去找寻源，寻源的说，我的任务是只把你引入，量产阶段的事我管不着（而且不能管，否则我的权力过大，有悖分权的初衷）；找订单处理，采购员们说我们只负责发送订单，商务关系不归我们管；找所谓的“供应商管理”部门，那几个人说他们只负责汇总绩效，出一些不痛不痒的报表，实际的管理工作不归他们。

是啊，多权分立就如“铁路警察，各管一段”，而且不设总协调，就是希望避免出现强权职位，以及相应的贪腐。你现在如果超出自己的职权范围，人家还怀疑你拿了供应商的好处呢。但多权分立的恶果有二：**一是采购方没法形成合力，在与强势供应商的博弈中，容易被**

各个击破，保证不了公司的应得利益，这在后面还会讲到；**二是把供应商变成了公司的“公共草地”，供应商的合法权益得不到保护，不得不通过非正常渠道找靠山，反倒系统地造成腐败**。

作为公共草地，供应商的命运就是被“沙化”。为了生存，供应商只有两个选择：要么不跟你做生意，优质供应商淘汰劣质客户；要么找个靠山，把自己变成“有主人”的。两种情况，对采购方都不利。

先说不做生意。这主要适用于那些优质供应商，它们选择多，有条件淘汰劣质客户，结果是公司流失了优质供应商。劣质客户加劣质供应商，公司和供应链就失去了竞争力。

再说找靠山。什么样的人会成为靠山？要么是管理层，要么是技术强人。无利不起早，没有好处的话，这些“靠山”凭啥替供应商出头？所以找靠山的过程就是个贪腐过程。拿人钱财，与人消灾。这些靠山们本来就是些胳膊粗、拳头大的主儿，能够影响公司决策，而且在暗处，更难监督，就做了很多有利于供应商，但不利于企业的决策，更大的腐败就是这样来的。

可以说，多权分立对制衡“小采购”还是有点用。但是，前门驱虎，后门进狼，却产生了更大的腐败。不信，你去查一下，看哪个多权分立的公司根治了供应商相关的腐败问题？

那怎么办？解决方案就是**设置专门的职位，对内负责协调各职能，对外代表公司维护供应商关系**。在北美企业，商品经理、品类经理、供应商关系经理等就是这样的职位。这样做的好处是多方面的。**一方面，供应商的合理诉求有专人负责，背地里找靠山的情况就减少，客观上减少了腐败；另一方面，这个职位利于公司内各职能形成合力，一致对外，保护公司的应得利益**。这对管理强势供应商尤其重要——强势供应商难于管理，一大原因就是技术、质量和采购形不成合力，让供应商各个击破。

不过话又说回来，这个职位的权力过大怎么办？**权力大并不可怕，可怕的是没有约束的权力**——没有约束的权力必然导致腐败。而这约束呢，就得从供应商的寻源流程与绩效管理体系说起。

这里拿我个人的经历为例。十几年前我刚到硅谷，第一份工作是管理供应商。作为供应商业务经理，我对供应商的整体绩效和管理负责，却不存在权力过大的问题：在供应商选择方面，公司有完整的选择流程，留给个人的发挥余地很小；在供应商绩效管理上，公司有健全的系统，能及时反映供应商的绩效。

比如在供应商选择上，供应商必须通过公司的质量、生产和物料管理体系评估，每个评估都有七八十个问题，每个问题都有相应的打分标准，由三个不同的职能来打分，作为供应商选择的基础。供应商必须达到最低标准，或者有清晰的改进方案，才能成为公司的供应商。这些措施有力地限制了供应商业务经理的个人权限。

另外，即使我干了坏事，对设计、质量施加影响，选了不合适的供应商进来，却很难过后续的绩效管理关：在我的老东家，每一周，我们都会回顾供应商上一周、上四周和上一季度的绩效；我选的供应商绩效不达标，那就上了高层的雷达，我得给高层解释，为什么我选择了按时交付只有 35% 的供应商，我在采取什么措施，把它提高到 95%；第二周还是 30%、40% 的按时交付，我得继续解释，继续改进；第三、第四周的绩效还没有实质性改善，公司就开始怀疑我；第五、第六周，公司已经在调查取证；第七、第八周，他们已经把我移交法院了。

我的老东家之所以能这样做，是因为有细致的供应商绩效管理。比如，对于每一个订单的每一行，采购员都确认交付按时还是不按时，质检人员都会确认质量合格还是不合格，累计起来，就能相当**客观**地得到供应商的按时交付、质量合格率等绩效数据。但在那些管理粗放的企业，这些却是没法做到的。

比如问那些管理粗放的企业，你们统计供应商的按时交货率吗？我们当然统计啊。怎么统计？我们打分。多久打一次分？每个季度或半年。想想看，如果我问你，两个月 29 天前的那票货，供应商是按时还是不按时，你这分怎么打？你只会瞎打——你根本记不住那么久的事儿，也记不了那么多的事儿。于是，如果分打得高，采购就据为自己的功劳，拍着胸脯说，瞧我选的供应商多好；如果分打得低，采购就跳脚了，说我的供应商每次都按时，就是因为前天那颗螺丝钉晚了 3 分钟，你就给它不及格，不公平！告到老板那里，老板也没办法，主观打分就这样。

供应商绩效中，按时交货率可以说是最直观、最简单的了，都没法**客观**量化，质量等指标就更不用谈了。没法客观量化的就没法管理。这就是为什么在有些公司，人人都知道供应商有问题，大家都知道那供应商是谁选的，但就是没法证明，因为没法**客观**量化绩效，证明这供应商有问题。就这样，劣质供应商成了秃子头上的虱子，人人都看得到，却没法捉，除非这供应商弄出大事来，比如把油罐车什么的给搞爆炸了，出了严重的安全、质量事故，这才一竿子捅到底，抓出一堆贪腐分子来。

现在你看出区别了：供应商经理这样的职位，在管理相对完善的全球企业（注意，这里的前提是“相对完善”，有些全球企业的管理也是同样很粗放），敢于干坏事的概率就比较低，因为系统、流程相对完善，供应商绩效可以相对**客观**地统计，企业能够通过**结果**管控员工行为，所以在过程管控上就松点；在管理粗放的企业，贪腐的风险就相当大，因为系统、流程不完善，绩效没法有效**客观**量化，没法有效地通过结果约束员工行为，就只能通过**过程**管控，而多权分立、人盯人就是过程管控的集中体现。

我访问过很多企业，有些连 ERP 都没有，绝大多数没有供应商管理系统（SRM），供应商相关的绩效数据就很难统计、汇总。这是个信息系统问题。即使有了信息系统，员工还得做那些事，比如围绕每个订单的每一行，把那一件件事儿做了，搜集、整理相应的数据，这是个流程问题。要知道，在管理精细的企业，相当一部分资源花费在数据统计上——企业大了，不统计就不知道，不知道就没法管理。

所谓的科学管理，是基于数据的管理；所谓的科学，是能够证伪的，而要证伪，就得能够客观统计结果。科学对应的是粗放管理。在管理粗放的企业，大家只知道干活，而不知道统计：在系统层面，信息系统能力有限，不能有效支持数据收集；在流程层面，员工也没有花费资源来统计**订单**层面的绩效。注意，这里说的是“订单”层面：订单是供应链绩效统计的基本单元，是客观统计必须要达到的层面。

为什么要花很长篇幅讲这些呢？供应商相关的贪腐是个大问题，非常大的问题；为应对贪腐问题，企业不得不花费很多资源；多权分立是常见的举措，而这又造成没有专人对供应商整体负责的局面——没有专人负责的事情是做不好的，直接决定了供应商选不好、管不好。你现在看得出这一系列问题之间的关系了吧。

在我看来，**供应商相关的贪腐是管理能力不够，没法有效约束跟供应商打交道人员的行为**。这表面上看是个组织行为问题，其实更多地跟系统、流程有关：管理能力是组织、系统、流程的组合，后两者的能力不够，企业就习惯性地通过组织措施来应对；但组织措施的边际效益递减，从三权分立到七权、八权、九权分立，不但根治不了供应商相关的贪腐问题，而且造成更多别的问题。这里的短板是系统、流程：企业得构建基本的信息系统，员工得按照流程来操作，每一步都搜集合适的数据，力求客观地度量结果，通过结果来有效约束员工行为。

这道理看上去简单，但很多企业不懂，所以就在组织措施上一条路走到黑，下面的“董事长半夜批订单”就是典型的例子。

案例 董事长半夜批订单[㊀]

2016 年 7 月，我在上海会见一位主管采购的副总。这是一家几百亿元规模的企业，在全国多地都有工厂。由于多年的高速发展，系统、

㊀ 这个案例选自我的《供应链管理：实践者的专家之路》一书，机械工业出版社于 2017 年出版。为了内容的完整性，收编在本书，并做了修改。

流程建设跟不上业务的需要。表现在采购领域，就是廉政问题不断。董事长病急乱投医，先是把采购人员一年一换，没解决问题；于是就集中采购，把主要的采购权都集中到总部，还是没解决问题；最后董事长亲自上阵，审合同、签采购订单（超过一定金额的）。

想想看，这个公司每年百亿级的采购额，有多少合同要审，有多少订单要签啊！这不，董事长有时候签字到凌晨3点，采购副总签到凌晨1点——现在办公自动化，谁审批的，什么时候审批的，系统里都能看得清清楚楚。

作为一个供应链职业人，你知道董事长的举措都是问题多多。

先说采购一年一换。你知道，这对延续性来说是灾难，注定供应商层面难以形成长远战略，决定了供应商的选择、管理和绩效不到位。当然，轮岗对于职业发展有帮助。至于防止贪腐呢，你不用是个MBA就能知道，作用有，但非常有限。从常识的角度想想，屋子里晚上钻进来一只蚊子，喝饱了你的血，你不会傻到第二天赶走老的，再放进来一只新的吧。

再说采购权的集中。我们都知道，集中采购在获取规模效益的同时，也带来诸多负面影响，比如对业务的需求没法及时、有效响应，影响到各地的分公司、工厂的灵活性。对于管理粗放的企业来说，集中采购制造的问题往往比解决的更多。集中到极端，董事长事必躬亲，审合同，签订单，势必成为最大的瓶颈，让响应速度更慢。

这些弊端，想必董事长也是知道的，那为什么还要这么做呢？我想原因很简单：董事长不知道问题的根源在哪里，病急乱投医，所采取的措施自然就不到位了。

让我们退后一步，仔细审视这里的问题。表面上看，问题是采购贪腐，其实是因为采购的系统、流程能力不足，没法有效约束组织行为，控制员工贪腐的风险。或者说，**表面上看，贪腐是个行为问题；实质上，贪腐是个能力问题**。这就是为什么相对而言，跨国企业的贪腐问题最轻，民企次之——跨国企业的管理能力总体最高。不管是哪个国家，政府机构的贪腐一般都要比企业严重，因为在整体水平上，政府管理一般都不如企业强。同理，越是封闭的行业，贪腐越严重，因为越是封闭，管理能力越薄弱。

要改变行为，就得改变能力。跟我们前面分析的一样，这里能力的短板是系统和流程：**系统和流程没法有效地、客观地统计结果，企业就没法通过结果来管控员工，于是就只能通过组织措施和流程监控来弥补，比如频繁轮岗、集中采购、多权分立人盯人等。**这就又回到能力建设上：**能力要从组织、流程和系统三位一体的角度来改进，**三者之间要相互配套。

这也是为什么同样的组织措施，在一些全球企业起作用，但在有些本土企业就不起作用。人们习惯性地归咎于文化、大环境，其实跟文化和大环境没有什么关系；我们要在系统、流程的能力不配套上找根源。企业如此，国家也是。这也能够解释，为什么同是民主制度，越是落后的国家，越是落后的地区，腐败问题就越严重：这些民主政治的组织措施都差不多，比如分权制衡等；越是落后，系统和流程的力量越是薄弱，相同的组织措施所达到的效果就越有限。

作为公司的老总呢，系统、流程的能力不足，就习惯性地用组织措施来弥补。这是人们的自然选择——组织措施因为实施起来成本低，所以就被广泛采用，甚至滥用。就拿采购来说，有些公司的采购一年一换，采购只能由本地人做（“跑了和尚跑不了庙”），采购权集中等措施，就一项一项地出台了。但**能力的短板不在组织，而在系统、流程。**系统、流程的能力不改变，组织措施的边际回报越来越低，注定会继续产生问题，只不过是发生在不同的人身上，比如由分部转移到总部，由操作层转移到管理层，由采购转移到技术、质量。于是，继续在组织措施上下猛药：老总亲自上阵批合同，签订单。结果不说你也是知道的，无论管多么细，就像那些国营企业一样，连每顿点几个菜都规定得很清楚（组织措施），而腐败问题却是一年胜过一年。

也不是老总不愿意投入资源：是他的企业，他当然愿意，自己审合同、签订单到凌晨3点就是明证。这里的关键呢，是他不知道问题的根源，不理解资源应该投入到哪里去，是个“知不易”的问题。而一旦知道问题的根源，行动其实不难。就拿采购贪腐来说，健全系统，提高系统的能力就是解决方案的一大部分。在系统的基础上，强化流程，比如采购员都按照流程，对每一个订单的每一个料号、每一行都严格采集数据，维护数据的准确性，就跟一些跨国企业做的一样，提高数据的质量，增加决策中的客观因素，并且能够通过结果来约束员工的行为。

最后，**董事长不懂这些不是真正的问题，真正的问题是职业经理人不懂**——作为采购和供应链领域的专家，职业经理人没有把这些问题想通、想清楚，也不知道正确的解决方案在哪里，自然就没法解释给老总们。说白了，还是个“知不易”的问题。知道了问题的根源，解决起来其实并不难——只要我们投入资源，我们总可以做得更好，至少比以前做得好。

小贴士 根治采购腐败，光有分权还不够

我很少涉猎采购腐败的话题，一方面因为我的职业经历主要在北美，没接触到多少采购腐败的情况；另一方面，腐败貌似制度性问题，跟我提倡的流程、系统改进似乎没多大关系。不过，几年前与一个公司的董事长的一席谈话，改变了我对根治采购腐败的看法。

这是一家制造企业，上市公司，50多亿元的市值，带着浓厚的家族企业的味道。他们的采购总监找到我，说董事长想谈采购方面的咨询业务。见了面，董事长张口就问采购腐败怎么根治。这有点突兀，就根治腐败来请咨询公司，似乎还真不多见。不过很快我就明白了他的意思：在他看来，根治腐败是采购最重要的问题。用他的话说，如果不能解决腐败问题，采购改进就无从做起。

那这采购腐败究竟如何根治？我说得从权力分散和制衡入手。比

如在北美，有些建制完善的公司往往把寻源、采购和付款分散到三个不同的部门：寻源部门负责找合适的供应商，制定合格供应商清单（AVL）；在具体的采购业务上，采购部门向多家合格供应商询价，货比三家，择优录用，却无权调整合格供应商清单（AVL），增加或减少供应商；而付款则归财务部门，确保请购单、验收单和供应商发票三单相符才付款，却既无权选择供应商，也无权授予任何供应商生意。

董事长说，这是常识，他都知道。而且分权制似乎只能用在跨国公司里，到了本土公司，防治贪腐的效果看上去不是很好。他所在的行业又是那么与众不同（不过话又说回来，听谁说过自己的行业不独特），这分权制就更难说适用了。我解释道，好的实践其实并不局限于地域、行业，就如人要活着，就得吃饭、睡觉，不会因为你是白人、黑人，或者中国人、印度人就有不同。寻源采购的分权，就如美国的三权分立，是把权力关在笼子里，防止腐败的根本做法，是采购管理上的一个基本实践。

这并没有说服这位董事长。我想凭直觉，他知道寻源、采购和付款的三权分立并不能根治采购腐败问题。他没有从广义上反驳，却举出一个极端的例子来：如果供应商把寻源、采购与财务三个部门都搞定，那不照样腐败嘛。我反驳道，一般行业里，供应商就那么几个点的利润，搞定一个部门，就耗掉很多利润；搞定两个部门，估计就所赚无几；搞定三个部门，八成要亏本：代价这么大，理性的供应商不会这样做。别忘了，市场经济的基本假定是人是理性的：杀头的事儿有人干（如果有利可图的话），赔本的买卖没人做。

不过我自己也是心里犯嘀咕：本土企业中，采购三权分立的可不鲜见，尤其是一些大型国企、央企，采购分权制度挺严，层层审批、层层把关，看上去天衣无缝，却从没听说过哪个公司把采购腐败给根治了。这问题出在哪里呢？

这些年我一直在想这个问题，断断续续，慢慢想通了。这问题的**根源不在组织，即分权制；而在管理，即供应商选择和绩效管理上：**

供应商选择没有系统的做法和流程，留给寻源经理的决策空间太大，除了没法确保寻源的质量外，也为寻源经理腐败创造了客观条件；供应商绩效管理不完善，没法系统、及时地反映寻源和采购决策上的问题，结果使得腐败分子能够长期隐蔽，也使通过非正当途径进来的不良供应商没法因为绩效问题而被及时淘汰。

很多公司的寻源是“跟着感觉走”：打几个电话，发个简单的问卷，供应商填了，采购方派几个人去趟现场，生产线上看一下，吃顿饭，这寻源工作就算完成了。做得较好的公司会派技术人员人去，一般公司要派也是派几个文科性的采购人员，既不懂质量，也不懂生产，更不懂技术。评估本身没有流程、没有标准。或者有标准，有供应商准入的“门槛”，但假大空，既不是充分条件，也不是必要条件[㊀]，没法真正判断供应商的优劣，指导供应商的选择工作。这就给人为操作留下余地。供应商当然也清楚，除了把生产现场整理得井井有条、给客户一个好印象外，就在招待和歪门邪道上下功夫。这不，腐败从寻源的根子上就开始了。

寻源的核心是供应商评估，即对供应商的技术、生产、质量和物料管理体系等进行系统评估。过去我做寻源评估的时候，现场评估一般都是三人小组：供应商质量工程师负责评估供应商的质量管理体系，供应商开发工程师负责评估供应商的生产控制体系，我承担寻源经理的职责，负责评估供应商的物料管理体系。每一块都有详细的评估清单，几十上百个问题，每个都有明确的打分标准，先让供应商自己打分，然后我们现场逐项打分，最后汇总每一块的得分。对于不达标的

㊀ 对于“既非充分条件，也非必要条件”的“门槛”，让我来举个例子。有一次，一位本土名校的在职研究生找到我，希望我做他的校外导师。他的选题也是我的兴趣点之一，相关方面的工作我在硅谷做了七八年。我就答应了。没过几天，他又联系我，说很抱歉，学校有规定，校外导师得有高级职称才行。我一直在硅谷工作，当然没有国内的高级职称，但我认为我有能力帮助他做论文；有这样高级职称的，只能是国企、央企体系内的员工，但国企、央企的整体管理水平有目共睹，能否指导论文，值得怀疑。招投标的很多“门槛”都是这样。满足条件者不一定能干活儿，不满足条件者不一定不能干活儿，既非必要，也非充分。

栏目，则会有进一步的差距分析，判断是继续改进该供应商，还是寻找新的供应商。

有些日本公司做得更细：相同的问卷，由两个人独立打分，然后逐项对比，如果对某项的打分不一致，则须进一步分析，直到达成共识为止。这种系统的评估费时费力，我当时评估一个供应商，现场就得两整天，准备及后续分析又得几天时间。但好处是以客观分析代替了主观判断，减小了人为操作的可能。例如质量最低标准是 3 分，供应商 A 的得分为 3.4，B 为 2.8，你就很难让 B 上榜而让 A 出局。

没有这样的客观分析，供应商评估就不是“从事实开始，由判断结束”，而是“从判断开始，由判断结束”，其实就是拍脑袋。大家都拍脑袋，那谁的职位高、影响大，谁就说了算，为寻源经理、技术人员左右寻源决策创造了客观条件。对不良供应商来说，只需买通关键人员即可通过寻源关，犯罪成本也较低。而在基于客观分析的寻源流程中，寻源其实也是“三权分立”，不良供应商的对手不再是个具体的人，而是一个系统，涉及多个职能，这大大增加了犯罪成本，客观上也对供应商腐败有吓阻作用。

对很多本土企业来说，由于在供应商准入、绩效管理上缺乏客观性、透明度，很多公司就在唯一客观、透明的价格上死磕。私营中小企业如此，国企、央企尤甚。国家连篇累牍的招投标规定，私营老板针对采购的种种措施，最终还是在价格二字上做文章。大家都拼价格，给不良供应商以可乘之机：在质量、交期、服务等指标难以客观统计，从而可以作假的情况下，价格总可以做得更低。采购腐败，表面上看是价格上做手脚，实质上更多的是质量上降低标准。

有订单处理流程，没有供应商的选择和管理流程

供应商管理的第二个误区是，有订单管理流程，但没有供应商的选择与管理流程。

凡是个公司，每一分钱该怎么花，都有详细的流程，比如需求什么人提，审核什么人做，订单怎么下，来料如何验收，货款怎么支付等，都有详细、明确的规定。

但是，供应商怎么选，怎么管，很多企业都没有标准的流程。比如你问那些企业，如果明天给你们派一个实习生来，你们有没有一叠文件，说看了这些文件，就知道我们作为一个企业，是如何选择和管理供应商的呢？答案往往是没有。即便有的话，写的是一套，做的是另一套，而那些流程文档呢，不过用来糊弄 ISO 认证和客户审计罢了。

没有标准的供应商管理流程，一旦有了需求，供应商的选择、谈判、签约以及后续管理就如扔骰子，怎么选、怎么管，主要取决于经办人的个人能力，供应商的选择质量和管理很难预计。比如你干过 10 年活儿，知道怎么选择和管理供应商；我刚出校门没两年，选不好、管不好供应商的概率就大多了。选不好，管不好，代价就是旷日持久的挣扎，不但是采购方，而且是供应商。这就如不合适的婚姻，双方都是受害者。

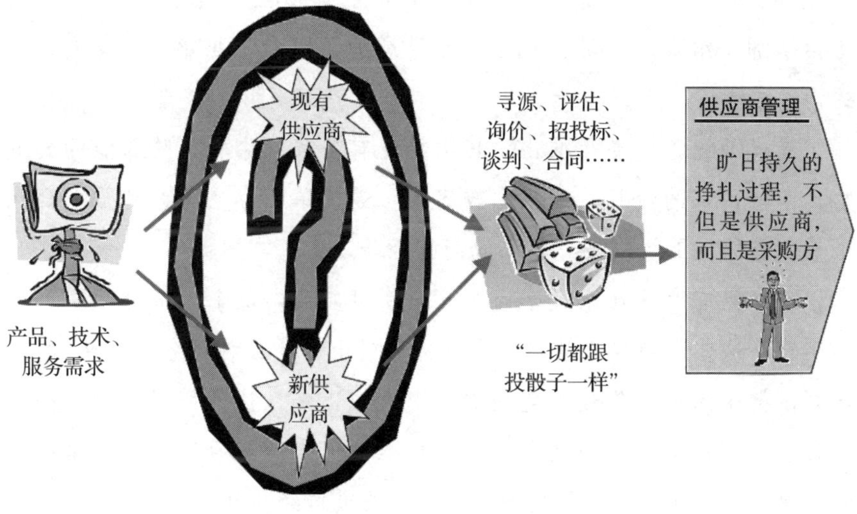

无章可循的供应商管理

要知道，流程是企业吃了很多苦、受了很多罪后变聪明的表现，是历史经验、智慧的结晶。打个比方。假定你每天下班后都走路回家，路过一个小卖部时，路上有一个大坑，你掉下去过几次后，就变聪明了，于是在流程中就写明“过了小卖部，往前30米有个大坑，你得绕道走”。有了这个流程，后来者走过时就会避免试错；没有这个流程，我们便一遍又一遍地掉进同一个坑里，成了典型的“有教训，没经验”。

供应商流程不健全，供应商要么选不好，要么管不好，就一直在淘汰与反淘汰中挣扎——没有系统的供应商选择流程，他们选了错的供应商，所以就得花很多精力来淘汰；没有系统的供应商后续管理流程，即便是选对了优质供应商，也没法有效管理，给供应商制造了太多的成本，成为劣质客户，被优质供应商逆向淘汰。

小贴士　流程的标准化困难吗

没有标准化的流程，是否意味着就没有流程？当然不是。没有流程，企业能做那么大吗？正好相反：没有标准化的流程，意味着有很多流程，每个职能，每个人都有自己的一套做法。流程多，不统一，不但增加了结果的不可预见性，而且增加了职能与职能、人与人之间的沟通成本。

流程不统一，要标准化，其实并没有多难。除非是跨职能的大流程，职能内部的流程一般都比较容易。最简单的办法呢，就是把那几个最优秀的员工找出来，整合他们的经验。

就拿供应商评估来说，面对一个新供应商，每个人都会问一系列的问题，这些问题要么放在各自的计算机上，要么装在各自的头脑里。那好，把采购部工作最出色的那三个人找出来，让他们背靠背，每人把自己常问的那几十个问题、评分标准列出来，然后把三个清单整合到一起，归并同类项，得到的就是部门的最佳经验和智慧。

从下周开始，凡是访问、评估供应商时，大家都带着这个清单，问同样的问题，按照同样的标准打分。三个月后，大家坐下来，回顾整个问题清单，看哪些问题要拿掉，哪些问题要加上；哪些标准要放宽，哪些标准要收紧。这就得到第二版。再过三个月，大家再坐下来，同样的事儿再做一遍。一年半载后，保准你有个相当不错的供应商评估流程。

在供应链的能力建设上，组织、系统问题很难在运营层面解决，因为组织变动涉及众多人，而信息系统的构建历来就没小事。唯独流程优化没有那么难，自下而上，很多流程都可以优化。甚至对于跨职能流程，也可这样整合工作层面的智慧，推动改进优化。

一直在找新供应商，供应商的“口子”收不起来

供应商管理的第三个误区是，供应商的“口子”收不起来，企业一直在找新供应商。

你到企业里，很少听到有不抱怨供应商的——抱怨的当然是现在给他们干活儿的供应商。大家的潜意识里，总觉得新供应商好。套用美国人的一句谚语，就是总觉得别人家园子里的草绿。于是，不停地找新供应商就成了采购的固定任务。

企业的运作应该追求稳定，不光是自己的员工，而且是配套供应商。无恒产者无恒心。没有稳定的员工，就没有稳定的企业；没有稳定的供应商，也就没有稳定的供应链。要想做百年企业，你就得有百年供应链。百年供应链并不是说不更换供应商，但如果你每时每刻都在找新供应商，那八成就是问题。

做到极端，有的企业甚至坚信，供应商的选择与淘汰就如一个风筒，前端不断吸入新供应商，后端不断淘汰老供应商，美其名曰“推陈出新”。供应商是“愿者上钩”，只要价格足够低，就进来；等被榨干后，就排掉，再选新的。到最后，所谓的“合格供应商清单”，在质量部门的眼里，都是些淘汰供应商。

你知道，这有问题：你买把菜刀（选择），如果光用不磨（管理），

自然就会变迟钝，不再好用了。你的解决方案呢，不是扔掉这把，再买把新的。对供应商也是，不但要有选择，而且要有管理，而不是一直依赖找新供应商。

新供应商

资料来源：www.w3mirchi.com.

老供应商

资料来源：https://fateclick.com.

选择和管理不到位，一直在找新供应商

直观地讲，频繁找新供应商，是因为老供应商没法满足我们的需求。不过想想看，为什么老供应商做不到，但新供应商就能做到？等到新供应商变成了老供应商，为什么就又做不到了，然后就不得不又开始找新供应商？不要动不动就拿新技术、新工艺说事——更换供应商最频繁的，反倒往往都是些没什么技术含量的行业。

一直在找新供应商，根本原因是供应商要么没选好，要么没管好，干不了活儿，那就只能去找新供应商；而新供应商的选择与管理中，也会有同样的问题，这就注定一直循环往复。供应商更换频繁，是不是符合采购方的利益？不符合，除非是那些企业身处困境，朝不保夕，就只能频繁更换供应商，希望每次能便宜几分钱，苟延残喘——他们知道，这么做，三年后公司会死掉；不这么做，今年都熬不过去，这只能怪他们命苦。

这就是说，老是换供应商不是个**意愿**问题，那就一定是个**能力**问题。让我们看一下这后面的能力短板。

第一，企业习惯性地聚焦料号、项目，实现了料号、项目层面的小优化，却导致供应商泛滥，以供应商层面的大优化为代价。

第二，供应商战略不到位，抵制不住各种诱惑和内部客户的“灵活性”要求，导致短期利益牺牲长期利益，局部利益牺牲全局利益。

先说第一点。对于每一个料号、项目，我们都是多家询价或招投标，拿到了最好或者最合适的价格。但是几年后回头一看，发现**供应商**层面全局优化的问题来了：采购开支越来越分散，一个门类的采购额，本来 3 个供应商就足够了，结果有 N 个供应商在供货。这意味着采购得去管理 N 个供应商，管理资源摊得太薄，哪个也管不好；采购额太分散，公司对哪个供应商来说都不是主要客户，一旦产能短缺，哪个供应商也不把你当回事。年度降本就更难谈：你的采购额就那么一点，还要我年复一年地降价？质量问题也是，引不起供应商足够的重视，摁下葫芦起了瓢。这些都成了供应商后续管理的灾难，直接体现就是“老供应商干不了，我们得找新供应商”。而找新供应商，导致采购额更分散，对整体供应商的管控力度更弱，这就走上恶性循环。

对于料号、项目层面的小优化带来的问题，企业当然知道。但是，粗放管理下，很多企业只有能力做好料号、项目层面的事，没有能力在供应商层面通盘考虑——试想想，一些“小采购”，只会做询价比价招投标，哪有能力制定供应商战略，解决好供应商的整体问题？一个直接表现就是供应商没有“收口子”，每次都是针对具体的料号、项目，漫天撒网，不断导入新供应商。

这里的解决方案呢，就是给供应商“收口子”。也就是说，针对具体的门类，比如纸箱子，虽然有几十几百个供应商可供选择，但我们经过分析，只跟其中的 3 个优质供应商合作（为什么是 3 个而不是 4 个或 2 个，这需要做品类分析、供应商分类，后面还会讲到）。以后纸箱子有了新料号，我们就只在这 3 个供应商中选择最便宜，或者最合适的。这样，采购额越来越集中，供应商有规模效益，采购方也有更大的议价权，大供应商与大客户相匹配，达到供应商层面的优化。相比之下，漫天撒网肯定能够找到更便宜，或者更合适的供应商，但往往以牺牲供应商层面的“大优化”为代价。

给供应商“收口子”，这道理好理解，很多企业有品类策略，以及相应的合格供应商清单，供应商的“口子”是收起来了，但是由于选择和管理工作不到位，要么没选好，要么没管好，“口子”里的供应商不能满足企业需求，供应商的“口子”就被打开。这就又回到供应商的选择与管理上，得通过提高能力，选对、管好供应商来解决问题，后面还会详细探讨。

延伸阅读

《别的公司的供应商》。一个职业经理人，满天下找供应商，尤其是竞争对手的供应商。她说自己的供应商技术能力跟不上，价格优势也没有。问问供应商，他们却不愿意跟这个公司做生意。阅读全文，请扫描二维码，或者在我的“供应链管理专栏”（www.scm-blog.com）网站上，搜索题目即可。

我们接着说第二个问题：**供应商战略**。通俗地讲，**所谓战略，就是牺牲短期利益来满足长期利益，牺牲局部利益来满足全局利益**。没有战略，我们就习惯性地被短期、局部利益驱动，而牺牲了长期、全局利益，不断导入新供应商就是一种表现。

比如有一个企业，自有品牌溢价能力尚且不够，销售卖不了好价钱，压力就转移到成本控制上，所以产品开发中制定的目标成本就很低。采购找遍了合格清单上的供应商，都跟目标成本相距甚远。设计自己动手了，就到合格清单外去找，每每找到更便宜的供应商。原因很简单：这是个千亿级的大企业，人人都希望跟他们做生意，所以屡屡有新供应商不盈利甚至亏本进场。

设计的胳膊粗，采购当然拦不住，这新供应商就满怀期望进来了。进来后发现，客户虽大，却没有更多的生意给他们，于是整体绩效开始下滑，交付、质量问题不断，并且以各种方式抬价。这就是典型的满足了短期、局部利益（设计的目标成本），却牺牲了全局、长期利益（量产后的整体绩效）。供应商是越来越多，但下次还得找新供应商。

这里的挑战是，要不要让这新供应商进来？没有供应商战略时，很多人的做法是“要”：先把钱省下再说，就如这里的案例公司。但在供应商战略清晰的企业，答案是 No：我们只能跟合格清单上的供应商做生意，在我们调整合格清单前（比如每年更新一次），新供应商的承诺不管有多好，你都得靠边站。要跟我做生意，你得先上我的合格供应商清单；而要上合格清单，你就得通过严格的质量、生产和物料管理体系认证，必须满足我们的基本要求。这样，我们就在供应商层面应对问题，而不是料号、项目层面。

有人或许会说，我们在把这产品给新供应商时，也是要派质量和技术做现场评估的啊。且慢，产品设计已经做好了，明天就等着打样，哪有时间做详细的评估？你已经拿到了供应商的报价，从报价本身，你已经决定了让这供应商做，所谓的评估，其实不过是走过场罢了。这就如箭已经射出，所做的评估呢，无非就是围绕箭射准的地方，画一个又一个的圆圈，说这就是靶心。

即便评估中发现短板，在研发和采购的双重压力下（研发要赶快出新产品，采购要尽快找到供应商），质量也难以坚持己见，让供应商补齐短板才跟我们做生意，就只有妥协，让供应商先做生意后改进。你知道，这就相当于先把女儿嫁了，再把彩礼给补齐一样[⊖]，或者先让工程师把料领了，然后再补齐手续一样，都是没门的事儿。后续的供应商绩效问题，也就这样埋下了祸根。

这就得有个战略，选定合适的供应商，在定期调整供应商清单前，你不能随便让新供应商进来。这有助于抵挡各种诱惑。那些诱惑的共性呢，就是短期利益牺牲长期利益，局部利益牺牲全局利益。

⊖ 在一些经济落后的地区，男方送彩礼还很普遍。有些女婿一时付不起，就欠着，说等结婚以后再付。你知道，这是没有以后的。我小时候听两口子拌嘴，女方时不时“揭短”，说男方结婚前答应的什么什么，到现在还没有兑现。

比如你一旦“收口子”，被排除在外的供应商就来找你，给你更好的价格和交付承诺。你能不能把它们放进来？不能。不然的话，助长了这些供应商藏着掖着的习气，对别的供应商也不公平。如果你真的对我们的业务感兴趣，那好，下一次在我们更新供应商清单时，把铅笔削得尖尖的，一步到位给我们最好的条款，并把我们评估中识别的质量、管理短板补齐。

或许有人会说，这样也太不灵活了吧，特别是对于新产品开发。要知道，我们的问题向来是太灵活，灵活到没原则。灵活其实是缺乏计划性的代名词。就拿新产品开发来说，设计人员经常来找采购，说这是新技术、新工艺，现有的供应商不能满足要求，这就是为什么得找个新供应商。且慢，你开发新产品也不是一夜之间的事，总要经过项目立项、概念验证、技术验证等过程，动辄一两年，至少也几个月。这个过程中，你当然已经在跟供应商打交道，为什么一直等到图纸出来了，明天就要打样的时候，才告诉我要导入新供应商？

这时候，**采购越是“灵活”，越是助长设计人员的没计划性；采购越是“灵活”，采购的早期介入就越不现实**。反过来，如果采购坚持供应商战略，坚持原则，不在合格清单上的供应商不得采用，设计就会更加有计划性，在新产品开发早期就让采购介入，帮助做好供应商的前期评估、选择，识别和补齐供应商的短板，成为我们的合格供应商，这样一有新产品，我们就可以用这个供应商。

要知道，在很多企业，特别是技术含量比较高的企业，供应商选择其实是由设计人员做，采购往往被视作障碍，因为一旦采购介入，就会更多地考虑量产、质量等一系列问题，约束甚至挑战设计人员的选择。在这些企业，技术人员从某种程度上天然抗拒采购。所以，有些设计人员就有意无意，偷偷跟供应商合作，等生米做成熟饭，才让采购与质量介入，“补齐手续”，而很多不合适的供应商也就是这样导入的。

更进一步，这种“灵活性”，也让采购的供应商寻源准入形同虚设。

有些企业认识到，找到合适的供应商做生意很重要，就成立专门的寻源部门，负责供应商层面的评估、选择，确保导入合适的供应商，否则的话是不能做生意的。这是供应商“收口子”，用意是好的。而这“灵活性”呢，则意味着供应商的“口子”可随意被打开，对寻源的人来说，就是“口子”里的供应商往往不会被采用，而“口子”外的供应商随时可能被导入。

那么，寻源团队还会不会认真寻源？当然是走走过场罢了。那些潜在供应商还会不会听寻源的，补齐能力短板？当然不会：投入那么多资源来补齐短板，却拿不到生意，这些供应商只会越来越不信任寻源。这不，时间长了，供应商寻源就丧失了应有的价值。寻源工作本来是给供应商“收口子”的，但在“灵活性”的驱动下，这“口子”根本没法收起来。

实践者问

第一次合作的供应商，如何确保其服务能达到项目部的要求？

刘宝红答

你没法确保。即便做了详尽的供应商评估，比如质量、生产、物料管理体系，但还是没法替代实际项目中的验证。问这问题的学员来自房地产行业，整体供应商管理粗放，优质供应商流失率高，每个新项目都有一大堆的新供应商，最低价中标进来的，便宜是足够便宜，但糟糕也是足够糟糕，留给业主的就是重复试错，有教训没经验。

这就是为什么要选好、管好供应商，争取首发命准，跟关键供应商长期合作，而不是一直靠找新供应商。

实践者问

采购在找供应商，工程师也在找供应商。我们采购总是没法说服工程师。

刘宝红答

工程师是战略寻源不可分割的一部分，因为战略寻源的一大任务就是支持工程师。在寻源上，采购要和研发、质量形成跨职能小组，而不是竞争对手。当采购与工程师是竞争关系时，采购当然没法说服工程师，因为寻源做到细处是个技术活儿，那是工程师的强项。当两者是跨职能小组时，大家的能力互补，比如研发从技术的角度评估供应商，采购从商务的角度评估，双方的数据和判断整合到一起，找到最合适的供应商。

跨职能合作的目标不是让谁赢，而是让最好的点子赢。作为寻源团队的领导者，采购要促进协作而非竞争的团队文化，寻求零和游戏外的第三种解决方案，避免走上你赢我输，你输我赢甚至双输的路子。

小贴士　你得有个战略

战略是什么？幸运儿的事后总结，还是有选择的放弃？

我在亚利桑那州立大学读商学院时，有个教授叫斯梅尔泽（Smeltzer）。该教授的研究很杂，也很难说在哪一方面有经典之作。就战略采购而言，他有一论点倒很有意思：**战略采购一定得有一个采购战略**。当时想，这不是大白话嘛，还用得上长篇累牍地证明？这么多年来，看了这么多大大小小的公司的挣扎后，才终于品过味来。其实这些公司缺的还正是战略。

作为职业经理人，相信不少人有这样的体会：工作越久，就越容易陷在日常杂事中。追料、谈价、处理纠纷，一切都为活在当下。战略是重要，但没重要到今天就要命的地步。于是便一拖再拖，结果是永远也无暇顾及。很多公司根本没有战略，这也是个重要原因。

好不容易制定了战略，比如分类供应商，确定哪个是优选、哪个该淘汰，但却没法平衡短期需要和长期需要，长期战略就屡屡败阵给短期需要，结果战略就如虚设。例如，生产线在停工待料，或者设计工程师今天下单，明天要货，找哪个供应商？八成是现有的那个——虽然表现差，该淘汰，但至少可以出货；优选供应商呢，虽然有潜力，但需要时日。可以说，**不愿为长期利益而牺牲短期利益，战略注定是一纸空文**。

再就是人员走马灯似地换，一朝天子一朝臣。新官上任，带来新人，导入新供应商，一切从头来过。一年半载不到，新人还没成旧人就卷铺盖走人。继任者一来，又是另起炉灶，推倒重来。如果没有战略，大家都按照常识做事，顺其自然，不求无功，也不会有大过；有战略，但朝令夕改，花在调整方向上的精力比干活儿更多，结果大部分时间都在闹革命，而不是抓生产。所以，**战略没了持久性，比没有战略更糟糕**。

不是所有的战略都是完美的，但有个战略比没战略强。供应商战略不明晰，甚至根本没有战略，就没有了原则，没有了方向，就在活在今朝的泥淖里打滚，在短期和局部利益驱动下，随波逐流，牺牲长期和全局利益。一个常见的例子是，劣质供应商的质量、交付有问题，采购方就调整份额，减少合作业务；过了几天，供应商来了，再便宜5分钱，这业务又拿回来了，甚至更多。这种没原则的做法，也鼓励了供应商在未来继续投机取巧——大不了就便宜五分钱呗，也给别的供应商树立了很坏的榜样。

在公司内部，供应商战略是跨职能的重要工具：哪些供应商可以用，哪些供应商不能用。这增加了跨职能协作的可预见性。对供应商来说，供应商战略也传递了**清晰的信号**，那就是你不好好干活儿，一旦被剔除合格供应商清单，要再跟我们做生意可就不容易。这客观上驱使供应商向善。

比如有个家电巨头，原来采用三星的产品，但有一年被坑了：供方产能短缺，三星的资源倾斜给竞争对手了。该家电巨头就淘汰三星，信号很清楚：危难的时候你不支持我，以后你就没我的生意。你知道，所有的短缺都会过去，接下来的就是过剩。产能过剩了，三星的高管金先生、李先生三天两头来拜访，这个家电巨头呢，饭可以跟你吃，话可以跟你谈，但生意免谈。三星给的条件一次比一次好，但就是拿不到生意。对这个家电巨头来说，虽然这意味着短期利益的损失，但杀一儆百，给供应商非常清晰的信号："明犯强汉者，虽远必诛"；跟我做生意，就得全心全意支持我。

再拿我的老东家来说，这个半导体设备制造商因为种种原因，在20世纪90年代失去了英特尔的业务，然后就是成年累月，花费巨大的资源和努力重新成为英特尔的供应商。整个周期持续了15～20年。在这期间，老东家开发出行业最佳的设备，对英特尔来说，用不到最好的设备也是损失，但牺牲部分利益，给供应商清晰的信号，同样也是值得的。供应商的忠诚度也是这么来的：如果要投机取巧，你会死得很惨。

供应商战略的一大标志是**合格供应商清单**。企业不管多大，永远也不会有足够多的生意，跟所有的供应商做生意，就如一个人，不管多有钱，都不会有钱到他希望有钱的地步。所以，一定要集中采购额，跟数量有限的优质供应商做生意，把自己做成相对的大客户。这就是把供应商的"口子"收起来。

这道理想必大家都懂，很多企业也的确有合格供应商清单，但为什么供应商数量一直在膨胀？很简单，要么是没选好，要么是没管好，"口子"里的供应商没法满足内部客户合理、正当的诉求，这"口子"就自然而然地被打开了，内部客户就去找更多的供应商进来。

那怎么办？最终的解决方案呢，就得回到供应商的选择与管理能力上，选好供应商，提高首发命准率；管好后续绩效，督促、帮助供应商持续改进。而能力呢，又是组织、流程和系统的三位一体。提高供应商选择与管理能力，就得在这三方面着力，这也正是下面要讲的。

供应商选择与管理：组织、流程和系统

供应商的选择与管理能力由三方面构成。

第一，结构清晰、职责清楚的组织结构。

第二，标准的、闭环的选择与管理流程。

第三，统一的、跨职能共享的信息系统。

让我们先看看**组织**。一个公司里，究竟是哪些职能跟供应商打交道？负责商务的采购，负责品质的质量，还有负责技术的设计部门，是最基本的三个部门。这三兄弟利益诉求一致吗？不一致。往往是采购在威胁供应商，说我知道你今年能够给我 5 个点的降本，但就是不给，那以后的生意不麻烦你了，意思是要淘汰供应商。但设计那边呢，新图纸出来要赶快打样，谁打样快？当然是老供应商，因为它们熟门熟路。这不，图纸就隔墙扔给供应商了。质量边看边盘算，你们两个职能在那掰手腕，但不能牺牲我的质量标准。就这样，三兄弟利益诉求不一致，各怀鬼胎，就形不成合力；没有合力，就形不成战略，最终被供应商各个击破。

那么，谁来协调这三兄弟的利益诉求呢？**采购**。道理很简单：供应商是采购的供应商。这个时候你就会想，如果我的采购员平均只有两年的工作经历，有没有能力站在资深的研发和质量人员面前，侃侃而谈供应商管理战略？你现在明白，得找更资深的人来负责供应商战略。

企业一般都认识到，销售要与客户掰手腕，需要经验丰富、能力突出的资深员工。采购嘛，花钱的职能，谁不会花呢？其实采购要与强势供应商掰手腕，要协调跨职能部门的诉求，同样需要能人。我不是说订单处理需要十年八年的工作经历，但负责供应商关系的人一定要有相当的经验与领导力，因为经验不可替代：你没吃过那么多年的饭，受过那么多的苦，有些事情就是做不到位。没有这样的人，那得去培养，去雇。这就是组织措施。

讲完了组织，我们说**系统**。系统就是信息系统，没有信息系统，企业连花了多少钱都不知道，哪能谈到管理供应商绩效？有一次我到一个企业，培训他们的采购团队。我问，你们最大的供应商是谁？XYZ。大家异口同声道。那去年给 XYZ 花了多少钱？大家就都面面相觑。这是个几千亿元营收的大公司，在全国 34 个省市自治区都有一级分公司，下面有更多的二级、三级子公司，信息化水平大不一样，有的在用 ERP，有的还在用手工台账；即使有信息系统，不同分公司用的系统也可能不同。大家都在跟 XYZ 做生意，但如果不把那几十张 Excel 表格汇总到一起，你还真不知道跟 XYZ 做了多少生意。

要知道，信息系统在供应链的能力构成中扮演重要角色。第一，信息系统给我们**工具**——你是用 Excel 还是 ERP 做生意，大不一样；第二，信息系统给我们**反馈信息**，以判断组织和流程的运作是否正常；第三，信息系统**固化流程**——企业的基本流程，比如订单处理流程，其实固化在信息系统里。信息系统能力不够，往往是基本流程没法固化的根本原因之一。

那我们接下来谈**流程**，这就是图 2-6 中的五步流程。这五步流程看上去挺复杂，其实就做两件事：选择合适的供应商（前三步），把它们管好、管得更好（后两步）。让我们在这里先简单地说明一下，在后面的篇章里我们会更加详细地阐述。

五步流程从**供应商分类**开始。说是分类，其实是分类分级：纸箱子和芯片是两个不同的门类，相应的供应商也没有可比性。对于一个具体的采购门类，比如纸箱子，分类可以帮助**摸清家底**——有多大的采购额、有多少供应商；供应商太多还是太少；哪些是优选供应商，哪些该淘汰。分类也有助于**区分对待**，比如战略供应商和优选供应商的管理方法、管理重点各不相同，就如对孙悟空和沙和尚要区别对待一样。供应商分类还有个目的，就是**内部沟通**，比如哪些供应商是优选供应商，要多做新生意；哪些是淘汰供应商，不许参加任何新产品的开发等。

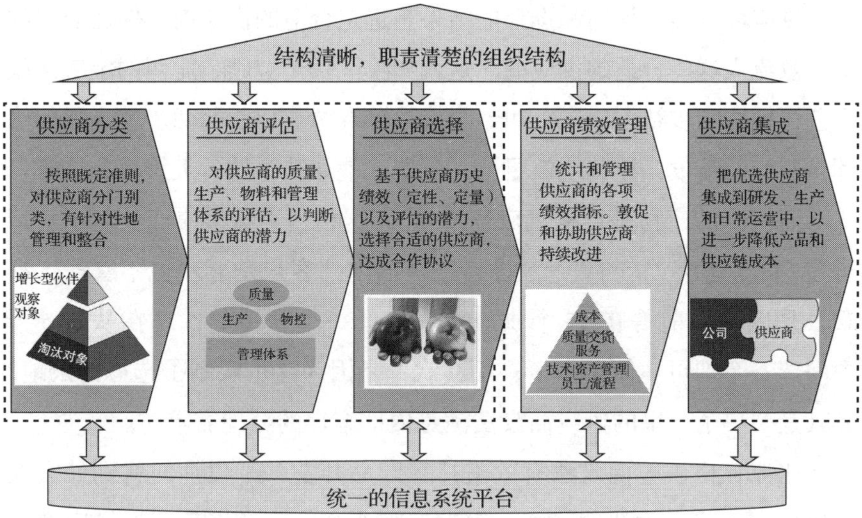

图 2-6　有章可循的供应商管理

供应商分类的结果是要么供应商太多，要么供应商太少——能干活儿的太少，不能干活儿的太多。太多需要整合，太少需要开发，两者的前提都是得知道供应商的好坏。这就是五步流程的第二步：**供应商评估**。供应商评估就是通过分析供应商的历史绩效（如果已经在跟公司做生意），以及其质量、生产和物料管理体系，判断其好坏，为下一步的供应商选择做准备，也作为后续改进的基准，制定进一步的供应商改进方案。

在供应商评估的基础上，根据公司的需求，选择合适的供应商，成为未来的合作伙伴。这就是五步流程的第三步：**供应商选择**。比如纸箱子有几十个供应商可选，但我们的采购额有限，在分析评估后，决定只选择其中 5 个优质供应商。为什么是 5 个而不是 4 个或 6 个？这要基于采购做的分析：我们的采购额是每年 500 万元，5 个供应商每个平均 100 万元，我们是大客户，他们是大供应商，有规模效益；这 5 个供应商中，有的在国内，有的在国外，有的能够支持新产品，有的能够支持量产，有的质量好，能支持我们的高端需求，有的价格有竞争力，而且质量也不错。也就是说，这 5 个供应商能够满足我们所有的需求，这就是选择 5 个供应商的原因。

供应商分类、评估和选择的结果是选定合适的供应商，保证公司的新生意流入这些合适的供应商。这就如生了一个健康、聪明的宝宝。很多公司把这三步结合起来，叫寻源或战略寻源。后面的两步就是如何管理供应商的绩效，让其绩效更上一层楼，就如孩子的后天管教和培养。

前三步的产物是**合格供应商清单**[㊀]。这相当于给供应商收起了“口子”。对于这个“口子”，像设计这样的内部客户是喜欢也不喜欢：喜欢，是因为以前得在35个供应商里选择一个合适的，现在从这5个中间选一个即可，简单多了；不喜欢，是因为这也限制了选择的余地，尤其是“口子”里的供应商没法满足内部客户的合理需求时。

比如合格供应商没法有效支持新产品开发，工程师们就到处去找新供应商，想方设法找第六、第七、第八个供应商进来，把供应商的“口子”又给打开了。那采购怎么办？采购只能“凉拌”：凡是个采购都知道，采购与工程师斗，被拍死是个大概率事件，尤其是供应商没法满足工程师的合理、正当诉求的时候。

采购真正能做也是应该做的呢，就是管理好供应商绩效，让合格清单上的供应商能够满足内部客户的需求，让他们没有理由去找新供应商。这就是五步流程的最后两步：**供应商绩效管理**是把供应商管好，而**供应商集成**呢，则是把关键供应商管得**更好**。

供应商绩效管理就如考试：考试不一定能让孩子学好，但不考试，则孩子注定学不好。作为采购方，制定合适的考核指标重要，统计绩效、定期反馈给供应商同样重要。围绕绩效目标和绩效水平，公司可以敦促供应商制订改进计划，以及调整公司的采购战略。

俗话说，不能以考代学、以赛代练——考试和比赛只能维持供应商的绩效，或稍许提高，但没法让供应商绩效迈上大台阶。针对关键供应商，需要把它们早期纳入设计阶段，优化设计来降低设计决定的成本；把它们的流程与公司的对接起来，以降低交易成本；帮助它们

㊀ 在有些公司，凡是跟公司做生意的都被视作“合格供应商”，结果“合格供应商清单”非常长，这是一大误区，起不到应有的作用。

提高生产工艺控制，以降低生产成本。这就是**供应商的集成**，也是供应商管理的最高阶段。

上面简单谈了供应商管理的五步流程。五步流程的成功实施取决于结构清楚、职责清晰的**供应商管理组织**。供应商管理是跨职能、跨公司的行为，职能与职能、总部与分部之间分工不清，就没法形成合力，以制定统一的供应商战略、选择和管理供应商，以及与强势供应商抗衡。而**统一的信息平台**则为供应商有关的决策和绩效管理提供充分的信息，同时帮助固化供应商管理的流程。

在接下来的篇幅里，我们将详细探讨五步流程的每一步。

供应商分类：区别对待，重点管理

供应商分类是针对具体的采购项，①摸清家底——有多大的采购额、有多少供应商、钱都花到哪里去了；②区别对待——不同类别供应商的管理方法各不相同，把管理资源投入到回报最高的地方；③合理化——供应商太多要整合，太少要开发新的，确保新生意流入最合适的供应商。具体如图 2-7 所示。

想想看，一个放羊的人，都知道他有多少大羊，多少小羊，多少公羊，多少母羊。很多公司在供应商管理上是一笔糊涂账：只有订单管理，没有供应商管理；供应商“一视同仁”，管理上简单粗暴。要知道，区别对待是精细化管理的体现。没有差异化，胡子眉毛一把抓，就没法把有限的资源投入到回报最高的供应商上。

供应商分类其实是两个概念：**分类**和**分级**。

分类就是我们平常说的“品类管理”，即把有共性的采购对象归并到一起，设置专门的采购、技术和质量团队来管理。比如纸箱、纸袋、包装盒等有共性，属于包材类；铝制件、不锈钢件、塑料切削件都离不开机械加工，所以划分为机加件类。这两类采购项大不一样，所要求的商务、技术知识也不同。

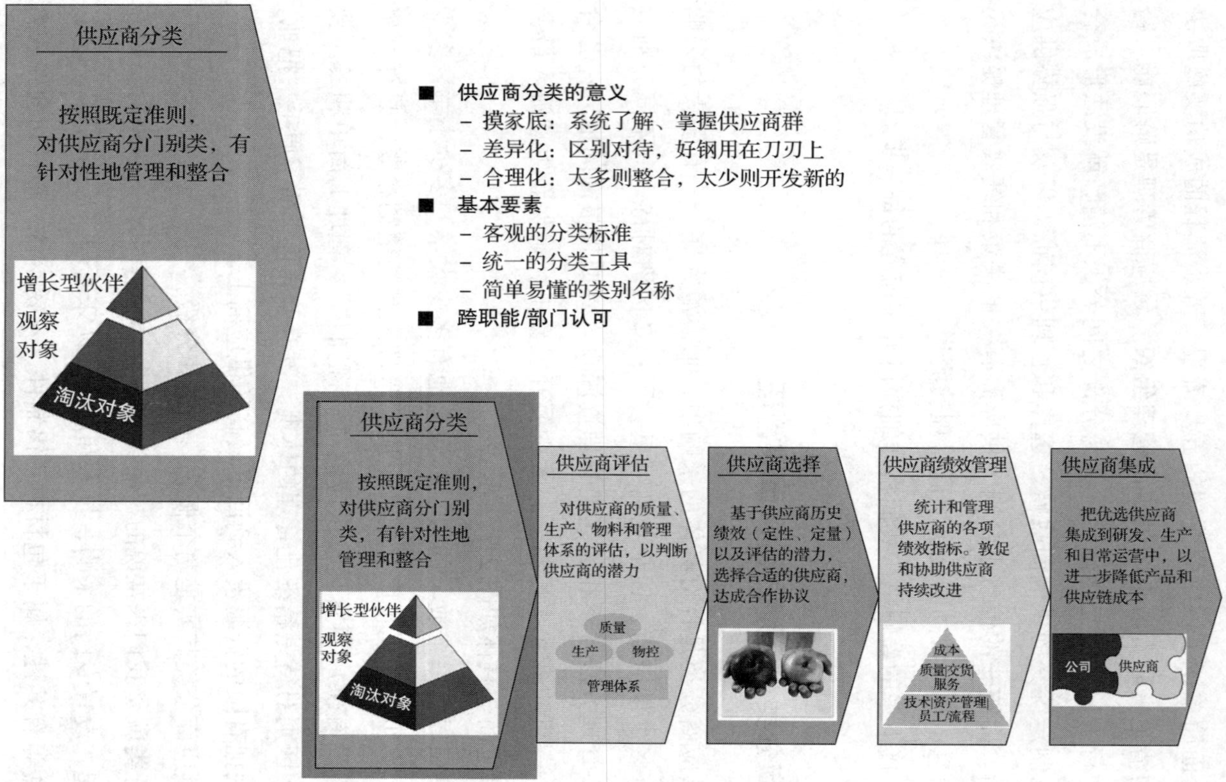

图 2-7　供应商分类是为了区别对待

比如包材类，你可不要小看这个门类。我每次买手机，不管是苹果还是 OPPO 还是 vivo，最喜欢的不是里面的手机，而是外面的盒子（听过“买椟还珠”吗？我就是它的现代版）。而要把盒子做得那么精美，不管是材料还是工艺，都有很高的技术含量。所谓的品类知识，就是积累包装材料的工艺、材料、商务等知识，比如供应商主要集中在哪些地方，最新的材料都有哪些，常见的生产工艺如何。而品类团队呢，就是此类知识和经验的汇聚地。

一个品类管理核心团队可以包括一位采购经理、几位供应商工程师、几位主要设计此类产品的技术人员，外围是这个门类的采购员。这是个典型的跨职能团队，在采购经理的组织协调下，制定**品类策略**，决定跟哪些供应商做生意，不跟哪些做，并定期更新品类策略，比如每年或半年调整一次。如果供应商有重大的质量或技术问题，也是这个跨职能团队负责，督促、帮助供应商改进。

分级就是在同一品类内，把供应商分成不同的级别，以便进一步区别对待。

比如万科把供应商分为一线、区域、集团采购等三级，一线供应商只能跟一线公司做生意，区域供应商可以服务特定的大区公司，而集团供应商则没有地域限制。从能力上而言，区域强于一线，集团强于区域供应商，集团供应商可参与的项目最多。随着能力的提高、合作深度的推进，供应商可以逐步提高级别，从而得到万科更多的业务。

不同品类的供应商是没有可比性的。比如对于钣金，供应商 A 可能是优选供应商；但对于机械加工件，它可能是淘汰供应商。在相同的品类里，不同级别的供应商是有可比性的——它们都在同样的品类做同样的事，应该做得同样好。

行业、公司不同，分类分级可能不同。这不重要；重要的是分类标准要客观、统一、简单易懂，并且得到跨职能认可，比如设计、质量和采购。供应商的分类分级是重要的沟通工具，可以很清楚地告诉每个人，公司对特定供应商的战略，以及在合作中要注意什么，更重要的是新生意给哪些供应商。

这里我们介绍一种北美常见的分类法，即根据供应商的绩效，把供应商分为五类，如图 2-8 所示。

（1）战略供应商（决定公司生死存亡，替代困难）。

（2）优选供应商（供应商绩效好，但有替代供应商）。

（3）资格未定供应商（未经验证的新供应商，或者“留校察看”的老供应商）。

（4）消极淘汰供应商（不给新生意，但老生意继续做）。

（5）积极淘汰供应商（不但不给新生意，而且移走老生意）。

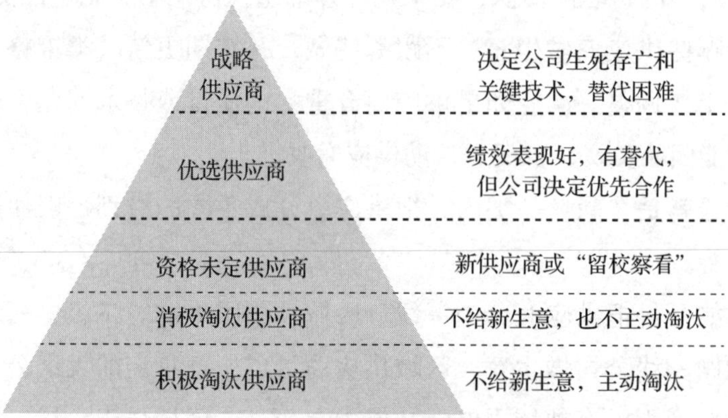

图 2-8　基于绩效的供应商分类

战略供应商指那些决定公司生死存亡的供应商，因为它们有独特的技术、产品或工艺。它们可能是唯一供应商，也可能有替代，但替换成本高、风险大、周期长。当然，只要假以时日，任何供应商都是可替代的。但是，只要一个供应商在你的“有生之年”没法替代——一份工作一般就做两三年，如果两三年时间还淘汰不了，那你八成得把它当作战略供应商来对待。

战略供应商对公司的生存和发展至关重要，就如唐僧团队里的孙悟空：孙悟空离了唐僧，虽说就没了精神追求，但浑浑噩噩的日子也能过；而唐僧离了孙悟空，就会成为妖怪的盘中餐。所以，对战略供应商合则双赢，分则双输，应该着眼长远，培养长期关系。

需要说明的是，这里的“战略”纯粹是基于**难以替代**，而不是有些企业的定义——那些企业认为，凡是你今年给我 x 个点的降本，就是我的“战略供应商”；明年不给我降本了，这“战略供应商”的头衔就拿掉了。另外，除了技术，产能等也可能是不可替代因素。比如对苹果而言，富士康的代工虽然是“粗活儿”，但因为在代工领域，别的供应商没有那么多的产能，更不用说一流的技术工人——虽然苹果一直在导入和硕等竞争对手，但富士康还是难以替代，至少在短期内没法替代，苹果还得把它当作战略供应商来对待。

战略供应商都是不好惹的主儿，是典型的“有能力，但也有脾气”。摊上些战略供应商，是不是很悲催？看上去是，其实不然：如果没有战略供应商，那表明这个行业的入行门槛很低，餐饮业就是典型的例子，你面临的将是一片红海的竞争，你的日子注定会更苦。也就是说，行业壁垒很大程度上取决于战略供应商。所以，珍惜你的战略供应商。

优选供应商的绩效好，但是可替代。公司之所以愿意优先跟它们做生意，是因为它们的表现好。例如机械加工件，有很多供应商都能做，但公司优先选择供应商 A，把新生意给这个供应商，就是基于 A 的总体表现。优选供应商与战略供应商有根本区别：战略供应商的身份更多是**天生**的——它们有难以替代的技术、产品或工艺；而优选供应商的身份则是**挣来**的，它们必须在价格、质量、交货、服务等各方面都出类拔萃。

在唐僧的团队里，孙悟空是典型的战略供应商，因为他很难替代；沙和尚是典型的优选供应商，因为虽然他的担挑得很好，但交给猪八戒也可以挑，无非是挑得差点罢了。

经常有人说，我们要好好培养优选供应商，让它们成为战略供应商。这不大现实，就像要把沙和尚培养成孙悟空一样。那潜在的战略供应商在哪里？在**资格未定供应商**那里。

资格未定供应商分两种情况：要么是新供应商，公司对其表现还不够理解，于是给一定期限（例如半年）来考察；要么是原来的优选或战略供应商，一时糊涂，做了些对不起你的事，“留校察看”一段时间。考察完毕后，要么升级为优选或战略供应商，要么降级为消极或积极淘汰供应商。

所以，资格未定是**暂时性**的，比如期限是半年，在这半年间，要么补齐短板，成为合格供应商；要么启动淘汰程序，成为淘汰对象，不管是积极还是消极淘汰。

资格未定供应商的特点是**风险**与机会并存：刚进来的新供应商还没有证明自己，所以有风险；“留校察看”的老供应商绩效有问题，需要重新证明自己，所以也有风险。这点相信大家都有经验：对于这类供应商，你总是吩咐你的手下多留神，不要让新供应商坑了你们，也不要让老供应商再坑你一遍。这也体现了供应商分类的好处：它传递了清晰的信号，便于内部沟通。

消极淘汰供应商不会再得到新生意，但公司也不主动把现有生意移走。随着老产品下市，这样的供应商就自然而然淘汰出局。对这种供应商要理智对待。如果绩效还可以的话，不要破坏现有的平衡。从供应商的角度来说，产品已在生产，额外的投入不多，也乐得继续支持你；从采购方来说，重新选择供应商可能成本太高。这样，维持现状是最好的选择，双方有好合好散的基础。

当然，有些情况下，产品有可能成为“鸡肋”，供应商不怎么盈利，或不愿意继续供货，采购方也不愿重新找新供应商。那么，供方的力量就相对更大，给你的产品的重视度不足，绩效可能不够理想。这对采购方是个挑战，很难对付，而真正的解决方案呢，就是确保生意最初不要流入这样的供应商。

我经常问职业人，你们公司的消极淘汰供应商多不多？如果答曰不多，那意味着两种可能性：第一种是供应商管理做得很好，供应商已经经过多年整合，该淘汰的都已经淘汰了；第二种是供应商管理做得很烂，从供应商层面还没开始系统管理。大多企业的问题都是供应商太多，或者说，不能干活儿的太多，能干活儿又太少。所以，一旦开始整合管理，相当一部分甚至大半会成为消极淘汰对象。可以说，**消极淘汰供应商是从大乱到大治的过程产品**。

积极淘汰供应商不但得不到新生意，而且连现有生意都得移走。这是供应商管理中最极端的情况。对这类供应商要防止"鱼死网破"，因为一旦供应商知道自己现有的生意要被移走，有可能采取极端措施，比如抬价、中止供货，或者绩效变得很差。所以，在扣动扳机之前，一定要确保另一个供货渠道已经开通。

采购在导入供应商时，一定要在合同中加入相应的保供条款，比如采购方下订单，供应商就得接受；供应商要终止某项产品，需要提前6个月通知客户等。像英特尔这样的企业，对供应商的备件有一定年限的保供要求；如有设计变更，需要有英特尔的许可等。当然，大多公司没有英特尔的胳膊粗，没法跟供应商制定那样苛刻的条款；但未雨绸缪，还是有很多可为之处，特别在积极淘汰供应商的时候。

从战略角度来看，积极淘汰相当于"下策攻城"。除了供应风险外，资源投入也是一大挑战。积极淘汰表面上看是一件事，实际上是两件：淘汰一个，再找另一个。但结果呢，只有一个，那就是有个供应商能帮你干这活儿。两倍的投入，一倍的产出，投资回报太低。

讲到这里，讲个小故事。有个先前负责质量的老总，深受劣质供应商的苦，每每要求采购去积极淘汰，采购都以各种理由不予支持。现在轮到他做采购老总了，心想终于可以出口恶气了，就给团队定下指标，说每年 x% 的供应商必须淘汰掉。积极淘汰消耗了大量的资源，就没有足够的资源投入到更重要的事，比如新产品寻源。机会成本惊人，整个团队怨声载道。

小贴士　管理资源聚焦哪些供应商

不管是什么公司，供应商管理的资源总是有限，有限的资源应该重点投入到哪些供应商身上？或者说，我们应该重点管理哪些供应商？

不是积极淘汰类供应商。积极淘汰是"下策攻城"，资源的无底洞，风险最大，投资回报最低。一旦资源陷入积极淘汰供应商中，就没有足够的资源来支持新产品开发，结果新产品往往落入以后要淘汰的供应商，于是就陷入“吃二遍苦，受二茬罪”的恶性循环。

也不是消极淘汰供应商，此类供应商一般数量众多，其中有些是烂泥扶不上墙，如果要积极管理的话，需要很多资源。那就小车不倒使劲推，把它们交给时间来处理，维持现状，只要保证新生意不流入，随着老产品的下市，这些供应商自然就被淘汰了。

有些人说，那就是优选供应商啦。这类供应商需要投入资源来管理，因为企业的主要业务是它们在做。如果管理不善，一旦撂挑子了，影响就很大。但这种管理呢，不是说每天早晨9点半，打电话给其老总，问生产线上那150名员工都签到了没有。优选供应商就如沙和尚，或者说那些老黄牛员工，干活儿卖力，靠得住，你要做的就是告诉它目标，定期跟进。

比如说以前我管钣金件供应商的时候，每周一看上一周、上四周、上十三周的按时交货率，一旦低于目标95%，一个电话就打过去，探究为什么低，供应商在采取什么措施来改进。

也就是说，平常情况下，你得留神优选供应商的所作所为，但不用太多介入其日常运作，过度管理。为什么要这么说呢？因为优选供应商“服管”，有些人就经常指手画脚，发号施令瞎指挥，结果给供应商制造了很多额外成本。要记住，优选供应商的那些事儿虽然看上去人人都会做，但作为采购方的你不会，尤其是没有经验的采购人员（正因为没经验，所以企业就给他们比较好管的优选供应商来练兵）。我们得尊重优选供应商的专业性，**信任但要确认**，紧盯结果，试着了解过程，通过结果来管控过程，往往是更明智的选择。

更有甚者，因为优选供应商好欺负，就使劲欺负它们，把生意从供应商A移到供应商B，便宜5分钱；再从供应商B移到供应商C，便宜3分钱。生意就那么点，池塘就那么大，里面的王八一大堆，导入的竞争太多太激烈，水搅得太浑，没有一个王八能够生存，还把自己做成了小客户。

结果呢，即便好欺负的优选供应商，也不把你的生意当回事儿，优选供应商的绩效也难保。于是就陷入被两根棍子痛击的局面：一根棍子来自“有能力，但也有脾气”的战略供应商，尚且值得同情；另一根棍子来自“没脾气，但也没能力”的优选供应商，却是自作孽，不可活。我到一家企业去，他们连数据线的纸盒子都缺货（那都是些典型的“没脾气，也没能力”的供应商），采购逼着质量人员开发第二供货源，你就知道采购做得有多好了。

供应商数量多，表面上带来更加“充分”的竞争，其实造成整体绩效下滑，我在一家公司的研究中也看到了。这是家千亿级的企业，针对各个品类的主要采购项（产品），分析供应商的绩效与供应商的数量关系。从图 2-9 可以看出，供应商的数量越多，整体供应绩效反倒越差，这一趋势相当明显。一类产品的供应商在 3 家及以下时，整体供应绩效最好。有 8 类产品由 30 家或更多的供应商供货，竞争是最“充分”了，但其供应绩效反倒最差。人们都不喜欢独家供货，但对于 20 个独家供货的产品，供应商的整体绩效反倒不错。

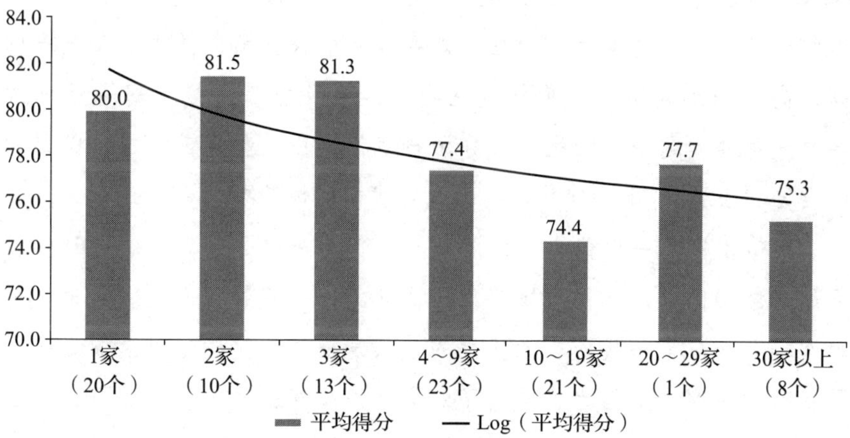

图 2-9　产品的供应商数量与供应商的整体绩效

资料来源：某公司供应商绩效统计。

当然，这只是一家公司的数据，很多细节，比如供应商绩效的统计方法，也不是很清楚。我不想就此得到“供应商数量越多，供应绩效就越差”的结论。但是，供应商越多，导入的竞争越“充分”，劣币驱逐良币，价格当然会更低，但交付、质量也会更差，却是符合常识的。

扯得有点远，我们言归正传。**资格未定**的供应商需要投入资源管理，因为它们要么还没有证明自己，有风险；要么需要重新证明，有风险。前者是新供应商，就像刚招的新员工，要多花时间培训、帮助，开个好头，让早日走上正轨；后者是老供应商，由于暂时绩效问题，处于“留校察看”状态，拉一把就上，推一把就下。这些老供应商熟悉公司的系统、流程和政策，对公司有很多价值，能挽救的话，往往比寻找新供应商要好，因为新供应商的磨合成本挺高。

不过对于成熟企业来说，资格未定的供应商数量应该有限（不然的话，那表明整体供应商管理有大问题）。所以，虽然管理强度很高，但花在资格未定供应商身上的整体资源比较有限。那大部分资源花到哪里去？战略供应商。

战略供应商要么拥有关键技术，要么拥有战略资源，要么规模很大，议价能力强，注定在合作上不会一帆风顺，需要投入大量资源来维护商务关系。这类供应商往往走在技术的最前沿，技术、工艺难度高，尚未经过验证，质量问题注定多，采购方需要投入资源帮助改善——那些问题中，相当一部分源自我们的设计和规范要求，必要的时候要“松绑”，比如优化设计，调整我们的规范要求等。

战略供应商一般能力强，脾气大。作为采购方，你很难通过转移问题来解决问题；你得跟战略供应商协作，一起解决问题。这也是为什么需要很多资源投入。但资源的投入是值得的：战略供应商之所以是战略供应商，是因为公司离了它们没法生存；我们的产品好，是因为它们的产品好。那对待它们的方法、策略就自然与其他供应商不同。这就是差异化管理。

采购的不成熟呢，就是一刀切，给所有的供应商穿同样的鞋。常见的误区是，很多企业因为战略供应商“不服管”，你说了，它也不听，就对它们听之任之，没有实质性的管理；或者不加区别地对待，跟管理一般供应商一样来对待战略供应商。

再就是，你从优选供应商身上能得到的东西，不一定能从战略供应商身上得到。比如优选供应商给你的是年度降价，战略供应商给你的是差异化优势。我并不是说你不跟战略供应商谈价钱，但要区别对待，有所取舍。有些采购经理人心理上不愿意承认这点，从根子上造就了很多供应商管理的悲剧。

实践者问

说了这么多，瓶颈供应商在哪里？我最头痛的就是瓶颈供应商了。

刘宝红答

瓶颈供应商要分两类：能够改进的，要改善关系，比如给它们更多的业务，向战略供应商发展；改进成本太高的，要限制新业务的流入，维持现状，向消极淘汰发展。这是供应商品类战略的核心构成。瓶颈供应商非常难对付，一旦战略失策导入了，后续的问题就很大。这就是为什么要有清晰的战略，慎始如终，尽量不要导入。

案例　战略供应商怎么管：高科技公司为例

有一次，一个服装企业的生产总监参加我的培训。说起战略供应商，比如说有些面料供应商，他就气不打一处来：催货催不来货，砍价砍不来价，质量问题也迟迟不予解决。我问，那你管它们了没有？当然管啊，我三天两头打电话催货，三天两头打电话砍价，三天两头让其老板来道歉（质量问题），这位总监如是说。你知道，这不是战略供应商管理。

下面，让我们通过一个案例，探讨战略供应商究竟应该如何管。

这是个高科技企业，制造大型半导体设备，用来生产芯片。一台设备售价几百万美元，大概有三四张课桌拼起来那么大，生产的芯片宽度已经只有纳米级，是真正的高科技。设备的关键零部件主要来自供应商，你知道，这都是些战略供应商，一旦选定，更换成本极高，几无可能。供应商的规模一般都相当大，有能力，也有脾气，管理难度很高。作为应对，这个企业制定了成套的供应商管理措施，如图 2-10 所示。

图 2-10 中上面的横栏是不同类别的供应商，从战略到优选到淘汰供应商；左边的竖栏是一系列的管理任务，从长期协议到定期会议到供应商改进。**所谓的管理，其实就是把该做的事儿做到位**。俗话说得好，火到猪头烂——火候到了，猪头就煮熟了；该做的事做到位了，供应商也就管好了。对于不同类别的供应商，具体要做的事不同：对于战略供应商，基本上每一件事都需要做；对于淘汰供应商，基本上每一件事都不用做。而优选和资格未定供应商居于中间。

供应商类别 / 管理方式	增长型 – 战略供应商	增长型 – 优选供应商	资格未定 – 升级	资格未定 – 降级	消极淘汰	积极淘汰
季度业务汇报评审	Yes	或许	No	No	No	No
获准参与新产品开发	Yes	Yes	有限	No	No	No
供应商月度绩效卡	Yes	Yes	或许	No	No	No
全球采购合同	Yes 今年签订	Yes 明年签订	No	No	No	No
价格协议 （微型全球采购合同）	No	No	或许	或许	No	几乎永远不
供应商改进小组	如果有需要	如果有需要	如果有需要	No	No	No
公司高层会议 （首席采购官及以上）	>1 次 / 年	如果有需要	No	No	No	No

图 2-10 某公司对供应商的差异化管理，重点在战略供应商

对于战略供应商管理，这里主要讲三点：长期合同、季度会议和供应商改进小组。

首先说**长期合同**。对于战略供应商，该公司跟它们签订长期协议，默认期限3年，到期后一年一年地自动顺延。合同一般会这样说，对于你拿到的生意，未来3年都是你的（对于新生意，你还是得铅笔削得尖尖地来争取）。但是，作为回报，你得今年给我x个点，明年y个点，后年z个点的年度降本；今年的按时交付是$x\%$，明年提高到$y\%$，后年达到$z\%$。质量也是每年改进，比如次品率逐年按照对半的速度降低等。

对于新产品开发中的知识产权，长期合同也会约定，比如是一次性买断，还是双方共享，还是归供应商。如果没法约定，至少会约定双方以后如何应对知识产权争议，比如双方工程师要记录各自的点子，只能对出于自己的点子申请专利等。有时也会约定新产品开发中的优先拒绝权：你是我的战略供应商，我有了新产品，所需技术正好是你的强项，你有第一个跟我合作的机会，当然前提是你的报价等要有竞争性（这往往是应战略供应商的要求而增加的条款）。一方面，这是约束公司内部人员，避免设计、采购擅自把战略供应商排除在外；另一方面，这也是以实际行动表明，战略供应商关系不光是嘴皮子上讲讲。

长期合同的好处是**明确双方的期望，约束双方的行为**。特别是约定了年度降价，把双方最伤感情的那件事给结了——供应商啥都好谈，就是钱不好谈。如果你整天跟战略供应商谈钱，就跟员工三天两头要你加工资一样，这关系注定难管好。新产品的价格相对好谈，因为供应商还没拿到生意，它们得按照市场规则，与别的供应商竞争。即便拿不到生意，供应商在心理上也更容易接受。年度降价则否，因为这是让供应商把到口的肉吐出来，心理上更难接受，所以更伤感情。

在这个案例公司，年度降价的谈判一般在9月份开始，顺利的话在圣诞节前达成共识，各自鸣金收兵回家过节；不顺利的话，一直拖到来年3月份。几个月下来，双方斗智斗勇，互相威胁，新项目、新产品也动不动就暂时搁置，有时候甚至不惜导入新供应商。旷日持久的拉锯战终于结束了，双方就舔着伤口进入和平建设期。半年后，伤口好不容易结了疤，新的年度降价谈判却又开始了，伤疤又给血淋淋地揭开了。

那怎么办？长期协议，一下把3年的都谈好。也就是说，要伤就把感情一下伤到底，一刀砍到骨头上，而不是每年割一次肉，好让大家在其余的时间搞建设。有些人会说，我们不能一下谈3年的，因为不知道后两年该降几个点。如果以后情况果真大不同了，比如竞争对手低价进入了，为了保护市场份额，我少赚点，你也少赚点，大家再具体问题具体分析。顺便说明一下，有了这样的长期合同，就不用再签订每年一次的价格协议了。

签订了长期合同后，后续的是**绩效管理**。每周、每月都汇总绩效，比如按时交付、质量等，这里就不用说了。这里重点讲一下**季度业务汇报**。这个企业规定，对于战略供应商，每个季度要召开一次业务汇报（QBR），由供应商和公司的高层领导参加，包括采购、技术和质量等关键部门。

这其实是供应商的季度考核，由供应商自己汇报上个季度的表现。想想看，如果供应商的按时交货率是35%，它汇报的时候会不会很自豪？当然不，因为研发的老总、采购的老总，有时候公司的老总都在下面听着呢：交付这么差，以后的新项目、新产品还能给这供应商吗？这就是形成合力给战略供应商压力。

供应商继续汇报：上个季度承诺研发的10件事，只做到7件，那剩下的3件为什么没做到，什么时候能做到？长期协议规定的质量改进，阶段性目标是否已经达到？上季度计划招聘的两位工程师，到位了没有？产线的产能扩张项目是否按期完成了？供应商做到了，好样的，公司的高层也看到了，给予认可；没做到，供应商就得做根源分析，重新承诺，下个季度再次汇报评审。

我们知道，光靠考核，供应商的绩效不一定好；但不考核，供应商的绩效注定不好。对于战略供应商来说，正式的季度业务汇报把双方关系上升到公司层面，通过高层与高层的对话来推动工作层面的顺利协作。

要做这么一个季度汇报，光核对双方的绩效统计，就得花不少时间。不然的话，采购说按时交付是35%，供应商说是95%，双方当场争论起来，好让设计、质量在旁边看笑话？采购也得预先跟设计、质量和高层协调好，谁唱黑脸，谁唱白脸，都得提前约定好。采购还得控制现场气氛，不能让那些智商高、情商低的工程师老总掀翻桌子，指着供应商的鼻子大骂——我对工程师充满敬意，这里绝没有冒犯他们的意思。但是，老天爷总是很公平，情商高的往往缺智商，智商高的往往情商低——**供应商关系事关情商，你不能让工程师来主导**。

就这样，准备工作几天，现场开会一天，后续跟进又是几天，一个战略供应商的季度汇报会，动辄就需要采购经理一两周的时间。我们说要把资源聚焦战略供应商，这就是例子。好在一个公司的战略供应商一般不会太多（大概是两把手指头上下），虽然资源投入强度很高，但总体资源需求还应该算可控。

我们前面已经说过，战略供应商一般都在技术发展的最前沿，但最新技术往往没有经过充分验证，供应商还在试错阶段，质量、工艺问题都较多。那好，对于特定的技术，案例公司安排一位采购经理、一位设计人员、一位质量工程师，组成**供应商行动小组**，督促、帮助战略供应商改进。

为什么要**督促**？供应商是几百几千人的企业，如果自己都没法救自己的话，光靠采购方的这3个人，能解决多少问题？所以一定要督促在先，让供应商投入资源自救，比如雇人、买设备等，提高自我造血功能。光有督促还不够，供应商的很多问题都跟我们有关，比如我们的设计和品质要求，这就是为什么供应商行动小组要有设计、质量人员，力争通过设计优化、工艺优化给供应商松绑，**帮助**供应商改进。

此外，对于战略供应商，该公司每年还安排一到多次高层会议，让供应商的老总跟公司主管采购的老总会面，有时候公司的CEO也出席。要知道，**战略供应商管理已经远远超越采购经理层面，需要整合**

公司不同层次、不同职能的力量来管理。但这里要强调的是，这并不是说采购可以袖手旁观：采购仍然是第一责任人，需要扮演领导者的角色，整合企业的各方资源，给相关各方提供贴切的信息，整合他们的力量，来督促、帮助供应商改进。

举个例子。在案例公司，老总参加战略供应商会议的话，负责该供应商的采购经理要准备一页纸的总结，除了供应商基本情况、整体绩效等以外，还要特别注明两点：过去一年里，或者自从上次会议以来，这个供应商的哪件事做得非常棒，需要老总表扬？哪件事做砸了，需要老总提醒？要知道，老总是忙人，对一个战略供应商的会议，准备时间可能只有5分钟。他拿着这页纸，很快看一下，就对供应商有了大致而全面的了解。

这时候，供应商已经进来了。寒暄过后，老总拍着供应商老板的肩膀说，上次那件事，多亏你们帮忙，否则我们可真是要死惨了。供应商一听，都有点感激涕零了：我们做的好事连老总都知道，看来我们没有白忙啊，以后一定要做得更好。接着，老总话锋一转，说某某事儿，如果你们能够加强支持力度的话，那就更好了。供应商听了心里一哆嗦：我们做砸的事儿，老总也知道啊，看来我们在老总的雷达上啊。

恩威并用，这就是采购在借助老总的力量，增强对战略供应商的管控。戏是老总在演，但后面的策划和导演还是采购。

业界人士说

对于长期框架合同的必要性，我非常赞同。我现在大量的时间和精力都用于签区域性以及全球性的框架合同。一个感触就是如果没有新业务摆在面前作为筹码，对于寡头性质的供应商谈判是相当吃力的。不过必须要谈下来的事情咬咬牙也得做，不然就像老师文章里面说的——揭疮疤远远不如一刀致命。还有一个问题，你以前文章提过的，就是采购领导力的问题。特别是长期性，框架合同，采购协调研发，法务，市场的能力必须到位。不然形成不了合力，一是签不下来合同；二是签下来了，力量不够，执行也不好。——医院精密器材采购（应实践者要求，名字隐去）

实践者问

碰到比我们势力强的供应商，如何有效提升其配合度？

刘宝红答

形成合力，给供应商一定的压力，就如上面案例讲的。还要管好需求，比如需求预测和产品设计，共同解决问题，而不是转移问题。要有意愿、有能力跟比我们强的供应商打交道，因为如果你要成为一流的公司，就一定得跟一流的供应商打交道。

小贴士　海外大供应商是战略供应商

不管是哪个行业，很少有不跟海外供应商打交道的。这些供应商一般规模大，技术力量雄厚，往往是些寡头，是长期国际竞争的结果。

就拿商用大飞机来说，美国那么多的制造商，最后就只剩下波音；公司负担不起竞争，国家也负担不起，最后整个欧洲才能组建成空客，与波音抗衡；中国的大飞机 C919 也可以说是举国之力，这看上去还不够，在 C929 还拉上俄罗斯一起合作。

半导体制造设备业也不例外，从十几年前的全球群雄并立，到现在的 10 家左右，每种制程设备也就三两家主要供应商，人才、资金门槛越来越高，小公司进入的机会越来越渺茫。拿我的老东家，硅谷的一家半导体设备公司为例，在只有两三千号人的时候，据说光博士就有三四百人，不知道美国大学得多少年才能培养出这么多博士（那也是为什么公司雇了很多国外博士，开会时南腔北调，讲什么英语的都有）。

赚钱有时候也只是理论：**寡头并不意味着没有竞争，有竞争就有亏本的可能**。就拿半导体行业的记忆芯片来说，多年来行业产能过剩，生产厂家大都在赔本赚吆喝；经过一轮又一轮的整合，产能终于消化得差不多了，这两年有点好日子过，价格终于能斗得过白菜了，但随即招来大家一致的口诛笔伐。

半导体芯片行业也一直在大幅度整合，芯片制造商从原来的几十个，一路整合到现在的十来个，相信在这行业的朋友都能叫得出名字来：英特尔、台积电、三星、东芝、海力士、中芯国际、德州仪器、镁光、意法半导体等。如果你"不幸"摊到其中的一家做供应商，你八成知道管理这类供应商是什么滋味：砍不下价，催不来货，质量问题也往往没法及时解决。

这些海外供应商**有能力，但也有脾气**，我们得把它们当作**战略供应商**来对待。它们给我们的主要是差异化的竞争优势：我们的产品卖得好，关键是它们的零部件性能好；战略供应商给我们的不是成本优势——成本优势主要来自那些没脾气，但也没能力的优选供应商。作为采购方，我们得有清晰的期望，那就是你能在没脾气，但也没能力的优选供应商身上得到的，并不一定能在这些寡头型的战略供应商身上得到。这并不是说不谈价钱，而是说价格导向的战略行不通：你没法把战略供应商的最后一个钢镚榨出来。

更换供应商的念头最好还是不要起，千万不能作为供应商关系的出发点。这听上去有点残酷，尤其是对那些动辄拿换供应商来威胁的"小采购"们。但现实是，一方面，你没有多少选择；另一方面，更换供应商耗时耗力，往往是杀敌一万，自损八千，等不到新供应商到位，你八成已经卷铺盖上别处高就了。就拿半导体芯片来说，关键芯片的验证，动不动就是个经年累月的过程；一经验证，要改换就得重新验证，成本惊人，几无可能。所以，一旦锁定，你就得抱定"从一而终"的想法，自古华山一条路，但还是要登上华山顶。

既然换不掉，就得想办法管理。这些战略供应商，关系到公司的兴衰存亡，具有实实在在的战略重要性。所以，战略关系要**讲战略**、**看长远**、**谋双赢**。

讲战略是在公司层面形成供应商战略，研发、采购、品质等跨职能形成合力来跟战略供应商打交道。在跟战略供应商合作时，企业最大的问题就是没有战略，形不成合力，没法谋取全局利益。

此类战略供应商的价格难谈，尤其是设备采购后的备件与服务。但如果在签订设备合同时一并敲定备件条款，例如年度降价幅度、按时交货率、质量指标、售后服务等，则可省掉很多后续麻烦。这也是个**采购战略**问题。拿半导体制造业来说，台积电在采购设备时，甚至要求设备供应商保证运营成本封顶，如果设备运营成本如备件费用过高，对不起，设备供应商得承担超标部分。

改革开放之初，整个中国还在摸索如何与海外公司打交道。日本公司相对狡猾，设备报价很低，但运营成本很高；德国公司相对厚道，设备报价高，但运营成本低。这就要求采购方权衡全寿命成本，做好战略考量。遗憾的是，在很多大型项目，设备的采购与运营是"铁路警察，各管一段"，由不同机构或部门负责。于是，负责设备采购的部门拿到很好的采购价，留给运营部的却是一个烂摊子，备件、运营成本居高不下，与设备商交涉也是为时过晚。说白了，还是个战略问题。

看长远指的是长期关系。

这些寡头们看上去占尽优势，要技术有技术，要资金有资金，全球经营，店大欺客。其实未必。市场那只无形的手还是在起作用，把一切安排得井井有条。作为采购方，你的选择就那几家供应商；但作为供应商，其选择面也很窄——独特技术的应用面一般也窄。采购方需要几年的时间才能淘汰一个供应商，但供应商要想打入一个新客户，也得几年甚至成十年。这就注定双方是个长期关系。

长期关系下，双方的依赖度很高，各自可失去的都很多，会驱使双方更加理性。长期关系需要双方来刻意维护，但采购方居于主导地位。要知道，凡是供应商都想跟客户长期合作，而破坏长期关系的呢，恰恰是采购方：有些“小采购”习惯于单边行为，笃信“我的是我的，你的也是我的就算公平，你的不是我的就不公平”，一口咬不到肉上，就换供应商，把管理没脾气、没能力供应商的那一套短视做法，照搬到战略供应商上，注定是要吃尽苦头的。

这些供应商也知道，你短期内拿它们没办法，所以你一定不能哪壶不开提哪壶，在短期利益上跟它们博弈。但是，采购方的优势在于长期：今年不给你新生意，明年不给你新生意，几年下来，这供应商也就随着产品的升级换代而自然淘汰了。要知道，这些战略供应商是寡头，但并不意味着没有竞争对手：**对手即使只有一家也是竞争**，这新生意不是你的就是他的，一进一出，对供应商的市场份额影响是双倍的，这给供应商的竞争压力可不小。

凡是个供应商，都希望做更多的新生意，战略供应商也不例外。所以，我们的筹码在**未来的新生意**上，要着眼未来，通过未来给这些供应商压力，来尽量拿到我们当前想要的。不过，我们要找到合适的层次来谈这些。如果跟供应商的客服人员谈未来，八成是对牛弹琴，因为这些人级别太低，活在当下；你得跟一定层次的管理层谈这些，找到合适的着力点，撬动战略供应商。

有人或许会问，我们的生意就那么一点点，撬不动怎么办？对于一个几十几百亿美元的战略供应商，谁的生意恐怕也不会大到哪一步，但并不是说作为客户，我们只能就地等死。你的生意对他们公司层面不重要，那对分公司呢？对事业部呢？对上海的办事处呢？对办事处的那个销售经理呢？你总会找到一个合适的点，施加你作为客户的影响力。

作为采购方，一定要识别自己能影响的因素，充分利用这些来影响供应商的决策，而不是被表面现象吓倒。妄自尊大、盲动不是解决方案，而消极被动、无为而治也不是出路。处理战略供应商关系就如国际政治，小国如新加坡、以色列，虽然国小人少，但在国际舞台上仍能呼风唤雨，与它们的战略得当、积极争取、主动出击分不开。相反，有些大国则处境艰难，举步维艰，也与其不当战略和举措不无关系。所以，采购方不能光看自己规模上的劣势，要想到以小胜大的案例多的是。

最后，我们谈一谈谋双赢。**谋双赢**意味着你得允许供应商有合理的利润。这句话人人都吊在嘴巴上讲，特别是在那些每个月跟供应商砍一次价的公司，更是一句口头禅。那究竟什么是合理利润？或者说，什么是合理的价格？简单地说，**在一个充分竞争的市场，供应商报给你的价格就是合理价格**。这些海外供应商虽属寡头，但竞争还是很充分；如果不充分，这些寡头中至少有一个会赚取超额利润。要知道，寡头如商用大飞机，波音和空客也只赚几个点的净利润，表明竞争都非常充分。[㊀]

对于这些寡头型的海外供应商，我们总觉得它们的报价高。但想想看，那些公司动辄就是几百个博士，一年光工资得付多少钱？它们要不断进行新产品开发，维持全球的售后支持网络，耗资巨大，还不是为更好地服务客户？那些行业往往在供应链的后端，牛鞭效应明显，几年赚几年亏，我们看到的都是供应商有饭吃的年份，它们把衬衣都亏掉的年份呢，我们当然看不见，因为我们那时候都在忙着跟它们每个月砍一次价呢。

天下熙熙，皆为利来；天下攘攘，皆为利往。长期关系下，任何一方不赢，都没法持久。这意味着对于战略供应商而言，“我的是我的，你的也是我的”注定行不通，谋求共赢应该是出发点，也应该是战略供应商关系的基调。这也意味着你没法把供应商的最后一个钢镚榨出来——你本来也就不应该这么做。

业界人士说

对于电子消费品行业海外供应商的管理与合作，我有几点感受如下：

（1）门当户对，不可对牛弹琴。即在合作过程中，要对胃口，比如都对技术痴迷，而且在各自领域具备领先地位等。如果长期合作过

㊀ 这点在后文的“供应商选择：与关键供应商建立长期关系”部分还会详细讲到。

程中没有共同语言，时间长了，双方就只有买卖关系，谈不上战略。

（2）在海外供应商的合作过程中，通过维护战略性的双边关系，除了获得竞争力的价格之外，更重要的是获得对方在这个领域的知识、信息和经验。尤其是经验积累方面，有时更多是我们竞争对手走过的弯路，供应商可以及时提醒我们。所谓听君一席话，胜读十年书，这种感觉时常发生。

而且还有一个很好的资源可利用，即给工程师做免费培训，尤其是针对新加盟的大学生。这种结合市场的技术发展新信息，是大学教授也难以掌握的，更不要说在课堂上系统地讲给学生听。

（3）在与有点垄断性质的海外供应商合作过程中，所谓“战略”，非常讲究公司高层之间的定期会议、会餐、会球，形成双方稳固的“战略心理”，这些比任何“协议”都管用，尤其是日本公司。

我们这些底下做具体事情的，该砍价还得砍，而且砍了还不怕他们“生气”。如果实在找不到一个与其实力对等的竞争对手，也要在其个别薄弱环节找个竞争对手（我称之为“保姆”）来参与竞争，化整为零找对手，通过价格与订单份额的配比来调节，不断促进降价。

幸好在消费类电子行业没有什么垄断非常严重的元件，只是有些大公司的产品全，市场份额高，像MuRata、富士康这样的公司，可以打包采购，如果形成战略伙伴，系统成本的节省还是非常可观的。

最后要提醒，在与这些海外战略合作伙伴的合作过程中，诚信非常重要，包括公司的各个相关部门，信息的沟通要坦诚和及时，所谓“伤身体也不能伤心”。——顾凤军，寻源经理，夏新电子股份有限公司

延伸阅读

《强势供应商的品质管理》。这是一篇网上广为流传的文章，聚焦质量管理和强势供应商，是经验之谈。在我的“供应链管理专栏”（www.scm-blog.com）上搜索题目，或者扫描二维码，即可阅读全文。

小贴士　新生意给什么供应商

供应商分类的一大目的是区别对待，比如新生意的授予。那么，新生意究竟给哪些供应商？答案是战略供应商、优选供应商——它们是公司的**增长型伙伴**，然后再考虑资格未定供应商，绝不能给消极淘汰供应商，积极淘汰就更不用谈了。这些都要成为书面政策，沟通给公司内各个部门。

例如，一家美国公司明文规定，如果要把新业务给消极淘汰供应商，需要副总裁级别的签字批准才行；要给资格未定的供应商新生意，需要总监层次的签字批准。有个欧洲公司规定，只有最高级别的供应商审核师，才有资格纳入新的供应商（给它们新生意）。而在中国的分公司，获得过最高级别的审核师资质的，只有总经理和供应链总监，也意味着只有他们才能决定与资格未定的供应商做生意。

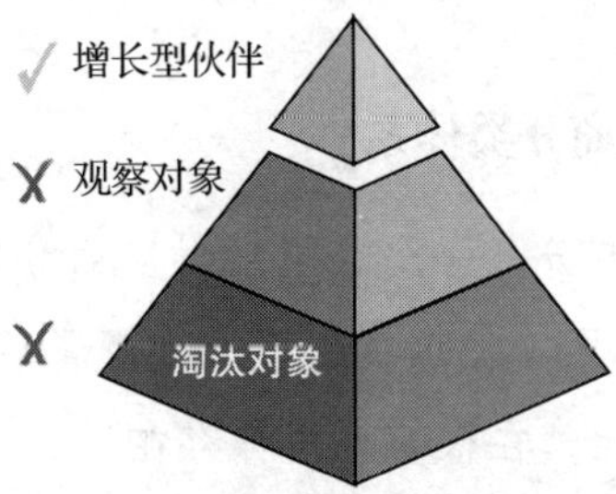

确保新生意给增长型伙伴（比如战略和优选供应商）

在那些大公司，为什么要这么强调跟什么样的供应商做生意呢？因为对于采购方来说，公司最大的议价权，或者说对供应商的制约权是**新生意**。**一流的公司在新生意上做文章**。它们以选择为核心，通过新生意激励供应商，为公司增加更大的价值。这些公司慎始如终，确保新生意授予最合适的供应商，避免供应商选择不当带来的诸多后续问题，比如质量、交期、服务问题，或者采购额太分散导致的议价权下降等。**二流的公司在现有生意上做文章**。比如把现有生意从一个供应商移到另一个供应商，以淘汰为主调，花掉太多的精力，导致在新产品寻源上工作不到位，注定后续绩效问题忙不完。

新生意给优选供应商好理解，但给战略供应商则不然。这不，工程师们就在抱怨：已经给了战略供应商的业务，它们都不好好支持，现在你要给它们更多的业务？不过想想看，战略供应商不待见你，常见的原因之一是它是你的战略供应商，你不是它的战略客户。那怎么才能成为它们的战略客户？给更多的生意是一种选择。我不是说这是唯一的选择，但至少是理性选择中的一种。

这就如你当初追你太太，她是你的“战略供应商”，但你不是她的“战略客户”。你是怎么把这关系做匹配的？投资。你给她送花，请她看电影，接她送她，通过投入时间、金钱和感情来获取她的芳心。战略供应商也一样，给它们更多的生意，抱着把它们当客户的心态来管理，把它们的问题当作你自己的问题来解决，战略供应商关系就会更好。

案例　某公司的供应商分类体系

根据对供应商的打分，一个公司对供应商分门别类如下（如表 2-1 所示），想听取我的意见。我想谈一下该分类背后的几个问题，因为这些问题有相当的普遍性，在很多公司都存在。

表 2-1　某公司的供应商分类

	战略	优选	资格未定	淘汰
分数	100	80 ～ 99	60 ～ 79	< 60
半年评估	No	Yes	Yes	Yes
参与设计	Yes	Yes	Yes	No

其一，战略供应商更多是由其**不可替代性**来决定，而不是自身的绩效得分——当然，绩效也要达到基本的标准，至少要有清晰的改进方案，否则就成为消极淘汰供应商，在下一代新产品中弃用。比如说关键元器件，因为技术难度高，验证周期长，供应商一经导入，就很难替代，就是天生的战略供应商。可以说，战略供应商是含着金钥匙

出生的。当然，它们也是经过几十年如一日的努力，投入巨大的资源才走到这一步的。

其二，正因为技术难度高，供应链复杂，供应周期长，战略供应商的绩效注定会问题多多，比如交付周期长，按时交付差，质量不稳定，尤其是那些挑战性能、工艺极限的新产品。如果简单地按照绩效评分一刀切，这些供应商就不可避免地成了淘汰供应商，显然是个错误。作为采购方，督促、帮助战略供应商改进，尽量通过现有供应商解决问题，往往是最理性的选择。否则的话，就容易陷入一直在找新供应商的怪圈，因为不管哪个供应商，在顶尖的技术、工艺和产品上，都会面临同样的问题。

其三，在参与设计上，我们对资格未定供应商要非常谨慎。这类供应商之所以资格未定，要么因为是新供应商，还没有证明自己；要么因为是老供应商，出了绩效问题，需要重新证明自己。不管怎么样，资格未定供应商的风险都相当高。作为采购方，对于新导入的资格未定供应商，要避免"别人家园子里的草绿"的思维，轻率导入；对于有绩效问题的老供应商，更要避免"吃二次苦，受二茬罪"的重复试错。

特别是那些新导入的供应商，头上往往戴着鲜艳的光环，比如是某某名企的供应商，你可要特别警惕才对，因为它们也可能是那些名企的淘汰供应商。试想想，如果这些供应商真像它们自己说的那么好，那些知名企业应该给它们足够多的业务，为什么还要跟我们做生意呢？要知道，真正一流的供应商是不缺业务的，在选择客户上也是很挑剔的。

作为重要的管理措施，案例企业在定期的供应商评估上也不尽完善，主要表现在该评估的没评估（战略供应商），不该评估的却评估了（淘汰供应商）。半年一次的评估频率也不尽合理：对大多供应商可能太频繁，对少数则相反。试想想，一个公司，动辄就有几百甚至上千供应商，半年一次，意味着每天要评估好几个供应商，资源上根本没法保障，结果就是为了面面俱到，把这一严肃的管理行为变成"走过场”，而这恰恰是众多企业的常见问题。

在有些企业，一旦出现供应商质量问题，管理层和内部客户的第一反应，就是问定期评估做了没有。其逻辑是，定期评估供应商的质量、生产、物料管理体系，是预先发现问题、预防问题的关键。这逻辑看上去没错，但执行起来则否：一个企业，不管规模多大，管理资源有多充分，都没有足够的资源对所有的供应商定期评估。强行撒网式地“全民”评估，结果就是管理资源摊得太薄，供应商评估变成了走过场，评估是评估了，却达不到识别问题、关闭差距的目的，供应商绩效问题还是频频发生。

作为管理者，在供应商评估上，要形成**抓大放小**的战略，好钢用在刀刃上，**把管理资源聚焦在真正重要的供应商身上，即未来新生意流向的供应商**。

这就是说，淘汰供应商是不需要定期评估的。一方面，你没有资源来做这样的评估；另一方面，供应商不愿意投入资源配合你的评估。对于这类供应商，要力求维持现状，尽管意味着不得不迁就有些绩效问题，“得过且过”。要知道，淘汰类供应商就如绩效差的员工，如果你已经决定要结束合同关系，你就不会每周跟它们坐下来，督促、帮助改进了。

对于优选供应商，因为企业的大部分业务都归它们做，一旦出现问题，影响面会很大，所以有必要进行定期的评估。需要注意的是，除非有明显的绩效问题，或者其他可预见的显著短板，要避免过于**频繁**地评估——你不能因为优选供应商配合度高，就对它们过度管理，否则不但影响优选供应商的正常运作，也浪费我们宝贵的管理资源。

对于资格未定的供应商，我们确实需要定期评估，督促、帮助供应商制定和落实改进方案。要知道，资格未定是个**过渡状态**，作为采购方，我们要给供应商清晰的目标，在规定的期限内，比如说半年，达到目标就上升为优选供应商，或者战略供应商；达不到目标就下调为消极淘汰，甚至积极淘汰。在此期间，要定期跟进，评估供应商的进展，及时采取纠偏措施。这是对供应商“有选择、有管理”的关键举措。

对于战略供应商，特别是有绩效问题的战略供应商，我们要定期评估，识别和关闭绩效差距。这里的挑战是关系不对等：供应商是我们的战略供应商，但我们不是供应商的战略客户，供应商就往往并不愿意支持定期评估；即便我们识别了短板，供应商也不一定愿意投入资源来改进。这种情况很难对付，尤其是在采购方的规模较小，或者说规模虽然大，但采购额分散的情况下。这也解释了企业为什么都希望做大，而做大后更加需要集中采购额，避免频频导入新供应商。

讲了这么多，供应商评估究竟要多频繁？我不想给大家一个一刀切的答案，因为那会误导。在我看来，全面评估供应商的质量、生产和物料管理体系，是供应商管理的“重武器”，不能动不动就搬出来，主要应该用在以下几种情况下：

第一，纳入新供应商的时候，需要做全面的供应商评估，确保供应商能够满足最基本的要求。如果不能够满足，要制定清晰的改进方案，确保在一定期限内达标。

第二，战略供应商、优选供应商出了重大绩效问题时。作为补救措施，全面评估其质量、生产和物料管理体系，关闭现有差距，预防未来再次发生类似问题。

第三，定期维护，就如案例企业建议的定期评估。鉴于资源有限，评估对象要限于未来我们要做更多新生意的供应商，年度评估看上去比较合理，但要根据企业的具体情况调整。

业界人士说

我所在的公司，最早是代理国外的科技产品起家（科研领域），现在依托于以前代理的产品资源，进行一定程度的集成组装。本公司的特点就是，高附加值，低技术水平。供应商的技术资源是公司的核心。

当年才开始增加生产组装业务的时候，采购经理（其实是公司副总）要求我（刚加入公司不久）对公司的供应商资源做一下全面的评估，对于供应商绩效不好的，要淘汰掉。对此，我提了几个问题：

（1）评估的真正目的是什么？

（2）针对我们公司业务的实际情况，具体评价指标的侧重点在哪里？

（3）公司供应商的历史数据与我们的目标是否可以关联起来？

问完这几个问题，在搜集数据的时候，问题就出来了：

（1）目的是提高公司的交货效率。了解了公司的实际业务后发现，越是核心的供应商，交货绩效越差，因为这个科研领域的偏门供应商，绝大多数是学校研究院的老师出了科研成果后出来办的，几乎不存在主动淘汰的可能性（全淘汰了，就直接关公司算了）。

（2）根据（1）的调查结果，基本上也就全面推翻了原先的评分体系，这个评分体系和公司的实际业务并不搭边。供应商的评估，侧重点应该是供应商的这项技术的未来发展潜力和发展方向（科研领域），其次才是成本和交货的问题（最次的要求了）。

（3）公司统计的近三年的按时交货率，99% 以上（看到这里，估计有很多人要吐血了）。深入了解发现，这就是个先射箭再画圈的游戏。因为供应商基本上做的是 MTO（按照订单制造），所以，交期是供应商在下订单的时候提供（射箭），对应的交货期就按照供应商下单预估的交货期在记录表上填写预计交货期（画圈）。所以在数据里面会有这种现象：上半年订的一个定制产品，实际交货期一个半月；下半年会有同型号的，交货期四个月，而在记录里面都是准时交货——这数据基本上就没有统计意义了。

这次梳理的结果是，没有实质上淘汰任何一家供应商，因为供应商都是技术大佬。通过业务的梳理和技术市场的定位，重新强调了公司的定位，对于有技术潜力的供应商，一方面加大对应的市场投入，反馈信息到供应商，做好预测及技术提高，另一方面督促供应商提高管理效率，稳定交货期。——周登阳，供应链管理专栏网站读者（www.scm-blog.com）

实践者问

分类的结果要不要告诉供应商？

刘宝红答

我的看法是对战略和优选供应商，或许可以告诉；但对于淘汰类供应商，最好不要告诉。要知道，人都是生活在希望中的，供应商也是：我们要让供应商有希望，好好做，未来还是可能得到更多的生意的。

当然，有的供应商会问，那为什么一直看不到你们的询价单？你可以解释，这是因为还有绩效表现更好的供应商。这更可能驱使供应商"向善"，向好的供应商看齐。如果你直接告诉它们，你们的绩效太差，结果更可能导致破罐子破摔。当供应商问了几次，还是没什么新生意后，它们自然也就明白了，但这比采购方亲口告诉更容易接受。

讲到这里，顺便讲个小故事。有个公司对客户分门别类，区别对待。比如生意多、增长型的属于A类客户，规模小、走下坡路的是C类客户等。这直接指导该公司的资源分配。比如手头有最后一颗料时，要优先分给A类客户，而不是B类。有个客服人员为方便，把这个表打印出来，贴在墙上。有个B类客户来访问，看到了，说难怪我每次催料都拿不到我的料！

想必你现在也明白了，虽然供应商分类是一个重要的沟通工具，但一定要分清里外，该保密的还是要保密。

供应商评估：历史绩效与质量、生产和物料管理体系

供应商分类的结果是要么供应商太多，要么供应商太少——能干活儿的太少，不能干活儿的太多。太多需要整合，太少需要开发，两者的前提是都得知道好坏，这就需要**评估供应商**。供应商评估就是通过分析供应商的历史绩效（如果已经在跟公司做生意）、财务状况，以及质量、生产和物料管理体系，判断其好坏，为下一步的供应商选择做准备，也作为后续改进的基础，制定进一步的供应商改进方案，以成为我们的合格供应商。供应商评估如图2-11所示。

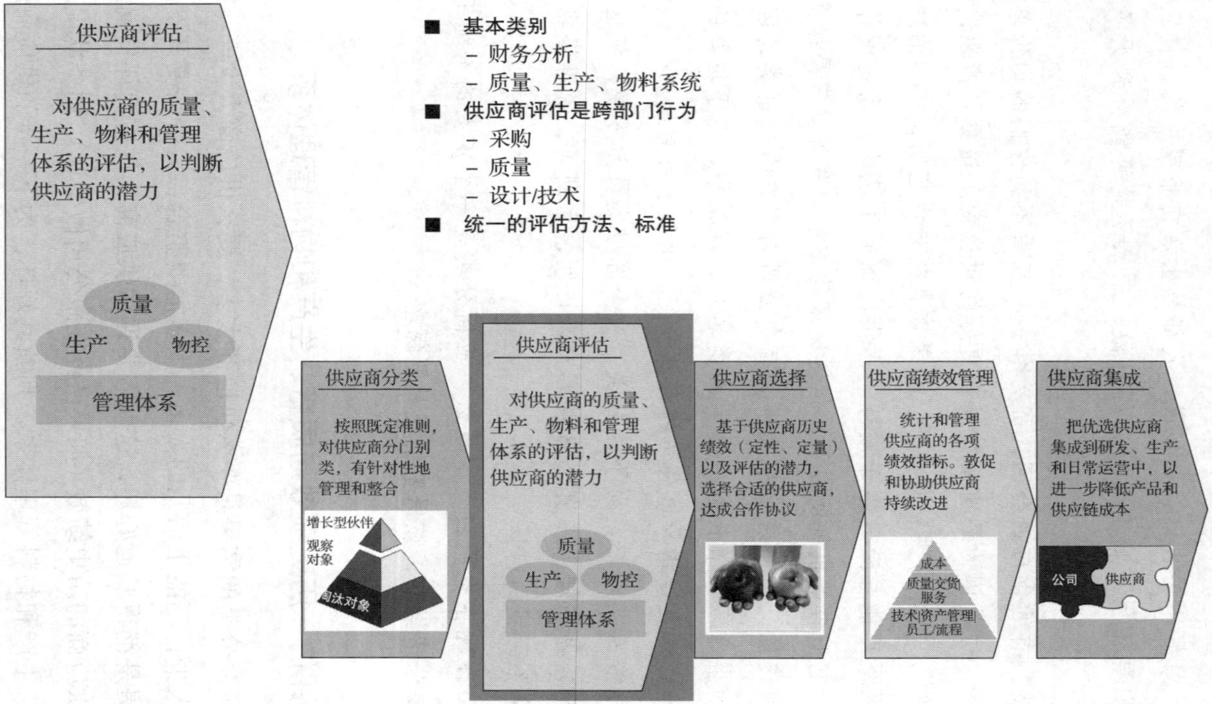
供应商评估
对供应商的质量、生产、物料和管理体系的评估，以判断供应商的潜力
质量
生产
物控
管理体系
■ 基本类别
– 财务分析
– 质量、生产、物料系统
■ 供应商评估是跨部门行为
– 采购
– 质量
– 设计/技术
■ 统一的评估方法、标准
供应商分类
按照既定准则，对供应商分门别类，有针对性地管理和整合
增长型伙伴
观察对象
淘汰对象
供应商评估
对供应商的质量、生产、物料和管理体系的评估，以判断供应商的潜力
质量
生产
物控
管理体系
供应商选择
基于供应商历史绩效（定性、定量）以及评估的潜力，选择合适的供应商，达成合作协议
供应商绩效管理
统计和管理供应商的各项绩效指标。敦促和协助供应商持续改进
成本
质量|交货|服务
技术|资产管理|员工/流程
供应商集成
把优选供应商集成到研发、生产和日常运营中，以进一步降低产品和供应链成本
公司
供应商

图 2-11　供应商评估

我们先说**财务评估**。有一次我给一个建筑公司培训，供应链的老总拿这么个案例做开场白：公司找了个材料商，因质量不合要求退货，给公司造成损失好几十万元。事后了解，合作前，这个材料商的财务状况就堪忧，欠债很多，公司的法务建议尽快起诉，拿到供应商的优先偿还权。很简单，你不能今天跟一个供应商合作，明天那供应商就破产。供应商的财务分析是风险管理的重要一环。

如表 2-2 所示，供应商的财务分析从**清偿能力**开始。公司破产的最大原因不是资不抵债，而是资金流中断，即丧失清偿能力。清偿能力取决于流动资产，严格地说，是流动资产扣除库存，即现金或变现很容易的资产。库存被当作流动资产，其实往往流动性很低：把现金变为库存容易，把库存变为现金难。总的来说，同行公司相比，库存周转率越低，表明库存周转周期越长，效率越低，公司经营也越差。

表 2-2 供应商的财务能力分析

	关键财务指标	计算公式	描述对象	备注
清偿能力	流动比率	流动资产 / 流动负债	公司清偿短期债务的能力	越高越好。一般情况下应该在 2 左右。尽管行业不同，这一指标有所不同，但高于 2 的话，往往表明公司对资金利用不足；低于 2 的话，则表明公司可能有短期清偿困难
	速动比率	（流动资产 – 库存）/ 流动负债	公司清偿短期债务的能力	越高越好。速动比率低于 0.5，表明公司现金流的风险高。尽管行业不同，这一指数不同，但总体来说，0.5 到 1 之间比较合适
	净运营资本周转率	（流动资产 – 流动负债）/ 总资产	公司的清偿能力	必须是正的
盈利能力	资产回报率	净收入 / 平均总资产	公司利用资产的效率	最常用的财务指标，尤其是公司之间对比的时候。当一个公司的资产回报率低于竞争对手的时候，往往表明竞争对手在财务手段、技术、质量控制或库存管理上做得更好
	净利润率	净利润 / 营业额	公司的盈利能力	越高越好。与竞争对手、历史表现相比，可看出公司的盈利水平。逐月比较，可看出公司对间接运营成本的控制能力

（续）

	关键财务指标	计算公式	描述对象	备注
周转能力	应收账款周转率	销售额 / 平均应收账款	公司及时收回账款的能力	周转率越高，收回账款的能力越强，资产利用效率越高
	应付账款周转率	销售成本 / 平均应付账款	公司管理应付账款的能力	比率越高，公司从采购到付款的周期越短。注意：周转率低，表明公司可能面临资金周转问题，有支付困难
	库存周转率	销售成本 / 平均库存	库存周转能力，满足需求和把流动资产转化成现金的能力	总体上说，比率越高越好，比率高，表明从销售到现金的时间短。周转率低，表明更多的资金压在库存上，公司资本的利用率不高
资本结构	总负债与权益比率	总负债 / 总权益	公司的资本结构	越高风险越大。但也不是越低越好，因为公司的股价会受这一指标影响。最好与行业平均水平比较
	长期负债与权益比率	总负债中，长期负债与总权益的比率	公司的资本结构	总的来说，越低越好。公司的股价会受这一指标影响。最好与行业平均水平比较

资料来源：Corporate Executive Board.

清偿能力取决于**盈利能力**，体现在资产回报率和净利润率上。这些年来，国有经济重资产运作盛行，资产回报率比较低，比如 2012 年总体只有 4% 多一点的资产回报率，比把钱存银行好不了多少（作为对比，民营经济的整体回报率是 12% 左右），你就知道为什么国有经济实体盈利差了。

盈利水平是财务结果，取决于公司的**周转能力**，反映在应付账款、应收账款和库存上。公司运作良好，这三个数据就都较低。公司运营不好，回款就慢；回款慢，现金周转不好，就没钱付供应商，应付账款就高。这些都是评估一个公司的财务能力时要注意的。

最后，要理解供应商的**资本结构**，因为这是供应商的基石，决定供应商的长期绩效。

要注意的是，财务指标往往没有绝对意义；要与竞争对手比、与自己的历史绩效比，这样才有可比性。另外，这样严谨的财务分析是“重武器”，主要用于大的决策，比如决定跟哪些供应商建立长期合作伙伴关系。对于上市企业，这些数据都在公开的财务报表中；对于非上市企业，很多数据搜集不到，就得采取别的方法来弥补。比如在邓白氏（Dun & Bradstreet）报告上，你能看到一个公司支付账单的平均周期等，以判断该公司是否有清偿困难。

对于未上市企业，你也可以直接向供应商要其财务报表。在采购方承诺保密的情况下，有的供应商会乐意提供报表（在美国，未上市供应商有权利不提供，但我当年管理的钣金供应商们都愿意提供）。这些财务报表一般没有经过审计，准确性不能保障，也不能排除供应商作假的可能，但比较不同时段的财务指标，比较同类企业的财务报表，还是可能发现蛛丝马迹的。

此外，还有很多别的方法来判断供应商的财务能力。最简单的就是看实际表现：如果按时交付、质量等在走下坡路，客服人员、销售人员、送货司机三天两头换人，供应商八成有财务困难。你也可以问供应商的竞争对手。俗话说得好，家有千缸油，邻居百把称——你有多少财产，邻居心里一清二楚；同处一个行业，人员经常来往，供应商之间都知根知底。供应商有好事儿，竞争对手不一定讲；但供应商有了问题，竞争对手巴不得到处宣传呢。

供应商评估除了财务能力，还要评估供应商的质量管理、生产管理和物料管理体系。因为三大体系是确保供应商运营绩效的保证，也是供应商财务能力的源泉。欧美公司的供应商审核，主要就是围绕这几大块来进行。当然，有些行业，例如汽车和飞机制造，其行业规范，把这三大块也包括在内。

对质量、生产管理体系的评估容易理解。物料管理则否。其实物料管理的一个重要目的就是判断供应商管理下级供应商的能力。这在供应链分级分层的行业很重要。比如汽车行业，整车厂对一级供应商（Tier 1）的期望越来越高，不但希望一级供应商负责相应模块的开发和整合，也期望它们管理下级供应商，承担更多的供应商管理职责。在硅谷的高科技制造业，这些年来外包盛行，公司也期望供应商有更好的供应商管理能力。

在建制成熟的公司，这三大体系的评估都有成套的问卷，以及具体的评分标准。在评估方法上，有的公司会事先让供应商自我评估，然后到现场逐一复核，光现场复核就动辄需要两三个工作日。在有些日本公司，同一套评估问卷，比如生产管理体系，会由两个人背靠背来评估，然后逐条对比。如果对某条的打分不一样，两人会进一步确认，直到打分一致，以保证评估的准确度。这都是为了做好"重选择"，避免日后的"轻淘汰"。

质量、生产和物料管理体系的评估是重武器，一般会在新供应商导入、重要决策（比如供应商整合）或重大问题发生时进行（比如重大质量事故），以全面评估供应商的关键能力，并提出改进计划。在有些企业，这类评估效果不大，主要原因有二。

其一，评估本身很粗糙，一些非常宽泛的问题，几张简单的 Excel 表格，一些不痛不痒的问题，加上几个没有经验的评估人员，这样注定会流于形式。

其二，评估是一种事后应急的惩罚措施：供应商出了大问题，采购派几个质量人员，做评估，找出些问题，让供应商花点钱、投入点资源，作为对问题的交代（瞧，我让供应商做了什么什么），以平息内部客户的怒气，于是评估变相成为一种惩罚措施。

还有一些公司，决策已经由领导或者胳膊粗的人拍脑袋定了，评估就成了走过场，目的是"验证"决策是正确的。这就如一幅漫画上画的，领导射出了箭，一帮跟班赶快跑上前，围着箭画上圈儿，说领导箭法真准，射中靶心了。

小贴士　你得尊重供应商评估表格上的问题

凡是个建制完善的企业，都有成套的供应商评估表格。我经常会问那些公司的员工，你们觉得表格上的问题含金量如何？这时候就会看到各种表情，其中不乏不屑一顾的神态。我知道那是什么意思：那些表格上的有些问题实在太低级了。

这儿我想说的是，表格上的那些问题都经过了一轮又一轮的讨论，能够留下来总是有原因的，它们要么是解决某个问题，要么是预防问题。如果你认为那些问题太傻，八成是你太傻，不能真正理解为什么要问那些问题。

举个我自己的例子。那是十几年前的事儿，商学院刚毕业，我就到硅谷，第一份工作是管理供应商。看着公司的供应商质量体系评估表格，我发现这么一道问题：这个供应商有没有质量统计指标？当下我就想，这不是瞎话吗，供应商有质量统计又怎样，不照样制造一堆堆的次品？

十几年过去了，我接触了几百家公司，发现一个普遍问题：一家公司有供应商绩效管理，供应商绩效不一定好；但是如果没有的话，供应商绩效注定不好。这才意识到，那个貌似大实话的简单问题，其实已经把一半的供应商给排除在外了：这个供应商有质量指标，质量并不一定好；但如果没有质量统计指标，它的质量肯定不好。

这放在别的流程文档上也同理。任何一件事，不管看上去多么多余，存在的总是有原因的：要么是预防问题，要么是解决问题，不大会为凑字数而存在。你可以不喜欢那些事，但你一定要试着去理解它们存在的合理性。这样你发现自己会进步迅速，才更可能改善现有流程，让世界因你而不同。

对于一个成熟的公司，特别是在特定行业、地域有一定历史的公司，很多供应商其实都已经在跟公司做生意。对于这样的供应商，公司已经有相当多的历史绩效数据，这是最准确、最可信赖的数据，一定要充分利用。比如在下面的案例中（如表 2-3 所示），一个制造商从质量、成本、交期等 8 个方面来评估现有供应商，决定哪些应该是优选供应商，哪些该淘汰掉。针对每一个指标，该公司都有具体的评分标准、专门的职能或人员来评分。

表 2-3　现有供应商的绩效分析

	质量		成本		交期	服务					
评分	13 周次品率	质量事故	成本	降本积极性	13 周按时交货率	合作容易度	电子商务	及时汇报订单状态	响应速度	快速打样	产能爬坡
4 = 优秀	<300	没有	最好的	分解成本，建议降本合作	95% 以上且有上升趋势	优秀	95% 以上的交易使用网上系统	实时更新交货时间	所有问题，当天回复	1 天报价 3 天交货	3 个月翻一倍
3 = 良好	<1000		高出 0 ～ 5%	积极提出降本建议	90% 以上	良好	85% 以上的交易使用网上系统	每周更新交货时间	所有问题，24 小时内回复	2 天报价 1 周交货	4 个月翻一倍
2 = 一般	<3000		高出 5% ～ 10%	有时候提出降本建议，不彻底	80% 以上	一般	低于 85% 的交易使用网上系统	偶然更新交货时间	通常会回复，但需要采购方跟进	4 天报价 10 天交货	
1 = 差	其余	一个或多个供应商原因	高出 10+%	没行动	其余	差	不用网上系统	不问则不更新	不跟进，则不回复	其余	其余
评分责任人	供应商工程师	供应商工程师	供应商经理 / 采购员	供应商经理 / 采购员	采购员	供应商经理	采购员	采购员	供应商经理	采购员	供应商经理
备注											

	技术						资产管理	财务状况		全球支持	售后市场
评分	管理系统	生产系统	关键技术能力给现有产品	技术能力	质量系统	设计系统	缩短交期	财务稳定性	行业依赖度	是否有全球网络	是否在售后市场竞争
4＝优秀	从报价到交货，有系统/流程，应用并且在提高改进	有MRP，有产能模型，精益生产5S等	是的	具备所有要求的技术能力，并且不断提高	通过ISO认证，问题根源与解决方案分析在两周内即可做出	有能力设计模具，有CAD和CNC编程能力	所有采购前置期缩短到2周以内	营业额高于1.5亿美元，盈利	<20%的营收来自半导体设备行业，10%～24%来自我公司	有	不竞争
3＝良好	流程存在	有MRP，部分产能分析，5S		具备90%的能力，不缺关键能力	在1年内计划通过ISO认证，有根源与解决方案分析能力		所有采购前置期缩短到3周以内	营业额在8000万美元到1.5亿美元之间，盈利	21%～50%的营收来自半导体设备行业，3%～30%来自我公司	没有，但在构建过程中	竞争，但主动与我公司协商
2＝一般	一些流程	有MRP，部分5S		能满足80%的技术要求，缺失一些关键技术，但可接受	在2年内计划完成ISO认证	有CNC编程能力，但没模具设计能力	所有采购前置期缩短到4周以内	营业额在3000万到8000万美元之间，盈利	<60%的营收来自半导体设备行业，<40%来自我公司		竞争，愿意与我公司协商（但没有主动联系）
1＝差	其余	没有MRP	没有	不可接受	没有	没有编程能力	其余	其余	其余	没有，没计划建立	竞争，且不愿意与我公司协作
评分责任人	供应商经理/供应商工程师	供应商经理/供应商工程师	供应商经理/设计	供应商工程师/设计	供应商工程师	供应商工程师/设计	采购员/供应商经理	供应商经理	供应商经理	供应商经理/售后服务	供应商经理/售后服务
备注											

读者可能要问，对于非客观项，比如降本的积极性、合作的容易度、质量系统、技术能力，我们需要相应的职能来打分，因为他们熟悉情况，能够更好地主观判断；但对于有客观标准的，比如按时交货率、百万次品率，数据都在信息系统里，为什么还需要专门的职能来评估？这样做的一个原因是集体参与：这些职能参与了，是决策过程的一部分，对决策的执行更有利。供应商管理是个跨职能任务，供应商评估也是。要避免的是采购或质量对供应商绩效评估，没有别的部门参与，最后别的部门不认可评估结果，这样的评估就成了自娱自乐，对形成供应商选择、整合、开发等重大决策起不到应有的作用。

这是个小批量行业的案例，具体的评分标准放到大批量行业不一定适用。我想重点阐述的是方法论。这些评分标准，不管是客观的还是主观的，总会有争议。比如按时交货率，为什么 4 分的标准是高于 95% 而不是 92% 或 97%？这其实不重要；重要的是大家都用同样的标准，供应商之间就有可比性。俗话说得好，不怕不识货，就怕货比货。供应商评估就是货比货的过程。

小贴士　有没有完美的供应商

把表 2-3 中的分析汇总，就得到图 2-12 中的雷达图。每项的分数越高，表明供应商在这个领域越好。比如供应商 1 的质量是 3 分，供应商 2 是 2.4 分，表明供应商 1 的质量好于供应商 2。但是，供应商 1 的成本、交期、服务都不如供应商 2，而且不帮客户建库存（资产项的得分为 0）。这表明，供应商 1 有质量，有技术，但别的都不好，属于“有能力，但有脾气”，可能是战略供应商一类的主儿。供应商 2 正好相反，价格好，交付好，服务也让你满意，而且帮你建库存，但掩盖不了一个事实，它没有技术，质量也不好，属于典型的“没脾气，但也没有能力”。

这就是我们经常遇到的问题：**有能力的供应商也有脾气，没脾气的供应商也没有能力**。有没有第三类供应商？没有。有能力，没脾气的供应商凤毛麟角，即便有，也早给采购方欺负致死；没能力，但脾气很大的供应商呢，早都被淘汰掉了。这就是说，跟我们打交道的供应商主要就是两类：有能力的有脾气，没脾气的没能力；能够满足成本要求的，满足不了质量要求，而能满足质量要求的，却满足不了成本要求——没有完美的供应商。

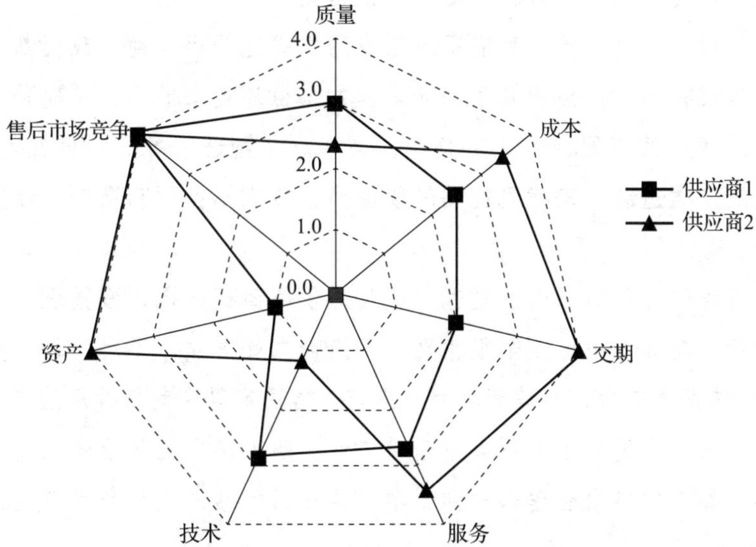

图 2-12　现有供应商绩效评估结果分析

这正是欧美企业在全球采购中经历过的。刚来中国寻源的时候，中国供应商的成本很好，但质量不好。想当年，摩托罗拉刚进入中国时，连个合适的纸袋子供应商都找不到，不得不手把手地教。二三十年后，中国供应商的质量终于赶上来了，但成本又不合适了。这不，全球寻源的热点就向更低成本地区，比如越南、印度转移，把中国的故事重新来过。

产品的升级换代也类似。几年前，我访问一个本土汽车制造商。该公司当时主打中低档车型，但正计划向高端车型迈进。面临的问题有二：①现有供应商能满足中低端车的要求，但没法满足高端车型的质量和技术要求。这些供应商随着公司一路成长，很多是乡镇企业，从技术和管理上都很难更上一层楼；②全球供应商，比如说强森自控和德尔福，能够满足新车型的质量和技术要求，但价格远比本土供应商高。或者说，现有的供应商能满足价格要求，但没法满足质量要求；全球供应商能满足质量要求，却不能满足价格要求。

摆在公司面前的问题是，该选择哪些供应商？但不管怎样选，都没有完美的供应商。为什么要一再谈这点呢？因为这触及供应商管理的一个根本假定：不管我们用什么样的方式选择供应商，我们都是在矬子里拔将军，虽然找到了个子最大的，但还是个矬子，不完美，没法满足我们的需要，差距部分呢，要靠后续**管理**来补齐。也就是说，**你没法光通过选择来找到完美的供应商；我们不但要有选择，还要有管理**。

而我们企业的一大问题呢，就是对供应商**有选择，没管理**。比如招投标、最低价中标是个很糟糕的供应商选择方法，不过还算是有选择；但选择进来后，后续管理纯粹没有。这注定供应商绩效没法满足我们的需求，于是就不得不去找新供应商，陷入供应商数量膨胀的恶性循环。如果供应商管理部分你就学一样东西的话，这就是我希望你能记住的。

企业都知道选择的重要性，因为练兵不如选兵。但是，你不能把宝都压在“选”上：就算选对，管理不当，也不行。打个比方，同样一把菜刀，拿到贺龙手上，就能革命；拿到你我手上，就只能砍瓜切菜，说的就是管理的重要性。

这也注定网易严选的逻辑站不住脚：网易严选说，你买的那些名牌货，大多都是我们国内供应商做的，之所以贵，是因为名牌效应；我来找到那些给名牌公司代工的供应商，让它们做产品，以更低的价格卖给你。网易咋就不想想，一群羊，如果给狮子带，就成了狮子；一群狮子，如果给羊带，就成了羊——你不能光寄希望于选择，你得重视管理的价值。

再举个例子。在家电行业，比如微波炉，欧美品牌经常找国内品牌商做代工。欧美厂商有严格的管控措施，从设计到制造到质量，国内品牌商代工出来，质量就是不一样。国内品牌商呢，自己管理自己的工厂，就是做不出欧美质量的产品来。这里的差距呢，就是**管理**。这也是一个部门绩效不好，部门老总要负主要责任的原因：换个老总，同样的团队，产出就大不一样。

没有完美的供应商。这是个关键的假定，也正是扣分制的管理方法不成立的根本原因。就如表 2-4 所示的房地产商，很多企业对于供应商采取扣分的红黄牌、黑名单管理措施，其基本假定是供应商之所以能够成为我们的供应商，是因为它们进来时都是完美的（人人都是 100 分），然后每作一次孽，就扣一定的分，给予相应的红黄牌；作孽到了一定地步，就上了黑名单。

表 2-4　某知名房地产商的红黄牌及黑名单管理办法

<table>
<tr><th>序号</th><th>类别</th><th>事项描述</th><th>说明</th></tr>
<tr><td>1</td><td rowspan="3">黄牌</td><td>因乙方原因造成供货或工期严重延误，经甲方努力未影响项目交付</td><td rowspan="3">● 每出现 1 次符合黄牌标准的行为，计黄牌 1 张，双方合作暂停 6 个月
● 协议期内累计黄牌 2 张，双方合作暂停 1 年
● 3 张黄牌按照红牌处理</td></tr>
<tr><td>2</td><td>产品出现质量问题，严重影响观感或使用，引发甲方客户零星投诉且乙方服务跟进不力</td></tr>
<tr><td>3</td><td>合作期间连续 3 次进入甲方总包评估“黑榜”</td></tr>
<tr><td>4</td><td rowspan="5">红牌</td><td>出现商业贿赂甲方行为</td><td rowspan="5">● 每出现 1 次符合红牌标准的行为，计红牌 1 张
● 协议期内累计红牌 1 张，双方合作暂停 2 年</td></tr>
<tr><td>5</td><td>因乙方原因影响甲方项目交付，造成实质性交付延期</td></tr>
<tr><td>6</td><td>交付产品货不对板，且存在以次充好未达合同约定标准的情况</td></tr>
<tr><td>7</td><td>出现产品严重质量问题或质量事故，乙方服务跟进不力，给甲方造成经济损失及声誉负面影响</td></tr>
<tr><td>8</td><td>乙方单方面毁约</td></tr>
<tr><td>9</td><td>黑名单</td><td>乙方出现性质或影响较上述红黄牌事项规定更为严重的事项</td><td>符合黑名单条件的合作方，双方合作暂停 3 年</td></tr>
</table>

这个假定是不成立的。要知道，不管你用什么方法选择供应商，选来的供应商都是个半成品（**有能力的有脾气，需要调教；没脾气的**

没能力，需要提高），这也注定供应商会有绩效问题，需要后续的管理来改进。红黄牌和黑名单的做法，本质上是拿淘汰代替管理，陷入频频导入新供应商的怪圈，导致采购额分散，而供应商绩效没法得到实质性改进。

小贴士　指标权重怎么分

在供应商绩效评估上，经常会有人问，这么多的指标，权重应该如何分配，这样我们好加权平均，决定选择哪个供应商。

首先我想说的是，供应商选择是个高级决策，而人类做高级决策的方法不是打分加权。打个比方。你感到不舒服，就去看医生。医生量你的体重、身高、血压，给你做心电图、脑电图。这些指标都出来了，他是怎么加权的？他不加权。他把那些图表扫了一眼，就拍着胸脯说，根据这些指标（“从数据开始”），以及我15年来的行医经验（“由判断结束”），你感冒了。

当然，企业不信任员工，总是希望能够量化成一个数字，由计算机来做出客观的决策，但这不现实。企业雇我们这些五年八年十几年工龄的人，就是看重我们的经验。完全依赖数字，有一系列挑战。

其一，权重的分配也许永远也没有最佳值——不同行业、不同公司、不同项目，甚至同一公司的不同发展阶段，对供应商绩效的侧重点会有不同。这意味着权重得经常调整，容易被操纵、滥用，最后成了数字游戏。想必很多人有这样的经历：为了选中自己心仪的供应商，就一遍又一遍地调整权重，直到“合适”的供应商“名列前茅”为止。这就相当于等箭射出去后，再绕着命准的地方画圆圈一样。

其二，数据经过汇总后，会丧失很多信息，可能误导。比如就图2-12的案例来说，加权汇总后，一个供应商是3.2分，另一个是3.3分，分数如此接近，好像两个供应商差不多。但你知道，这是两个天壤之别的供应商：有能力的有脾气，没脾气的没能力。所以我们没法就靠一个加权平均后的数字做决策。

那怎么办？你得回到医生看病的方法论上来：从数据开始，由判断结束。该做的数据分析还是照做不误，在数据的基础上，采购要能说服设计、质量，由职业判断结束，选择合适的供应商。

比如在这个案例中，如果产品的技术比较成熟，但成本压力很大的话，那可以选择低成本的供应商2。这个供应商是没脾气，但也没能力，潜在的风险是质量和技术。既然质量部门一起做了这样的决策，就意味着以后出了这些问题，质量部门得帮助供应商改善，而不能把皮球踢给采购，让采购启动淘汰流程，临阵换将，找新供应商了事。

反之，如果技术、质量要求高，那就选择技术好的供应商1。这是个有能力，但也有脾气的供应商，意味着后续的价格谈判会很困难，需要技术部门协助，更多地通过设计优化来降本，而不是逼着采购在谈判降价上一条路走到黑。这些都是“经过计算的风险”，在供应商选择的时候就得理解。

这里还想补充的是，**数据分析是弱势职能的保护措施和发言权**。没有数据，丛林法则就会主导供应商选择：哪个部门强势，或者说谁的拳头大，谁就说了算。在很多公司，这往往是设计部门和技术人员。虽然设计部门跟供应商打交道很多，但他们的专职不是管理供应商，并不能全面评估供应商。他们的决策往往基于经验，拍脑袋居多，决策质量未必最佳，往往不符合公司的整体利益。

在这里，讲个我个人的小故事。十几年前，我刚到硅谷的时候，第一份工作就是管理供应商。有一天，一个工程师的总监抱怨我的供应商，说他给这供应商花了那么多的钱，供应商还是不重视他的项目。我就问，你花了多少钱？他说，每月都有好几万美元。当然，对于设计人员来说，几万美元是不少。但我没告诉他的是，这个供应商的竞争对手中，好几个跟我们的业务每周都有成十万美元，无非那些主要是量产的业务，不经过工程师的手罢了。

在这里，你不能怪工程师：他们的主业不是管理供应商，不知道自己不知道的。那采购的任务呢，就是把客观的数据呈现在跨职能团队的面前。大家看着同样的数据，就可以更好地避免丛林法则和单方面决策。在与高级管理层沟通时也是同理。

实践者问

您讲了这么多，究竟什么是好供应商？

刘宝红答

这就跟问什么是好工作一样，答案是钱多、活儿少、离家近。但你知道，这样的工作不存在。供应商也是。作为职业人，我们要识别每个供应商的优点与缺点，量化风险，承担经过计算的风险，找到那个综合效益最好，或者综合成本最低的。这是做到了“有选择”，然后要通过后续管理来补齐供应商的短板，做到“有管理”。选择+管理，希望得到我们心目中的“好供应商”，**有能力，也有意愿**跟我们合作。

即便得到了，“好供应商”也只是个过渡状态，很快就会转为“不够好”。就拿全球寻源为例，二三十年前，欧美企业刚到中国寻源，供应商是有意愿（价格很优惠，让干啥就干啥），但没有能力（表现在质量不够好），于是欧美企业就花了很多资源来提高质量。好不容易质量达标了，却发现价格也高了——供应商的能力有了，意愿却没了（涨价），又不合适了。于是欧美企业就向更低成本区转移，比如耐克、阿迪达斯这样的服装鞋帽企业到越南寻源，再来一遍。

其实我们一直在跟“不够好”的供应商打交道，它们要么没能力，要么没意愿，需要我们的管理行为来补齐，无非管理的重点不一样——对没能力的要以帮助为主，对没意愿的要改善关系，激励、督促。管理员工也一样：新员工有意愿，没能力，老员工有能力，却意愿不强，都需要管理，不过管理方式和侧重点不同。

供应商选择：与关键供应商建立长期关系

在供应商评估的基础上，选择合适的供应商，作为未来的合作伙伴，这就是**供应商选择**。供应商选择的标准是既能满足当前的需要，又能满足未来的需要。当然，你知道这是理想情况：选择供应商就如找对象，永远也找不到完美的，需要权衡利弊，适当妥协，从众多的供应商中选择最合适的合作伙伴，然后设定合作的规则，督促、帮助合作伙伴持续提高。

供应商选择是品类战略的关键构成，解决了企业的一个核心问题：针对具体的品类，比如纸箱子，我们有众多的供应商可以选择，究竟选择哪些作为合作伙伴？这需要三点考量：①规模效益，就是把有限的钱花在有限的供应商身上，把自己做成大客户，获取规模优势和更好的支持；②竞争的充分性，就是有足够的供应商，保持充分的竞争性；③供应风险，即控制供应风险，确保供应链不中断。下面我们就这三方面详细阐述。

先说规模效益。企业要赚钱，最根本的一条是规模效益，这就是为什么企业都想做大。但做大后，供应商数量膨胀得更快，规模效益又给做没了，这就是为什么供应商要整合，要“收口子”。对于企业来说，每个品类花多少钱，平均每个供应商花多少，多少花给供应商 A，多少给供应商 B，才能**既有规模效益，又不占供应商的业务比例太高**，都是品类策略要考虑的。

这里特别要注意的是，业务不能太集中。一旦占供应商的业务比例太高，我们的业务起伏对供应商的影响就太大，供应风险大增。比如有个电商，主要制造业务由一个供应商做，占那个供应商百分之八九十的业务量。这个电商的业务快速增长，供应商的产能建成之日就是饱和之日，没法支持业务的继续成长。以后业务放缓的话，供应商又会面临产能过剩的问题。那怎么办？你得适当分散采购额，导入第二个供应商。具体如图 2-13 所示。

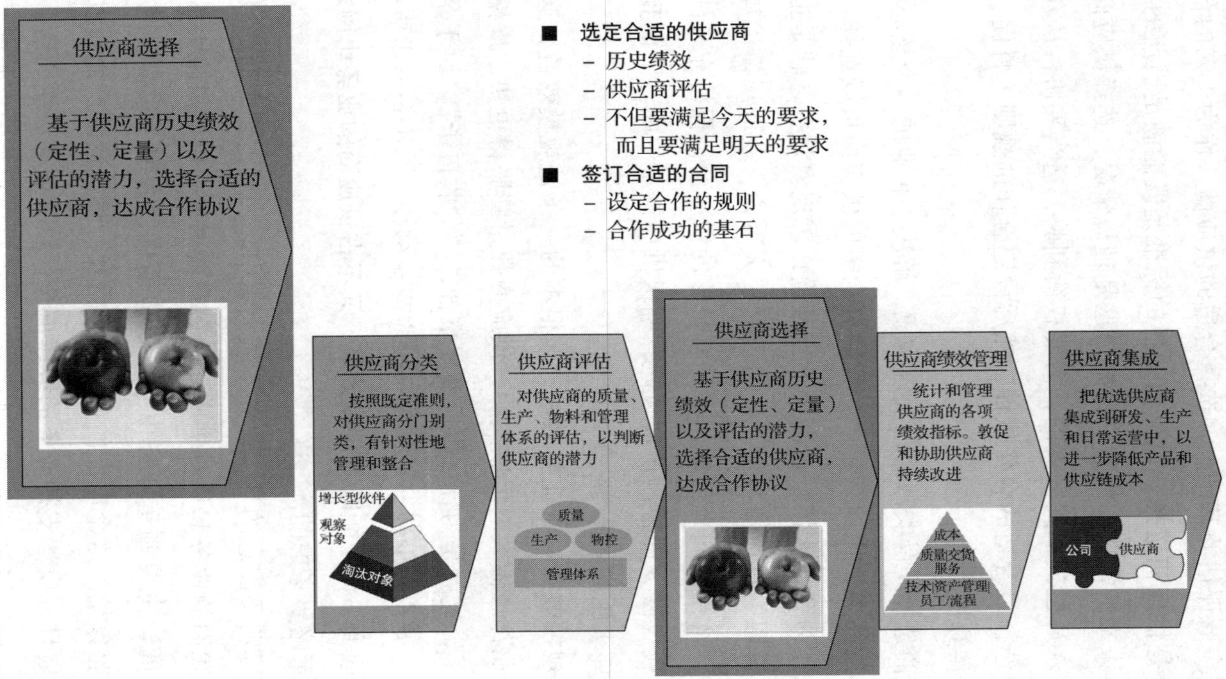

供应商选择
基于供应商历史绩效（定性、定量）以及评估的潜力，选择合适的供应商，达成合作协议
■ 选定合适的供应商
– 历史绩效
– 供应商评估
– 不但要满足今天的要求，而且要满足明天的要求
■ 签订合适的合同
– 设定合作的规则
– 合作成功的基石
供应商分类
按照既定准则，对供应商分门别类，有针对性地管理和整合
增长型伙伴
观察对象
淘汰对象
供应商评估
对供应商的质量、生产、物料和管理体系的评估，以判断供应商的潜力
质量
生产
物控
管理体系
供应商选择
基于供应商历史绩效（定性、定量）以及评估的潜力，选择合适的供应商，达成合作协议
供应商绩效管理
统计和管理供应商的各项绩效指标。敦促和协助供应商持续改进
成本
质量|交货|服务
技术|资产管理|员工/流程
供应商集成
把优选供应商集成到研发、生产和日常运营中，以进一步降低产品和供应链成本
公司
供应商

图 2-13　供应商选择

但导入新供应商时，新供应商的规模效益还不够，报价往往比现有供应商的高，那作为采购方，你得理解这一点，适当给新供应商更高的价，同时要求业务到达一定量时，供应商逐步降价，直到跟现有供应商能够匹配，甚至更好。这必须在公司层面通盘考虑，但需要采购来制定和执行战略。

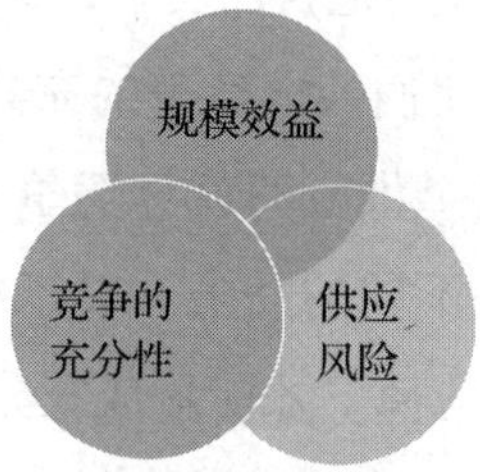

供应商选择需考虑的三大因素

在这方面，苹果这样的企业也常有失手。几年前，我在深圳遇到一个供应商，当时大概每年四五亿元的营收。最近在硅谷又遇到他们的老总，一起吃饭，问现在业务如何。业务很好，每年都十几亿元的营收了，不过老板寝食不安。原来，该供应商百分之七八十的业务来自苹果，老板买了一大堆的设备，都是支持苹果业务的，问题是一旦拿不到苹果的下一代业务，就会死得很惨。老板自己来硅谷，根本目的就是开发新客户，像谷歌、脸书、思科等，分散风险。

这个供应商只做 iPhone 里的一个很小的东西，大概几分钱一个吧。作为苹果的二级或三级供应商，虽然苹果不直接跟它打交道，但这个供应商的供应链风险，比如苹果需求大增时，产能没法快速扩张，最终还是要苹果来背。以往 iPhone 发布时的“饥饿营销”，其实很多跟供应链没法快速响应有关；而供应商业务集中度太高，又是造成响应不够的根本原因之一。对一般企业来说，如果采购方要开二供，供应商一般都拼死反对；但对于苹果呢，有些供应商则巴不得开二供，以减少苹果业务的压力。

那究竟业务占供应商多大比例合适？这要视行业而定，是品类分析的一个关键构成。一般来说，业务变动越大，占供应商业务的比例上限就越低。比如我在半导体设备行业时，业务动辄半年翻一番，或者一个季度掉下来一半，我们的指导原则是不超过供应商业务的35%，但不低于20%（如果太低，我们就不是供应商的大客户，得不到足够重视）。这只是个指导纲要。有个供应商的比例远超这个，业务量的上坡下坡，供应商疲于应付，最后把自己卖了，成为我的老东家的一部分。

讲完了规模效益，让我们谈谈**竞争的充分性**。这里的核心问题是，对于一个**品类**，究竟多少个供应商就算竞争充分？品类是具体的采购项，比如纸箱子和芯片是不同的品类。对于纸箱子这个品类，下面有多个料号，究竟有几个供应商，才能形成充分竞争？

答案是，**当能形成实质性竞争的时候，两个供应商就是充分竞争**。注意，这里的前提是"实质性竞争"：你是一米八的个头，你的同桌一米七五，你们两个头差不多，可以互相掰手腕，能够形成实质性的竞争；前排的小姑娘一米五八，没法跟你掰手腕，你们就形不成实质性的竞争。

让我们举个例子。大家知道，商用大飞机在世界上只有两个供应商，波音跟空客（在C919商业化之前，中国商飞还不算）。波音和空客是典型的寡头，但远远不是垄断。这时候很多人就皱眉头，说你怎么尽替这些企业说好话。且听我详细解释。

垄断的目的是什么？当然是赚钱，赚取超额利润。如果它们是垄断的话，至少有一家会赚取超额利润。细看波音、空客十多年来的盈利历史，你会发现根本不是那么回事：波音的平均净利润率为5%上下，空客呢，则只有区区3%左右。[一]在此期间的任何一个季度，波音和空客的净利润率从来没有超过9%。考虑到美国航空、国防工业的平均净利润率为7.46%（2015年1月）[二]，波音和空客都算不上超额利

[一] 数据来源：ycharts.com。平均净利润是各个季度的简单算数平均值。

[二] Margins by Sector（US）. http://pages.stern.nyu.edu/~adamodar/New_Home_Page/datafile/margin.html.

润——街道上卖红薯的还至少赚十几二十个点呢。这说明大型商用飞机行业的竞争还是相当充分的。㊀

波音和空客的盈利水平如图 2-14 所示。

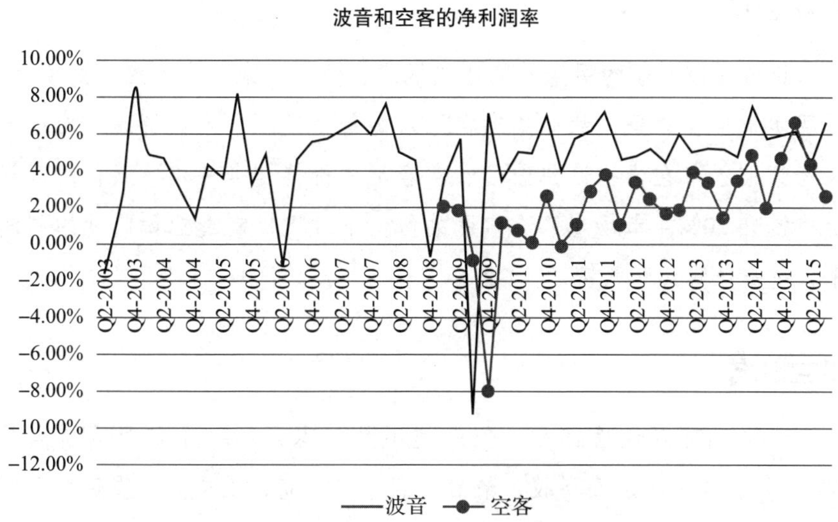

图 2-14　波音和空客的盈利水平（2003 ～ 2015 年）

资料来源：ycharts.com.

在北美和欧洲，一旦政府找你的麻烦，说你垄断，你唯一要做的是找到一个竞争对手，说 ××× 公司还没死，能够形成实质性的竞争。这也是为什么英特尔不敢把 AMD 整死，否则他们自己就要被拆分。

对于这些，很多职业人都不理解，就像我跟一个供应链总监的微信对话：

实践者问

波音、空客主导全球客机市场，它们应该也会积极地提升利润去回报利益相关方。为什么它们在拥有价格主导权的情况下，不去调整价格，提升利润率呢？难道仅仅因为波音和空客之间的竞争？

㊀ 这个案例摘自我的《供应链管理：高成本、高库存、重资产的解决方案》一书，机械工业出版社于 2016 年出版。有修改。

刘宝红答

不是竞争是什么？否则它们会不转嫁给客户？

实践者问

您引用该例子的用意是阐述飞机这个旁人看来一本万利的好项目，好买卖也存在竞争，故而不存在绝对垄断一说。个人理解，可能还有政府管控参与在内，试想波音、空客形成价格“卡特尔”联盟，双双价格提升 20%，市场也只有接受的份。不过飞机制造业如此低的利润率，也是让我大跌眼镜了。

刘宝红答

造飞机可以说啥都是，但就是不是一本万利。航空业的特点是“高投入、高风险、高科技，最后一点也很重要，长周期、慢回报”[㊀]。就拿美国来说，航空制造业平均净利润率 7.5%，说是“操着卖白粉的心，赚不过卖红薯的钱”也不为过。波音和空客绝对不是什么“卡特尔”联盟。否则的话，为什么不操纵市场，每家赚 70 个点的净利润？这也跟政府管控没有半毛钱的关系：我没有看到哪个政府在限制波音、空客的价格。后面的驱动因素呢，还是市场竞争：**双寡头，如果能形成实质的竞争，就是充分的市场竞争**。

有时候，你不得不感慨，**我们知道的都是错的**。这也是为什么我们在干我们现在干的活儿，受我们现在受的罪。

业界人士说

波音和空客的情况，很适合用博弈论中的囚徒困境来解释。

两家都不竞争，甚至为了保持超额利润可以维持一定的价格水平。但是，它们面临的市场规模有限，基本上就是各个国家的那么少数几

㊀ 王光秋 . 我国航空发动机哪些关键技术被“卡脖子”，凤凰科技 .

家航空公司，如果这张订单签不下来，就不是东家不卖卖西家；可能今年跟这个国家生意就基本黄了，甚至明年运力足够（其不需要年年购买），那么几年生意就都黄了。

飞机制造业投入高，回报周期长，这对公司资金流是一个很大的考验（尽管这两家公司经常会获得政府资助补贴㊀）。这时候，如果哪家公司愿意稍微降低价格，就有可能成交。以此循环，两家公司最后都把价格降到了较低合理承受范围内。

这是寡头垄断无法给它们带来超额利润的重要原因——市场规模有限。如果用以前竞争比较少的时候的两桶油，以及没有国家出手喊降本的三大运营商做对比，可能更容易理解些。——李敏，仙乐健康科技有限公司/采购管理

经常会有人问，两个供应商，比如波音和空客串通的话，怎么办？串通有可能，但可能性很小，形不成系统性的问题，不然的话，两者之间至少会有一个赚得满盆满钵。你这么给审计人员解释，他们当然不满意；你继续解释，说这都在刘某某的书里写着呢。刘某某？刘某某是谁？审计还是不买账。这会儿，你可打个黄狗跟黑狗的比方，相信是个人都能听得懂。

黄狗跟黑狗是同一个主人，一起撒欢儿，一起晒太阳，一起汪汪叫，好得就差穿同一条裤子了——之所以没穿，是因为狗不穿裤子。那什么时候就不好了呢？当厨房里扔出来的骨头只有一根的时候，两只狗肯定会打得头破血流。这就是竞争。那有人可能问，如果扔出来的是两根、三根、四根骨头呢？两只狗只会斗得更激烈，因为可失去的东西更多了。

㊀ 在美国，20世纪70年代原本存在波音、麦道和洛克希德。由于市场不足，加上合同不够，导致后两家相继退出市场。政府补贴在航空业大量存在，包括研发、制造、销售环节（出口补贴和退税），以支撑整个航空业。在欧洲，新机型研发过程中，各国政府会惯用启动金进行巨额补贴。在美国，美国政府曾经为大型民用飞机提供大量补贴。否则，研发、生产、销售周期长都会让飞机制造业失去现金流，这是一个普通私企所无法承受的。李敏摘自《政府补贴在波音和空中客车竞争中应用及对我们大型民用客机项目启示》，作者李江波，上海大学硕士论文。

这就如你是个小公司的时候，每年只做几千万元、一两亿元的生意，老板想，我什么时候能做到10亿元，就心满意足了。等做到10亿元，你又奔着20亿元、50亿元去了。等做到50亿元，你又想着100亿元、200亿元了。欲望是无限的，而且越来越大，这也是市场竞争的特点，是市场竞争的驱动力。

有一次，我去长三角的一个三线城市，某镇上有两个竞争对手，都是百亿级的企业，占市场份额的百分之七八十。两个老板相恨相爱多年，可能以前都是一个村子里的，应该说很容易互相串通，控制市场，操纵价格，但两个公司打得头破血流。我培训过的那个企业，2017年的净利润率只有1.9%，另一个稍好点，但也好不到哪里去。斗得实在连别人都看不过去了，有个企业家（也是我的客户）就把两个老板叫到一起喝茶，说你们都是成年人了，做事怎么跟小孩子一样。于是两个企业就稍微收敛一下。但没过几天，新一轮的价格战就又开始了，而且比以前更凶。

我为什么要连篇累牍讲这些呢？企业每每遇到供应商绩效问题，首先想到的就是竞争不充分甚至垄断。我想说的是，竞争任何时候都很充分：不管是啥，这地球上至少有两个供应商在做，能够形成实质的竞争，我们缺的不是竞争，我们缺的是管理。不是竞争不充分，而是**管理不到位**，比如供应商有选择，没管理，轻选择，重淘汰。

另外，竞争是**市场行为**——竞争对手是客观存在的，会驱使价格降低，给客户更多的价值。单纯依靠竞争管供应商，其实是通过市场行为来管理供应商。要知道，市场行为没法带来差异化的竞争优势——你可以用的市场行为，你的竞争对手也可以用；真正带来差异化优势的是**企业行为**，比如这里讲的种种管理措施。

讲到这里，我们顺便提一下国产大飞机C919。进入商用大飞机领域的一大目标呢，就是打破波音、空客的“垄断”。垄断的目的不就是超额利润嘛，波音、空客连5%的平均净利润都不到，还算垄断？既然垄断不存在，还要打破什么呢？是的，商用飞机是寡头供应，供方力量相对较大，虽说竞争充分，但还是没有白热到铁皮箱子那些行业的程度，让你对供应商说什么就什么。但是，你拿不到你想要的，或者说你认为你应得的，就怪罪到供应商“垄断”，恐怕也不合适吧。

商用大飞机是制造业皇冠上的明珠，是一个国家制造能力的终极体现。我对中国的制造能力很有信心，相信我们能造出更好、更便宜的大飞机来。但我不认为这跟打破“垄断”有什么关系，大可不用上纲上线到那个高度。欧美不卖给我们第五代战机是真，不卖给我们最新发动机是真，这些事关国家安全和大国地位，我们得自己来开发。但是，如果你告诉我，波音跟空客要卡我们的脖子了，不给我们卖波音 787、空客 320 什么的，我们以后得骑驴上北京，我打死也不信。

再看看《谁买了 C919》一文，你就不觉得那些数字（如表 2-5 所示）有些怪吗？难道那些航空公司有最小起订量什么的，比如要买就买 15、20 或者 30 架？或者说，中国企业一旦买飞机，就最少买 15 架、20 架什么的？我还专门去看过波音飞机的销售数据，发现没这回事嘛，这些同样的航空公司，有时候买 1 架，有时候买 3 架什么的。既然这些数字不是采购方造成的，那一定是由供应方决定的。如果一个供应商跳出来，对着那二三十家客户说，你们每家买我多少多少个产品，你马上就联想到哪两个字？

表 2-5　中国商飞 C919 打破“垄断”

客户名称	订单数量（架）	客户名称	订单数量（架）
东方航空	20	国银金融租赁	15
南方航空	20	海南航空	15
四川航空	20	光大金融租赁	30
河北航空	20	交银金融租赁	30
幸福航空	20	招银金融租赁	30
中国国际航空	20	中信金融租赁	36
浦银金融租赁	20	工银金融租赁	45
GECAS	20	农银金融租赁	45
兴业金融租赁	20	建信金融租赁	50
中银航空租赁	20	平安国际融资租赁	50
华夏金融租赁	20	德国普仁航空	7
中国飞机租赁	20	泰国都市航空	7

资料来源：“我爱飞机”微信公众号 . 谁买了 C919. 2017-06-21.

案例 美国电信的双供应商战略⊖

美国电信（AT&T）是美国主要的电信商之一。跟中国移动、中国电信、中国联通一样，美国电信每年要花大量的资金，投入到基础设施的建设中，其中相当部分是电信设备。跟众多公司一样，AT&T 长期以来也是多家竞标。但这种做法呢，虽然在每个项目上都找到最便宜或者最合适的供应商，但在供应商层面却导致供应商太多，采购额分散。这样，后续运营的麻烦就更多：设备来自多家供应商，运营维护的复杂度大增，比如就售后备件来说，就得备多家的料，规模效益成了问题。

从 2009 年开始，AT&T 改变关键技术的寻源策略，针对特定的技术，在众多供应商中择优选取两个，要求它们各自独立开发技术。以后这个门类的业务就给它们两家，但究竟能够拿到多少，供应商还是得服从市场规律，努力竞争来争取。商用飞机行业有类似的做法，比如就飞机引擎来说，波音 787 要么用 GE，要么用罗·罗的引擎；空客 380 要么用罗·罗的，要么用 GE 与普惠联合制造的引擎。

可以说，双供应商制最好地兼顾了充分竞争和规模效应：两个供应商势均力敌，能够形成实质性的竞争，所以竞争是充分的；采购额也相当集中，规模效应明显。当然，对于采购来说，这要求跟供应商建立长期合作关系，对采购的管理能力提出更高要求，短期导向、主要依赖市场竞争来管理供应商的方式不再适用。

这里需要特别注意的是，**导入竞争一定要导入实质性的竞争对手**。比如你的供应商是一米八的个头，你不能导入一个一米五的竞争对手——那形不成实质性的竞争。这是很多人没法理解的：村子里已经有一个一米八的恶霸，整天欺负我，现在要我再导入一个一米八的，两个来欺负我？还真是这样。导入个小个子，被那大个头一拳就打翻，还是没有竞争；导入一个大个子，势均力敌，才能形成真正的竞争。

遗憾的是，很多人并不懂这点：为了应对强势供应商，就导入很多

⊖ AT&T Readies Its Supply Chain for the Future. www.att.com；New AT&T Vendor Strategy Launches Massive Procurement Process Change. www.itknowledgeexchange.techtarget.com.

非实质性的竞争对手，结果既没有形成实质性竞争，也丧失了规模效益；竞争不够，那就继续导入，导致采购额更加分散，供应商管理更加困难。

双供应商战略意味着整个管理思路由原来的“多子多福”“广种薄收”转向紧密合作，信息共享，项目实施路径图共享，快速实施，快速获利，对供应商和采购方来说是双赢。采购的焦点也从单个产品转移到系统能力，对供应商的能力也提出更高的要求：以前供应商只要提供产品即可，由AT&T来集成；现在呢，在相应的关键技术领域，供应商要负责管理、整合下级供应商的产品，对一个系统、子系统负责，按照AT&T的最终要求，提供设计、生产、安装、集成、调试和售后一条龙服务。

实践者问

在技术主导甚至很多供应商为指定的情况下，如何做新供应商开发和供应商管理？

刘宝红答

新供应商开发是个跨职能行为，技术、质量和采购都得介入。在技术性比较强的公司，技术人员在供应商开发中扮演主要角色，这OK，关键是采购要做采购的事。比如在技术接触供应商之前，采购要跟供应商签好保密协议（NDA）；在合作设计开始之前，采购要跟供应商敲定知识产权的归属，以及后续的定价机制。采购要跟技术、质量协调好，比如哪些可以跟供应商谈，哪些不可以。出于技术原因，设计人员可以“指定”供应商（当然，他们得解释为什么），但在他们“指定”之前，采购应该早就介入了，而且是采购告诉供应商他们被选上了——是采购采取了设计的建议，决定用这个供应商。可以说，采购在扮演跨职能团队的领导者角色。

实践者问

能形成实质性的竞争时，既然两个供应商就是充分竞争，那为什么很多公司还是规定三家竞标？

刘宝红答

我个人的看法是，两个供应商很难管理，就像独生子女难管理一样。很多企业没有能力有效管理，那就适当增加供应商的数量，比如3家竞标，适当放弃规模效益，降低管理难度。

到现在为止，我们谈了供应商选择中的两大考量：规模效益和竞争的充分度。下面我们要谈谈**供应风险**，即如何应对供应商可能出现的交期、质量等绩效风险。

一谈到供应风险控制，大家首先想到的就是备份，即同一个料号，选择两个或更多的供应商，比如70%给供应商A，30%给供应商B。如果供应商A有问题，就让供应商B来备份，反之亦然。这也叫一品多点，或者多点寻源。在有些公司甚至有硬性规定，凡是达到一定量的产品，一定要开第二个供货源。

问为什么要多点寻源，大家都有充分的理由：供应商A交不了货，还有B（交期备份）；供应商A有了质量问题，还有B（质量备份）；竞争更加充分，能拿到更好的价格（价格备份）。这些看上去都有道理，但仔细分析，你会发现都站不住脚。

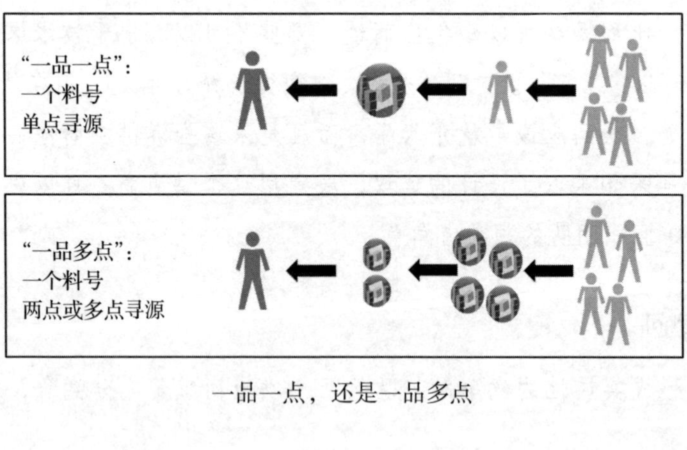

一品一点，还是一品多点

先说价格。我们知道，70% 左右的产品成本是设计决定的，而设计优化离不开供应商的协助。多点寻源下，供应商还会把独特的工艺、技术提供给你，让你设计到产品里，第二天就传到竞争对手那里去？寻源开点越多，供应商的忠诚度越低，就越不愿意协助采购方优化设计。这直接决定成本设计不下来，成本控制在出发点就落后了。

再想想看，同一个产品，给一个供应商的规模效益大，还是两个？当然是一个，除非量已经足够大，远超供应商的规模效益临界点。给两个供应商，供应商的单位成本更高，那供应商怎么才能给你更好的价格？只能是少赚点（利润转移），原来赚 5 个点，现在赚 3 个点，导致采购方成为低盈利客户；或者以次充好，牺牲质量。这都从根本上造成交付和质量问题。

比如产能短缺的时候，供应商把那最后一点产能给谁？当然是利润高的客户。这就系统决定了你拿不到你的货。2016 年，小米的营收大跌，据说掉下来 30% 左右，供应链短缺是一大因素（当然，产品升级换代也有问题）。那你再想想，同一个行业，大家都在用同样的一帮供应商，为什么华为终端、OPPO 和 vivo 在 2016 年的营收都创造了历史新高？或者说，为什么天上下冰雹，专打雷布斯家的庄稼？根本原因呢，还是因为小米压价太低，把自己做成了低盈利客户，导致供应商的支持力度向高盈利客户倾斜。

至于多点寻源导致采购额分散，降低了对供应商的管控力度，就更不用说了。2010 年前后，供方市场对金融危机反应过度，库存降得太厉害，经济一开始回升，有些产品就大面积短缺，相信很多人还记忆犹新。全面短缺，你找到供应商 A，没货；供应商 B 和 C 呢，你知道它们有货，但不给你。为什么？因为采购额分散，你对它们谁来说都不是大客户：货得留给大客户呢。

从责任机制的角度看，**一品多点保供，就如多子多福养老一样，是个伪命题**。相信这种情况大家都熟悉：一家有三个儿子，父母老了，老大两口子的逻辑是“天下的老的，偏心的是小的”，既然爸妈一直偏着小的，养老自然归老二、老三；老二两口子想，大哥是长子，自然应该承担更多责任，即使老大不养，那也该跟着最小的；老三两口子自然也有理，老大、老二不养，凭啥该我们养？又不光是我们的爹娘，人家即使骂，也是先骂老大、老二。结果就是上演一出《墙头记》，老两口没人要。倒是那些只生一个儿子的家庭，从小就教育儿子以后爸妈就靠他了，优生优育，反倒是老有所靠。

在那些季节性、周期性强的行业，多点寻源下的“多子不多福”特别明显。旺季来了，产能不够，哪一个供应商也不愿意加产能。大家盘算的都一样：为什么不让我的竞争对手干呢？作为采购方，你惯用的就是调整份额，但现在行业性产能短缺，你调给谁呢？即使你调走，也起不到威慑供应商的作用：反正我现在没有产能，你调整了，正好。大不了淡季的时候我再便宜5分钱，那份额不就又回来了嘛。

反倒是一品一点的情况下，供应商知道，它要么是做这生意，要么是不做——一旦你要移走生意的话，就会百分之百移走。所以，供应商可失去的更多，会更加积极地加产能来保证交付。

再看看质量。两个供应商，质量能一样好吗？当然不会：没有两根手指头一样长，也没有两个供应商的质量会一样好。要知道，质量好的那个供应商是不用质量差的来备份的，否则导致在料号层面上，出现质量问题的概率反倒更高。那为什么企业屡屡备份质量呢？很简单：很多企业没有能力识别供应商的质量好坏，所以就选两个看上去差不多的供应商，互为备份。

这也反映了一个根本问题：**企业之所以一品多点，以备份的方式应对供应风险，根本原因是管理能力不足，没有能力选择合适的供应商，并且把供应商管好**。这就如狮子能力强，每胎只生一个两个，少生优育，成活一两个；青蛙能力弱，每次产几千甚至一两万只卵，广种薄收，最后成活的还是只有一两个[㊀]。选择和管理供应商的能力越差，

㊀ 我看过一个纪录片，忘了名字，说亚马逊雨林有一种蛙，一次产卵高达2万枚，最后成活的也就2只。对于别的蛙类，我是反推：如果成活率更高的话，这世上满地跑的就应该是青蛙了。

企业就越依赖备份来应对供应风险。

要知道，人类对付风险的高级方法不是备份。亚马逊的创始人贝佐斯说得好，计划 B 的价值就是确保计划 A 成功（大意）。人类是通过**重选择、重管理**来对付风险的，即找到最合适的那只篮子，把所有的鸡蛋都放到一只篮子里，然后看得紧紧的。

这似乎有悖常理，特别是对于那些备份为上主义者。让我们打个比方。女孩子找对象可是件大事情，万一结婚后小伙子不听话怎么办？小姑娘的解决方案不是再找个备胎，那样的话这日子就没法过了；她的应对策略是重选择、重管理：恋爱过程中考验小伙子 350 次，明的暗的方法用尽，自己考验还不算，闺蜜、妈妈一起来帮忙（**重选择**）；结婚后约法三章，比如每天晚上 8 点前就得回家吃饭，回不来的话提前半个小时打电话请假，回来后第一件事是把手机交出来，打开微信，看看今天跟哪个小姑娘说话了（**重管理**）。

就这样，经过几十万年的进化，所有的文明人殊途同归，选择了"一品一点"，通过重选择、重管理来管控"供应"风险。

有些人还是会说，一个料号给一个供应商做，成了独家供货，没有了竞争，供应商不作为，我还是感到不放心。

我想说的是虽然独家供货，但并不是说没有竞争：**竞争是客观存在的，你不一定非得实实在在导入竞争，才能产生竞争**。比如你现在的位子是典型的一品一点，但你不敢因此就早晨 10 点上班，下午 3 点就走了，因为你知道，跟你能力差不多，能做这事的人多了去了——他们没有坐在你旁边跟你"竞争"，但你知道竞争无处不在。

我还想说的是，**独家供货不是问题，管理独家供应商的方式是问题**。在"一品一点"的婚姻关系中，先生是"独家供应商"，如果不作为了，比如不扫地、不带孩子、不倒垃圾，太太会用各种方法来对付，包括说服教育、让他睡沙发、不给他做饭等，但唯一不做的呢，就是导入竞争，再找一个——那样的话，长期关系就变成短期关系，先生就会很不理性，这事儿就糟糕了。鉴于婚姻关系是个长期关系，先生有很多可失去的，所以最终会理性应对，不管有多不愿意，最终还是做太太要他做的事。

再看看，我们的独家供应商有了绩效问题，或者说我们拿不到我们想要的，且不论我们想要的是否合理，我们的第一念头是什么？给它导入竞争，把这厮给换了！这下可好，独家供应商本来就如婚姻关系，是个长期关系，而我们动不动就导入竞争的做法，把长期关系做成了短期关系，供应商就变得不理性，这事情就不可逆转地恶化了。

再说一遍，**独家供应商不是问题，我们怎么管理独家供应商是问题**。这就如蛇毒本身是蛋白质没毒（要不你看那鹰吃了毒蛇，怎么就不见给毒死，从天上掉下来），是我们身体的应急反应机制让我们中毒了。

当然，一品一点的婚姻关系管理难度很高，这也是为什么小孩子不能结婚，即使生理上成熟了，也得等几年才能结婚，因为心理上还不成熟，根本没有能力维持那么复杂的关系，否则几天就闹翻了。放到供应商管理上也是：如果都是些"小采购"管理供应商，要经验没经验，要领导力没领导力，自然没有能力管理复杂的独家供应商关系，那你只能采取备份，一品多点，期望多子多福来解决问题了。这也是能力决定行为的另一个版本——**不改变供应商管理的能力，就很难改变一品多点的做法**。

有读者说，"一品一点"我懂了，不过我还是不放心，万一这供应商给一把火烧了，或者说给水淹了，或者说给地震毁了，天灾人祸我可怎么保供，控制供应风险？

解决方案：**料号层面一品一点来获取规模效益，品类层面两点或多点寻源来控制供应风险**。比如你采购瓷茶杯（品类），红色的是一个料号，绿色的是另一个料号，每个料号都只选一个供应商，以获取料号层面的规模效益；但在品类层面（所有瓷杯都属同一品类），你却有两个供应源，万一红色瓷杯的供应商给火烧了，你还可以在较短的时间内启动绿色瓷杯的供应商，因为这两种瓷杯的原材料差不多，生产技术也差不多。你要承担的风险呢，就是这转换期间可能的短缺，这主要靠供应链的安全库存来对付；如果安全库存不够了，那短缺就是你要承担的风险。

当然有人会说，这转换期的风险我还是没法承担。那好，那你就走一品两点的路。这就如你开车，不管你的车多好，总有可能出点小故障，趴在那里不动了，你最安全的解决方案就是买两辆车，一辆开着，一辆在车库停着，甚至雇一个人在后面开着跟着你。但你不会那么做，因为那样虽然安全，但成本太高。你的解决方案呢，就是修车期间，搭你同事或邻居的便车。

这就如公司的职位都是"一品一点"，一个萝卜一个坑。那万一有员工生病了，请假了，或别的原因没法来上班，怎么办？你的解决方案不是每个职位设一备份，雇两个人，而是暂时辛苦一下他的同事。文明人的家庭也是这样。孩子只有一个爸爸，一个妈妈。万一父母中有一个生病了，另一个就是备份，既做爸又做妈。你的解决方案不是给找两个妈妈，或者两个爸爸。

多点供应有高昂的成本。就拿一品两点来说，意味着得建两套模具、设两条生产线、维持两条供应链。行内有句话说得好，**料号以算术级数增加，成本以几何级数上升**。一品两点虽然是同一料号，但在供应链管理上，是两个料号/供应商的组合，管理难度跟两个料号无异，甚至更高。比如一有设计变更，你就得跟多个供应商落实，有多条供应链的库存要去应对。多个供应商，后面就多个供应链。就如一位手机巨头的采购总监所言，二级三级供应商的管理需要资源，做不精，子子孙孙无穷尽，管理成本高昂。

多个供应商造成质量不一致，就更不用说了：有多少次，不同供应商的供货有色差，你被客户骂得狗血喷头？要知道，很多客户是外行，最擅长的就是看颜色了，而貌似简单的颜色，不同的供应商调色不同，甚至同一供应商的不同批次都有颜色差异（这也是为什么你买我的书，同一本书，同一个版次，印刷的批次不同，封面的颜色可能会有差异）。

案例 “一品两点”的一地鸡毛（作者：黄雪川）

这是国内某合资汽车公司物流专家黄雪川写的一个案例，发表在他的微信公众号“供应链日常”上。承蒙黄先生许可，转载到本书。下面是他的正文（本书做了文字润色和内容精简）。

最近天气很冷，可我们物料计划办公室却很热闹：新车型导入时，事情本身就多；而多家供货的老问题，在这个新车型上更是异常突出——大家一直在抱怨一品多点（同一物料号，多家供应商），这些年来也没多少实质性的改善，反倒在新项目中愈演愈烈。

百度了一下，支持一品一点的一般会强调供应链成本更低、供应商管理水平更高；而支持一品多点的呢，通常自诩抗风险力强，价格具有竞争优势。这里不讨论孰对孰错，而是聊聊一品多点在实施过程中会有哪些问题。

在这个新产品导入案例中，零件M由供应商A供应（简称“老供应商”），已经使用在车型X上。市场竞争激励，公司决定上马更具竞争力的车型Y，跟X混线生产，共用平台。车型Y也用到零件M，而且零件编号一样，但寻源决定用价格更优的供应商B（简称“新供应商”）。

在新产品项目组的领导下，各专业按部就班展开工作。

供应商质量SQE小组按零件M的技术图纸要求，对新供应商进行了供货认证。

采购在公司的ERP系统里（案例公司用SAP），为零件M设定新老两家供应商，并按照各自所供车型的预测量，设定双方的供货比例。

物流按零件号、供应商代码、供货工厂、要货地、上线工位，为新供应商设定物料包装和路线。

在生产线上，两个车型的零件M正好都在同一工位，用同一工艺，所以车间在技术准备上没啥变化。

在大家的一致努力下，各部门都报出了项目状态骄傲的绿灯，正式交付批量生产部门。但是，运行的第一天就出问题了。

物料计划率先发言："采购在ERP系统里面设定的供货比例是固定的，而实际上车型X和Y的投产量会随着需求而变化。"这意味着即便料号M的总量对了，分配到新老供应商的量也可能是错的。

工厂物流也发声了："物流系统是按零件号、供应商、要货地区分的，无法按车型区分送货。"这意味着即便每个供应商的供货量是对的，也可能送给错误的车型。

车间也来凑热闹："你们别吵，不管你们咋整，反正我是同一工位同一件号，无法保证新供应商的料用到品牌Y上，老供应商的用到品牌X上——60秒一台车，一天上千台车，这个零件供应商代码在零件上只有5毫米高，靠工人的肉眼，一个个地识别零件上的供应商代码，既有风险，也无法保证生产节拍。"

这一说，SQE不同意了："质量部门是按照项目要求认证供应商的，那就是新供应商匹配车型Y，老供应商匹配车型X。匹配错了，混装有质量风险；出了质量问题，也无法准确、快速地追溯到正确的供应商。"

最后，大家建议质量部门投入更多资源，来完成等效认证，即老供应商的可以用在车型Y上，新供应商的可以用在车型X上。不做等效认证的话，就承担一定的风险混装。

质量部门还没表态，财务就插上一脚："各位，两个车型是独立核算的，即便可以混线和混装，从财务的角度，你也得给我归到合适的品牌下，否则成本核算就有问题。"

…………

一阵寂静后，现场操作人员自然知道，大致做个出库到两车型的数就OK了，鬼知道哪个件装在了哪个车型上，成本核算自然也是哄鬼的。

多么熟悉和狗血的情节啊。前端一个简单的一品多点，给后端带来多少复杂的问题。管理成本也增加不少，工作质量和效率都受影响。

当然，有些读者或许会问，给供应商 B 一个新料号，这问题不就都解决了吗？没错，不过这又有别的问题：这是个合资车型，设计是德国的，德国人的图纸就一个号，也不做一品多点；要申请新的零件号，那又意味着调整图纸、BOM，还有相关的一系列认证，都意味着大笔的费用和时间……

对于供应风险来说，商业问题没有绝对安全的解决方案。即便是一品两点，如果两个供应商同时被火烧了，不同样有供应风险嘛。你或许会说，那怎么可能呢？当然有可能。假如它们都在泰国，被水淹了，或者都在日本，遭了地震，尽管这是小概率事件，但的确会发生。

退一步想想，即便你是一品两点，如果你是个大公司，需求量很大，有哪个供应商会预留那么多的产能，只为着“万一”竞争对手被火烧了、被水淹了，或者遭受了地震，好把它们的业务抢过来？这样的供应商早就因为产能利用率低破产了。

要想绝对没风险，那就只有把公司关了，把钱存到银行里。不过银行也有破产的风险啊。不信，到美国政府的网上看看去，从 2008 年到 2014 年 7 月，美国就有 512 家银行破产了。[㊀]那好，换成黄金。别忘了，黄金也贬值，这不，几年间，每盎司[㊁]的单价就一路从 2012 年的高点 1700 多美元跌到 2016 年的低点 1000 美元出头[㊂]。

风险是任何业务决策的一部分。所不同的是，一流的公司、一流的职业人能够清楚地识别和量化风险，并与收益权衡，承担“经过计算的风险”，这些风险是已知的；二流的公司、二流的职业人稀里糊涂，不能识别、量化风险，承受未知风险，死了还不知道怎么死的，那才是真正的悲哀。

另外，人们习惯性地强调风险发生后的影响，却不愿意客观评估风险发生的概率，不愿通过重选择、重管理来管控风险，而是习惯性

㊀ Failed Bank List. www.fdic.gov/bank/individual/failed/banklist.html.

㊁ 1 盎司 = 0.000 029 6 立方米。

㊂ Money Metals Exchange. www.moneymetals.com.

地走备份之路，最后反倒浪费了更多的资源。

风险是个两维概念：一维是发生后的影响，另一维是发生的概率，两维的乘积就是风险。这就如在路上走，天上可能掉下一颗石头，把人给打死，虽然发生后的影响很大，但发生的概率非常低，两者的乘积很低，所以你还是选择出门，而不是一辈子待在家里。

为什么要在一品几点上长篇累牍呢？因为这不但决定了规模效益，而且浪费了巨大的资源来管理，让企业陷入广种薄收的恶性循环。而解决方案呢，还是要从改变能力以改变行为入手：提高供应商的选择与管理能力，选好供应商，争取首发命准；管好供应商，确保后续绩效，这样就不用层层备份了。

小贴士　开二供成了公司政治的延续

你追一只兔子，有可能追不到，但解决方案绝不是同时追两只。

有一次，我到一家企业，发现上上下下正在忙着开二供。原因很简单：2016 年以来的关键元器件短缺，再加上业务的井喷式成长，导致芯片、二极管、显示屏等普遍短缺。从一个供应商处拿不到货，人们自然而然想到的是再找个供应商。但是，由于技术原因，该企业的 2000 多种关键料号中，独家供货的占比达 90% 多，只有不到 10% 的有替代。

毋庸置疑，有些料号的确需要找替代。比如原来为了快速出货，工程师就在淘宝上随便找个供应商，没法满足量产时的交付和质量。但更多的呢，则是作为一个企业，供应商的选择和管理没做到位。比如采购职能薄弱，一有成本、质量、交付问题，没有能力跟现有供应商解决，就习惯性地打更换供应商、找替代料的主意。

开二供可不是件简单的事：设计部门要重新验证，生产部门也要重新验证，质量部门要重新做质量评估等，不但耗费了大量的资源，而且制造了很多的混乱。案例企业的业务连连翻倍，支持新生意都来不及，现在把原来已经做过的事重新来过，大家都叫苦连天，积极性不高。这都注定过不了多久，“二供运动”就会烟消云散，无疾而终，无非是公司政治的一部分。

这让我联想到我的老东家，一个半导体设备制造商。半导体设备行业是典型的多品种、小批量行业，关键零部件基本上都是单点寻源，每个料号只由一个供应商做。这个行业的周期性非常强，一旦生意好起来，供应商的爬坡挑战重重，交期、质量问题频发。采购拿不到货，生产线无米下锅，销售整天被三星、台积电、英特尔这样的大客户追着打，大家都压力重重，就把设计拖出来背锅：设计只验证了一家供应商，我们要开二供。

设计发话了，要开二供，可以啊，我们先坐下来谈谈，看要雇多少工程师，销售、生产和采购需要多少资源来支持，需要多少客户来支持导入新供应商（因为二供的产品需要关键客户认可）。几千几万个关键料号，对资源的要求简直就是天文数字。不可避免地，这数字就报到老总层面，球也顺便踢给老总。老总一看，这数字太大，你们再看看，识别那些真正重要的，缩短需要二供的名单。得，球又踢回去了。这样来回扯皮 N 次，业务增长的势头也慢下来了，供应商的产能也跟上来了，最终就不了了之，直到下一个周期的到来，然后重新来过。

我在半导体设备行业十多年，见过开二供成功的料号大概不超过两把手指头。那是个毫无道德底线的供应商，今天把次品退回去，隔两周就又送来了，企图蒙混过关。用尽各种措施，还是改变不了，那就只能开二供，花了大概四五年，把生意转移了。除此之外，所有的"二供运动"都成为公司政治的一部分，死马当活马医，拿着一个不是解决方案的解决方案来互相踢皮球。

作为采购，你不能动不动就拿二供作为解决方案；你得通过重选择、重管理来改善供应绩效，控制供应风险。

实践者问

现在电容供应紧张，单货源风险很高，尤其是一些市场紧缺的物料，甚至公司策略合作供应商也建议多货源，没有供应商愿意签署长期供货协议，这种供需不平衡现象个人认为至少一年内不会改变。这种大背景下，我认为多货源是非常必要的。请教老师，除了多货源，增加安全库存数量，还有什么好办法在不明显增加成本的前提下提高物料供应？

刘宝红答

如果你是个小客户，只占供应商很小的产能份额，比如说0.5%，开二供往往是种理性的选择：因为你太小，没法驱动供应商改变，就只能多条路多个选择。如果你是个大客户，比如占供应商产能的30%，你得非常谨慎开二供：一方面，没有一个供应商有那么多的富余产能；另一方面，开二供分散了你的采购额，可能导致你的竞争对手一家独大，任何一个供应商都不把你当回事。

要知道，**你追一只兔子，有可能追不到，但解决方案绝不是同时追两只**。

你的策略合作供应商建议多货源，是一种非常糟糕、极端不负责任的做法。养兵千日，用兵一时，平日那么多的生意倾斜给策略供应商，就是希望关键时刻得到它们的支持。你不能给它们养成这个毛病：你要么跟我们做生意，要么不跟我们做生意；如果我们要找二供，那所有的生意就给二供。这样逼迫策略供应商更加重视你的业务，及早准备，资源向你们倾斜，在关键的时刻挺身而出。

业界人士说

对飞机制造业来说，供应商管理主要就是机载设备供应商管理，花费80%以上精力去管理的机载设备供应商就是动力、航电等供应商，波音、空客都是如此。如果这花费80%精力管理的机载供应商可二供，那就是颠覆性的问题，飞机就得换型号了，也是基本不可能的事情。所以，真正的（飞机制造业）供应商管理中，选择二供就是个伪命题。——王百锋，西安飞机工业（集团）有限责任公司成品处处长

小贴士 一品一点要求强有力的供应商管理

“一品一点”的单点寻源是否可行？答案是肯定的，因为很多小批量行业就是这样操作的。但前提是你得有强有力的供应商管理，以有效应对单点供应的挑战与风险。

我在硅谷十余年，一直在半导体设备制造行业。半导体行业的准绳是英特尔的“严格拷贝”：一旦生产流程固化下来，不经过严格的程序，就不能改变原材料、工序和工艺参数。这也意味着不得改变供应商：绝大多数的关键零部件都是单一供应源，即一品一点。但这并不意味着供应商也就有恃无恐、为所欲为：如果在现有产品上不配合，它们就失去下一代产品的机会。采购方可能需要好几年才能淘汰一个供应商，但供应商也得三年五载（甚至更久）才能打入一个新客户。双方是一条绳上的蚂蚱，合则双赢，分则双输，所以斗归斗，最终还得回到谈判桌上。

这里的关键是**长期高度依存的关系，需要有强大的采购团队来管理和维护**。而这正是热衷多点寻源的本土企业所缺乏的。这几年我到很多本土企业，发现这些公司的供应商选择、管理体系非常薄弱，采购管理团队普遍年轻，订单层面的事忙不完，供应商层面的管理基本不存在。一品两点、导入竞争对手而依赖市场管理就成了自然选择。但问题是供应商越多，采购额就越分散，相对供应商的议价能力就越薄弱，这就成了恶性循环，注定订单层面的问题越来越多，解决不完。

再说说日本企业。在传统的财阀结构下，日本厂商和供应商利益相关，关系紧密，一品一点是常见的合作关系。丰田、本田可以说是把一品一点的优势发挥到了极点，系统地降低了供应链的成本，提高了质量，加速了新产品导入，是日系车厂能够全面战胜美系竞争对手的一大因素。但是，日系企业的议价能力并没降低，成本控制能力也是。

从深层次讲，**一品两点反映了采购方没能力，或者不愿意管理供应商，而是依赖市场机制，通过备份来应对供应风险**。这不是本土企业所独有的现象。让时光倒转二三十年，这种管理方式在北美颇为通行，一方面是由于北美企业过于注重短期利益，另一方面是由于缺乏系统的供应商管理。随着日本制造和供应链管理思想在北美兴起，多点供应的情况开始改变，尤其是人们逐渐认识到，虽说市场是只无形的手，最终可以把一切都理顺，但是成本往往很高，整体效益也不好。

政府越来越多地介入经济，企业越来越深入地介入供应链，可以说是北美这些年来的一大特点。相反，传统的中国文化重视长远关系，而现今的企业却更加重视短期利益，一品多点大行其道，把短期关系实行到了极点，也把“市场经济”演绎到极点。如果市场经济的鼻祖亚当·斯密知道了，恐怕会气得从棺材里跳出来。

小贴士　多点寻源什么时候应该用

存在的就有其合理性。一品多点也是人们吃了很多苦，受了很多罪，付出了很多代价后的智慧结晶，不能一棍子打死。

总结起来，一品多点大致可用于以下几种情况。

其一是**采购量特别大**，比如苹果对于iPhone、iPad的有些部件会采取两点寻源。他们在开发阶段与一个供应商合作，条件之一就是等进入量产，部分业务会转移给一个竞争对手。这避免了供应商的一家独大，给苹果保持一定的议价能力，也分散了供应风险。因为量很大，已经超过供应商的最佳经济批量，所以从批量经济的角度看没多大损失。时光倒流几十年，IBM也有一品两点的做法，比如业务量按三七开或者四六开，在两个供应商之间分配。

其二是**采购量特别小，主要依靠市场调节来管理供应商**。比如通用元器件，标准产品，生产原厂很大，一般采购方对其影响很小，而价格也主要由市场供需决定。供需力量相差太大，你没法有效管理供应方。这些情况下，找多个经销商，这个没货，就找另一个，可适当分散风险。大宗原材料也是，如果你的采购量太小，没法影响宝钢、鞍钢这样的大供应商，多找几个供货源，这个不行用那个，也是一种应对措施。

但是，任何东西都没有绝对。比如钢材，有个公司的规模达到200多亿元，有种特种钢材用量一年几十万吨，完全可以影响供方市场了，却还是有七八个供应商，采购量无谓地分散。CEO质询为什么这么做，采购的老总唯唯，不知其所。如此分散的采购现状不是一朝一夕的事，但有一点是肯定的：**粗放管理的结果**。

其三是**纯粹靠天吃饭，供应商管理能力非常薄弱**。能力越是低下，供应商数量越多，多点供应越普遍。这就如在那些老少边穷地区，你会发现自然条件越是艰苦，比如常年不下雨，也没法灌溉，老农民越是到处开荒，有些地方把牛也上不去的山坡都开垦了，种点粮食，经常连种子都收不回来。荒地越开越多，植被破坏越来越严重，风调雨顺的年份就越来越少，收成也越来越少。老农民的解决方案呢，就是开更多的荒，于是陷入恶性循环。

人是理性的，为什么要做这种看上去亏本的广种薄收呢？这是因为越是没法控制风险，就越得想法分散风险，希望总有一块地能够收成好点。这几年，政府在那些干旱地区兴修水利，能浇上水的地越来越多，当地农民对收成的管控能力逐渐增强，就再看不见到处开荒了。

这在供应商管理上也是同样的道理：因为没有供应商管理能力，就一品两点、一品多点来分散风险；结果是管理资源分摊得更薄，采购额分散得更厉害，对供应商的管控能力就更低，而自然反应就是找更多的供应商，陷入恶性循环。老话说，一穷穷三代，供应商管理也是。这些公司打不破怪圈，就这么一年一年地挣扎下去。

解决方案呢，就是前面讲的供应商管理体系和流程，以及提高供应商管理人员的素质。当供应商管理能力提升后，对于新产品、新项目，企业就可以更多地采取一品一点；而原来一品多点的供应商呢，由于老产品的下市、老项目的结束，自然就淘汰了。就这样，供应商的数量自然就会得到控制。

但在能力改变之前，你还得延续老的做法，靠天吃饭，在“多子多福”的泥淖里继续打滚，因为那虽然是恶性循环，却是最慢的一种死法。

对有些公司来说，为了整合供应商，增加规模效益和议价能力，往往会对整个供应商群进行一次性评估，选择部分供应商作为长期合作伙伴。这些供应商就成为公司的**增长型合作伙伴**，越来越多的新生意计划流入这些供应商，公司对这些供应商的依赖度也会越来越高。所以，跟这些增长型伙伴（主要是战略和优选供应商），我们需要建立长期合作伙伴关系，同时还要制订改进方案，进一步改善绩效（还记得吗，所有的供应商都是不完美的，需要改善）。

对于其他供应商，有潜力的可划归资格未定门类，成为后续开发的对象；没潜力的就淘汰，不管是积极淘汰，还是消极淘汰——投资回报可行的话就积极淘汰，把业务转到增长型伙伴；杀敌一万，自损八千的话就消极淘汰，不给新生意，供应商随着老产品的下市自动淘汰。就这样，几年后，企业的供应商群会有显著的改观。

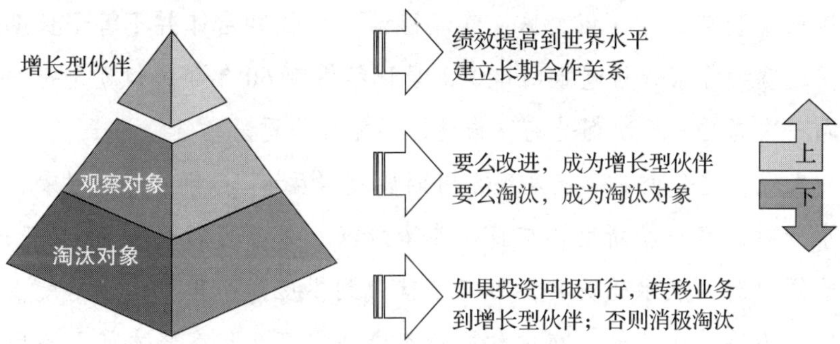

跟数量有限的优质供应商长期合作

这里想强调的是，不能把长期关系等同于宋襄公之仁。其一，世界还没有大同，大多数供应商还得借助市场规律来管理，长期关系的对象主要是**关键供应商**，即战略供应商和优选供应商；其二，长期合同是个重要承诺，一定要获得相应的回报，比如未来几年的年度降本、整体绩效的提高、新产品开发的支持等。如果供应商没有做出实质性承诺，其对长期关系也不会重视，而是把采购方当作冤大头，长期关系就成了宋襄公之仁。

供应商长期关系的体现之一是长期协议，其目的是为双方未来几年的合作确定基调：我给你承诺几年的业务，你给我承诺更多的降本、更高的质量和更好的交付。对双方来说，这样的长期协议是个很大的承诺。所以，合同的签订和维护需要涉及多个职能，要花费很多精力，得按照一定的流程来有条不紊地进行。

这里我们分享一个高科技企业的案例，来介绍签订长期协议的六步流程。

案例　长期协议签约流程：以某高科技企业为例

这是个美国高科技企业，当时的情况是供应商管理不成体系，采购团队的精力主要花在订单和料号层面，供应商层面的品类策略、供应商关系很不健全。企业所在行业独特（要知道，凡是技术领域，都有某种独特性），供应商和客户的选择都有限。所以，该企业与关键的供应商是长期合作，但关系一直不融洽——**长期合作并不等于长期关系**，这就如你家邻居老张两口子，虽说结婚都60年了，但还是每两个月闹一次离婚，每次都是鸡飞狗跳，不能称作恩爱。

表现在这个企业，就是双方周期性地“互坑”：供方产能过剩，买方市场时，客户就折磨供应商（具体内容，你当然知道）；行业回升，产能短缺时，风水轮流转，刀把子就攥到供应商手里了，于是就借机涨价，不愿扩张产能，交付和质量都没法保证。年度降本就更不用提了：谈判就如打仗，谈判期间，双方处于战争状态，互相提防，沟通困难，威逼、利诱、恐吓，暂停合作，导入竞争对手，无所不用其极。双方关系一直疙疙瘩瘩，供应绩效难以保障，供应商的数量越来越多，管理难度越来越大。

这个企业就更换采购的老总。这位老总一到，就驱动采购团队制定**品类策略**：针对每个品类，比如机械加工件，有多少采购额，有多少供应商；哪些供应商是增长型的合作伙伴，哪些是淘汰对象。对于增长型伙伴，主要是战略与优选供应商，签订长期协议，约定双方的期望。在建立品类策略时，这是个一次性活动。后续定期维护品类策略时，对于新纳入的增长型伙伴，也需要补签类似的协议。

整个签约流程分为六步，具体如图 2-15 所示。

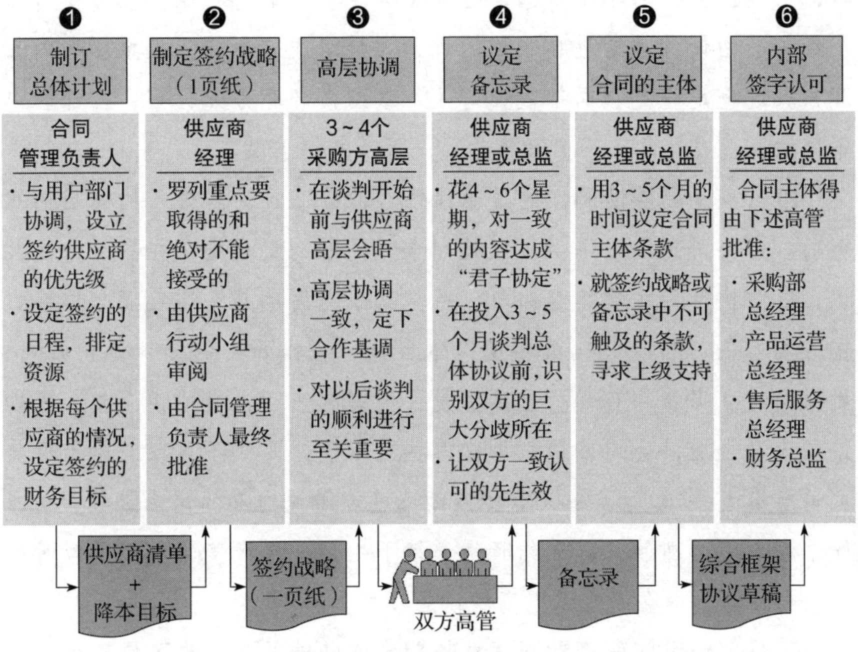

图 2-15 某高科技公司综合协议签约六步曲

第一步是制订**总体计划**。这是对几十个主要的增长型供应商，决定哪些先签、哪些后签。比如在案例企业，战略供应商优先，目标是当年完成签约；优选供应商呢，可以适当延缓到第二年。签约是件大事情，需要消耗管理人员的很多精力。在资源有限的情况下，不能让所有的合同谈判都同时开始。分批分次来签约，集中精力，谈一个，签一个，增加成功的概率。

第二步是对签约供应商，逐一制定**签约战略**。这是协调内部客户部门，比如设计、质量、生产、营销等，确定要从这个供应商处得到什么：哪些是必须得到的，哪些是可以放弃的，哪些是可以谈的，整理总结成一页纸，以指导合同谈判。换个角度想，采购与供应商签订合同，根本目的是更好地服务内部客户和外部客户。这签约战略其实就是理解内外客户的需求，是与供应商长期合作关系的基础。

比如在这个高科技企业，供应商经理与各方会谈，整理出签约战略，由供应商行动小组审阅，合同管理负责人最终批准。供应商行动小组一般由设计、质量和采购的骨干人员组成，也能代表主要的内部客户。这也是避免合同都快谈好了，拿到内部客户处评审，内部客户不同意，造成反复，不但浪费时间，而且失信于供应商。

第三步是**高层协调**，这是邀请供应商的高层，与公司的高层简短会面，由公司高层强调供应商长期合作关系的重要性，在高层达成共识，以便执行层的后续签约与执行。这个会面也是沟通长期合作协议重点内容的好机会，比如年度降本目标、合作开发的知识产权归属、供应商建立寄售库存等。这些都是很关键的东西，有些供应商，比如跨国大型企业，会坦诚地告诉你哪些可以谈，哪些不可以。由于这些公司规模大、“婆婆”多，有些条款不可能通过内部的诸多审批。这时候，作为公司高管，需要判断是继续下一步，展开谈判，还是暂时叫停，把资源集中在签约意愿高的供应商身上。

不是每个供应商都需要建立长期合作伙伴关系，也不是每个供应商都愿意建立长期合作伙伴关系。对于采购方来说，长期合作伙伴关系的对象主要是关键供应商（战略和优选供应商）；而对于供应商来说，长期合作伙伴关系的对象主要是关键客户。这就如谈恋爱，只有两者都匹配、有兴趣，才能建立长期关系。所以，作为采购方，必须明辨这一点，树立合适的期望。

高层协调后，如果觉得可行，就进入正式的谈判。因为是大合同，谈判对象都是些关键供应商，谈的都是些实质内容，所以往往需要很长时间来谈。比如2003年我刚到硅谷工作，看到一位同事在打印合同，说就差一个关键点，长期协议快要签了。两年后，这老兄跳槽到谷歌去了，临走前问他，那合同签了没有？答曰还没有，还是在那个关键点上卡着。这可能有点极端，因为谈判对象是个日本公司，100 多亿美元的大公司，层层官僚，啥事也做不快，这么关键的大合同就更不用说了。㊀

第四步是议定备忘录。一个大合同谈个半年挺正常的。在这期间该怎么办呢？那就是签订**备忘录**，让大家达成共识的尽早生效。比如采购方要求 5% 的年度降本，供应商做不到，但可以给 2%。那好，我们用备忘录的方式让这 2% 立即生效，从下月的订单上开始执行。

备忘录大致在谈判开始 4 到 6 个星期签订。这时候双方已经就关键点谈了几个回合，能谈下来的大多也谈下来了，剩下的八成得打持久战。

签订备忘录的好处还在于避免人事变动带来的负面影响，省得人走了，又得从头谈起。我们都知道，销售是个流动性很强的职业，采购也是，特别是在技术含量高、设计与供应商都很强势的行业，采购介于公司与供应商之间，很难做，属于高危职业。比如我在硅谷管理供应商时，几年时间，同事都换了好几茬，等到我转离采购时，已经做成了部门的元老经理，而我才不过做了 3 年而已。在一些行业和公司，采购有轮岗的习惯，备忘录对保持谈判的连续性挺有帮助。

第五步就是议定**合同的主体**，花 3 ～ 5 个月时间，争取把所有的关键点都谈下来。这是个挺困难的往返过程，是个双方不断调整期望和妥协的过程，要争取高层的支持，灵活调整公司战略和期望。在这个阶段，一定要考虑降低合同的复杂度，尽量避免定制内容太多，避免后续的执行难度。这需要在标准合同文本上下功夫，明确规定哪些可以调整，哪些不能。这也要求标准合同文本力求公道。有些公司的

㊀ 说来有趣，这日本公司的创始人在中国可是尽人皆知，如同神灵，漫山遍野都在学习他的方法论（倒是养活了不少顾问公司）。可他自己的公司呢，充其量只能说是平庸，如果不是灾难的话：18 年来，股价下跌 21.7%，而同期的纳斯达克指数上升 92.9%（2000 年 1 月 14 日～ 2018 年 8 月 10 日，Yahoo Finance）。

标准合同有太苛刻的法律条款，供应商难以接受，也是谈判旷日持久的一个因素。

终于谈好了，第六步就是公司**内部签字认可**。主要的当事人都得过目、认可，然后签字生效。比如在这个高科技公司的案例里，主要当事人有采购（他们有供应商年度降本的目标）、设计（他们对供应商支持新产品开发、知识产权的归属很在意）和售后服务（供应商也支持售后服务）。这些人大都是高级管理人员，日程紧、责任多，没时间，也没耐心细读几十页的合同文本。他们对于签订这样的大合同也往往感到不自在，倾向于拖延，有时候就在一些无关紧要的地方纠结，其实就是不愿意做决策，是签约过程的大障碍。作为合同谈判的主导者，采购需要做好归纳总结，汇报主要内容，比如重点阐述以前双方有异议的地方。最为忌讳的是陷入一些无谓的细节而不能自拔，用老美的话讲，就是掉进了兔子洞，最后在一些无足轻重的地方卡壳，这合同就三年两载地拖下去了。

纵观整个签约过程，其实是管理内外期望的过程。**签约就如谈价格，永远没有最好，最好的结果就是大家心理能承受的结果**。签约过程也是管理关系、调整期望的过程，在遵循一定的流程下，比如说上面的六步流程，还需要发挥组织、协调能力，管理内部客户的期望，可以说是供应商管理中最为挑战的任务之一。

长期合同文本应该力求抓住重点，简单、标准化。又长又复杂的合同在美国也是个问题。比如在案例公司，供应商主合同曾经是140多页，还有大大小小成十种别的合同，而且每个条款都可以谈判。结果不同供应商签的合同往往不同，给合同执行带来诸多不便。规范合同后，案例公司推行统一合同基本条款，从140页减少到24页，简化、规范了公司的合同管理。合同的签字权也从供应商经理提升到首席采购官，客观上控制了供应商准入和确保采用统一的条款、流程。

顺便提及，**短期关系并不意味着合同少、简单**。相反，正因为双方互信度低，合同反倒很长，种类反倒很多，但还是起不到应有的作用。

比如有个本土的房地产公司，承包合同有几百页，半尺[㊀]多厚，但收效甚微——承包商是最低价中标，在签合同时就知道如果按照合同履约，注定没钱赚，甚至亏本，所以从一开始就不把合同当回事，而是等着项目开工了、房地产公司没法更换承包商时，以各种理由索赔，要不就是偷工减料，以次充好。合同不是写得不清楚，但又有什么用？

“光脚的不怕穿鞋的”：签约的本意是选个同盟，这前提是供应商有的赚；当供应商没的赚的时候，其实是选了个敌人——供应商没有可失去的，就无所畏惧。要知道，**没有什么可失去的供应商最可怕**，你千万不能把供应商逼到那个份上。

供应商绩效管理：维持绩效，更上一层楼

供应商的分类、评估、选择做好了，合同签好了，就进入五步流程的第四步：后续绩效管理，有的公司叫后评估，以及供应商绩效持续改进。具体如图 2-16 所示。

供应商绩效管理有两个主要目的：其一，确保供应商达到绩效期望，满足公司的需求；其二，督促供应商更上一层楼，给公司更大的贡献。

这后面有两个基本的假定：第一，不统计就不知道，不知道就没法管理——离开了绩效统计和绩效管理，供应商的绩效注定不好；第二，没有完美的供应商——有能力的有脾气，没脾气的没能力，不管用什么样的方法，我们都是在一堆矬子中拔将军，而这将军还是个矬子，离我们的要求有一定的差距，需要通过后续的供应商绩效改进来弥补。

㊀ 1 尺 = 33.333 厘米。

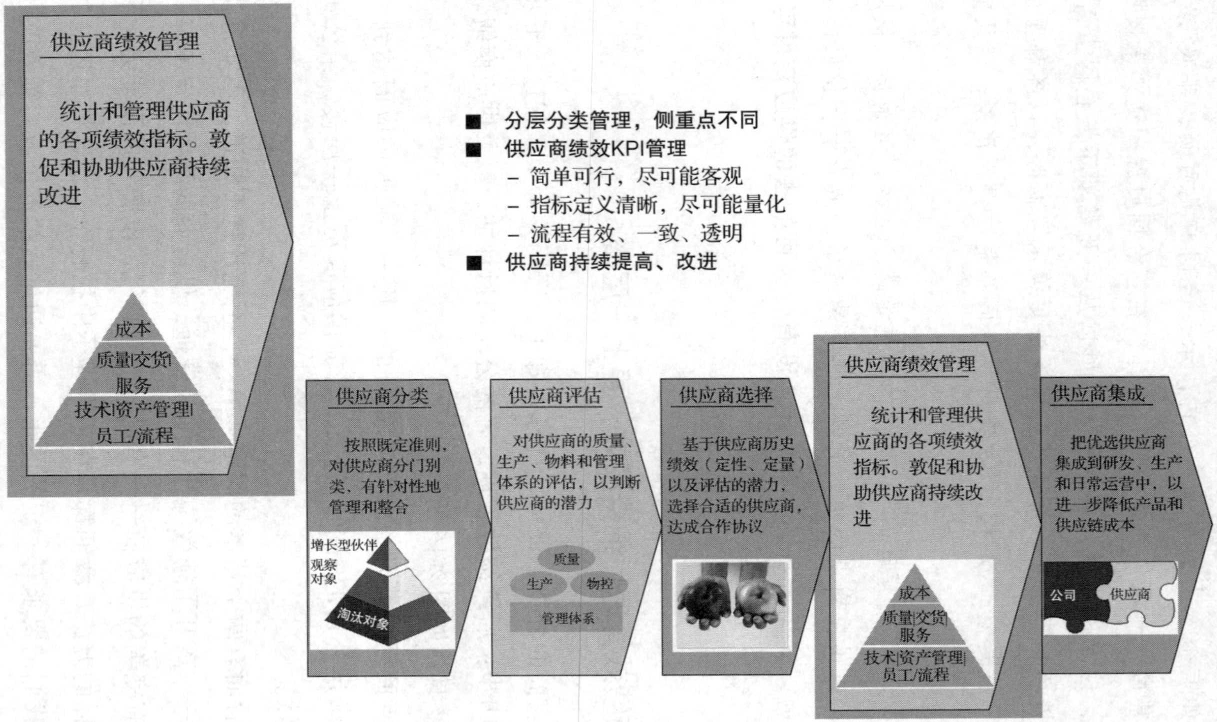

图 2-16　供应商绩效管理

很多企业的现状是有供应商选择（寻源），但没有供应商绩效管理。这就如每个孩子都有父母生，但并不一定都有父母管一样——父母都尽了生的权利，但不一定尽了管的义务。企业在寻源上花大精力，因为企业理解，找到好的供应商很重要；但在后续绩效管理上却往往乏善可陈。选择代替不了管理，管理也代替不了选择。供应商有选择，没管理是个大问题。

很多行业，特别是招投标盛行的行业，一个根本问题就是**以选代管**：有供应商选择，没有供应商管理，也是粗放管理的代表。这样的结果是没法真正得到供应商的绩效。就如前面讲的，没有供应商绩效管理，75% 的战略寻源的成果会在 18 个月内消失殆尽，让供应商的绩效更上一层楼自然就免谈。

为什么没有绩效管理，战略寻源的成果会损失？打个比方。大多数人的知识，无论有用的还是没用的，在高考结束的那一天最多。但考上大学后，刀枪入库，马放南山，再过几个月去考，你还能考上大学吗？再过一年半载，只能考得更低。这后面的根本原因呢，就是没了考试，就没了动力去学、去记，学到的自然就忘了。

那怎么能保证我们一直记着这些东西呢？考试。考上大学后，如果继续两周一小考，三周一大考，保证大家把那些知识，不管有用没用的，都记得牢牢的。放在供应商管理上，就是后续的绩效管理，比如每周统计上周、上月、上季度的按时交货率、质量合格率，一发现问题，就及时跟进解决。

绩效考核也传递了一个非常重要的信息：我们在关注你的绩效。这就如两组人在打球，不计分的时候大家都懒懒散散，随便打打；一旦有人说，开始记分了，大家马上就认真起来。这就是管与不管的区别。

跟任何绩效管理一样，供应商绩效也要求简单可行，尽可能**客观**、**量化**。考核流程要透明、一致，确保可重复性——不同的人考核，也会得到同样的考核效果。这些都是常识，却是众多企业普遍存在的问题，光做到客观、量化，管理粗放的企业就挑战重重，让我们通过一个案例来说明。

案例 某房地产商的月评分标准

案例公司是个房地产商，也是行业标杆之一。他们的同行一定要我分享该公司的“最佳实践”，我就在网上找，偶然看到他们的供应商月评分标准（如表 2-6 所示）。该公司从 11 个维度来给供应商评分。维度虽然多，看上去很全面，但相当多的维度难以客观量化，因而难以落地。

表 2-6 某房地产商的月评分标准

	最高扣分		扣分标准	不清楚之处
1	质量体系评价	5	通过 ISO9001、QS14000 等装饰行业标准的，5 分 通过 ISO900：2000 等通用标准的，3 分 通过某某装饰公司审核、有贯标证书已到期，2 分 未通过质量体系贯标或未经本公司审核，0 分	
2	交货质量检查	20	供货不良品每发生一次，扣 3 分 每办一次让步接收，扣 5 分。拒收一次，扣 20 分	
3	项目生产中发现问题（或影响生产）	30	影响生产正常进行的，每次扣 5 分 影响生产被迫调整生产计划的，每次扣 5 分 影响生产导致返工的，一次性扣完	如何界定“生产正常进行”
4	售后质量问题	5		
5	质量整改 / 重复发生问题	5	接到通知未整改的，一次扣 2 分 整改无效果，每重复发生一次扣 5 分	
6	数量准确性	5	每次供给不足（未影响生产），扣 1 分，扣完为止	如何界定“未影响生产”，供给不足是针对需求还是承诺
7	时间遵守性	5	每降低 1%，扣 1 分，扣完为止	如何统计按时交货率？计件？计行？跟上月比，还是跟上季度比

（续）

	最高扣分	扣分标准		不清楚之处
8	消息反映准时性	5	采购管理部发出的《供应商整改通知书》等相关信息，信息一次未反馈扣3分，反馈不及时扣1分，扣完为止	什么是“等相关信息”？如何定义“未反馈”？反馈质量呢？什么是“不及时”
9	售后服务情况	5	公司各部门对供应商服务进行投诉，一次1分，同一问题二次投诉扣2分，扣完为止	
10	价格保护	10	供应商所提供产品低于市场同类同级产品价格	哪个市场
11	供应商登记	5	设置A、B、C、D级，分别给5～1分	

比如第3条讲到，“影响正常生产进行的每次扣5分”。但问题是如何定义“生产正常进行”？特别是打分者往往不在项目现场，怎么才能知道是否影响生产的正常进行？靠项目人员汇报？项目人员整天忙，很多问题根本没时间汇报——一旦汇报，就得填写各种各样的信息，以及后续各种扯皮。即便汇报，影响不影响生产，全靠项目现场人员的一句话，还是存在标准不清的问题。

第6条的“供给不足”究竟是针对采购方希望的需求数量，还是供应商承诺的交付数量？采购方需求管理薄弱，原来要10个，30天交货；现在要100个，3天交货，供应商“供给不足”，算不算供应商的问题？算的话，又存在不公平的问题：不公平的绩效评分就如不公平条约，是没有约束力的。

第7条的“时间遵守性”也有众多的模糊之处。比如按时交货率的统计，是按件还是按行？两者之间的区别可大着呢：订单上的需求是100个，供应商送来95个，按件的话是95%的按时交货率，按行的话就是0。“每降低1%，扣1分”，这是跟上周比，还是上月、上季度、上年？是完整的日历月、日历季度，还是滚动的4周、13周？如果原来是100%，现在降了2%，但还是高于目标，要不要扣分？

第8条的“消息反映准时性”就更加模糊。比如在“采购管理部发出的《供应商整改通知书》等相关信息”中，究竟什么是“等相关信息”？企业说话怎么跟政府一样，模棱两可，一口官腔？“信息一次未反馈扣 3 分”，如何定义“未反馈”，反馈什么？供应商收到整改通知书后，回复“收到”二字是否算反馈，算的话又有什么用？“反馈不及时”又怎么定义？收到整改通知后 1 分钟、1 小时内“反馈”算及时，还是 24 小时、24 天？

第 10 条的“价格保护”：“供应商所提供产品低于市场同类同级产品价格”，这诉求是好的，但如何定义“市场”呢？是村头的农贸市场、镇上的骡马市场，还是伦敦的期货市场？多长时间内的价格？交易发生的当天，还是发生前，发生后？一天，一周，一月，还是一年？

这是个几万人的企业，供应商打分标准模糊，注定是没法客观、可靠地执行的；即便打分了，也因客观性不足，没有多大的参考价值。不要以为这是案例企业独有的问题，我看过很多企业的供应商评分标准，基本上都有类似的问题，注定其供应商绩效评估是走过场，成为供应商有选择，没管理的另一个注脚。

或许有人会问，你吹毛求疵，找出这么多的毛病来，那究竟应该怎么改进？让我们选择三点来举例说明。

第 3 条：项目生产中发现问题（或影响生产）。你不能简单地只讲利害，不讲原则，以是否影响到生产来评判供应商是否有错；你得有个客观的评判标准，那就是你的图纸、规范、订单要求。如果供应商是按照你的图纸、规范、订单要求供货的，即便影响到生产，那也不能算是供应商的错。打个比方：生产现场要的是一只平头螺钉，供应商按照订单要求送来一只圆头螺钉，这是采购方的需求定义问题，不关供应商的事。这样，才可以督促需求提出者尽量清楚地定义需求，避免后续扯皮。

第 7 条：时间的遵守性。这统计的是按时交付，你不能简单地以降低多少，就给供应商相应的惩罚——如果供应商原来是 100% 按时，上个月降到 97%，但还是高于目标，就不能惩罚供应商。你得有一定的标准，比如 95% 的情况下，供应商得在双方约定的时间内，完成分配下来的任务，或者交付相应的产品。该指标按照滚动 13 周（一个季度）按件统计，低于 90% 的话要做根源分析，扣 1 分；低于 85% 的话会得到警告处分，扣 2 分等。这样的话，指标就很清楚，不同的人、不同的项目执行起来会有一致性，而且会驱动供需双方事前约定交付日期、数量等，避免后续扯皮。

第 8 条可以具体化如下：采购管理部以 Email 形式发出《供应商整改通知书》后，供应商需在 5 个工作日内提交根源分析，10 个工作日内提交整改方案。采购方认可后，供应商需在 20 个工作日或双方约定的期限内，落实整改方案。由于供应商原因，拖期一次扣 1 分；根源分析、整改方案达不到质量目标扣 2 分；整改方案落实后，3 个月内有重犯者扣 3 分等。

总体上，供应商绩效可以概括为七个方面：成本、质量、交货（交付）、服务、技术、资产管理、员工 / 流程，合称 QCDSTAP[㊀]，即各自英文单词的第一个字母。行业不同，侧重点也可能不同，也可能在这个基础上取舍。前三个指标各行各业通用，相对易于统计，属硬性指标，是供应商管理绩效的直接体现；后三个指标相对难以量化，是软性指标，但却是保证前三个指标的根本。服务指标介于中间，是供应商增加价值的重要表现。具体如图 2-17 所示。

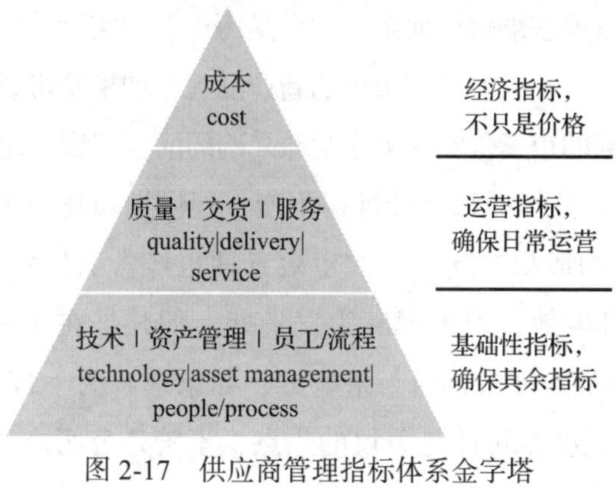

图 2-17　供应商管理指标体系金字塔

㊀ Q：质量（quality）；C：成本（cost）；D：交货（delivery）；S：服务（service）；T：技术（technology）；A：资产（asset）；P：员工与流程（people/process）。

我们下面就这 7 大指标，逐个展开分析。

指标 1：成本

供应商啥都好谈，就钱不好谈

供应商啥都好谈，就钱不好谈。一位首席采购官说，采购绩效的 70% 来自成本。成本在供应商绩效中占据重要地位，可见一斑。这就是为什么我们率先谈成本指标。

说是成本，其实更多的时候是价格，即采购价。常见的有年度降价指标，以采购价差的形式统计——在那些每个月都跟供应商砍价，每个季度都要供应商降价 x 个点的企业，这个指标一般被粉饰成“降本”。

有个企业要求采购每个季度都降价，比如每个季度 3%。一位采购经理说，那我第一个季度降 6 个点，第二个季度不降行吗？不行。那好，我就让供应商第一个季度降 3 个点，第二个季度降 3 个点，供应商多赚点呗。在我听过的采购降价故事中，这是个比较奇葩的，不过我完全能够理解：绩效考核引导员工行为。还好，在这位采购经理的要求下，企业改变了这一考核措施，提前拿到的降价也算了。

在实际操作中，**采购价差**的统计远比看上去复杂，相信经历过的人有同感。最难的就是基准价如何定。如果是历史上的实际采购价，那究竟该采用什么时候的价？没有采购历史的新产品呢？如果是市场价，哪个市场的价，什么时候的市场价？如果是全球采购的话，用哪个地区的采购价？

再比如说，公司的采购价维持不变，但同期市场价上升 5%。这算不算成本节支的成果？新价格的生效日期也经常引发争议。例如新价格在 4 月 15 日生效，如果理解为交货期，即凡是在 4 月 15 日发给采购方的货都采取新价格，利于采购方；如果理解为下订单的日期，则利于供应商。这些都可能是争议的焦点，不管是公司内还是与供应商，一定事先达成一致，避免过多的混淆与争议。

采购返利是另一种形式的降价。这是指当采购额超过一定量时，供应商给采购方一定比例的折扣。对购卖双方来说，这个条款让大家都有动力来增加采购额。如果波动较大，采购量难以预测，采购返利不失为一种好方法，双方都比较容易接受。此外，在采购量较小的时候，供应商往往愿意加上采购返利这一条。作为采购方，不要局限于现有的采购量，应尽可能在合同里写入采购返利条款。

当然，对采购返利来说，有时候情况发展超出所有人的预料。例如我管理过的一个供应商，以前一年只供货三四百万美元，几年间突升到 800 万美元，结果光采购返利就好几十万美元。供应商突然发现自己无利可图，因为他们没有很好的办法把采购返利考虑到成本中，加之产能扩张，供应商投入了很多钱，结果开始亏本。试想想，采购量超过 300 万美元的部分，返利 2%；超过 400 万美元的部分，返利 3%；超过 500 万美元的部分，返利 4%。如何准确反映到几十种产品的报价中，确实是个难题。于是双方重开谈判，但由于有利的合同条款，我们在谈判中占据有利地位。

付款条件也可作为一种指标，包括账期和提前付款折扣。账期是货验收合格后多长时间付款，也是供求力量对比的写照。在那些技术含量不高的行业，采购方议价能力强，账期就非常长，比如 3 个月付款，而且付的不是现金，是 6 个月的承兑汇票——这其实是 9 个月的账期。在议价能力比较弱的行业，比如餐饮行业，行业集中度较低，能够影响供方市场的企业较少，账期就比较短，甚至现款交易。

付款账期长，一般都是财务要求的。难道财务不知道，供应商的规模一般更小，资金成本更高，羊毛出在羊身上，最后还是得我们买单？当然知道，财务可以说是企业里最了解这一点的。那为什么还做这傻事？我想有两个原因。其一，企业的现金流确实困难，不得不这么做；其二，竞争对手在延长账期，我们不这么做吃亏。

有些企业的规模相当大，现金流异常充分，但给供应商的账期还是 9 个月（3 个月的账期，外加 6 个月的承兑汇票），因为竞争对手在这么做。人人都说竞争让人向善，其实很多时候，企业都是争着看谁做恶更多。竞争对手在做傻事，不能成为我们跟着做傻事的理由。你的账期短，供应商当然会知道，你成为供应商更愿意做生意的客户，这在它们给你的报价、服务中也会反映出来，优质资源也会向你倾斜。

这么做的企业中，有相当一部分是行业巨头。凭借采购规模，这些巨头拿到了它们想要的价格，当然是行业最低的价格；也拿到了想要的账期，当然是行业最长的账期，但就是拿不到想要的交付和服务。

比如到了旺季，或者供方市场产能短缺时，有好几个行业巨头的采购跟我诉苦，说供应商对他们的支持力度不够。这有什么稀奇吗？凭着你的价格策略和商务条款，你已经"成功"地把自己做成了供应商的劣质客户：想想看，如果你是供应商，最后一点产能是给高盈利客户，赚5%的利，还是给低盈利客户，赚2%的利？是给账期30天的优质客户，还是给账期270天的劣质客户？

极端的价格和漫长的账期，注定这些大客户成为供应商的"养命"客户，成了供应商的"备份"——生意额虽大，但供应商不赚钱，无非就是养着员工，让生产线忙着，好熬到旺季的时候，从盈利高的客户身上赚钱。一分钱一分货，这些大客户得到的呢，也正是其应得的。

跟采购价相关的还有**提前付款折扣**，即如果供应商想提前拿到货款，要付给采购方一定的折扣。例如货到10天付款，给采购方2%的折扣；货到20天付款，给采购方1%的折扣等。当企业现金充足时，提前付款给供应商，拿到折扣也提高了资金运作效率。这对供应商也有好处：供应商的规模一般较小，融资成本高，给采购方适当的折扣，也往往比从银行贷款利息要低。

当然，提前付款折扣的一个挑战是实际兑现率：采购方的承诺不一定能按时兑现。例如说是货到10天发款，折扣2%，但由于采购方应付账款处理流程缓慢，供应商根本不可能在10天内拿到钱，结果只是付了2%的折扣，自然就没有动力去接受这一付款条件。也不要小看这一问题：从下订单到付款，整个周期是反映公司采购、运作效率的一个重要指标，包括采购对象的质量、文档完整度、信息准确度、付款流程等。

小贴士　合理的价格是什么，要不要二次议价

对于采购来说，要证明拿到的采购价是合理的，就如证明你妈是你妈，可不是件容易的事儿。其实这事儿远没有那么难，要说坏，都是坏在二次议价上了。

简单地说，**在市场竞争充分的情况下，多家报价，你得到的价格就是合理的价格**。这是由市场机制，也就是那只看不见的手决定的。这就是为什么你在一线城市打工，一天赚 1000 元——这个公司不给你 1000 元，别的公司会；而你到老少边穷地区给老乡放羊，一天就只能赚 50 元——市场能提供的也就 50 元一天，你不愿意，自然能找到别人放羊（反过来想想，如果你也每天赚 1000 元，没几天，那群羊就全归你了，这好像也不合理啊）。

严格地说，我们采购的任何一样东西，所处的都是充分竞争的环境：没有一个产品只有一个供应商能做，每个供应商都有实质性的竞争对手。即使复杂如商用大飞机，这地球上还有波音和空客两家在死磕，而两家实质性的竞争对手就决定了充分竞争。这点前面已经详细谈过，这里不再重复。

或许有人会问，既然竞争充分，为什么有些价格还是不合理？否则，跟供应商去砍，为什么总会砍下来一点？殊不知，这里的砍价（二次议价）正是问题之所在：二次议价导入太多的博弈，影响到供应商的报价行为，导致采购价格失去合理性。可以说，价格的合理性本来是个简单的事儿，是二次议价给弄复杂了，且听我详细解释。

二次议价是多家询价或招标结束后，采购方与供应商继续价格谈判。当供应商知道有二次议价，就会在第一次报价中留有余地；有二次议价，就会有三次议价，所以在二次报价中还会留有余地。以此类推，我们就永远也不知道拿到的是不是最好的价格。相反，如果我们采取一次报价，供应商只有一次机会，要么拿到生意，要么拿不到，

市场竞争就会驱使供应商一次性地报出最好价。

当然，有人会说，供应商都习惯于我们二次议价了，如何改变呢？你还是可以改变游戏规则的：刚开始，供应商或许还会继续藏着掖着，报价里面掺水分，因为不相信你放弃了二次议价；但用不了几次，你说到做到，供应商就知道其只有一次机会，自然就会向一次报价到位过渡。这和当年商鞅变法，城门立柱来建立信用是一个道理。[⊖]作为采购方呢，我们不用花大量的精力来二次议价，也不用花更大的精力来证明采购价格的合理性。

或许有人会问，采购不议价，那还要采购干什么？采购当然有事做，而且是更重要的事：管理和影响需求，优化产品设计，把成本设计下来；围绕需求选择和管理供应商，确保有充分的竞争，但又不能有太多供应商，导致采购额分散。这远比砍价有价值，也比砍价更难。毕竟，采购做的事中，没有什么比砍价更容易的了，这也是为什么凡是个采购，都会砍价；而采购的价值，没有什么比砍价的价值更小了——砍价（二次议价）把本来可以一次办成的事（拿到最好的报价），分成多次才可能办成，而且导致价格的合理性永远也没法证明。

需要补充的是，这里说的是多家报价、竞争充分的情况。对于供应商早期介入、合作开发等短期内竞争不充分的情况，谈判降价就不可避免，而且要通过目标成本、长期关系等来约束供应商。还想说明的是，合理的价格是市场决定的，并不是说我们就不用做成本分析，不用比价等。当然，如果明知供应商的报价有错，还是要对其进行提醒，并重新谈。

实践者问

几家供应商竞争报价，拿到的最低价还是达不到目标成本。采购做了成本分析，认为价格已经足够合理；内部客户看了成本分析，不

⊖ 城门立柱，一般用来表示诚实守信的见证，典故出自于春秋时期的商鞅变法。公元前356年，商鞅拟定变法法令后，在秦国都城的南门放了一根3丈长的木头，宣布从南门搬到北门，就给予重赏。有人照做了，商鞅立即说到做到，兑现奖励。摘自百度百科，“城门立柱”词条。

同意采购的看法。比如采购用的人工成本是35元/小时，为什么不是33元或32元？怎么办？

刘宝红答

价格的合理性只能由市场来决定，任何用企业行为来证明的尝试，注定是失败的。成本分析等可以帮助判断价格的“合理性”，但因为众多的假设，其本身也有个“合理性”的问题。比如正常利润取5个点，为什么就不是4.9个点？间接费用是直接费用的45%，为什么不是43%？另外，有些所谓的“成本分析”，也颇有绕着箭落地的地方画圈的嫌疑，通过调整不同的假设，来“证明”价格的合理性。这都注定有扯不完的皮，采购是永远也说服不了内部客户的。最后是谁的胳膊粗，谁就赢了。

有些公司也统计**80%的开支**花在多少个供应商身上。其目的是减少供应商数量，增加规模效益。具体指标很难定，因为不同公司、行业，即使同一公司在不同市场环境下，最佳供应商数量也不同。

美国高级采购研究中心的统计表明，2004年80%的采购额集中到9.4%的供应商，这一比例呈逐年下降趋势，到2013年，这一比例是6.4%，而且在最近几年维持在6%多一点。具体如图2-18所示。该统计的对象是美国大公司，采购额动辄几十上百亿美元。针对中小公司的统计还没看到。这反映的也是美国的整体采购管理水平在提升：**采购方的能力越强，供应商的数量就越少，采购额也就越集中**。这就如越有钱的人孩子越少一样——他们能力强，养一个成一个，就不需要多养孩子来“备份”。

采购额分散是个大问题。规模效益递减，供应商的成本就做不下来，采购价就高；开支太分散，公司的议价能力就减弱。有些大公司在积极控制供应商的数量增长。比如有个千亿级的制造商规定，供应商数量的增幅不得超过营业额的增幅。这就是说，如果去年的营收增长20%，供应商的数量增幅不得超过20%。

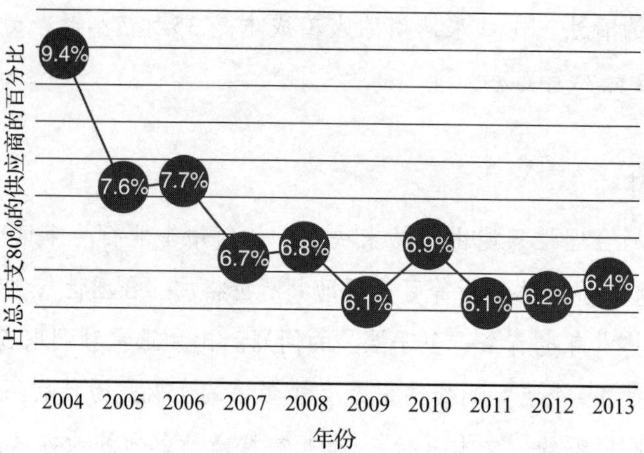

图 2-18　北美大公司的采购额逐年集中并稳定下来

资料来源：CAPS Research Cross Industry Benchmark，2004 ～ 2013.

但在中小企业，供应商“多子多福”的情况还很普遍。比如前文讲到的一个企业，每年的采购额只有两亿元左右，供应商却有 400 多个，单批采购量小、货杂，很多供应商都不愿意做他们的生意。该公司的采购呢，自然反应就是再找新的供应商，结果导致采购额更加分散，陷入恶性循环。

这里的解决方案呢，就是我们这部分讲的供应商的选择与管理：针对每个采购门类，分析、评估现有供应商，甄选出几家优良供应商，力求把新业务导入这些优良供应商，即使采购价高一点也值得（优选供应商往往不一定是最低价），时间长了，采购额就会越来越集中，议价能力会提高，供应商管理就走上正轨。牺牲料号、订单层面的小优化，以实现供应商层面的大优化，这是多花“明钱”（采购价格）来节省“暗钱”（各种隐形成本），很难准确量化，需要职业判断、决心和领袖能力来说服内部客户，这正是很多公司的“小采购”们欠缺的。可以说，“小采购”和“大采购”的关键区别之一就在这里。

小贴士　成本算那么清又能怎么样

经常有人问，如何能更好地核算成本？他们总觉得，成本核算不清，自己被“蒙”了，是从供应商拿不到更低价的根本原因。我这里想说的是，成本本身是核算不清的，即便你能核算清，那又能怎么样？

物理学上有个测不准定律，管理学上也是。我们看到的都是某种程度上的抽象，不是真相——真相是永远也测不准的。这并不是说不用努力去测——适当的努力还是必需的，但努力的边际回报递减；精确到小数点后 ××××× 位当然有好处，但你要以熬掉多少灯油为代价啊。

就拿成本核算来说，一般企业都是在直接成本上，加一定比例的间接成本分摊，再加一定比例的利润，这就是价格。直接成本又包括材料和人工。人工的测算、间接费用的分摊比例都很难作准，其实连供应商也不知道其成本。这是成本会计上根深蒂固的挑战，采购和供应链也不会有更好的解决方案。

我还想说的是，**成本不是算下来的，成本是做下来的**。越是一流的企业，它们的资源越多地投入到基本面的问题上，比如设计优化，整合供应商，增加规模效益，从根本上降低成本。这就如最优秀的学生，他们不会花太多时间盘算自己能得多少分，别的同学能得多少分；他们更多把时间花到基本面上，比如课前预习、课后复习，日有所知，日有所进，自然会得到更好的分数。

话又说回来，你知道成本又能怎么样？打个比方。你在火车上，餐车小姑娘推着车过来了，你问瓶装水多少钱，她说5元；你又问，多大的瓶子？她说，就是超市里1元的那种——要买就买，不买拉倒。但是，你家楼下的便利店里，卖货的小姑娘从来不会这么“虐待”你。

同样是做生意的小姑娘，为什么表现这么不一样呢？很简单：火车上的小姑娘是短期关系，这次跟你做完生意，下次见到你恐怕是27年以后的事了；便利店的小姑娘是长期关系，她不但要做你今天的生意，而且要做你明天的生意。所以说，**这里的问题不是你不知道成本，这里的问题是短期关系在作祟**。

有些企业习惯于极端短期的做法，把供应商都做成了城乡接合部的野狗，双方没有任何互信，没有任何未来可言。没了未来，供应商就没有可失去的；没有可失去的，供应商当然是坑你没商量，能坑多少算多少。有求于我，那就听我的摆布。因为等风向转过来后，作为采购方，你做的不正好就是那些强势供应商做的吗？这跟知不知道真实成本没关系。

要知道，喊不公平的，其实往往是不公平的始作俑者。那些在成本核算上死磕的企业，总是觉得供应商对它们不公平。但这些企业对"公平"的定义呢，就是"我的是我的，你的也是我的；如果你的不是我的，那就不公平"。这些企业习惯于极端压价，一轮又一轮地竞价，甚至电子竞标，几轮下来，供应商说，爱谁谁，这生意你想给谁就给谁吧——你还嫌我不给你摊开账本，告诉你真实成本？

或许有些人会说，我们的成本核算主要是针对那些强势供应商，它们仗着有技术优势，不肯降价。我想说的是，价格是市场决定的，跟成本核算没有半毛钱的关系：茅台和二锅头 99.9% 都是水和酒精，那为什么茅台卖 800 元，二锅头卖 18 元？很简单，市场上有人愿意付那价呗。

当然，话又说回来，我不是不鼓励你做成本核算。账还是要算，要细细算，因为**不算账就不知道，不知道就没法管理**。但是，我要强调的是，在充分竞争的市场上，价格是无关成本的：市场给我们的价格，就是合理价。你即便知道真实成本又能怎么样呢？

实践者问

刚接到这本书（指的是上一版——作者注），就一直看，觉得价格方面少了些内容。

刘宝红答

是的，这本书基本不讲价格，因为在我看来，价格是市场决定的，采购和供应链应更多地关注成本，通过影响成本来影响供应商的价格。

当然，这并不是说我们不做比价、谈判等——实践者经常发现，价格分析没法解决他们的问题，因为真正的解决方案在成本。

指标 2：质量

常用的是百万次品率（PPM，或DPM）。优点是简单易行，缺点是5分钱的螺丝钉与1万元的发动机所占比例一样，供应商可以通过操纵简单、低值产品的合格率来提高总体合格率。

质量好像是想当然的，其实最难

行业不同，这一指标的标准也大不相同。例如在小批量、多品种的航空、设备制造行业，百万次品率能达到3000就属世界水平；但在大批量加工行业的零缺陷标准下，3000 PPM的供应商八成是淘汰对象。

质量成本（cost of poor quality，COPQ）弥补了百万次品率的不足。其概念是造价不同的产品，质量问题带来的影响也不同；同一次品，出现在供应链的不同位置，影响也不一样。例如次品发现在验货处，退回供应商要求更换即可，成本相对较低；但如果发现在生产线上，则可能导致生产线停顿，成本相当高；如果发现在客户现场，那成本可就更高了：保修、退货、丧失信誉、失去后续业务等。

坏在客户处，影响最大，假设权重为100；坏在公司的生产线，影响相当大，假设权重为10；坏在公司验收处，影响最小，假设权重为1（当然还可以延伸到供应商，但由于数据搜集和操作困难，仅仅是理论探讨而已）。假定采购价格为1000元，在上述三个环节各出现次品两个，总的质量成本就是222 000（$= 100 \times 1000 \times 2 + 10 \times 1000 \times 2 + 1 \times 1000 \times 2$）元。这个指标有助于促使把问题解决在源头，因为那儿的质量成本最低。

质量成本在概念上好理解，但量化比较困难。例如上例中，采购件的质量问题发现在生产车间，为什么权重为10而不是20，或者

11？对质量问题接触面广、理解较深的人，例如公司高层管理，比较容易理解质量成本的概念。但是，对整天在组装线上工作的工人而言，接触客户端不多，他们理解质量问题发生在客户处的严重影响，但说严重到权重为100倍的程度，则有点费解。

质量成本COPQ的数字很大，动辄几十万、几百万元。刚开始，这确实会引起人的注意；但时间长了，大家对这一指标有了“抗药性”，就容易产生“数字大是大，但不真实”的想法。于是这一指标就归于平淡，甚至在一些公司不了了之。不过话说回来，哪一个指标最终能逃脱归于平淡的命运呢？要么是绩效提高到一定地步，这一指标不再重要；要么是“上有政策，下有对策”，大家操纵指标，使指标变成数字游戏，失去可信度。

质量成本COPQ因为沟通、执行上的困难而往往遭抛弃。部门利益、公司政治也是该指标流产的一大因素。例如在硅谷一个20亿美元营收的公司，负责质量和供应链的副总裁主张拿掉这一指标，因为他觉得这个指标难以理解。探究深层次的原因，是这一指标“放大”质量问题，成为别的部门攻击供应链部门的“证据”。

再比如在一个大型本土企业，质量管理是“铁路警察，各管一段”：售后服务负责保修和退货，生产部门负责生产质量，采购负责供应商来料验收质量，三个部门沟通有限，一个部门甚至接触不到另一个部门的数据，质量成本就根本没法统计。这里有信息系统的问题，例如三个部门用不同的系统，但更多的则是部门壁垒。比如一旦客户处发生质量问题，采购的第一反应就是个别化，把大事化小，小事化了，当然不愿让客服部门进入采购系统，看到这个供应商糟糕的来料验收记录。这是商业问题，需要通过商业手段来解决，没法通过信息技术来对付。

质量领域还有很多指标，例如样品首次通过率、最终客户退货率、保修/维修成本等。这些指标对鼓励供应商一次做对，淘汰那些积习难改的供应商都有帮助。不管什么质量指标，统计口径一致，统计标准客观，有可比性，才能增加公司内部及供应商的认可度。

而且，质量统计不是目的。统计的终极目标是通过表象（质量问题），发现供应商的系统、流程、员工培训等方面的系统问题，督促整改，达到优质标准。要知道，**所有的偶然，一旦发生了，一定有其必然性**。在管理粗放的企业，一旦出现质量事故，从上到下都习惯性地"偶然化"问题，希望大事化小，小事化了。结果你知道的，那就是质量问题年年讲，月月讲，但还是三天两头地不断重复发生。

但是，谁也不能忽视质量成本的影响。就拿汽车行业来说，这几年因质量问题的召回愈演愈烈，光 2016 年，美国就有创纪录的 5320 万辆车被召回[一]，成本是天文数字。作为对比，同年美国的乘用车销量只有 710 万辆[二]。在高田气囊召回案中，光美国就有 4200 万辆车被召回，我家的两辆车都在召回之列。再比如对丰田来说，仅因为在刹车板质量问题上误导公众，就被美国司法部罚款 12 亿美元。

这些触目惊心的案例有个共性，那就是都跟供应商生产的零部件有关，属于供应商质量的范畴。这并没有什么稀奇，因为供应商对大约 70% 的供应链增值活动负责，在外包盛行的汽车制造业，这一比例更高。产品一旦进入市场，供应商质量问题的成本就以几何级数百倍、千倍地上升。就拿高田气囊案来说，代价之高，可以高达 240 亿美元，足以让高田倾家荡产。[三]这不，高田在美国和日本都宣布破产保护，最终被均胜电子以 15.88 亿美元的代价收购，日本制造业史上最大破产案完结，高田 85 年的历史宣告结束。[四]

虽说全面质量管理都盛行半个多世纪了，我们今天面临的质量问

[一] David Shepardson. Auto Recalls Hit Record 53.2 Million in 2016. 路透社，www.autonews.com.

[二] U.S. Car Sales from 1951 to 2017 (in units) . Statista-the Portal of Statistics. www.statista.com.

[三] Yuki Hagiwara，Takako Taniguchi. Takata Puts Worst-Case Airbag Recall Costs at $24 Billion. Bloomberg，www.bloomberg.com.

[四] 15.88 亿美元！均胜电子完成高田资产收购，日本制造业史上最大破产案完结 . 凤凰网财经，www.finance.ifeng.com.

题却更严峻。在我国，随着经济水平的提高，人们对质量、安全事故的关注度会越来越高，政府在这方面的监管也会越来越严，质量成本也会越来越高。把质量问题消灭在源头，只会越来越重要。但真正可怕的是，质量还是被想当然，供应商的质量在很多公司也没有被系统地管理。光依靠**市场行为**是没法真正解决供应质量问题的——市场行为就是换供应商，但损失已经造成了；公司必须得依赖**企业行为**，即健全的供应商选择与管理体系，来督促和帮助供应商质量改进。

另外，如果质量指标仅仅是质量部门、质监人员的指标，那注定是没有出路的。不乏这样的公司，质量指标只是一帮质监人员在成天摆弄，他们好像生活在另一个世界；别的部门没人理睬，可有可无（可千万不要去这种公司高就）。访问供应商时，也不妨探究一下其采用什么质量指标。答案当然是有一系列的指标。那接着问他们拿着指标干什么。答案八成是指导公司决策。不要停，拿着指标，问生产线的工人，问高层管理，看他们是不是知道这个指标；如果知道的话，问前几个月的趋势，看看他们的理解是否一致。如果发现这些质量指标不过是质量部门的数字游戏，千万不要惊奇，因为这种供应商多得是，但却要非常小心地与其做生意。

小贴士　不快乐的质量人

据说有两个职业的人容易不开心：律师和医生。律师打官司，接触的是人与人的钩心斗角；医生治病，看到的都是人的不健康。长期与阴暗面接触，情绪难免受影响。其实，整天处理劣质次品，质量管理人也容易不开心。

这些年来，我接触的质量工程师、质检人员有几十个。总体感觉是，他们中的很多人被阴暗面所笼罩，抱怨、无奈、被动是生活的主旋律。时间长了，就很难看到光明的一面，人也就一天天变得消极，成了“没出息”的质量人，在公司里不受重视，因为他们带不来好的变化；在供应商中得不到尊重，因为他们来了，问题就来了，好像他们就是为找错而存在。

关键是出发点错了。是的，质量管理是发现问题，解决问题。但是，如果以发现问题为出发点，人就很容易为找错而找错，失去了 catching people doing right（发现别人做对的地方）的精髓。

有一次，我接受内部审计的培训，培训方来自必维集团（Bureau Veritas)，年销售额几十亿美元的大培训公司。主讲人说道，内部审计不能以发现内部流程的问题、脱节为出发点，而要着眼做得好的地方，提及需要改进的地方。这样才能得到内部客户的支持，达到更好地解决问题、提高的目的。他还有一句话说得好：There are no problems, only solutions（没有问题，只有解决方案）。放在质量管理、供应商管理上，都很贴切。

很多企业习惯性地假设质量不成问题，但最大的问题恰恰是质量，只不过对质量的认识没有提到足够高度，不被正视或者不愿正视罢了。由于不能在质量和性能上脱颖而出，那就只能拼价格，拼命压价，导致整个供应链无利可图，质量更差，从而进入劣质低价、低价劣质的恶性循环。

要知道，**价格没有绝对的高低，高低都是基于一定的质量、服务假设**。这就如一些美国造的汽车，不管怎么压价都很难竞争过同等的日本车，原因不是美国车价格高，而是凭那质量，就不值那个价。通用汽车的营销专家们可不这么认为：销量上不去，看来我的价格还是不够低；价格要定得更低，就要供应商给更多的“降本”；一分钱一分货，伴随供应商更多“降本”的是更糟糕的质量；质量更差，价格再低，消费者还是不愿买。于是就继续降价，继续让供应商“降本”，走上恶性循环。这不，同等车型中，丰田、本田的价格一般都比美国车高，但美国消费者还是喜欢买日本车，因为质量好。[⊖]

⊖ 我理解，在国内，日本车经常受到非议，那并不是日本车厂做不好质量，而是因为日本车厂的战略性失策，没有把最好的车卖到中国市场。

看得出，通用汽车习惯性地**拿价格来解决质量问题**。这样的企业在国内比比皆是。

有一个本土名企，采购团队问我最多的问题就是如何把供应商的价格降得更低。我一再解释，你们的问题不是价格高，而是质量差。不信，你们自己到公司官方微博上去看，凡是发布一个产品消息，后面就跟着千百个留言，顺着往下读，不出三个，就有消费者在吐槽质量问题，比如显示屏不亮了，电源线断了，电池过热什么的。从来就没看到一个读者说，你们的产品太贵了。相反，甚至有消费者留言，说他们的产品太实惠了。你还嫌供应商的价格不够低？压价太低，有些供应商都在明说，他们不做该公司的生意——出的是白菜价，想买蓝田玉。不断压价的结果是，供应商的质量更差，于是走上了通用汽车在美国的老路：以价格解决质量问题，可谓现代版的南辕北辙。

小贴士　吉利的3824质量改进法

任何偶然，背后都有深刻的必然。

质量问题就如冰山，引起你注意的1个问题下面，还有10个你没注意到的小问题，100个接近发生的问题，以及1000个可能发生的问题。所以，**质量问题一旦发生，就不能当作小概率事件，随便打个邦迪，然后祈祷不要再发生**——问题的根源找不到，漏洞不补，再次发生只是时间问题。

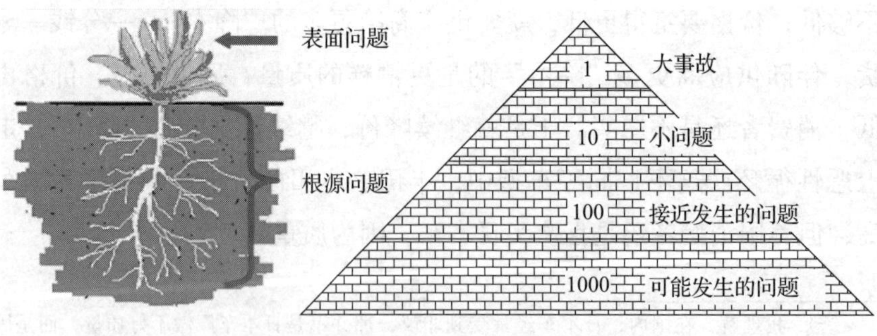

任何偶然，背后都有深刻的必然

这也注定**质量问题没法在问题发生的层面解决**。就拿供应商质量来说，问题发生的层面一般是来料验收，要么在仓库，要么在生产线。对付这些质量问题的人呢，一般都是些质检员、采购员、操作员，他们能做的就是退货，让供应商再送好的产品。这解决了冒出尖的那个问题，但下面潜在的一堆问题，在质检员、采购员等层面没法解决，需要更系统的解决方案。

这里要说的吉利的 3824，就是一种系统的质量问题解决方法论。

吉利导入这套方法论，是为了提高质量、降低项目风险。大概在 2008 年前后，吉利开始从低端车向中高端过渡，首当其冲的就是质量问题。他们请来海尔的前高管刘向阳，3824 这套方法论就是刘向阳导入的。该方法论包括 3 个阶段、8 个步骤和 24 个节点，所以叫“3824 法”(如图 2-19 所示)。

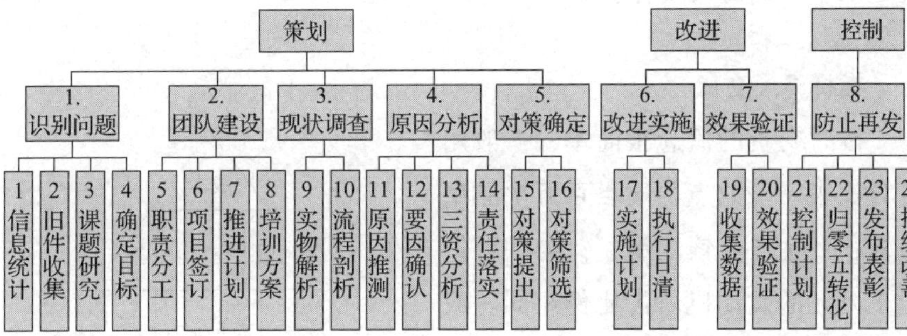

图 2-19　吉利的 3824 质量改进法

资料来源：吉利公司质量改善 3824 法，http://www.doc88.com/p-584429765506.html.

这看上去有点枯燥，特别是对没有深度介入过质量问题的人来说。但是，对于那些干过活儿的人来说，相信这会引起很多共鸣：3 阶段、8 大步、24 小步，你能想象这后面有多少事要做，但没有一步是多余的。质量就如管理供应商一样，所谓的管理其实不是“管”，而是“做”，就是把那些事做到位，按照一定的逻辑，按部就班地做，从计划到执行到控制，一遍遍地做而不走样。

这里无意解释 3824 的细节——感兴趣的读者可以在百度上找，有很多文章在讲这些，包括刘向阳的培训 PPT㊀。细心的读者可能已经看出，3824 与 PDCA、六西格玛、精益改进等有很多相通之处。管理方法上，很少有实质性的创新：每隔几年，就会出现一个新名词，新瓶装旧酒，这都不重要；重要的是，质量不能被想当然，需要系统地去对付。对我们企业来说，虽然整天都在打价格战，但最薄弱的还是质量——之所以打价格战，根本原因就是质量和性能上没有差异化优势。

特别要强调的是，质量问题要超越订单层面的打补丁，上升到成套的方法论来驱动系统的改进。在系统的方法论指导下，针对具体的问题，探究后面的根源，开展具体的项目来驱动，全面推动质量改进。这是中国制造升级不可或缺的，就如吉利这十几年走过的路：2007 年整个吉利只有 30 个这样的质量改善项目；到 2011 年，已经有 1089 个。同期，吉利的千车故障率下降 90.8%，3824 这套方法论功不可没，也被选入工信部的质量标杆。㊁

指标 3：交货

按时交货的概念很简单，一般用百分比表示。缺点与质量百万次品率一样：一个 5 分钱的螺丝钉与一台价值 1 万元的发动机所占比例相同。或许有人会说，缺了哪一个都没法组装产品。但从供应管理的角度来看，螺丝钉的采购提前期是一两周，与提前期动辄几个月的发动机相比，还是不一样。

按时交货率最直观，但很多企业还是没有

对于订单，按时交货率可以按件、按行、按订单来计算，得到的结果不同。比如一个订单有一行，要 100 个纸箱子，结果按时到了 95 个，如果按件，按时交货率是 95%；如果按行，按时交货率就成了 0。

㊀ 吉利公司质量改善 3824 法 . 道客巴巴网，www.doc88.com/p-584429765506.html.

㊁ 效果显著吉利 3824 法入选工信部质量标杆 . http://www.evtimes.cn.

按订单的话就更严苛。比如一个订单有好几行，每行都是不同的零部件，只有这些零部件都到了，才能组装成最终产品。不管是采购方还是供应商，分批分次交付，都造成更高的运营成本。

跟年度降价一样，按时交货率概念上很简单，但操作上很复杂，最关键的就是基准：究竟怎样才算准时？这点在前面已经讲过，这里再简单地谈一下。

计划是按照**需求日期**来统计——MRP 跑出来，要在 3 月 1 日要 1000 个料，供应商到时候是否交了 1000 个？采购说这不公平，供应商的**正常交期**是 3 个月，你只给它 3 个星期，我们得按照正常交期来统计。于是，按照需求日期，计划统计的按时交货率很差，向采购兴师问罪；按照正常交期，采购统计的按时交货率很好，竭力自保。两组数据基准不同，鸡对鸭讲，谁都有理，最后就变成了掰手腕的游戏：计划背靠销售和客户，师出有名；主管采购的往往是老板最信任的人，虽然在一切朝客户看齐的大局势下，不得不夹紧尾巴做人，但还是没人能拿采购怎么样。即便告到老板那里，老板一看双方都有道理，最后就只有不了了之，一笔糊涂账。

那究竟什么是合理的“按时”？很多公司以供应商的承诺为基准，而承诺又以标准的采购提前期为基准，外加适当调整。比如采购提前期是 4 周，但由于突发事件，需要供应商在 3 周内就交货。一旦供应商同意了，3 周交货就成为供应商的承诺：3 周内送到算按时，否则，即使比 3 周多一天，也算迟到。

或许有人会说，虽然迟到了 1 天，但还是比标准交货期要好，惩罚供应商好像不合适吧。这迟到 1 天看上去是小事，但却事关大是大非，让我用一个采购副总裁的话来说明。这位老总说，供应商（绩效）管理难就难在两件事：①拿不到供应商的承诺；②拿到了，但供应商到时候没兑现。第二种情况比第一种更糟糕。对我来说，我宁肯供应商不愿承诺，那是事前的问题，我们还可及时想法对付，比如找他们的老板，寻求更高管理层的支持；一旦承诺了但到时候没兑现，我们事后的补救措施就很有限。供应商千万不能养成“尽力而为”的习惯：你要么承诺能办到，一旦承诺就办到；要么当下告诉我办不到，我们马上想办法。

有些公司习惯性地处于救火状态，让供应商赶工加急的东西太多，严重影响供应商的正常排程，导致供应商的日程被全面打乱，失去了可预见性，结果让一些本该不迟到的也迟到，使得其承诺缺乏可靠性，双方都得花很多时间来管理。比如采购方不确定，就要求供应商三天两头来汇报；供应商花了很多精力来汇报，结果用在管理和计划上的时间就更少，使得生产日程更加不可靠。于是就是恶性循环。看上去是采购方的问题，其实供应商也是始作俑者：供应商应该更多地说No。供应商担心拒绝客户的负面影响，但没法兑现承诺的结果更糟糕。

基于承诺日期来统计按时交付，这概念不难，但绝大多数企业做不到。想想看，稍微有点规模的企业，每天都会有几十、几百个采购订单，人工根本没法围绕每一个订单确认交期，输入系统；第二天需求变了，再这么来一遍。在信息化程度高的企业，订单由ERP生成，通过电子商务发送给供应商；供应商通过电子商务确认数量、单价、交期；如果需求与供应匹配，供应商的确认就成为承诺；如果不匹配，就提醒采购、物控等人工介入。也就是说，员工处理的是例外，大概占总体订单的10%。

在我接触过的千百家企业中，有这种电子商务的屈指可数，员工大都在手工处理订单，其实是把每一个订单都当作例外来处理，当然是没时间，做不到位。这也导致按时交付这么简单、直观的指标，大多数企业都没法**客观统计**——没法统计的就没法管理，你就知道，企业在供应商绩效管理上，面临的挑战有多大。

对于按时交货率，还有不同的变种，比如灵活度。合同制造巨头天宏就统计供应商的**灵活度**：我要你提前交货，你提前了没有？我要你推后送货，你推后了没有？多大的概率下，你是按照我的要求做的呢？这些指令来自ERP，通过电子商务系统发送给供应商。我们经常说，要增加供应商的灵活度。那很简单，首先你得统计灵活度。要知道，统计什么，就得到什么；想得到什么，那就统计什么。

对于供应商的 VMI 库存，因为有最低与最高库存点，按时交货可通过实际库存的水平来衡量。例如库存为零，风险很高；库存低于最低点，风险相当高；库存高于最高点，短缺风险虽小，但过剩风险大增。对于 VMI，采购方可以定期统计，有多少料号处于什么库存点，比如库存为零的料号要少于 2%，低于最低库存点的要少于 10%，不能超过最高库存点等，督促供应商及时采取措施。在信息化水平高的企业，这些信息都会及时通过信息系统分享给供应商。

对于很便宜但用量很大的采购件，即物料管理中的有些 C 类物料，可以采用双桶制，一只桶里的物料用完了，驱动供应商补货填满，同时启用另一只桶里的料。这里的按时交付呢，就是保证随时至少有一只桶有料。这类物件因为便宜，平常没人注意，但一旦断货，影响却可能非常大：它们之所以量大，往往是因为标准化做得好，很多产品都需要。也不要以为这些物料简单，供应商就有无限产能——凡是个产品，都会有产能问题，都可能给你制造大麻烦。

例如一个供应商买错了材料，生产的螺丝跟螺杆都得报废，结果导致一个大公司全球短货，直接影响到很多最终客户。更糟糕的是，供应商一天只能生产 300 个，而全球需求为 350 个，短缺就很严重，最后客户的总监都不得不介入到短料分配中来。实际成本之高，倒应了我的黑人同事经常教训供应商的“名言”：一个几分钱的螺丝钉，如果迟到，还有质量问题，就不再是几分钱一个了。

案例　缺了一只纸箱

公司新开发了一个供应商，质量可以，但在准时交货上总是磕磕绊绊。理由千奇百怪，不是原材料没了，就是误了航班。这次的理由更有趣：纸箱子用完了，没法发货。每次的纠正措施都很简单：这下买了很多料，以后再也不用担心短料了；或者说这下安排了专人负责发送，以后再也不用担心误了班机了。

这些问题**看上去是没做到，其实是没想到**，典型的计划问题，是管理粗放的供应商的常见病。例如纸箱用完了，根本原因是纸箱没有纳入物料清单（BOM），没法系统地通过 MRP 来生成需求，驱动采购。为什么？因为人们往往认为这么便宜、简单的纸箱，用不着浪费 BOM 上的一个位子。不纳入 BOM，并不意味着这个纸箱就不需计划，只不过计划是按照非正式的方式进行，装在某个发货员的头脑里，凭经验采购。这不，这老兄前天晚上多喝了一杯，第二天忘了下订单，两周后纸箱就断货了。

进一步看，这个供应商的业务非常分散，客户包括航空制造业、科研机构、建筑行业等。他们一边给飞机制造商生产屏蔽静电的大盒子，一边给劳伦斯实验室定制屏蔽磁场的保护壳，一边给零售商场加工漂亮的雕塑。各种业务大多是一次性的，每样都建立 BOM 比较困难，BOM 的准确性就更难保障。于是，整个物料计划就成了无本之木。没有系统的物料计划，缺这断那就是家常便饭。要改进，很简单：多备料呗。于是库存就成了问题。这个供应商也就成为“非精益”的典型：生产车间里，原材料、半成品堆积如山。我有一位供应商工程师同事，以前在丰田汽车做过，说起这供应商直摇头。

跟这缺了一个纸箱的问题类似，在现实中，人们对很多问题是如此司空见惯，便想当然地认为自己知道了解决方案，其实未必。一叶知秋。很多问题，**貌似偶然，其实大都有必然性，背后有深刻的系统性问题**，不能简单地归因于偶然个案，随便打个邦迪，敷衍了事。你所看到的，往往是冰山之一角。不要停留，探究更深层次的问题，小事情往往能反映供应商的整体管理水平。

举个例子。在供应商现场评估时，有一项是对来料验收中次品的处理：你们的下级供应商给你们送来一件次品，在来料验收时发现了，你们对这次品怎么处理，以确保最终不要发给客户？这时候，不同管理水平的供应商，给出的答案会大不相同。

有的供应商说，把那次品跟合格产品分开，单独放在库房的一个角落里，那这供应商就得 0 分——那个角落人人都能去，不知情者没法判断料的好坏，次品就这样混为良品了。这些供应商往往狡辩，说每个次品上都附着一张纸（次品处置报告），纸上写得清清楚楚。但万一那张纸被风吹跑了，或者在搬运中掉了，或者生产线上的工人不知道怎么读呢？是啊，在北美，有些产线员工是新移民，英语是读不了多少的。

有的供应商说，次品放在专门的房子或笼子里，但没有锁，那他们会得到 3 分（及格）：没锁，别人还是可能进去，这次品还是可能混出来。供应商会狡辩，说那是个专门放次品的房间，除了质检人员，别人都不会进去的。谁知道呢？周末加班，生产线停工待料，库房、质检都没人值班，一个新来不久的员工满天下找料。真巧，拉开这房门，发现一颗料，看上去好好的，尺寸、色泽没任何异常。得了，先凑合着用，把这批加急的货发了再说。

供应商或许会说，那是多小的概率啊。不过你想想，如果你的质量标准是 6 西格玛的话，这意味着 100 万个产品中，你只能有 3.4 个次品，是容不了犯错的。供应商还会说，我们的产线员工都经过严格培训，知道那个房间是专门放次品的。一旦听到“培训”两字，你就该万分小心才对：在那些深圳、东莞的工厂，每年春节后一小半的员工都不来了，任何时候，都有一半的产线工人是新人，多好的“培训”也是白搭。再说了，系统、流程不完善，管理粗放的企业，总是习惯性地拿“培训”作遮羞布。作为管理者，我们必须从系统性的举措着手，保证不该发生的就不发生。

什么是系统性的举措？相信大家看过这个例子，大意是说员工操作某种机器，单手操作，稍不注意，闲着的那只手就卷到机器中，把手指头给轧断了。不管怎么培训，怎么批评教育，还是有员工受伤。直到重新设计了机器，员工必须得两只手操作，机器才能运转为止——两只手都忙着，自然就没有闲下来的手往机器里塞了。这就是系统性的措施。

放到次品案例中，就是你得有个专门的房子或笼子，而且得上锁，钥匙归专人管理，只有专人才允许进去。这样的话，不管生产线、仓库里的员工有多粗心大意，新雇的员工的培训多不到位，员工会不会读次品处置报告，这个次品都没法混入良品，上了生产线。这样的供应商才得满分 5 分。

这些都非常琐碎，但魔鬼出在细节里。供应链运营中，一有绩效问题，比如次品、晚点等，人们习惯性地就往偶然上凑，希望当成个例搪塞过去。你可以说，我们要对付的事情太多，这件事儿暂不处理。这 OK，但你不能愚弄你自己，当然也愚弄别人，说这事儿是偶然发生，一次性事件。我不相信有偶然：**凡是发生了的，都有其深刻的必然性**。作为一个供应链管理职业人士，要有能力从小事中发现系统的问题，这样才能在大问题发生之前，制订改进计划，预防问题的发生。这才是真正的解决问题。

或许有人会说，这样的细节是不是太多？其实不是。就拿质量来说，从来料验收，到包装发运，重点要关注的地方也就几十处。你看那些大公司的质量评估表格，一般也就几十项，很少有过百的。把那几十项里的差距弥补了，供应商的基本质量就有了保障。如果你觉得问题多得满地都是，自己处于被乱棍打死的境地，那很简单，你的工作还没有上手，还不知道自己在做什么。

在丰田的生产线上，任何人都可以拉闸停产，解决问题。有些人会说，那生产线不是每天都停着？其实那些问题你见一个，灭一个，没多久就都解决完了，生产线自然就通畅无阻了。相反，通用汽车等美国车厂呢，为了确保生产线一直运行，对很多问题都是以打绷带的方式来处理的，得过且过，结果这些问题反复出现，最终制造更多的麻烦。

上面逐项阐述了成本、质量和交付三大绩效指标。在很多企业，这些指标分归不同部门，部门间的扯皮、局部优化问题就很严重。例如，成本归采购管理部门，质量归质量管理部门。为降低成本，采购部门力图找便宜供应商；为确保质量，质量管理部门则坚决反对。两者的扯皮旷日持久，最后是谁胳膊粗谁赢，以牺牲质量收尾。其实，质量在很多公司都是三孙子，你从它们的"质量第一""质量有一票否决权"等口号上就能看得出。要知道，很少见公司说销售第一，或者技术第一，因为它们本来就是第一。说啥缺啥，叫得最响的，就是最弱最不被重视的，也是最终被牺牲的对象。

质量、成本和交期三大指标相对客观性较高。尽管没有完美的统计方式，但只要统计口径一致，统计标准客观，不同供应商之间、同一供应商的不同时期有了可比性，就能很好地反映供应商的总体表现。

下面要讲的服务、技术、资产管理、员工 / 流程指标则相对主观，统计上不是很直观，但也是衡量供应商绩效的重要依据，以及选择供应商的重要参考。

指标 4：服务

服务很难直观统计，却是供应商价值的重要组成。三届美国《采购》杂志"采购金牌"得主、已故的 IBM 前首席采购官里克特总结一生之经验，有一点就是要肯定供应商的服务价值。服务在价格上看不出，价值上却不容忽视。

IBM的里克特说，不要忽视供应商的服务价值

比如同样的供应商，一个有设计能力，能对采购方的设计提出合理化建议，另一个则只能按图加工，哪一个价值大，不言而喻。但是，服务的价值很难量化。这就需要职业判断和通盘考虑，对供应商管理者的素质提出更高要求。

对于本土企业来说，伴随着制造业升级，客户对服务的期望也会更高。人们看到的是制造业升级，伴随而来的还有服务升级：越是高端的产品，越要求更好的服务。这就如你吃份面条，街边小店 10 元一碗，五星级酒店要 50 元，这差距不是拉面的质量——星级酒店的味道往往不如苍蝇小馆，差距是服务。随着消费者的收入增加，对服务的期望也会越来越高，服务给企业带来的差异化优势也会越来越明显。

有趣的是，在那些极端的以成本为导向的企业，服务都是饱受诟病之处。比如沃尔玛，比如硅谷的中餐馆——便宜是足够便宜，但是服务也足够糟糕，这就是两者的共性。你付的那钱，就只能得到那样的服务。这就如我到星级饭店点份面条，会挑三拣四，甚至还冲着服务员抱怨；但一旦到了青海老乡开的兰州拉面馆，我跟老板娘说每一句话都赔着小心，问每一个问题都心怀内疚——我知道，一份兰州拉面的价格，意味着老板娘给我的服务时间只有 0.5 秒。这不，没几句，老板娘就已经很不耐烦地看着我了，我只能鞠躬弯腰，诺诺而退。

我知道很多人不愿意承认，但还是想说出来，欢迎拍砖：**长期而言，真正能够差异化你得到的质量、服务的，就是你付的价格**。这就是为什么你钱越赚越多的时候，就越来越追求名牌，到越来越好的地方消费，搬到越来越贵的社区。你付出高价，并不能保证每次都得到好的质量和服务；但你付出最低价，得到糟糕服务就成了大概率事件。或者说，付出最低价，你**偶然**也会得到上好的质量和服务；但是长期而言，你得到的必然是糟糕的质量和服务。

这也注定，长期而言，最低价导向必然会以牺牲服务和质量为代价——长期而言，物美就价不廉，价廉就物不美，这是市场规律，不以个人喜好而改变。

这也是基于我多年飞美联航的惨痛经历。我从来对美联航没好感——在美国服务业，少有比美联航更糟糕的，负面新闻不断，是消费者眼里最差的航班之一[⊖]。但每次从硅谷到国内，他们的航班经

⊖ 根据 *Consumer Reports* 的读者调查，美联航在美国 11 个主要航空公司中名列倒数第三，得分比第一的西南航空低整整 18 分。The 11 Best and Worst Airlines in America. www.businessinsider.com.

常都是最低价，于是就选择他们，这也意味着选择了空乘的脸色（在中国航班上的空乘，态度尤其恶劣）。飞了几十万公里后，我终于意识到，我飞最便宜的美联航，这八成就是我会得到的；而要改变这点，我就得多付钱，飞更好的航班。虽然多付钱，空乘有时候还是会给你脸色看，但毕竟一分钱一分货，服务好的整体概率也提高了。

服务是无形的，在不同的公司，行业侧重点也会有不同。但共性是，服务都涉及人，可调查用户满意度来统计——只要调查合适的人、问合适的问题，我们还是可以相当准确地判断供应商的服务水平。[㊀]例如，如果期望供应商给设计提合理化建议，缩短新产品的交货时间，主动配合质量人员的质量调查，那么采购可发简短的问卷给相关人员，调查他们对上述各项的满意程度，以及哪些地方需要改进。统计的人多了，统计结果便具有代表性。更重要的是，供应商得到的信号是，公司在统计他们的服务质量，任何一个人的意见都很重要。这样就可尽量避免只有采购才能驱动供应商的现象。

案例　你对这个供应商有多满意

某公司有一个供应商，主要提供测试服务，服务对象是公司的工程师、采购员、质量管理人员等，服务面广，服务内容繁杂，因为每个人的测试需求可能不同。最近几个季度以来，公司与该供应商的业务越来越多，采购经理不时听到内部客户的抱怨，于是他就制定了一个问卷调查，很简单的几个问题，大致需要 2 分钟来完成，发给跟这个供应商经常打交道的内部客户，让他们每个人都对该供应商打分，如表 2-7 所示。

㊀ 在线问卷调查工具，比如问卷星（www.wjx.com）和 SurveyMonkey（www.surveymonkey.com），后者的免费版本功能相当齐全，几乎能满足所有简单调查的需求。

表 2-7 你对这个供应商的表现满意吗

打分：1 ～ 5　　5：非常赞成，1：非常不赞成

1. 该供应商对我的需求响应速度快（例如，及时回复、跟踪订单）
2. 该供应商有健全的流程来确保服务质量
3. 该供应商灵活度高，愿意根据我的需求变化而变化（例如，赶工）
4. 该供应商的交货周期合理
5. 当我有紧急需要的时候，该供应商愿意帮我
6. 该供应商的赶工费合理
7. 总的来说，我对该供应商的服务满意

下面是两次调查的统计结果（如图 2-20 所示），在跟这个供应商的季度会议上，采购经理汇报给供应商和采购方高层主管。这给供应商诸多信号。

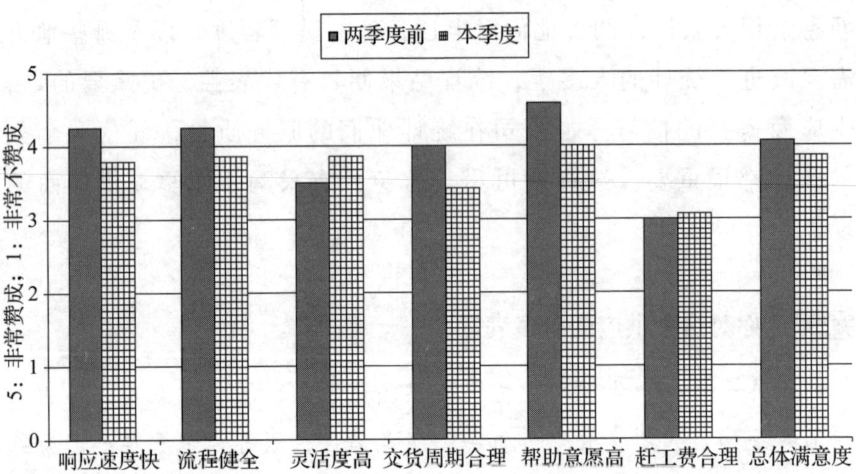

图 2-20 你对这个供应商的表现有多满意

信号 1：**什么对采购方重要**。响应速度、交货周期重要，因为工程师在开发新产品，需要很快得到测试结果；质量人员为判断产品质量，也同样需要尽快拿到测试结果。他们抱怨很多的便是给供应商发电子邮件，得等半天或者一天才能得到回复；打电话，老是忙音。灵活度要高，是因为采购方的测试需求变动大，今天决定测这个，明天情况变了，决定测另一个。本来说 3 天交货，但客户的要求突然变了，希

望第二天就交货。所以，供应商要能够及时应变，愿意根据需求变化而变化。要保证做到这些，供应商只依赖几个关键员工可不行，得有健全的内部流程，不管是接单、测试、交单，还是售后服务。不幸的是，健全的流程往往是小供应商不具备的。

信号 2：**采购方在打分呢**。“分分分，老师的法宝，学生的命根”，放在供应商管理，或者整个供应链管理上，道理也一样。打分就得有标准，才能引导供应商向标准迈进。例如采购方希望供应商接到信息后两小时内回复；有专人负责跟踪订单，交货时间不得超过 3 天；如果要提前一天，赶工费不得超过 20% 等。最后是总分，就是对供应商服务的总体满意度㊀，以引导供应商不要只做这几个指标要求的，而要以总体满意度为最终目标。

信号 3：**每一个内部客户都很重要**。这问卷调查是发给跟供应商打交道的每一个人的，总共几十个。大家的打分平均计算，得出总分。这样可引导供应商不要厚此薄彼，避免采购选定的供应商只听采购的话，设计部门选定的只听工程师的安排。就这个案例而言，该供应商属高科技类，竞争对手较少，工程师们不点头，采购也不能说换就换。供应商自然也知道这点，所以在价格、赶工费、交期上一直不够灵活。连续两次的问卷调查显示，主要用户工程师们的满意度在下降，这对供应商的压力就很大，不能再有恃无恐。对采购而言，采购也不再是单兵作战，而是真正代表公司所有用户的意见，所以对供应商说话的分量就更重。

在战略供应商管理部分，我们谈到过整合公司层面的力量，形成合力督促供应商改进。这里的问卷调查就是典型的例子。采购老总、主要设计人员、质量经理都在会场，这些人直接决定了供应商能否得到更多的新生意，所以对供应商的威慑也很直接。当然，如果你的供

㊀ 对于总体满意度，没有什么比“你愿意把这个供应商推荐给同事和朋友吗”更加强大的了。不管多牛的供应商都希望做到更多的新生意，有更多的新客户。所以，在问卷调查中问这个问题，比问“你对这个供应商有多满意”更加强大，传递给供应商的信息也更加明确。

应商做得不错，这也是个很好的地方给予表扬——不要吝啬对供应商的赞美，这会给它们更大的动力做得更好。

让我们再看看两个季度以来，这个供应商的满意度变化。两个季度前，内部客户反映最多的就是该供应商不够灵活，比如要赶工加急的话，调整进度很困难，同时赶工费也较高。采购经理反馈给供应商后，供应商就着手改善，结果这次的灵活度得分显著上升，对赶工费的抱怨也减少了，这也说明了，上次的季度会议是成功的：这是个典型的战略供应商，有能力，有脾气，但还是愿意倾听客户的诉求。

但是，随着灵活度的改善，响应速度、交货周期、总体满意度等其他指标却在全面恶化。原因之一呢，供应商为方便采购方，赶工多，一些活儿的交期更灵活，势必影响到别的活儿。这看上去有点按下了葫芦起了瓢，其实也体现了指标的副作用：**你抓什么指标，就会得到什么；但在供应商整体能力没提高，或者提高速度赶不上业务发展的情况下，往往会以牺牲其他指标为代价**。

原因之二呢，跟业务量的大幅增长有关。采购方的业务增长过快，该供应商一直在积极配合，雇人、增加产能、增购设备等。所以，也不能因为这些指标下降，就否定供应商所做的努力，把供应商一棍子打死。作为一个优秀的供应链管理人士，要能够看到数字以外的东西，全面、公正地诠释数字，肯定供应商的努力，促进供应商更大的改进。

指标 5：技术

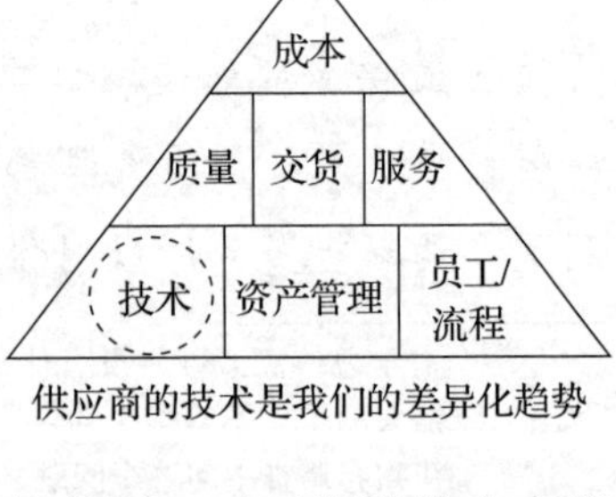

供应商的技术是我们的差异化趋势

对于技术要求高的行业，供应商的价值往往在于其有独到的技术，或者工艺。这对那些战略供应商尤其如此。这些供应商给我们的是产品、技术、工艺的差异化优势，而不是最低价。因为这些供应商一直在技术的最前沿，面临很多不确定性，作为采购方，我们的技术发展蓝图，对于帮助供应商聚焦未来的技术发展，意义重大。

技术发展蓝图就是在未来几年，比如3年、5年，我们的关键技术究竟要发展到哪一步。比如在半导体行业，从20纳米到14纳米，再到10纳米、7纳米，“翻译”到关键的零部件，什么时候要求供应商开发出什么级别的零部件，就是个技术发展蓝图。就如图2-21所示，这是当年我们为一个关键供应商提供的技术蓝图。针对一个特定技术，有三个料号在开发，这个蓝图指导供应商什么时候做完概念验证，什么时候做完首个客户验证（阿尔法阶段），什么时候完成多个客户验证（贝塔阶段），以及什么时候进入量产（伽马阶段）。这样，供应商也能够更好地配置资源来支持。

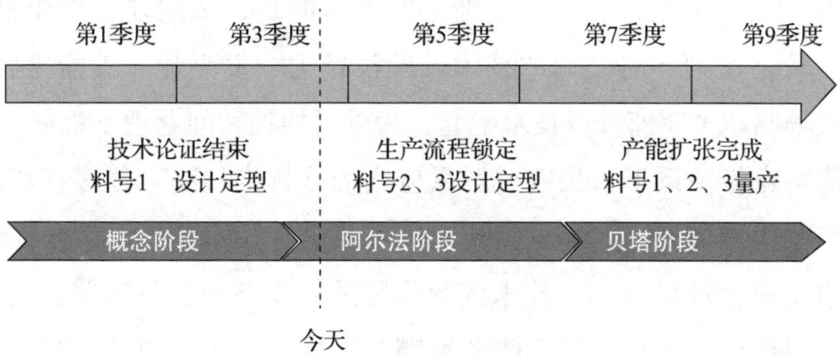

图2-21　技术发展蓝图示例

谁应该出技术发展蓝图？大家首先想到的就是研发工程师。但是工程师们整天在忙着救今天的火，你问他明年、后年、大后年的事，他们会说，技术发展充满不确定性，那谁能知道呢？一句话就把你给打发了。那怎么办？你也可以用同样的方式来打发你的供应商，但作为一个真正的职业人士，你还可以协助技术部门制定技术蓝图。

你可以先从几位关键的工程师开始，跟他们1对1，或者小范围会议，问他们对技术发展的看法（客户的期望、我们的判断、供应商的能力），听取他们每个人的判断，并把这些记录下来。然后，你汇总不同工程师的意见，发送给大家，说这是我们对这个关键技术的整体看法，什么时候要发展到哪个地步。当看到写在纸上的东西，工程师们就开始认真起来，思考这些问题。

接着你召集下一个会议，大家都坐到一起，把各位工程师的看法一起过一遍，你会听到更多的补充、调整。你这就有了第二稿，再发给大家，再召集个短平快的会议过一遍，邀请更高级别的管理层参加。如是者三，你汇总了公司的最佳智慧，得到了想要的技术蓝图，提供给供应商，驱动其在新技术、新产品上及早投入。

可以说，协助设计部门制定技术蓝图是采购部门的一大任务，这是提前寻找合适的供应商，同步供应商的技术开发的关键，对公司几年后的成功至关重要，应该是采购部门的一项指标，并定期评价。比如对于关键的 7 项技术，我们有没有未来 3 年、5 年的技术发展蓝图？有的话，上一次是什么时候更新的？不幸的是，采购往往忙于催货、质量、价格谈判，对公司的技术开发没精力、没兴趣、没能力管理，没法及早驱动供应商进行技术配套，为以后的种种问题埋下祸根。

战略合作关系下，采购方对供应商的依赖度很高，很多核心技术都得依赖供应商开发，而这需要时间和投资。技术蓝图可以帮助供应商获取资源，及早准备。技术蓝图往往是粗线条的，不完美，也注定要变，但比没有计划、做到哪儿算哪儿要好很多：虽说计划赶不上变化，但有个计划要远比没有计划强。实践中，有些公司过分强求计划的准确性，结果就一直拿不出计划，在“完美主义”的外衣下，得了拖延症，其实也是不愿决策、不愿承担风险的表现。

技术蓝图是双方长期合作的基础。在西方文化里，要做到这点不容易。因为这意味着向供应商透露未来的发展计划。在技术导向的行业，这种信息透露的风险还是挺高的。如何既能共享技术蓝图，又能对战略举动保持保密，需要一系列的合同保障和操作注意，比如签订保密协议（NDA），供应商那里没必要知道的人，不得接触相关的技术信息等。这方面可借鉴苹果的一些做法（可以百度一下，网上有很多文章）。

跟技术开发相关的是，新技术的知识产权归谁。在新技术开发过程中，双方谁也不会在意；但一旦技术开发好了，孩子生下来了，人人都想归自己——双方的工程师都说是自己的点子，因为这直接决定了他们能否得到更多的奖金；工程师们没法解决知识产品的归属问题，就把压力转移给采购人员，变成采购部门的事。这时候问题就成了烫手的山芋，谁也没法对付。

那怎么办？在技术开发前，采购就要跟供应商讲清楚，签订知识产权协议，约定新开发技术的知识产权归属：要么是单纯的雇用关系，知识产权一次性买断，归采购方；要么是双方共享，但供应商不得用于采购方的竞争对手；要么是采购方只定义需求，供应商完全负责技术开发，并拥有完整的知识产权。不管怎么样，在技术领域，知识产权的归属是个大问题，在产业升级换代中尤其如此。离开事先约定，这一问题只能更加糟糕。我在硅谷高科技行业做了三年采购，工作中相当一部分就是对付知识产权问题，对此有切身体会。

老实说，美国企业在处理此类知识产权问题上，尚没有切实可行的办法。但在日本企业，知识产权的问题并没有那么突出。我想，这里的根本问题是短期关系与长期关系。日企的长期关系下，双方的忠诚度都较高，互信度也是，所以对知识产权的归属并没那么敏感。美国企业则否。短期关系下，采购方经常拿着开发出来的新技术，给别的供应商，以获取更好的价格，供应商能不防着吗？

新技术开发过程中，采购方与供应商的工程师不可能隔绝，一定要求双方都深度交流，才能更快、更好地开发新技术。但**短期关系**下，双方都互相提防，藏着掖着，是个大问题。我有个供应商，他们有个博士工程师，随时把自己提出的点子写下来，作为日后知识产权归属的凭证。想想看，这对新产品的开发来说，效率就是个问题。在汽车行业，美国车厂的产品更新换代速度明显慢于日本同行，我想这可能是一个关键原因。

这里还想特别补充的是，随着本土企业做大做强，原先的追随战略越来越有局限性：以前只要盯着美欧日的行业老大，我们的技术发展蓝图其实是它们制定的；现在我们成了行业最大的几个企业，别人开始追随我们了，轮到我们做以前行业老大做的事儿了。比如在电信设备领域，华为取代了爱立信成为行业第一后，突然发现丧失了方向——他们得自己制定方向了，任正非就逼着每个职能探讨未来的发展愿景，技术发展蓝图便是其一。

在智能手机领域也是。以前只要跟着苹果、三星走就可以了。但跟随战略注定是滞后的，当成为行业最大的几个企业后，你不能老是滞后竞争对手导入新技术；你得开始做以前苹果、三星做的事，那就是引领技术发展。vivo 等巨头也在行动，就如《技术创新"敢为人先"解密 vivo 供应链整合术》一文中说到的一样（摘抄如下）[⊖]。

"2017 年 4 月，vivo 召集手机行业顶尖的供应商们到东莞总部，胡柏山告诉这些产业链大佬，vivo 的合作方式和合作节奏要调整。vivo 要改变原来的跟随策略，在涉及手机创新的关键领域提前布局，要把技术跟踪、合作的周期提前到 18 个月，甚至 36 个月。

一直以来，vivo 会等到供应商的技术方案已经成熟应用在几个大厂的产品上，再根据供应商的设计理念去推出自己的产品。但是，在新的战略思路下，vivo 要将自己的设计理念和需求告诉供应商，让供应商根据 vivo 的思路和要求去推进技术演进发展。"

回报也是巨大的，比如屏幕指纹技术，vivo 及早与供应商合作，就做到了全球首创。

对采购部门来说，技术指标还包括**信息技术**的应用，即信息化的水平，比如电子商务。这个指标有利于促进采购方、供应商利用先进技术，节省成本，提高效率。信息技术能把人力资源从琐碎杂务中解放出来，以做更有价值的事。相应的指标有很多。比如有个电商巨头设定目标，在 2018 年，x% 的补货订单要由系统自动生成；有的公司计划 y% 的采购额要通过电子商务，以增加透明度和可追溯性——这在那些合法、合规、风险较高的企业是个重要指标。

⊖ 中国证券报 · 中证网，http://www.cs.com.cn.

还有些企业考核供应商采用电子商务的比例：开发了电子商务，但供应商往往并不愿意参与，因为一般的电子商务系统很难与供应商的 ERP 对接，大量的数据都得供应商手工输入和维护。再加上用户界面不友好，系统不稳定，功能不健全等各种原因，供应商对这样的电子商务往往很抗拒，时有这样的情况发生：系统开发好了，用一个大型央企的 IT 老总的话说，该有的功能都有了，但就是没有供应商用。他把问题归咎于采购，说采购没有推动供应商来采用系统。不过想想看，信息系统就如鞋子：如果一个人不愿意穿鞋，可能是这个人的问题；如果大家都宁肯光着脚走，后面八成有鞋子不合脚的问题。

当然，IT 也有他们的挑战：我理解鞋子可能不合脚，但你至少要愿意把脚伸出来，让我量啊——业务部门不愿介入信息系统的开发，做好需求定义、测试和反馈工作，而是习惯性地靠 IT 闭门造车，这造出的鞋子呢，当然不合脚；因为不合脚，业务部门就不愿穿，于是就不可避免地陷入**系统、组织两层皮**的恶性循环，在那些管理粗放、部门壁垒重重的企业尤甚。结果就是信息化水平低，从采购方到供应商，不得不花大量的人力来对付本来可以自动化的数据处理。

在信息化低的公司里，相当多的员工时间用在处理琐碎杂务上，比如订单处理。人力资源花在低附加值的琐碎杂务上，花在高附加值的任务上就不足，导致需求管理、战略寻源、供应商绩效管理上面的资源投入不够：这些供应商层面的事重要但不紧急，所以经常被一拖再拖，做不到位又会导致更多的订单层面问题，于是就陷入恶性循环。比如需求管理不到位，很多需求一落地就是紧急需求，在订单层面就得赶工加急；战略寻源不到位，在新产品开发时选错了供应商，量产阶段订单层面的问题就忙不完；离开系统的绩效管理与改进，供应商层面的问题就不断在订单层面反复，摁下葫芦起了瓢，防不胜防。

供应商管理的任务可分为两层：**供应商层面**和**订单层面**。供应商层面是在战略寻源阶段选择合适的供应商，在量产阶段管好和改善供应商总体绩效，并把关键供应商与公司集成起来，让它们的系统、流程对接，简化产品流、资金流和信息流。这个层面的任务重要但不紧急，也很难自动化。在订单层面，大多任务可以自动化，可以通过电子商务来完成，绝大多数任务采购员根本不需要去碰，他们要处理的只是例外。如果没有电子商务系统，采购员事实上是把所有的任务都当例外来处理，费时费力、效率低、准确性差，没精力来处理高附加值的任务，机会成本惊人。

这几年我跟一些本土企业进行业务来往，深刻感受到企业在信息化上的挑战。就拿简单的付款来说，三单合一是付款的必要条件：请购单、订单和交货单的数量、单价和规格必须一致，才能给供应商付款。但不幸的是，在很多公司，这三个单据分属不同的系统，而这些系统并没有集成。于是，系统的不足就由组织来弥补，供应商管理人员就频频陷入，大量精力花在没有任何附加价值的对账付款上。采购方如此，供应商也是。到了极端，就如我的一位企业家客户说的，他们的精力主要花在两端：前端在酒桌上（走关系，拉生意），后端在要账上，都是些不增加价值的事，而真正花在干活上的精力反倒没多少。

要知道，**凡是人工干两次的事，理论上都可以自动化**。那么多的资源花费在本来可以由计算机完成的任务上，如果你是个几千万元、几亿元规模的企业，尚且可以原谅；如果你是个几十亿元、几百亿元的企业，这就不可原谅。这是个管理层的问题——管理层的任务就是组织、流程和系统的建设，信息化是系统建设的关键构成。

指标 6：资产管理

供应商管理直接影响公司的资产周转效率，例如库存、现金流。这主要包括几种方式：①通过供应商管理的库存（VMI）、寄售等转移库存给供应商；②通过谈判取得更长的账期——戴尔计算机的现金周期为负，就是因为先拿到消费者的钱，后付给供应商；③通过信息共

操作得当，VMI是个好东西，对供应商也是

享，协助供应商更好地预测和执行，降低整条供应链的库存。例如在美国半导体设备制造行业，由于行业的周期性太强，从制造商到供应商过度预测、过度生产的现象非常普遍，造成大量多余库存，大公司动辄注销几千万美元的库存。到头来，看上去赚了很多钱，但扣除过期库存，所剩无几。但有些公司跟供应商更好地协同预测，成功地降低了库存，因而成为行业的佼佼者。

供应商的执行能力对采购方的库存影响挺大：供应商的按时交付越差，采购方的库存周转就越慢。这主要是因为两个原因：其一，供应商按时交付差，供应的不确定性就高，采购方就得增加安全库存（安全库存是供应链应对不确定性的自然选择）；其二，供应商的按时交付差，采购方的库存的齐套率就低（别的货都到了，但缺了最后一两种，还是没法组装发货给客户，以原材料和半成品的方式积压）。结果呢，就是短缺与过剩并存，需要的不来，来的不需要，库存高企，但有货率很低。

对于供应商管理的库存（VMI），我和赵玲的专著中有详细的阐述[⊖]。为了内容的完整性，这里简要地阐述一下。

简单地说，VMI 就是供应商在客户现场或第三方仓库放一堆库存，根据实际库存水位和需求预测，安排生产与补货，把实际库存维持在最低（Min）和最高（Max）水平之间，然后采购方用掉多少，就付给供应商多少钱。

就指标而言，有的公司统计 VMI 的百分比。比如供应商百分之多少的业务是通过 VMI 做的。VMI 是双方掰手腕的地方：供应商越是强势，就越不愿意为客户建 VMI；供应商的议价能力越弱，就越可能建 VMI。我以前管供应商的时候，有一项任务就是定期跟供应商谈判，要求供应商为设计定型了、需求相对较高的料号建立 VMI。对于那些钣金件供应商，这只是一句话的问题；对于那些有独特技术或工艺的

⊖ 《供应链的三道防线：需求预测、库存计划、供应链执行》，刘宝红和赵玲著，机械工业出版社于 2018 年出版，190 ～ 201 页。

供应商，难度就相当大。

总体而言，如果操作得当，VMI 是个双赢举措，对供应商也是个好东西。

对采购方来说，库存管理的责任转移给了供应商，由供应商负责计划、补货和维持库存水平，可以减少采购方的人力资源需求；库存也转移给供应商，采购方用掉后再付款（这也叫寄售），减轻了采购方的库存压力，从账面上改善了采购方的资产回报率——这对上市公司尤为重要，因为资产回报率是影响股价的一个重要因素。

对于供应商来说，VMI 让它们能及时得到采购方的真实库存水平，信息对称了，可降低由信息不对称带来的各种不确定因素，以及相应的成本；VMI 协议往往与一定的业务量挂钩，减少了供应商在业务上的不确定因素；VMI 下，根据采购方的预测，供应商可以平稳地安排生产，闲的时候多生产，忙的时候少生产，从而降低生产费用。

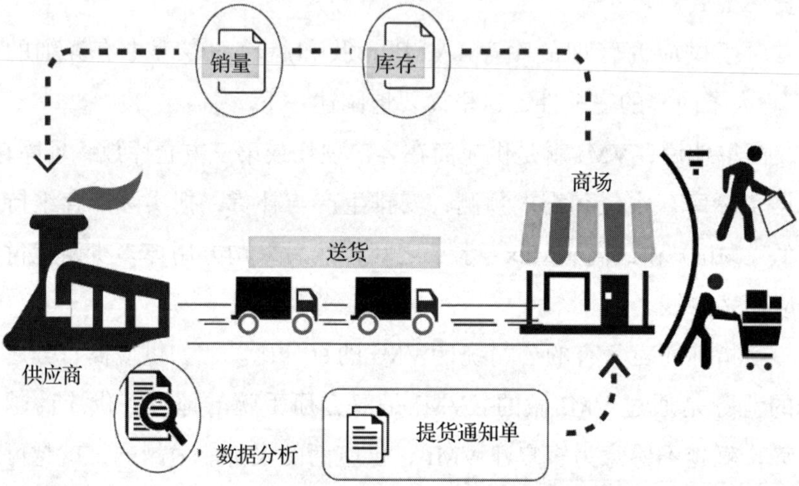

供应商管理的库存（VMI）

资料来源：stitchdiary.com/vendor-managed-inventory-vmi/.

从整个供应链来说，VMI 简化了双方的交易流程。没有 VMI 的情况下，物料从供应商到采购方的移动由订单驱动，围绕每一个订单，都有一系列的操作，以及相应的交易成本；实施了 VMI 后，每周或每月结账一次，用掉多少料，支付多少料的款，把原来的多个订单整合成一个订单，大大简化了信息流和资金流。

另外，从整体库存的角度看，实施 VMI 前，采购方备库存，供应商也备库存；实施 VMI 后，两堆库存合成一堆，总的库存会更低——供应链上的库存节点越少，总体库存就越低。看到有文献在说，两堆库存合并成一堆，为达到同样高的服务水平（有货率），总库存为原来每堆库存的 $\sqrt{2}$ 倍（约 1.4 倍）就够了。

那么什么时候 VMI 就成了坏事？当别人家的孩子不心疼的时候。举个例子。我曾经管理全球库存多年，负责客户的 80 多个寄售库存项目（这里的寄售操作跟 VMI 非常像）。有些客户在自己备库存时，三四个星期的货就足够了；等到转化为寄售库存，由我们备库存的时候，却要求备 6 周、7 周，甚至 8 周、9 周的货。问客户原因，自然有一大堆，但唯一不说的是，现在花的不是自己的钱——别人的孩子不心疼呗。

还有个公司，对外来供应商，要求 VMI 的最高库存为 8 周的量，最低库存为 4 周的量，对内部供应商（自己的独立子公司），最高 6 周、最低 3 周就够了，又一个活生生的“别人家的孩子不心疼”的例子。这都是局部优化的例子，损人而不利己（或者说损人很多，利己很少），与供应链的全局优化背道而驰。有趣的是，在我管理过的客户中，越是那些“曾经阔过”（曾经很成功的）的公司，越是“损人而不利己”，要求供应商无谓地备很多库存。在这种思维下，这些公司走下坡路，也不难理解。

说起“损人不利己”，顺便讲个 JIT 的故事。一个公司实施及时送货库存管理（just in time，JIT），要求供应商严格按照日程送货，迟到当然不行，早到也不行，因为没地方堆放，也没地方停车。在国内的大多数城市，交通的不确定因素实在太多，准时到达几无可能。为了避免迟到受罚，供应商就只能多留富余时间，但早到后又不允许卸货，停车场又小，就只能一辆接一辆地围着工厂转，成为一道奇观。

要说 VMI 和 JIT，汽车行业可以说是代表，不但实施得早，而且总体实施水平高。对于底特律的三大汽车巨头来说，其生产部的标准是库存周转 100 次，这意味着只有 3 天左右的库存，主要是通过把库存转移给供应商来实现。不过看看这些公司的总体库存，很少有周转超过 10 次的（如图 2-22 所示）。为什么呢？原来它们的前端在做同样的事：分销渠道把库存压力转移给整车厂。北美的汽车业向来充满敌对气氛，“别人家的孩子不心疼”的信徒遍地都是，再加上弱肉强食，片面追求自身利益，局部优化以全局优化为代价，那就悲剧了。

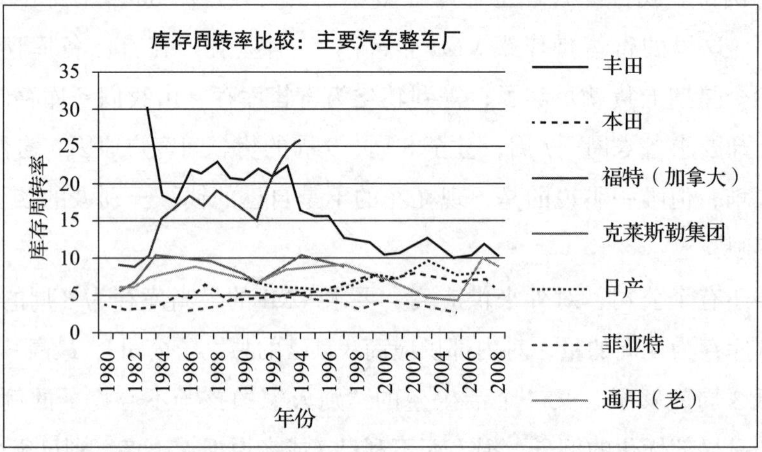

图 2-22　汽车原厂的库存周转率

资料来源：Rishi Gokarn. Tracking the Trends in Inventory Management in the Automobile Manufacturing Industry throughout the Business Cycle.

VMI 对供应链的计划和执行都提出很高的要求，可以说是对供应链的三道防线的终极挑战（需求预测、库存计划、供应链执行）。[⊖]对于计划和执行能力不足的企业来说，VMI 并不是个好的选择：需求预测准确度低，库存水位设置一刀切，导致三天两头断货，最终导致呆滞库存高企，供应商的运营成本惊人，制造的麻烦比解决的问题还多。

为什么要讲这些呢？很多公司选择 VMI，根本目的是降低库存，

⊖ 《供应链的三道防线：需求预测、库存计划、供应链执行》，刘宝红和赵玲著，机械工业出版社于 2018 年出版。

把库存压力转移给供应商，降低对流动资金的占用。那简单，直接延长给供应商的账期就得了。当然，如果你已经在给客户做 VMI 了，而客户的账期又是 9 个月的话，惭愧，那只能说你入错行了，谁也救不了你。

从图 2-22 可以看出，过去 30 余年来，全球汽车制造商的库存周转率呈下降趋势。这不光是在汽车行业，在很多行业都是个普遍现象。这跟这些年来业务全球化、大规模定制和越来越高的消费者期望不无关系，并不能说是供应链运营水平在下降。

指标 7：员工 / 流程

这一指标跟采购方与供应商都相关。

员工/流程是供应商绩效的基石

对于供应商而言，员工素质和基本流程是供应绩效的基石。我们在访问供应商的时候，经常会问，工程师占员工总数的比例，质量管理、生产计划的人员中，有多大比例有专业认证，员工的整体教育程度如何。这都是了解供应商的员工情况。我们也会评估其质量管理、生产管理和物流管理流程，确保有基本的流程，因为流程是经验和智慧的结晶，是保证供应绩效稳定的关键因素。

这又跟前面的供应商评估联系起来了。在建制完善的公司，我们都有成套的表格，通过问成套的问题，来评估供应商流程的完善程度，识别其中的短板，并制订行动方案来关闭差距。比如我在管理供应商的时候，供应商质量管理评估有 70 多个问题，每个问题都会打分，最后汇总，有多少个问题达到我们的基本要求，有多少个需要改进，改进方案是什么，什么时候要关闭差距。生产管理、物料管理等也类似，要求达到我们要求的领域不低于一定百分比，低了的话要有改进方案和行动计划等。

评估几个供应商后，你会发现，供应商在质量、生产、物料管理上的区别很大。有些供应商的流程相对完善，你明显能感觉到是基本流程在驱动业务；有些供应商呢，特别是规模较小，或者说很便宜的供应商，基本流程相当薄弱，很难保证可重复性。对于后者，要特别注意的是人和流程的关系：这些供应商是人来驱动流程——规模比较小的公司，还有那些小批量、多品种、复杂度比较高的公司，八成是员工驱动流程和系统，我们不喜欢，但有时候不得不接受，但一定要确保不是依赖**某个具体的人**。

比如你去评估供应商，如果想要信息 A，供应商说问老王，如果想要信息 B，对方还是说问老王，你不用是个博士都知道，这个供应商对**某个具体的人**依赖过重：万一老王生病了，被车撞了，被竞争对手挖走了怎么办？这往往是缺乏**基本**流程和系统的体现，是个危险信号。在复杂的业务环境，我们不能忽视人的主观能动性，但供应商一定要具备**基本**的流程和系统，减轻对特定员工的依赖，否则就很难维持稳定的供应绩效。

对采购方来说，采购的员工素质直接影响整个部门的绩效，也是获得别的部门尊重的关键。学校教育、专业培训、岗位轮换都是提高员工素质的方法。相应地可设立指标，例如 100% 的员工每年接受一周的专业培训，50% 的员工通过专业认证，离职率不高于 2% 等。

对采购方而言，流程指的是供应商管理有关的业务流程，比如战略寻源、绩效管理、订单处理、需求预测、库存计划等。这些流程很大程度上决定了供应商的绩效。例如预测计划流程中，VMI 库存的最低、最高点如何设置，预测按照什么频率更新，实际库存水位如何传递给供应商，都直接影响供应商的生产计划和按时交货。再比如补货，不同种类的产品，按照什么频率补货，再订货点是多少，采购提前期是多少，不但影响公司的库存管理，而且影响供应商的生产计划。

不管是采购方，还是供应商，都不能忽视流程在绩效中的决定性因素。管理层可以通过组织措施，比如动员、强调，达到一时效果，但不改变流程及其背后的规则，这种效果是暂时的。流程管理和改进中，要确定目标和战略，书面化流程，确定责任人并定期评估。在此基础上，制定适当的指标，确保流程按既定方式运作，并与前面讲的按时交货率、质量合格率等挂钩。这样，从流程到绩效，再由绩效反馈到流程，形成闭环的管理圈。特别注意的是，流程改进更多要通过渐进而非革命方式，因为每个企业总有现行的流程，不大可能推倒重来，要通过不断微调来优化。

到现在为止，我们简单阐述了供应商相关的七大指标体系。

这里要补充的是，**指标的价值在于规范和引导行为**。供应商的绩效指标不但引导供应商的行为，而且是评价采购部门绩效的重要依据。经常有人问，如何评估采购的绩效？答案就是供应商相关的七大指标。要知道，供应商是采购的供应商，供应商的绩效也就是采购的绩效。这些指标中，有好几个在表面上相互矛盾，但实际上相辅相成，是驱动采购做出更均衡、更好决策的关键。单一指标驱动下，比如一味追求最低价，采购注定会继续在“小采购”的泥坑里打滚，没法为公司做出更大的贡献。

在具体实践中，供应商绩效指标要力求客观、简单、实用、平衡。

客观是减少人为因素影响，增加指标的公信力，前面已经讲过了。

简单是指计算方法要简明扼要，这样利于公司内外的沟通、理解。如果指标复杂到没多少人懂，自然就达不到设立它的意义。公司大了，官僚机制复杂，往往会制定出各种各样的指标，有的甚至是为统计而统计。比如有个公司的 IT 老总说，他的部门开发了各种各样的系统，能够统计 20 000 多种绩效，不用看就知道，这些指标有多少实用性了。

实用是指标要能与客户利益、股东利益**直接**挂钩。指标有千千万万，但并不一样重要，也不一定都得考核。指标的设置，一定要站在**客户**与**股东**的角度，考虑客户和股东关注的，比如质量合格率、按时交货率、库存周转率等。遗憾的是，职业经理人设置了各种各样的指标，每个指标看上去都很好，却没有实现客户和股东利益，是典型的“手术很成功，病人却死了”。

再就是**平衡**。公司往往在特定时期有特定重点，因而强调特定指标。但如果忽视不同指标之间的平衡，就容易出现单一指标驱动的情况，总是要付出代价的——要知道，聪明人做傻事，背后总会有单一指标的影子。

这部分的原稿最初发表在《物流管理》和我的“供应链管理专栏”网站上，收到很多读者反馈。有些评论道，好是好，但在我们公司施行不了。究其原因，要么是公司太小，采购量零星，没能力去管供应商；要么是数据不全，准确性差，供应商绩效指标没有可信度；要么是采购部门人事变动太大，朝令夕改，供应商绩效管理缺乏连续性。

这些都是客观情况。从来没有一蹴而就的事。供应商管理指标体系也需要时间、精力、投资来完善，没有捷径可走。这意味着每天都得认真整理数据，确保数据的准确性；公司从上到下关注指标，利用指标做决策。

例如在我就职过的一家公司，上至副总裁，下至采购员，每周都得汇报按时交货率、百万次品率等指标，以判断供应商绩效有无异动，并采取纠偏措施。这是副总裁对总监的期望，也是总监对采购经理、物料经理、质量经理的期望，自然也落实到下面的采购员、质检员、催货员等。如果这些异动属于数据的准确性问题，那么就纠正系统数据；如果是供应商的问题，那就得与供应商沟通解决；如果是内部需求管理问题，那就得跟内部客户交涉，理顺需求以理顺供应。

从上到下，大家花了巨大的精力来收集数据，统计指标，对于数据的准确性近乎零容忍。否则，指标的严肃性就没法保障。如果管理层抱着自己制定指标，别人实现指标的想法的话，那指标注定要流于形式。指标是个管理问题，严格地说是**管理层**的问题：管理层的汗一定要流。缺少了自上而下的推动，任何指标体系都注定达不到预期效果。

公司大了，供应链越来越复杂，没有人能够知道真相；真相就在数据里，通过指标来体现。对于指标，我们可以不考核，但不能不统计——**不统计就不知道，不知道就没法管理**。活儿其实好干，难在干了活儿，同时能够记录下来，形成数据。公司越大，你会发现干活儿的时间越少，花在数据整理和统计上的时间越多。

而管理水平呢，也直接跟数据的充分性相关。管理越是粗放，数据越少，对人的依赖就越重；管理水平越高，数据越多，对人的依赖就越轻。这就是为什么十几年前，我商学院刚毕业，采购的经验为零，但在数据丰富、流程和系统相对完善的北美企业，虽然挣扎，却很快就能上手管理供应商；如果我到那些管理粗放的企业，流程、系统很不完善，要经验没经验，要数据没数据，注定会死得很惨。

实践者问

供应商绩效如何持续提升（如交期缩短、质量改进、持续降本）？

刘宝红答

没有完美的供应商——有能力的有脾气，没脾气的没能力。所以，不管用什么样的选择方法，都是在矬子里面拔将军，选出的供应商还是达不到我们的期望。那就启动供应商的绩效改进，督促、帮助供应商改进。

有些公司与供应商签订长期合作协议时，对供应商绩效提出相应的要求，比如次品率在每年下降50%，价格在未来三年逐年下降4%、3%和2.5%，按时交付逐年上升到95%、97%、98%等。这些要求往往是供应商现有水平没法达到的，要求它们制订绩效改进计划来实现。

在美国一些技术含量高的行业，采购方会组建供应商行动小组，由采购、设计和质量等部门组成，专门针对特定的供应商、特定的采购项帮助供应商改进。有一个术语“供应商开发”，讲的就是采购方帮助供应商提高。在此基础上，供应商的绩效更上一层楼。

两点说明：一是**选择在前，管理在后**——选不好，很难管好；二是**督促在前，帮助在后**——一定要督促供应商投入资源，有自我造血功能。这些在前面已经详细讲过，不再赘述。

没有完美的供应商，绩效改进是供应商管理不可避免的

实践者问

对多次出现问题的供应商，应该怎样处理？

刘宝红答

对于这类重复性的问题，我们没法在问题发生的层面，即订单、项目层面解决，一定要上升到供应商层面来解决。那就是在供应商层面制定战略，要么督促、帮助供应商改进，要么维持现状，消极淘汰。如果是前者，需要投入资源，比如商务上要督促，质量、技术上要帮助；如果是后者，需要调整期望，接受现状，避免采取极端措施，导致供应商关系恶化，从而不得不走上积极淘汰的路。

为什么我没有把积极淘汰作为一个解决方案？这主要是从资源的投资回报方面考虑。当然，有人或许会说，我们实在受不了这样的供应商，意思是该积极淘汰。那不对，你受得了，否则的话，供应商就不会“多次出现问题”，早被淘汰了。这看上去有点不近人情，但其实符合企业利益最大化的目标：积极淘汰是下策攻城，投资回报最低，机会成本最高，要尽量避免。

实践者问

如何扶持培育实力较弱、规模较小的供应商？

刘宝红答

你很难培育这样的企业。想想看，一个几十几百个人的供应商都没法把自己管好，你也帮不了多少。如果不得不培养，那一定要先选择，确保选择到整体水平最好的，然后督促、帮助改进。有个误区要避免，那就是管理能力越低下，人们越倾向于跟没脾气（但也没能力）的供应商合作，实力弱、规模小的供应商一般都属此列。企业大了，一定要有意愿、有能力与那些比我们强的供应商合作。毕竟，后者给我们的竞争优势是前者不能给的。

为什么按时交货率是 70%

在美国，某公司对供应商的目标是 95% 的按时交货率，100% 在承诺日期五天内到齐。绝大部分供应商都能达到这个标准，但就有几个供应商，按时交货率一直在 70% 左右徘徊。为什么不达标？套用托尔斯泰的话：不幸的人家各有不幸。但这些不幸后面，多多少少都会看到采购方的影子：有时候采购方是直接肇事者，但更多时候则是推波助澜，至少是问题的一部分。

案例　死猪不怕开水烫

该公司的惯例，如果供应商的按时交货率低于 90%，供应商就得做根源分析，并提出改进方案。但对供应商 A 来说，这规定是规定，从来没见过任何改进措施，按时交货率一直是 70% 左右，甚至更低。如果是别的供应商，采购总监早已暴跳三尺，威胁更换供应商了。为什么供应商 A 就特殊呢？

原来两年前，公司迫使该供应商降价 25% ～ 30%。过程呢，很简单。一个刚出校门、毫无经验的供应商业务经理接手该供应商。新官上任三把火，好像不烧就没法证明自己的价值：她把该供应商的所有产品重新询价，结果一家韩国公司的报价低出 40% 左右。这下，在急于建功的心态驱动下，该业务经理向供应商A摊牌：要么降价，要么她就把生意给韩国的公司做。当时美国整个行业非常不景气，为了生存，供应商A被迫降价。

出于无知和贪婪，该业务经理强行得到25%～30%的降价。但稍有常识的人都知道，一个供应商的利润率有多少个25%可降，还不说美国与韩国的成本根本没法比。供应商A无利可图，负担不起有资质的工人，工程技术和管理人员就更甭提了。于是质量、交货一日不如一日。因为无利可图，他们也是死猪不怕开水烫，屡次督促整改也如同耳边风。等公司意识到问题的严重性时，已经为时过晚，一个好端端的供应商就这么给毁掉了。

表面上看，公司得到降价，一年能省几十万美元；但本质上，质量问题、交货问题却让一帮采购员、工程师疲于奔命，一年的成本有多少，有谁敢去计算？在硅谷，一个工程师的成本一年就动辄一二十万美元。

买卖双方的关系得建立在互惠、互利的基础上。**让供应商赔本的买卖绝对不是好买卖**。羊毛出在羊身上，买方迟早都要付出代价。作为采购经理，也应该时刻考虑每项决策的长远影响。是的，作为一个采购额几亿元、几十亿元的大公司，对于一个年销售额几百万元的小供应商，你总是有足够的力量来杀价。但杀价到供应商亏本经营的时候，也是采购经理失职的时候。采购经理对外代表公司，对内代表供应商，如何平衡双方的合理需求，确实有个度的问题。过犹不及，中庸之道讲究平衡，经过几千年的实践验证，还是很有道理。

在供应商管理上，你不妨假定存在的就是合理的，或者说至少有一定的合理性。供应商在有的产品上看似赚了不少，但可能在别的产品上亏本，无非是你不知道或者不愿知道罢了，你不能简单地把它赚钱的拿去重新招标。在市场竞争相对充分、监督机制相对完善的情况下，你得到的八成已经是最好的了。新官上任时，不要期望能通过谈判降价拿到太多。如果你拿到了太多，别高兴太早，你八成是制造了更多的问题，因为你严重打破了原有的平衡。

几年前，一位朋友来硅谷读MBA。她讲了个笑话，说以前她在伟创力做物料经理时，供应商天不怕、地不怕，就怕换了采购经理。这倒不是因为他们跟原来的采购经理有猫腻，而是因为采购经理新官上任，为了证明自己，几无例外，都是从砍价开始。几茬采购经理换过后，供应商也就什么也没得赚了。忘了在哪篇小说中看到的：被黑社会控制着的小商贩，他们都不喜欢那些街道上的统治者，但问到是否愿意换个黑社会时，答案一致是No——原来的虽然坏，但已经喂饱了(平衡已经建立)；如果换个新的，又得从头喂起。

案例　公司合并一团糟

这些年来，由于制造业转移到低成本区，美国很多供应商开工不足，入不敷出。这在硅谷一带尤其明显，因为网络经济、金融危机的打击相当严重，供应商频频关停并转。由此带来的供应绩效问题，动辄持续几个月甚至更长，直接影响采购方。

某公司的供应商B历来有两个分部。名义上说是一个公司，但实际运作上是两个公司，自负盈亏，各有各的信息系统、生产系统和客户服务。为节省成本，供应商B决定合并两个分部，所有生产设备都归并到一个厂区。合并带来裁员，裁员就有混乱。熟悉产品、客户的员工走了，换上的是不熟悉的人。这还不是全部。影响更大的是两个生产管理信息系统并不兼容，合并后有些订单就失去了踪迹，直到过期后采购方兴师问罪才发现，但已为时过晚。

该供应商的按时交货率一度降到20%左右。采购方费尽周折，才提高到70%左右，但系统、公司合并带来的根本问题还是没有解决。公司与供应商B的高级管理层召开会议，要求对方更高层次的管理人员介入，定期汇报订单执行情况，局面逐步得到巩固。几个月后，按时交货率达到95%的水平。

相信很多人有类似的经历。供应商的关、停、并、转不可避免，由此带来的混乱在所难免，特别是变动初期的阵痛。作为采购方，惊慌失措可以理解，寻找备选供应商也有必要。但是，是否动用备选方案则值得斟酌。生产、质量等内部客户不了解实情，看到供应商绩效大幅下滑，第一反应就是淘汰该供应商。但是，作为职业采购人，专业判断就很重要，要权衡淘汰与不淘汰的利弊。有些供应商的财务、运营基本面都很好，厂址合并是为更有效地服务客户；有些供应商出现财务危机，缩小经营规模是为了渡过难关；有些供应商则是病入膏肓，合并设施是做最后一搏。对采购方而言，每种情况都没有简单划一的应对方案。但是，有一点很清楚：作为供应商的主要客户，你的一举一动都很重要，要么是帮助供应商渡过难关，要么是推波助澜，让供应商万劫不复（也让自己深陷麻烦，至少一段时间）。

从选择供应商的角度而言，要尽量挑选规模相对大、从业时间长、财务更健康的供应商。当然，有时候由于技术、工艺等原因，选择供应商的余地小，那就只有积极管理，定期与供应商沟通，了解其经营状况。当其经营不善、濒临倒闭或合并的时候，可适当增加库存，以应不测。在采购合同中可加上一些条款，例如对于关、停、并、转，应提前三个月或半年通知采购方；如果要破产，定制的模具和红线图纸[一]应该及时交还采购方，采购方应有权利把这些转给别的供应商等。如果涉及采购方的知识产权，还可限制供应商不得与采购方的竞争对手合并等。

案例　不统计就没法管理

六西格玛质量管理中有一个基本概念，就是 if you don’t measure, you don’t know；if you don’t know, you don’t manage。大意是说，如果你不统计，你就不知道；如果你不知道，你就没法管理。简化之，就

[一] 图纸出来后，供应商在加工的过程中有改动，但没有反映到采购方的系统中。结果是供应商拥有最新的图纸（在美国，这样的修改一般用红线标注，所以叫红线图纸）。一旦更换供应商，新的供应商没有红线图纸，质量就是问题。

是 you don't manage if you don't measure（如果你不统计，你就不在管理）。

按时交货率低的供应商，往往是因为没有人去积极管理。有些供应商甚至根本不知道采购方的期望，因为采购方很少统计供应商的绩效，并告知供应商。其根源，要么是采购方太忙，每天疲于奔命地催货；要么是采购方缺乏管理的基本概念，不明白 you don't manage if you don't measure 的道理。

某公司有一个供应商 C，地处美国东海岸，按时交货率一直在 70% 左右徘徊。新任的采购经理决心改变这一现状。现场访问中发现，该供应商的主要客户在航空业，节奏相对慢得多，对按时交货率的要求也相对较低，或者不像案例公司那样严格管理按时交货率。70% 对该公司来说绝对不可忍受，但在供应商 C 看来却是"行业标准"。结果，由于无法忍受供应商 C 的表现，该公司的技术人员已经在大刀阔斧地开发新供应商，而供应商 C 呢，还蒙在鼓里，认为自己的表现中规中矩。

一旦发现认识上的差距，供应商 C 就决心向新的标准迈进，制定的目标是 100% 按时交货。而在采购方这边，新任采购经理每周都查看该供应商的上周、滚动四周、滚动十三周的按时交货率。一有问题，就与供应商沟通。这样一段时间下来，习惯成自然，供应商 C 内部也养成了按时交货的习惯，其交货率一直在 95% 以上。这样，采购方就自然没必要去开发新的供应商了。

这也让我想起一个同事。该同事管理几十个机械加工件供应商。他设计了一个系统，每周向供应商发出上周的按时交货情况，敦促改进。现在很多公司定期通过电子商务公布供应商的交货、质量状况，但身为职业采购人，仍需要敦促供应商定期查看，与自己的统计对比。目的之一是让供应商知道，采购方在统计、管理这些指标，从而能引起它们的注意。效果也很显著，案例中的这个公司，采购额接近十亿美元，供应商的按时交货率逐年提升，达到了 96%，后来进一步提升到 97%，从而大大提高了对最终客户的按时交货率。相应地，案例公司的整体库存在下降，资金周转率大幅提升，成为行业中的佼佼者。

上面这三个案例，结果都很像，但原因不尽相同。采购的任务不只是讨价还价和下订单，采购更多的是管理供应商总体绩效。这也要求职业采购人有更高的资质，能够透过表面看实质。要知道，**表面发烧，其实是得了炎症**。用在供应商绩效管理上，不管是质量还是交付，再恰当不过了。

价格值多少钱

某公司把一个采购员提升为采购经理，管理钣金机箱制造商。没多久，就听到他到处宣扬，他把一些零件从一个供应商转到另一个，价格降低多少多少，每年能节省多少多少。他还准备调整整个供应商群，会节省成本多少多少。

新官上任三把火，本也没什么值得非议的，但其方式、方法却值得商榷。看看他的降价方法：他专挑那些用量最大的零件，重新询价，当然会得到好的价钱。但他忘了，供应商还有很多老零件，用量很低，但价钱还维持在高用量时的水平，毫无疑问在亏本，就靠那些大用量的零件来补。

生意调整的结果是供应商利润率大幅下降，该公司成为他们的低盈利客户，供应商的经营重心转移到其他高盈利客户，导致对该公司的按时交货率、质量、服务大幅降低。例如在交接之前，所有供应商的按时交付都在 96% 以上；交接后没几个月，有好几个已经跌破 90%。

再就是供应商对该公司失去信任。前任接手时，几个主要供应商大都亏本，一方面因为整体经济低迷，另一方面由于多年的赤裸裸压价。结果供应商既没经济能力，也没动力负担工程技术力量，因为开发出的新零件很可能在下一轮询价中转入竞争对手。这样直接影响公司开发新产品。前任的政策是：新零件在开发阶段一轮招标后，进入量产阶段，不再二轮招标。这样，供应商就不担心辛辛苦苦帮助开发的产品转入竞争对手，因而在开发阶段乐意投入工程技术支持，对新产品的按时交货率也大幅度提高。有的供应商还替该公司专门设立技术人员，随时提供技术支持。新的采购经理的二轮竞价，明显破坏这一政策，直接破坏双方的信任基础。

这问题归根结底一句话：价格究竟值多少钱？出于其采购员的经历，新的采购经理眼里看到的都是钱，而且只是钱。但对于供应商管理，价格只是七大绩效目标之一。供应商的质量、交货、服务、技术、资产管理、人员 / 流程也必须全面考虑。这其中不够直观的可能是最后两个目标。资产管理主要是库存管理，却与供应商的生产方法直接相关。现在流行的是精益生产，力求大幅度降低库存水平。与之对应的是大批量生产。采取什么生产方式，与其说是供应商的选择，不如说是客户、供应商的共同选择。例如上面说的降价，公司的统一询价方式是拿一个月的用量来询价，但新的采购经理拿一年的量。这样，量大了，单价自然会降低。但供应商必须一次生产那么多才能达到那样的单价。

在高科技行业，新产品开发速度很快，零件淘汰很快，过期库存是个大问题。羊毛出在羊身上。大量的过期库存势必会影响到采购方。我在 2005 年处理了超过 80 万美元的过期库存，其中大多库存的生产时间可追溯到 2000 年。而其根源之一，就是当时的采购经理为降低单价，驱动供应商大批量生产。他当时是得到他所需，也可能得到很多奖金，但造成的后果，却是 5 年后由公司和供应商买单。80 万美元，相当于年度采购总量的 15%。这也意味着买方、卖方供应链的利润率整体降低 15%，姑且不论是由谁买单（结果是供应商承担了大部分）。

采购方的决策也影响到供应商的人员与流程管理。赤裸裸的价格竞争势必降低利润率，低利润率导致供应商无法负担、吸引高质量的员工，员工培训也受影响，导致关键员工跳槽、整体员工素质降低。于是质量问题接踵而至，其他绩效也大幅降低，因为关键员工带走相关产品、流程的经验和知识。对于小供应商而言，好与差的区别往往就是一两个关键人员。例如我在硅谷有个供应商，它的一个技术骨干回中国创业了，直接导致该供应商与公司的几个开发项目流产。

遗憾的是，恶性的价格竞争往往让整个行业万劫不复，而采购方唯价是图难辞其咎。很多价格政策，其负面效果往往在短时间内无法得知。但几年后，当人们意识到的时候，已经为时过晚。价格究竟值多少钱，恐怕谁也说不清。唯一能肯定的是，价格确实值很多钱。如果只看到钱的话，最终的代价会很高。

这故事还没完。有一些关键部件没法更换供应商，因为对最终产品的性能影响很大，更换供应商风险大，需要重新验证，而设计部门既不愿花费时间，也不愿承担风险。那怎么办？这老兄就霸王硬上弓，让供应商不管怎么样，降价 15%；怎么降，是供应商的事。

供应商没法在人工上省，那就只得在材料上下功夫。但是，主要原材料镍的价格在一年内翻了一番（如图 2-23 所示），该供应商先前已经多次提出涨价，都被驳回。材料利用率上也已没潜力可挖，因为供应商已经是多个零件一起加工，边角料的浪费降到了最低。于是，找便宜材料成了唯一出路，而问题就出在这里。

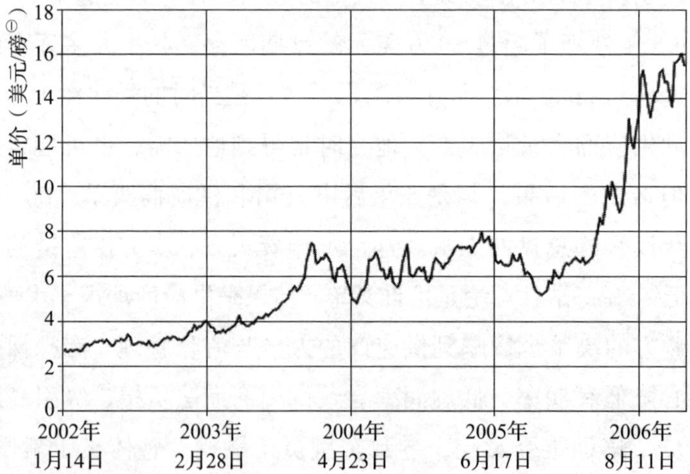

图 2-23　镍的价格走势

㊀ 1 磅 = 0.453 592 4 千克。

原来用的镍合金产自德国，价格高，但质量好。法国产的镍合金价格低，但技术性能与德国产的不完全一样。供应商为达到这 15% 的降价目标，就采用法国产的镍合金。等零件安装到最终设备上，运给客户，客户反映设备性能与以前的同类设备不一致。这意味着新的生产线与旧的生产线性能不一致，在“严格拷贝”的半导体生产行业，这可是个大问题，客户得重新调整生产线，耽误工时，损失之大，把这供应商卖了都不够赔。

产品部兴师问罪，这位采购经理没辙。几百台设备已经发到全世界各地，光更换零件，成本就得几十万美元。客户的信任危机，以后的新生意损失，代价无法估量。值得一提的是，这位采购经理觉得他省了那么多钱，应该得到晋升才对。至于这么大的质量事故，他觉得跟自己无关。

这问题表面上是质量事故，其实是个采购问题。采购的失职在于三个方面：

第一，制定 15% 的降价指标欠斟酌。干采购的人不会不知道供应商的大致利润率，尤其是在主要原材料价格翻倍的情况下。该供应商虽然是独家供货，但价格已经是最低的了。当年发标，多家供应商竞标，找不到比这家供应商更低的价格。

第二，如此大幅度的降价，意味着很大的风险。采购需要分析风险，让公司当事人理解这些潜在风险，督促质量部门把关。采购为达到自己晋升的目标出此险招，又假定别的部门都知道风险，可以说是错上加错。用一位专业人士的话来说，不要把别人都当成神，认为他们都具有先知先觉的能力，而是要使自己尽量靠近神。

第三，最关键的是，采购没有试图与供应商合作来解决问题，而是把问题推给供应商。他的问题解决了，供应商的问题就来了，最后还是由采购方来买单。制造的问题多于解决的问题，这正是采购经理失职的地方。

降成本是供应商管理的一大任务，但关键是要适可而止。大公司对小供应商，降价就像海绵里的水，要挤都能挤出来，但是挤到极点，其他问题就会接踵而至。强势推行不是共同解决问题的方法，而是把问题推给了对方。偶然用之也就罢了，但系统地用，偶然性就成了必然性，供应商出问题也是迟早的事了。

此外，思量着晋升没什么错，“不想当将军的士兵不是好士兵”，但是方法、方式还是要讲。正如一位专业人士所说，做一名优秀的采购员，最重要的是战胜心魔，不为钱财而出卖自己的良心，不为升官而损害供应商的应得利益，这算是说到点上了。

业界人士说

采购做到一定时间，感觉采购降价有时是良心工程，关键是遇到什么样的老板，你们的信任关系还有多少，你还忠诚吗，老板对你的信赖性还有多少。采购部门不仅要降价，还要做公司内外部关系的维护者，是一个项目的管理者，是信息透明化的推动者。做得好，才能立足长久并获得更大的发展空间。——顾凤军，寻源经理，夏新电子股份有限公司

小贴士　你不能用一个错误来纠正另一个错误

乌鸦解决乌鸦的问题，我解决我的问题。——西川

一位供应商管理人员刚接管一家供应商，就收到来自产品部的要求：为达到产品的“目标成本”，该供应商的零件必须降价20%。而实际上，自从量产以来，这个零件已经经历了两次降价，降价幅度分别为30%和9%。现在都投产快两年了，为什么又突然冒出个“目标成本”来？

原来这个零件被新一代产品采用了，而设计部门采取了自上而下的方法，分解总成本，得到每个关键零部件的“目标成本”。工程师的方法很简单：价格是市场决定的，毛利目标是公司总体决定的，两者之差就是产品的“目标成本”。然后根据经验，为了达到产品的“目标成本”，每个主要的零部件就有了各自的“目标成本”。

降不下来？那跟供应再狠点儿砍啊。供应商亏本了？它们亏不亏我不管，我要的是达到我的目标成本——设计部负责目标成本，既然

没有把成本设计下来，那就逼着采购，一条路走到黑，把成本砍下来。这后面反映的是个普遍问题，那就是**用一个错误来纠正另一个错误**。

比如产品设计不合理，产品的目标成本达不到，按道理这样的产品就不应该导入市场。很多企业还是坚持导入（这是个错误），因为厂子已经建好了，产能利用率只有50%，你总不能让工人闲着啊。要知道，厂子是当年盲目扩张的结果（是个错误），为了开工率而强行导入不合适的新产品，是在用一个错误纠正另一个错误。既然非要导入这个产品，那就只能逼着供应商降价，导致供应商没钱赚，甚至亏本（是个错误），为后续的质量、交付问题埋下伏笔，这又是用错误纠正错误，陷入恶性循环。

用一个错误纠正另一个错误，是很多人解决问题的逻辑。比如爸爸在公司受了气，回到家就发泄在妈妈头上；妈妈没处出气，就因一点小事打孩子；孩子挨了打，猫就莫名挨了一脚。这都是在用一个错误纠正另一个错误，还经常美其名曰“我也是被逼的”——一旦听到对方这么讲，你可要提高警惕了，对方要用一个错误来纠正另一个错误了。

那怎么办？错误链总要被打断，用错误来纠正错误，只能是包脓养疮，短痛变成了长痛。举个例子。有个美国车厂，一款新车型设计好后，就把物料清单BOM打开，自下而上地多家询价，在拿到供应商的最好报价后，还跟整车的目标成本有显著差距，那很简单，这个车型就“枪毙”了，以便及时止损。这个车厂走的是长痛不如短痛的路，也符合经济学原理：已经发生了的算是“沉冗资本”，算是扔到水里了，不能再左右未来的决策。也就是说，你决定下一步干什么，跟“我都已经走了这么远”“我们都花了这么多代价”没有关系。想想看，如果你南辕北辙，那你要做的就是立即掉头，而不能因为“已经走了那么远”，继续往前走吧。

这需要理性思考，而理性思考正是很多本土企业所欠缺的。

比如有个本土车厂，因为品牌的溢价能力不够，整车的目标成本就不得不定得很低；找遍了最便宜的供应商，BOM的成本加起来，还是远高于整车的目标成本；这个车厂不是及时终止项目来止损，而是展开车轮战跟供应商砍价，采购经理砍完，寻源经理砍，寻源经理砍完，设计人员砍，还是砍不下来就换供应商。这是个千亿级的车厂，当然有很多供应商不惜亏本也想进场，但进来后发现没有更多的新生意，就开始摆烂，质量、交付问题重重，又影响了整车厂的品牌，导致后续新车型的定价更加上不去，这就陷入恶性循环，典型的以一个错误纠正另一个错误的结果。

实践者问

相比欧美，中国企业的供应链管理短板在哪里？

刘宝红答

就供应链**执行**而言，我们的企业做得相当不错。要说供应链管理的短板，主要在两个内部客户上：其一，研发力量不够，产品的差异化不足；其二，计划薄弱，需求预测准确度太低。产品差异化不够（这是研发的错误），销售卖不出个好价，成本压力就大，得采购和供应链来跟供应商砍价，用一个错误来纠正另一个错误；计划薄弱，需求变动大（这是销售、计划的错误），就得供应商赶工加急来应对，还是用一个错误来纠正另一个错误。

这两个短板中，研发的短板最为根本，因为计划问题也跟产品不可分离：产品的差异化优势有限，同质化严重，整个销售计划就很容易受竞争对手影响。比如原计划是每个月 10 万台，结果猪同行打价格战，那就不得不调整计划。但如果产品的差异化突出，这个问题就不明显。比如几大家电厂商之间经常“互相伤害”，但苹果就不大受到本土手机厂商的冲击；福特、通用的销售计划经常被吉利、奇瑞打乱，但特斯拉就不。

“功夫在诗外”。供应链管理的诸多挑战，最终还得通过产品的差异化来解决。我们的企业家是不是意识到了？答案是，企业家非常清楚这点，这从研发投入可见一斑：2000 年，中国 0.9% 的 GDP 投入到研发；2017 年，这一数字一路上升到 2.1%。作为对比，美国从 2.6% 变为 2.7%，而经合组织的 36 个市场经济国家呢，则由 2.1% 变为 2.3%㊀。

一代企业家在同质化的竞争中二三十年了，在用一个错误纠正另一个错误的恶性循环中，吃了足够多的苦，受了足够多的罪，当然清楚解决方案在哪里，而且在投入巨大的资源来实现。中美贸易战势必会促进这一进程，主要是把那些没有差异化、同质竞争的企业淘汰掉，给差异化的企业更好的生存环境。

小贴士 价格至上，是因为没法客观体现价值

经常有人抱怨，说公司对采购的期望只是价格，他们成了价格至上的牺牲品。我就问，那你们统计供应商的按时交货率，能够比较客观地评判一个供应商的交付比另一个好吗？答曰我们统计，不过不够客观，要么是数据不全，要么是主观打分，要么是其他杂七杂八的原因，反正从采购到内部客户，大家都知道这数据不可靠。按时交付这样客观的数据尚且如此，那质量、服务、技术等更加复杂的反映价值的绩效统计就更不用提了。所以说，除了价格外，就根本没有别的可靠、客观的绩效指标。**企业行为是在客观信息的基础上做决策，而唯一客观的是价格，那价格至上也就可想而知了**。

当然有人会说，我们也讲价值啊。光讲不管用，你得体现出来，以客观度较高的方式统计出来。**不统计，就不知道；不知道，就没法管理**。这是现代管理的常识。你抱怨光谈价格，但有关价值的那些交付、质量、服务等指标统计不到位，没法客观地反映出来，不谈价格还能谈什么？

有一次，有个百亿级的企业联系我，说他们的问题是采购人员只看价格。我问，那你们有没有统计交付、质量、服务等指标？答案与上面如出一辙：虽然样样指标都有，但不客观，不可靠，只是一个数

㊀ Gross Domestic Spending on R&D Total, % of GDP，2000 ～ 2017. www.data.oecd.org.

字而已。这家企业认为问题是组织问题（采购人员**不愿意**用价格以外的信息做决策），实质上是个系统和流程问题，即信息系统和流程不支持客观的绩效考核，没有能力提供价格以外的客观信息。于是你就理解了，员工做决策得基于客观信息，而价格是唯一客观的信息；管理层考核员工也得基于客观信息，而价格是唯一客观的信息：从上到下，唯一客观的信息就是价格，你不价格至上还能做什么？

所以，**你不能把价格至上简单地当作组织行为问题来对待；你得从系统、流程的角度来解决这一问题**，即围绕交付、质量、技术等有关价值的指标，在流程上收集结构化的数据，在信息系统里储存、统计、汇总这些指标，从而让组织能够更加客观地评估价格以外的价值。这是个非常艰巨的任务，要细化到每一个订单的每一个料号、每一行数据，需要投入大量的资源，也是企业管理精细度的重要体现。

对此我有深刻的体会。在十多年的供应链职业生涯中，我的大部分时间花在确保以合适的方式统计合适的绩效，并围绕绩效采取管理行为上。所谓的中基层管理，其实相当一部分任务就是管理数据，围绕数据统计绩效，围绕绩效管理员工行为。绩效管理其实容易，难的是数据的收集和整理。价格与价值之争，根本上还是得回到数据的收集与整理上。而**离开客观数据的收集与整理，价值永远也不可能战胜价格**。

供应商集成：供应商管理的最高层次

前面讲了供应商管理流程的四个阶段：供应商分类、评估、选择和绩效管理。这里讲最后一个阶段，也是供应商管理的最高阶段，就是把**关键**供应商集成到公司的供应链里，让它们成为公司的有机延伸。在**设计阶段**，这意味着让关键供应商早期介入产品开发；在**量产阶段**，就是通过 JIT、VMI 等简化与供应商的产品流、信息流和资金流；在**交易过程**中，就是通过电子商务等信息化手段，更加有效地传递信息，促进协作。具体如图 2-24 所示。

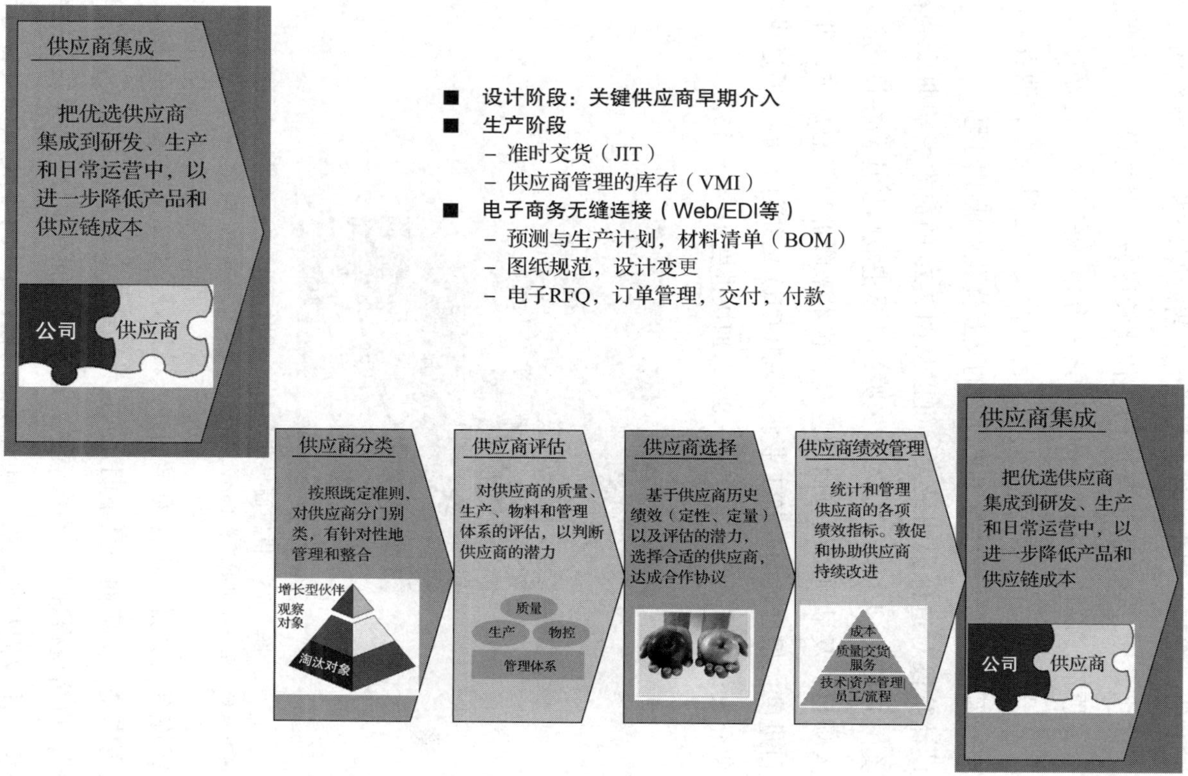

图 2-24　供应商集成是供应商管理的最高层次

先说**供应商早期介入设计**。我们知道，产品设计与工艺设计互为反馈、互相优化：研发人员设计好了图纸、制定好了技术规范，这些都是纸上的，需要拿到生产线上打样（工艺设计），根据生产线的反馈进一步优化设计。这在竖向集成的年代比较容易，因为设计、生产同在一个屋顶下，设计、生产人员可以紧密合作。在生产外包盛行的年代，产品设计发生在采购方，生产工艺设计发生在供应商，两者之间往往沟通困难，产品设计与工艺设计的交互优化就成了问题。

设计阶段对造价影响最大，可以从图 2-25 的成本影响曲线上看出。美国 EPC[⊖]巨头福陆的应对措施呢，就是把战略供应商在设计阶段就纳入项目，及早利用供应商的经验、技术来降低项目总成本，并加快项目进度。根据美国建筑工业研究院（CII）的统计，福陆通过供应商早期介入，能够降低成本 4% ～ 8%，加快进度 10% ～ 15%。

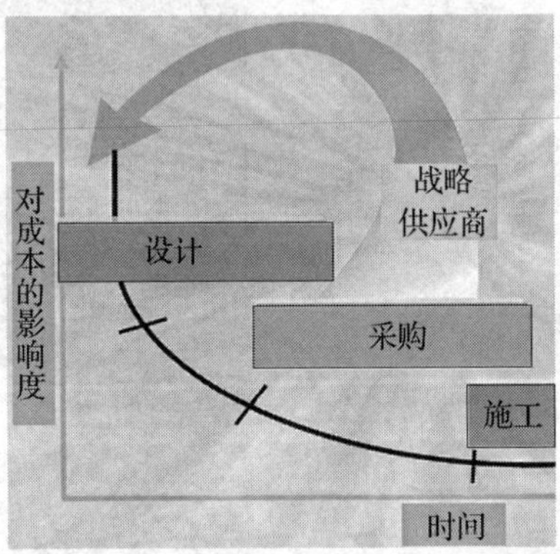

图 2-25　供应商早期介入，福陆打破降本死循环

资料来源：福陆公司副总裁 Larry Jackson 的演讲稿，www.ecc-conference.org.

或许有人会说，供应商早期介入设计好是好，但价格怎么谈？这里的逻辑是，供应商一旦早期介入设计，这生意就是他们的了，“没有竞争”，价格就很难谈。在我看来，**这不是竞争不充分，而是短期关系在作怪**。让我们打个比方。谈恋爱的时候，小伙子们对女朋友言听计从，因为“竞争”很充分；结婚后，小伙子是不是“百年农奴翻了身”，

⊖ EPC 是 engineering（设计）、procurement（采购）和 construction（施工）的缩写。

处于“垄断”地位，就啥也不干，整天躺在沙发上看微信？当然不是，先生们都知道，不管多么不愿意，他们最后总是会做太太们要求的事。根本原因呢，夫妻关系是**长期关系**，双方有很多可失去的，所以最后都会理性地解决问题。

而短期关系下，供应商早期介入设计，帮你优化了设计，降低了成本，但三个月后这生意是不是它的，不知道（因为是短期关系）；有多少比例是它的，不知道（因为采购方多点寻源）；给你降价，未来这生意是不是它的，不知道；不降价，还是不知道。那作为供应商，理性的选择就是不降价，能坑你多少算多少。再算算经济账：早期介入设计，供应商投入了很多人力、物力，在长期关系下有更多的时间来回收，所以能给我们更好的价格；短期关系下呢，投资回收期更短，给我们的单位价格当然更高了。

传统的日本公司中，有些是供应商早期介入的典范。[㊀]它们只跟有限的供应商合作，供应商在参与设计的时候，就知道这生意是自己的了，但在**长期关系**的约束下，供应商还是会积极配合，努力实现采购方的目标。对于采购方来说，如果供应商在这个产品上把他们扣作人质，100 元钱的东西要 200 元，那它就得不到未来的新业务。对供应商来说，长期关系下，他们知道客户的一部分生意会给自己，所以不配合的成本还是很高的，有很多可失去的，也就更加理性地合作。

当然，在传统的日本管理方式中，**目标成本**是另一个关键因素：供应商，这个零部件目标成本是 100 元，如果达不到，我就只能找别的供应商了。这里不细谈。

越是复杂、技术含量越高的行业，产品设计与工艺设计的联系就越紧密，供应商早期介入就越重要。比如在飞机制造行业，一款机型从研发到量产动辄成十年，投资几十成百亿美元，产品设计很复杂，

㊀ 注意这里说的是“有些”。随着全球化，我的感觉是不同国家的企业在有些做法上趋同。比如有些北美的企业向长期关系靠拢，而有些日本企业则更加短期化了。当然，这只是我的个人感觉，没看到研究来验证。

工艺设计也是，采购方与供应商需要密切合作，供应商早期介入就是其一。在研发梦想 787 时，波音向前迈了一大步，把系统、子系统和模块的设计外包给一级供应商，由他们负责产品设计和工艺设计。在电信行业，美国电话电报公司（AT&T）推行供应商早期介入，每样关键技术，在技术开发阶段就只选择两个供应商，在保持充分竞争的同时，也能够更好地深度合作。

在处理供应商早期介入问题时，一定要**理性**。对于采购方来说，理性意味着你得承认供应商有赚取合理利润的权利。这看上去是大实话，是常识，但常识并非常行。有些公司的心态是见不得供应商赚钱——如果赚了，采购就好像是失职的，采购的任务就是确保供应商少赚点。在这种“我的是我的，你的也是我的，你的不是我的就不公平”的心态下，很难与供应商建立长期共赢关系。当供应商的合理利润与采购方的降本目标抵触时，解决方案就是在谈判降价一条路上走到黑，而不是追求高阶段降本，即超越谈判降价，上升到通过流程优化和设计优化来降本。

实践者问

如何有效推动供应商参与前端开发，从源头提升供应链效率？

刘宝红答

很简单，供应商得有利可图。这要求长期关系，改变我们的短期导向。比如你不能让这个供应商合作开发，第二天就二次招标，谁的价格低就给谁——后来的供应商没有投入研发成本，价格当然会更低。你拿到了更低的价格，但代价是下个新产品开发时，供应商就不愿再跟你合作设计。

在量产阶段，供应商集成就是通过 JIT、VMI，把供应商与公司的生产系统对接起来。如前所述，JIT、VMI 简化了供应链的产品流、信息流和资金流，实施得当的话，不但对采购方有利，而且对供应商来说也是个好东西。比如在实施之前，从供应商到采购方的物料是由订单驱动的，没法有效平滑需求，供应商的生产排程就困难；每次的需求都对应一张订单，而围绕订单的生命周期有一系列的操作，以及相应的成本。实施之后，订单数量大减，相应的交易成本更低；供应商的生产排程更加平稳，生产效率更高，生产成本就更低。整个供应链的库存更低，问题就更容易暴露，也更适合于持续改进。

当然，这些做法并非适用于所有的产品。比如在小批量行业，需求的变动性很大，实施 JIT 就不现实。但是，在这些行业，如果有些料号的用量较大、需求比较稳定，VMI 还是有现实意义的，特别是对供应商来说是标准件的情况下（因为有别的客户也在用），由供应商承担库存风险是综合成本更低的做法。

讲完了供应商早期介入和 VMI、JIT，我们再来看供应商集成的第三个维度：**电子商务**。这主要是从**连接**的角度简化交易流程，降低双方的交易成本。仔细观察订单、料号层次的信息，从图纸到规范到设计变更，从订单生成到发送给供应商，再到价格、数量、规格确认，然后是跟单、递送和付款，很少有不能通过电子商务来自动化的。所以，建立电子商务系统，自动化这些业务，是节省人力来做更重要、附加值更高的事的关键。

时不时有读者要我推荐电子商务软件，但市面上商业化的电子商务软件看上去并不多。我知道一个这样的软件系统，据说是从 IBM 的自用软件发展而来的，对接采购方与供应商。该软件在大陆发展了好些年，一直不温不火，最后决定关闭大陆的办事处。有趣的是，人都遣散了，负责销售的老总都回台湾了，大陆一大客户突然说要采用这个系统。得，一帮人又喊到一起干活呗。这真是造化弄人啊。后来的情况如何，我也没有继续跟踪。

对很多企业来说，与供应商的电子商务系统是自己开发的，通过网站、EDI 和其他信息技术手段，把 ERP 里的订单、图纸、规范等信息分享给供应商。自己开发没问题，特别是云端技术、SaaS 等让电子商务系统的实施更加简单的情况下，在此不再赘述。

如果说**绩效管理**是保持供应商绩效，并有逐渐改进的话，**供应商集成**是让供应商绩效更上一层楼。从这个意义上讲，供应商集成是供应商管理的最高阶段，如图 2-26 所示。在这个阶段，市场机制仍旧起作用，但更多的是基于双方的长期关系，通过谈判、协商、协作来解决问题。如果说绩效管理面向普罗大众，是市场机制下的优胜劣汰的话，那么供应商集成的对象则是关键供应商，追求深度协作下的共同进步——供应商早期介入，JIT、VMI 等都需要投入大量资源来管理，就注定了我们只能跟数量有限的供应商推进。

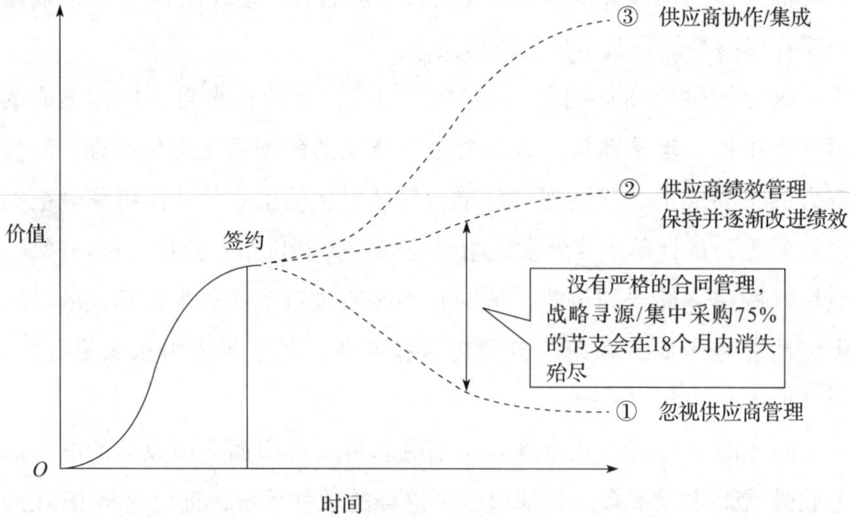

图 2-26 供应商集成是供应商管理的最高阶段

资料来源：Operations Executive Board.

长期合作、深度协作并不意味着采购方降低了要求和标准；相反，采购方的要求往往会更高，例如丰田、本田的年度降本和新车型的降本目标，往往比美国车厂更高。但不同之处是，在供应商集成阶段，双方是通过协作，共同解决问题来实现这些目标的。这跟以通用汽车为代表的“给我降价 x%，怎么降是你的事”有本质区别。这也是日本车厂能全面战胜美国车厂的一个关键原因。

让我们再回到供应链的三阶段降本，看跟供应商集成有什么关系。

我们知道，谈判降价潜力有限，大致只能影响产品总成本的 10%，因为供应商的正常利润就在 10 个点上下，而采购做到极点，就是让供应商一分不赚。很多老板总是担心供应商赚得太多，其实当供应商没得赚，光脚的不怕穿鞋的，也就是没什么可失去的时候，老板们会更睡不着觉。

大多数成本，可以说百分之八九十，取决于流程优化和设计优化，两者都离不开与供应商的深度协作，是供应商集成的主战场。价值工程、价值分析离不开供应商，因为没有供应商的生产工艺知识，研发人员没法有效优化产品设计。精益生产看上去是供应商的事，其实在北美的过去几十年里，很多行业的精益生产都是链主企业推动，帮助供应商实施的，是供应商集成的一种形式。

比如本田汽车到了北美，其成套的供应商开发就为业界津津乐道。有一年，我参加美国供应管理协会（ISM）的年会，遇到本田美国当年的首席采购官戴维 · 尼尔森。老先生已经退休，提起当年本田在美国的供应商开发举措，还是意犹未尽。看得出，他深信供应商开发和集成的价值。正是因为相信，才努力地去推广，70 多岁了，还到处演讲，教育后来者。

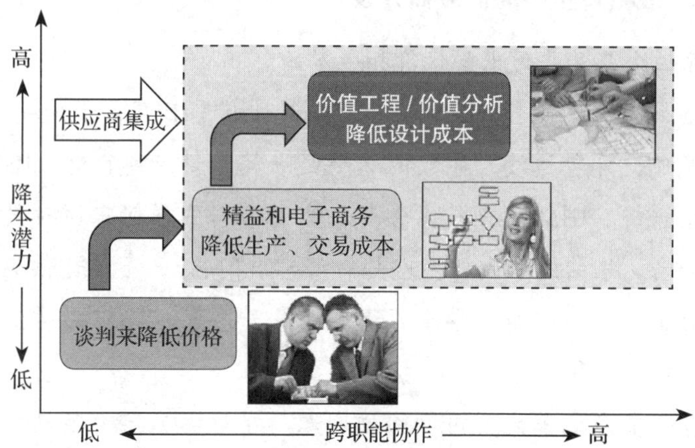

供应商集成是推动供应链降本上台阶的关键

进一步讲，整个供应商管理的五步流程，其实都是围绕供应链降本上台阶而来。我们都知道，供应商什么都好谈，就是钱不好谈。但对于采购，主要绩效还是离不开降本。供应商管理的五步流程的根本目的之一呢，就是寻找谈判降价以外的降本方式。比如供应商分类、评估和选择（即战略寻源）确定了合适的供应商，让企业同数量有限的优质供应商合作。这样，规模效益下，谈判降价也有了以量换价的基础。只有跟为数甚少的供应商合作，才能深度合作，推动流程优化、设计优化等高阶段降本。供应商开发、集成只能适用于为数甚少的供应商，即关键供应商。放到供应商分类中，主要就是战略供应商和优选供应商。任何公司都资源有限，不能摊得太薄，跟所有的供应商都深度合作。

这里还需要特别指出，**选择重于开发**：一定要以供应商选择为主，从开始就找到最合适的供应商，而不能在供应商选择上马马虎虎，寄希望于供应商开发来提高绩效。想想看，一个供应商，动辄几百人，如果他们自己都没法把自己管好的话，采购方是很难有足够的资源把所有的供应商都提高的。但是，如果最合适的供应商还是没法满足公司要求，那就进入供应商开发流程。

小贴士　战略转型中的供应商开发

领导性企业是要付出些代价和成本的。

20 世纪八九十年代，IBM 在生产制造上优势日衰，于是决定转型，从竖向集成向外包过渡，面临的问题之一就是供应商行吗。IBM 的忧虑是有根据的。IBM 历来技术领先，当时公司的任何东西对供应商来说都是秘密，采购的一大任务就是做好“看门狗”，不要让供应商“偷取”IBM 的技术。但是，供应商还是有很多方面比 IBM 做得好的：它们更具成本优势和快速响应能力。

这也是很多北美大公司面临的问题。在过去二三十年里，它们在不断地权衡两个抉择：一个是继续内部制造，技术、质量一般有保证，但成本、进度没优势，没法在国际竞争中立足；另一个是帮助供应商，弥补其质量、技术上的缺陷，通过外包而获取成本、交期优势。很多企业采取了后者。它们成立供应商开发部，筹建供应商开发工程师班子，花大量的时间、资源培养供应商，共同解决问题。有些行业，例如飞机制造业，系统地推行精益生产，培训供应商，减少浪费，提高效率。

例如在我先前管理过的供应商中，有几个服务飞机制造行业，接受了飞机行业客户的精益生产培训。这样的培训一般是一周时间左右，采购方派来几个工程师、质量管理专家，就具体的零部件展开培训，帮助缩短生产周期和降低成本。这些对供应商来说是免费的，对采购方来说成本很高，一周估计得好几万美元。但大公司还是乐此不疲，因为它们认识到这样做的重要性。这就如婴儿，没有一生下来就成人的；你得养他，哪有别人把孩子养大了送给你的事。特别是对率先变革的公司来说，空手套白狼的美事不存在。

再如全球采购，一个行业内，一般都是领头企业率先行动。低成本地区的供应商价格是好，但质量、技术、管理问题重重，需要采购方花大精力来帮助提高。这些领头企业花了几年的心血，供应商的总体水平一般都会大幅提高，多项表现不输发达国家的供应商。对开发企业来说，其回报是先发优势，率先取得成本优势。然后小一点的竞争对手跟进，"享用"已经开发或半开发的供应商。但这些公司因为介入较晚、规模较小，或者由于领头企业与供应商的约定，获取的优势就没有领头企业明显。它们的好处就是风险更小，前期投入更少，可以"坐享其成"。但是，领头雁企业不能坐享其成。它们有规模、有资金、有专家资源，它们不去开发供应商，谁去？

供应商开发并不是美国人的发明创造。传统的美国思维是"猎人"方式。市场就如狩猎场，采购方就如猎人，通过招投标找到最好的"猎物"，谈判获取最大的优惠，然后慢慢享用"猎物"。至于这"猎物"

是谁养大的，那不关自己的事。“人人为自己，上帝为大家”，市场那只看不见的手自然会培养供应商，物竞天择，优胜劣汰，任由它们自生自灭。

当市场主要在国内，或者美国企业在国际上有绝对优势的时候，“猎人”方式还看不出什么问题，因为竞争对手都是美国企业。但是，等到20世纪七八十年代，日本制造业异军突起，大举进军美国和全球市场的时候，美国企业就被打得满地找牙，家电、汽车、电子等产品从此一蹶不振，其他高科技产品也是节节败退。痛定思痛，聪明的美国企业家发现他们被一帮“牧人”给打翻在地。

原来这些日本企业采取“牧人”管理方式，领头企业如丰田、松下、东芝等充当“牧人”角色，督促、帮助供应商提高生产、制造、管理能力，从而提高整条供应链的竞争能力。集团作战的日本企业，打败单兵作战的美国企业，也就不足为奇了。从此，美国向日本系统学习，供应商开发就登上美国供应链管理的大雅之堂。

历史一直在重复，无非地点、时间、演员不同，上演的其实都是那些戏。这不，现在轮到了中国企业。由于生产制造的利润越来越薄，大型本土制造企业面临20世纪八九十年代的IBM之痛。例如家电行业，有些领头雁企业想把生产外包给供应商，却发现供应商还没成熟，缺乏汽车行业所说的第一梯队供应商——这类供应商能够负责一个模块或系统的设计、制造，独当一面，管理第二、第三梯队的供应商。

想想看，那些事向来都是领头雁企业在做，供应商没机会做、没机会锻炼，能做好吗？这就如企业创始人要退休了，却发现继承人还不能挑大梁，原因很简单：你就从来没有给他挑过大梁呗。“老子不死儿不大”。人员继承方面容易理解，下放责任、着力培养就是了。外包则不一定，尤其是“猎人”思维盛行、短期利益驱动下，企业急功近利，花时间、资源来开发供应商，还要冒着被竞争对手“空手套白狼”的风险，值得吗？但是，如果领头雁企业想突破，你不下地狱，谁下？

所以，企业转型，不但意味着经营理念的变化，而且意味着供应链观念的转变。对于领头雁企业来说，放弃幻想，脚踏实地，选择到最好的供应商，督促、帮助提高供应商的能力，是取得供应链优势的不二法门。在资源上，要投入人力、物力，系统提高一级供应商的能力，并帮助它们提高管理二级、三级供应商的水平。不愿承担供应链核心企业的责任，不愿培养一级供应商，奢想坐享其成者，注定难以完成外包的供应链转型。

企业大了，供应商要重选择、重管理、轻淘汰[㊀]

企业想做大。做大后不但自身有了规模效益，而且在供应链上有更大的话语权。但是，有些企业从“小白兔”变成了“大狮子”后，却延续“小白兔”的一些做法，比如对供应商淘汰为主的粗放管理，造成诸多问题，阻碍了企业的进一步发展。

当你成为狮子后，逃避就不再是解决方案

公司规模小的时候，在供应链上没有多少话语权，能够改变的非常有限，逃避往往是最理性的选择。比如供应商质量、交期、价格等出现问题时，因为太小，所以没法督促供应商改进；同样因为太小，所以没有能力和资源帮助供应商改进。“三十六计，走为上计”，那换供应商就成了自然选择，比如一品多点（同一料号，由多个供应商做）。

当公司成为行业、地区的大企业后，逃避的自由就越来越少。一方面，都发展到这种规模了，最好的供应商往往已经在跟你做生意，别的供应商没法给你更好的质量、技术，即使它们个个承诺可以。另

㊀ 这部分出现在我的《供应链管理：高成本、高库存、重资产的解决方案》一书中。为了体系的完整性，收录在这里，并做了更新。

一方面，作为大企业，你对产能的要求那么高，别的供应商会有那么多的富余产能，闲置着等你用吗？

想想看，如果你是个小公司，只占供应市场产能的0.5%，这生意给哪个供应商都能消化掉；现在成了大公司，占供方行业产能的15%，哪个供应商会有那么多的多余产能来等着你？这样的供应商如果有的话，也早就因为产能利用率低、单位成本高而破产了。

规模大了，微小的业务变动，供应商也可能吃不消。比如在手机行业，现在是华为终端、OPPO、vivo和小米四家独大，每一家的体量波动10%就很厉害，供应商难以对付。你的解决方案不是再找个新供应商，而是尽量管理需求，提高预测的准确度，平滑需求，及早驱动供应商准备产能，就如丰田那样的做法。

业界人士说

公司安排了一周时间到日本丰田培训学习，主要是培训TPS（精益、看板拉动、企业管理等），也参观了几家丰田系的供应商、物流公司。从丰田管理人员了解到丰田的计划体系：丰田整车厂滚动三月计划基本没有大的波动（产品系列级别），上个月20日锁定下个月计划（车型详细信息）。锁定后丰田想调计划，如果供应商有损失的话，丰田是要给供应商赔偿的。当然也有滚动6个月计划和年计划。整个丰田系可以利用丰田年需求计划排出每月的产能计划（包括一年的员工年休、设备保养维护计划）。计划稳定，所以丰田系可以走JIT看板平准化拉动，过程库存做得很低。——Chris，PC&L经理，“供应链管理专栏”（www.scm-blog.com）读者

作为大企业，很多时候，你最好的解决方案就在于你已经有的供应商。这就如狮王，它最好的战略就是守住自己的领地，而不是一直流浪，打一枪换一个地方，连个根据地都没有——你现在就知道，李自成、张献忠这样的流寇为什么会失败了。

大公司就如狮子要有作为　　小公司就如小白兔逃避为上

公司大了，在供应商管理上得有所作为

既然没法逃避，那就只有迎难而上的份儿，督促、帮助现有的供应商把问题给解决了。很多大公司有庞大的采购管理部门，以及技术力量雄厚的供应商开发职能，走的就是两手抓、两手都要硬的路：在商务层面**督促**供应商改进，在技术层面**帮助**供应商改进。比如在苹果，那些全球供应经理和技术人员差点都把深圳、成都、郑州当成家了，就是督促、帮助供应商，逐个解决 iPhone、iPad 开发和量产中的诸多问题。

督促好理解，帮助则不一定：不是说供应商是其领域的专家吗，还要我们帮助改进什么呢？其实未必，尤其是那些规模小、管理粗放的供应商——那些企业之所以是你的供应商，是因为它们有独到的技术或工艺；但当技术升级换代时，不管是质量、技术还是产能爬坡，这些供应商都会出现这样那样的问题，超出自身能够解决的能力，需要采购方帮助解决。对这些供应商来说，这些问题往往是首次遇到；对采购方来说，我们可能已经跟别的供应商经历过了。

丰田、本田等日本企业早就理解了这点。比如本田就有专门的供应商开发部门，这帮供应商开发工程师整天在供应商现场转来转去，了解了那么多供应商的工艺后，就变成了这个领域最资深的人，可以帮助后进的供应商改进生产、质量和优化设计。在过去的二三十年里，北美企业也意识到了这点，表现为强化**供应商工程师**职能，把原来以质量检验为主的职能，提高到以生产流程改进、制造工艺优化、质量系统提高为主的供应商开发职能。

没法逃避，并不是说更换供应商没有可能；只是说如果要更换，往往只能等下一代产品了：现有的产品已经上路，更换供应商就如给飞驰的火车换轮子，难度可想而知，转换成本高昂，往往得不偿失。强大如苹果者，虽说都跟三星对簿公堂了，但还不得不在 iPhone 4、iPhone 5 等产品上继续使用三星的芯片，直到 iPhone 6 才导入台积电，前后达几年时间。在此期间，两个老对头，该干嘛还得干嘛。

大公司之间的关系就如大国政治，得讲策略，短期内维持现状往往是理性选择。同样是跟三星这种有能力，但也有脾气的战略供应商打交道，与苹果的理性相比，小米就吃亏在意气用事。

“腾讯深网当时报道称，在小米 5 发布前，三星半导体中国区高层带团队与郭俊负责的小米供应链团队见面，在现场 PPT 演说过程中，由于小米态度很差，三星也很强势，双方发生争执，拍了桌子。这位三星高层直接就离开了。此后三星 AMOLED 屏幕出货量很大，但就是不给小米供货。”[㊀]小米 2016 年的营收大幅下跌，跟关键元器件短缺不无关系（当然，在我看来，产品升级换代不成功，中低端市场被 OPPO 和 vivo 等蚕食，也是小米营收大跌的一大因素）。

当你成为狮子后，选择就变得更重要

既然是狮子了，要规模有规模、要资源有资源，小供应商无力做的供应商开发，大公司终于有实力做了，是不是就该以帮助供应商改进为主（供应商开发）？其实正好相反。当企业做大后，因为逃避不再是解决方案，所以“首发命中率”就更重要，即在新产品开发阶段就一次性选对供应商。这就如动物世界的狮群，尽管相对于每头水牛都有优势，但是还要花很多的时间，选择最合适的那头下手。而且越是有经验的狮子，越是花时间选择合适的猎取对象。即便如此，狮群捕食的成功率据说也只有 25%。那些刚出道的小狮子，愣头愣脑见猎物就追，一无所获就不难理解了。

㊀ 吕倩 . 雷军完成上市前最重要团队改编 . 雷锋网，www.leiphone.com.

此外，不管公司多大、资源有多丰富，你永远也不能不加选择地帮助供应商。想想看，供应商几十、几百、几千号人都搞不好，采购方派过去区区几个人，而且还要同时管理多个供应商，那么一点点资源，又能做什么呢？**选择不可替代**，一定要先选后管，对大公司尤甚。因为大公司的试错成本更高，要纠正供应商选择上的错误，代价也会更大。

公司越大，对风险的承受能力越低。这就如你在大排档吃饭，吃了块坏鸡肉，肚子痛，没人当回事——你在那么好的公司做事，赚了那么多钱，还贪便宜吃大排档，活该。但如果你在麦当劳吃了块坏鸡肉，那可就上了头版头条，满天下都在讲，麦当劳在卖坏鸡肉了，第二天股价掉下来13%。[㊀]这同样说明，对于大公司来说，选择合适的供应商，首发命准更重要。

当然，这并不是说，对于小公司，供应商选择就不重要。看上去不重要，是因为小公司可失去的更少，或者说小公司的命不值钱。这天底下每天都有成千上万的小公司，因为供应商选择不当而倒闭，只不过因为它们是小公司，命不值钱，没多少人在意它们的死活罢了。同样因为是小公司，资源有限，很难做到重选择，而且业务量小，供应商也不愿意花大量精力来配合你的重选择。

试想想，作为小公司，你每年只跟供应商做5万元的生意，现在要派一帮人，现场花3天的时间，评估供应商的质量、生产和物料管理体系。你没有那么多的资源可派，供应商也不会跟你玩。所以，小公司就只能依赖员工的最佳判断，选一个看上去差不多的供应商，不行就只好换呗。但大公司不同，因为大公司可失去的太多，沿用小公

㊀ 公司大了，就更容易被放到显微镜下，被大众和媒体关注。就像在我的书和文章中，我会时不时把通用汽车拖出来暴打一顿，倒不是通用做得最差（培训中有学员告诉我，有些本土车厂比通用有过之而无不及），而是因为通用一直是全球汽车行业的老大，直到最近几年被丰田超越。那么对于大企业来说，就要更加注意一举一动，一个普遍特点就是变得保守。同理，位高权重的人一般话少。当然，“推特总统”特朗普例外，估计他是太忙，根本没时间关注大嘴巴带来的一地鸡毛。

司对供应商的轻选择、重淘汰，带来的风险会要了你的命。

选择重要，并不是说可以忽视供应商开发，否则就成了“有选择，没管理”。前面我们说过，供应商都不是完美的（有能力的有脾气，没脾气的没能力），不管我们用什么选择方法与标准，我们都是在一堆矬子中拔将军，即便找到了个子最高的，但还是矬子，达不到我们的要求。那这差距怎么弥补？解决方案是启动供应商开发流程，督促、帮助供应商改进，通过**管理**来弥补差距。

在这里，大公司一定要认识到，作为行业的领头羊，我不下地狱，谁下地狱？这是因为大公司在技术、质量上的要求往往最高，在供应商达不到要求的情况下，如果要保持领先地位，或者获得先发优势，大公司就得考虑供应商开发，提高供应商的水平。

这里的风险是让跟随者“空手套白狼”。但如果措施得当，这种风险是可以规避的。比如当年丰田汽车刚到北美时，北美的一些供应商不能满足丰田的质量要求。丰田就帮助这些供应商改进，但同时规定，如果供应商要用学到的东西服务别的客户，必须给丰田进一步降本。这是个三赢的解决方案：丰田得到成本优势，供应商获得更多的生意，竞争对手获得比原来更好的产品。其背后实际上是花竞争对手的钱来为丰田节支。无独有偶，苹果投资有些供应商，买断产能一段时间，其后如果供应商要给竞争对手供货，则给苹果进一步的降本等，也是同样的做法。

在上面的案例中，不管是丰田还是苹果，作为各自领域的“狮子”，重选择、重管理，知难而进，积极主导供应商关系，获得先发优势是其共同特点。而这也正是今天我们一些大型本土企业所欠缺的。

轻选择、重淘汰是本土企业的大问题

在过去二三十年里，本土企业在规模上越来越大。比如《财富》杂志的世界500强排行榜上，上榜的中国企业数连续15年增长，在2018年，中国企业就占120席，总数仅比美国少6家[㊀]。体量最大的国

㊀ 2018世界500强企业排名完整榜单 . http://www.techweb.com.cn.

家电网、中石化、中石油一举跃升第二、三、四位。虽然说在体量上，本土企业完成了从“小白兔”到“大狮子”的转变，但在意识上，小国寡民的心态还很普遍，还在延续小公司的做法。表现在供应商管理上，就是轻选择、重淘汰。

先说**轻选择**。短期效益至上，企业习惯性地活在当下。新产品开发总是太紧，客户订单总是太急，不是不知道选择的重要性，而是时间总是不够用，匆忙之中，就在供应商选择上走捷径，将就着，结果选择了不合适的供应商。这虽然解决了一时的问题，却为后续绩效埋下了祸根，把本该一次解决的问题，分成 N 次来解决。

就如一家本土名企的职业人自嘲，在 ×× 公司，我们从来没有时间一次性把事情做好，但我们从来都有时间 N 次把事情做好——时间太紧，没时间计划好就开始做；一次做不到位，那就只好重复 N 次，结果是资源投入更多，花费的时间也更长。

从表面上看，这是“摸着石头过河”在试错；实质上，这是缺乏长远计划，为短期利益而牺牲长期利益。“摸着石头过河”对于小企业来说或许还可以；但企业大了，来回折腾，试错的成本就很高，虽然不能说是犯罪，但至少没什么值得自豪的。

再说**重淘汰**。对很多企业来说，虽说规模都到了几十亿元、几百亿元，但逃避仍然是供应商管理的主旋律，淘汰仍旧是供应商管理的主要手段。企业规模小时，打一枪换一个地方，因为你是“小白兔”，不逃不行；企业规模大了，逃避主义就像浅尝辄止地挖井，没有一个挖到底，最后得出的结论是此地无水，自然就不能更上一层楼。

重淘汰的基本假定是问题在供应商。是的，当企业规模小的时候，供应商主导着双方的关系，你势单力薄，改变不了它，就只能逃避。但等公司规模大了，双方关系的主导者就变成了采购方，问题的根源更多地转到了采购方，不改变采购方的行为，就没法改变结果。

有个大型制造企业，可以说把重淘汰演绎到了极点。这个公司的基本策略是，供应商的口子是开的，前面不断吸引新的供应商进来，后面不断淘汰老的供应商。其基本假定是总有更好的供应商。这是个千亿级的企业，行业巨头之一，我就不信在一二十年的系统寻源后，一遍又一遍地拉网筛选，这世上还有多少“更好”的“漏网之鱼”。之所以总是有“更好”的供应商，主要是因为那些供应商为了“进场”，就低价中标，甚至亏本。进来没多久，油水被榨干了，供应商撑不住了，要么主动退出，要么被动淘汰。

而这个企业呢，就一直跟劣质供应商打交道：新供应商在磨合期，质量问题频发；老供应商在淘汰期，同样质量问题多多。用他们质量部门的话说，采购最后选中的（优选）供应商，都是些（质量眼里的）淘汰供应商。这企业还美其名曰，这都是为了创新。不过你用脚趾头想想，供应商关系不稳定，短期关系下，供应商朝不保夕，连最基本的质量、交付都做不好，还能做好创新？

淘汰不是供应商管理

在供应商管理上，有些人习惯性地淘汰供应商，把淘汰当作供应商管理的主要方式。

首先，淘汰供应商看上去贡献更大。你看看，公司多年来深受劣质供应商的害，现在我把这样的供应商淘汰掉，可谓是为民除害，功不可没。特别是新官上任的话，这便是政绩，因为解决了前任没能解决的问题。这其实是个误区，因为存在的就有其原因：前任之所以没能动此类供应商，要么是供应商的可替代性低，要么是换供应商成本太高。不了解这些就试图大动干戈，往往会闹个灰头土脸，给公司带来更大损失。

其次，有些人拿淘汰供应商当借口。他们明知有些供应商没法被淘汰，但还是“知难而上”，为的就是制造借口：你看我想淘汰这个供应商，是设计部门不愿意投入精力，生产部门不愿冒断货的风险，导致我没法淘汰，所以我就不对这个供应商的绩效负责。这其实是种极端不负责任的做法，也反映了这些人精神深处的劣根性：外在原因阻挡我成功——都是别人的错。

采购的淘汰为主的管理方式，也导致内部客户不愿暴露供应商的问题。比如在一个大型央企，总部的采购只知道淘汰，一旦听到项目上的内部客户抱怨，就让供应商停工整顿。但总部的采购只管杀，不管埋，供应商停工了，项目没法按期完成，却不关采购的事。于是，供应商有了问题，项目上也不愿告诉采购——老供应商虽然干了坏事，但整体还不错，现在采购一声令下给“冻结”，却找不来更好的新供应商，项目的后续进展就更困难。

这就如那些糟糕的爸爸们，平常不管孩子，一管就是打屁股，所以孩子干了坏事，妈妈都不敢告诉爸爸。不过这正是有些采购希望的：这是你不愿告诉我，不是我不愿意“管”——“民不举，官不究”，供应商出了问题可别怪我哦。

其实，对于这些“小采购”眼里的“淘汰”供应商，如果积极管理的话，很多看似不可解决的问题，往往都会得到解决。

举个例子。十多年前，我刚到硅谷，第一份工作就是管理供应商。当我刚接手一个供应商的时候，听到的都是负面评论，说这个供应商的主要客户是我们的竞争对手，一旦产能吃紧，他们会以牺牲我们为代价；又说这个供应商太欠灵活性，交货周期长，催货难，出了质量问题，也不肯配合解决。从工程师到采购员，大家都说该淘汰这个供应商。

但是，细究之后，我发现淘汰成功的概率为零。为什么呢？该供应商的产能多，设备好，没有别的供应商能代替；换了供应商，就得要求客户重新认证我们的产品，成本太高，根本不可能；工程师口头上义愤填膺，但一听要他们花那么多时间来验证新供应商，马上就不见踪影了；行业的旺季转眼就到，先出货要紧。

折腾了大半年，发现还是回到了原点。不得已，与该供应商重开交流，请他们的两个副总裁吃饭，详细了解他们的难处，发现很多担心都是莫须有：是的，我们是他们的小客户，但也占他们 30% 的生意，他们当然不愿失去我们这个客户；是的，他们的交货周期是长，催货困难，因为是同类供应商中最大的，本来就没有小供应商灵活，但他们承诺的却能说到做到；他们被形容成一伙软硬不吃的家伙，但几杯上好的葡萄酒下去后，大家都说开了，发现大家都是人。

我们对这个供应商意见多多，事实上，供应商也是我们的受害者：我们的预测太差，催货太多，生意忙起来雇人都雇不及，生意差了一半的人都得裁掉。那些说他们坏话的人呢，连真正去过他们工厂的都没几个，很多说法都是道听途说，以讹传讹。双方互相理解了后，一起做预测、排日程、解决问题，这供应商成了一个相当不错的供应商。

这里的经验是，要理性应对供应商问题，不要让感情因素占上风。离开了供应商的历史绩效，以及质量、生产和物料管理体系的评估，任何基于道听途说的供应商决策都是片面的，制造的麻烦可能远超解决的问题。

最后，这些淘汰供应商的“积极分子”，往往也是制造“该淘汰供应商”的始作俑者。这类人热衷于淘汰现有供应商，“修正”前人的“失误”，却“有意无意”地忘了他们的最大职责，那就是在新产品开发时选择合适的供应商。在新产品供应商选择上，这种人的小算盘其实打得很精：我不做任何决策，因为任何决策都有风险；等别人做了后，我再来批评、修正，显得我高人一等。例如工程师选了供应商（因为他们要出产品，必须得选择供应商），选得好则成为这类供应商管理人员的功劳，坏的话就推到设计人员的头上，制造出“又是设计人员的坏点子”的闹剧。

淘汰供应商看上去是一件事，其实是两件：淘汰老的，寻找新的，需要花两倍的资源，但产出只有一个，那就是有供应商能帮你干这活儿。热衷于淘汰老产品的供应商，必将导致在新产品的供应商选择上投入不足。结果新产品的供应商选择不好，等老问题解决了，新问题成了老问题，陷入“一步赶不上，步步赶不上”的恶性循环，结果是

“吃二遍苦，受二茬罪”，供应商管理一直没法走上正轨。

有些采购一旦从供应商处得不到他想要的，不管是应得的还是不应得的，第一个念头就是把这厮给换了。魔由心生：淘汰一旦成为供应商管理的主旋律，双方就没有合作的基调——尽管你不说，但供应商对你的想法一清二楚，就像小孩子善于察言观色，对爸妈的心态了解得比父母还清楚。你骗不了供应商。没有合作基调，就处于战争状态；冷战热战一段时间后，淘汰不了，双方（往往是采购方）期望调整，就重归理性，回到谈判桌前，不过几个星期的时间已经浪费掉了。早知如此，何必当初。你看唐僧西天取经，如果没有那些淘汰孙悟空的插曲，恐怕连一半的时间也用不上。你现在就知道，我们在淘汰供应商上做了多少无用功。

那对那些该淘汰的供应商究竟怎么办？**消极淘汰**：老生意尽量维持现状，但不要给新生意，等产品更新换代了，该淘汰的供应商就自然淘汰。相反，执意积极淘汰，直追穷寇，兔子急了也咬人，两败俱伤的情况也不鲜见。所以，要着眼长远。有时候，“今日不雨，明日不雨，必有死蚌”，看上去有点死心眼，但放在淘汰供应商上，未尝不是个好战略：今年不给你新生意，明年不给你新生意，后年老产品下市，你自然就被淘汰了。

当然有人会说，供应商很久没有获得新项目，那万一不愿维持现状，不好好支持现有的项目呢？想想看，为了你的业务，供应商已经买了设备、雇了人、备了原材料，一拍两散也不符合他们的利益诉求啊，还不要说做坏了自己的名声——世界很小，低头不见抬头见，万一你换个公司，成了它的大客户呢。同理，供应商也不是故意要做砸：他们做砸，往往有很多客观原因，比如设计优化没做好，可制造性差，需求预测准确度太低等。双方理性地正视这些问题，尽量想法改善，维持现状的概率还是相当高的。

当然，如果供应商当时是低价进场，不管是自愿还是被骗，寄希望于新生意而不得，现在没什么可失去，破罐子破摔，那只能怪你何必当初——这样的供应商根本就不应该纳入。

实践者问

对于合作问题大，而我司又不能替代的供应商该如何管理？

刘宝红答

假以时日，所有的供应商都是可替代的。你说不能替代，只是说没法立即替代罢了——在供应商管理上，我们本来就不应该指望“立即替代”，这会助长“轻选择，重淘汰”的粗放管理，重复试错。这就如你招聘员工，解决方案从来都不是“立即替代”：随便招一个，不行的话马上干掉，再招一个。

这种供应商有很多是**瓶颈供应商**，是最难对付的。最根本的解决方案就是不要选进来。现在很不幸，已经选进来了，那我们的**战略**要清楚：如果有未来，就进行供应商的绩效改进，向战略或优选供应商的方向发展；如果没有未来，那就维持现状，不要闹崩，消极淘汰。对于前者，双方都要投入资源来改善；对于后者，则要调整内部客户的期望，避免在内部客户的压力下采取激进措施，让供应商关系恶化，变成积极淘汰，那就损失更大了。

案例 淘汰了五年的供应商

五年前，某公司决定淘汰一个供应商，原因是该供应商偷工减料，以次充好，屡教不改。例如这周退还的次品，过几个星期就又会送来，以期蒙混过关；双方协定的工序，有些被有意漏掉，结果产品质量不合格，多次影响该公司的客户。

决策定了，而且是正确的决策。但为什么五年过去了，该供应商还没被淘汰掉呢？原来这个行业近几年一直火爆，供应市场产能有限，很难找到有足够产能的替代供应商。等终于找到了替代供应商，新的供应商在磨合期间不时出现质量问题，数度回收产品，多灾多难。客户方是另一个原因。该行业的规矩，对此类关键产品更换供应商要征得客户同意。客户 A 接受，不意味着客户 B 会接受。要摆平大大小小几十个客户，着实花了些时间。

其间，采购经理换了四任，采购总监换了三个。产品部、设计部的人员变动更是不计其数。整个淘汰过程一直在磕磕绊绊，摸着石头过河。每每有新人，就得从头学起，有些决策还被推倒重来，公司内部、客户及供应商的协调也是无章可循。这故事还没完。对有些料，老的供应商被淘汰了，新的供应商却不到位，断料风险时时存在，客户的抱怨、内部人员的不满，成了采购经理的噩梦。

业界人士说

供应商淘汰与否，虽然不是供应链部门独断，但是只要你说得出所以然，我相信阻力是可以化解的。

这个刚好我有亲身经历。我从上海的 IPO 被派到苏州一个工厂整合供应商，虽是钦差，但是个苦活尴尬的位置，而且一旦不成功，很容易出事，我的前任好像待了一年不到就走人了。

刚到的时候，很多供应商劣迹斑斑，交货，成本，质量，但是也不乏一些占很大比重的，很多涉及高额的模具和一些认证费用，所以说要淘汰实际上很难。而且我们公司生产的是电子设备，涉及的产品几乎涵盖了所有工业用途的零部件的种类，有些产品量也不大。

我当时跟老板讲，我们其实也没有必要把那些问题供应商都淘汰掉。对于有些供应商，实力不差，完全可以整合好。我打算先把问题供应商分类，做个大致的提案。有的直接淘汰，没人会有异议；有的可以继续做，但是必须做好后备；有的直接去跟它们谈，把僵的关系扭转过来。

再说，还有很多的问题，工厂自身是不是也有问题。后来一查，果不其然，财务账款拖欠，技术部拖延样品确认时间，质量部多重标准验收，内部问题多得很。而且我就带了一个人在人家的工厂里，我做什么，要动谁，很快就会被供应商知道，然后威胁说要是动了马上停止供货。还有就是，我要是把这些问题明朗化，就是在挑战这里的总经理，所以阻力很大。

我一步一个小心，花了小半年才慢慢把这些关系协调好。

这段时间，整合供应商小有成绩，更有趣的是，政治水平也得到很大提升。

真的是，有人群的地方就有政治，无论中国人还是外国人。我们有时候本来是为了解决问题，在做事，但是在别人看来未必如此。这就需要你有足够的准备，包括数据分析、安全的后备方案、风险分析等作基础，不然向上走很难。——李伟，飞达仕集团，全球采购部分部项目经理

小贴士 不教而诛是为虐

在美国，因为绩效问题而解雇一个人还真不容易：你得先给这员工改进的机会，制订绩效改进计划，并确定具体的改进目标。大致三个月后，双方都尽了合理的努力，员工还不能达到目标的话，这才进入解雇程序。

这样做是为防止诸多问题，例如：①员工没有及时知道他们的绩效表现不达标，突然被解雇，难以接受，结果以各种理由去告雇主（尽管在美国，公司有权随时解雇员工，就如员工可以随时决定离职一样，即 at will employment，但员工告公司，不管有理没理，对公司的声誉总有影响）；②原来的绩效目标不合适，或者已经变了，但老板还是“按规定”办事，解雇那些自己不喜欢的员工（对自己喜欢的员工，老板总是有各种理由保护）；③员工应该有改过提高的机会，而雇主应该提供条件帮员工改进（这里的“过”不包括那些法律不允许的，如性骚扰、毒品、职场暴力等）。

用孔子的话讲，就是要避免“不教而诛是为虐”的情况。放在供

应商和供应链管理上也是。

讲个自己的例子。在职业生涯刚开始的时候，我管过一个供应商，按时交货率一直在70%左右，而且不时有质量问题，长期也不见改进。跟他们的总经理讲过几次，也不见效，于是就积极寻找替代供应商。几个月下来，找不到合适的，就回到现有供应商，寻求改进方案。到现场访问该供应商时，问负责我们产品生产计划的员工，知道我们的按时交货率要求吗？不知道。知道你们有按时交货问题吗？不知道。

原来，不管对哪个客户，这个供应商的按时交货率都是70%左右，那些客户也OK。我们的要求不同，但供应商根本不知道。这其实是个沟通问题。等我们详细地解释期望后，供应商才意识到问题的严重性。解决方案其实很简单：供应商多用点心，计划得好一点，多留一两天的缓冲余地；双方每周电话会议，随时解决问题。几个月下来，这个供应商稳步达到95%的交货率。

不难看出，**“教”的出发点是沟通**。供应链的很多问题是欠缺沟通造成的。《四项协议》(*The Four Agreements*)一书中有一条，就是说不要做任何假设。不要假设供应商知道你的要求，不要假设他们知道他们的问题，不要假设寻找新供应商是唯一解决方案。很多问题，都是因为先入为主的假设，双方欠缺沟通而造成的。问题摆到桌面上，摊开了，讲明白了，其实往往并没有想象的那么严重。《成功人士的七种习惯》一书中说，要尽量去理解，也是为增进沟通、避免假设。作为职业经理人，沟通是我们的一大要务，也是领导力不可或缺的一部分。

“教”也是履行你的义务和责任。员工有绩效问题，原因往往不是单方面的。除了员工的能力和积极性以外，业务挑战太大，管理不到位都可能是诱因。在美国，如果你要解雇一个人，人力资源会首先问，作为员工的经理，你是否已经尽了你的责任和义务？你的管理方式是否对？在淘汰一个供应商的时候，你是否问过自己同样的问题？很多时候，采购方并没有尽到自己的管理责任，没有通过适当的努力来管理这个供应商，而是道听途说，以偏概全地得出结论，从而采取非最佳解决方案，结果导致采购方与供应商的双输。

“不教而诛是为虐”同样适用于导入任何变革。供应链涉及多部门、多公司，尤其在跨地域、跨文化、跨时区的情况下，沟通、协调就更重要，而且更需要时间。员工不愿接受改变，往往不是因为他们不愿意，而是因为我们没有沟通清楚。

这里有两个数字：7 和 21。7 是指沟通 7 次，通过 Email、电话会议、面对面等多种方式，人们才能理解；21 是重复 21 次后，新的改变才能成为人们的习惯。一旦接受了，成为日常工作的一部分，后续管理就相对简单。难就难在过渡阶段，这是供应链职业人士的重头戏，也是他们培养和展现领导力的好机会。

业界人士说

个人感觉主要是个工作心态的问题。现在好多入行的采购人员总是把管理供应商的重点放在一些所谓的“技巧”上，而忽略了本质。本质就是与供应商打交道，重要的是坦诚、沟通、合作。本着这样的心态去管理供应商的话，不一定能争取到每一个供应商，但至少不会出现大漏洞。虽然不可否认处于“甲方”地位的供应商管理人员会有一定的优势，但应该把这种优势化为工作的优势，而不是用来增加自己那种所谓的“优越感”，这是不成熟的表现。——安俊龙，C.P.M.，北京科技大学 MBA，专修供应链管理，并在北京从事供应链管理工作

供应商整合：要靠解决问题，不能光靠制定政策

20 世纪 90 年代以来，在美国，供应商整合是供应链管理的热点之一。供应商越来越少，采购额越来越集中，从而取得更好的议价优势和规模效益。据不完全统计，供应商整合可一次性降价 6% ～ 12%，外加 2% ～ 4% 的多年年度降价。对供应商来说，整合带来更多生意和

长期合作关系，采购方的供应商开发也可帮助供应商增效节支，从而提高盈利水平。

举几个例子。从 1990 年到 2000 年，哈雷摩托的供应商数量减半，其中 MRO 供应商从 3000 多个，一路整合到百分之八九十的采购额来自 3 个供应商。在航空业，从 1995 年到 2000 年，美洲航空公司把 17 000 多家供应商整合到 2000 多家。通信行业也不例外。以朗讯为例：2003 年前该公司有 3000 多家供应商，其中最大的 1000 家只占采购总额的 40%；经过整合，关键供应商压缩为 60 个，采购额占朗讯开支的 80%。

汽车制造、半导体、家电业、日用消费、国防工业都经历了类似的整合。

在国内，由于经济一直在快速发展，很多企业总觉得供应商不够用，供应商数量一直在膨胀。什么时候供应商就太多了？增速放缓，成本压力大增的时候，但那时候已经太晚了。基于北美企业的经历，这里想探讨一下，那么多的供应商究竟是怎么来的，现在太多又该怎么办。

总的来说，供应商过多的原因很多，这里主要讲一下分散采购、设计多样化、公司兼并。

分散采购指采购决策分散到事业部、分公司层面，事业部与事业部、分公司与分公司之间的联系很少。这样，同一种产品，不同事业部、分公司可能用不同的供应商。例如生产农用机械的美国迪尔公司，年销售额达数百亿美元，长期以来是个分散型公司，很多采购都由各工厂支配，采用统一合同、统一供应商非常困难。在后面要讲到的案例中，一个实习生走遍 14 个工厂，把各个工厂使用的每种手套都收集一付，结果收集到 424 种不同的手套，由 6 个供应商供货。即使是同一个供应商，同一种手套，不同工厂的价格都可能不同。

设计多样化是造成采购品种多、供应商多的另一主因。拿前文案例中的摩托罗拉来说，该公司一度有 60 多种型号的手机，不同的型号很少共用电池，造成100多种电池，给采购和库存管理带来极大的挑战。外观设计多样化有一定的道理，因为消费者可能喜欢不同的样式；而电池纯属功能性部件，消费者只在意重量、续航能力等，为什么要设计100多种？原因很多，但离不开标准化、通用化、模块化程度低，设计人员互不通气，没有约束的创新等。

公司兼并是又一因素。大公司兼并，供应商数量动辄增加成千上万，得数年工夫才能"消肿"。兼并后，主流产品的供应商一般都会整合，但非主流的则可能维持现状。此外，供应商选择是公司兼并后势力角逐的延续，人人都想用原来自己的供应商，舍谁取谁往往很难决定。作为妥协，结果往往是维持现状，而维持现状则导致供应商数量增加。

有的公司为了加速新产品开发，给新产品阶段的供应商选择以很大的灵活性，比如设立专门支持新产品的采购部门，选择快速打样能力强、量产能力未必好的供应商。工程师们甚至能单方面选择供应商，而这些供应商往往不是公司已有的供应商，直接导致供应商数量泛滥。一旦产品进入成熟阶段，其弊端就越来越明显：这种随意性带来采购额分散、供应商多头管理等诸多问题，成了采购和公司的头痛病。

对策很多，这里主要讲一下集中采购、标准化和合格供应商清单。

对策1：集中采购

集中采购是为对付分散采购的弊端，在更高层面选择供应商，议定价格，签订协议，然后由各分部去执行合同。比如原来是工厂选供应商，现在上升到分公司；原来是分公司，现在上升到总部。

例如，石油巨头雪佛龙设有庞大的公司采购总部，配备一系列分析员，调查、研究市场行情，就公司的战略资源与供应商谈判。电话、电信、车队、差旅、酒店、办公用品等是集中采购的首选，因为这些在不同分部之间具有共性。在美国，有些非竞争对手甚至组成采购集团，统一采购，降低价格，与共同的竞争对手抗衡。例如半导体设备制造行业，应用材料是整个行业的龙头老大，采购额大，有议价优势。小一点的竞争对手如泛林研发、科特等就曾组成采购集团，就共同需要的采购项与供应商谈判，以与应用材料抗衡。

集中采购的过程自然而然就整合了供应商。但是，它增加了控制却降低了灵活性，取得了价格优势却往往降低了采购的响应速度，减少了内部用户的选择余地。这几年国内流行集中采购，一些大型国企、央企有专门的集中采购比例指标，逐年驱动越来越多的采购额通过集中采购。但集中采购的速度慢，从整合需求预测到招投标到发标，动辄 3 到 6 个月的时间就过去了。而这期间，内部客户就受到很大影响。

例如在有的公司，因为集中采购合同还没签，内部客户只能向供应商借料，手续繁杂；因为同样的原因，供应商拿不到货款，也是怨声载道。这其实也反映了单一指标的问题——集中采购追求的是成本优势，往往以牺牲内部客户的利益为代价。要知道，采购不但要省钱，而且要服务好内部、外部客户，两者缺一不可。

对策 2：标准化

标准化是减少不必要的设计多样化，采用标准件，以减少采购品种和供应商数量。

在很多公司，相信这点不鲜见：功能差不多的部件，却有很多种设计，后面跟着一堆供应商。例如上面提到的迪尔公司，一种车灯竟然有几十种设计。农用机械以实用为主，设计这么多种车灯没什么实质意义。那什么造成设计多样化呢？不同的设计部门、产品部门不通气，通用设计不共享，公司兼并等是主要原因。把这些车灯标准化成有限的几种后，每种的采购额大幅提升，供应商数量大幅减少，价格自然降低不少。

迪尔的 32 种车灯：他们就真的需要那么多种型号？

这样的标准化需要设计部门配合，往往周期长，难度大。例如摩托罗拉的手机电池，最终从 100 多种标准化到 5 种，相应的供应商数量也大幅下降。但公司得专门成立一个电池委员会，负责人就是后来公司的首席采购官，可见公司对标准化的重视，也反映了部门协调的难度之大。

解铃还须系铃人，设计多元化必须得由设计来解决。但这在很多公司都是奢望：设计要么整天被新产品的最后期限赶着，要么被客户的质量问题追着，对已经定型的产品，哪里有精力重新标准化设计？而且在很多行业，重新设计需要客户认可，难度很大。所以，对此类问题一定要**预防为主，一次性做对**。

比如产品、工艺和供应链的并行设计就是应对措施，即在设计产品的时候，一定要考虑工艺上如何生产、供应链上如何供应，通过后两者来优化前者。而对供应链来说，产品设计是供应链众多问题的源头，供应链管理其实是从产品设计开始。这就是三星当年搞供应链，从培训设计人员开始的原因。出于同样的考量，这些年我帮助本土企业提高供应链管理，也是经常把营销、设计和供应链运营（计划、生产、采购等）放在一起培训，让他们更好地理解各自职能在供应链管理中的角色。

好消息是，有些标准化不需要牵扯设计。例如后面的迪尔公司手套案例中，采购人员把424种手套让各个厂长看。厂长们不傻，一下子就看出问题所在。形象生动的案例促使大家很快达成共识，一个跨越多厂的战略采购计划应运而生，424种手套被缩减为24种，6个供应商被整合为1个，手套价格减半。这个项目之所以能够成功，在于它采用直观形象的方式，让决策层清楚地认识到问题所在，从而采取行动。

对策3：合格供应商清单

供应商数量失控，也与设计、生产、采购部门不遵循供应商准入制度，随意采用供应商有关。例如有些供应商与设计人员刻意搞好关系，在采购人员不知情的情况下就提供样品，等发现时已经太晚，该供应商已经被设计进产品了。

这些可以通过**合格供应商清单**来控制。合格供应商清单也是供应商准入制度。清单上的供应商，公司各部门可自由选择；但是，如果要采用清单外的供应商，就得有足够的理由，并且得到预先批准。对于传统上分散采购的公司，尤其是规模大的公司，合格供应商清单的达成本身就是件非常困难的事。针对特定商品大类，在公司层面成立采购委员会，就如IBM的一些做法，是促成共识的一种方法。

要解决问题，而不是光靠制定政策

不管是集中采购、标准化，还是制定合格供应商清单，看上去都不是什么惊人之举。那么，为什么供应商整合困难重重，甚至屡屡失败呢？依我来看，关键在于是在解决问题呢，还是光制定政策。

先看是**解决谁的问题**。供应商整合一般是冲着采购的问题而去，而不是用户部门的问题：采购要一轮又一轮地降价。但是，设计部门需要供应商出货速度快，至于能否支持量产则无关紧要（至少在新产品开发期如此）；生产部门要求交货准时，质量可靠，价格高低与他们关系不大。作为采购部门，如果只想解决自己的问题而制定政策，注定要失败。

举个我亲身经历的例子。

十几年前，我从商学院刚毕业，就加入硅谷的一家高科技公司管理供应商。工作开始不久，就遇到管理机械加工件的同事做报告，主题是供应商整合。他的处境也够惨：两三千万美元的采购额，却有四五十个供应商。分摊下来，对哪一个供应商也没有绝对支配权。到哪儿去降价、要折扣？年复一年的成本节省指标，如何实现？这同事是个非洲裔，光头，体格如 NBA 的球员（曾经是圣何塞的健美亚军），健谈如国会山的议员。一番慷慨陈词，听者动容。但两年之后，问题如旧，症结何在？设计人员的需求没有被满足。

原来，他的合格供应商清单是围绕量产要求制定的。这些供应商规模大，"船大难调头"，交货速度没有小公司快。公司的按时交货率又偏重于量产件，例如达到 95% 就算优秀，但迟到的 5% 如果大都是设计部门的新产品，那么对设计部门来说按时交货率有多差，可想而知。于是工程师们就以各种借口采用清单外的供应商。清单外的供应商为拉生意，就刻意满足设计人员的要求。但转入量产，黑人同事的控制能力增强，便尽量把生意转移到合格供应商处。这导致一系列问题。

第一，给合格供应商错误的信号，即"你用不着支持新产品开发，一到量产，把铅笔削得尖尖的，报个好价，这生意就是你的了"。想想看，新产品开发又累又苦，量小不赚钱，这些合格供应商会乐意支持吗？即使支持了，量产时二次发标，这生意到谁家还不知道呢。

第二，新产品开发又苦又累，合格清单外的供应商支持工程师，就是寄希望于量产，等量产后赚回来。好不容易量产了，煮熟的鸭子却飞了，那下次工程师打电话过来，这供应商还会接吗？而设计人员也就只得再找"愿者上钩"的供应商，开始下一轮的游戏。

第三，量产后，并不是所有的零件都能转厂给合格供应商。没被转厂的那些零件往往量小，生产难度大，成了非合格供应商的“鸡肋”，食之无味，弃之可惜。这样的供应商也就成了“瓶颈”，为日后的质量、交货问题埋下伏笔。而供应商的数量呢，也就在这一轮又一轮的游戏中膨胀。

黑人同事焦头烂额，不是生产线断料，就是供应商质量问题，每天都在救火和骂人中度过。先是骂供应商，自然是那些非合格供应商：说好上周五就送来的货，都迟到一星期了，还不见踪影；好不容易送来了，还是次品，你们会不会做生意？然后是骂设计：合格供应商的产能利用率只有 70%，你们还到处找非合格供应商，居心何在？唯独不骂他自己，因为在他看来，所有的真理都掌握在他手里——这也是美国教育的特点：人人都很自信。

当时我管理钣金，一开始也存在类似的问题，因为以前钣金和机械加工件是一起的。鉴于机械加工件的问题，我就采取了一系列不同的做法：①设立**新产品**按时交货率，要求供应商不得低于 95%，以满足新产品开发和设计人员的需要；②明确规定，任何零件，多家询价，阶梯报价（比如每次采购 1 件、3 件、5 件、20 件、100 件，单价分别是多少），重要的是一次发标，意味着如果不支持新产品开发，过了这村，就没这店，供应商就得不到任何新生意。

这下合格供应商们慌了，因为不再是以前的“不管别的供应商怎么争，到了量产还归我们”，于是纷纷划分专门生产设备、分配专人来支持新产品开发。这对它们也没多少额外成本：经济低迷，它们的产能利用率连 50% 都不到，划出来一些设备，指派专人支持新产品开发也没多少额外成本。这个人的全职工作就是等着电话铃响——我们的工程师一有需求，20 分钟后，这老兄已经到了工程师的办公室，各种要求当面讲清，图纸、规范交割完毕；半个小时后，机床已经启动了；没多久，样品已经打好，亲自送给工程师了。

设计人员得到他们想要的，自然用不着找别的供应商；合格供应商一次招标就获得生意，而且不用担心自己辛辛苦苦支持开发，却在二次招标中流入竞争对手；采购人员也通过多家询价确保价格合理，并且确保新生意流入合格供应商，可谓一举三得。随着时间流逝，老产品下市，那些“鸡肋”供应商也自动被淘汰，供应商就自然被整合。

这后面还有绩效考核。单列出来后，刚开始，新产品的按时交货率都很低，那就让供应商做根源分析，采取改进措施。**统计什么，就得到什么；想得到什么，那就统计什么**。几个月下来，新产品的按时交付稳步提高到 90% 以上，有些供应商甚至达到 100%，内部用户的满意度大增，给采购的压力就小多了。

上面的例子尽管来自制造业，但有其普遍意义：

第一，不管在哪个行业、哪个公司，供应商整合都是牵一发而动全身的，一定要权衡各方面的利益，通过满足各方的正当需求来缩减供应商数量。光制定政策，不解决问题，注定是要失败的。

第二，千里之行，始于足下。看上去动辄千百万元，甚至上亿元的供应商整合方案，其实都得落实到一个个具体的零件。不积小流，难以成江海。每个零件都不能忽视，否则供应商整合就只是空洞的战略一个，注定要失败。相反，供应商数量的失控，也正是从这一个个的零件开始。防微杜渐，就得从这些看似微不足道的小事做起。

供应商整合后，就是与优选供应商建立**长期合作伙伴关系**。在长期关系下，例如双方签订 3 到 5 年的合同，约定一次性降价和以后年复一年的降价指标，约定绩效、标准和管理流程，然后就进入履约阶段，不用年年谈降本，年年伤感情。

延伸阅读

《新供应商都找不及，你还想整合》。企业业务爆炸式成长，采购的一半时间在路上，催货。找咨询公司帮忙，建议都非常一致：先得做供应商整合。在我的“供应链管理专栏”（www.scm-blog.com）上搜索题目，或者扫描二维码即可阅读全文。

案例　迪尔的424种手套

约翰·迪尔是全球500强企业之一，大型农用机械领域的主要制造商，2017年销售额为297亿美元。该公司传统上是分散采购，分部、工厂的自主权相当大，有自己的采购机构，很多采购决策都由分部、工厂自己做。同样的产品，不同工厂采购不同品牌或者用不同商家，造成采购额分散，库存种类繁多，供应商太多。一句话：降低了规模效益，增加了复杂度和成本。

戴维·尼尔森入主迪尔采购部后，很快意识到分散采购的各种问题。为了改变分散采购的局面，推进集中采购，他先得证明分散采购的问题。于是，他们雇了个实习生，走遍俄亥俄州一带的14个工厂，把每个厂用的每种手套都收集一付，结果收集到424种手套。手套是劳保用品，能保护手，不影响工作效率即可，用得着那么多种吗？让人吃惊的是，即使是同种手套，由同一个供应商提供，不同工厂拿到的价格也不尽相同。根源何在？分散采购惹的祸：各个工厂的采购互不通气，被供应商钻空子就不难理解了。

采购部把424种手套做成展板，等厂长们来总部开会时参观。厂长们一点也不傻，一看就明白了。那解决方案也很简单：一个跨越多个工厂的采购计划应运而生，经过集中采购，424种手套被标准化为24种，6个供应商被缩减为1个，手套价格降低50%。

几百亿美元的大公司，小小手套，即使是免费，恐怕也省不了多少钱。拿手套做文章，其象征意义大于实际意义。它从一个人人都熟悉的产品出发，说明一个基本道理：集中采购能省钱。但是，它又不让当事人产生抵触心理——小小手套，以前是浪费了点钱，就当交了学费，大家一笑了之，谁在乎呢！如果选了个贵得多的产品，浪费了几百万、几千万美元，捅到董事会去，那些厂长的脸上还挂得住吗？惹了这些封疆大吏，以后的集中采购还能推动吗？

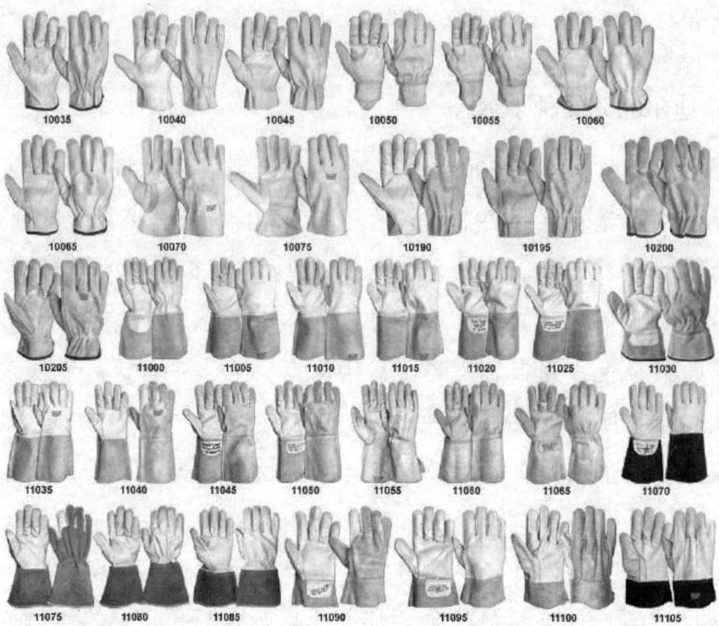

迪尔的424种手套：分散采购是祸根

采购的集中化是个大变革，与其说是管理行为，不如说是领导力行为——领袖的重要职责就是导入良性的变革。变革成功与否，与其说取决于实施难度，不如说取决于能否清楚地沟通变革的必要性。手套案例之所以能够成功，在于它找到这么一个人人都熟悉的对象，采用直观真实的方式，让决策层能切实地认识到问题所在，从而采取行动。

而领袖的作用，就在于寻找这样耳熟能详的例子，让人们认识到改变的必要性。至于改变本身，其实倒是次要的了——企业里的事，很少有什么真正的难事，只要投入资源，愿意去做，总能做得更好，至少比以前要好。

这让我想到另一个案例。在硅谷，有个公司面临困境，老总想提醒员工勒紧裤带过苦日子，思来想去，就把送信的那位临时工给辞退了。人人熟悉的送信员下岗了，于是大家一边抱怨着自己去拿信，一边也意识到得努力工作，共渡难关，否则恐怕自己的位子也难保了。

再讲个美联航的故事。大意是说为了控制成本，美联航的 CEO 拿加勒比海的一个仓库开刀，说为什么要花钱雇专人看管仓库？答曰为了安全。那为什么要两个仓库保管员？因为要每天轮班。CEO 说，兵不厌诈，就用一个，有时上半夜值班，有时下半夜值班，不就省下来一半的成本？于是一个保管员就丢了工作。过了段时间，CEO 看到了开支，就又发问了：养条狗不同样可以看仓库吗？成本又低。于是第二个仓库保管员就丢了工作。又过了段时间，CEO 又发问了，为什么得养条狗呢，把狗叫声录下来播放不就行了？于是这条无辜的狗也丢了饭碗。

我是通过第二手资料看到这个故事的，不知是拿美联航开涮，还是真的。对于一个几百亿美元的大公司，开掉两个无辜的仓库保管员和一条毫无错误的狗，其象征意义恐怕远超过实际意义。不过这个貌似戏谑的故事，却传递了清晰的信号：对每一笔成本开支，都要探究根底，能省就省。从沟通和导入良性变革的角度看，这是个非常有效的案例。

这些年来，我越来越觉得采购是个领袖角色，因为它需要我们清楚地沟通问题、提出解决方案，推动多个职能来执行。职业人的挣扎，其实不是因为不懂怎么做（管理行为），而是因为不懂如何沟通和推动良性变革（领导力行为）。

案例　整合后的供应商不降价

大半年前，张天望跳槽了，加入一家本土制造业巨头，负责零部件的采购。在这个新职位上，按时交货率没有多少挑战，但年度降本的压力却更大了。

最近两年该公司推行资源整合政策，对于采购来说，就是精简供应商，集中采购额。这策略不错，一轮供应商整合下来，全公司由 3000 整合到 800 多，采购人员的日常管理负担也大为减轻。就张天望负责的品类来说，以前有 190 多个供应商，大大小小、海内海外都有；

现在就30多个，日常管理上容易多了。

但与此同时，供应商也变得比较牛气一些。本来有些供应商已经挺大，加上现在这个政策，它们知道将来的生意无非就是它们几家，于是在价格谈判上就比较棘手。

比如说现在的年度降价，张天望最大的供应商在海外，都拖延了快半年了，每次都说给好好准备，结果来了中国以后，做的报告成了他们的诉苦大会，比如原材料上涨，只字不提降价。现在的谈判陷入了一种莫名的冷战。由于时差的原因，大多谈判都是通过邮件。现在供应商要么推迟回复，要么干脆不回。此外，对于海外供应商，公司的采购额估计连其5%的生意都不到，张天望的议价能力也确实有限。

国内的供应商呢，由于在下一代产品上拿到的生意太少，没了奔头，在年度降价上也很不配合。公司前些年从中低档产品做起，高速发展10年后，已经做到每年上百亿元的营收，下一步的战略目标是进入高端市场。原来的供应商大多在国内，这些年随着公司发展壮大，规模虽然做大了，但管理、技术和质量一直在低水平徘徊，没法指望能帮助公司进入高端产品市场。所以在高端产品开发中，公司吸纳了更多的海外供应商，很多关键零部件改由海外供应商供货。而国内的老供应商呢，没拿到多少新生意，就颇有微词，在合作降本上意愿不强。当然，张天望也知道，那些老零件都年度降价三四年了，确实也剩不了多少油水了。

都7月份了，他的年度降价目标才达到三分之一，张天望一筹莫展。

案例分析

伴随供应商整合的，应该是供应商的长期承诺。简单地说，我们减少了供应商数量，增加了采购额，供应商也要做出长期承诺，例如未来几年的年度降价、按时交付的改进、质量合格率的提高、新产品开发的技术与人员投入等。供应商整合、长期合约不意味着天下大同，放弃一些的同时一定要得到一些。这些都得在整合前以协议的形式约定。

另外，北美有些公司的经验表明，供应商整合到一定地步，面临的就是供应商优化，即增加供应商数量，有点“分久必合，合久必分”的意味。学术界也在试图研究这种变化趋势，但还没看到定论。

有读者说，这个案例也应了我们平常的一句话“一利一弊”。我们在整合资源，获取各种优势的时候，也在扼杀我们将来的选择余地。整合到一定程度，整合也是一把双刃剑。他总结出几点：

①达尔文式的采购还是必要的。没有选择权，只有听话的份儿。②整合的手段运用火候，对供应商可以扶持，但是要考虑可能产生的风险；扶持大了，就要到打压的时候了，不要把一家养成大鲨鱼。③模块化采购，看看供应商的产品是否模块化组合，分解制程，减少“能人”的依赖度。④替代方案：电子产品基本上是实现功能的，这需要在设计阶段准备尽可能多的备选方案。⑤考虑供应商切换成本，关注合同前的审核，避免合同后对企业形成制约。注意：没有成本的承诺是不可信的，在审核合同的时候，必要的条条框框要有，而且要真正做出带有代价的承诺。⑥实在谈不动的时候，注意别激怒供应商——万一要风不干了呢。明修栈道，暗度陈仓，让供应商自己感觉不对劲的时候找你吧。⑦确实没有其他选择，就按照战略供应商来对待吧。所以我们采购不仅仅通过购买组合的关系来制定静态的采购策略，还应将供需关系处理成动态的管理过程。对供需的商业行为和力量发展的对比做一下监视（汤继贵，某咨询公司咨询顾问）。

另一位读者补充道，适当的竞争是必需的。记得上海大众原来提倡独家供应，但是后来也没有办法，改成多家供货，使成本得以大幅降低。于是有普桑从 18 万元降到 6 万元的神话（向周平，宁波瑞明电器有限公司，研发中心副总经理）。放在这个案例中，就是扶持本土供应商中的佼佼者，一方面给海外供应商导入更多的竞争，另一方面给本土供应商希望。

还有一位外资企业的职业经理人，更多地从专业分析角度着手。他说，店大欺客只能欺外行客，做一个详细准确的成本分析吧！当然，可以要求供应商也做一份，大家一条一条地核对，这样即使纷争，也很容易解决了。当然，不要忘记了给供应商利润空间。作为采购方，一定要了解价格构成，有些价格的成本主要在原材料，有些不是，分析好哪些是市场因素，哪些不是，谈判的时候就不会被人牵着鼻子走了。记住，降价不是衡量一个采购人员是否专业的标准，所以做到公平合理才是最重要的。对于欲要欺客的供应商，他还是有自己的底线的，做好前面的分析，不要触及他的底线，如果他不想丢掉这个客户，大家有的谈。双赢是理想，虽然并不一定每个人都这么想，但一定没有人愿意两败俱伤（王涛，IKEA，Packaging Specialist）。

这个案例也多次在我后来的培训中用到。特别值得一提的是一位研发总监学员。他说，他会先了解供应商的需求，比如有没有年度营收的目标，看公司能否给他们更多生意，以换取降本。他也会从设计角度出发，看产品设计是否有优化的余地。这些很有见地，体现在几个方面：①共同解决问题的思路——通过解决对方销售的问题（比如年度营收指标），来帮助他说服他的管理人员给客户降本；②降本上台阶的思路——对于长期合作的供应商来说，更多的降本要通过流程优化与设计优化来实现。在谈判降价上一条路走到黑，供应商关系注定不会好，长期合作就是句空话。

当然，不管怎么博弈，最后还是要走到合作的路上。**你不能完全依靠选择余地来解决问题，因为没有绝对的自由，你最后总是要陷入选择有限的境地**。就拿一位读者的话说，铸件很普通，铸造厂也多如牛毛，但是当你精挑细选，然后投模具试样熟悉操作流程，千锤百炼走上合作了，你也基本上被拴定了。转移是需要成本的，而且意味着前期的投入打了水漂。怎么办呢？就是不弃不离，沟通谈判战斗妥协，经过无数次较量，最终寻求一个双方都能接受的平衡点。

实践者问

供应商整合后被绑架。整合的好处是大客户，但被反绑架，比如供应商涨价，造成很多压力。分的结果是管理难度上升，而且涉及下级供应商，做不精，管理成本高。

刘宝红答

企业越大，其实受到的约束会越多，比如能够满足业务量要求的供应商会越来越少。越是进入高端领域，可供选择的供应商会越少。比如就半导体行业来说，可以说每个芯片厂都被ASML、应用材料和泛林研发等“反绑架”，因为绝大多数的设备就这几家供应商在制造。作为应对方案，采购方得提高能力，跟这些大供应商打交道。另外，力的作用是相反的：如果供应商“反绑架”了你，你一定也“绑架”了供应商——一个行业做到最后，大供应商就那么几家，大客户也是。所以双方还是有合作的基础，双赢是最符合双方利益诉求的。管理得当，双赢是可能的。

业界人士说

供应链整合讲起来比较大，我讲一下自己的认识。

（1）首先像大家讲的从源头抓起，要建立规范的合格供应商目录，这是最基本的工作。这样可以控制供应商的数量，进每一家供应商都必须至少得到公司副总裁的审批，最好有一个多部门审核小组进行审核，公司领导批准。

（2）要保证合格供应商目录的先进性，符合公司产品的要求和竞争力，要根据绩效不断优化，就像是一支足球队，前方后方都得有实力才行。

（3）针对不同的材料，制定不同的采购策略，制定公司部品选用的游戏规则。比如定制件，只找两家技术强、合作意愿高的厂商，绝对不能多。同时要尽可能标准化，减少定制件的规格。采购部门提供这样的标准化库，此库要与设计人员甚至营销人员共同制定，充分听取内部客户意见，共同决定的东西一般不容易反悔甚至故意对着干。如果是一些通用件，直接提供通用件清单，工程师只能从清单中选择。

（4）要在公司高层领导的支持下，不断向设计人员、产品规划人员灌输减少供应商数量和定制规格数量的好处，经常把公司的损失、呆料、缺料、项目延期等情况发给设计部的领导“欣赏”。如果做得好，可直接把由此造成的经济责任与他们的部门收益、个人收益挂钩。要想尽办法将这些工作的得失与设计部的切身利益如产品质量、进度、成本紧密联系起来。采购工作要尽量透明化，消除其他部门对采购工作的一些误解。同时，采购人员的责任心、沟通欲望和能力、公司领导和部门领导的意识与支持程度也是这一工作得以取得成功的重要因素。总之，采购做这件工作的时候，要有极大的恒心，讲究共同参与，“软硬”兼施。

（5）从具体操作上，不妨从一类部品开始做，再举一反三，时间长了，大家感觉到甜头了，有成就感了，推动起来比较容易。我们曾经将一类部品的十几个规格8家供应商整合到3个规格两家供应商，现在想想当初怎么会有那么多供应商，真是不可思议。

——顾凤军，寻源经理，夏新电子股份有限公司

到现在为止，我们系统地介绍了供应商的选择、管理五步流程。下面我们要讲供应商管理方面的两个特殊情形：关键下级供应商、客户指定的供应商，因为这也是供应商管理的关键构成。

关键下级供应商：本田和苹果为例

对大多数公司来说，供应商管理止步于一级供应商，即跟公司

直接有订单交易的供应商。而对于那些具备独特的技术、工艺的二级、三级甚至四级供应商（以下统称下级供应商），采购方认为应该归一级供应商管理；而有些一级供应商呢，因为缺乏技术和管理能力，往往没法行之有效地管理下级供应商。于是，这些下级供应商成了“三不管”：**采购方不愿管，供应商没能力管**，形成供应链的风险源。

采购方不愿意管，供应商没能力管，关键下级供应商成了“三不管”

下级供应商之所以存在，往往是基于其独特的**经济**或**技术**价值，是专业分工的结果。如图 2-27 所示，下级供应商虽然数量众多，但绝大多数是不需要管理的，市场机制就能够有效对付。比如一级供应商要买些纸杯子什么的，纸杯子供应商是谁也不用去管理的——此类下级供应商存在，更多的是经济分工的原因，而不是技术原因，因而市场机制可以有效管控。少数下级供应商比较重要，比如有一定的技术优势，但一级供应商能够对付，必要的话要求报备批准即可。而极少数的**关键**供应商呢，因为技术、工艺等要求高，一级供应商没能力管理，就得采购方自己来管理。

那么，究竟如何判断哪些下级供应商是关键的，需要采购方来介入管理？我们可以从供应链的结构，分两种情况来看。

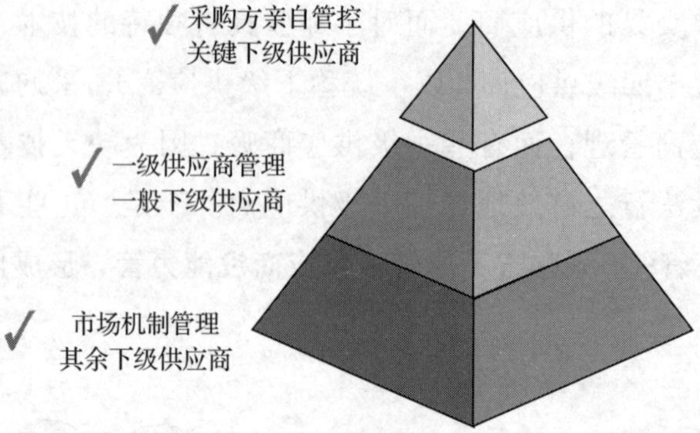

图 2-27　下级供应商数量众多，必须聚焦重点，好钢用在刀刃上

如图 2-28 所示，如果一级供应商的数量很有限，表明入行门槛较高，能进来的供应商能力一般都不错；如果下级供应商的数量很大，表明入行门槛较低，下级供应商的技术含量较低。这种情况下，采购方深度介入下级供应商管理的可能性就小。相反，如果一级供应商的竞争非常激烈，供应商数量很多，而下级供应商的入行门槛较高，供应商数量有限，则表明一级供应商往往没有能力管理下级供应商，需要采购方深度介入。

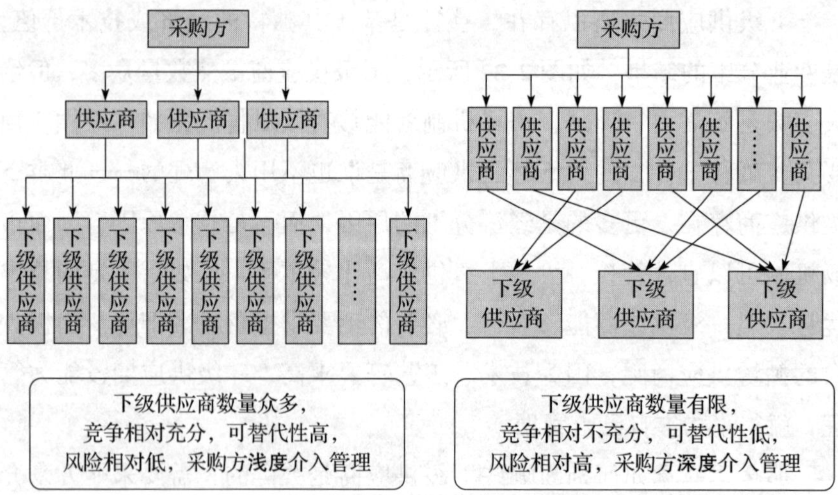

图 2-28　管理哪些下级供应商

举个例子。比如说机械加工件，不管在哪个国家，供应商都是苦力型居多，价格竞争激烈，利润率低，难以负担一流的人员，以有效管理关键的下级供应商和供应链。而它们的下级供应商，比如电镀、阳极氧化、表面处理等专业供应商，工艺的技术含量高，一旦出了质量问题，机械加工厂没有能力来处理。这时候就有两种选择。其一，每个机械加工厂雇一帮博士、硕士来管理，这面临资源重复投入、资源利用率不足的问题；其二，采购方雇一帮博士、硕士，把所有的下级供应商管起来，对付质量、技术问题，显然更加符合经济规律。

我在硅谷做采购的几年，主要任务就是管理关键的下级供应商，包括电镀、喷涂、阳极氧化、深度清洗等表面处理领域。这些领域技术含量高，作为一级供应商的机加、钣金厂商规模小，没有能力来管理。作为大公司的采购方，我们的实力强劲，光表面处理领域，就有四五个博士、硕士的供应商工程师团队，来处理技术、质量问题，所以我们就统一管理。

要知道，对于采购方来说，有些东西是没法外包的。比如关键下级供应商的管理，如果你是处于最有利的位置来管理，你没法外包给一级供应商。是福不是祸，是祸躲不过。与其埋头在沙子里，奢望奇迹发生，不如勇于承担责任，积极主动，把对关键下级供应商的管理变为竞争优势。

案例　本田美国的下级供应商管理

在关键下级供应商的管理上，本田美国的做法颇具代表性。

我们知道，一辆汽车大致有 30 000 个零件，后面的供应商当以千计，整车厂很难直接管理这么多供应商、这么多零部件，否则的话复杂度太大，管理成本太高。作为应对措施，主机厂对供应商进行分级管理。就如图 2-29 所示，这是个座椅供应链，由一级供应商来管理，下面有众多的二级、三级和四级供应商。我们通过颜色的深浅，来判断本田美国介入下级供应商管理的深度。

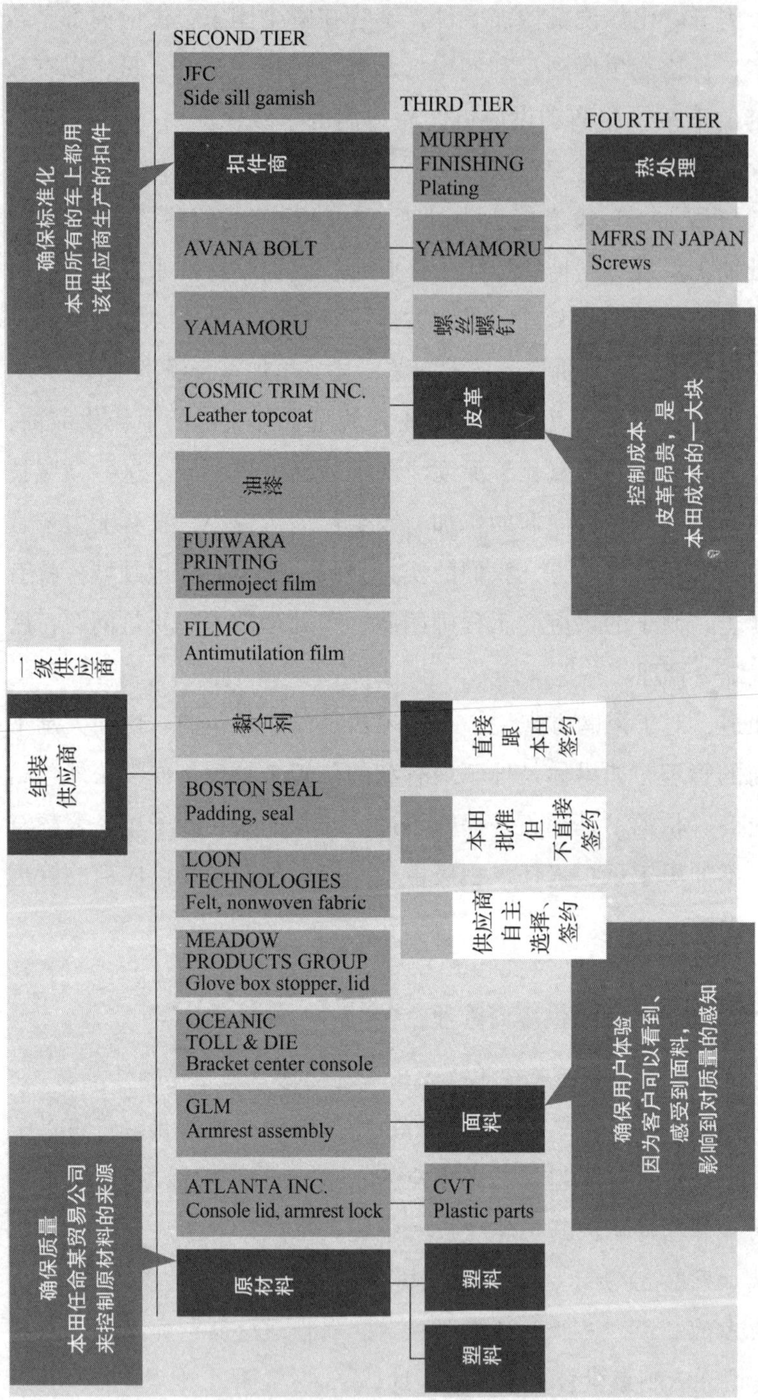

图 2-29 本田美国的供应商分级管理

资料来源：Thomas Choi，Tom Linton. Don't Let Your Supply Chain Control Your Business. Harvard Business Review，Dec 2011.

深色，表明本田介入最深，直接管理；较浅色，一级供应商报备，本田批准即可；最浅色，一级供应商自己选择、自己管理。看得出，这些下级供应商中，深色的居多，表明本田的手伸得相当长。这也是日本整车厂的特点。如果换作美国车厂的话，我们会看到更多的浅色，这跟美系车厂相对松散的管理风格匹配。如果换成大众等欧系车厂，整体颜色深度应该介于日系和美系之间，也反映了欧系车厂在管理深度上介于日系、美系之间。这只是个人体会，欢迎斧正。

让我们看看深色的下级供应商，即本田自己管理的下级供应商。左上角的原材料供应商是深色的，本田自己来定义原材料的规格，任命专门的供应商来供货。这有助于质量的一致性。波音也有类似做法：波音给美国铝业规定铝材的技术规格，让供应商都去买同样的铝材。右上角的扣件由二级供应商供货，虽然技术、质量、成本上没有什么特别之处，但由于标准化和通用化，本田美国所有的车型都用这个扣件，一旦出现问题，影响面就很大，所以也由本田美国自己来选择、管理。

再看看右下角的皮革，虽属三级供应商，但本田美国还是与它直接签订合同，因为皮革昂贵，占整车成本的比例较高，本田处于最佳的位置来集中采购额，以量换价。而左下角的布料呢，因为对质量和用户体验很重要——我们一坐到车上，首先要做的就是伸手摸摸车座的面料，以判断车的质量，所以也是由本田美国直接签约。

看得出，本田美国直接管理的下级供应商都有个共同的特点，就是很重要，要么是质量的一致性，要么是成本，要么是用户体验，而且本田处于最佳的位置来管理。就拿扣件来说，这个二级供应商生产的扣件用在本田所有的车上，让任何一个座椅供应商来管理都看上去不合适，因为每个座椅供应商只供应特定的一些车型。而共同的交集呢，则是本田美国，所以由它来管理二级扣件商。这种管理思路也反映了供应链管理的一个基本准则：供应链伙伴之间的分工，**谁处于最佳的位置，谁就应该去做**，这样才能最大化供应链的利益。

顺便说明一下，这里所谓的采购方直接管理，更多的是技术、质量以及整体商务关系，而对于围绕订单的信息流、产品流和现金流，则一般归一级供应商管理。

上面我们谈的是本田美国如何管理关键下级供应商。或许有人会问，实际操作中，如何识别关键下级供应商呢？这里想讲的是，**智慧在民间**，如果你问合适的人，整合他们的信息，识别关键下级供应商不是什么难事。

比如我以前管理供应商时，有些二级、三级供应商总是没法有效扩张产能，成为业务旺季的瓶颈。你问那些采购员、物控员，以及有些项目经理，这些人如数家珍，能把那些名字一个不漏地列出来。再问问那几个关键的设计人员，以及相关的质量工程师，你就很清楚地知道，哪些下级供应商在质量、技术、产能领域有难度，需要我们直接介入。

下面我们想说的是，关键下级供应商是供应链的关键构成，对关键下级供应商的管控，也直接体现了对供应链的管控。让我们拿苹果为例。

案例　苹果对关键下级供应商的管控

以 iPhone 的触摸屏为例，在苹果的供应链上，富士康处于一级供应商的角色，以组装为主，技术含量相对较低。真正的技术在于屏幕（二级供应商）和玻璃（三级供应商）。对于这两个下级供应商，苹果主导供应商的选择和商务关系，富士康主要负责订单层面的日常管理。

为什么苹果不让富士康来主导这里的二级、三级供应商关系？因为富士康可能做成苹果——对于供应商管理来说，你最不想看到的呢，就是把供应商培养成竞争对手。

相信有些人对华硕与戴尔的故事还记忆犹新。华硕最早给戴尔供应 PCB。做着做着，华硕对戴尔说，我不但可以帮你做 PCB，而且可以帮你组装起来，做成 PCBA。戴尔算了一笔账，能便宜几分钱，得，那就做 PCBA 吧。又过了一段时间，华硕说我不但可以给你做 PCBA，而且可以帮你做计算机主板。戴尔算了一笔账，又能便宜几分钱，得，那就做主板吧。没多久，华硕又来了，说不但可以做主板，而且可以做计算机主机。戴尔算了一笔账，得，华硕就开始做主机。最后，华硕建议，我不但帮你做主机，而且可以帮你设计主机，你只管贴牌就是了。这不，就这样一步一步，华硕做成了戴尔，成为戴尔在中低端机领域的强劲对手。

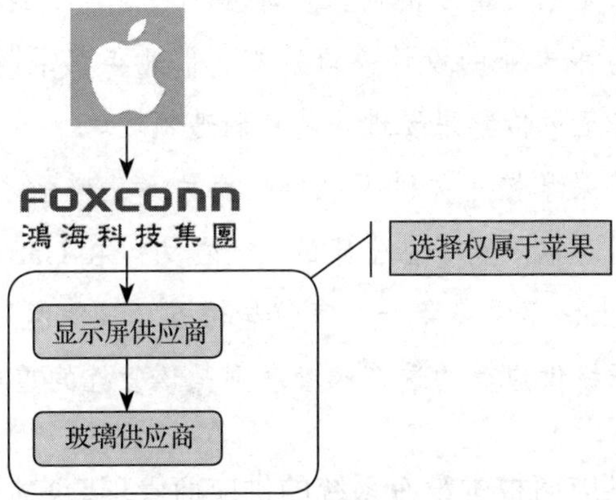

对关键下级供应商的管控 = 对供应链的管控

让我们再举个例子。有个企业外包生产，把下级供应商的选择与管理也全部交给一级供应商。后来，一级供应商的绩效不理想，采购方就想换供应商，不过没多久就被一级供应商知道了，后者就开始限供——根据历史需求，你要多少，就给多少，让你永远建不起足够的库存来淘汰我。或许有人会问，一级供应商是怎么知道的呢？答案很简单：下级供应商告诉的呗。

原来，该企业把整个供应链外包给一级供应商后，下级供应商由一级供应商来选择和管理，其忠诚度也是向着一级供应商的。采购方想导入一级供应商的竞争对手，但竞争对手没法带来整个供应链，关键的下级供应商还是得用现有的，就向他们询价。这些下级供应商一看，这不就是自己正在生产的产品吗？都投产这么长时间了，怎么突然又有人来询价？你不用是个 MBA 都知道发生了什么。一个电话打过去，这不，消息就传到一级供应商耳朵里了。

再回到苹果。对于技术含量高、生产工艺复杂的下级供应商，比如芯片的设计（高通）和制造（台积电），富士康没有技术能力来管理，苹果当时也没有。但是苹果意识到，这些技术是他们产品的关键技术，对这些技术类供应商的选择和管理是核心竞争力，所以就在芯片设计领域大幅投入，建立自己的技术力量，先后投入的资源以十亿美元计。大家都知道苹果是消费电子的巨头，却并不一定意识到在芯片设计上，他们完全有能力跟专业的设计公司抗衡。前几年苹果跟三星关系正僵的时候，业界甚至风传苹果要进入芯片制造领域。

就这样，苹果掌控了关键下级供应商关系，增强了自己对整个供应链的管控，同时也限制了富士康的议价能力。在 Gartner 的全球供应链 25 强排行榜上，苹果多年来一直位居榜首，跟他们对供应链的管控密不可分；而下级供应商的选择和管理则是该管控的重要一环。

很多一级供应商根本没有系统的供应商管理，它们的管理方式简单而粗暴，其实是以淘汰为主：要么听我的话，要么我换掉你。但这在关键的下级供应商身上注定行不通：由于技术优势以及被最终客户选定的事实，这些下级供应商往往不任由一级供应商摆布；由于同样的原因，一级供应商也没法淘汰这些关键下级供应商。于是双方关系就很糟糕，争议不断，陷入长期挣扎。一级供应商动不动就把球踢给采购方：下级供应商是你选的，你又不许我淘汰，那你来管吧。最后采购方不但不得不频频介入，而且还得承受下级供应商管理不善带来的恶果，比如产能跟不上、交期不稳定、质量等一系列问题，形成典型的三输局面。

这就是客户指定供应商的管理，我们下面接着讨论。

实践者问

我们想管二级供应商，但一级供应商不愿我们插手。

刘宝红答

问题的关键不是一级供应商愿不愿意，而是谁处于最佳的位置来管理二级供应商。很多情况下，一级供应商当然不希望客户介入，但问题是一级供应商有没有能力来管理二级供应商？或者说作为客户，从战略角度而言，你是不是想放弃对关键二级供应商的管控？如果有一个是 No 的话，那你就得介入二级供应商的管理。

在这里，要提防一级供应商有意愿，但没能力的情况：它们愿意管理二级供应商，但没能力，最后会搞砸，害了最终客户。相信大家听过这个笑话：年轻的爸爸躺在沙发上看电视，让两岁的儿子去端水。两三岁的孩子，路还都走不稳，但特愿意帮忙，经常帮倒忙，典型的“有意愿而没能力”（等他们再大点，就变成“有能力而没意愿”，连走路都要你抱着了）。爸爸喝着喝着突然一激灵：这孩子个头儿还够不着饮水机，他这水是从哪里来的呢？你知道，马桶。

延伸阅读

《关键下级供应商：波音 787 的紧固件为例》。波音“梦想”787 在整个开发过程中，前后有 8 次大的延误，其中很多人想象不到的是，有好多问题来自不起眼的紧固件，先是质量问题，后是短缺问题。扫描二维码，在我的微信公众号上阅读全文。

延伸阅读

《供应链设计中的一级供应商选择》。在供应链上，一级供应商承上启下，是供应链的重要一环。选错了一级供应商，往往导致“一将无能，累死千军”。表现在供应链绩效上，就是信息流不畅、产品流和资金流中断等。这里分享两个案例，扫描二维码阅读全文。需要注意的是，案例所在行业非常特殊，所以案例只是抛砖引玉，切不可生搬硬套。

客户指定的供应商：不是不服管，而是不愿管

每每讲到客户指定的供应商，我都问大家，你们喜欢客户指定的供应商吗？答案都是不喜欢。我说这就是问题的一大根源：因为不喜欢，你看到客户指定的供应商，就下意识地开始挑刺，来证明客户傻，客户呆，客户又给你指定了糟糕的下级供应商。而一旦戴着有色眼镜，那跟客户指定供应商的关系注定搞不好。

客户指定的供应商就如婆媳关系。对于自己的女儿，不管做了什么事，婆婆都给遮着掩着，因为女儿是自己的；媳妇则否，媳妇是儿子"指定"给婆婆的"指定供应商"，婆婆没有选择权，但要履行管理义务——儿媳妇总是要跟婆婆一起做饭什么的，婆婆扮演的是指导者的角色。看着不顺眼，就注定了婆媳关系不畅。

你说，这是个婆婆问题，还是媳妇问题？在我看来，更多是个婆婆问题。打个比方就知道了。经常见一家有三个女儿，都是同样的父母养，但嫁到婆家后，有的很孝顺，有的却整天鸡飞狗跳。女儿都差不多，那区别就在婆婆：**凡是婆媳不合的家庭，背后往往有个管理能力低下的婆婆**。在婆媳关系中，婆婆居主导地位，因而对婆媳关系负有相当责任。

我说这些，不是为了讨好媳妇们（即便是讨好，也别高兴太早，用不了多久，你就会多年媳妇熬成婆，站到反面去了）；我说这些，是提醒我们采购方，在与客户指定的供应商打交道时，采购方处于主导地位，我们的思维定式往往决定了供应商关系。

再问，为什么不喜欢指定供应商？大家都会异口同声：客户指定的供应商**不服管**。为什么不服管？答曰：它们是客户指定的，言下之意是有客户在后面撑腰。那作为采购方，我们是什么？别忘了，我们

是客户指定的来管理客户指定供应商的供应商。这话有点拗口，简单地说，我们是客户指定的婆婆。这时候你会发现，你的地位远没有你想象的那么低。作为客户指定供应商的客户，我们直接跟最终客户打交道，有更多的机会影响最终客户，通过最终客户来给指定的供应商施加压力。

表面上是不服管，实质上是不愿管

举个我个人的例子。我在硅谷管理供应商，三年时间，主要任务就是给一级供应商指定下级供应商。有些一级供应商，主要是那些管理能力低下的供应商，经常来抱怨，说我们指定的供应商这不好，那不好。抱怨的时间长了，我就把下级供应商的老总叫来，问他的耳根热不热，他就很怕：如果一级供应商抱怨太多，下一代新产品我就可能不指定他。于是下级供应商就收敛多了。一级供应商一旦把这利害说清楚了，相信下级供应商还是听的。

表面上看是指定供应商**不服管**，实际上是一级供应商**不愿管**。

有些一级供应商与下级供应商闹得不可开交，我就把它们的老总叫到一起，然后一言不发坐在一边，看他们两个谈。毫无例外，每次半个小时、一个小时后，两位都谈得妥妥帖帖，找到了双方都满意的解决方案，高高兴兴地走了。这说明了什么？这说明两个供应商平常就不沟通，或者说也“沟通”，不过其“沟通”是互相掐架，证明是对方的错。采购方作为客户，在双方的沟通中处于主导地位。

采购方简单、粗暴的管理方式，也是导致指定供应商管理不善的根本原因。在那些“小采购”公司，供应商管理就如袁世凯练兵：一手拿刀，一手拿钱，听话就给他钱，给他官，不听话就给他一刀——简单、粗暴，淘汰为主的管理方式，放到客户指定的供应商上，注定是要吃尽苦头的。客户之所以指定，是因为独特的工艺、技术等原因。所以说，客户指定的供应商属于有能力，但也有脾气的那种，你得当作**战略供应商**来对待，连客户都淘汰不掉，你能？说白了，还是个管理问题。

说了这么多，我并不是为客户指定的供应商辩护——你不喜欢它们，我也不喜欢。我想说的是，客户指定供应商，总有客户指定的原因，你不能一想就往贪污腐败上想。这就如儿子娶媳妇，是因为儿子有客观的需求，总不能因为婆媳关系而不娶媳妇吧。我们要做我们能够控制的，不能动不动就到客户那里哭鼻子，说你指定的供应商，那你就来管啊。

殊不知，同样是被指定了供应商，指定的都是同样的下级供应商，有的一级供应商管理不错，很少看到它们之间互相指责；而另一些一级供应商呢，则时常闹个没完。这表明对于客户指定供应商，除了不可为的，我们还有可为之处。只要我们做了我们能控制的，我们就可能做得比竞争对手好，这就是竞争优势。

实践者问

老板的关系户供应商绩效表现不好，怎么说服老板换供应商？

刘宝红答

关系户供应商实质上是另一种形式的“客户指定供应商”。老板“指定”这些关系户，自然有老板的原因，比如是老板的乡里乡亲、老同学、老战友，或者是卖别人面子等。越是封闭的地方，关系户供应商越常见。不一定合理，但合情。如果要更换，对老板来说有“情感成本”的成分——老板跟你一样，也不愿意被视作一发财，就六亲不认。如果要老板更换这些供应商，我们要做的是量化不更换的成本，让老板两害相权取其轻。

比如你到老板那里告状，说他那老同学的公司又迟到了，或者送来的货又不合格。老板心里想，是个供应商总会有这样那样的问题，换了别的供应商也会有同样的问题，所以他才不会把这当回事。那你进一步量化这个供应商的问题，比如按时交付只有 40%，你的团队不得不花很多时间来催货。这还是没有点到老板的痛处：采购不就是催货吗，反正闲着也是闲着。于是你得进一步量化，拿金钱来说话：这个供应商不能按时交付，导致生产线断线两天，设备闲置费用 x 万元；赶工加急三天，加班费 y 万元；丢失大客户的单子 N 个，营收损失 z 万元。这时候，老板就严肃起来，开始认真盘算，是做坏人把这老同学的公司给换了，还是继续让自己的钱包受罪。

老板有了完全的信息，有时候还是会维持现状，因为他有自己的考量。那么作为员工，我们只能执行，做我们能做的，尽量减轻公司的损失。不过我要强调的是，人都是跟有关系的人做生意，从这个意义上讲，每个供应商都是某种形式的“关系户”。你不能简单地因为是老板的关系户，就开始犯“客户指定供应商”的错误，让“不愿管”成为问题。

。。。 本篇小结 。。。

在制造业，70% 左右的产品成本来自供应商；在贸易、电商等行业，这一比例更高。表面上看，供应商在赚我们 70% 的钱；实际上，供应商在为 70% 的供应链增值活动负责，选好、管好供应商至关重要。

本篇的核心就是**对供应商要有选择、有管理**：选择到合适的供应商，把它管好，并让它变得更好。我们先从常见的三大误区出发，阐述为什么供应商选不好、管不好。

其一，多权分立，把供应商管成了“公共草地”，对供应商作为一个整体反倒没人负责；其二，漫天撒网，料号、项目层面追求小优化，导致供应商数量泛滥，失去供应商层面的大优化；其三，有供应商选择，没供应商绩效管理，注定供应商后续绩效不好，导致企业一直在找新供应商。

我们接着导入供应商的寻源与管理五步流程。虽说是五步，但其实是做三件事，那就是把供应商选好、管好、管得更好：

（1）选择合适的供应商，也叫战略寻源，相当于生下一个健康的宝宝。

（2）管好供应商绩效，也叫供应商的后评估，相当于对孩子的后天教育。

（3）督促、帮助供应商，让供应商绩效更上一层楼，这是让孩子真正成才。

五步流程也为品类管理提供了系统的方法论。针对具体的采购项，第一步是**供应商分类**，对供应商分门别类、区别对待。我们重点介绍了战略供应商的管理，那就是内部要形成合力，**讲战略**、**看长远**、**谋双赢**。对于优选供应商，要避免导入太多的竞争，把供应商管成城乡接合部的野狗。对于淘汰供应商，要以消极淘汰为主，避免花费过多资源，否则没有足够资源支持新产品，导致新产品开发时选不好供应商，吃二遍苦，受二茬罪。

分类的结果是要么供应商太多，要么太少。太多要整合，太少要开发新的。不管怎么样，都得评判供应商的好坏，这就是第二步：**供应商评估**。评估的时候你会发现，没有完美的供应商：有能力的有脾气，没脾气的没能力。所以，不管以什么方式，选到的都是不完美的供应商，需要后续的管理来弥补。这就是为什么要“有选择，有管理”。

在评估的基础上，**选择**合适的供应商做生意，这就是第三步。供应商选择有三大考量：规模效益、竞争的充分度、供应风险管控。

在规模效益上，我们的采购额要占供应商业务的一定比例，否则没法有效驱动供应商快速响应；但比例也不能太高，否则我们的业务变化了，供应商难以有效应对。至于竞争的充分度，当能形成实质性竞争的时候，两个供应商就是充分竞争。我们习惯性地低估竞争的充分性。很多问题，表面上是竞争不充分，实质上是管理不到位。对于供应风险管控，企业常见的做法是一品两点或多点的备份。这是由企业的管理能力低下决定的。提高供应商的选择与管理能力，在料号层面一品一点，获取规模效益；在品类层面有备份，应对供应风险，是更合理的做法。

这三步结合起来就是**战略寻源**，即找到合适的供应商做生意，把供应商的"口子"收起来。接下来是第四步：**供应商绩效管理**，统计、管理并改善供应商的绩效，确保供应商能够满足内部客户的需要，这样他们就没有理由找新供应商，把供应商的"口子"打开。我们系统地阐述了七大类指标，包括成本、质量、交货、服务、技术、资产管理和流程 / 人员。围绕一系列案例，我们也探讨了供应商绩效的根源，以及如何系统改善供应商绩效。

第五步的**供应商集成**是对于关键的供应商，让它们早期介入设计，推动设计优化来降低成本；导入电子商务来降低交易成本；实施 VMI、JIT 来降低库存和运营成本。供应商集成是供应商管理的最高形式，需要在长期关系的基础上，追求双赢，协作解决问题。

在这篇的最后，我们还专门谈到两类特殊的供应商：关键下级供应商和客户指定供应商。对于前者，要避免采购方不愿意管，供应商没能力管的情况；对于后者，要避免表面上是（指定供应商）不服管，实际上是（直接客户）不愿管的情况。这两类供应商都很难替代，得当作战略供应商来对待。简单粗暴的"小采购"，注定要在这两类供应商上吃尽苦头。

资源 更多的供应商管理的文章、案例、培训

- 供应链管理专栏网站：www.scm-blog.com。
  - 这是我的个人专栏，写了 10 多年了，600 多篇文章。
- 我的三本供应链管理专著。
  - 《供应链管理：高成本、高库存、重资产的解决方案》。
  - 《供应链管理：实践者的专家之路》。
  - 《供应链的三道防线：需求预测、库存计划、供应链执行》(与赵玲合著)。
- 我的微信公众号，“供应链管理专栏”，每天推送一篇原创文章。

公众号：供应链管理专栏

第三篇

从“小采购”到“大采购”，影响总成本

导读

在前面两篇，我们对供应链管理有了全面的了解。我们也理解供应商是供应链的重要一环，没有供应商，就没有供应链；没有供应商管理，也就没有供应链管理。

这一篇我们要聚焦采购管理。采购是公司与供应商的桥梁，在管理供应商和供应链中处于独特的位置。我们先回顾采购管理的发展历程，看它如何从“一个人在公司的最后一站”发展成公司的战略职能，看其最佳实践如何从大批量向小批量行业、从制造业向非制造业传播。我们还会介绍采购发展的五个台阶，即由**确保有料**到**谈判砍价**到管理**总成本**，以及更上一层楼**管理需求**，最终为公司**全面增值**。在整个发展过程中，采购由供应导向逐步发展到需求导向，由管理供应发展到兼管需求，这也是从“小采购”到“大采购”的发展过程。

我们接下来会探讨“大采购”与“小采购”的区别：“小采购”围绕订单转，“大采购”聚焦供应商；“小采购”是供应导向，“大采购”是需求导向；“小采购”是行政文秘，“大采购”是战略职能。在从“小采购”转变为“大采购”的过程中，需要解决总部与分部、公司内部各职能之间的职责划分，形成合力，管理供应商。同时，要人才先行，提高采购管理能力。

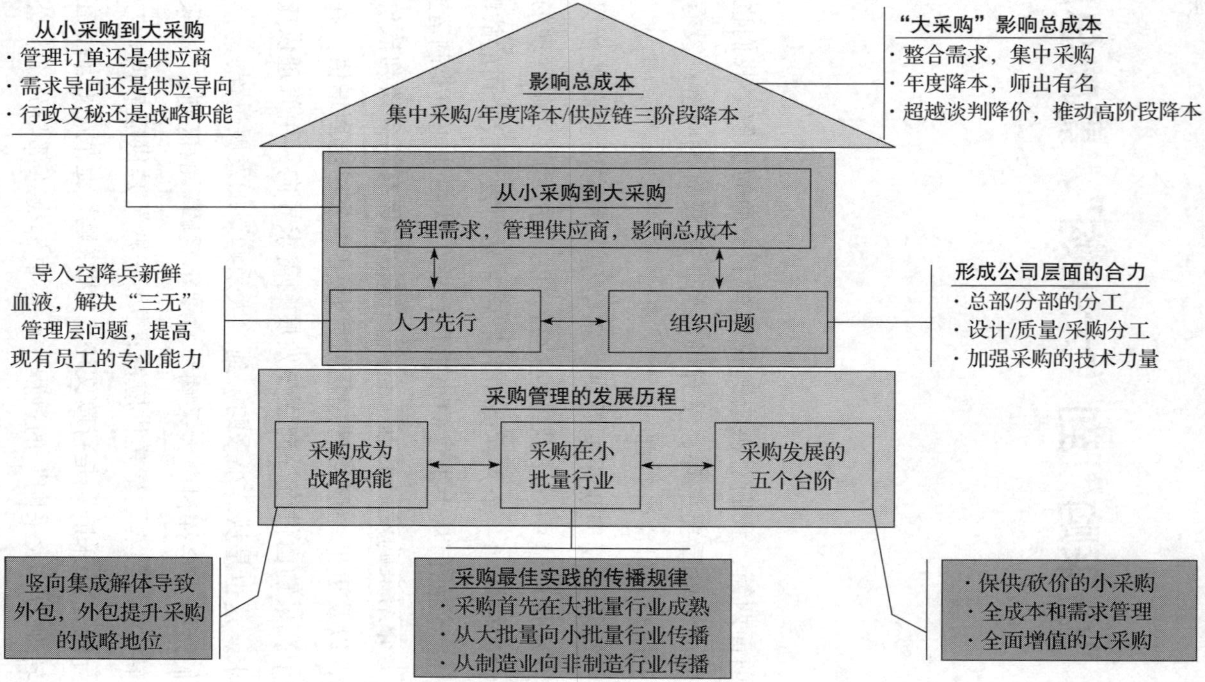
从小采购到大采购
· 管理订单还是供应商
· 需求导向还是供应导向
· 行政文秘还是战略职能
影响总成本
集中采购/年度降本/供应链三阶段降本
“大采购”影响总成本
· 整合需求，集中采购
· 年度降本，师出有名
· 超越谈判降价，推动高阶段降本
从小采购到大采购
管理需求，管理供应商，影响总成本
导入空降兵新鲜血液，解决“三无”管理层问题，提高现有员工的专业能力
人才先行
组织问题
形成公司层面的合力
· 总部/分部的分工
· 设计/质量/采购分工
· 加强采购的技术力量
采购管理的发展历程
采购成为战略职能
采购在小批量行业
采购发展的五个台阶
竖向集成解体导致外包，外包提升采购的战略地位
采购最佳实践的传播规律
· 采购首先在大批量行业成熟
· 从大批量向小批量行业传播
· 从制造业向非制造行业传播
· 保供/砍价的小采购
· 全成本和需求管理
· 全面增值的大采购

在这一篇的最后，我们会聚焦大采购的成本控制角色，详细讨论集中采购、年度降本和供应链的高阶段降本。“大采购”之所以是“大采购”，就是因为通过有效的需求管理、战略寻源和供应商绩效管理，能够更多地影响供应链的总成本，从而成为公司的战略职能。

在美国，采购曾经是一个人在公司的最后一站

十几年前，我在亚利桑那州立大学读商学院。有一天，研究战略采购的皮尔森教授在课上说，（在以前）采购曾经是一个人在公司的最后一站。什么意思呢？这人如果干不了设计、做不了销售、整不来生产，也做不来人事、财务、计划，那就只能去做采购；如果连钱都不会花了，那就只好卷起铺盖，另寻高就，不，去祸害竞争对手吧。

为什么呢？这跟当年企业的竖向集成不无关系。原来几十年前，美国企业的竖向集成度很高，主要的技术、产品都是公司自己设计、自己生产，对供应商的依赖度相对挺低。比如以前通用汽车不但设计、组装汽车，而且有自己的零部件制造（零部件部分后来拆分出来，成为德尔福，那是 1999 年的事）。

竖向集成度高，企业的资源主要是通过内在控制，而不是市场方式获取。那作为公司与供应商的界面，采购在公司的地位自然就不高，属于行政打杂一类的业务。当时的中国也是如此：传统的计划经济下，外来资源的获取主要靠行政调拨，公司 A 的产品是公司 B 的原材料，连价钱都由政府定了，采购自然是可有可无了。

但是，过去几十年里，在聚焦核心竞争力的宗旨下，欧美企业的竖向集成在逐渐解体，外包战略日渐盛行，越来越多的业务向供应商延伸，特别是非核心业务。科尔尼公司做过一份调查（如图 3-1 所示），在 1995 年，只有 5% 的企业在外包生产运营；后来上升到 24%、40%；如果现在再调查的话，估计百分之七八十的企业都在外包生产运营。这意味着原来自己做的，现在由供应商做；原来生产经理负责的，现在由采购经理负责。

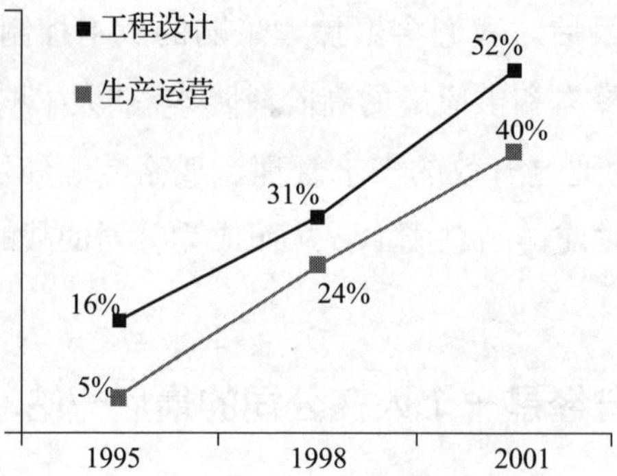

图 3-1 外包设计 / 生产的公司的百分比

资料来源：AT Kearney. The New Procurement Mandate，2001.

相应地，采购的地位也日益提升。这也体现在科尔尼的调查中（如图 3-2 所示）。比如在 1995 年，受访的 CEO 中，只有 8% 认为采购对公司的竞争力重要；到了 2001 年，这一数字一路飙升到 57%。十几年后的今天，如果再来调查，估计百分之八九十的 CEO 会认为，采购是公司竞争力的核心构成。

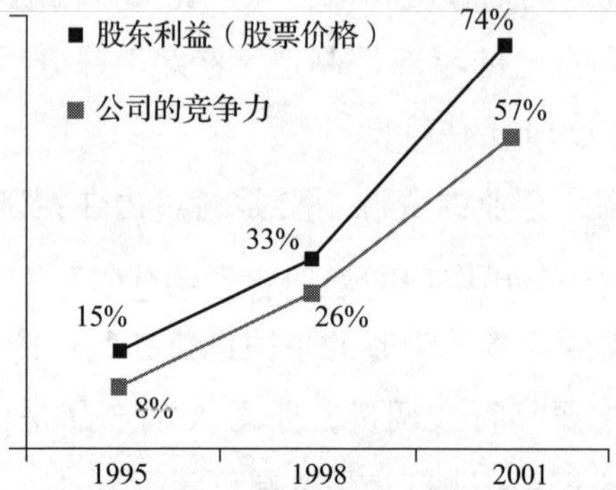

图 3-2 CEO 对采购的期望（1995 ～ 2001 年）

股东利益——认为采购与股东利益高度相关的 CEO 的百分比。

公司的竞争力——认为采购对公司竞争力重要的 CEO 的百分比。

资料来源：AT Kearney. The New Procurement Mandate，2001.

这后面的驱动因素呢，就是竖向集成的解体，以及随之而来对供应商的依赖度增加。也就是说，**采购变重要，是因为供应商变重要了**。看到这里，如果你的供应商让你很生气的话，也不要太生气，因为没有它们，就没有我们。

在公司组织结构上，这一转变的标志是首席采购官（CPO）进入C级别，与首席执行官（CEO）、首席财务官（CFO）、首席运营官（COO）等相提并论。美国高级采购研究中心在1999年、2001年两度调查美国大公司（主要是《财富》500强），研究首席采购官的薪酬与职责。调查结果表明，原来以单纯的**成本节支**为核心的采购，其职责在扩大，影响到更多、更高层面的公司绩效，例如业务增长、盈利水平、资产回报、现金流等。这也意味着采购从部门目标向公司目标过渡，从部门效率向公司效益转变。

想想也是，在产品成本动辄过半来自供应商的情况下，采购管理的影响的确举足轻重：表面上，采购在花公司60%、70%甚至80%的钱；实际上，采购在选择与管理供应商，对公司相应比例的增值活动负责。在供应链的采购、生产、物流三大执行职能中，采购的担子最重。

在轻资产和外包战略的驱动下，公司的运营中心从内部转移到外部，原本很多职责是首席运营官的，现在转移到首席采购官。这也是为什么在最近一二十年来，越来越多的美国公司设置首席采购官，而设置首席运营官的却越来越少。相应地，采购也变成了管理供应链的主角。在有些公司，虽然员工的头衔带有“生产”二字，但其实他们的任务是管理生产型供应商；有些人的头衔是“物流经理”，其实管理的是仓储、物流供应商，做的是采购经理的事儿。

采购的地位在提升，其职责也在扩大，从以订单处理为主的“小采购”，转移到以选择供应商、开发供应商、管理供应商绩效为主的“大采购”；从“小采购”的日常操作，上升到“大采购”的供应商资源管理，采购与供应管理也就提高到了战略地位。

为适应采购的这一历史性发展，2002年年初，美国采购经理联合会（NAPM）更名为供应管理协会（ISM）。作为拥有4万会员的世界上最大、最有影响力的采购行业协会，ISM的这一转变，标志着采购管理向“大采购”的转变。相应地，采购管理的对象从订单上升到供应商这一实体，它的任务也从价格谈判、签订合同延伸到供应商评估、选择、管理和把供应商早期纳入设计阶段、降低产品的全成本。

在职业认证上，ISM 也从“注册采购经理”（C.P.M.）向“注册供应管理专业人士”（CPSM）过渡，对认证对象的学历也从没有要求到必须是大学毕业。正如一位首席采购官所说，采购的决策动辄千百万美元，你不能交给刚出校门的高中生来做。

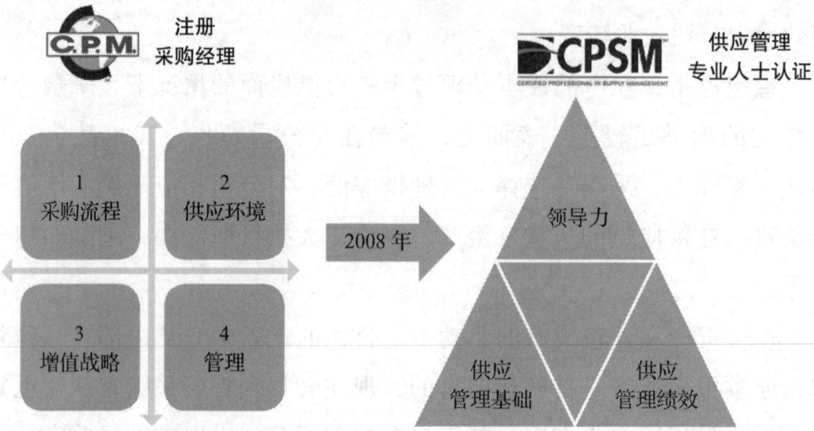

为适应“大采购”，美国供应管理协会（ISM）推出 CPSM 认证

这些都反映了采购在美国历经百年发展，从一个没人愿去的打杂机构变成关系公司存亡的战略机构；从询价、下单、围绕订单转的“小采购”变成管理供应商、管理供应链的“大采购”；从在传统行业举足轻重到在高科技行业博得一席之地，乃至成为公司竞争力的源泉。

采购管理发展的五个阶段

哈克特集团（The Hackett Group）有一个采购管理的发展模型，把采购分为五个发展阶段：确保供料、最低价、总成本、需求管理和全面增值，也代表了从“小采购”到“大采购”的发展路径。具体如

图 3-3 所示。

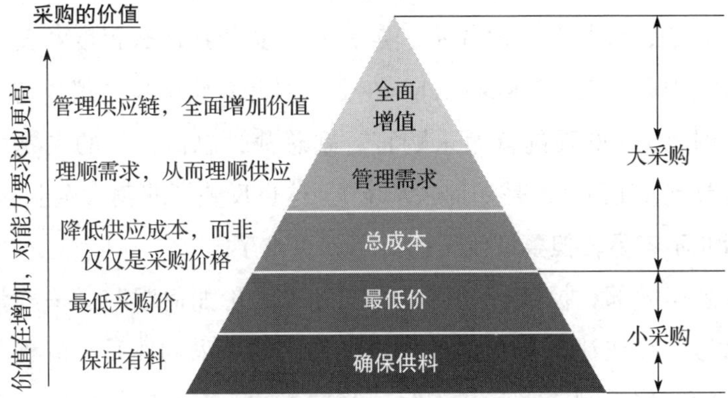

图 3-3　采购管理的五个发展阶段

注：五阶段模型来自哈克特集团，“大采购”“小采购”是刘宝红提出的。

第一阶段阶段就是**确保供料**。采购的角色是采购员，做的是典型的文秘工作。例如初创伊始的高科技公司，工程师定好要求，采购员下单、跟单、收货、付款。再如一些小公司，采购量小，谈判余地小，采购能确保按时供料就不错了。采购也谈价，但对价格的影响微乎其微。原因是多方面的，例如内部客户实力太强，定规格、找供应商、谈价钱，都是工程师说了算；公司太小，分工不细，采购只是细枝末节的支持功能，对供应商也没什么议价权；供方市场，市场透明度很高，没什么谈价的余地（例如有些大宗原材料）。内部客户、供方市场的强势，加上采购人员的素质不高、地位太低，注定采购是粗放经营，其价值也只能是确保供料了。但正是由于同样的原因，这并不意味着按时交货率就很高。

第二个阶段是**最低价阶段**，采购的角色转为谈判员，节支是采购的主要指标（但这并不意味着交货率、质量就不重要——这些指标都是理所当然的）。在这个阶段，企业会系统地跟踪、比较价格，统计采购节支。比价有不同方式，比如跟市场价比，即与主要的价格指数比；跟历史采购价比，就是统计采购价差（PPV）。这都是采购的绩效。

不管是以什么方式比价，都是在证明价格的合理性：我是不是拿到了最低价？这是个全球问题。规模大、建制完全的北美公司大都有成套的做法，很复杂，但并不一定完善。复杂到什么程度？美国高级采购研究中心（CAPS Research）在全球召开数轮圆桌会议，与会者大都是《财富》500强的首席采购官、副总裁、总监，谈的主题就是如何**统计**节支（注意：不是如何去节支）。这也反映了北美大企业的挑战：**干好活儿不容易，但要证明干得好可就更难了**。

在公司内部，标准价如何定、实际采购价如何跟踪、采购价差预测怎么做，往往让采购和财务人员大伤脑筋。采购体系、流程、政策等方面的官僚机制，很多是围绕这些构建的。在实际操作中，有些大公司利用规模优势，系统地取得最佳采购价，甚至帮别的公司采购，使采购成为公司的盈利中心。

例如惠普采购有些产品，加价卖给自己的供应商，然后集成到最终产品中又卖给惠普，原因就是惠普能取得更好的价格。这实际上把采购变成一个利润中心，而不是传统的成本中心。希尔顿酒店也把采购变成了利润中心[⊖]。

采购节支是采购业绩的重要指标，因为它直接、明了、易于量化。但是，采购价只是成本的一部分，它的优化往往以别的成本为代价。例如采购很便宜地买了台设备，采购部门得到嘉奖，但使用、维修成本太高，最终却由运营部门买单。这就要考虑**总成本**，即采购发展的**第三个阶段**。相应地，采购的角色也从简单的持币购物，转换为供应商和供应链管理，兼顾运输、仓储、关税、汇率、使用、回收等，对公司的影响更大、更全面。

总成本的概念看上去挺简单，那为什么能做到的公司不多呢？这里有专业分工的问题。工业化的特点是专业分工，例如采购、物流、

⊖ 利润中心的做法在国内也经常有公司尝试，比如有些大型央企、国企成立独立的采购公司。这几个美国公司中，前些年看到它们关于采购利润中心的做法，不过后续发展并不清楚，要么是没注意到，要么就是无疾而终。

生产、设计、销售由不同的部门来负责，分工明确，专业化程度高，隔行如隔山，很难有人能够精通多个职能；而熟悉多个职能的通才呢，又往往没法做得很深，只知皮毛而没法真正全局优化。部门之间壁垒森严，部门指标驱动下，每个部门都冲着自己的目标去，注定以总成本为目标的全局优化难以实施。专业分工越细，部门壁垒越深，总成本优化就越难。

此外，总成本优化要考虑的变量太多，很难通盘优化。例如采购员知道采购次数多，采购成本就高；但一次采购量大，库存积压太多，库存成本就高。这好办，经济订单量模型可以解决问题。但是，如果采购价也随一次采购量变化，你如何优化一次采购量？加入运输模式，海运便宜但运期长、库存高，空运快但成本高；运费上，又有固定和浮动部分，你又如何优化？这还只是购置费用。如果再加上使用、维修、回收等成本，优化是难上加难。如果还要考虑质量成本、机会成本等难以准确量化的因素，总成本最优化的难度，可想而知。

既然这么难，那为什么有这么多的企业推行总成本呢？原因很简单：**总成本的次优化也比不优化要强**。这跟很多商业问题一样，你可能永远也达不到最优化，但追求优化，即使达到次优化，也会为企业增值或节支不少。

上述三阶段侧重于**供应**方面。简单地说，就是需求确定后，采购以最经济的方式满足要求，但对需求是怎么确定的则影响有限。这样，采购是事后管理，更多的是执行弥补。之所以执行层面的问题这么多，往往是因为需求管理不到位。比如需求计划做得不好，紧急需求就多，相应地赶工加急就多；设计没优化，可制造性差，成本就做不低，速度就做不快。在执行层面挣扎多年后，采购意识到，要尽早介入需求定义阶段，帮助做好设计、计划工作，通过理顺需求来理顺供应。这就是采购的**第四个台阶，即管理需求**。

或许有人会说，采购是支持部门，要以服务为导向，管理客户似乎不妥。其实，在供应链上，每个职能都扮演两个角色：客户和供应商。就采购而言，相对供应商是客户，但相对内部用户来说，就成了供应商。采购做得不好的公司，就是我们这里讲的“小采购”，采购主要扮演的是客户的角色；采购做得好的公司，就是我们这里讲的“大采购”，采购意识到内部供应商的角色，从而扮演内部销售的角色，积极主动地理解需求、管理需求、影响需求。所以说，**采购不光是采购，采购是采购与销售的结合体**。作为采购职业人，不但要向采购与供应链管理专家学习，而且要向销售专家学习。

从专业的角度管理内部客户，其实是为内部客户、公司增值。例如预计供不应求，尽早与计划沟通，让他们适当增加安全库存，减少紧急需求，就用不着给供应商支付赶工费；说服内部客户更改不合理要求，因为这些要求即使不增加公司成本，也会增加供应商成本，“羊毛出在羊身上”，终究得公司买单。这放在整个供应链上也适用。供应链任何环节的价值，取决于它能否有效地管理需求、正面地影响需求、更好地匹配需求与供应——一旦不匹配，就会形成成本或库存。

这在技能上对采购有更高的要求。要知道，“攘外”与“安内”相比，“攘外”是跟供应商打交道，相对容易，说服不了还可以压服，通过转移问题来解决问题；“安内”是跟内部客户打交道，往往更困难，主要得说服，需要采购熟悉内外客户的业务，有更高的领导才能，并能从供应链的角度来阐述特定决策的影响，通过解决问题来解决问题。这也要求我们得真正理解问题，清楚地阐述问题及根源，找出更好的解决方案。

举个例子。VMI 模式下，供应商负担库存，生产部自然想把库存水位调得很高，永无断料之虞。但是，采购要认识到如果设计变更，或者没法按照预期开拓市场，就会有一大堆呆滞库存，公司得买单，至少有连带责任。库存太高，供应商的资金积压太多，资金成本就很高，最后都得转嫁到采购方。这只是理解问题，把问题阐述清楚，但并没有解决问题。生产部当然知道库存风险，那为什么还是要求多放呢？因为需求和供应的不确定性。前者对采购来说很难影响到，但后者却在采购的掌控中，那就是选择合适的供应商，把它们管好，比如统计按时交货率，督促供应商说到做到，降低供应的不确定性。

再比如说，生产总是希望供应商越多越好，这样好有备份。但采购呢，你得能够清楚地解释给生产，供应商太多，采购额分散，公司更加难以驱动供应商；一个料号分配给多个供应商，供应商的忠诚度下降，旺季来了反倒没有任何供应商愿意建产能（“三个和尚没水喝”）。你得有能力解释给生产，但光能解释并不能解决问题——生产还是希望有备份。为什么？这又回到供应商的执行能力上：要么没选好，要么没管好，供应绩效不稳定，生产部门不放心，那就驱动采购来找备份供应商。那真正的解决方案呢，就是提高供应商的选择和管理能力，以选到合适的供应商，并且做好后续管理，让生产没有后顾之忧。

要知道，**不改变能力，就没法改变行为**。在这里，行为是内部客户的，能力是采购的。内部客户的一些要求（行为），看上去是有些不理性，但往往也是采购的能力决定的。就如上面的两个例子，如果采购不提高选择和管理供应商的能力，让供应商有效满足生产的需求，生产部就会继续要求提高库存水位、多点寻源选择备份供应商。所以，**管理需求不是简单地对客户需求说不，给客户制造障碍；管理需求更多的是真正理解问题，提高自身的能力，把分内的事做得更好，从而给客户更好的解决方案**。

谈完了第四个阶段，即管理需求，通过理顺需求而理顺供应，我们接着探讨采购的**第五个阶段**，也是最高阶段，即**全面增值阶段**。卖得好不如买得好。在很多行业，采购成为公司的核心竞争力。例如在汽车制造业，整车厂每100元的成本中，有七八十元得付给供应商；在合同加工业，人工成本都差不多，能否接到单，采购拿到的材料价格至关重要。这些都使采购的重要性不言而喻。采购成为公司的命脉，不但在于成本节支，而且在于确保采购产品的质量和技术含量。

有些公司说，我们的采购处于“全面增值阶段”，的确关系到公司的存亡，因为市场竞争白热，采购买得不好，销售就没法卖得好。采购压力山大，但是，采购的能力呢，或者说解决问题的手段呢，还停留在第二个阶段的价格谈判，说白了，就是利润转移，通过转移问题来解决问题。结果呢，根本问题还是没有解决，反倒因为转移到不合适的对象，更加难以解决。

这就如扛着土枪土炮来打核战争。美国的汽车行业可谓代表：整车厂的采购致力于压榨供应商的最后一个银圆，结果是双方关系恶化，势同水火。长期下来，整个美国的汽车行业面临崩溃。原因很简单：采购的全面增值不是通过优化供应链、解决问题来降低供应链成本，而是通过强势做法，转移成本问题到供应商处。采购的失败在于没法打造一流的供应链，公司自然也就没法在供应链之间的竞争中胜出。

这五个阶段很难割裂。事实上，不管是处于哪个阶段，五个阶段的事采购都在做。比如整体采购处于全成本阶段（第三阶段），并不是说采购就不催料（第一阶段），不砍价（第二阶段）。当然，采购还是在试着管理需求（第四阶段）、全面增值（第五阶段）。**关键是主要资源花在哪个阶段**：在采购强的公司，更多的资源花在高阶段的事上，是“大采购”；在采购弱的公司，采购更多是做低阶段的事，是“小采购”。

作为采购职能，要定期评估采购所处的阶段，是否与业务需求匹配；如果不匹配的话，需要什么样的能力建设，比如组织、流程和系统方面的提升。而能力提升又需要资源的投入，比如雇更多的人，雇更优秀的人，上系统，改善流程。

采购上台阶是为了为企业创造更多价值，有更好的业务结果；但是，你不能简单地从业务结果，比如盈利水平、市场占有率等得出采购做得不错的结论。

很多公司，尤其是那些大家都吊在嘴上的企业，从业务结果的角度来说很成功，但采购做得非常烂，大多在催料和最低价阶段徘徊。在这些名企，有自知之明的采购人意识到，自己在占公司的便宜（主要是工程师做得好，有好产品）；没有自知之明者呢，就自我膨胀，认为自己了不起，浑身光环，空降到别的企业去，自然是死得很惨。这就是说，**公司成功、职能成功、个人成功是有区别的**，很多时候是后者在沾前者的光，而不是相反。

扯得有点远，让我们再回到采购的五个阶段。这五阶段的事情中，什么事情最重要？答案是**确保供料**（第一阶段）。不信，问问那些被开掉的采购，看有多少是因为砍不下来价，有多少是因为催不来料而生产线断线了。要知道，采购的最本质任务呢，就是满足内部客户的需求，最直观的就是他们要什么，我们有什么。离开了确保有料，“皮之不存，毛将焉附”，多好的价格都是白搭。

在美国，有句俏皮话说，没有人因为买了 IBM 的东西而被开掉（Nobody gets fired by using IBM）——IBM 的东西最贵，但 IBM 的东西也最好。如果 IBM 的东西都解决不了问题，那是因为这个问题难，而不是采购问题。我说这个，并不是说大家随便花钱；而是强调，**采购成功的最终标志不是省钱，而是解决内部客户的问题**。

要知道，**采购的首要任务是花钱，而不是省钱**。你知道，要把钱花好，可不是件容易的事。那为什么在很多企业，采购的第一要务变成了省钱？很简单，**当采购花不好钱的时候，首要任务就变成了省钱**。也就是说，采购的能力决定了他做什么。这话比较费解，让我来举个例子，最低价中标的例子。

人人都知道，最低价中标很糟糕，因为一分钱一分货：你偶然可以便宜买到好东西，但就大概率而言，最低价买到的肯定是最糟糕的。这点老板们难道就不知道吗？这些人做了一辈子的生意，怎么能不知道呢？那为什么他们还是要最低价中标呢？根本原因，在我看来，是因为采购花不好钱：当你花不好钱的时候，就得省钱。

物美价廉是偶然，一分钱一分货是必然

资料来源：http://www.demotivationalposters.org.

就如前文讲过的，采购能力不够，没法有效评估供应商，不能客观统计供应商的实际绩效，其实是不知道供应商的好坏，比如质量和交付。这时候老板面临两个选择：一种选择是给采购很多钱，但因为采购“不识好歹”，没法有效选择供应商，花了很多钱，还是买来一堆烂货；另一种选择呢，就是花最少的钱，买一堆烂货。如果你是老板，你会怎么办？既然采购没能力把钱花好，那就最低价中标，先把钱省下——采购的首要任务变成省钱。

可以说，采购处于哪一个阶段，做什么事，其实都取决于采购职能的**能力**，而不能动不动就往领导不重视上扯。想想看，领导不重视的话，为什么要选自己最信任的人负责采购？领导不重视采购，为什么董事长半夜还在签订单、批合同？你得从采购的能力上找答案。企业让采购做的，都是基于采购有能力做的。如果采购只会催货、砍价，那不让你催货、砍价，你还能干什么？这也是为什么，在很多公司，工程师在找供应商，因为采购没能力，找不到需要的供应商，设计工程师不找，谁找？

当然，有人会说，领导真的重视的话，为什么不给采购部足够多的资源？这部分还是个采购的问题：你得能够解释给领导，为什么需要这么多的资源来提高组织、流程和系统的能力，而能力的提高又能转换成多少产出。比如说有一个首席采购官，空降到新公司，就做了细致的分析，说老板，你给我 x 万元的资金，我来设立什么岗位，雇多少人，整合供应商，供应绩效提高多少，采购降本多少。结果他拿到了想要的资源，整体提高采购职能的能力，给公司做出了更大的贡献。

而很多采购部门的老总呢，根本没有能力做这样的分析，因为他们很多是“三无”背景，本身就不知道这采购究竟怎样才能做好。[㊀]他们向老板要资源，能拿到吗？你不能怪老板：老板最重要的决策是资源分配，而人人找老板，都是向他要资源；作为需求提出者，你得解释清楚为什么。

你不能像下面这个小姑娘跟我要时间一样，一笔糊涂账。有一次，一个女孩子给我发微信，说有些问题，问我能否打电话。我在度假，就说正在陪家人，不方便。她又问，那度假结束了呢？我说还是不行，因为我就回美国了。这不是我没时间，根本原因是她的要求不明确。拒绝一个人总是件糟糕的事，我也不好受，就给她微信解释：你也不说你究竟问哪方面的问题，也不知道要多少时间，这就如别人找你借钱，既不告诉你借多少，也不告诉你借钱干什么，只问你借不借，你会怎么答复他？

实践者问

超过一定金额，公司规定必须招标。招标使公司坐享充分竞争的成本优势，但供应商恶意竞争，劣质低价中标者产能不够，无法响应大货送货影响生产；战略供应商的保供能力强，质量稳定，但报价高，所以没法中标。不走招投标流程，则又面临合法合规问题。怎么办？

刘宝红答

这个问题很普遍，可考虑从两个方面来解决。

其一，设定入围门槛，不达标者不得投标，比如资质、规模、技

㊀ “三无”指没有系统学过，没有系统做过，也没有系统提高总结过。后文还会详细讲到。从“三无”到“三有”，也是我的《供应链管理：实践者的专家之路》一书的主旨。

术水平、质量管理评估，以及历史绩效等（如果有的话）。这样把那些劣质的竞争对手剔除，剩下的是战略供应商和优选供应商，大家处于类似地位，而且形成实质性竞争。

其二，客观量化价格以外的因素，比如交货、质量、服务等。有个房地产公司就这样做。因为中建的几家总包商历史质量稳定，交付可靠，他们允许这些企业的价格比一般竞标者高3%。这里的关键是能够客观量化供应商绩效，而这恰恰是管理粗放企业的软肋。没有这样的能力，那就只能最低价中标，继续在现在的泥淖里打滚。

实践者问

劣币驱逐良币：优质供应商的保有率低，为什么？

刘宝红答

劣币驱逐良币，优质供应商被系统淘汰，根本原因是没法**客观**量化优质供应商价格以外的绩效，比如质量、交货、服务等。没法量化的就没法管理。供应商选择就只能基于能够客观量化的指标，即价格，而优质供应商在价格上是没法跟劣质供应商竞争的，于是被系统淘汰。

这就有点像硅谷和深圳的餐饮业：在这两个地方，中餐馆普遍足够便宜，但也足够烂，质量不好，服务差。根本原因是这两个地方太年轻，文化积淀少，消费者普遍没有意识到价格以外的价值，不愿意为价值买单，而服务好、质量好的餐馆价格注定下不来，就被淘汰了。上海就相对好点，因为文化积淀深，小资阶层较强大，意识到价格以外的价值，并且愿意支付相应的价格，所以就有很多有情调的小餐馆（当然，这完全是个人所见，欢迎拍砖）。

业界人士说

本人在欧美企业从事采购供应链多年。就文中的采购五台阶来说，我的感触是大部分公司的采购供应链部门都在与供料和价格战斗。如果采购能做到总成本的控制层面，就意味着采购部门在公司已经做到战略地位了。这需要采购人员提高自身在公司财务、工厂运营方面的能力和素质，再加上老板支持才能做到。

需求管理方面，文中主要说新产品的需求，其实对于现有物料的需求，采购管理也大有所为。特别是MRO等非生产物料，通过规格标准化、订量经济化等做法，采购人员不仅能帮助公司节约成本，而且提升了采购部门与需求部门的工作效率。

“全面增值”阶段，实际上是采购部门战略化、价值化。把采购、物流、供应链摆在公司的价值链上，看看这些部门的增值部分在哪里，如何强化其对公司的增值？哪些是部门层面优化但公司层面没有优化甚至更差的流程，如何达至公司最优？哪些环节是采购可以做的并能为公司增值的？这些问题及解决方案，可以把采购带到战略化的层面。这个过程可以自上而下由管理层推动，但是如果采购能够自下而上推动，不正是体现其价值的最好方式吗？——冯海文，礼恩派国际集团（Leggett & Platt），区域采购经理

小贴士　像销售一样做采购

我这几年在国内，给一些公司的销售培训供应链管理，越来越意识到，如果像销售那样做采购的话，采购业绩八成会更好。

先说以客户为中心的心态。有一个销售总监说，他整天守在客户那儿，除非是公司要开会，不回自己的办公室。道理很简单：**客户的需要就是他最大的需要**。采购也有内部客户，有几个采购能以这种心态对待内部客户呢？之所以采购有这碗饭，就是因为有内部客户的存在。

这话说起来容易，不过扪心自问，我们上次主动见内部客户是什么时候的事呢？我们做不到“晨昏三省”，但是经常走过去，主动打个招呼，问有什么要帮忙的，防患于未然，总要强于内部客户找我们。要知道，等他们找我们，八成已经着火了，或者冒烟了，然后就是我

们被动反应，花费的时间和资源更多。

再说做人与做事。好的销售，鲜有例外，都让人感觉到自在、放心。这是建立信任所必需的。谈吐间，你能感觉到他们为客户着想的心态。这与采购中常见的骄气截然不同。这并不是说销售处于劣势，不得不这样；而是他们多年的经验所致，因为只有为客户着想，谋求双赢才能持久。

做事细致，销售就更不用说。事无巨细，他们都打点得井井有条。

或许有人会说，有多少销售，说一套，做一套，承诺过的事，做到的有多少呢？这是些“小销售”，不是我们的学习榜样。当然，看看我们的“小采购”，他们做的只能说更糟。很多公司的采购都是些“小采购”，不管公司的名气有多大。他们对采购本业不精，专长是催料、砍价；不理解，也不愿花精力去理解内部客户怎么运作，对内部客户的管理就谈不上，承诺给供应商的有几件事做到了？当然，我绝不是说，因为一方做得不好，另一方就有理由做得更糟。但五十步笑百步的典故，相信大家都是知道的。

销售是采购的影子。“暴政出暴民”，采购对待销售的方法，也是低素质销售的催生剂。不知你注意到了没有，这些低素质的采购，不但管坏了销售，而且教坏了新的采购。有些采购员，年纪轻轻就痞子气十足，趾高气扬，就是跟些低素质的老采购学坏的。如果让我选择的话，我宁可把新采购员给有经验的销售，也不会交给老油条采购来培训。

向销售学习，也是学他们解决问题的思路。提起销售，很多人的潜意识是这些人就靠一张嘴。没错，尤其是低级销售。但是，做得好的销售，其实也是解决问题的高手。他们在夹缝中生存，平衡本公司与客户的需求，做出艰难的抉择，展示了优秀的解决问题的能力。

认真学着点，那可是真本事。优秀的销售赚那么多钱是有道理的。在美国，销售出身的百万富翁比比皆是，有几个做采购能做成百万富翁？优秀的人中，做销售的恐怕要比做采购的多得多。如果你是个一流的精英，是个解决问题的高手，那么从事销售可能比做采购更成功。

任何职位，放在供应链上，都有双重地位：一方面是管理内部 / 外部供应商，另一方面是支持内部 / 外部客户。也就是说，我们每个人都是一边做采购，一边做销售。以客户为中心，就是在强调每个职位的“销售”功能，解决客户的问题。公司越大，部门壁垒林立，就越需要销售能力，来推行新的举措。

对于采购职业人来说，采购能力让我们混口饭吃，而真正要晋升，还得靠销售能力，即把采购的贡献“销售”给内部客户和管理层，把好的供应商推荐给公司，让其早期介入新产品开发等。

这些年来，我跟很多公司的采购接触，发现这些**采购所欠缺的与其说是采购能力，不如说是销售能力**。于是就一直在“小采购”的泥淖里打滚：采购职能不被重视，对内就没法有效推动变革，所有的压力就转移到供应商端，制造了很多问题，供应商没法解决，反过来影响采购方。

采购在小批量行业的崛起

传统上，大批量行业如汽车、家用电器、电子产品更依赖采购，因为产品的更大增值部分来自供应商。采购在这些行业的地位更高，也相对更完善。在美国，大批量行业也是最早受到全球竞争的威胁，例如 20 世纪 80 年代以来，日本的汽车和家电全面进军美国，美国在与日本的竞争中一败涂地。不过生于忧患，全球竞争促进了这些行业不断改进，整体提升了产业水平，采购作为一个职能也是。

这从美国《采购》杂志颁发的年度金牌可见一斑：从 1984 年开始评奖到 2000 年，除了 1997 年和 1998 两年，年度金牌得主由大批量行业垄断，包括施乐（1985）、克莱斯勒（1987）、福特（1990）、摩托罗拉（1991）、惠普（1992）、英特尔（1993）、本田美国（1995）、IBM（1999）、哈雷摩托（2000）等。这个奖项是由美国《采购》杂志根据采购职能的贡献，每年在美国公司中评选一个佼佼者，代表着采购在美国的最高水平。

小批量行业，例如飞机制造、半导体设备、大型通信、大型医疗、大型发电、化工设备等，向来以技术为主导。再加上采购种类众多，每件的采购量不过一年几十几百件，甚至只有几件，这些行业的采购复杂度很高，采购流程、系统不完善，采购效率低，采购地位不高。这些行业要么由政府保护，要么进入门槛很高，全球竞争有限，客观上为死于安乐提供了条件。

但是，一旦大环境变了，这些行业就面临灭顶之灾。

例如20世纪70年代，美国航空业解禁，基本上任何公司都可以进入航运业。用新加坡航空总裁许文辉的话说，皮包公司都可以办航运：飞机有专门的公司给租用，机场是租用的，飞行员和机组人员也可以租，航运公司要做的就是市场营销。解禁的结果是竞争空前激烈，导致整个行业多年来亏多赢少。到了20世纪90年代后期，美国航空业所有的亏损加起来，超过了历史上的总盈利（即自从怀特兄弟试飞飞机以来的所有利润）。以前低效运作下的各种问题浮出水面，企业为了生存，不得不在价格、质量、交期等各方面做得更好。

再如军工行业，20世纪90年代冷战结束后，美国政府和大西洋公约组织的国防预算大幅下降，迫使大批航空军工企业向民用过渡，而民用行业对效益的要求更高。2001年，“9·11”更是雪上加霜，让整个航空业几乎陷入万劫不复的深渊。英语中有句谚语，石头沿着山坡往下滚：压力就沿着供应链向飞机制造商、引擎制造商、零部件制造商等传递，客观上给这些公司带来求变的动力。

这些行业在中国看来很不起眼，但在美国举足轻重：空运是美国中长途旅行的主要方式，就如铁路运输在中国；政府是美国最大的买主，而国防开支又是政府预算的重头戏；大型设备制造行业，例如半导体、医疗、通信、化工、发电等是美国制造业的龙头，每个都是一年几百亿、成千亿美元的市场，近年来也受到全球竞争的有力挑战。

直到2013年，美国一直都是世界上的第一制造大国，靠的就是这些小批量行业。

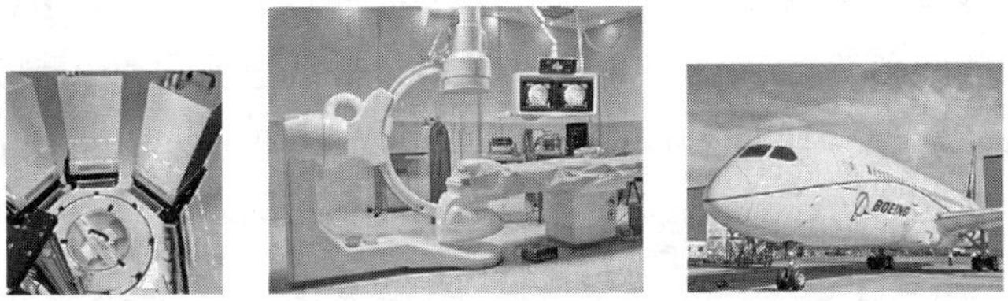

在“中国制造”填满货架的今天，小批量行业支撑着美国的制造大国身份

挑战就是机遇，压力就是动力。为了生存，这些小批量行业系统地借鉴汽车、家电等行业的成熟经验，推动精益生产，优化供应链，整合供应商，加强对供应商的管理，全面提高质量、成本、交期、服务、新产品开发等各方面的绩效。

在20世纪90年代后期，小批量行业就开始在美国《采购》杂志的金牌榜上崭露头角，包括1997年的联合信号（后并入霍尼韦尔）、2003年的塞斯纳（生产小型飞机，航空和工业产品巨擘德士隆的一部分）、2005年的罗克韦尔柯林斯（生产通信与航空电子系统）、2006年的联合技术（生产飞机引擎、直升机和多种工业产品等）。这些都是采购与供应管理几十年来发展的必然结果，也是这些行业应对全球竞争、维持美国领先地位所必需的。

最近二三十年来，小批量行业越发全球化。有些行业，比如半导体制造设备，主要业务来自亚太地区。比如2018年，半导体设备行业预计总销售627亿美元，其中美欧日加起来，连30%的份额都不到，其余都来自亚太地区。[㊀]商用飞机也类似。就波音来说，预计40%的业务将来自亚洲。亚太地区向来以成本控制著称，要不怎么全球的电子产品价格能一天比一天低。为对付年复一年的降价要求，这些行业就不得不向低成本地区采购，但随之而来的质量差、交期长等问题也

㊀ SEMI. $62.7 Billion Semiconductor Equipment Forecast: Tops Previous Record, Korea at Top but China Closes the Gap. www.semi.org.

不小，需要更强的采购职能来对付。

相应地，集中采购、供应商整合、全球采购等研究重点，也从原来的大批量行业转向小批量行业。在小批量行业，生产、采购等长期以来以分散经营为主，供应商数量众多，采购金额分散，都是导致该行业低效的因素。随着企业的整体能力提升，集中采购和供应商整合就成为小批量行业的主旋律。

小贴士　采购与供应链最佳实践的转移路径

回顾采购和供应链在北美的发展，我们可以看出最佳实践传播的三个基本规律。

第一，从生产制造行业传入非生产制造领域。比如麦当劳卖汉堡，用的是流水线，但流水线的概念最早是由福特汽车发明的。

第二，从大批量制造行业传入小批量制造行业。比如飞机制造业在改进采购与供应链时，有很多人就是从汽车行业挖过去的。

第三，从传统的制造业传入非传统的制造业。比如，医药、化工、石油，还有这几年的新能源。传统行业以离散制造为主，非传统行业就有很多流程型企业。

细看美国《采购》杂志的采购金牌榜（1984～2007年），你会发现金牌得主几乎都来自制造业。对于占美国经济80%左右的服务业，采购与供应管理尚显初级。这或许是因为服务业所面临的全球竞争有限，但不能否认采购在服务业的巨大潜力。金融、保险、医疗、卫生、餐饮、批发、零售，都把营业收入的一大部分用于采购，同样面临各种的供应商问题。既然它们能够移植大规模生产行业的很多生产方式，例如把流水线用在快餐业，那么，它们移植制造业的先进采购模式也只是时间问题。

其实，在最近一二十年里，采购在美国服务业的发展也很快。很多研究人员，比如我读商学院时的教授Lisa Ellram，也把服务业的采购与供应链管理纳入自己的研究范畴。如果美国《采购》杂志还在评选一年一度的“采购金牌”公司的话，相信会有越来越多的服务类公

司上榜。遗憾的是，在电子媒体和金融危机的双重打击下，美国《采购》杂志没能熬过经济寒冬，已经于2009年前后歇业了。⊖

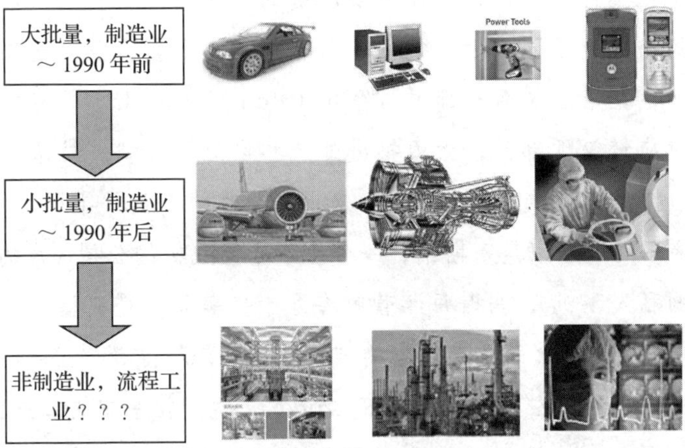

在美国，采购的最佳实践从大批量向小批量行业转移

从我的个人经历中，也能看出采购与供应链发展的一点历史。

2000年，我到美国读商学院，学习供应链管理，其时正是美国总结大批量行业的最佳实践，并全面提升小批量行业的采购与供应链管理的时期。长期合作关系、JIT（just in time）、供应商管理的库存（VMI）、供应商开发、供应商早期介入、精益生产等都已在大批量行业发展成熟，尤其是汽车制造业。在这些最佳实践背后，到处都能看到丰田、本田等日本汽车厂商的影子。可以说，在采购与供应链管理领域，美国主要是学日本。而对采购与供应链管理领域的影响，很少有公司能超过丰田。通用等美国汽车厂商也经常出现，不过大都扮演反面角色，比如敌对、短期的供应商关系。

MBA毕业后，我来到硅谷，进入半导体设备行业的泛林研发公司（Lam Research Corporation）。这是个典型的小批量行业。其时正值2001年网络泡沫破灭，硅谷的高科技行业苦苦挣扎。穷则生变，这些

⊖ 当时美国聚焦采购、物流、仓储等领域的众多杂志中，似乎没有存活下来的。倒是有个供应链管理的杂志（*Supply & Demand Chain Executive*）存活了下来，网上能搜索到他们多年的文章。

企业就全面导入别的行业的最佳实践，比如外包和全球寻源。在我的老东家，高层管理意识到直接学习汽车、家电等大批量行业跨度太大，因为大小批量行业迥异，产品和供应链的复杂度大不相同，对采购与供应链的挑战也不同。于是他们转向相邻的小批量行业，这里是飞机制造行业，挖来一位名叫郎·拉塞尔（Ron Nussle, Jr.）的专家，主管采购与供应链管理部门，大力推进外包和供应链转型。拉塞尔扩充采购团队，把我从商学院雇过来，后来也成为我的工业界导师。

拉塞尔的老东家是塞斯纳，一个生产小型飞机的公司（是的，超级富豪坐的私人飞机），当时每年营收在几十亿美元，是典型的小批量行业。塞斯纳是美国《采购》杂志的"采购金牌"获得者，当时的采购部门老总叫迈克·卡佐克（Michael Katzorke），也是拉塞尔的工业界导师，他来自霍尼韦尔，即以前的联合信号（也是"采购金牌"得主，小批量行业）。卡佐克以前就职于摩托罗拉（又一个"采购金牌"得主，大批量行业），职业生涯的基础是在那里打下的。有趣的是，在我读商学院的亚利桑那州，摩托罗拉和霍尼韦尔都有很大的分部，而我的六西格玛黑带呢，就是这两个公司与亚利桑那州立大学一起培训、认证的。

现在，你大概能看得出一个清晰的路径来：摩托罗拉（大批量，电子产品）→霍尼韦尔 / 塞斯纳（小批量，飞机制造）→泛林研发（小批量，半导体设备）。我的整体知识体系，也是遵循这样的发展路径。你从这本书，还有我的其他书与文章中，也会时不时看到摩托罗拉、霍尼韦尔、泛林研发等公司的痕迹。

特别是泛林研发，我非常有幸，在供职十余年间，参与了其供应链转型，亲历公司从 7 亿美元成长到 40 多亿美元年营收的发展历程，以及网络泡沫破灭、金融危机等带来的重大影响，得以实践、观摩整个供应链的反应，以及采购从行政文秘发展成战略职能。再加上我在读商学院时对美日企业实践的研究，所有的这些，在十几年后的今天看来，正如乔布斯在斯坦福大学毕业典礼上讲的，所有的经历都连成了线，融会贯通到我的书中。

业界人士说

从我自身的经验角度出发，大批量行业的采购，更多的是人依靠公司。这类公司往往规模巨大，流程完善，一个人在里面起的作用主要是推动公司按照既定的游戏规则前进，很少有人能在这类公司发起革命性的变化。当然也有例外情况，比如一些大型公司在关键的变革阶段，也有外来骑士对它进行翻天覆地的变革，推进公司演变，但这毕竟只是少数。

小批量的公司，往往是公司依靠人。它需要有经验、有能力的人去帮助它完善流程，去改变以前一些没有竞争力的做法，去帮助公司改善成本结构，提高市场竞争力。这类公司对采购的要求其实更苛刻，因为它实在很难给你一个过渡期、实习期，要的是你很快能出效益。但这类公司往往更锻炼人。别人干不好的活儿你去了能干好，搞不好的供应商关系你能改善甚至提高，这往往比在大批量公司能更快地体现你的价值，也能让你的表现更快地进入决策层的视线。

这么些年，通过对采购人员的招聘我也发现一个有趣的现象，从小批量公司去大批量公司的人员，相比从大批量公司去小批量公司的采购人员，往往能更快地适应新的公司，更快地产生价值。这可能和两者所处的不同竞争环境有关系吧。——薛文斌，普莱默电子（无锡）有限公司总经理

“小采购”和“大采购”有何不同

前面多次提到“小采购”和“大采购”，他们究竟有什么区别呢？

我们先说“小采购”。“小采购”是**被动**、**分散**和**过程导向**的。

被动：“小采购”整天忙于琐碎杂事，对于那些重要但不紧急的事，反倒一拖再拖，直到有一天，这些事变成既重要，又紧急的时候，内部客户跳脚了，就被动反应。你知道，一件事，主动去做，5 分钟就可能搞定；一旦陷入救火状态，被动反应，两个小时可能也搞不定。

这是常识，难道采购们就不懂？如果说个别采购被动反应，那可能是他们自己的时间管理问题；但是，如果一帮采购都被动反应，那后面肯定有**能力短板**。

啥叫能力？前文多次说到，能力是组织、流程、系统的三位一体。这三者中，如果任何一个有短板，一定需要另外一个来弥补。对于快速发展中的企业，常见的短板就是信息化程度低（系统方面有短板），因为信息化是个长周期活动，很难短期见效，典型的重要但不紧急，所以往往滞后——今天不上，这个月不上，这半年不上这系统，能不能死人？当然不能，因为手工的方式还是可以做生意的。

这不，企业就习惯性地用组织措施，来弥补信息系统的不足。结果呢，员工大量的时间用来处理本来可以由信息系统来做的事儿，比如生成订单，发送给供应商，手工补货。这些事儿不重要，但往往紧急，因为你不做，生产线就可能停下来，所以不得不赶快做。等做完了，已经下午三四点了，那些重要而不紧急的烦心事儿，明天再做吧。于是明日复明日，直到内部客户等不及了，打电话过来或者找上门来……

所以，**对于“小采购”的被动，你不能简单地当作意愿问题，说他们不愿意主动；你得把它当作能力问题来解决，通过改变能力来改变行为**。

“小采购”
被动、分散、过程导向

- 围绕订单、项目转，被动反应
  ——价格导向
- 行政文秘，不是平等业务伙伴
  ——管理水平低下
- 供给导向，需求管理有限

“大采购”
主动、集中、结果导向

- 围绕供应商，负责供应商关系
  ——总成本导向
- 战略资源管理，平等业务伙伴
  ——一流的系统、流程和工具
- 需求导向，供给管理水到渠成

采购的“大小”
与职位高低没关系

从“小采购”到“大采购”

分散：分散并不是说在苏州有20个人，在深圳有15个人，在印度有8个人。全球经营，地域的分散其实不算什么。我们这里说的分散，主要是方法论上的分散。比如深圳的总部发展比较早，有成套的做法来选择与管理供应商；印度的工厂呢，刚成立不久，没有系统的做法。在管理粗放的企业，最佳实践没有固化到流程和系统中，就不得不靠人（组织措施）来弥补；但扩张太快，没法雇用、培训足够的人的时候，就问题多多。

越是全球化，这样的问题越多。比如手机、纺织等行业到印度建工厂，普遍面临当地员工资质问题（多像二三十年前欧美企业刚到中国时的情况）。而解决方案呢，还是要从流程、系统的角度来应对，而不是单纯地通过组织措施，比如雇更多更优秀的员工——以前公司小的时候，你可以挖竞争对手的人；现在你成了最大的那几个，还到哪里去挖人？人家都在挖你的人呢。所以，**企业变大，员工的平均资质反倒会下降，导致最佳实践的传播挑战更大，需要通过固化在系统和流程的方式来解决**。

过程导向：过程导向是按照流程走，表面上是个褒义词，其实不是，特别是注重过程而不是结果的时候。比如明知内部客户的需求是只青蛙，但招投标流程走下来，最便宜的是只蛤蟆。有意见？我可是按部就班来的，你就将就着，用这只蛤蟆吧。还是想不通？想不通找老板啊，因为流程、政策是老板定的。但谁又能把老板怎么样呢？

这就是典型的“小采购”，不求无功，但求无过。有些公司的采购“小”到什么地步？每10天招一次标，随时都拿到钢材的市场价，以证明自己的清白。能不能每20天，或者30天招次标？答曰不能。这有什么不能呢？这些大宗原材料有价格指数，大家可以约定，价格指数浮动在多少范围内，互不干扰；高出多少，加价；低过多少，降价。连这样简单的事儿，“小采购”也做不了。这也跟采购合规管理有关：该企业都雇前公安局长做采购老总了，你说，员工能不时刻通过招投标来自证清白吗？他们敢不让最低价中标吗？

这又引起一个话题，那就是在一个公司，**如果采购部的主要任务是招投标，你不用问直接给贴上“小采购”的标签就是了**。有个公司，几百亿元的规模，采购部每周要招近 200 个标，可谓做到了极点。这可是生产制造企业，采购的大部分东西都有持续的需求，不是一次性的项目。想想看，招标本身不增加多少价值；要说价值，更多的是合法合规罢了。而一旦聚焦合法合规，采购的服务功能就减弱，弱到极点，就是上面说的，客户要的是青蛙，采购招来的是蛤蟆（是的，是招来的，招投标来的）。

我们为什么要在过程导向上讲这么多呢？因为我们的企业都在快速发展，或者处于多品种、小批量行业，业务的复杂度很高，不管多完善的企业，都不可能把所有的流程做得很完善，让随便找个初中毕业生，按部就班，就能把事儿给做到位。我们要的是**基本的流程**，再加上**人的主观能动性**，方可把事情做好。在这里，我们不能没有基本的流程，否则每次都得试错，成本太高，但也不能没有主观能动性，否则的话，就会出现蛤蟆和青蛙的笑话了。

说到这里，我就想起我的老东家。作为一个 ISO 9000 企业，每件主要的事儿，在我的老东家都有个流程文档。在每一份流程文档上，开头就引用以前的 CEO，现在的董事长的一句话，大意是没有人能够拿这个流程文档说事，使其成为达不到既定目标的理由。翻译过来就是：公司要的是只青蛙，你不能找只蛤蟆，说这是我按照流程文档 xyz 执行的结果。

不过不要笑，培训中我经常问学员，内部客户需要的是青蛙，但采购按部就班给找了只蛤蟆，在你们公司行得通吗？你会看到，那些民营企业，大部分在摇头；而有些大型国企、央企，以及有些管理非常粗放、规模很大的民企呢，则往往可以。这些点头的公司，你大概知道它们是“小采购”了。当然你现在也知道，国营经济为什么竞争不过民营经济了。

顺便解释一下，有些“大采购”资质的人，到了特定环境，表现出来的却是“小采购”。比如有一个互联网名企，采购骨干大都来自生产制造企业，虽然有“大采购”的能力，但在这个采购是边缘职能的互联网名企，也只能做“小采购”。橘生淮北则为枳，想必不用解释。这也是为什么作为职业人，你得“择良木而栖”，选对合适的公司了。

我们讲完了“小采购”的被动、分散和过程导向，“大采购”的**主动**、**集中**和**结果导向**就自然清楚了。

主动就是“大采购”的流程、系统比较完善，把那些重复性的问题解决了，让员工能够有资源来主动对付重要但不紧急的事儿。**集中**呢，并不是说集中采购什么的；集中指的是最佳实践固化到系统、流程中，在公司范围内能够快速推广。**结果导向**呢，就是基本的流程加上主观能动性，以内部客户期望的结果为导向。

有人或许会问，采购的“大小”跟职位的高低有没有关系？没有。举个例子。有一次，我问一个采购职业人，你们现在忙什么？答曰，一半的时间在路上——供应商现场追料。上至采购总监，下至催货员，干的都是“小采购”的活儿。我自己以前管供应商的时候，小组里面有一个采购员，他的任务是订单处理，但习惯性地从供应商的层面考虑问题，是典型的“大采购”思维，结果没多久他就做成了采购经理。

我讲这些，就是让那些干订单层面事情的读者不要丧气。用顾城的一句话，“人可生如蚁而美如神”——生活中我们可以卑微如同蚂蚁，但精神上，我们还是可以美如神仙。人总是要从基层干起。都说贫穷限制了我们的想象力，但不要让基层工作限制我们的思路。

除了上述区别，“小采购”和“大采购”的**工作对象**不同：“小采购”围绕订单转，“大采购”围绕供应商转。

我们知道，采购有两个层面的任务：订单层面、供应商层面。“小采购”围着订单和项目转，下单、跟单、催单、交货、验货、收货，主要是些行政文秘类的任务；“大采购”则是围绕供应商转，评价、筛选和管理供应商，提高它们的绩效，并把它们及早纳入产品开发，尽早发挥供应商的优势。

这两个层面的任务是关联的：如果供应商层面的问题不解决，订单层面的问题就会更多。要知道，**问题很难解决在问题发生的层面**——订单层面的问题，只有上升到供应商层面，通过选择和管理合适的供应商，才能真正解决。

举个例子。供应商出现质量问题，首先会表现在订单层面，因为来料验收不合格。"小采购"通常做的就是退货，让供应商免费补货。有些质量问题跟供应商的系统、流程有关，需要在供应商层面上来改进。"小采购"没有能力、没有资源来驱动供应商系统地解决这问题。结果呢，同样的问题会重复发生。

这在建筑行业挺有代表性：供应商选择一般是**集中**决策，比如在公司层面；供应商的绩效呢，则由每个具体的项目**分散**地管。项目上只对项目层面的问题感兴趣，一旦出现交付、质量问题，一般是随便打个补丁，就急着赶进度；对于供应商层面的问题，比如流程、系统问题，则既没有资源，也没有能力来对付，导致供应商层面的问题得不到解决。但有些项目层面的问题呢，根源却在供应商的组织、流程、系统层面。供应商层面的问题不解决，承包商、供应商今天在这个项目上出现的问题，几个月后在另一个项目上同样会出现。所以，在建筑行业有句话，说"只有教训，没有经验"。在这个行业，不管是中国还是美国，供应商管理都很薄弱。这也是这个行业一直挣扎的部分原因。

类似的问题，在那些集中采购、分散管理的企业也很普遍。要知道，**系统、流程相关的问题，一定要上升到供应商层面才能真正解决，没法通过分散管理来有效实现**。试想想，如果你只是10个工厂之一，你为什么要花大量的精力，来做供应商评估，识别其系统、流程上的短板，把供应商的整体问题解决了，让那9个也来受益？工厂层面大都是订单处理为主，你也没有资源来对付供应商层面的问题。结果呢，就是有供应商选择，没供应商管理，甚至出现这样的极端情况：有的供应商在分部A上了黑名单，在分部B还是优选供应商。

在我看来，**供应商的选择权与管理义务不可分离**。集中采购离开了集中管理，总部在选择供应商，一般是受**成本**这一单一指标驱动；分部在管供应商，一般是受**交付**这一单一指标驱动，大家都在为自己的单一指标博弈，做局部优化，注定不是“大采购”。

此外，两者的**层次不同**：“小采购”是行政文秘，不是平等的业务伙伴；“大采购”进行战略资源管理，是平等的业务伙伴。

“小采购”下，不是说没有“大采购”要做的事，而是那些事，就像供应商选择，主要由别的部门来做，一般情况下是内部客户，比如设计部门。这样，“小采购”做的就是打杂，地位自然就不高，当然就没法成为设计、营销的平等合作伙伴。正是因为在公司里地位不高，“小采购”没法吸引一流的员工，就沦为一个人在公司的最后一站。

“大采购”已远远超越持币购物，为公司管理供应商这一战略资源。就如前面讲过的，制造企业 70% 左右的增值活动发生在供应商那里，供应商是企业价值链的重要组成，而采购是这一战略资源的管理者，负责很多以前生产运营部所负责的事，对控制产品成本至关重要，是设计与营销的平等合作伙伴。

行政文秘性的“小采购”主要把精力花在交易过程中，特点是跟 ERP 的操作联系紧密；而管理战略资源的“大采购”则把精力花在关系层面，代表公司开发和维护供应商关系，跟 ERP 的操作相关甚少。比如我当年做供应链业务经理，这是个“大采购”职位，负责供应商关系，公司的 ERP 是 SAP 系统，但我基本没有操作过 SAP。而负责订单层面工作的采购员呢，则整日挂在 SAP 上，忙得不可开交。

“大采购”不用 ERP，并不意味着不用数据；相反，他们借助各种报表、指标和分析来支持供应商选择、管理供应商的整体绩效，是数据的**使用者**。而“小采购”呢，他们围绕订单，确保数据的准确和准时，是数据的**制造者**。这其实有普遍意义：**判断一个职位的战略重要性，看它是数据制造者，还是数据使用者，就可有个大致概念**。

上面讲了“大采购”的特点，即聚焦供应商，通过解决供应商层面的问题，来解决订单层面的问题；管理供应商这一战略资源，成为兄弟职能的平等合作伙伴；积极主动管理需求，通过理顺需求来理顺供应。

这里还想补充的是，有几种情况注定不是“大采购”：

其一是工程师或内部客户决定一切，采购只是执行，围绕订单转，基本上是打杂。

其二是采购有了管理供应商的责任，但没有相应的权力和资源，结果是苦苦挣扎。

其三是单一指标驱动，局部优化，拿到了最低的价格，牺牲了交货、质量和服务。

第一种情况好理解。第二种情况下，公司认识到采购职能的重要性，就给采购很多指标，比如年度降本、按时交货和供应商质量。但是，光有责任，没有资源，采购对内没法支持、管理内部客户，对外没能力、没资源推动供应商实施有效的改进方案，就成了各种问题的替罪羊。

例如为了降低成本，供应商需要优化产品设计、改进生产流程，但采购既没法驱动设计部门——设计部门不愿意承担设计风险，也没法驱动质量部门——生产流程改进会带来的质量风险，质量工程师不愿承担。于是，降本问题就全成了采购的问题，而采购的工具箱里只剩下谈判降价。几轮谈判下来，软硬兼施，能谈的都谈下来了，还是达不到目标，那就只有推行强势做法，霸王硬上弓，把问题都推向供应商，玩“给我降价 $x\%$，怎么降是你的事”的游戏，继续在“小采购”的泥淖里打滚。

单一指标驱动时，采购只关注价格，自然而然就走上局部优化之路，聚焦订单、料号层面的谈判降价，没意愿，也没能力来影响更多的东西。人的能力是用进废退，如果采购整天干的都是谈判降价，时间长了，会干的也就只有谈判降价了，兄弟职能对采购的定位也就只会是“小采购”。砍价有什么难？会说话就会砍价。这也是为什么学校里刚出来，就能做采购，跟供应商讨价还价。

“大采购”下，采购全面负责供应商绩效，但并不意味着供应商管理是采购一个部门的事，尤其是在技术驱动型的公司。更准确地说，供应商管理是跨职能任务，包括工程设计、质量管理、订单处理等，采购的任务是领导这个跨职能团队，驱动团队成员各司其职。这需要公司授权（老板支持），更需要采购自身有更高的领导力，正面影响兄弟职能，让他们协助采购做正确的事。这对采购的领导力提出更高的要求，“大采购”也成为个领袖角色。在美国供应管理协会（ISM）的“供应管理专业人士认证”（CPSM）中，三大认证模块之一就是领导力，反映了业界对这一角色变化的认可和重视。

所以，采购部门是否能完成向“大采购”的过渡，关键在于它能否完成两项任务：其一是选择、管理能满足公司战略需要的供应商；其二是管理、领导内部团队，共同履行供应商管理职能。后者比前者更重要，更困难。不是说讨价还价不重要，但如果还把这作为衡量采购人员的主要标准，则表明采购在这个公司仍然是“小采购”。

“大采购”做什么

“大采购”做什么？“大采购”管理需求，围绕需求找供应商（战略寻源），围绕供应商管理绩效（供应绩效）。这就是“大采购”的三大任务，如图 3-4 所示。

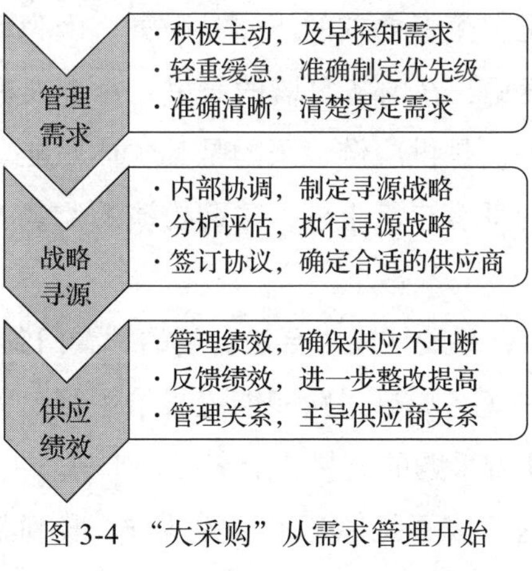

图 3-4　“大采购”从需求管理开始

为什么要从管理需求开始？要知道，**任何职能都有两个功能：服务功能和监督功能**。一个职能之所以存在，根本原因是其服务功能，即内部或外部客户有需求，需要这个专业的职能来满足。对采购来说，这就是设计、营销和其他有需求的职能。要服务，就要理解需求，并正面影响需求，理顺需求以理顺供应。

对于任何职能来说，**既要监督，又要服务**，而服务功能是第一。这看上去像大白话，是常识，但常识并不是常行。在很多"小采购"公司，采购在服务功能上乏善可陈，凸显出来的就是监督功能。而这让"小采购"堕落为"必要之恶"，更加成为众矢之的，在企业里的地位更低。

有一次，我在深圳培训，有位采购经理说，她的那帮大厨看到他们采购，就跟敌人一样。这是个连锁酒店，有自己的餐饮业务，大厨就跟制造业的工程师一样，也要设计新的菜品，需要采购买这买那。采购的一大任务呢，就是替老板看着，不要让那帮大厨乱花钱。打个比方：大厨想买块黑猪肉，试验一个新菜品，采购申请提上来，采购员审完采购经理审，采购经理审完财务审，有时候都一两周了，这块肉还不见影子。你说，采购在增加价值，还是在制造麻烦？大厨们看着这帮"小采购"，能有好脸色吗？

无独有偶，也是在深圳，有位朋友说他们公司做了个调查，看哪个职能最不受待见。荣登榜首的当然是财务，因为财务天生担负很大的监督功能（君不见，在财务总监的眼里，每个人都是犯罪嫌疑人）。榜眼呢，有点意外，是供应链，采购是其主体职能。我想这除了供应链没法有效满足内部客户需求外，采购扮演的监督者角色应该也是原因之一。

弱化服务功能，采购就成为合法合规的"看门狗"。这从采购职能的汇报线上可见一斑：如果采购职能汇报给主管财务、审计、人事等的副总，往往意味着采购的监督功能突出，十有八九是"小采购"，你可要多个心眼，这八成不是你学本事的地方。我到某互联网企业，就发现采购汇报到 CFO 的情况。显然，这企业把采购当成个花钱的主，没有意识到采购在管理供应商这一战略资源。

当然，这也可能是因为这互联网企业不缺钱吧——净利润都 30 个点了（看清楚了，制造业的朋友们，是**净利润**，跟你们那 12% 的**毛利**比比看），把钱**花对**，或许比把钱**花好**更重要。前者只需要发挥监督功能，“小采购”的拿手好戏；后者则需要做“大采购”，包括管理需求、战略寻源和供应商绩效管理。

从职业发展的角度来看，作为采购职业人，你是到那些监督功能为主，但收入可能更高的“小采购”公司，还是到那些服务功能为主，不过日子可能更艰苦的苦哈哈公司，这可跟“坐在自行车上笑，还是坐在宝马里哭”有的一拼啊。

扯得有点远。讲到这里，希望大家对“大采购”做什么有了更深的理解。

拿英国石油（BP）为例，如图 3-5 所示，“大采购”做的就是这三大块的事：管理需求（需求规划）、找到合适的供应商（战略寻源）和管理总体供应绩效（管理供应商）。你能清晰地看到，这是围绕供应商，从需求管理开始，到满足需求结束（管理供应绩效），一个完整的生命周期。在这个周期里，你根本看不到订单层面的多少事情。这也容易理解：需求理顺了，供应商层面的问题解决了，订单层面的绝大多数问题就自然解决了，剩下的可以通过电子商务自动化，例外呢，则由采购员、质检员、催货员等处理。

对于很多本土企业来说，采购在管理需求、找供应商（战略寻源）和管理供应商绩效方面都不到位。特别对于大型国企、央企来说，部门壁垒森严，采购处于下游，介入需求管理非常有限；供应商绩效管理也很不扎实，因为管理粗放，供应商的绩效数据搜集困难；虽说采购的主要任务是招投标（寻源的一种方式），但因为需求管理不到位，供应商绩效反馈不足，注定招投标也乏善可陈。可以说，在向“大采购”迈进的过程中，国有企业的路最长，也最艰难。

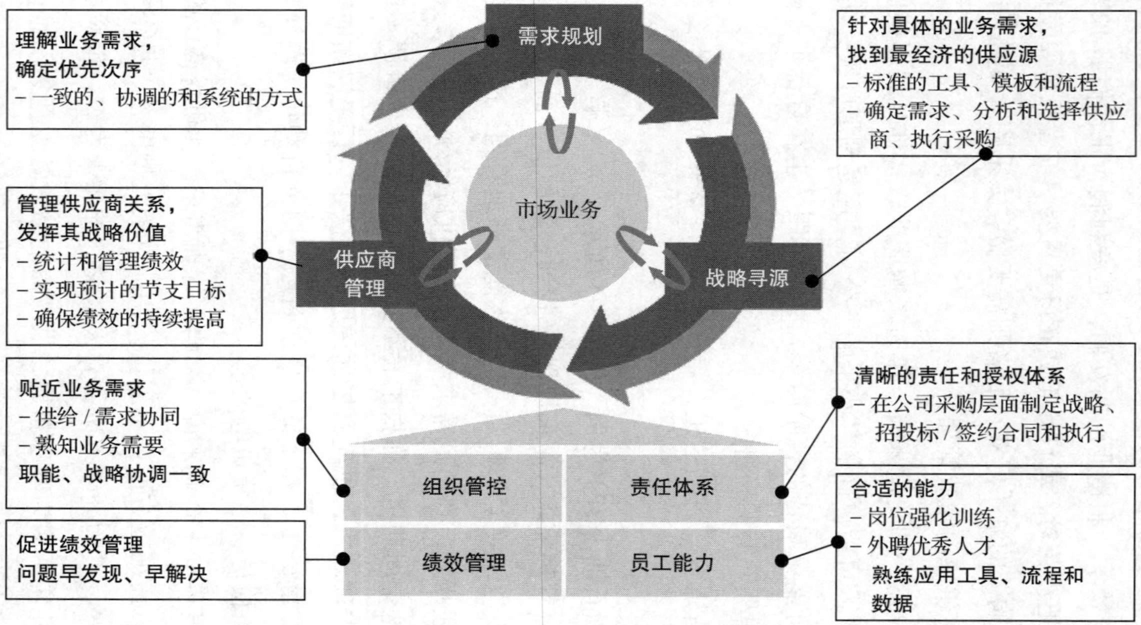

图 3-5 英国石油（BP）构建市场导向的“大采购”

对于非国有企业来说，市场生存压力大，转化为年复一年的降本指标。采购没法驱动设计、质量，以推进设计优化、流程优化来降本，就只有在谈判降价上一条路走到黑。在这种情况下，战略寻源就成了谈判降价过程中的筹码，或者说被谈判降价绑架：满足降本目标的就是好供应商、“战略”供应商；满足不了的就成为淘汰对象，或者威胁淘汰的对象。这注定战略寻源是扭曲的，难以从长远和全成本层面来优化；也注定了在后续管理上，供应商的很多质量、交付问题是无解的。

同样，因为市场压力大，销售在非国营企业天然处于强势地位，使得采购在需求管理上举步维艰。在这些企业，采购和供应链运营既是受害者，也是施害者。他们先是被销售扣作人质：销售啥单都接，“捡到篮子里的都是菜”，不管从采购和供应链运营（成本）的角度来看是否值得做；“市场竞争这么激烈，我都能接到单，你就做不出来？”在与销售的较量中，几乎毫无悬念，采购和供应链运营没有赢的希望。迫于压力，采购和供应链运营就只有“死给你看”的份，不计工本地往出做。结果生意是做成了，但没赚到钱；即使账面上赚了，也都赚进库存里去了。

救火成常态，逐渐地，采购和供应链运营也是死猪不怕开水烫，反正个个都是急单，忙也忙不到哪里去，那我就破罐子破摔，“要货没有，要命一条”，做到哪一步算哪一步。于是采购和供应链运营就把销售扣作人质，公司初创时期的以客户为中心，逐渐被部门利益所取代，职能之间摩擦不断。而采购呢，既管不好需求，也管不好供应，注定在“小采购”的泥淖里继续打滚。

在技术驱动的公司，上述博弈也在发生，不过是把销售换为设计。这一方面是设计和销售太强势，另一方面是采购和供应链运营的能力不够。这种平衡不能全靠领导重视来建立；采购跟供应链要练内功，打铁先得自身硬，精于本业，给公司创造更多的价值，才能赢得营销和设计的尊重。我访问过一些私企，采购的负责人大都是老板非常信任的人担任，有的是跟老板一路打拼上来的，老板的支持不可谓不大。设计、营销往往是外来的职业人。但采购还是典型的“小采购”，除了催货，没法在平衡供应与需求上增加更多价值，那也就只能继续挣扎，在公司扮演三等公民。

解决方案呢，是采购要向“大采购”过渡，即管好需求、选好供应商、管好供应商，为公司增加更多的价值。前面已经系统讲过供应商的选择与管理，下面我们主要讲一下需求管理。

“大采购”：管理需求，影响需求

“小采购”是**供给导向**，需求管理不足；“大采购”是**需求导向**，管理需求，影响需求，通过理顺需求而理顺供给。

所谓“小采购”的**供给导向**，就是他们认为自己的任务是跟供应商打交道；内部需求是怎么产生的，什么时候产生的，跟自己无关。比如随便到一个公司，问问他们的采购，你们的需求预测是怎么做出来的？你会发现，很多采购对此毫无概念。这在那些规模巨大，分工巨细的企业尤其如此。这是“小采购”。他们认为自己的活儿从需求落地开始，对于内部客户来说，是执行者的角色。

需求落地意味着图纸设计完了、规范制定好了，或者计划做好了，订单生成了。这时候，“小采购”的任务就是找到合适的供应商，能够按照图纸和规范加工。但问题是，等到需求落地后，留给执行的时间往往不够，采购就不得不花大量的精力来催货，浪费精力不算，也干扰了整个供应链的运作，成本高昂。

而“大采购”的**需求导向**呢，则是力图在需求产生前介入，正面地影响需求，尽早获知需求信息，给供应商更多的时间来准备。需求导向和供应导向的标志呢，就是你的时间花费在供应商方面，还是内部客户身上。简单地说，就是你整天在对付什么人。

举个我自己的例子。

我刚到硅谷时，第一份工作是管理供应商。当时公司正在从“小采购”向“大采购”过渡，原来的一帮采购员整天埋头处理订单，没法对付“大采购”的事，公司就从惠普、戴尔这样的企业招人，或者从商学院招 MBA。这些人大概都有 5 到 10 年的工作经历，熟悉跨职能协作。顶头上司是个高级总监，他经常给我们说，公司花了很大的代价，招你们来，就是为了更好地管理需求。我们问，管理谁的需求？答曰，工程师的需求。

也难怪，这是个技术公司，有几百个博士工程师。这些博士中，不乏智商很高，但情商很低的人，经常为一点鸡毛蒜皮的事，一个 Email 就告到采购的副总那里，然后从总监到经理，再到采购员，大家就得上蹿下跳来救火止损。

我们问，那怎么管呢？总监答曰，这简单：你们每天早晨到办公室，首先倒杯咖啡，然后不是埋头把那 250 封邮件一一回复——重要而紧急的赶快处理一下，就到工程师那边看一下，敲开他们的门，看他们有什么新的设计在做，现有的供应商能否满足需求。如果答案是不能的话，你现在就得开始找供应商，而不是等到图纸审批完了，第二天就要打样，那时候就已经来不及了。

要知道，企业里绝大多数的事可以由流程来对付，但流程注定是**滞后**的。对那百分之八九十的事来说，滞后点或许 OK；但对于那真正要了我们命的 5%、10%，我们要发挥主观能动性，来弥补流程的不足。敲内部客户的门呢，就是在发挥人的主观能动性，也是管理需求的开始。

有人或许会说，我要对付几十个工程师，还有一二十个计划员，这都是我的内部客户，每天敲他们的门，每个花 5 分钟，一天的大半时间就在干这活儿了。且慢，我们是有很多内部客户，但真正重要的有多少？一把手指头数不完，八成就数光了。抓大放小，聚焦重点客户，这就是我们要做的。

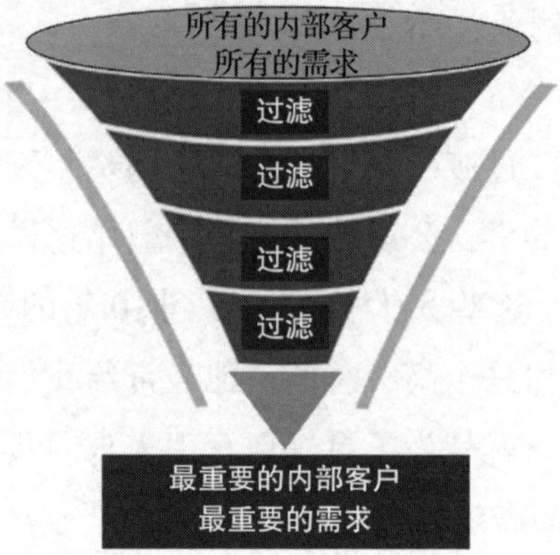

内部客户虽然很多，但真正害死你的不多

或许有人还会问，如何确定内部客户的重要性？一个简单而直观的方法是，谁给你制造的麻烦多，谁就是你的重要客户。那有人会说，这不是在纵容那些整天哭哭啼啼的人嘛。不是的。企业人是理性的，内部客户整天找你的麻烦，让你过得很悲催，是不是符合他的利益诉求？当然不。既然不，那为什么他还会让我们的生活过得很悲催？很简单，他的正当诉求没得到满足，或者至少在他看来如此。那作为内部供应商，我们的任务就是来满足他们的正当诉求。

我知道，对于那些干了多年采购，饱受内部客户“虐待”的人来说，还是难以接受内部客户的“理性说”。让我们拿小孩子打个比方。小贝贝刚生下没多久，话都不会说，只会吃了睡，睡了吃，但会不会无缘无故地哭，让妈妈没法睡觉？有经验的妈妈们都会说不会。小贝贝哭，一般就几个原因：要么是饿了，要么是要换尿布了，要么是没有拍嗝[⊖]。这三个问题解决了，小贝贝十有八九就会睡了。

想想看，两三个月的小贝贝都那么理性，那设计部 39 岁的老李、计划部 25 岁的小张，都成年人了，还有什么不理性？为什么要讲这些

⊖ 小贝贝喝奶时，会一起吸入空气，需要竖着抱起来，慢慢地拍她的背，打个嗝，就好了——经验不可替代：没有养过孩子的美女大多不知道。那好，你要么自己摸索，从自己的经验学习；要么找个有经验的妈妈，从别人的经验学习。希望本书给大家从别人的经验学习的机会，不光是我的，更重要的是我曾经学习过的那么多人。

呢？因为职业人在工作一些年后，沉淀下来的都是内部客户做的“孽”，记住的都是他们做砸的事，就习惯性地妖魔化内部客户（内部供应商也同理）。**一旦开始妖魔化对方，就注定关系理不顺，沟通有障碍**。或者说，虽然是沟通，但见面就是互相掐架，证明对方错了。这都注定需求管理不到位。

有些“小采购”还问，我是愿意积极沟通，但内部客户不理我怎么办？我在管理全球计划团队时，带领 20 多位计划员支持销售人员，计划员们也经常这么讲。我会反问：是我们没问，还是他们没答？大多时候是我们没有问，而不是内部客户不愿回答。**他没说，他挨板子；你没问，同样难逃其责**。我们很难解决“他不说”的问题，但我们能够解决“我不问”的问题。

内部客户没说，打他们的板子；我们没问，同样难逃其责

有趣的是，一个公司的“小采购”往往跟“小设计”“小销售”“小计划”同时存在，在跨职能协作时，大家都死守自己的一亩三分地，不肯跨出半步。作为采购，如果能跨出一步，积极主动地与内部客户沟通，也是增加价值的一种方式。职业人是理性的。当内部客户感受到我们是真心为他们好的时候，他们会回应我们的问题，并共享信息。

跟需求管理相关的是**理解需求**：要管理需求，就得先理解需求。很多情况下，我们想当然地认为理解了需求，其实未必。打个比方。客户说，我要一个三角形的瓶盖儿。这需求还有什么不清楚？销售当然认为自己已经理解了，于是当了传声筒，传给了设计。设计一看这还有什么不清楚，三角形的瓶盖就设计出来了。到了采购，图纸、规范都有了，需求还有比这更清楚的吗？三角形的瓶盖是个非标件，交期长，良率低，成本高，你觉得客户会喜欢吗？

人人都觉得理解了需求，所以就没有一个环节发问：老爷，您要个三角形的瓶盖究竟干什么？原来客户有个瓶子，为了不让水流出来，需要有个盖子。这时候你会发现，真正的需求不是个三角形的盖子，而是不让水流出来。而解决方案呢，可以是个三角形的盖子，非标件，自然有非标件的坏处，价格高出 30% 就是其一；也可以是圆形的盖子，标准件，质量好，交期短，成本低；还可以是只塞子，或者给客户一只杯子。客户，您看您喜欢哪个？客户往往会选择我们希望他选择的方案。

要知道，管理客户需求不是跟客户说不（“我们不做三角形瓶盖”），也不是给他们制造障碍（“要做三角形瓶盖，加钱”）。**真正的需求管理呢，是通过给客户更好的解决方案来实现**。而更好的解决方案呢，前提是真正了解了客户的需求，离不开那个简单但有力的问题：老爷，您要这三角形的瓶盖干什么？或者说，您究竟想解决什么问题？

不管你信不信，**这世上很多人分不清“需求”和“解决方案”，习惯性地拿“解决方案”当“需求”**。比如“三角形的瓶盖”是个解决方案，“不让水流出来”才是需求。之所以分不清，是因为客户钱多、人傻的本质——钱不多就不是客户，人不傻的话自己就能对付，要我们供应商干什么。而供应商呢，正好相反：钱少，但人聪明。老天爷真是公平啊。

这放在内部客户身上也适用。内部客户让我们内部供应商做一件事，是因为我们是这方面的内行——我们花的是他们的钱，用我们的专业能力帮他们解决问题。他们分不清“需求”和“解决方案”，也就不稀奇了。

比如前文说过，生产部门要采购备份供应商，这不是需求，这是解决方案。他们的需求呢，其实是确保供应。在他们看来，作为真实需求的“确保供应”，跟他们意想中的解决方案“供应商备份”有因果关系，其实这是外行的看法。但这不怪他们，因为他们是生产，不是采购，不懂得真正的保供，需要重选择、重管理来解决，而不是简单地进行备份。

所以，对客户的需求，不管是内部还是外部客户，一定要仔细分析，分清需求与解决方案，而不是简单地执行。时刻记着，客户是钱多、人傻，傻子提的需求，当然要小心才对。这不是冒犯客户，这只是尊重事实：有时候，客户就如孩子，他要的，其实不是真正需要的。

再说**正面影响需求**。这是把采购所熟悉的市场、供应商信息提供给设计，帮助他们更好地定义需求。比如你要出差，后勤部往往会问是否可以用电话会议来代替，是直达（贵一点）还是可以转机（便宜点），是否一定要在高峰时间去、高峰时间回。再比如你要买 100 磅的 A4 纸，行政部有经验的小姑娘往往会问你的用途，是否可以用 80 磅的，效果也差不多，但更省钱。这都是在积极、正面地影响需求，即在满足内部客户需求的基础上，降低成本。

放在需求与供应相平衡的大框架里，就是需求管理和供应管理没有明显的界线。供应管理越早介入需求管理，后续的供应链执行就越容易；介入越晚，后续执行就越困难。

这些年我发现一个有趣的现象：越是管理一流的公司，采购介入需求管理越多、越早，内部客户介入供应管理的也就越少，这样内部客户就可以集中精力解决前端的问题，即更好地管理客户；越是管理粗放的公司，“小采购”盛行，采购介入需求管理就越少、越晚，而内部客户（销售和设计）介入后端供应就越多，导致内部客户没有足够的精力来管理前端客户，需求定义不清晰、紧急需求增加，为供应端制造更多的问题，而内部客户又不得不花更多的精力来管理供应，成了恶性循环。

“大采购”：怎样管理需求预测

前面我们讲的需求管理，主要是来自设计的。这里要讲的是营销驱动的需求，主要是需求预测。对于预测，我有三个简单法则，简单总结如下。

法则 1：所有的预测都是错的，但有个预测要比没有强

在客户订单落地之前，从生产计划的角度讲，只有有了预测，MRP 才能运作，驱动材料采购与生产。预测相当于宇宙第一推动力。没有预测，生产计划、供应计划就无从谈起，或者说至少没法系统地做。

没有预测，意味着有很多预测：销售要做预测，来承诺销售目标；生产要做预测，来计划产能；采购要做预测，来跟供应商谈价，并驱动供应商的产能计划。在管理比较精细的企业，财务还会做预测，确保有足够的资金来支持业务；产品管理也要做预测，因为产品经理是小 CEO，对自己产品的盈利负责，自然需要基于预测来推算营收和成本。

每个职能都在做预测，结果公司里面有多个版本的预测，而且各不相同；其中最多只有一个是正确的预测，那意味着其余的都是错的，形成库存堆积在供应链的某个环节。多个预测是个大问题，企业就处于被乱棍打死的境地，结果连死在哪根棍子下都不知道。

这也是为什么销售与运营计划（S&OP）的一个根本目标，就是“一个计划”：整合跨职能的智慧和经验，制定一个“准确度最高的错误的预测”，然后大家都死在这同一个计划上。对于这套方法论，可参考我和赵玲的专著《供应链的三道防线：需求预测、库存计划、供应链执行》。

所有的预测都是错的，但有一个预测比没有要强。我们的挑战呢，由于新产品、新项目的不确定性很高，销售为保证预测的可靠性，迟

迟不肯“在沙子里插个棍子”，给出个预测来，这事就拖着。一旦预测变得相当可靠，甚至变成客户订单，录入系统了，但客户要求的交货日期也在跟前了，留给生产和采购的时间便所剩无几了。

要打破这种僵局，除了给销售部门的责任机制外，关键是要制造宽松的氛围，产、供、销及早协作，理解预测的风险，鼓励承担精心计算过的风险，尽早制定预测。在这里，采购和运营不单是预测的接受者，而且是预测的贡献者，因为他们最能理解预测带来的库存、产能风险。**每一个预测都是机会与风险的平衡**，这就注定预测不只是销售的事，因为销售熟悉机会，而熟悉风险的是生产运营和采购。

这里特别强调的是**严谨但非惩罚性**。所有的预测都是错的。只要内部客户做了严谨的分析，配以最佳的职业判断，“从数据开始，由判断结束”，做出的预测即便错了也不可惩罚性地“秋后算账”。否则，营销在做预测方面会更加保守，甚至不给预测。

要知道，营销当然懂得早给预测的重要性。那为什么不给呢？一个原因就是怕生产和采购惩罚性地“秋后算账”。秋后算账不能少，这是供应链前端（营销）和后端（生产、采购）的反馈机制；但是，秋后算账要分清楚情况：预测不准，是因为市场和客户本身难以预见，还是因为销售陪客户喝酒，随意给了个数字？如果是前者，要宽容，这对促进跨职能协作很重要。

法则 2：预测需要多职能参与，每个部门都得各尽其责

法则 1 说到，预测是个跨职能行为，意味着采购、运营、计划和产品部都得介入，在预测过程中做自己的贡献。放到公司与公司之间，就是所谓的 CPFR（协同计划、预测和补货）。采购或许要问，这产品的预测归销售和计划管，跟我们做采购的有什么关系？

要知道，**预测其实是个区间，从一个极端（短缺风险）到另一个极端（过剩风险），有很多选择**。销售和计划不熟悉供应，没有足够的信息决定最佳的预测。采购熟悉供方市场，可以弥补供应链前端的信

息不足。采购的介入，主要是从供应的角度判断、量化库存风险，供营销和计划参考。比如产品的标准化程度高，我们可以适当拔高预测，降低短缺风险，如有过剩，供应商还可以通过别的方式来消化库存。相反，如果这个产品是供应商为我们定制的，那么，我们就得更加谨慎，宁缺毋滥。

另外，供应商往往接触多个客户和行业，对市场变化有独到的认知，帮助企业尽早调整预测。从别的客户处，供应商能感知市场在升温还是降温，从而预知下一步是出现短缺还是过剩。比如在 2016 年的元器件短缺前，很多供应商很早就感受到了，而主机厂则没有。原因很简单：供应商在采买元器件，主机厂越来越少介入。这个信息，如果及早反映到主机厂的话，主机厂可以适当增加安全库存，增加采购提前期等，以便积极应对。而这类信息传入主机厂的主要渠道就是采购。

需要说明的是，多职能参与预测，并不意味着没有单一责任人。在很多公司，预测的责任机制不很明确。最简单的就是责任倒逼：采购 / 生产 / 运营向计划部门要预测，计划部门就成为直接责任人；计划向产品 / 销售要预测，产品或销售就成了直接责任人，以此类推——这是针对新产品，没有需求历史可参考。对于老产品，因为有了需求历史，计划部门一般可以根据销售历史，辅以一定的判断，制定出需求预测，而不是向销售要预测。

要避免的是计划说销售没有预测，所以啥也做不了，拖着，出了问题就往销售推；销售就怪市场、怪竞争对手和客户，但谁能把市场、客户和竞争对手怎么样，结果就是不了了之。这是极端不负责任的做法，对不起我们拿的一份工资。解决方案呢，就是上面的责任倒逼，每个环节都打板子，这样才能让他们有足够的激励机制，来做“坏人”，给上一环施加压力。

法则 3：预测不是一锤子买卖，需要循环预测，逐渐逼近

预测刚开始的时候都不准，需要不断循环预测，及时纳入新信息，

修正预测。一个需求预测，从产生到采购、生产完工，变动是正常的。不正常的是没有循环预测机制，及时来修正预测。管理不善的公司往往忽视这点，对预测的修正频率不够，修正往往是拖到最后一刻做，而这时候采购的料已经在途，生产线上的半成品也快完工了，呆料、积压就不可避免了。

缺乏循环预测机制，没有逐次“微变”的过程，一变就是巨变，供应链很难一下子消化，就成了问题，要么是短缺，要么是积压，都带来成本。

计划、运营和采购的人经常诉苦，说需求计划在最后一分钟变化了，害苦了他们。我从来不相信这变动就是最后一分钟发生的。相反，这一定是个过程，在某个时段，销售人员一定会有点概念，比如变动会有多大，什么时候变动等。他们不愿意主动说，因为有他们的顾虑；计划、运营的人主动问了没有？我管理全球计划团队多年，出现这样的问题，我的第一个问题就是做销售的没说，那我们做计划问没问？**他没主动说，打他的板子；你没主动问，同样难逃其责。**

这要求前端的销售与后端的运营（主要是计划）频繁沟通，互通有无。定期的销售与运营协调会是一种方式。问题是，在有些公司，这种沟通会议要不成了追料会，要不成了互相揭短的“批斗会”，没有多少时间花在需求预测上，这一对未来影响最大的因素。

小贴士　预测的风险管控

很多产品受经济环境、竞争对手、国家政策的影响很大，预测难做，但并不是说就不应该做预测，或者说预测不存在。

销售总会有一系列的生意在谈，有些成功的概率可能高达80%，有些可能只有30%。根据这些信息，可以采取适当的行动。比如主要零部件的通用性高，采购周期长的，可考虑在成功可能性达到一定程度（如50%）的时候就录入需求，驱动采购。万一这生意不成功，这些零部件还可以被别的产品、客户消化掉，无非需要一段时间。

相反，如果定制件较多、库存呆滞风险高，则应该及时反馈给销售端，让他们理解潜在的风险，要么承担风险，提前驱动供应链，要么规避风险，等生意谈成后再采购、生产，销售应理解得等一段时间才能拿到货。这样，销售至少参与了决策，到时候果真拿到订单、紧急要货的话，他们也能理解为什么没货。内部客户的满意度低，很多情况下是因为他们没有选择的余地、没有参与决策。

比如我在管理全球计划的时候，销售在签有些供货合同时，需要跟我的计划团队对接，让计划员来预测需求，评估库存风险，如果呆滞库存的风险金额太高，合同的潜在利润太低或亏本，这合同就不签。诺基亚也有类似的做法。当销售团队要接一些小单子的时候，后端的供应链团队要做类似的分析来帮助销售决策。

要知道，销售是没法全面评估风险的：他们熟悉需求端的风险，但不熟悉供应端的风险。采购和供应链介入后，完整的风险才有可能。这也是采购与供应链影响需求的一个重要领域。

人才先行做“大采购”

“小采购”询价、下单、跟单，围绕订单转；“大采购”侧重供应商早期介入、战略寻源、供应商绩效管理。“小采购”局限在采购部门，“大采购”处理更多的跨部门业务。要实现采购的战略价值，采购就得从“小采购”转换到“大采购”。这一转换对从业人员的资质、技能提出新的要求，往往意味着人员的重新洗牌，上至首席采购官，下至采购员，而不是简单地新瓶装旧酒。

举个例子。2000 年后，网络泡沫破灭，硅谷的高科技行业大受打击。有个制造企业生意量锐减，不得不裁员数轮，从鼎盛时期的 5000 多人一路裁到 2000 人。残酷的现状让公司高层决定推行外包战略，外包与业务量变动关系大的部分，比如生产、组装、仓储。这样，生意好时，公司就不用额外雇人；生意差时，公司也就不用又解雇人。专业的供应商呢，大多涉及多个行业，不同行业的起伏往往互相抵消，因而能够更好地对付业务起伏。这一下把采购部门推到前台：对外包供应商的依赖越来越高，采购要负责的任务越来越重。

多年来，该公司的采购属于典型的“小采购”：工程师定义需求，选定供应商；采购部门询价、下单、跟单、收货。采购的地位低，报酬低，没法吸收、保留高质量的人才，从业人员也基本上是一帮采购员，只有围绕订单转的能力。由现有人员完成这一战略转换，简直是天方夜谭。

于是公司着眼从外面吸收人才。第一步是从别的行业请来一个老总，由他负责部门重建。从别的行业招人，风险是对本行业了解不足，优点是带来别的行业的先进经验。该执行总监先后任职两个《财富》500 强公司，这两个公司都是采购管理方面的佼佼者，都得过美国《采购》杂志评选的采购金牌（该奖项每年仅颁给一个公司，代表美国采购管理的最高水平）。

实践证明这是个明智之举：该老总参照那两个采购金牌公司的做法，进行部门重组，评估、面试现有人员，并从别的部门、公司吸收年富力强的中层管理人员。内部招聘的人员带来别的部门的知识、经验、人脉，这样有利于采购部门与别的部门打交道；外部招聘的人员带来了诸如惠普、泰科等大公司的成熟做法，进一步完善了采购管理部门。三年后，采购部门发生质的变化，成功地完成了外包战略，公司的资产利用率、库存周转率、按时交货率跃居行业首位，市场份额逐年上升，股价翻番。

专业权威带来重建采购部门必不可少的经验、知识和技能。如果你仔细分析美国大公司，尤其是采购做得好、完成战略转变的公司，它们的首席采购官都有非常清晰的“门派”，八成都能跟美国《采购》杂志评选的那几十个采购金牌公司挂上钩。IBM 的里克特、本田美国的尼尔森等属于鼻祖式人物，他们所在的公司是高级采购人才的摇篮，就跟韦尔奇时代的通用电气是 CEO 的摇篮、宝洁是营销人才的培训大本营一样。顺便提及，苹果的 CEO 库克是个供应链专家，以前就在 IBM。

这些高级人才被别的公司招聘，在最佳实践的传播上起了至关重要的作用。比如里克特、尼尔森等本人就扭转多个企业的采购与供应链管理部门。就里克特来说，他重建了 IBM 的采购管理部门，帮助 IBM 实现从生产向服务的战略转型；先后在百得（Black & Decker)、惠普和 IBM 三度获得《采购》杂志评选的采购金牌，可谓前无古人，后无来者。尼尔森先后任职汽车大厂本田（美国)、重型农用机械巨头迪尔和汽车零部件供应商德尔福，两度获得《采购》金牌。这些人是一将难求，其价值也是显而易见的。他们培养出来的职业人呢，也一波接一波地进入其他公司，成为那些公司战略转变的中坚力量。

但是，“空降兵”水土不服的风险也挺大。例如硅谷有一个半导体设备制造公司，销售额在几十亿到 100 亿美元之间，招来哈雷摩托的原首席采购官，希望他带来别的公司、行业的先进做法（哈雷摩托也得过美国《采购》杂志的“采购金牌”)。但是，行业差别太大，哈雷摩托是大批量行业，该设备公司是典型的小批量，再加上别的因素，该首席采购官一年左右就走人了。

无独有偶，该公司的竞争对手招来旭电的前首席采购官，也是一年不到就走人（旭电是合同制造业，后被伟创力并购)。国内类似的案例也很多，达不到公司期望的海归比比皆是，从外资企业挖来的高管似乎也是败多成少。例如联想曾大幅度招募戴尔的前员工，加上 PC 业务从 IBM 接收过来的人，三种文化，种种问题，想必大家都有所耳闻。海尔从外资企业招来一位副总裁，非常优秀的一位专家，负责全球运营和采购，但没过多久就离职，很大原因也是水土不服。

对一些雄心勃勃的“空降兵”来说，大错特错就是全盘带来自己的老部下，而忽视了从公司内部挖掘人才。没有足够的行业、公司和产品经验，“空降兵”就很难“软着陆”，得到别的部门的认可。这些人就变成了李德（当年共产国际派来领导中国革命)。

外来者带来了采购方面的先进做法，内部员工带来本公司、本行业的经验。两者结合，效果更好。就我曾供职的硅谷公司来说，当年新的首席采购官来自飞机制造行业，对半导体制造设备行业不熟悉，与产品设计部门打交道就比较困难。于是他就从产品部门招来一位资深总监。该总监带来设计部门的人脉、知识和经验，对两个部门的沟通、协调帮助很大，提高了采购部门在设计部门心目中的地位。几年过去了，人事变动频频，原来的首席采购官走了，他的继任者也换了三个，他雇的很多人也离职了，唯独这位资深总监稳如磐石，备受尊敬，并晋升为公司副总裁，成为整个采购部门的老总。七八年过去了，伴随着并购和有机成长，该企业的采购额从几亿美元飙升到几十亿美元，采购和供应链部门的规模也翻了几倍，看样子这位老总的位子还是稳如磐石。

另外，选定“空降兵”的时候，要注意把公司成功与个人成功分开来。举个例子。霍尼韦尔一度号称“小 GE”，当时从 CEO 到基层，有很多人都来自 GE。Larry Bosidy 作为韦尔奇时代 GE 的第二把手，成了霍尼韦尔的 CEO 后，能把他在 GE 的成功转化为霍尼韦尔的成功，属于既有公司成功，又有个人成功的“空降兵”。但是，也有很多人只是头上顶着在 GE 的光环，而实际上跟 GE 的成功没多大关系，也没法把 GE 的成功转化为别的公司的成功。所以，选定“空降兵”的时候，一定要仔细权衡，哪些是公司成功，哪些是个人成功，这“空降兵”有多少知识、技巧和能力能带到并融入新公司。

“空降兵”风险大，但新瓶装旧酒、换汤不换药的做法也注定很难成功。

2006 年，我到一家美国煤炭公司应聘。这公司在匹兹堡，几十亿美元的年收入，近万号人，也比较稳定。公司的员工大都从出校门就待在该公司，拥有二三十年的工龄者比比皆是。人都是很和善的人，但除了煤炭，说起采购与供应链管理的新发展，如同天书。然而公司又处在转型阶段，供应市场动荡异常，整个采购管理部门束手无策。

公司铁心变革采购部门。但是，从主管采购的副总裁到总监，中高级职位都是在公司干过几十年的人，对别的行业的先进做法知之甚少。他们想通过基层换血，即更换基层的供应经理、分析员等来实现战略转变，实在是缘木求鱼。像这样大的公司，采购额在十几亿美元，不从上层动刀，至少也得换几个总监级别的人物，否则要完成战略转变，几无可能。

这也是很多本土企业面临的问题，我归纳为**“三无”管理层：没有系统学过**，比如在大学里作为专业来学习，或者经过系统的职业认证；**没有系统地做过**，比如在建制完整、流程和系统完善的大公司做过；**没有总结提高过**，现在却成了管理层，甚至部门的负责人，需要指导员工怎么做，自然是一将无能，累死千军了。

有些大型国企、央企在采购的集中化过程中困难重重，全公司范围的采购系统、流程和规章制度很难建立，一个原因就是公司层面的“三无”管理人员：总部的很多人没有学过采购，也没有真正在一线做过采购，现在要建立系统、流程和规章制度，告诉那些一线的分公司员工如何做采购，你就知道问题在哪里了。

自己的员工没经验，有些企业又不愿借助外脑，请专业的咨询公司和专家来帮忙，就自己摸索，在不断试错中磕磕绊绊地往前走，学费之高，恐怕比请十次外脑都要高。

有一次我拜访一个大公司，1700多亿元的资产，每年的采购额都在几百亿元。他们在准备推进集中采购，负责人是个物流背景的员工，刚从英国一个知名的大学研究生毕业。小伙子是个很优秀的人，但干的是物流、学的是物流，研究生的专业还是物流，现在进入采购领域，为这么大的公司推进集中采购，难度就可想而知。

在高速发展的公司里，员工的能力提升跟不上业务的发展。这在那些二线、三线的城市和乡镇企业更明显。在实践磨炼中，这些人边做边摸索，“自学成才”，让公司得以发展壮大到今天这步。但是，让你成功的，往往也让你失败。用英语里的一句话说，就是**没有什么比**

成功更能让你失败：那些“自学成才”的粗放管理做法，在公司小的时候可以；等公司大了，反倒可能成了制约因素。就如一句古语说得好，能在马背上打天下，但不能在马背上治天下。

有些人可能不理解，为什么以前可以的，现在公司大了，反倒就不行了。

举个例子。当规模很小的时候，公司没多少议价权，对供应商的管理能力有限，一旦供应商出现问题，公司的自然选择是逃避，找个新的供应商。是的，你太小，没法督促供应商改善，那理性的选择就是换供应商，祈求“多子多福”。这就如以前的流寇，不成规模，哪儿能捞一把就到哪儿。这样做的结果是公司的供应商太多，导致对供应商约束能力太差。所以，很多公司的供应链运营做不上去，公司也做不大，不进则退，最后做死，就如绝大多数的流寇都成不了气候，自己把自己流死。

流寇也有做大的，比如李自成和张献忠之流；小公司也有做大的，特别是过去二三十年里，在本土遍地机会的情况下。当公司做大后，就不能继续逃避和频繁导入供应商的做法，而是要督促、帮助供应商整改。如果这时候还坚持原来的“多子多福”，供应商太多，量小货杂，变成了供应商的“鸡肋”业务；管理资源摊得太薄，供应商绩效就成了大问题。而采购的解决方案呢，仍旧是再多找一家供应商。结果你知道的，就是恶性循环。

这种逃避主义的流寇作风不光是采购的问题，也深深植根于公司各个职能。比如有个本土设备制造公司，以前规模小，约束不了供应商，走的是流寇之路：多点寻源，寄希望于总有一个供应商会解决问题。这两年业务量暴涨，整个供应链产能吃紧、交期长、成本高，有了生意，没了利润。研发、生产的第一反应还是逼着采购多找供应商。也不想想，现在公司做大了，占用供应市场的大量产能，哪个供应商会有大量的多余产能，就等着竞争对手没产能，来抢他们的业务？这样的供应商早就破产了。这根子还是流寇式的游击战。而解决方案呢，就是找个根据地，从游击战转为阵地战，专心管理现有供应商，提前做预测，督促供应商来扩张产能。

改变采购人员的惯性思维困难，改变别的职能就更困难。还有个公司，高科技行业，数年间营收规模做到十几亿元，采购和供应链还是粗放管理，大家做得很辛苦，成本也居高不下。但在设计、营销看来，采购和供应链不一直是这样嘛，有什么要改变的呢？他们看不到现在成了大公司，需要正规化的迫切性。如果要继续粗放经营，成本只能更高，吃掉越来越多的利润，直至掉入低增长、高成本的“增长陷阱”[⊖]。

流寇做大了，有远见的寇首就会找个地方待下来，找些落第的文人和熟悉官僚机制的师爷，来帮助建立规章制度和组织机构，改变做流寇的传统。公司做大了也一样，表现在请外脑或“空降兵”，改变游击战，改打阵地战，或者游击战与阵地战相结合。

外脑和“空降兵”的最大挑战倒不是教会人们好的做法，而是让他们忘记不好的做法。一方面因为习惯难以改变，尤其是成年人的习惯；另一方面也是因为这些不好的做法之所以存在，跟公司的现状息息相关，而现状又错综复杂，牵一发而动全身，难以一下子改变。

此外，还有现有员工的水平与能力问题。比如一些乡镇企业，规模都做到几亿元甚至几十亿元了，随着业务的发展，元老们也一路做到管理层，主导各个职能。这些人很多受的专业教育有限，很多是中学、中专毕业，专业能力有限，能做到今天这一步，主要是因为他们是元老。不信，放到市场上再就业，他们中的绝大多数不可能应聘到今天的职位。

但是，也不要低估这些“三无”管理层。他们熟悉产品和公司的运作，熟悉客户和供应商，系统、流程就更不用说了，唯一不懂的就是专业。这简单：培训。他们已经有很多形而下的经验，好的培训就

⊖ 关于“增长陷阱”，可以阅读我的另一本书《供应链管理：高成本、高库存、重资产的解决方案》，机械工业出版社于 2016 年出版。

如临门一脚，补齐他们的专业能力，力求成为有产品知识、有公司运作知识、有专业知识的“三有”人才。

例如在上面提到的硅谷制造公司，挖来负责采购部门的老总后，充分授权给他重组、培训采购人员。他要求所有的采购经理、供应链业务经理、采购员都得通过美国注册采购经理（C.P.M.）认证[㊀]，以补上采购和供应管理系统知识这门课。这位老总本人就每年至少参加 100 个小时（两周多）的专业会议、培训等，是个不断学习、不断提高的典型。

另外，就采购和供应链管理这个职业，我所见的高级管理人员中，不管国内国外，做得好的人都有一共性，那就是不断学习，保持对新事物的好奇和敏感。这些人在提高自己的同时，也提高了自己的团队、提升了公司的采购管理水平，把最佳实践从一个公司带到另一个公司，从一个行业带入另一个行业，从而提高整个职业的从业水平。相反，一些高级经理、总监层次的人，一旦停止提高，几年工夫就落后下来，成为下一轮裁员的对象。

“三无”管理层不可怕，真正可怕的是不愿学习的“三无”管理层。

有一年，我来上海培训之前，长三角有个小姑娘联系我，说很糟糕，她遇到一个“三无”老总——这是个市值几十亿元的企业，负责采购的老总原来是 CEO 的秘书，在采购领域很外行。我问她，怎么个“三无”法？她说，采购老总让他们货比三家。我说，货比三家有什么错吗？她说，没错，但要看买什么了：如果是 30 万元一台的设备，货比八家都不嫌多；但问题是她负责的是间接采购，大多是 30 元一只的扫把什么的。采购老总还时不时挑战她，问为什么是向这三家供应商，而不是那三家询价，为什么一直用的是这三家等。

我问她，这事儿以前你在美国公司怎么做？她说，这简单：我们找几家专业的分销商或电商平台，跟它们谈好一揽子的价格，然后内

㊀ 该认证由美国供应管理协会（ISM）颁发，后来升级为供应管理专业人士认证（CPSM）。

部客户需要什么，直接通过电子商务平台采购就是了。采购定期跟供应商结账，每年下来按照总采购额，供应商再给他们折扣，比如做了100万元生意给1%，200万元的话2%。我说，那你这么告诉你现在的采购老总，不就得了？她说，不行啊，老总不听。我说，过两周我就来上海了，你让他来参加我的培训，保准一个早晨他就完全懂了。她说，这不行，采购老总太忙，每天工作14个小时，根本没时间来培训。

瞧，这就是真正的问题："三无"老总不可怕，可怕的是不愿学习的"三无"老总。

小姑娘继续抱怨，说员工的流失率高，她刚到这公司才几个月，就有两位员工辞职了。我说，这有什么奇怪，你现在让他们干的活儿没什么价值，就如在地上挖个坑，又叫填上，员工不走才怪。

说起培训，再顺便多说几句。在建制完善的北美大公司，一般都要求员工每年有40个小时的职业发展时间（一个星期），培训、上课、参加专业会议等。企业认为员工应该对自己的发展负责，但企业也意识到，作为雇主，自己要提供条件，比如时间、经费等。

本土的一个非常知名的大型企业却不这么认为，公司甚至没有培训经费这一项开支。他们的理由看上去很充分：你能应聘到这个岗位，就表明你是胜任的；如果不胜任，那是你的事，你就自己出钱去培训。

可是他们忘了职业发展上的"彼得定律"：**人都是给提拔到不胜任的职位。**

想想看，如果你干过8年的采购经理，接受了系统的认证和培训，带团队、管供应商、支持内部客户都是顶呱呱，你当然胜任采购经理的职位，但你还会去应聘采购经理的位子吗？你八成冲着总监的位子去了，做一份你看上去不称职的工作，承担更多的责任，接受更多的挑战。所以你需要培训，或者其他方式的进一步提升，让你真正胜任新工作。

再想想，如果一个人同一份工作干了 8 年，应聘的还是同样的位子，作为招聘者，你会怎么想？他干了 8 年同样的活儿，表明他八成还可以，要不早就给开掉了。但是，你说他能干得多好呢？八成不是他的简历上写的那么好。要不，为什么 8 年了还在干同样的活儿呢？当然，他可以夸口，说他走过的桥比别人走过的路还长。是的，不过他是早晨从桥东到桥西，晚上从桥西到桥东，不是 8 年经验，而是一样经验用了 8 年。

员工的专业能力不够，没法有效支持业务成长，可以说是当前本土企业的共同挑战。

前些年，我协助一个大型本土企业做供应链转型。第一次到该企业，就发现一个现象：管理层都很年轻。30 岁出头的人，就是高级经理，相当于北美公司的总监——该公司没有北美的总监那一层。在北美，很少有人能这么年轻就做到总监，除非那些非常优秀的职业经理人。与北美公司相比，该公司的管理层普遍小 10 岁左右。后来我接触的本土企业更多了，特别是这些年来做培训、做咨询，发现这是个普遍的现象。

根本原因是专业管理人员，即职业经理人的断层：传统的计划经济没有培养出什么职业经理人，有人才断层，50 岁以上的职业经理人很少；这二三十年培养的还不够，需求那么大，业务需要在那里，就只好拔高一层录用。**经验没法替代**。年轻 10 岁也意味着少了 10 年的经验。所以，在该公司，从经理到副总，大家都做得很辛苦，尤其是在专业上。采购部门在主导公司的供应链转型，员工没做过，经验少，资历浅，非常挣扎，流失率很高。几年过后，我所认识的中高层管理人员中，基本就没剩下几个了。

但是，值得自豪的是，在此期间，该公司的营收翻番，达到 2000 亿元，并没有受人员流动的影响。这是一个好企业的表现：**流程、系统相对完善，降低了对组织（人）的依赖；经验、智慧固化在流程、系统里，帮助新人更快成长，尽快弥补资深员工流失的损失。**

小贴士 采购老总常来自别的职能，为什么

一位读者来信，说他经历了三家制造企业，都是国内数一数二的，每一家的采购老总都不是采购出身。这是不是意味着，采购经理在国内没有真正的晋升通道？

这问题挺有意思。这几年我接触不少本土企业，也注意到类似的现象。比如一个消费品公司，负责采购的是原来的销售老总；一个手机巨头，采购的几个部长大都来自研发、产品；还有个企业，采购老总是原来董事长的秘书，跟董事长白手起家。三天两头有人加我微信，说新近调入采购与供应链，负责这个职能，就从头学起，在网上找到我的书，按图索骥就加了我。

在我看来，采购职能在国内相对比较年轻，一直在低水平运作，没法吸引最优秀的员工，也没法培养出最优秀的管理者来，都是造成这种问题的原因。

在传统的计划经济下，物资以国家调配为主，内部协调多于外部协调，作为公司对外的窗口，采购的地位就不高，做的其实是典型的“小采购”，即订单处理和行政文秘工作。因为是“小采购”，所以就不能吸引最优秀的人过去；因为是“小采购”，没有挑战，所以也没法锻炼出一流的员工来。特别对那些大型央企来说，合法合规历来是采购的重头戏，在不求有功、只求无过的大氛围里，采购要做出突破性变革挺困难；而在维持现状的过程中，采购很难成长为一流的高级管理人才。

在那些企业里，工作变动很小，有些人一辈子都在做采购，做成了“老采购”，但并不表明他们的专业水平有多高：他们职业起步的时候，采购还完全是个打杂职能，自然学不到系统的管理；从来没有在流程、系统和管理水平高的公司做过，不知道采购应该怎么做；也没有在别的职能做过，所以没有“杂交优势”。结果呢，虽说做了一二十年的采购，“经验”看上去挺多，但都是在低水平上重复。

但现在情况变了。企业转型，技术创新，产品更新换代，需要跟

更多的全球顶级供应商合作；要做集中采购、管理需求、管理供给，获取更大的规模效益。这些“小采购”在业务水平上达不到要求，领导不了采购团队，那就只能从别的职能调。

这看上去是断了采购的职业发展，但如果那些“小采购”靠年资做成了老总，负责制定整个公司的采购政策、流程和系统，危害可就更大了：想想看，他们自己没系统学过、没系统做过，也没有提高总结过，现在却要领导这么大的团队，指导采购怎么做，能做好吗？

另一方面，采购职能在很多公司的地位比较低，报酬相对更低，没法吸引最优秀的员工。那些最优秀的员工，大学毕业，就进了设计、销售等强势职能，获取更好的薪酬，也找到更好的发展机会，很快成才。这也拉大了职能之间的差距，采购和供应链开始拖后腿，表现在研发开发了好产品，销售也卖了好价钱，但企业不赚钱，或者说账面上赚了，都赚到库存里去了。

企业认识到了采购职能薄弱，就开始补强，最直观的就是从技术、销售等做得好的职能调人，派个老总过去负责采购。可以说，在很多企业，研发和销售等职能是公司的人才库。特别在技术驱动的企业，人人都想挖研发的人员。

此外，采购总监、副总裁这些高级职位，尤其是副总的职位，是领导职位，更重要的是领导力，对专业能力要求不高。一个技术或财务背景的领导，完全可以管理采购部门，也就不奇怪了。奥巴马、特朗普没当过一天兵，但能做美国三军总司令，也是同样的道理。这些高级管理人员，到岗位上，学习上三几个月，其实也很快可以入门。我给一些这样的高级管理者做过入门培训，他们一点就通，一两天下来就能完全入门。对我们采购和供应链背景的职业人来说，不要有成见，不要唯出身论。

此外，在国内，采购长期以来不是个专业，大学也是最近些年才有采购专业。不是专业，所以就很难作为个职业来发展。虽说采购做到细处是个技术活儿，但在很多本土企业，采购多被当作文科性职能，所以半路出家的人居多，而半路离开的人也多，真正能做到顶层的也就少。不像设计与财务，专业性强，报酬相对高，职业发展路线相对清晰，从基层一直做起，做到顶层的相对就多。同样，正因为专业性强，非专业背景的人也很难空降，来主管财务和设计部门。

延伸阅读

《三语人才》。一位前美国首席采购官说，要管好跟中国有关的供应链，光懂双语还不够，得懂三语才行。这双语是指中、英文，能够听说读写。那第三种语言呢？供应链管理的语言，即懂得供应链管理。扫描二维码，即可阅读全文。文章最后，有很多有意义的读者留言。

释放资源做“大采购”

上面说了人才先行做“大采购”。其实在很多公司，人才是有的，不过这些人整天在做“小采购”的事，没有足够的资源投入到“大采购”的任务。

如图 3-6 所示，左边的正三角是很多公司的现状：采购的大多精力花在琐碎杂务上（订单层面），例如下单、跟单、追料、验货、收货、付款等，整天处于救火状态，按下葫芦起了瓢，结果是挤占了高附加值任务的时间，导致重要但不紧急的事没法及时完成，或者根本就没时间去做。这些重要但不紧急的事，例如供应商选择与总体绩效管理，如果处理不及时，日后到了订单层面，就导致更多订单层面的问题，进一步蚕食供应商管理层面的时间，形成恶性循环，结果是整个采购组织深陷日常运作的泥淖。

而良性循环则从右边的倒三角开始。供应商层面的事情，例如供应商评估、选择、签约和绩效管理，一旦理顺了、做到位，订单层的麻烦就少很多，采购就有更多的时间和精力来处理供应商层面的事，从而让订单层次的问题更少，这样就走上了良性循环的道路。这也符合解决问题的思路：**问题很难解决在问题发生的层面，而要从更高层面来解决**。

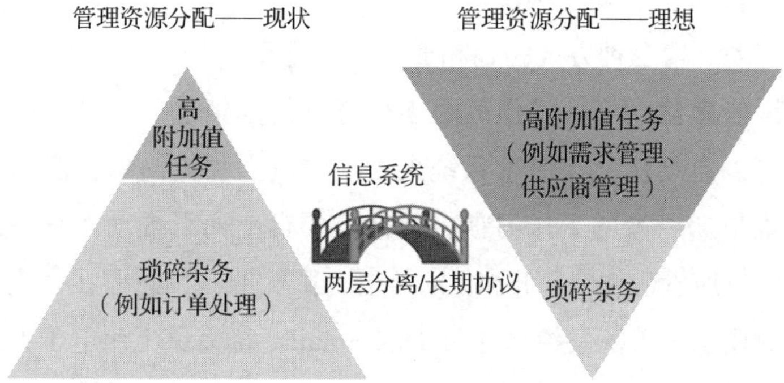

图 3-6　信息化、两层分离、框架协议以释放资源，做“大采购”

从“正三角”到“倒三角”是个趋势。在北美，公司花在战略性的“大采购”上的时间越来越多。相应地，花在操作层面的“小采购”上的时间越来越少，就如 Corporate Executive Board 的调查所表明的（如图 3-7 所示）。这个转变过程，其实也是采购给公司增加更多价值的过程。

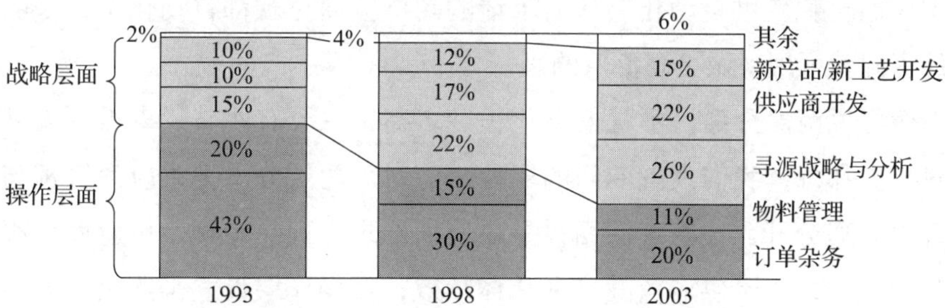

图 3-7　在北美，采购的时间越来越多地投入战略层面

资料来源：Corporate Executive Board.

从正三角到倒三角，释放资源做“大采购”

那么，怎么从正三角到倒三角，释放资源做“大采购”呢？

这里讲三条途径。①**信息化**：借助信息技术，自动化订单操作的很多任务，把资源解放出来，用于供应商管理；②**两层分离**：把供应商管理与订单操作分离，划定专门的资源从事供应商管理；③**长期协议**：签订长期、框架性协议，避免“一单一议、一单一操作”的低水平重复劳动。这三种方式相辅相成，并不排斥。

先说**信息化**。订单操作的很多任务，例如请购、下单、核算、付款，都可以自动化，让信息系统来做。这看上去挺简单，但因为要触及很多人长期以来的工作习惯，往往需要自上而下推动。有一次，我参加美国供应管理协会（ISM）的年会，微软的一位总监在做报告，他展示一封比尔·盖茨发给全体员工的 Email，督促员工用电子方式在线填写请购单——微软这样的信息技术公司都需要老总推动，一般的公司就更不例外了。

请购单电子化，采购人员接到请购要求后，就不需要手工输入，省时省力，而且大大降低了出错概率。请购单外，订单生成、传送、确认等也完全可以自动化。不少公司有电子商务平台，采购订单上平台是一项主要任务。供应商交货后，交货单、质检报告也可输入电子商务系统。这样，请购单、订单、交货单都在同一系统，三单合一，供应商付款就可自动化。从需求请购到供应商付款都自动化了，采购的资源就可用来做更高价值的事。

再说**两层分离**。不管信息化程度多高，总会有些破烂事需要人来对付。那好，我们设置专门的职位来应对。两层分离把供应商管理与订单处理分开，在管理层面设立供应商经理、商品经理、供应商工程师等职位，负责供应商战略和总体绩效；在操作层设立采购员、质检员、催货员等职位，专门从事订单层面的日常工作。两层不分离，订单层面的事经常会挤占供应商层面业务的时间（因为前者虽不重要但很紧急，如不及时处理，生产线就会停下来）；两层分离，在资源上确保有专门力量来选择和管理供应商。在北美，两层分离是一种常见的采购管理方式。

但是，两层分离后，供应商管理层面远离日常操作，在行动上往往滞后；或者在单一指标的驱动下，供应商经理低价至上，选择的供应商能够满足价格要求，却为日后订单操作层的种种问题埋下伏笔。前一点可以通过**信息系统**来弥补，即提供及时的供应商绩效信息，以便供应商经理和质量工程师监控供应商的表现，及时采取系统的纠偏措施；后者可以通过**绩效考核**来纠正，例如供应商谁选择，谁管理，由供应商经理负责供应商的总体绩效，从质量到成本到交货到服务，这样可避免单一目标驱动下的次优化决策。

小贴士　供应商绩效不好，是没选好还是没管好

两层分离后，常见的挑战就是供应绩效不好，比如按时交付差，是因为供应商层面没选好，还是订单层面没管好？

比如战略采购负责供应商的选择，执行采购负责订单处理。战略采购在成本目标的驱动下，往往选择最便宜的供应商，拿到了他们想要的；便宜没好货，就害了执行采购，质量、交付问题不断。这个问题的根源在于供应商的选择权与管理义务分离，单一指标驱动下，聪明人做傻事。而解决方案呢，就是选择权与管理义务相结合。

选择权和管理责任的不当分离，导致后续绩效问题

拿我个人为例。我在管理钣金件供应商时，供应商的选择权归我，但供应商的整体绩效也由我背。比如目标是95%的按时交付，一旦某个供应商不达标，我就得站在老总面前解释。所以，我在选择供应商时，就会通盘考虑成本与其他绩效，而不是选择最便宜的供应商，在

交付和质量上害死自己。

那执行采购忙什么？他们得忙订单层面的事。比如每个具体的订单，如果没法按时交付，采购员先得死给大家看，该打的电话要打，该催的料要催。等他们尽力了，还是催不到，这就转到我这边催。整体设计是，95% 的按时交付要从供应商层面解决——我来选择合适的供应商，驱动供应商的产能建设，确保 95% 的问题得到解决；而剩下的 5% 呢，就转由执行采购来应对。

最后说**框架协议**。国家有招投标法，对于国企或公共开支，达到一定金额的采购项目一定要公开招投标。“一单一招标，一单一操作”，机械重复的工作量很大。而且几年后回头一看，尽管招投标时每一单都最优化了，但供应商层面的问题却来了：采购开支非常分散，本来某个采购项有 3 个供应商就足够了，结果有 13 个供应商在供货。这意味着采购得去管理 13 个供应商，管理资源摊得太薄，哪个也管不好。采购额太分散，公司对哪个供应商来说都不是主要客户，一有大范围的短缺，哪个供应商也不把你当回事。年度降本很难谈：你就采购那么一点，还要我年复一年地降价？质量问题也是，引不起供应商足够的重视。这些都成了供应商后续管理的灾难，成了公司资源消耗的无底洞，有很多隐形成本。

这问题不光国企有，频繁招标、价格压倒一切的公司都在犯这个错误，不管是本土企业还是全球企业。通过与优选供应商签订框架协议，确定价格或定价机制，以及未来一段时间的年度降价，可以较好地解决这个问题。即使没法签订框架协议，能不能延长两次招标的间隔？当然可以，这点前面已经说过。

采购“收口子”，释放资源做“大采购”

讲完了从“正三角”到“倒三角”，我们这里谈采购“收口子”。

企业里，真正麻烦的是采购杂七杂八的东西。比如生产线的间接物料、备品备件、办公用品等。这类采购一般占不到企业采购额的10%，但因为复杂度高，却用掉采购团队多达40%的时间资源。解决方案呢，就是采购项“收口子”，如图3-8所示。

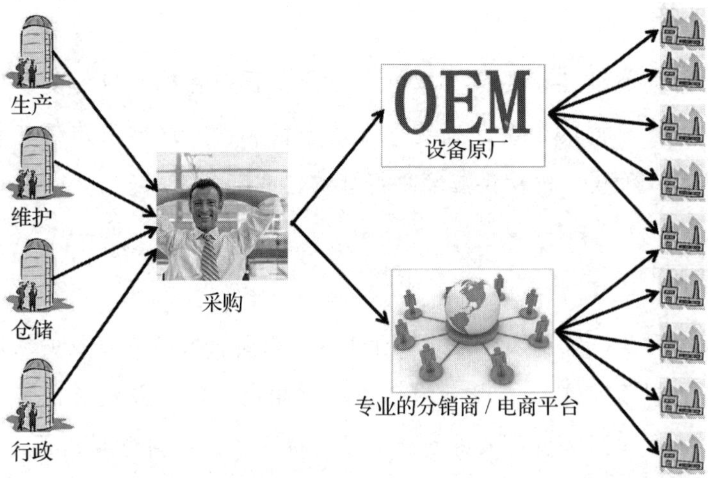

图3-8　采购“收口子”，释放资源做“大采购”

对于**技术含量不高的产品**，可以通过专业的分销商或电商平台来收口子。比如工厂的MRO归专门的MRO供应商，办公用品等杂七杂八的东西通过电商，或者专门的分销商。这几年，国内企业处于从量变到质变的过程，越来越多的企业开始“收口子”，把此类物料通过专业的第三方平台来采购。这就跟很多家庭一样，收入越来越高后，就开始找钟点工、清洁公司了。

在MRO领域，出现一批一定规模的企业，比如西域、震坤行等；在电商领域，出现了京东等一系列电商平台。在信息系统上，这些企业投入巨大的资源，跟客户端对接，与客户的系统对接，或者让客户电子商务下单。比如以前员工要买支笔，就要提采购申请，由采购员下单；现在直接到跟公司签约的电商平台，选中自己想要的笔，直接下订单，然后电子商务会转到合适的人审批（如果需要的话），审批完后就直接发给电商。采购要做的就是跟电商平台谈好合作条件，比如年度合作，敲定每个采购项的价格等，然后定期结账即可。

实践者问

选择设备供应商，是维持一两家供应商还是多家供应更优？

刘宝红答

对于同类设备，要尽量减少供应商，否则备件供应的复杂度就会太高。对于不同的设备，也要尽力整合供应商，这样采购额就相对集中，增加议价权，驱动供应商更好地响应我们的需求。

实践者问

我公司是一家私人企业。关于 MRO 采购，文章中提及的西域、震坤行等，以及京东，同现有的合作单位相比，价格并没有优势。如果选择与之合作，对公司来讲是选择了高价服务，如何评判是否合理？

刘宝红答

我们在让专业 MRO 企业做更多的事，比如帮我们管理供应链（现在这事儿是我们自己做），多付钱有什么错吗？我们节省下时间，可以做附加值更高的事。所以，这里的关键是机会成本，由这个机会成本来判断高价服务是否合理。打个比方：我太太让我剪草，成本是 0——我从来都是给她免费干活儿；请剪草工来，每小时 30 美元。单纯比价格，当然不合算。但是我省下时间了，做兼职，每小时能赚 50 美元，那自然是合算了。当然，如果我闲着，没有更有价值的事儿做，那就另当别论了。

对于**技术含量高的产品**，比如备件，设备原厂就是天然的口子：你从哪个公司买设备，就向哪个公司买备件。设备原厂整合多个客户的需求，有规模效益；如果管理得当，我们可能获取这些规模效益带来的价格优惠。

当然，跟这些设备原厂买备件，整体价格上可能较高。但设备原厂的技术、管理能力强，可以更好地管理后面的供应链，比如更好地处理质量问题。

我以前在半导体设备行业时，有些客户，特别是低成本地区的客户，买了我们的设备，却找一些小供应商买备件。虽然这些小供应商的价格更低，但一旦有了问题，这些小供应商就抓瞎：它们没有很强的技术力量，不熟悉备件与备件、备件与工艺之间的交叉影响等。客户的采购呢，也自然是焦头烂额，被生产线和技术部敲得满头是包。最后呢，客户一算账，往往发现跟设备原厂买备件，总成本更低，整体管理也更简单。

设定合理的优先级，以重要度驱动资源分配

在很多情况下，我们既没法两层分离，因为那涉及大的组织变更；又没法自动化，因为信息系统的实施是个长周期行为。框架协议签不了，也没法采购“收口子”，那还能不能做“大采购”？答案是能，只要下决心，优先做那些高附加值的事就行。

我们知道，根据**重要性**和**紧急度**，事情可以分为四类，如图 3-9 所示。既重要又紧急属于第一优先级，我们都知道必须第一时间去处理。但接下呢，是做重要但不紧急的，还是紧急但不重要的？成功的职业人士会按**重要性**排序，先做那些重要但不紧急的事；而一般的职业人士呢，他们的日程被紧急度驱动，先做紧急而不重要的事。

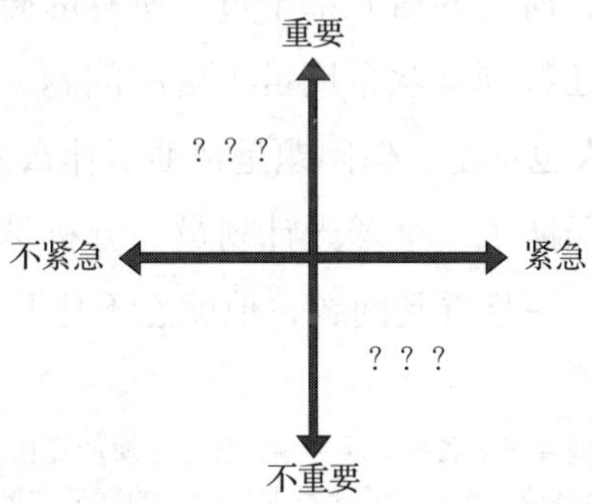

图 3-9 成功职业人的一个重要特点是他们先做重要的事

这也是成功人士与一般人士的大区别。成功人士之所以在职业上成就更大，不是因为他们有多聪明，工作多努力，或者是名校毕业，而是因为他们把更多的时间投入到投资回报最高的事情上去，即那些重要但不紧急的事。相应地，他们的投资回报率高，对公司的贡献大，公司给他们的回报也高。

在这里，我要特别提醒那些干活儿出身的管理者。我们这些干活儿出身的人，因为能干，所以得到晋升；但也是因为能干，所以喜欢干活儿，这又成了阻碍我们进一步提升的障碍。比如你是个采购经理，突然看到一封催料的 Email，生产线都停机待料了。仔细一看，这不正是三年前你做采购员时管的那个料嘛，当时也给你制造了很多麻烦。于是就顺手拿起电话，一个电话就打给供应商了。

你的采购员看你这么干，当然很高兴：其一，你的本事比他大，地位比他高，能动用的资源也比他多；其二，即使你做砸了，你也不会怪罪他。这不，你就把“猴子”背在自己身上了㊀，你们两个的角色也颠倒过来了：本来是走廊上碰面了，是你问他，那料追得怎么样了，现在是他在问你了。

想想看，你的精力有限，干了部下的活儿，就没时间做好自己的活儿，遑论做上司的活儿。我以前有个上司，高级总监，斯坦福的运筹学博士，精通数学，一辈子在同一个公司的计划部门，从计划经理到总监到高级总监，所有的活儿都干过，所有的砖头都翻开看过，什么问题都经历过，还特别喜欢帮助员工解决问题。学识高，经验丰富不是缺点，乐于助人也不是，但问题是帮助了什么人。

这位老博士的团队中，全球光计划员、分析员就有三四十个，人人都喜欢问他问题。一旦看到问题，他就忍不住开始解决，到 ERP 里

㊀ “背猴子”指管理者帮下属去完成一些本属于下属的责任和事务，反而耽误了管理者自己应该做的事情。来自《哈佛商业评论》的案例“谁背上了猴子”，这是个关于时间管理的经典案例。

看看，到数据库里看看，那么多的问题，就深陷进去了，于是就三班倒：大清早对付欧洲（欧洲的下午），白天对付北美，半夜对付亚洲（亚洲的白天），每天只睡 4 个小时。大家都挺“佩服”，老博士挺得意，传授经验，说只要你把头脑“训练”好，睡几个小时就足够啦（这点我倒是学会了：每天午睡的话只 20 分钟，“骗骗”大脑，让它觉得睡过了就行）。

但问题是，老博士整天对付下属的下属的下属，整天泡在具体问题中，就没时间对付我们这些经理层，解决更重要的组织、流程、系统问题，也没足够的时间对付他的上司，做上司的活儿。这不怪计划员：即便计划员问他问题，他也可以不回答，转给下面的经理，时间长了，计划员自然就不会拿那么多的问题来轰炸他；这要怪他自己喜欢干活儿，来者不拒，结果就深陷细节问题中不能自拔。

老博士这么做，主要是因为**紧急**，而不是重要——这个小问题不解决，那个计划员就没法工作；这个料不追，生产线就可能停机待料。但是想过没有，对你来说重要而不紧急的事，一定是你的某个部下既重要，又紧急的事，那他得先死给你看。我负责全球计划的时候，在全球有二十几位计划员。我经常给他们讲，你们每个人如果把自己 5% 的事儿给我做，我就得每天工作两班；一件事情在成为我的事情前，一定要先成为你们某个人的事情。这并不是说你对那些事情充耳不闻：部下该抄送的还是要抄送你，该汇报的还是要汇报，一旦发现部下搞不定，还是要及时介入。

这么多年，我发现很多经理人，因为能干，反倒被能干害了，整天深陷现象中，砍价、追料、救火。我到一个千亿级的电子产品公司，战略寻源的总监一年负责数百亿元的开支，连吃饭的时候都不时过问每个料号、订单的价格谈判。还有一次，我培训一个 200 亿元营收的制造商，采购老总就坐在我的眼皮底下，不停地加减乘除，计算某种原材料要下多大的订单。我能理解，原材料价格波动较大，是该及时下订单；但那些计算工作呢，也是部下的部下的部下的任务。

对一般员工来说，我想谈一下邮件、短信、微信，警惕那些紧急而不重要的事。

一大早到办公室，很快浏览一下邮件、短信，识别那些既重要又紧急的事儿（你老板的、关键客户的），对其余的大致有个概念，对一天大致有个计划。然后立即处理那些既重要又紧急的事，该回的邮件回，该发的指令发，该打的电话马上打。接下来，可不要立即去回复剩下的那一堆 Email，因为你一旦开始回复，就可能被闲人绑架。

公司大了，不管什么样的所有制，总会有一帮闲人。闲人们如何证明自己忙？就是通过一个又一个的 Email，问各种各样的“好”问题，“把”各种各样的“关”；你一回复，闲人们就会继续问问题、“把关”，还抄送各种各样的人，从你的老板到老板的老板的老板；这时候你就不得不继续回复，可闲人们的好奇心只能越来越重，问题只会越来越多，抄送的人也越来越多，你就越来越不能不回，否则的话显得你没把工作做到位似的。

这还不是最糟糕的。万一这 Email 引起哪一位老板的兴趣，随便问个问题，不着边际的一两句话（因为他们一天工作 8 小时，开 10 小时的会，会议间隙看邮件，往往没有时间读通所有的邮件，对具体的事儿一知半解），就够你忙大半天了。那就准备着写份硕士论文吧，来满足老板的好奇心。就这样，你花在解释上的时间，远远超过了实际干活儿的时间。好不容易，好奇心满足了，闲人们心满意足地吃午饭去了，你这一早晨也就算完了。

公司越大，闲人就越多，制造的麻烦也就越多。**大公司里，唯闲人与小人难养**。闲人与小人合二为一的，更是如此。作为一个职业人，你可不能置之不理：闲人也是人，你不理他们，他们便讲你的坏话；三人成虎，讲得多了就影响你的前程。你理得太多，又没时间。

那怎么办？与其一个又一个地回 Email，不如径直走过去，面对面把这事儿给结了；或者至少打个电话，然后回复所有的人，说你跟某某闲人已经沟通了，这事儿结了，如果谁的好奇心还没有满足，直接给你打电话。这样就彻底堵死闲人们的路，把一堆 Email“扼杀”在摇篮里。

还有，如果看到你的部下们面对面坐着，却一个又一个地互相发邮件，发送微信，还抄送 N 多的人，你就该当头棒喝，把他们计算机和手机都没收了，检查一下他们的嘴巴是否还会动。

“大采购”得克服的几个组织问题

在过去几年里，我研究、拜访过几十家本土企业，上至营收数千亿元、过万亿元的企业，下至几千万元、刚过亿元的中小企业，发现在采购的组织结构上，有三个普遍存在的问题，这些问题不解决，就难以完成向“大采购”的转变：①总部与分公司职能重叠、分工不清；②多头管理，形不成合力；③技术力量不足，无力承担“大采购”的任务。

总部与分公司职能重叠、分工不清

这在大型企业，特别是国企、央企挺常见。几百亿元、几千亿元营业额的大公司，有总公司，在各个省市有几十个子公司，总公司、子公司都是建制完善，人、财、物、产、供、销等职能各有一套。就拿采购来说，总公司与子分公司有分工，有搭接。

独立之处损失了规模效应，搭接之处职责不清，造成混乱不说，更重要的是形不成公司层面的合力，在与供应商的博弈中处于下风。而供应商呢，虽说也得建立对应的分散型组织来支持，但因处于弱势，往往设有大客户销售团队来统筹，抱团取暖，组织上协调得更好，信息沟通更充分，在双方博弈中处于相对有利的地位（如图 3-10 所示）。

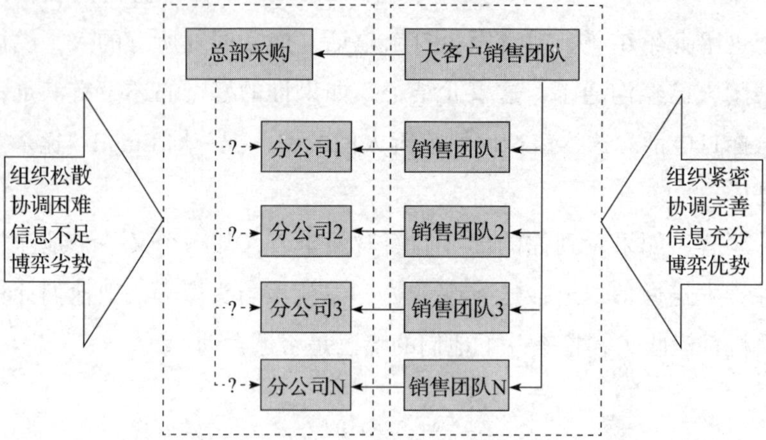

图 3-10 总部与分公司分工不清，协调困难，形不成合力

这种职能重叠、分工不清也是管理水平低下的表现。很多大型公司采取分散采购，根本原因就是管理能力不足，信息基础设施简陋，没法有效地集中采购。过去十多年里，集中采购的发展，很大程度上得益于信息技术的发展，以及整体管理水平的提升。就如集权制国家出现之前，因为通信、交通不便，管理水平低下，周采取的是分封制；秦始皇统一天下、统一度量衡、修建了横贯全国的道路后，集权制的国家才能建立；宋明清三代，管理能力越来越强，中央集权也就一步步到了极点。

对于总公司与分公司的分工不清，解决方案就是制定**清晰的分工责任表**。比如在图 3-11 中的澳洲电讯，供应商寻源、选择和总体绩效管理主要归总部负责，而合同签订后的执行则主要归分部管理。具体任务由哪一层负责要视情况而定，没有放之四海皆准的标准；但是，**重要的是要有这么一张表，每一件事都得有第一责任人**。没有这样的一张表，那并不意味着这张表不存在；相反，这只说明这张表有多个版本，因为每个人的头脑里都有这么一张表，而且注定有不同之处，职责不清就是这么来的。

❶主要责任者　②次要任务者

责任范围	任务	总部采购	分部采购
寻源战略	寻源战略	❶	
	供应商资格化和选择	❶	②
供应商管理	供应商关系	❶	②
	供应商绩效管理	❶	②
风险管理	供应风险管理	❶	❶
	合法合规	❶	
	企业社会责任	❶	❶
供应商协作	供应商创新	❶	❶
	IT 系统和电子商务	❶	②
	数据标准和信息共享	❶	②
需求管理	实际消费管理	②	❶
	技术规范管理	②	❶

澳洲电讯特点

- 采购团队围绕供应商构建，而不是内部客户
- 采购团队的责任是开发供应商、管理供应商关系、增进供应商协作，以增加议价和创新能力
- 供应商管理绩效通过下列方式
  - 培训员工
  - 配置资源
  - 推广最佳实践
  - 开发系统软件和工具
- 挑战
  - 远离用户，项目支持力度下降，预热成本上升
  - 采购得不断说服用户来推行采购项目，管理成本上升

图 3-11　总部与分公司的采购分工：以澳洲电讯为例

资料来源：Corporate Executive Board.

有些企业的效率低下，大量的时间不是花在干活儿上，而是花在确定干活儿的人上。这不光是有些国营企业的问题；在一些快速发展壮大的民营企业里，组织复杂，职责不清，也有同样的问题。很多事情，因为规定不清晰，找不到对口的负责职能，最后往往是谁熬不住了，谁有需求谁来解决。这又违背了管理上的一个基本准则：一件事，谁处于最佳的位置来解决，就应该谁来解决，否则注定是次优化的解决方案，总成本更高。

对于总部与分公司的职能划分，或许你永远也不会有个完美的答案，但有个划分，即使不完善，还可以进一步整改；没有划分，大家便永远处于摸索状态，继续低效的行为。

多头管理，形不成合力

除了总部与分公司的分工不清外，公司内部各职能也存在分工不

清的问题。

前面说过，供应商管理是个跨职能行为，采购、质量和设计等多个部门都会介入。在“小采购”公司，采购没有起到协调、领导关联部门一致对外的作用，结果是各职能各自为战，形不成合力，在与供应商的博弈中处于劣势。

举个例子。有一次，我遇到一个公司的销售总监，问他的那个大客户好不好。他问哪一个客户？我说就 xyz 公司，还会是几个客户？他说才不是呢，在供应商眼里，这 xyz 可不是一个客户，而是三个：采购是第一个客户，这位销售总监有个专门的班子，应对这帮采购老爷的合同谈判、集中采购和年度降本；设计是第二个客户，他有另一个专门的班子，应对工程师们的产品与技术开发；运营是第三个客户，他也设了第三个班子，支持量产运营（如图 3-12 所示）。这也罢了，糟糕的是，这三者之间经常不通声气，由供应商的这位销售总监来协调。你知道，这注定在双方的博弈中，对采购方不利。

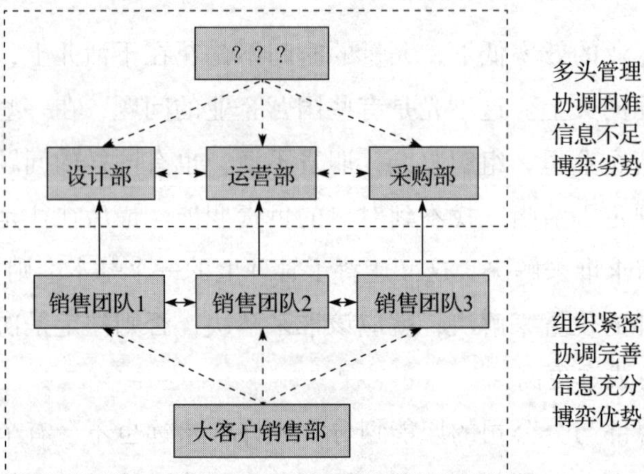

图 3-12　跨职能多头管理，形不成合力

多头管理下，一方面难以形成合力一致对外，另一方面容易造成职责不清。前者可以通过采购的统一协调来应对，即由采购协调公司内部各职能，作为公司管理供应商关系的唯一窗口；后者则可以通过

职能划分表来应对，即清楚地确定各职能的角色。

图 3-13 是一个高科技公司的职能划分表，在高层次上定义供应商管理的主要任务，确定每一件任务的主要责任人。就跟总部与分公司之间的分工一样，具体的一件事由哪个人、哪个职能负责，得视公司具体情况而定，这并不是最重要的；最重要的是得有这么一张表，不管是以表单还是流程文档的形式。就跟总部与分部的职责划分一样，很多公司没有这么一张正式的表，并不意味着这张表不存在；正好相反，这张表有多个版本，装在不同人员的脑子里，注定责任体系混乱，增加了沟通成本，降低了运营效率。

❶主要责任者　②次要任务者

任务	供应商经理	供应商工程师	设计人员
供应商分类	❶	②	②
供应商认证	❶	②	
供应商产品认证	❶	②	②
供应商选择	❶	②	
供应商绩效管理	❶	②	
质量系统评估		❶	
质量系统改进	②	❶	
生产系统评估		❶	
生产工艺改进	②	❶	
物料系统评估	❶	②	
技术能力评估		②	❶
财务状况评估	❶		

图 3-13　供应商管理的跨职能矩阵表

职能之间的职责划分看似常识，但常识并不代表常行。有个本土高科技制造企业，发展到十几亿元的规模了，组织越来越复杂，部门之间山头林立，相互推诿严重。老总是技术出身，亲手把公司从十几个人带到这么大，总是想不通，以前公司小的时候，资源紧缺，但啥事儿也没停着；现在公司大了，要人有人，要钱有钱，为啥事儿反倒这么难办呢？

例如在供应商管理上，产品设计与物料技术两个部门之间就扯皮不断。老板看不懂，两个部门的头儿都是自己一手带大的，同事都做了成十年了，为什么现在反倒没法合作了呢？他的解决方案简单粗暴：把两个头儿都叫来批一顿，各打五十大板，重述协作精神的重要性了事。

那该怎么办呢？**跨职能的责任矩阵表**。有个公司说，我们也想到这样的表格，但是事情那么多，哪能罗列清楚呢？其实这是误区。一个职能相关的事也就那么几十件。比如对于采购来说，我详细罗列过，围绕供应商的就是四五十件事，不难列清楚哪个职能负责哪些，完全可以细化到工作层面。围绕订单的事我没有统计，估计也不会超过几十件。管理层畏难、怕麻烦，不愿列这么一张表。结果呢，下面的人遇到具体问题，就一遍又一遍地挣扎，搞不清楚究竟由谁来做。其实这也是人治的表现：人治之所以是人治，也是因为该有清楚的规定的地方没有这样的规定，执行者就凭自己的判断来做，一方面效率低，另一方面也给人为操作很大的空间。

实践者问

我们是几亿元营收的企业，共有四个事业部。公司成立战略物资管理委员会，由四个事业部的负责人组成；下设两个专职的人员，负责供应商的开发，报委员会集体决策。针对具体的新产品，供应商选择和定价都归具体的事业部，由事业部的工程师来选择供应商。供应链部门的采购职能呢，负责日常供应商管理和订单处理。这样的组织结构有什么问题？

刘宝红答

这是典型的多头管理。其初衷是好的，但执行起来问题多多。

其一，事业部的负责人非常忙，决定了战略物资管理委员会形同虚设，不可能是一个常设机构，做品类管理的事。这个企业有几百家供应商，各种各样的需求，两个专职人员根本不可能熟悉所有的门类，所以就没有能力找到合适的供应商。既没时间，又没能力，这两个人能做的呢，八成就是等事业部找到供应商后，补齐一些手续而已，就如后文要讲到的“供应商管理部”，做不了什么坏事，也做不了什么好事，人畜无害。

其二，公司层面没有品类管理，供应商的准入、选择其实都归四个事业部。这四个事业部形成竞争关系，一旦有产能短缺，四个事业部必然互相竞争，一片混乱。四个事业部竞争，就难以形成供应商战略；供应商战略缺失，必然导致供应商数量泛滥。

其三，采购部门负责日常供应商管理和订单处理，但没法弥补供应商选择上的缺失。之所以把供应商的选择权和定价权“下放”事业部，根本原因是采购部没有能力做好、做快；而权力下放后，采购部的地位就更加弱化，最终完全变成行政打杂。

当然，我也能够理解这个企业为什么要这么做：采购的能力太低，让事业部的工程师选择供应商，或许是两害相权取其轻的做法。这其实也是向分散采购过渡。不用问都知道，这样做的推动力来自事业部。这样做后，老总听到的抱怨肯定会更少，因为事业部做砸了，也不会到老板那里自己告自己。但这导致的种种后续问题，决策者未必理解。

这里问题的根源是采购没有能力，把供应商选好、管好。案例企业不是选择加强采购职能，而是让各事业部的研发做采购的事，其实是拿一个错误来弥补另一个错误。

实践者问

在供应商的跨部门管理中，公司把所有问题全考核到采购部，导致质量、市场、设计有权无责，无考核指标压力，无法全力协同采购来选好、管好供应商。

刘宝红答

前面提到了，采购有很多压力，却没有资源，没法驱动关联职能，注定是“小采购”。一种解决方案呢，就是让这些关联职能虚线汇报给采购，形成矩阵式结构——职能上汇报给各自的职能老板，确保以正确的方式做事；业务上汇报给采购，确保做正确的事，取得业务上需要的结果。

这一般以品类团队的形式出现。比如纸箱子这个品类里，张三是采购经理，李四是质量工程师，王五是研发人员。张三背着所有的指标，但把质量 100% 传递给李四，技术 100% 传递给王五。以后质量有了问题，张三第一个挨板子，站在老总面前解释，制订解决方案；接下来是张三打李四板子，由李四来执行解决方案。技术同理。

虚线汇报的直接表现是，在奖金发放和工资调整上，采购经理张三要有话语权。比如年终发放奖金时，张三与李四的老板一道，评估李四这一年来的表现，敲定最终的金额。形式上你可以没有“虚线汇报”的关系，但实质上一定要在薪酬上有发言权。这样，张三与李四虽然代表不同的职能，但形成了某种形式的上下级关系，张三不会坑李四（因为张三总体背质量指标），李四也不会坑张三（因为质量指标又 100% 传递给李四），两个人是一根绳上的蚂蚱，组成了一个真正的跨职能团队。

这里的关键是采购的能力要强，一方面要有专业能力，指导供应商的选择与管理；另一方面要有领导力，协调各职能的利益诉求，摆平关系。企业的挑战正好在这里：采购职能太弱，采购人员要专业没专业，要领导力没领导力，即便组织赋权，也没法有效领导跨职能团队，达到期望的效果。能力、权限、义务长期不匹配，公司也会慢慢收回采购的权限，拿掉相应的义务，要么制定新的方式，要么重回原来的方式，直到达成新的匹配。

实践者问

公司以前把供应商管理职能放在质量部门，现在放在计划部门，是否合理？

刘宝红答

两种方式都是“头痛医头，脚痛医脚”：以前归质量部门，应该是因为供应商质量问题多，供应商管理就被等同于质量管理；现在归计划，八成是因为交付问题突出，“小采购”的第一反应就是计划做得不好，那好，“供应商管理”就归计划部，让计划部“你计划，你负责”，把供应商管理等同于交付管理。

这些都是对供应商管理的片面理解，忽视了供应商的选择与整体绩效管理，把供应商管理与“供应商日常绩效管理”混为一谈。不管是计划还是质量管理供应商，都没有解决供应商选择与整体绩效管理的短板。而这个短板呢，采购都处于最佳的位置来补齐。也就是说，供应商是采购选的，整体绩效也应该由采购来负责。选择权与管理义务相结合，采购在一对矛盾指标的驱动下，才可能真正把供应商选好管好。

技术能力不足，无法承担“大采购”的任务

采购做细了是个技术活儿。就拿看上去最没有技术含量的讨价还价来说，如果没有技术背景，也很难做好。这也是为什么在一个家电巨头，要设采购工程师这一职位，其职责之一就是核算加工一个零件，需要多少工时，车床还是铣床还是刨床，以推算出成本来。对于生产工艺、质量问题等来说，就更加需要技术力量来应对。

很多本土企业的采购缺乏自身的技术力量，遇到供应商相关的技术、质量问题，就不得不依靠研发团队。但问题是，不管在什么公司，研发总是一帮最忙的人，分内研发的事儿都忙不完，供应商相关的问题就只能一拖再拖，直到熬不住了才去解决。兼职就是这问题，注定没法主动、系统地解决供应商相关的技术性问题。采购也注定做不了“大采购”。

那如何补齐技术这一短板呢？解决方案是设立全职的供应商工程

师。有的公司叫采购工程师，有的叫供应商质量工程师。但不管头衔怎么称呼，这个职能的要求是具备一定的技术、工艺知识，熟悉生产工艺，熟悉产品设计，能有效担当公司设计与供应商之间的桥梁，促进产品设计与工艺设计的交互优化。要注意的是，技术、工艺跟质量有联系，但是两回事。质量问题往往由技术、工艺造成，但懂质量的并不一定懂技术和工艺。反之，懂技术和工艺的，则更容易补齐短板，进入质量管理领域。

如图 3-14 所示，这是很多北美大公司管理供应商的团队配置。**供应商经理**专注供应商层面，主导供应商关系，并对供应商的总体绩效负责；**采购员**专注订单层面，围绕订单负责供应商的按时交货率，以及处理订单层面别的事务；**供应商工程师**侧重技术、工艺和质量，负责供应商的质量、生产、新产品开发等技术含量高的内容。

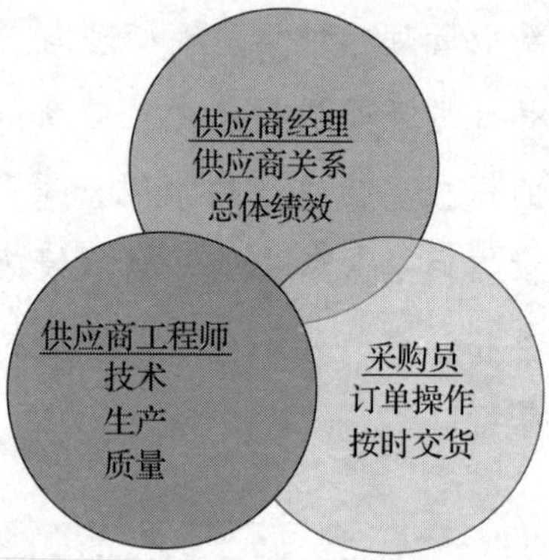

图 3-14 供应商管理团队

在有些欧洲公司，只有寻源工程师 / 供应商工程师的职位，没有寻源经理 / 供应商经理：供应商工程师是技术背景，可以附带处理商务问题；供应商经理是文科性职位，很难附带处理好技术问题。如果不得不二选一的话，我宁肯选前者而不是后者，即便供应商工程师笨嘴笨舌，砍不来价，但借助其技术和工艺背景，可以做更多的设计优化、工艺优化，通过降低成本来降低价格。

在日本公司，老工程师做采购，也是常见的事。但在很多本土企业，采购是个文科性职位。没有技术力量，在一些技术性强的行业，就很难具体做出点什么来。比如在供应链的三阶段降本上，没有技术力量，就很难推动流程改进、设计优化等高阶段降本，结果就只能靠张嘴，在谈判降价上一条路走到黑，从双赢谈到单赢，最后是双输。

那解决方案呢，就是搭建采购的技术团队。我去访问一个十多亿元规模的本土企业，发现他们新近建立了物料技术部。他们认识到，70% 左右的产品成本是设计阶段决定的，70% 左右的增值活动发生在供应商处，按道理这两个 70% 由采购来连接，但文科性的采购没能力起好纽带作用，导致这两个 70% 不能很好地互相反馈、互相优化，尤其是涉及技术细节的地方。他们希望这个新设的物料技术部能改变这一状况。

十多年前，我刚到硅谷的时候，加入一个高科技制造业公司，该公司当时面临的问题类似：每年几亿美元的采购额，主要由些文科背景的采购经理和采购员管理；供应商工程师有，只有七八个人，两个经理带着，整天光质量次品问题都处理不完，其实是帮高级质检员；从公司的产品设计到供应商的生产制造，技术跨度很大，有很多技术细节没法有效落实到供应商的生产流程，而供应商的很多技术性反馈也没法有效传递到设计部门。结果呢，供应端的成本做不下来，质量和速度做不上去。

于是，该公司就加强供应商工程师的力量。先从设计部调来一位资深工程师，给他高级经理的头衔（头衔上去了，待遇也就上去了，否则设计工程师根本不愿来采购部），围绕他配置几位技术背景的经理，每位经理配备几位资深供应商工程师。就这样，供应商工程师的团队由七八个工程师增加到二十多位，然后是三十余位，一路发展下去。

十年后，整个供应商工程师团队已经发展到一位执行总监、四五位总监、成十位资深经理，外加七八十人的供应商工程师。该公司也从几亿美元的规模，一路发展到 40 多亿美元，这个供应商工程师团队功不可没：他们有深厚的技术背景，对内能够制衡、支持设计人员，对外能够在供应商处落实技术细节，推动和帮助供应商优化生产工艺，成为产品设计与工艺设计相互优化的关键一环。该公司的采购与供应链管理成为行业的标杆，与供应商工程师团队的贡献密不可分。

讲到这里，顺便说个细节问题。你知道，供应商工程师团队的最初种子，十有八九要来自设计团队。设计在哪个公司都是紧缺资源，人人都想让设计干这干那，人人都想去设计部门挖人。采购去挖人，设计老总当然一口回绝。那怎么说服设计老总放人呢？你可以这么解释：这些活儿是你的设计人员在做，与其让一大帮人兼职，不如给我一个骨干工程师，我来围绕这个骨干构建供应商工程师团队，把别的设计人员解放出来，相信设计老总会认真考虑的。

要注意的是，要挖就挖设计的骨干人员，而不是设计不想要的人。当然，工程师们不愿来采购。解决方案呢，就是给他钱，给他官。有时候你没法光给钱，因为工资有标准，那可通过给他更大的头衔，比如经理——伴随着头衔，薪酬自然就上去了。对工程师来说，你在设计部，小兵一个；来到采购这边，就是经理。重赏之下必有勇夫，相信你能挖来想要的人。

实践者问

供应商开发工程师、供应商质量工程师等岗位应该放在哪个部门？

刘宝红答

在我看来，这两个职位都是采购团队的一部分。但是，其归属取决于公司的整体管理能力。当公司有能力客观量化采购的结果时，这两个职位可汇报到采购部门；否则，他们要与采购分开，以便制衡采购。前者的好处是这两个职能变成采购的兄弟，容易与采购形成合力，共同解决供应商相关的问题；后者的问题是这两个职能变成采购的婆婆，在极端情况下，甚至出现前文所说的“只管杀，不管埋”的情况。

实践者问

可否介绍一下比较完整的采购组织架构、岗位设置和汇报关系、考核指标？

刘宝红答

采购的绩效就是供应商的绩效，即成本、质量、交货、服务、技术、资产管理和人员 / 流程等七大指标，前文已经详细阐述过。

核心的采购团队一般有三类岗位：负责商务的战略寻源（找供应商、管理整体供应商绩效），负责日常订单层面的执行采购，负责质量、技术的供应商工程师。在每类岗位里，有些公司会进一步细分。比如在一个北美企业（全球500强规模），供应商工程师又按照新产品开发和量产细分为两个小职能，外加一部分专门支持量产产品设计优化的团队——供应商工程师至少分为三个小部门，三者之间的工作有区别，有搭接。

这三类职位呢，有时候集中在一个部门（比如采购部），有时候分散到两个部门（比如采购部和供应商质量部），有时候分归三个部门（比如采购部、质量部、生产或物流部——订单处理往往汇报到工厂的生产或物流）。这些组织形式的存在都是有原因的，那就是业务的需要和整体的管理能力。就如前文说过的，管理能力强的时候，供应商质量可以汇报给采购；管理能力弱的时候，两个职能按照两条不同的线汇报，互相监督反倒是更好的选择。

所以说，就采购的组织而言，没有所谓的“完整”的，或者“标准”的组织架构。水无定形，法无常法，采购的组织必须按照具体业务需求来设置，就跟中医一样，每次的药方都会按照病人的情况而定。在这本书里，我们在不同的地方解释了采购职能的主要岗位，这就如药典里介绍了各种常用药的药性，至于采取什么样的组织结构，开出什么样的“药方”，那就得留给职业人了，因为我不熟悉你的具体情况。

小贴士　“人畜无害”的供应商管理部

有个职业经理人，新近加入一个制造商，负责该企业的供应商管理部。说是“部”，其实就他一个人。前任走了，他接手还没多久，老板在制订新的一年工作计划，要他出一个供应商管理方案。这个企业有几千家供应商，过去一年里，有业务的就有1000多家。虽说年度采购额超过10亿元，但分摊给那么多的供应商，采购额分散，管控难度高，管理资源太分散，是这个企业面临的主要挑战。

这位经理人说，他要制定政策，指导各分公司、事业部的供应商引入和管理。我问他，你熟悉主要的采购项吗？答曰不熟悉。那熟悉主要的供应商吗？答曰也不熟悉。各分公司、事业部的业务呢，就自然不熟悉了——他刚到公司没多久。一问三不知，没关系，可以学啊。不过整个供应商管理部就他一个人，那么多的事业部，那么多的供应商，那么多的物料，跟谁学，要学到什么时候才能学会？

一问三不知，制定的管理制度自然是瞎折腾。我花了半个小时，在电话上解释给他，这事儿得分两步走：第一，围绕采购项建立**品类管理**，安排专门的采购、质量和技术人员负责专门的品类；第二，围绕具体的品类，理解业务需要，整合需求，制定**供应商策略**，选好、管好供应商，改进供应绩效，比如年度降本、质量和按时交货率等。

这个公司没有品类管理，除了大宗原材料外，各分公司、事业部的采购量都没有集中，这注定品类策略、供应商策略先天不足。离开了品类管理、供应商策略，供应商管理政策注定没法落地——制定者不熟悉情况，自然是盲人骑瞎马，制定不出合适的政策来；各分公司、事业部的执行者呢，当然知道“供应商管理部”的根底，对他们的规章制度置之不理。这供应商管理部呢，也就成了“人畜无害”的摆设。

避免“人畜无害”的“供应商管理部”

这也是很多企业的共性。他们对供应商管理的思路，跟质量管理中的“检查制”没有两样：干活儿的人干活儿，质量由“专人”来管；干活儿的人不负责质量，质量是检查出来的。这是最低层次的质量管理。你知道，质量是没法靠“质检人员”检查出来的，供应商也没法靠“供应商管理部”管好。

我到过一些公司，越是粗放，越可能设那些所谓的“供应商管理部”，就那么三五个人，做些杂七杂八的报表，制定些不痛不痒的政策，而且经常放在**质量管理部门**，“监督”采购人员，典型的人畜无害。

这位供管部经理问，他的管理方案写好了，我可以给帮忙看看吗？我的答复很简单：No。像他的情况，这样的管理方案既解决不了问题，也不会制造什么麻烦——政令不出供管部；即便出去了，也没人执行，我为什么要浪费时间帮他看呢？

集中采购：为什么集中不起来

集中与分散，是采购反复权衡的话题，不管是本土企业，还是全球企业，都没法回避。在我看来，集中还是分散，取决于两个因素：企业的**管理能力**和**业务需求**。

简单地说，企业的管理能力越强，就越可能集中采购；企业的成本压力越大，就越可能集中采购。相反，企业的管理能力越弱，对速度的诉求越高（比如新产品开发），就越可能分散采购。

集中采购其实在解决两个方面的问题：①谁都在做采购，这是把采购权从众多职能归口到采购职能，也是采购的专业化过程。②哪个层面在做采购决策，这是把采购决策由子分公司集中到总部的过程，也是通常意义上的“集中采购”。

先看看究竟是哪些职能在做采购，即采购的专业化过程。

在管理很粗放的时候，每个职能都在做采购——研发在花自己的钱，工厂在自己买东西，项目也是自定需求，自己找供应商（如

图 3-15 所示）。有个企业的采购职能曾经是如此之分散，每年区区几亿元的采购额，有 100 多个采购合同章，这意味着有多少对口采购管理机构！[㊀]

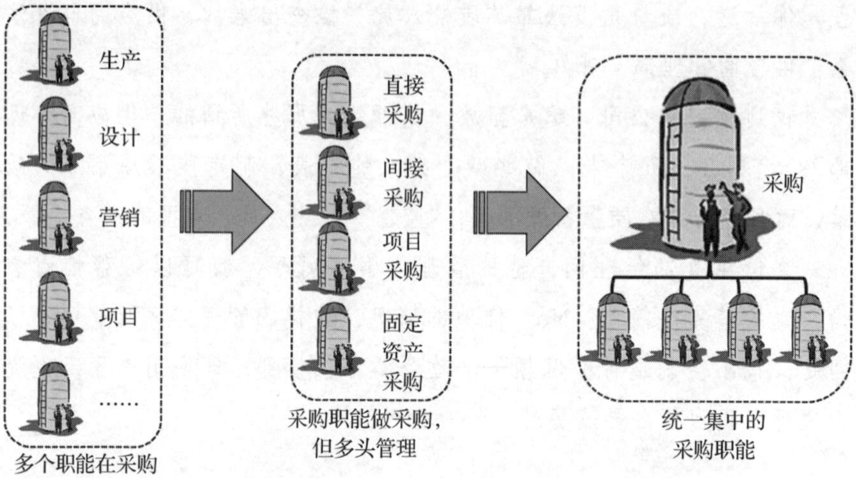

图 3-15　哪些职能在做采购？管理越粗放，采购越分散

慢慢地，企业的管理水平不断提升，花钱的事儿就慢慢集中到采购手上，由专门的采购人员来做采购。这是采购职能专业化的第二个阶段。但是，不同类别的采购项，还是由不同的老总主管。比如直接采购汇报到生产老总，间接采购汇报到财务老总，固定资产的采购汇报到工程部等。从管理的角度来看，这是因为没法有效归纳不同采购的共性，从而没法建立统一的采购组织、流程和信息系统。

到了采购专业化的第三个阶段，企业就出现了统一的采购组织、流程和系统。在这个阶段，不同的采购类别，比如直接物料、间接物料、工程项目等，一般还是由不同的团队负责，但是他们都汇报到同一个采购老总，由同一个老总来领导。这从组织上保障了大家都用统一的流程、统一的系统，也为后续采购权限的集中奠定了基础。

这个专业化的过程，在中石化得到充分的体现。从蒋振盈的《企业采购管理辅导手册》一书中（该书就是基于中石化的实践写的），我

㊀ 蒋振盈．企业采购管理辅导手册［M］．北京．北京教育出版社，2012.

们能清晰地看出整个三阶段过程。

第一阶段是建立**对口管理**，即把采购职能集中到采购部门。

第二阶段是在分公司层面集中，建立**单一领导负责制**，消除采购部门多头管理的情况，例如，生产材料采购归一位领导，间接材料采购归另一位领导，设备采购又归第三位领导。在这两个阶段，虽然总公司层面有采购职能，但对子分公司的管理相当有限。一方面是因为子分公司规模相当大，很多都是百亿级的大企业，自身建制也相当完善；另一方面也是因为总部的管理能力有限，没法对子分公司做出实质性的指导。

第三阶段是**总部集中**。在组织上，总公司的采购更加自上而下地推动职能建设；在决策上，子分公司的一些采购决策权集中到总部：要么由总部直接集中采购，要么用多种灵活的集采方式，例如总部指挥、分公司操作，或者总部授权，分公司、区域集采等。在有些公司总结为“两级集中，三级执行”——对于不同的采购项，在总公司或一级子公司集中签订合同，在总公司、一级子公司和更下级子公司分别执行。

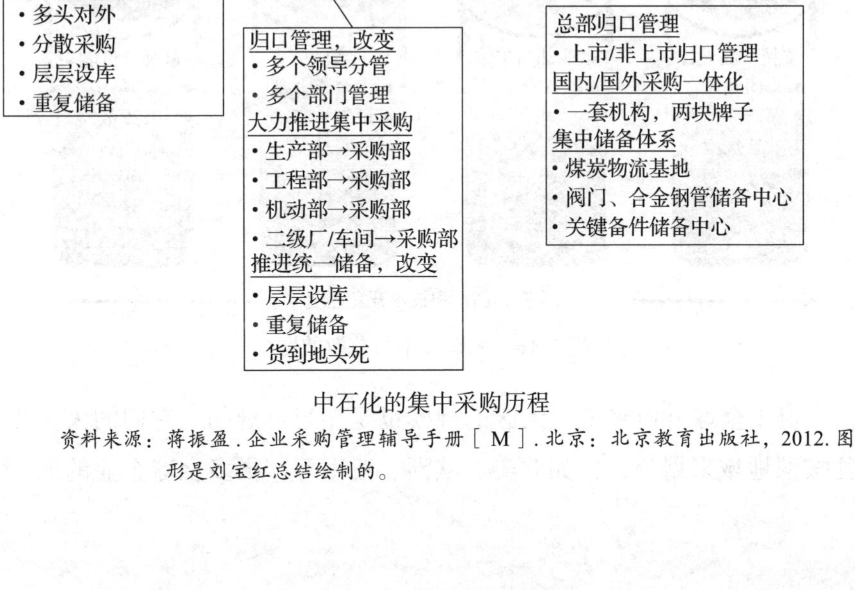

中石化的集中采购历程

资料来源：蒋振盈. 企业采购管理辅导手册［M］. 北京：北京教育出版社，2012. 图形是刘宝红总结绘制的。

采购的专业化是个漫长的过程。很多企业其实都没有完成。在那些“小采购”公司，主要的采购决策其实并不是采购做的，而是由内部客户决定的。比如研发决定选择什么供应商，质量决定淘汰哪些供应商，采购的主要任务是行政文秘类的，诸如招投标和订单处理。这些企业其实还处于多个职能做采购的阶段。究其原因，是因为管理能力的提升是个漫长过程。这就如古代中国经过了一两千年，才建立了高度集权的政治体系一样。

讲完了采购的专业化（把采购任务集中到采购职能），我们谈采购权限的集中，亦即传统意义上的“集中采购”。

从全球性公司来看，采购的集中度可分为四个层次（如图 3-16 所示）：**总部**集中是一个极端，集中度最高，议价能力最强，系统、流程最可能标准化，公司也最可能共用供应商；**产品部**集中是另一个极端，最分散，议价能力最弱，但响应速度最快，最能满足内部客户，比如研发与市场开拓的要求。大区、事业部集中介于两者之间。

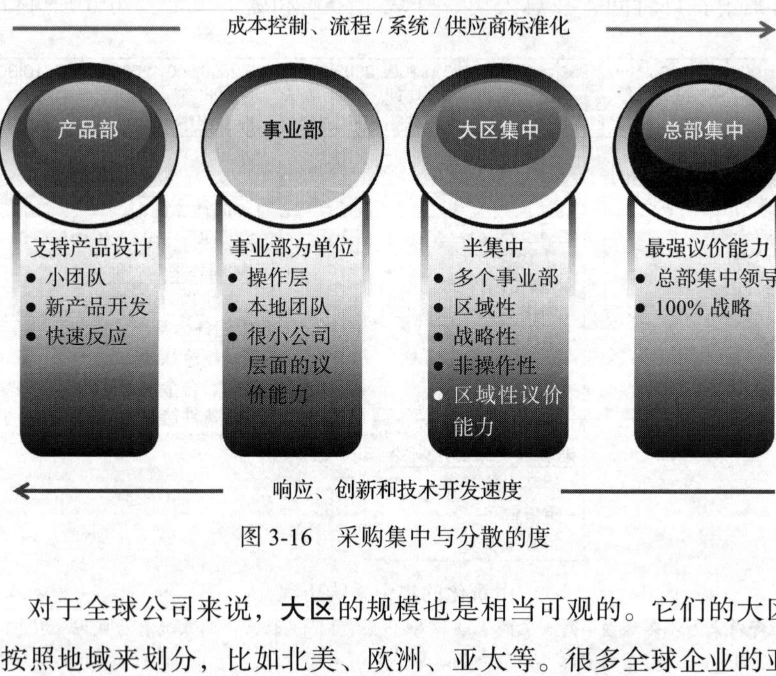

图 3-16　采购集中与分散的度

对于全球公司来说，**大区**的规模也是相当可观的。它们的大区往往按照地域来划分，比如北美、欧洲、亚太等。很多全球企业的亚太总部设在我国香港、新加坡等地，有些在向内地搬，一方面接近内地的大市场，一方面在内地建立亚太区的集中采购。对于大型的本土企业，大区往往是按照地域划分为华北、华东、华南等几个主要营运区域。在没有大区配置的企业，总部集中的下一级就是**事业部**集中。事业部按照产品特性划分，同一事业部的产品在采购对象上也有相当的共性，所以也是个天然的集中点。

对于不同的行业、不同的企业，采购集中的层面也有不同。比如在有些房地产公司，三层集中分别是总部集中、大区集中、城市集中。在建筑行业，有的公司是总部集中、大区集中、项目集中。还有个服务性的公司，三个集中层面分别是总部、事业部和社区——其服务设施针对特定的社区。为了行文方便，我们在这里统一称作总部集中、事业部（或子公司）分散。

集中采购涉及权力重组，一大阻力是职能与职能、总部与分部之间的**博弈**。这跟国别和所有制没关，无非是国企、央企更严重罢了。中石化的集中采购经历了 15 年，还没有完，这看上去也是一个原因。集中采购是个复杂的过程。一方面，集中方有正当的理由，那就是集中采购带来的**规模优势**；另一方面，被集中者也有反对的理由，那就是集中后造成的**灵活度**下降，响应速度减慢。

双方都没错，这就要权衡集中采购解决的问题多，还是制造的问题多。但你知道，真正要量化很困难，这最终就回到业务层面，两害相权取其轻：企业面临的主要挑战是成本不够低，还是速度不够快？你不能给出两者都是的答案：人很少同时死于两种疾病，你也很少同时被两只棍子打死。这也是说，在成本和速度上，我们必须找出主要矛盾。

就如图 3-17 所示，在产品生命周期进入成熟期，供方力量太大，或者经济衰退等情况下，企业的成本压力大增，企业往往会走集中采购的路，以增加规模效益，取得更好的成本优势。反之，当新产品开发、新市场开拓的需要大增，或者竞争对手采取快速反应策略，集中采购没法及时响应，企业就更可能走上分散采购的路。

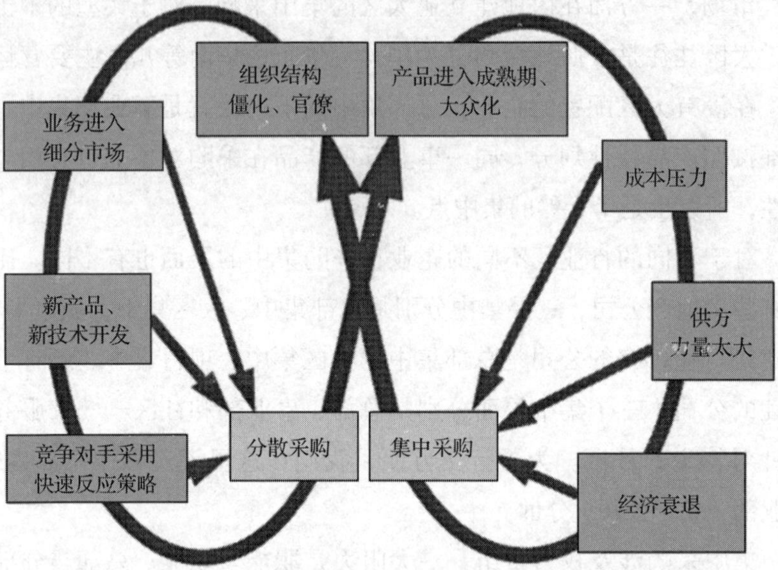

图 3-17　集中还是分散，取决于业务的需要

比如 2008 年的金融危机后，成本压力大增，大型国企、央企、民企纷纷走上集中采购之路。几年之后，经济形势改变了，企业的战略也跟着改变，从效率导向转变为创新导向，集中采购带来的响应速度慢问题就更突出，于是企业就开始重新走上分散采购的路，把供应商的选择跟管理下放到事业部。有个企业采取“阿米巴”组织，在公司里建立了很多“小微企业”，由几个工程师、销售、供应链等人员构成，采购的权限甚至下放到“小微企业”，可谓是为了速度，一路分散到底。当然，分久必合，分散采购造成规模效益下降，等到成本压力大的时候，下一步就会开始集中采购。

其实，集中与分散，关键是要综合考虑，包括采购成本、运营成本、用户满意度等：如果集中起来总成本最低，那就集中；如果分散的效果更好，那就分散。否则，迫于管理层压力，集中以后也是不能长久——不符合市场规律的集中采购不会持久，就如下面这个案例所讲的。

案例 自负盈亏的集中采购公司

几年前，一个大型央企做集中采购，成立自负盈亏的集采公司，把各分公司的大宗原材料集中采购，再加上一定的百分比卖给各分公司。结果，分公司、供应商都怨声载道。为什么呢？原来这些分公司动辄都是几十亿元、成百亿元营收的大公司，对这些大宗原材料的采购量已经很大，议价能力已经很强。集采后的量虽然更大，不过对供应商来说也没有进一步的规模效益。供应商没法进一步降低成本，但迫于集采后的更大的议价压力，只好让利几个点。钢材、水泥这样的大宗原材料，厂家产能普遍过剩，利润已经薄如刀刃，这几个点一让，供应商就没什么赚的，所以后续服务就受到影响。集采能拿到的降价有限，再加上几个百分点卖给分公司的时候，分公司拿到的价格也比原来自己采购好不了多少，而集采带来的种种不便，例如调度困难、交货不及时等，只能让分公司更加不满意。

在这种模式下，集采公司其实就是个批发商。批发商中，很少看到那些专门批发大宗原材料给特大公司的，就是因为同样的原因。不符合市场规律，即使是行政命令推行，也没法持久。例如这个大型央企，集采几年，一直只有全公司采购额的几个百分点。

这种自负盈亏的集采中心，在一些大型跨国企业中也存在过。例如十几年前，惠普等公司整合采购量，拿到更好的价格，加价卖给合同制造商，据说仍旧比供应商自己能拿到的价更好。后来看到文章，说希尔顿酒店也成立自负盈亏的采购中心，效果还不错，他们的首席采购官也在美国采购界广为称道。这两个公司究竟在集采什么，以后的效果如何，我没看到更详细的报道。不过有一点可以肯定：如果不符合市场经济规律、不符合公司和内部用户部门的最终利益，这种做法注定不会长久。

这几年，有些本土企业集中采购，成立自负盈亏的采购公司。比如在餐饮界，就有好几个连锁餐饮企业这样做，成立独立的采购公司（往往取名“供应链公司”），负责采购、仓储、配送，支持全国各地的门店。为了更大的规模效益，它们就开拓市场，给别的餐饮企业也做配送。这从业务模式创新上看，都是不错的举措。但对企业来说，关键是要做得更好，比别的公司自己做采购要强。在我看来，这还有很长的路要走。

比如说有个技术公司，为了集中采购，并提高效率，就建立了电商平台，让自己的工程师、产线自动下单，采购各种量小货杂的材料。后来，他们扩展电商业务，给更多的企业提供这样的服务。不过，这个企业的采购还在发展过程中，还没有交完学费。比如在供应商选择上，这个企业走的还是“多子多福”的路，供应商越来越多，但管理不到位，影响到供应商的合作意愿。有的供应商都在明说，会自动屏蔽他们的 Email，这样就看不到那些要求询价的邮件。对于这样的电商业务，前端的需求很杂，后端的供应也很杂的话，两头杂，注定没有规模效益，难以为继。

实践者问

集中采购究竟是集中什么？组织、产品还是供应商？

刘宝红答

严格意义上，集中采购是个三维概念：集中需求（围绕产品）、集中供应（围绕供应商）、集中组织（围绕供应商的选择权）。这三者是相辅相成的，比如只有集中了需求，才可能更好地集中供应；而集中了组织，则对需求和供应的集中都有帮助。

在集中还是分散上，博弈的焦点都是供应商的选择权。但真正的问题呢，是供应商选来后，**有选择**、**没管理**，后续绩效的管理跟不上，导致不管集中还是分散，都不会长久。

比如集中了，供应商的选择权归总部。总部采购觉得他们的任务就是招投标，做一枪头的买卖，至于供应商的后续管理嘛，当然就

“默认”给分公司、事业部了。这时候，总部是单一指标驱动，一门心思冲着省钱而去，选择最便宜的供应商，牺牲的是分公司、事业部的交付、质量和服务。各个分公司、事业部呢，虽然名义上在管理供应商绩效，但实际上深陷订单、项目层面，没精力在供应商层面有所作为。更重要的是，他们也没动力解决供应商层面的问题——“三个和尚没水喝”，任何一个分公司、事业部都不愿意为人民服务，解决供应商层面的问题。况且，供应商层面的绩效改进大都要求供应商投入大量的资源，离开了选择权（给供应商生意的权力），分公司、事业部就很难驱动供应商投入资源，解决供应商层面的问题。

这就是为什么我一直坚持，**供应商的选择权与整体管理责任不能分离**（具体的订单处理等日程管理可以分离）。

有选择，没管理，供应商的整体绩效自然欠佳，分公司、事业部就三天两头到老板那里告状，老板的耳朵实在受不了了，就开始分散，供应商的选择权“下沉”到分公司、事业部。分散采购了，分公司、事业部拿到了供应商的选择权，不过有选择、没管理的问题还是没解决——在分公司、事业部层面，专业分工更加粗放，采购的能力更加薄弱，供应商的选择权往往归内部客户，比如研发部门，而采购呢，则继续在订单、项目层面打杂。无非现在分公司、事业部有了选择权，自作自受，不再到老总那里自己告自己了。但时间长了，老总看出问题了：成本——分散采购后，整体议价能力下降，伴随而来的是毛利的下降。这是分散采购的七寸。于是，就开始集中采购，开始下一轮的循环。

实践者问

集团集中采购，原来26家分公司的采购需求，现在集中到新成立的集团采购分公司，而集团采购只有3个人。明显感觉人手不够，应该怎么破？据说我们的采购规模，一般配备20人左右的团队才能处理过来，我们目前只有3个人。

刘宝红答

集中采购的资源不足，你要么争取足够的资源，要么只能做现有3个人能做的，那就是对供应商有选择，没管理：只负责整合需求做招投标/寻源，而后续供应商的管理呢，只好让它们自生自灭了。而内部用户呢，也只能让他们自求多福了。

天底下没有免费的午餐。要么配备足够的资源，对供应商有选择、有管理；要么承担供应商后续管理的不足，牺牲内部用户的利益，产生更高的隐形成本。

在集中采购向分散采购转变时，有的企业把供应商的选择、管理“下沉”到分公司、事业部，但制度、流程和系统呢，还是由总部来统一制定。也就是说，供应商的选择、管理等具体事儿由分公司、事业部的采购做，因为他们贴近需求，可以快速响应；但活儿究竟怎么做，采用什么样的系统和流程，则由总部定，因为总部采购的专业度最高，而且熟悉各事业部的最佳实践，处于最好的位置来推广最佳实践。

这是种**混合结构**，看上去是总部、分公司/事业部各尽其能，很完美，但又产生了一系列的问题，比如系统、流程会越来越复杂，规章制度越来越细、越来越苛刻，基层的约束越来越重，事情越来越难做，效率越来越低。

比如有个大型制造企业，为了增加响应速度，采购由集中变分散，总部负责建立系统、制定流程和规章制度，事业部负责执行和结果。结果呢，流程越来越繁杂、规章越来越苛刻，事业部的执行者叫苦不迭，怨声载道。

想想看，如果你负责制定流程、系统和规章制度，你最不想听到的就是执行者做砸了，拿出的借口是因为按照你的流程、系统和规章制度做的。所以，你会尽可能地“完善”流程、系统和规章制度。要知道，在企业环境，“完善”经常是没法做事的代名词：为了不出错，你就把所有可能出现的漏洞都给补上，所有能够想象到的问题都给规定了，结果“完善”是够“完善”了，但流程、系统也太复杂了，下面也干不了活儿了。

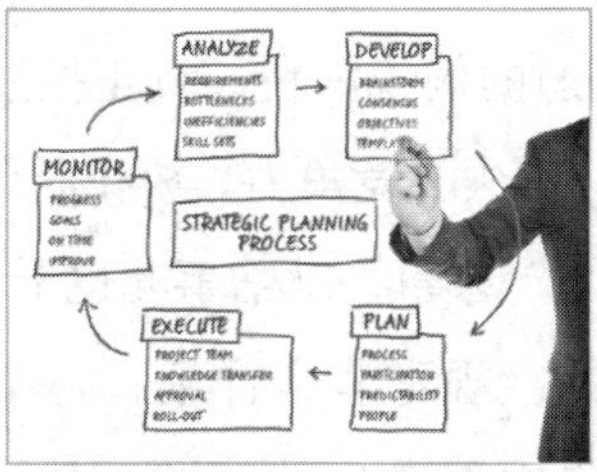

总部负责流程和系统

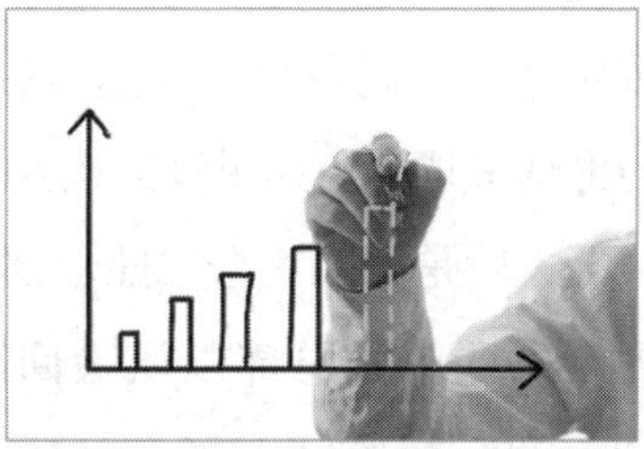

事业部负责执行和结果

职能下沉，过程和结果两层皮

混合结构下，总部负责**过程**（活儿该怎么干），事业部负责**结果**，过程、结果两层皮，结果就是过程异常复杂化。在这个案例公司中，总部制定了非常复杂的电子商务系统，让事业部填写各种各样的数据，以便增加业务的透明度，做好过程控制；事业部疲于应付，大量的时间花在走流程和应付系统上，一个简单的合同，比如区区几万元的培训协议，也得三四个星期才能走下来。有些政策也是严酷到不可理喻。比如总部制定了积极淘汰供应商指标，要求每年淘汰一定百分比的供应商。积极淘汰费时费力，就没时间来对付新产品开发，事业部的采购们怨声载道。

那为什么集中采购的时候，就没有这问题？很简单：集中采购的时候，过程和结果都由总部负责，采购老总不会傻到那一步，把流程、制度定得那么死，让自己的员工没法干活儿。

这就是混合采购的问题。总部的流程、系统越来越“完善”，也越来越复杂，分部、基层越来越多的时间在走流程、合法合规，时间长了，就开始想方设法绕过去（不然的话，事儿办不成，内部用户会要了他们的命）；总部发现了，就采取更严厉的规定；规定更严厉，分部、基层就更加逃避。时间长了，就是上有政策，下有对策，总部和基层两层皮，大家都说按规定在办，其实基层都有自己的一套。

这就如管理粗放的国家，税收比例往往很高。征税高，纳税人就偷税漏税；越是偷税漏税，政府制定的措施就越严苛，企业跟政府打交道的成本就更高，所以偷税漏税就更普遍；纳税的人越少，为了收到足够的税，政府就越提高税率。而这直接导致普遍的偷税漏税，真正按照要求纳税的也越来越少。如果真的按要求纳税，则失去竞争力。放在混合采购的模式下，就是如果完全按照总部的"规矩"办事，就啥事儿也干不了。

混合采购下，总部以风险回避为目的，规定非常详细，每个能想到的"漏洞"都给补上了；基层还得解决内部客户的问题，就"阳奉阴违"，自己干自己的一套。总部问，是不是按我的规定办？基层的答案当然都是 Yes。其实大家都心知肚明，上有政策，下有对策，只是都不戳破罢了。基层自然知道自己"有罪"，所以对总部也不敢惹得太厉害，否则总部随便找出一件事来，就可以找基层的麻烦。总部呢，当然知道基层的那套把戏，但不能戳穿，否则的话岂不是在否定自己以前的工作（"这么严重的问题，都这么久了，为什么现在才发现"）。于是，自上而下，大家都活在"皇帝的新衣"里，自欺欺人。

这也是为什么你到那些企业去，会看到它们的规章、制度、流程都非常完善。而且越是国营经济，越是完善，跟那些管理水平较高的全球企业相比，看不出多少差距，但实际业务结果却大相径庭。比如拿中石化的那套做法来看，成套的做法和方法论，你看不到任何明显的短板[⊖]：这套做法估计也参考了很多全球知名公司的做法，由知名咨询公司帮助制定。我对这套方法论充满敬意，因为这是众多最佳实践的结晶；但是，中石化的具体实践呢，应当跟这套"最佳实践"有相当的差距，否则中石化就不是现在的中石化了。

小贴士　混合采购在多个方面绩效最差

看到 Corporate Executive Board 的一份研究，讲的是集中采购和分

⊖ 这套做法就写在《企业采购管理辅导手册》一书中，蒋振盈著，北京教育出版社于 2012 年出版。

散采购，以及两者的混合体：混合采购。

如图 3-18 所示，集中采购的优点是在整个公司实施统一的流程、系统和策略，便于一致性；需求整合以后，规模效益增加，有了更强的议价能力，利于降低成本；决策离主要的决策者更近，容易战略聚焦。集中采购的缺点是远离用户，对用户要求往往不能完全了解，特别是独特的需求；需求变动了，集中采购的响应速度也比较慢。

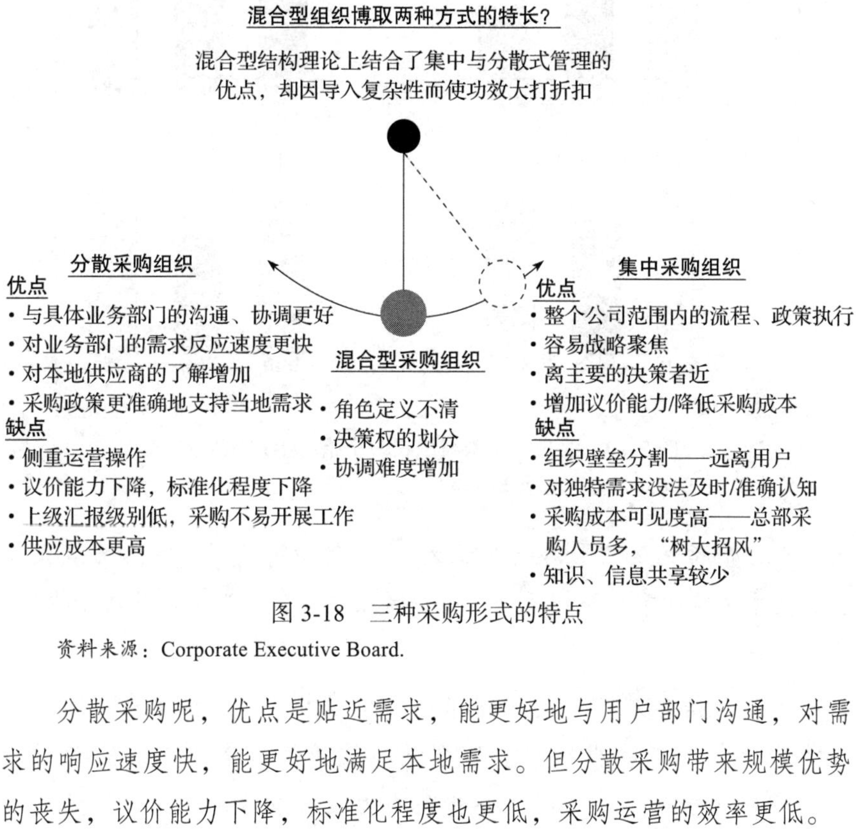

图 3-18　三种采购形式的特点

资料来源：Corporate Executive Board.

分散采购呢，优点是贴近需求，能更好地与用户部门沟通，对需求的响应速度快，能更好地满足本地需求。但分散采购带来规模优势的丧失，议价能力下降，标准化程度也更低，采购运营的效率更低。

于是，很多公司想，我们来个混合结构，美其名曰“总部领导”：由总部制定政策、流程和系统，取得标准化优势；由事业部、分公司（基层）来按照统一的方法论，选择和管理供应商，贴近用户部门，更好地满足需求，取得差异化优势。这看上去很理想，但是现实很骨感，带来很多问题，比如角色定义不清、决策权划分不清、协调难度增加等。

这也体现在采购的整体绩效上。如图 3-19 所示，Corporate Executive Board 调查不同的采购组织下，四种主要的采购绩效表现，对比之下，看哪种组织结构的优势更明显。

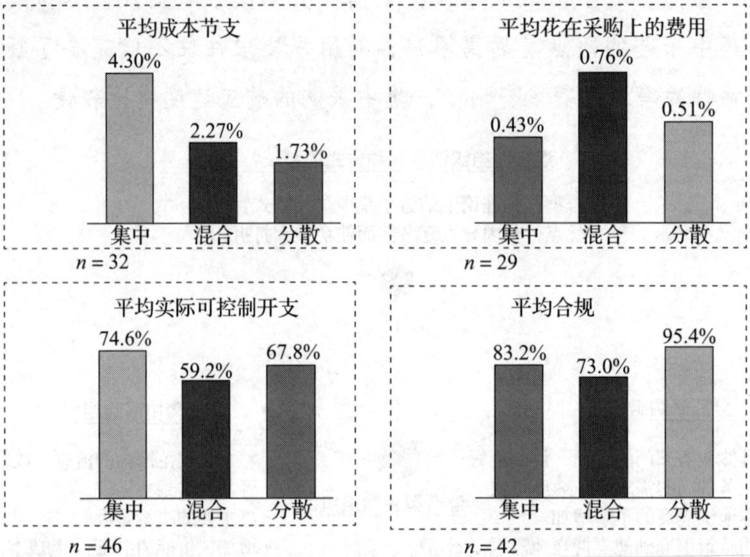

图 3-19　混合型采购组织在多个指标上评比最差

资料来源：Corporate Executive Board.

第一个指标是“平均成本节支”，主要指年度降本。因为规模效益，集中采购的节支比例最高，而分散采购最低，混合结构居于中间。这都符合常理。

第二个指标是“平均花在采购上的费用”，主要指采购部门的成本，比如员工的报酬、信息系统的维护等。集中采购的费用最低，没什么稀奇。按道理，分散采购的费用应该最高，但统计结果是混合结构的反倒更高。这估计跟混合模式下，责任、角色划分不清，沟通困难等有关，导致采购的效率低下，采购本身的成本升高。

第三个指标是“平均实际可控制开支”，统计的是在所有开支中，可由采购直接控制的比例。比如公司花了 100 元，有多少钱是纳入采购的控制，由采购决策的。不出意料，集中采购下，采购的控制能力最强；但混合模式控制能力最弱，却有点出人意料。也就是说，混合模式下，总部和事业部的采购职能作为一个整体，对开支的控制力度反倒最弱。

最后一个指标是“平均合规”，这不是国内常说的“合法合规”，而是合同的履行。集中采购下，一大问题是总部选了供应商，并以合同约定，但基层以各种理由不用，所以这一指标应该比分散采购的低——分散采购下，选择权和管理责任都归事业部，所以履约率最高。混合结构按道理应该居中，但实际上最差，合规率连集中采购都不如，再一次说明混合采购的不理想。

需要说明的是，上述研究有两个缺陷：一是样本较小，只有三四十个企业；二是公司规模较大，一般都是《财富》500强规模的企业（我没有看到具体的规模统计，但该研究机构的客户一般都较大，因为那些较大的企业才能用得起这个研究机构，来做这样的研究）。但是，整个研究反映出的混合采购的问题，还是比较符合常识的。

我想这从战略学上也能找到答案：企业要么追求**差异化**战略，要么追求**低成本**战略，这是两个极端，但不能“骑墙”，走中间路线，否则的话就 stuck in the middle（夹在中间），左右都不是人，成为战略之大忌。然而，中国的传统文化是中庸之道，根深蒂固，要让国人不“骑墙”，放弃中间路线，确实有很长的路要走。

从认知论的角度看，这也反映了想当然的常识，其实往往都不对。

最后，我想特别强调的是，**集中采购不是趋势**。就如图 3-20 所示，美国高级采购研究中心（CAPS Research）的研究调查表明，有些公司是由集中采购变为分散，有的是从分散变为集中；有的由混合结构变分散，有的由分散变混合；还有的由集中变混合，有的由混合变集中。不管怎么样，看不出清晰的趋势。

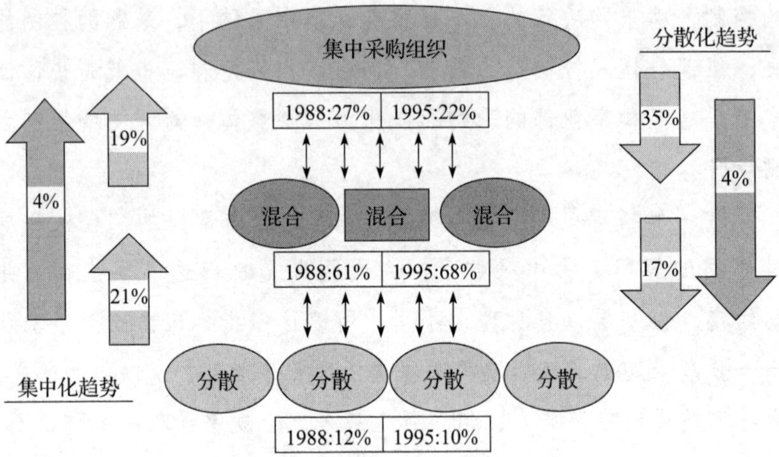

图 3-20 集中采购并不是趋势

资料来源：CAPS Research. Major Structural Changes in Supply Management Organization, 2000.

这些公司普遍在集中、分散之间游离，就如《三国演义》里的“分久必合，合久必分”。这与公司的战略重点、经济环境等有关。例如，行业、公司不景气，生存第一，**成本不够低**的时候，集中采购就抬头；而高速发展、新产品开发占主导时，**速度不够快**的时候，则更可能用分散型采购。法无定法，水无定形，切忌生搬硬套。但不管采用哪种采购方式，都得与公司的战略重点相匹配，而不是为集中采购而集中采购。

有些公司喜欢集中采购，好像越集中，就越“大采购”。其实不然。我看到很多管理非常粗放的企业，比如大型央企、国企，以及有些大型民企，采购的集中度相当高，但都在做典型的“小采购”，一标一议，一标一操作。采购在降本这一单一指标的驱动下，继续在“小采购”的路上一条路走到黑。

集中采购的雷区

行业成熟、成本压力增大、经济不景气，都可能促使分散采购向集中采购过渡。集中采购整合需求、整合供应商，取得规模优势，获得价格优惠，简化了供应商管理，也会为子公司、用户部门欣然接受。但是，规划、运用不当，集中采购往往弊大于利，甚至让公司陷入“吃二遍苦，受二茬罪”的怪圈。

伴随着集中采购的是供应商的改变，而供应商选择历来都是公司政治斗争的焦点之一。这期间，**既得利益者**的不同意见，部门之间的目标冲突，都让集中采购如同蹚雷区。尤其是在磨合期，新供应商绩效不好，影响到用户部门，所以集中采购不一定受欢迎，也在情理之中。

除了部门的既得利益，集中采购带来的效率问题也经常是矛盾的焦点。子公司、分部认为分散采购有供应商选择权，灵活度高，利于快速应变；集中采购虽可带来成本优势，但灵活性低，损失可能更大。设计部门为更快开发新产品，需要反应速度快，倾向于用小供应商；生产部门希望质量、交货稳定，更倾向于大公司；采购部门更看重价格，而价格最低的供应商呢，则往往既难满足设计部门的要求，也没法让生产部门高兴。

好不容易整合了，供应商往往因为生意量大增、学习曲线、磨合期等达不到用户部门的期望，成为用户部门发泄不满、积怨的导火线，集中采购就成了过街老鼠。

案例 物流经理半年不到走了人

硅谷的公司A新招了一名高级物流经理，负责整合各子公司的物流供应商。新官上任，他就在全球各地跑，考察各子公司的物流供应商，发现各子公司都有本地的货运代理，因为它们熟悉当地业务。但这样一来就造成了开支分散，规模效益不明显。加上该公司连续几年快速增长，在亚太地区的销售额就接近20亿美元，货运开支也节节上升，这就引起高层关注。

新官上任三把火，第一把火是集中各地区的货运代理生意，重新招标。该公司的开支还不够大，于是这位经理决定加入一个采购集团，整合几个行业类似、规模类似的公司的开支，进一步增加标的额。重赏之下必有勇夫，一家货运代理以低于现价 25% 的价格中标，而厄运就自此开始。

公司 A 的业务是典型的多品种、小批量，即品种很杂、运输量很小，但货物价值高，对按时交货率、运输质量要求也很高。新的货运代理长期服务大批量行业，以量取胜，粗放经营，满足不了有些子公司的严格要求，成为各种问题的导火索。

例如在我国台湾，子公司每周一要给各大客户发货，发的就是上周五从总部收到的货。但为了增加机舱的利用率，新的货运代理经常把周五与周六的货一起装运，推迟半天或一天到达台湾。台湾在周五无法收货，周一就没货发给客户，于是就屡屡向总部投诉，宣称要增加本地库的库存水位，一年光库存成本就增加二三十万美元。

新加坡方面也是问题多多。新的货运代理换了航班，本来三天的运输现在得花四天；遇上加急运输时，原来24小时到货，现在得推迟到两天。于是新加坡子公司也是不断地抱怨。

新的货运代理在投标时，不知道真实要求有这么高，报价偏低，利润达不到期望，在亏本的边缘徘徊。由于利润低，没法雇用高质量员工，也没法保留有经验的员工，人员流动大，每次培训新人都有学习曲线的问题，货运质量问题不断，造成恶性循环。一时间货运代理成了过街老鼠，人人喊打。

物流经理面对为期一年的合约期限，不能与货运代理中途毁约。由于很多具体要求当时并没写入合同，他也没法有效约束货运代理。他就只有一方面打压子公司的反对声音，一方面敦促货运代理整顿改进。然而，死猪不怕开水烫，货运代理没利可图，整改也就是做做样子；强势打压则进一步激起民变，反对声音一浪高过一浪，投诉的级别也越来越高。不到半年，物流经理回天乏力，只好卷铺盖走人。

在公司 A，类似的事以前也发生过。几年前是整合仓储业务，仓储服务商在日本找了家非常便宜的仓库，甚至把货物堆在露天场所，上面堆满了鸟粪。而这些货物动辄就是几千美元的单价，用在洁净度极高的无尘室环境。日本子公司极度不满，客户屡屡抱怨，直接导致了上位经理的辞职。不过该公司的人员变动太频繁，从那位到今天的这位，短短几年时间，中间至少隔了两三茬经理，以前的经验教训也没有传承下来。

这个案例也反映了小批量环境下集中采购的难度。批量大、复杂度低，集中采购相对容易（当然，人们对价格等的期望也更高）；批量小、种类多，则往往陷入两难：能满足价格要求的供应商一般规模大，难以满足小批量环境的种种特殊要求；能量身定做的供应商一般比较小，规模效益不明显，没有价格优势。集中采购的挑战就是在两者之间平衡。

总体而言，大批量行业、直接材料的采购集中度一般较高，也比较成熟；而小批量行业、间接材料、服务等呢，则由于其独特要求而成为集中采购的硬骨头。

案例 整了一年多，老产品动不了，只有从新产品开始

公司B的年度销售额在5亿美元左右，全球采购额2亿到3亿美元。在近40年的历程里，该公司经历了多次并购，又被多次拆分出来，加之在北美、欧洲、亚洲都有研发中心，每个研发中心倾向于用当地的供应商，导致供应商数量的极度膨胀。例如，光机电类零件就有近150家供应商，而一年的采购额也不过1200万美元出头。

公司也知道要整合，但是困难重重：各区域都有自己的独特需求，北美用的供应商不一定是亚洲想要的，亚洲想要的不一定能满足欧洲的需求。集中采购谈了一年了，最后还是不了了之。除了价格因素，及时交货、保证生产、尽快支持新产品开发都是各分部最关心的问题。要触及老产品，往往需要重新设计，而设计部门既没精力也没兴趣，客户不愿意重新验证，生产部门也担心新的供应商没法按时交货。结

果只能从新产品着手，挑选出那些占采购金额比重大的供应商作为优选供应商，逐步淘汰那些小用量的供应商。

从新产品开始搞集中采购，看上去没有解决多少现有问题，但实际上却可能是最有效、最经济的方法。很多公司热衷于解决遗留问题，却忽视了在新产品开发中把好关，确保新产品业务流向优选供应商，结果即使是解决了老问题，新问题又成了老问题，陷入“吃二遍苦，受二茬罪”的怪圈。这跟这些公司的激励机制往往有关：解决老问题的人被视作英雄，而防微杜渐、防患于未然的做法，却未必得到足够重视。

反映在集中采购上，就是**事后控制不如事中控制，事中控制不如事前控制**。可惜很多公司都是等到机会丧失了，或重大损失发生了才寻求弥补，即便请来了名气很大的“空降兵”，也是于事无补。而要做到事前控制，一方面要把好设计关，尽量采用标准设计、标准件；另一方面要有健全的供应商准入制度，确保使用合格供应商清单。而一旦类似的零件有了多种设计，各种设计尽管大同小异，但已经流入多个供应商，量产后再整合供应商，谈何容易。相反，从新产品入手，不出三五年，随着产品的更新换代，那些零星供应商淘汰出局，采购额集中的问题自然解决。

案例　集中采购不是铁板一块，也不是万能药

公司C原来是大型本土私营企业，日前与美国一家公司合资，全国有两个基地共8家工厂。为了规模效益，公司在集团层面成立采购中心，准备集中采购。等确定了组织架构后，接下来就是确定集中采购的对象。该公司大的原材料就几百种，需要经过详细的数据分析、现场访问才能敲定集中对象，不是老总们拍脑袋就能定的。

该公司是食品行业，大宗物料比如粮食占采购额的20%。每年的采购额为几亿元。按理说这类采购项应该是集团统一采购，但实际上采购渠道有三种，一是和中央直属粮库签大合同，二是和当地私营个

体户签小合同，三是当地农户直接往工厂送。三级合同相结合，既有集中，又有灵活，较好兼顾了总部的价格要求和工厂的灵活性需求，避免了集中采购铁板一块，从极端分散向极端集中的单向移动。

但是，真正头痛的是一些零散物料，例如生产车间用的五金零配件。一种方式是整体外包，找一个有实力和专业的五金供应链管理公司来实行集团采购。但是这类公司不愿意做此类五金配件：品种太多，批量太小，虽说杂七杂八每年也有数千万元的采购额，但规模效益还是不明显。如果找个当地的小五金商店，他们又缺乏资金实力和供应链管理能力，加上路途比较远，管理起来会比较麻烦。所以该公司暂时保留基地采购的做法，等机会成熟后再探讨集团统一采购的可行性。

这个案例反映了每个公司或多或少都会遇到的难题。一是集中采购的度，即一类物料，到底是全部归总部集中采购，还是适当授权，灵活处理。集中与灵活，总部与分部，需要一段时间的磨合和总结，不能期望一蹴而就。即使是模式定下来之后，随着采购额、供应商、公司战略的变化，也要及时调整集中与灵活的比例。“合久必分，分久必合”，就是这个道理。

二是小批量的情况，例如上面谈到的五金零件和工厂常见的 MRO（维修、运营件）。批量大的物料向来是集中采购的重点对象，集中度一般较高。随着相对容易集中的物料越来越少，小批量、多品种的物料就登上舞台。有些物料对采购方来说是小量，但对分销商来说未必，可考虑集中总包给专业的分销商，或者电商平台，就如前面讲过的采购“收口子”。采购价可能会高点，但节省了大量的采购资源——此类物料一般占企业采购额的 10% 不到，但可能消耗采购团队高达 40% 的精力。

例如一个分销商专营车队维修，在各地有分支机构，服务多家公司的车队，在备用零部件方面就有一定的规模优势，可能具备集中供货的优势。再如有些大型设备供应商在全国各地都有客户，对于一些用量很低、价格又很高的备件，客户可考虑由设备供应商备料，而这些料可同时支持多个客户，有规模效益。但是，有些物料，如果对谁来说都是多种少量，那就未必是集中采购的理想对象，切忌为集中采购而集中采购，而一定要考虑规模效益。没有规模效益，价格优惠八成是利润转移，而不是真正解决问题。

从何入手

集中采购如同雷区。雷区难过并不是难在排雷本身，而是难在我们面对的是一片盲区。很多集中采购项目，往往只为了节省成本，在不甚了解现状下贸然出击，忽视了子公司、用户部门的正当需要，结果事倍功半。

所以，**如果不知从何下手，就应该先去理解现有模式的合理性**，了解子分公司、用户部门究竟需要什么。在知道各个部门需求的前提下，切忌只合理化自己部门的目标，而忽视其他部门的正当需求。把所有问题、需求列出来，然后权衡集中采购解决的问题是否比制造的多，给公司带来更大的价值，再决定要不要全面改革。要知道，有时候，维持现状是最好的选择。

再就是设身处地、客观地看待既有问题。举例来说，站在现在的立场，采购人员或许不理解，功能非常相近的部件为何会有多种设计；但当年做出多样化设计，八成有其原因，例如新产品有质量问题，设计人员想通过微小的设计变更来改善性能，后来却发现功效甚微，反倒增加了产品的复杂度。如果采购认为自己比设计人员高明，设计人员不知道他们在做什么，那么与设计部门的合作注定不会一帆风顺。离开了设计人员的支持，集中采购八成也走不了多远。

再比如作为采购人员，一定知道集中采购的好处。那么为什么功能、工艺相近的两个部件，却由两个不同的供应商做？原因可能很多，或许是当时一个供应商产能紧张；或许是两个供应商当时都很小，很难看得出一个会比另一个更有发展前途；或许地域上要求及时送货，两个供应商处于不同地方，正好支持分设两地的工厂。

站在事后的立场上，以批判的态度去看待以前的决策，往往有失公允。这也不利于团队建设：当时的决策人，很有可能就是现在集中采购的内部用户与合作伙伴。学会朝前看，往往能更好地团结大众，解决问题。相反，深究历史、吹毛求疵、全盘否定，则往往激起逆反心理，最终导致集中采购一事无成。

鸣谢：公司B的案例得到Tyco Electronics Power Systems商品经理David Shi的支持，公司C的案例得到梅花味精集团总经理助理兼集团采购部经理孟庆伦先生的支持，在此特表感谢。

业界人士说

对于集中采购的问题，大宗的、标准化的应该集中采购，而对于一些间接的非核心的则可以分散采购。两者结合才可以发挥最大的功用。

拿我现在的公司来说，我们用的一些树脂在整个集团内通用，量非常大，货值也高。于是这些个项目由公司出面，最高层负责战略方面的谈判，从而形成一个全球合作的框架（顺便提一句，这样也有效避免了“客大欺店”的情况，因为供应商是全球排行前3名的石油化工集团）。到了亚太地区层面，大家谈每个月的行情。最后到了我们工厂层面，大家只谈订单的具体事宜，例如从哪个港口发货。

就算是这样的项目，总部的态度也非常开放：框架协议对工厂层面来讲“仅供参考”，如果我们可以找到当地更好的替代品，则完全可以自己决定使用别的供应商。这样灵活度就非常高，也限制了供应商耍大牌的情况。此外，对于一些非常琐碎的间接材料，我们更是有充分的自主权，尽可能由一些当地的小供应商或者经销商来解决，有时候有价格优势，有时候有服务优势，很是方便。甚至我们在用到自己集团的一种产品的时候仍然会通过中间商来采购，因为会拿到更低的价格和更好的服务，对此总部也是认可的。

综上所述，正是这种统分结合的采购模式使我们既有了规模优势，又有了一定的灵活性，算是比较折中的方式了。——安俊龙，C.P.M.，北京科技大学MBA，专修供应链管理，并在北京从事供应链管理工作

集中采购：解决谁的问题

上面提及的公司B历来多灾多难：40余年的发展历史中，光大规模的剥离和整合就经历过4次，不是被别的公司并购，就是并购别的公司，或者是从母公司剥离出来。数度折腾，形成了今天的分散经营模式，包括遍布欧美亚三洲的研发中心、制造工厂、物流中心，还有数量惊人的供应商。该公司年销售额约在5亿美元，原材料年采购额在1.5亿美元左右，供应商竟然有1200多家。

更为麻烦的是，有些供应商在配合几年后，觉得该公司的生意量太小，对它们来说如同“鸡肋”，于是主动放弃，逼得公司B不得不重新选择、认证供应商。碰到量小、工艺复杂的零部件，新供应商也不愿意做，质量、价格都成问题，生产线停工待料，耽误了给客户的按时交货，更是让人头痛。

成本压力大，资源利用率低，该公司由上而下决定削减供应商，集中采购。这是以价格为导向的整合，但价格不是唯一目的：研发设计、生产制造、物流运输、批发经营、终端零售等都是必须考虑的因素。例如，该公司传统上采用分散式产品开发，北美、欧洲、亚洲设有三个研发中心，新产品开发时要求快速打样，研发中心都希望供应商就在周边地区。这从客观上造成了美国、欧洲、中国为中心的三个供应商基地，导致同一采购项可能有多套供应商。

等转入量产，要么继续用设计阶段的供应商，这意味着采购额分散；要么集中采购，把生意移到低成本国家，这意味着重新资格化供应商。生意移到了中国，北美、欧洲的供应商不满意，影响支持后续新产品开发的积极性，设计人员怨声载道；在生产上影响对现有产品

的按时交货，因为供应商不知道明天生意还是不是自己的，导致生产部门意见多多；供应商没了生意，便不听北美、欧洲的采购们调度，所以采购经理们也多有抵触情绪。

这还没完。供应商选到了中国，制造基地还在北美、欧洲，公司的生产部门就得重新适应。从交货的时效性上讲，从中国到北美、欧洲，即便是空运，加上进出口和本地运输，动辄也得一个星期，运输时间延长，运输可靠性降低，意味着得增加库存。语言不通，时区各异，一个问题，电子邮件往返，动辄就得一两天。一旦出现质量问题，从退还次品到供应商查清问题根源，动不动几周时间就过去了。结果往往是采购额集中了，采购价格优势有了，但实际成本却并没降低。加上质量、交货、服务等方面的问题，各部门之间情绪对立，协同困难，好多集中采购项目就一拖再拖，最后不了了之。

集中采购意味着打破现有平衡、改变格局，进行利益的重新分配。采购的决策，往往是公司内外利益角逐的对象。体现在供应商上，就是生意量的重新分配；体现在公司内部，就是权力、利益的重新分配。就公司 B 来说，以前北美的供应商供应全球的工厂，北美的采购位高权重；现在转到亚洲，北美的采购、工厂就有抵触情绪。在北美，以前的供应商就在附近，打样速度快，沟通方便；现在得远涉重洋，客观上影响新产品开发，影响了北美设计部门的利益。

集中采购以价格为导向没有错。但是，一定要认识到解决一些问题的时候，往往会产生另一些问题。要衡量的是整条供应链，从研发设计、物料采购、订单处理，到制造生产、物流运输，再到批发经营、终端零售，怎样做整个公司的利益才能最大化。采购的错误，往往是从单纯的价格出发，只见树木，不见森林，没法顾及设计、生产等用户部门的合理需求，导致集中采购进展不顺利也就不足为奇了。这也是为什么集中采购不是万能药。

归根到底，得搞清集中采购要解决哪个部门的问题。采购从本质上讲是支持部门。如果为最大化支持部门的目标，牺牲了主导部门，例如设计、生产、销售的目标，集中采购也就变成了无本之木。举个极端的例子，一个公司只设计一种产品，该产品只有一个型号，该型号只有一个零件，外带一个供应商，采购是最集中不过了，但这样的产品卖不掉，再集中又有什么意义呢？皮之不存，毛将焉附？

两点之间说是直线最短，其实往往是曲线最短：如果采购部门直奔成本而去，往往什么也得不到；但如果冲着设计、生产、销售等部门的问题而去，“曲线救国”，以解决他们的问题为出发点，往往会取得意想不到的节支效果。对于这点，前面的“供应商整合：要靠解决问题，不能光靠制定政策”已经详细谈到。采购的价值就在于打造一个高效的供应链，保证采购原料交付、确保生产的顺利进行、实现总成本最低，通过让其他部门成功来成功。集中采购也不例外。

案例　省钱的阻力：逆向竞标为例

很多情况下，特别是在大公司，有些举措，比如集中采购，显而易见能够节省成本，但就是做不起来。这里的关键不是难不难做，而是愿不愿意做，就如这个逆向竞标的案例。

读商学院时，我参与一个逆向竞标的研究课题。逆向竞标就是针对标的，让多个供应商通过互联网实时竞标，每个供应商实时知道自己报价的排名，通过制造极度的竞争把价格降下来。美国伊顿公司是其中一个案例。该公司是生产型企业，总部在俄亥俄州的克里夫兰（这个城市是美国的传统制造业重镇，地处“生锈带”[㊀]，现在似乎更以詹姆斯效力过的骑士队出名）。

当时伊顿的采购分两层：总部和分厂。很多生产用料由分厂自行采购。逆向竞标需要整合需求，意味着权力的重新分配（由分厂向总部转移）。逆向竞标的阻力来自内部，听上去有点怪，想想也就不足为

㊀ “生锈带”是美国传统制造业的心脏，包括密西根、威斯康辛、印第安纳、伊利诺伊、俄亥俄、宾夕法尼亚等州。由于传统制造业的衰退，这些州在经济上挑战重重。引自 encyclopedia.com 的 Rust Belt 词条。

奇了。分厂采购不愿执行逆向竞标，有几方面的原因。

其一，像伊顿这样的大公司，长期分散采购，只要整合采购额，就会拿到更好的价格。采用极端压价的逆向竞标，就更不用说了。作为采购经理，如果你的产品一经逆向竞标，价格下来20%、30%，你怎么想？这部分意味着否定你以前的工作：如果你干得很称职的话，水分能有这么多？同事会怎么看待你？上司呢？上司理解则罢，不理解，你恐怕得卷着铺盖另谋高就了。

伊顿公司的对策也很简单：重视逆向竞标的采购量，淡化成本节支。例如就指标而言，他们的目标不是每年节省百分之多少的钱，而是让百分之多少的采购额通过逆向竞标。

其二，逆向竞标盯着钱，没错。但是，供应商，尤其是老供应商的价值，没法单从价格体现。举个例子。公司的采购人员走马灯似地换，很多知识、经验没法积累下来，结果那些老供应商就如老家臣，培训一代又一代的新主人，确保东家的生产线不断料，质量也稳定。这些好处公司总部体会不到，基层人员能，因为他们整天跟供应商打交道。其实价格就如股价，它是很多因素的综合，你可以理解，但没法严格地分解、归因到具体因素。市场透明，公平竞争下的价格，其实都有一定的合理性。那些老供应商能够成为几十年的老臣，自然有其优秀之处。现在公司总部来了些年轻人，恐怕一辈子都没摸过几个零件，却要拿你的零件供应商开刀，说有一种叫逆向竞标的魔法，能动辄降价百分之几十，你放心吗？

其三是权力转移。凡是集中采购，都得面对权力的重新分配。供应商归分厂管，分厂说了算，供应商对分厂的指令也是言听计从。现在归总部了，总部最关心的往往是价格，供应商的精力就集中在价格上，对分厂的服务要求也就没那么重视了。这是实实在在的问题。分厂不愿放弃权力，自然就不配合，很多集中采购项目就这样不了了之。这也是为什么集中采购一定要得到高层支持。就如伊顿公司，截至当年我们做这项研究时，公司试图推行标准化，整合供应商，都几年了，没什么结果。于是成立公司层面的管理组织，加大推行力度。十多年过去了，没机会跟进，不知效果如何。

说了这些，并不是反对逆向竞标。用得好，逆向竞标可以节支，并大幅缩短谈判时间。制药巨头葛兰素史克做过对比，传统的谈判手段可节支7%以上（从−25%到32%，基于150个谈判案例）；逆向竞标可节支18%以上（从−18%到70%，基于172个案例）。谈判时间也缩短50%。但是，任何工具都有其适用范围。不能因为你手头的工具是把锤子，就把所有的东西都当钉子。过犹不及。对一种工具、一种方法过于狂热，其实往往比对它过于冷漠更有害。

顺便讲个本土企业的例子。有个制造企业，为了应对成本压力，就导入逆向竞标，把那些定制件也拿出来竞标。竞标的目的呢，当然不是更换现有的供应商，而是给它们更多的压力，拿到更多的降价。现有供应商呢，设备已经买了，员工已经雇了，原材料库存也建好了，失去生意的压力很大，再加上逆向竞标导入的极端竞争，就不得不大幅降价。这个制造商尝到了甜头，就频繁导入逆向竞标。结果两轮逆向竞标过后，供应商没钱可赚，光脚的不怕穿鞋的，就破罐子破摔，生意爱给谁就给谁吧。你知道，价格只能下不能上。已经压到这么低，要找个合适的供应商很难，反倒成了采购的麻烦，这生意就成了烫手山芋。

从根子上看，逆向竞标的背后是双重的不信任：**采购方不信任供应商的价格已经最好，管理层不信任执行层已经得到最好的价格**。这种不信任根深蒂固。没办法，就制造一个异常透明的小市场：逆向竞标，大家都在一个平台上，让价格说了算。

如果竞标对象的需求可以清楚描述，供应商数量相对多，采购量也可观，市场成熟，逆向竞标也并非不可。问题往往是规范不清，或者采购方没法有效地界定采购项，就坑了供应商，也害了采购方，以后又得重新谈判。这都导致逆向竞标的最后结果打折。有个大公司的经验是，如果在逆向竞标中降价20%，后续谈判就成了15%，实际拿到手就往往只剩 10% 了（因为额外还有增加成本，例如物流、仓储、更换供应商的成本等）。

制药巨头葛兰素史克当年采用逆向竞标时，要求竞标对象满足三个条件：①竞标对象有没有谈判余地？②有没有三个或以上供应商愿意参加？③技术规范和客户要求是否可以清楚地罗列出来？不是所有的采购项都适合逆向竞标，也不是所有的供应商都可以放到逆向竞标中，让其重新证明自己。战略供应商要区别对待。我们的灾难呢，往往是用对待一般供应商的方法对待战略供应商。要知道，对于战略供应商和战略采购项来说，还是不要使逆向竞标这把锤子为好。

业界人士说

我来自一家咨询公司，两年前使用 Emptoris 为一家高科技公司做过一场逆向竞标，总体来说结果不错。

首先，需要确定什么产品可以做逆向竞标。个人觉得，可以进行逆向竞标的是一些比较成熟的、标准化生产的量大值低的产品。

其次，我个人觉得逆向竞标里面有两个最为重要，也是最有意思的地方。第一是竞标策略，第二是竞标后的分配战略。

竞标策略涉及多方面，比如是否设起始价，是否是同样的起始价，什么信息给供应商（例如，自己的排名还是与最优标价的差距），每次降价降百分比还是降金额，最小降幅是多少。如果这个策略设计得好的话，在最后的关头，可以降到供应商的价格底线，以使潜在节省最大。为什么说是潜在呢？因为实际能省的钱与后面的分配策略息息相关。

分配策略是实现逆向竞标期望的关键，也是决定最终能省多少钱的基础。在分配过程中，要充分考虑既有供应商的心理情绪变化，并充分调动新供应商的积极性。在保证供应链以及生产稳定运转的前提下，找到合理的分配平衡点，并在适当情况下，动态调整分配份额，不断强化逆向竞标的结果。——曲敏，埃森哲 Accenture China 咨询顾问

年度降价：师出有名

在美国，年度降价被认为是全球竞争的产物。20 世纪 80 年代，价廉物美的日本汽车进军美国，美国汽车厂商被迫打起了价格战，维护市场份额。通用汽车选择了"大棒"：倚仗着在全球产销量第一，通用汽车采取强势做法，强迫供应商逐年降价。

电子电器、服装、玩具、日用品等制造行业也不例外，来自中国大陆、韩国、日本、我国台湾地区、东南亚的竞争成为美国公司的梦魇。为了保持竞争性，美国企业要求供应商逐年降价的做法日趋风行。此外，还有一些行业多年不景气，例如航空业，自从 20 世纪 70 年代末解禁以来，竞争加剧，整个行业没有几年是盈利的，价格战异常残酷，整条供应链面临年复一年的降价压力。

与供应商博弈了几十年，美国的跨国公司在供应商的年度降价上，形成了一套游戏规则，那就是力求师出有名，行王道而非霸道。强势压价仍有一定市场，但更多的是作为备选方案，王道走不通了，再走霸道。大公司清楚地认识到师出有名的重要性，并从宏观、微观经济上寻求降价依据。

（1）**生产效率提高**。在美国，从 1992 年到 2005 年，制造业效率年均复合递增 5.2%，这种增长速度还有加快的势头。例如，2002 ～ 2004 年，增长率在 6% 到 10.9% 之间（这跟那几年公司大幅裁员有关：员工数量少了，总体产出不一定少，单位产出则高）。供应商不能独吞因此带来的利润增长，应该与客户分享。

（2）**生产价格指数下降**。很多产品的生产价格指数是逐年下跌的，例如个人计算机、半导体芯片、家电等。美国政府统计数据中有各种产品的生产价格指数历史。如果供应商的生产价格指数在下降，采购方有理由分享。

（3）**供应商的持续改进**。供应商采用新工艺、新设备、精益生产等会带来直接的效果，相应的好处应该部分转移给采购方。采购方也可放松有些规范要求、改进设计等，以求供应商降低生产成本。这往往要求采购方投入设计力量，重新验证，承担风险等。所以，采购方理应从这些改进中分一杯羹。再说，那帮销售一逮着机会，就喋喋不休地讲他们现在做得多好多好，那好，给我们降点价吧，保准他们以后再也不占用你的宝贵时间，自吹自擂了。

（4）**学习曲线**。产品刚投产时，生产效率较低，管理、工程方面的开支也较多；当产品进入成熟期，熟能生巧，员工效率会更高，相应的节省也应该部分转移到采购方。这对技术含量高、生产工艺复杂的产品尤其适用。

（5）**规模效益**。给供应商的采购量增加，单位成本应该下降。这一点在降价谈判中最具说服力，也是年度降价和整合供应商一起出现的原因。规模效益不但可体现在特定产品上，而且体现在总采购额上。采购方的理由很简单：总采购额的上升使得供应商的单位管理费、设备折旧、营销费等降低。

（6）**最终客户的降价压力**。客户有年度、季度降价，相应的成本压力则转嫁到整个供应链，大家得共同努力来保护市场份额。结果是大家都提高效率或降低盈利。如果这种降价要求适逢市场低迷、采购量下降，难度则可想而知。值得注意的是，往往经济越不好，降价压力就越大。

当然，有人会说，我是采购方，主动权在我手上，要求降多少，什么时候降，我说了算。事实上，很多公司也在采用这种方式。但是，这种霸道行为对双方的互信损害很大。一方面，公司大了，尤其是上市公司，社会责任、公众形象很重要，应力求多行王道而少行霸道。另一方面，暴政出暴民，供应商也可能铤而走险，一旦双方势成水火，采购方也会大受影响。

也经常有人说，我给供应商的销售人员讲这些，他们总有 N 多种理由，说原来的价格已经考虑了这些因素，没有再降的余地，这样似乎是对牛弹琴，没意义。其实还是有意义的，因为虽然销售人员跟你对着来，但一转身到了供应商内部，你的销售就变成了你的同盟，你的这些数据就成了他说服高层管理的依据，成为证明降价要求合理性、可行性的依据。

以前我做采购的时候，我们采购部会分析上述数据，统一提供给供应商的销售，帮助他们说服他们的内部人员。想想看，供应商的销售整天忙于琐事，根本没有时间来做这样的研究。那好，我们是大公司，有专门的分析人员，就让他们准备这样的数据。这也符合供应链的基本准则：一件事，谁处于最佳的位置来做，谁就应该做。

年度降价怎么定

年度降价指标对内是衡量采购绩效的标准，对外是驱动供应商不断提高的动力。一家美国公司的首席采购官说，你没法回避年度降价，因为它代表采购部门绩效的 70%。这个比例是否合适有待商榷，但年度降价的重要性不言而喻，怎么重视也不为过。这也是一些大公司设置专门的团队，甚至雇一些 MBA 来研究的原因。

首先要统一**降价基准**。不同公司、行业，基准可能不同。有些是基于上一年的实际采购价，有些是基于预算价格。实际采购价可能是上一年某个时间点的价，也可能是几个价格的平均。有些是基于具体采购产品，有些是整个产品大类。对于有多个生产、采购点的公司，这些指标还可能针对具体采购点。没有一种做法放之四海皆准。例如上一年的采购价，如何才能保证它是合理的？供应商的实际成本加正常利润是 100 元，卖给你 150 元，然后每年给你 10% 的降价。从指标上看，皆大欢喜，但实际呢？

这导致有些公司以目标成本为基准。但问题依旧：目标成本怎么定？技术复杂的公司，目标成本很可能是工程师按照材料用量、工艺时间等推算出来的，同样存在合理性问题，而且往往成为采购的紧箍咒，如果把目标成本当作设计部门的指标，你会发现大多数时间花在内部扯皮上：工程师没法通过优化设计来达到目标成本，就变成了采购谈判降价的问题；采购砍不下来价，就把皮球踢给工程师。

降本是个跨职能行为。互踢皮球，大家都希望把跨职能任务推给单一职能，自然得不到解决。解决方案呢，就是前面讲的跨职能协作，推动产品设计、工艺设计的交互优化，帮助工程师在设计选型上做得更好等。这里不再赘述。

这里想强调的是，没有十全十美的降价基准，但不管如何，有一点很重要：**统计口径要统一，统计方法要客观**，这样才有可比性。

接下来，要考虑财务部门是怎么统计降价的。采购的降价成果，最终要通过财务部门反映到公司报表上。这两个部门如果没法统一口径（现实中屡有发生），问题就大了。一些首席采购官被老总骂得狗血喷头，往往是他们自己的统计显示节约了 100 万元，财务报表上却只有 70 万元。要知道，财务部门大都比采购部门更成熟（从职业上说也是），不管合理与否，他们的做法更被高级管理层广泛接受，采购与财务之争，鲜有例外采购会赢。向财务部门的标准靠拢，尽管可能增加工作量，却可以省掉很多麻烦。在有些大公司，例如英特尔，整个降价、成本核算、标准成本等工作由财务部门牵头，是有一定道理的。

最后才是具体的问题：降价多少算合适？行业、公司不同，指标大不相同。

美国高级采购研究中心 2007 ～ 2013 年的统计显示，大公司的年度降本比例在 2.5% 左右（如图 3-21 所示）。其中 2010 年的平均降本最大，接近 3.5%。这是因为 2008 年的金融危机以来，2009 年企业盈利不好，那 2010 年的降本压力就大增。能降的都降了，2011 年的降本幅度就小多了。

这一期间，美国的平均通货膨胀为 2%，中国为 3.4%。假定美国公司的供应商主要在美国和中国，这意味着这些大公司的实际年度降本大致 5%（2.5% + 中美平均通货膨胀）。需要注意的是，这些统计数字都来自美国的大公司，年销售额动辄几十亿美元、几百亿美元。中小型公司的降价指标如何，没看到过确切的统计数字。

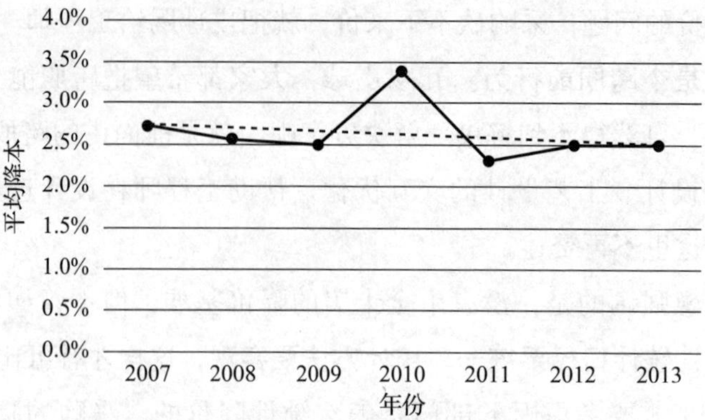

图 3-21 美国大公司的平均年度降本

资料来源：CAPS Research 的标杆研究。

不同行业的年度降本指标也不尽相同。比如在 2013 年，美国航空 / 国防、金融、石油等行业的年度降本目标相对较高，而化工、工业产品等的相对较低（具体如图 3-22 所示）。不过，很难看出趋势来。不仅如此，同一行业的公司之间差别也挺大。所以，这些数据仅供参考。

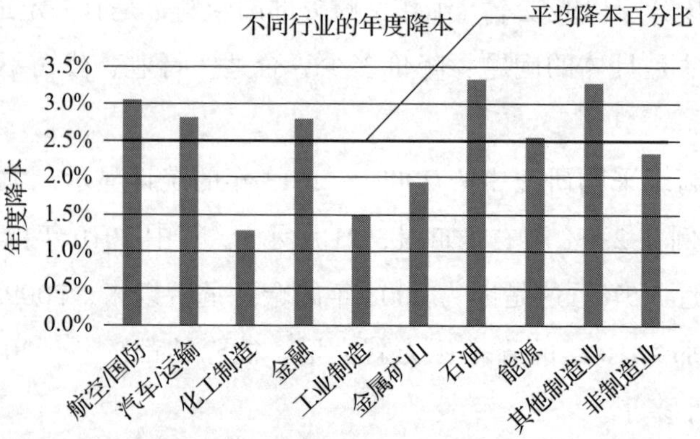

图 3-22 美国不同行业的平均年度降本（2013 年）

资料来源：CAPS Research 标杆研究。

对于本土企业，我还没看到年度降价的统计。我经常问参加培训的学员，实际所得大致是三几个百分点。这是针对所有采购项的平均值。在有些行业，比如智能手机，降价幅度往往更高，降价也更频繁，比如每季度都有降价，或许这跟产品的生命周期太短有关。

这些年来，国内人工成本呈两位数上升，汇率节节攀升，实际通货膨胀也在高水平盘旋，年度降价实属不易，特别是那些投产多年的产品。我的感觉是相比北美，国内的年度降价要严酷得多，特别是制造业，是造成制造业利润率、投资回报率普遍偏低的原因之一。[㊀]这也是资本普遍流入房地产，导致房地产价格连年飙升的原因之一——制造业投资回报低，股市就上不去，那就把钱投入房市。

其实，年度降价目标的确定，很大程度上取决于销售赚多少钱：产品能卖个好价钱时，成本压力不大，年度降价自然就没什么压力；销售一旦卖不出个好价，赚不了钱，省钱的压力就大增，变成了采购的问题。这就是“城门失火，殃及池鱼”的现代版。

有一次我服务一家企业，百亿级规模。他们有两类主打产品：第一类产品的技术优势明显，市场份额高，对客户的议价能力强，所以销售从来不找采购的麻烦；第二类产品的技术优势有限，市场竞争白热，卖不出好价，采购就成了重灾区，销售三天两头挑战采购，说采购的价格太高。不过可不要忘了，两类产品，采购是同一帮人，用同样的系统，走同样的流程。你就知道，**采购降本充满主观臆断，完全是弱肉强食的游戏**。

还有就是有些行业，比如智能手机，基本上每个季度都在跟供应商降价，动辄几个点，每年下来一二十个点，有些采购门类甚至更高。我一直很好奇，就问那些手机巨头的采购，也没得到什么清楚的答复。后来想通了，这不过是**数字游戏**罢了。

十几年前，我刚到硅谷，从事供应商管理，年度降本是个主要绩效指标。坐在旁边的黑人同事经常抱怨，说 100 美元的东西，有些人一开始付 120 美元，然后每年降下来 5%，奖金多多；他一开始就砍到 96 美元，这下麻烦了，以后每年 5% 的降本就没戏了。这种数字游戏，

㊀ 当然，制造业平均利润率低，根本原因是创新不够，差异化优势不明显，同质竞争。

就跟猫抓老鼠的一样，是绩效管理的弊端，公司大了，还不得不玩，但本质上并不解决什么问题。

智能手机等的生命周期短，“年度降价”的频率增加，也有一些客观因素。比如供应商有很多一次性投入，新产品刚上市，价格压力相对较小，客观上允许供应商更高的报价。逐渐地，越接近生命周期结束，市场竞争越大，就越需要整条供应链降低成本来应对。这也客观上要求供应商降更多的价。

当然，当行业性的“季度降价”成为习惯，供应商就在报价上也这么博弈，最简单的就是留有余地；供应商越是这样博弈，采购方就越得“季度降价”，甚至“月度降价”。这就形成恶性循环，大家都这么做，定期降价就成了心照不宣的数字游戏，而且不能不做。

另外，在我看来，**年度降价总体上是设计不优化的补救方案**。试想想，如果我们在研发阶段能够优化设计，设计选型合理，可制造性高，那成本就有竞争力，我们自然就不需要每年、每季向供应商砍三个点、五个点什么的。年度降价是治标，就如发烧时打退烧针。治本得通过前面讲的三阶段降本一揽子方案，即谈判降价、流程改进和设计优化三管齐下，把成本降下来，这样才能真正把价格降下来。

年度降价是项系统工程，要建立相应的流程来帮助采购人员确定目标、制定战略、落实目标。高层管理切忌只给一个目标，不提供工具，认为如何实现是采购人员的事，这是“大棒”做法在公司内部的表现。压力之下，采购人员强行压价也就不足为奇了。有时，对供应商的强势做法，往往是公司内部强势文化的延伸。

小贴士　经济低迷，价格怎么谈

经济低迷，对采购来说真是祸不单行：采购量下降，降价幅度却要求更大。原材料、原油价格下跌是要求降价的正当理由，但采购量仍然是没法回避的话题，因为供应商的第一反应是采购量小了，规模效益没了，抵消了原材料的价格下跌。有些情况下，原材料、石油价格疯涨时，供应商就根本没有提过价，现在让它降价，难度可想而知。

采购量这块饼小了，只有整合需求、减少供应商数量来增加相对采购量。供应商整合是关键。经济低迷，公司眼睛盯着采购部门的时候，正好是建立品类策略和供应商分类体系，完善供应商准入制度，确定战略，优选、淘汰供应商的好机会：采购可以借助成本压力、生存压力来获得设计、质量等部门的资源，重新认证供应商，把该淘汰的淘汰掉，把能移走的生意移到战略、优选供应商那里，增加其采购量，取得规模优势和价格优势。

此外，在经济低迷时，生意好时被掩盖的问题就会浮出水面，例如需求预测准确度太低、产品过度多元化、设计变更管理不善、供应商准入制度不严等，表现为库存过高、资金积压严重、过期库存太多等。当然，采购流程不完善、策略不适当，例如为了价格优惠而大批量采购，从而造成库存积压的问题，也会凸显出来。经济低迷，这些问题就会被推到风口浪尖，正是整顿、优化公司相关流程的好机会。死而后生的公司，都是在这样的情况下重置归零而复活的。如果你不知道从哪里入手，从剩余库存最高的那一块开始就是了。

再就是价值工程、价值分析。这对战略供应商尤其重要。无论任何时候你跟这类供应商谈价钱，都不是件容易的事；经济不景气，跟它们的谈判只能更难。但是，它们往往会提出改进意见，例如对设计、规范如此这般修改，它们能够降价多少多少。在生意好的时候，采购方接受改进意见的机会不大，因为设计部门在忙着出新产品，没多少精力修改已有产品的设计。但是，经济低迷，成本压力更大，新产品开发相对较缓时，正是督促设计部门重新审视设计的好时机。如果他们不愿意变更设计，那他们至少也参与了决策，产品成本下不来，采购也多了一个原因（注意：不是借口）。这样，设计、工程部门也分担了管理战略供应商的压力。

不要相信有“空手套白狼”的好事，得到的时候一定要考虑付出。美国有本畅销的谈判书叫 *Give and Take*，说的就是这个道理。所以，谈判前先多想想，我们能够拿出什么。“空手套白狼”偶尔可为，但不是系统、持久解决问题的方法。谈判技巧不可少，但谈到后面，能谈的都谈下来了，如果硬凭着采购方的权势压供应商，谈判本身也就成了“空手套白狼”。这时候要考虑解决问题，要么增加采购量，要么在价值工程、价值分析上做文章。

再就是攘外与安内的问题。攘外容易，安内难。驱动公司内部部门一起解决采购、供应链问题，远比强迫供应商让步难。优秀的采购、供应链管理人士之所以优秀，就在于他们能够摆平内部，而不只是供应商。当然，这里的摆平不是推卸搪塞，而是说服内部客户一起解决问题。这种能力在经济低迷、内忧外患、公司重组等情况下尤其重要。

总之，经济低迷，降本更要超越简单的谈判降价，上升到流程改进、设计优化的高阶段供应链降本，即供应链降本三台阶中的第二、第三台阶。这需要自上而下的推动，比如绩效考核，也需要采购发挥领袖作用，横向推动跨职能协作。不要指望谈判技巧在采购价格上做多少文章，而要靠谈判技巧推动跨职能协作，要靠共同解决问题来达到更高层次的降本。采购在这里承担的是领袖角色，也是从更高层次更广泛地影响成本。

延伸阅读

《好不容易等到设计变更》。有个量产多年的产品，突然有了设计变更。虽说突然，但这本身没什么惊奇；惊奇的是小小的设计变更，供应商的价格竟然涨了20%多，大大超出目标成本。在我的“供应链管理专栏”（www.scm-blog.com）上搜索题目，或者扫描二维码，阅读全文。

讨价还价不是谈判的全部

很多人分不清谈判和讨价还价，误把后者当前者。在英语里，谈判叫 negotiate，讨价还价叫 bargain，层次不同，高下立见。讨价还价就如老太太买菜，人家要一块，她还八毛，只在价格上做文章，没法影响成本；而真正的谈判呢，则更多地涉及成本，通过影响成本来影响价格。讨价还价是零和游戏，问题并没有被解决，其目的是把问题变成对方的问题；真正的谈判呢，则更多地涉及共同解决问题。

讨价还价是没有解决问题的能力，或者没有解决问题的心态时的手段，对付简单的问题尚可，但在采购和供应链管理中，我们遇到的问题往往很复杂，简单的讨价还价没法解决问题，需要借助谈判，尤其是在双方相互依赖度较高、长期合作关系重要的情况下。“小采购”的特点是讨价还价居多：一方面，他们缺乏谈判的技巧和能力；另一方面，他们缺乏通过谈判来协作、共同解决问题的心态。

2003 年，我刚到硅谷的第二周，就参加公司组织的一个谈判培训班。该培训班在风景宜人的太皓湖畔，为期一周。授课者为一对老年夫妇，六七十岁了，有几十年培训各种谈判技巧的经验。受训者要么来自飞机制造业，要么来自半导体设备制造行业。一些公司的名字相信大家都听过：达美航空、霍尼韦尔、联合技术。当时的大环境可真够恶劣：受到网络经济泡沫破灭的打击，我所在的半导体行业正处在历史以来的最低点；遭受了“9 · 11”的打击，整个航空业行业低迷，把从怀特兄弟发明飞机以来所有的利润都亏掉了。每个公司都在拼命降本，向供应商压价是采购的主要任务，供应商关系处于冰点。

这个培训不是教怎样去迫使供应商就范，而是鼓励通过谈判，寻找双赢的解决方案，即你赢我输、我赢你输之外的第三种解决方案。双赢与其说是一种解决方案，不如说是一种理念。在一个重视长远关系的环境里，企业间的理性选择还是向双赢方向发展。例如你想在价格上做文章，供应商确实没什么可降，但它们大都很乐意和你共同寻找可省钱的地方，例如简化生产工艺、优化设计、降低某些过高的规格要求等，通过降低成本来降低价格。总结起来，就是在设计上推行价值工程 / 价值分析，在生产上推行精益生产，在质量上推行六西格玛管理等。这些方法论，除了谈判降价，其根本都是本着解决问题而去的，而不是简单地对供应商说“给我降价 $x\%$，怎么降是你的事”。

在这里，谈判是最根本的工具，不光是跟供应商谈，更多的是跟内部客户谈。这不但需要谈判技巧，而且需要通过谈判解决问题的心态。很多人习惯上依赖市场竞争而不是谈判来解决问题。讨价还价就是例子，就如老太太买菜：你要一块，我还八毛；你不给我这价，我就从你旁边的摊子上买。在这种心态的驱使下，人们习惯性地寻找第二个供货源，导入竞争。一品两点（一个料号，两个供货源），甚至一品多点成了有些公司的政策，就是为系统地制造竞争，为讨价还价创造条件。

但是，当这种做法成为我们工具箱里唯一工具的时候，如果竞争不是异常充分，我们就抓瞎。在很多行业，特别是多品种、小批量的行业，复杂度高，技术和质量要求高，可选供应商并不多。即使市场竞争很充分，在特定的时段、特定的环境下，都可能存在短期的、局部的不充分竞争。就拿机械加工件来说，可选的供应商可多了；但如果你的量很大的话，短期内你很难找到具备足够产能的备选供应商，或者说模具归供应商所有，你短期内总是锁定在一个供应商身上，如果你不想冒着生产线断料风险的话。

习惯于依赖市场竞争讨价还价的人，一旦面临独家供货就手足无措：人家是独家供应商，占尽优势，我们还能谈判到什么呢？我们当然有很多办法来应对，前文已经讲过。我这里想说的是，其实我们天生都是谈判高手，是对付“独家供应商”的高手：我们的一辈子都是在跟“独家供应商”打交道中度过。比如两个人结婚了，先生和太太就互为“独家供应商”。太太让先生干什么，先生不愿意，作为太太，她总有办法，而且是和平、协作的办法，让先生做她想让做的事儿。这主要是通过谈判的方式，而不是通过导入“市场竞争”，比如再找个先生的方式来迫其就范。再比如我们的孩子大多都是独子，也是典型的“独家供应商”，虽说独子难管，但我们总有办法让他们做我们认为正确的事，这也是个谈判的过程，而不是通过导入竞争（比如再生一个孩子）或淘汰的方法（比如把孩子送人）——这都是讨价还价的常用手段。

所以说，我们缺的不是谈判的能力或技巧；我们所缺的其实是心态，即通过谈判来共同解决问题的心态。与谈判相比，讨价还价是捷径，让我们轻而易举获得的同时，也让我们变懒变低能，从而失去了很多真正解决问题的机会。

小贴士　为什么我不提“谈判技巧”

这几年，我写了 4 本书，几百篇文章，做过 200 多次培训、讲座，采购与供应链领域的绝大多数话题都有涉猎。有读者问，那为什么你就偏偏不提谈判呢？

不提谈判，不是因为世界大同了，不需要谈判。不是都说现在讲供应链吗，大家是伙伴关系，都一家人了，还谈什么判？是一家人不意味着没有谈判。相反，最多的谈判是发生在自家人身上，有孩子的朋友想必有同感。越是一家人，就越不应该推行单边行为，所以就越应该谈判。

谈判取代战争，是人类文明的重大标志。最近 200 多年来，讲英语的几个主要国家，比如美国、英国、澳大利亚、加拿大、新西兰之间再也没有发生过战争，并不是说它们没有利害冲突：英国的衰落和美国的崛起，传统方式注定是战争解决；而是因为它们采取了谈判手段。在管理学上，**现代管理的一大特点就是由命令式管理转变为谈判、协商式管理**。这些年，我在北美管理不同地域的员工，深刻体会到这是北美管理风格的一大特点，对鼓励创新、增强团队精神意义重大。

不提谈判，是不屑于市面上的一些“谈判技巧”。那些所谓的“谈判技巧”，有些甚至是欺骗，比如给供应商下套，只是把问题转移给供应商，机关算尽，即便让供应商一分不赚，还是解决不了根本的成本问题——绝大部分成本由产品和工艺设计决定，没法通过**转移问题**来解决，必须通过协作来应对。

真正的谈判高手并不依赖技巧，而是依靠人格魅力、寻求双赢的心态和解决问题的能力。这对解决内部矛盾尤为重要。他们相信除了你赢我输、我赢你输外，一定有第三条路，即双赢。他们是一流的领袖，而**一流的领袖是妥协的高手，也是寻找第三条路的高手**。所以，谈判不光是技巧，更多的是领袖的境界和解决问题的能力。

技巧是形而下的，境界和能力是形而上的。形而下的“谈判技巧”只能对付些低层次的人和事。突破形而下，上升到形而上，需要在提高领导能力上下功夫。武林高手手中无剑，心中有剑，他们的境界已经超越手段和工具。一流的谈判者也是。高手奔无形而弃有形，十年磨一剑，提高自身修养和解决问题的能力；芸芸众生正好相反，寄希望于那些谈判技巧速成班，欲速则不达。

小贴士　谈判小人生，人生大谈判（作者：曾锡文）

刚要出门，部门的小姑娘就又笑了。大概是看我衣冠楚楚，一副做正事的样子。我穿得正正经经没好事，不是有麻烦要处理，就是要谈什么项目。只听她笑道：您老这又是去忽悠谁？

忽悠，那么容易？既然是去谈判，就是双方互有需求，否则哪是谈判。如果权益不平等，那么一方就是乞求，另一方则是施与，这属于社会公益事业范畴，我又不是慈善机构，这般好事还轮不着我。这些年不论是新建工厂还是处理危机，或是收购品牌，我总是第一个出现。老将出马，一个顶俩。商场上唇枪舌剑、声东击西、捭阖纵横，三十六计全数在此，无所不用其极。但是，真正做好谈判，还是要有平常心，怀慈善念。

说起来，谈判小人生，人生大谈判。

从我们稍懂事开始，就开始谈判了，当然，一开始主要是与家人谈判，去动物园玩、买个玩具，甚至吃什么饭，能不能不吃这个菠菜等，都要谈判。由于谈判技巧不足、沟通能力不够，一开始总是效果不好，谈判破裂还有可能遭受皮肉之苦。我记得自己最早的一个完整谈判过程是在刚上小学时，那时候迷上打乒乓，想找父母要钱买一块球拍胶皮去讨好一个我最崇拜的乒乓高手。一开始时是欺骗，用了什么理由忘了，当然被他们无情地揭穿了。然后就是制造麻烦，不让他们上班，躺在床上哭，也没有效果。后来采取威胁，不吃饭饿死自己，看你们怎么办！又被置之不理。正在饥肠辘辘不知所措之际，老爹过来认真地告诉我，提要求可以，但理由要正当、手段要合理。我只好讲出真实理由，动之以情（痛陈自己对高手的景仰之情），晓之以理（阐述对自己乒乓技艺提高的好处），还真把钱要到了。长大了发现，谈判无所不在，找工作、跳槽、与同事分工、向下级布置任务，甚至是与装修工、小保姆，都要谈判。更不要说那些正式场合了。也不知什么时候，这居然成了我的专业和特长。

经常有人问我，为什么谈判到你手里就看着那么容易？你有什么诀窍？其实只要是谈判，涉及双方利益，就绝不会轻松。之所以能谈判成功，仔细想想秘诀无非是两个字：“双赢”。要想成功，就要双方都受益。如果你一开始就想占尽便宜，肯定是不欢而散。这年头，谁比谁傻啊？

当然，谈判总要对自己有好处，要不然，为什么要谈呢？先得把自己的底线想清楚了，你从这个谈判中要达到什么目的，对方到底有什么东西吸引你，你又有什么玩意儿可以吸引对方。自己的事情想清楚不难，最重要的也是最困难的，就是帮别人想：人家从你这能得到什么好处？自己对别人有什么贡献？对方还能在市场上找到哪些替代方案？这些替代方案的优缺点是什么？如果对方不与你合作，可能带来什么损失，丧失什么机会？把自己放在对方的位置上想，绞尽脑汁地想，如果你能替别人想清楚了，你就能谈判了。连你自己都不知道，那，谈什么谈？最好马上找老板拒绝，或者立即修改谈判条件。这世界，哪有那么多雷锋让你遇上呢？

不要以为对方既然肯谈，就一定知道他自己要什么。其实，对方的谈判者，往往水平没你高、经验没你足，准备也不够，对他要什么可能还不如你知道的多呢。而且，你自己的优势你最了解。那么，就把你自己看成对方的咨询顾问，苦口婆心谆谆教导，慈眉善目披上羊皮，一副恨铁不成钢的样子。谈判场上最讲气氛，对方总是以为你跑来是想在这儿捞一把，紧张兮兮的。话题转到他自己的利益，事事替他着想，双方就有了共同点了。当然，你也得明确告诉对方你从中得到什么，无利不起早嘛，你说你是白求恩再世，他信吗？

好多人喜欢做专业状，西装革履不苟言笑的，往谈判桌对面一坐，好了，剑拔弩张，全套盔甲上身，要达成协议，难！构造什么样的谈判气氛值得深思。我记得有一次我遇上挺棘手的谈判对手，几轮下来谈不拢。后来约了在杭州谈，酒店的谈判间都订好了。那一天，风和日丽、春光明媚，我果断地把谈判地点改到西湖边的茶室，在亲水平台上边喝茶边谈。春日暖阳下人人醺醺然，鸟语花香使人平添人生苦短、何苦如此认真之念，这时，明显感觉大家彼此的戒心消融了，不到半个小时，一切搞定。

谈判中尽显人生百态，人格魅力、慈悲胸怀有时比短期利益更有用，毕竟谈判交的是商业伙伴，大家都不是一锤子买卖嘛。

买卖就是买卖，总是不可能赚得相同，算清楚自己就行了，别比较谁赚了便宜。谈判中有几个原则是切记的：

（1）“适可而止”。在谈判中，有可能自己处于有利地位，这会儿要网开一面，穷寇勿追。从别人身上割些肉炒个肉片什么的还可以，反正肉还会长上的。别指望把人家的大腿切去烧红烧蹄膀。没有那么温顺的家伙。当然，对自己也一样。

（2）“出来混，总是要还的”。商场是个长期的买卖，三十年河东三十年河西。今朝你有牌打，不要打尽了，要告诉对方，你还有牌，但不想全打出来，留着交个朋友。你便宜占得太大，人家早晚要收回去，那会儿，日子就不好过了。

（3）“独乐乐不如众乐乐”。如果觉得谈判结果非常理想，经济上占了便宜，就多提供些免费的咨询什么的，多帮帮对方，让对方也感受到物有所值。对方吃亏了有些疼，但你不断给他些帮助，他很快就高兴了。人嘛，都是好了疮疤忘了痛的主儿。

（4）“坚守底线”。要明确底线，不能接受就讲清楚，并告诉对方原因。最忌讳的就是步步退让，让对方感觉你的余地很大，他占了便宜还不高兴呢。

（5）“对事不对人”。不管对方态度如何，要想通这都是为了业务，不然，大家谁认识谁啊？如果对方谈判者态度蛮横，也可能这是人家的谈判策略，也没必要计较，要一副宰相肚里能撑船的样子。多探讨合作给对方的益处，如果对手是打工的，他总要考虑自己老板的利益吧。如果对方就是老板，自己的利益总要考虑吧。如果这家伙软硬不吃，是个滚刀肉，那，还是离远点好。

在这儿讲的是谈判技巧，其实放在人生态度上也一样。人生在世，除了跟黑白无常没得谈，只能乖乖就范，其他都有得一拼。放下架子，准备谈判，谈得好不好，天壤之别呢。

记得有个戏台的楹联，放在这里作为谈判的总结倒是合适：“上台莫漫夸，我做到厚爵高官，得意无非俄顷事。眼前何足算，你杀他抛盔卸甲，回家还是普通人。”牢记此言，商场上，任你纵横了。

作者：曾锡文，联合利华大中国区副总裁。摘自曾先生的博客http://zengxiwen.blogbus.com。版权归曾先生所有。多谢曾先生允许录用。

。。。 本篇小结 。。。

采购是公司与供应商的桥梁，在供应商和供应链管理上发挥关键作用。

我们先回顾了采购管理的发展历程，看它如何从“一个人在公司的最后一站”发展成公司的战略职能。我们也回顾了其最佳实践从大批量向小批量行业、从制造业向非制造业、从典型制造业向非典型制造业的传播历程。

我们还介绍了采购发展的五个阶段，即由**确保供料**到**谈判砍价**到管理**总成本**，以及更上一层楼**管理需求**，最终为公司**全面增值**。在整个发展过程中，采购由供应导向逐步发展到需求导向，由管理供应发展到兼管需求，这也是从“小采购”到“大采购”的发展过程。

我们接着分析了“大采购”与“小采购”的区别：“小采购”围绕订单转，“大采购”聚焦供应商；“小采购”是供应导向，“大采购”是需求导向；“小采购”是行政文秘，“大采购”是战略职能。在从“小采购”转变为“大采购”的过程中，我们要解决总部与分部、职能与职能之间的职责划分，形成合力，选好和管好供应商。同时，要人才先行，提高采购管理能力。

在这一篇的最后，我们聚焦“大采购”的成本控制角色，进一步讨论了集中采购、年度降本和供应链的高阶段降本。“大采购”之所以是“大采购”，就是因为通过有效的需求管理、战略寻源和供应商绩效管理，能够更多地影响供应链的总成本，从而成为公司的战略职能。

资源 更多的采购管理的文章、案例和专题培训

- 供应链管理专栏网站：www.scm-blog.com。
  - 这是我的个人专栏，写了 10 多年了，600 多篇文章。
- 我的三本供应链管理专著。
  - 《供应链管理：高成本、高库存、重资产的解决方案》。
  - 《供应链管理：实践者的专家之路》。
  - 《供应链的三道防线：需求预测、库存计划、供应链执行》（与赵玲合著）。
- 我的微信公众号，“供应链管理专栏”，每天推送一篇原创文章。

公众号：供应链管理专栏

后记

要么成为领袖，要么成为专家

这么厚的一本书，谢谢你读到了最后一页。忘了是莫言还是哪位作家说过，每部作品都是作家的自传。我是个职业人，不是作家，但本书跟我的很多文章一样，都是基于我的个人经历，不管是做过的、学过的，还是听过的、看过的。经历无法替代。人要么是从自己的经历学习，要么是从别人的经历学习。希望这本书提供了学习别人经历的机会。

我知道，你之所以能把本书读完，除了耐心和对供应链管理的热爱，还有在职业发展上更上一层楼的诉求。这些年来，读者问我最多的问题就是职业发展，这其实也是困扰我自己多年的问题。久病成医，我想我是想清楚了，那就是在职业发展上，我们有两条路：**要么成为专家，要么成为领袖**。

虽说每个职位都离不开领导力，成为领袖还是意味着沿着管理阶梯向上爬，相对机会有限，但成为专家的机会几乎是无限的。不管你是个采购员、计划员、质检员，还是工程师、经理人，你都有机会成为相应领域的专家，熟悉规则、流程和系统，成为能够教别人的那个人，复制自己在专业领域的成功。

我们现在是个通才社会，但未来是专家社会。在经济高速发展阶段，企业家推动公司发展，他们富于街头智慧，敢于冒险，能够整合资源，把握机会，把企业做大；在未来几十年，当经济发展放缓，机会不再满地都是的时候，我们需要专家来把成本做下来、速度做上去，把企业真正做好。相应地，企业和社会也会越来越由专家驱动，就如今天的欧美。

那么，如何成为专家呢？在我看来，这得经过三步升华：①系统学过，而且学到最好；②系统做过，而且做到最好；③系统提高、总结过，从形而下上升到形而上，从实践上升到理论，再由理论来指导实践。这本书是我自己系统学习、系统实践和系统思考的结果，也希望成为你系统学习、系统实践和系统思考的起点。

学，并不是说一定得读万卷书，关键是精读几本好书；做，并不是说一定要干多少年活儿，关键是边做边琢磨，触类旁通；总结提高也不是说做个学究，写出本大部头来——少看电视少上网，多跟人交谈，不管是同行还是别的行业，都是很好的总结提高之路。就我个人来说，我的很多供应链设计的思路，都是在跟一个工程师交谈中学到的。三人行，必有我师。这话是老话，但实在。

最后，我想特别感谢我的读者。这十多年来，跟你们的互动是我最大的乐趣，不管是通过我的"供应链管理专栏"网站，还是通过微信、微博和 Email。我从你们身上学到的，恐怕要远比你们从我这里学到的多。这本书看上去是我写的，其实是我们大家智慧和经历的共同结晶。

每一次相遇都是缘分。请保持联系，不管是微信、微博，还是电话、Email。我一两个月就来国内一次，在全国各地培训、咨询，说不定我们就在哪里遇到了。你到了硅谷，也别忘了给我打电话。

刘宝红 | Bob Liu

供应链管理专栏创始人 | 西斯国际执行总监

www.scm-blog.com | bob.liu@scm-blog.com

电话：1 (510) 456 5568（美国）| 136 5127 1450（中国，微信同）

2018 年 10 月 16 日于硅谷